AV

CHIRONEIA
Die unwürdigen Künste
Studien zur deutschen Literatur seit der frühen Moderne

Herausgegeben von Sven Hanuschek
Band 2

Monika Bächer

Oda Schaefer (1900-1988)

Leben und Werk

AISTHESIS VERLAG
Bielefeld 2006

Abbildung auf dem Umschlag:
Oda Schaefer, 1949.
Foto im Nachlass Schaefer/Lange. Signatur P/a 485/25, Monacensia.

Zugl.: München, Ludwig-Maximilians-Universität, Diss., 2005.

Bibliographische Information Der Deutschen Bibliothek

Die Deutsche Bibliothek verzeichnet diese Publikation in der Deutschen Nationalbibliographie; detaillierte bibliographische Daten sind im Internet über http://dnb.ddb.de abrufbar.

© Aisthesis Verlag Bielefeld 2006
Postfach 10 04 27, D-33504 Bielefeld
Satz: Germano Wallmann, www.geisterwort.de
Druck: docupoint GmbH, Magdeburg
Alle Rechte vorbehalten

ISBN 978-3-89528-563-9
www.aisthesis.de

MARTIN
und
meinen ELTERN
Sigrid und Dr. Horst Buhmann

Inhaltsverzeichnis

1. Einleitung – Annäherung an Oda Schaefer 11
   Oda Schaefer im Internet (11) – Oda Schaefer in Forschungsliteratur und literaturgeschichtlichen Untersuchungen (15) – Oda Schaefer in Lyrik-Anthologien (17) – Resümee (18)

2. Oda Schaefer in ihrer Zeit 24
   2.1 Oda Schaefer – Biographie 26
   2.2 Die Bedeutung Oda Schaefers im literarischen Leben des 20. Jahrhunderts 48
   2.2.1 Frühe Kontakte aus den zwanziger und dreißiger Jahren ... 50
   Gunter Groll (52) – Erich Kästner (55) – Werner Bergengruen (58) – Günter Eich (75) – Peter Huchel (81) – Elisabeth Langgässer (86) – Karl Krolow (97)
   2.2.2 Korrespondenzen nach dem Krieg 122
   Hans Egon Holthusen (122) – Alexander Xaver Gwerder (125) – Carl Zuckmayer (128) – Richard Friedenthal (129) – Hans Sahl (131) – Martha Saalfeld (135) – Wolfgang Koeppen (138) – Marie Luise Kaschnitz (147) – Robert Minder (152)

3. Das lyrische Werk Oda Schaefers und seine Rezeption 160
   Das Elbische – das Orphische (164)
   3.1 *Die Windharfe. Balladen und Gedichte* 165
   3.1.1 *Die Windharfe* im Spiegel der Literaturkritik 184
   3.2 *Irdisches Geleit. Gedichte* 186
   3.2.1 *Irdisches Geleit* im Spiegel der Literaturkritik 205
   3.3 *Madonnen. Ein Bildbuch mit Gedichten* 208
   3.4 *Kranz des Jahres. Zwölf Gedichte* 210
   3.5 *Unter dem sapphischen Mond. Deutsche Frauenlyrik seit 1900* ... 218
   3.5.1 *Unter dem sapphischen Mond* im Spiegel der Literaturkritik ... 225
   3.6 *Grasmelodie. Neue Gedichte* 228
   3.6.1 *Grasmelodie* im Spiegel der Literaturkritik 251
   3.7 *Der grüne Ton. Späte und frühe Gedichte* 254
   3.7.1 *Der grüne Ton* im Spiegel der Literaturkritik 274
   3.8 *Oda Schaefer. Wiederkehr. Ausgewählte Gedichte* 277

4. Prosa, feuilletonistische Arbeiten und Beiträge für Rundfunk und Fernsehen 285
    4.1   Prosa 285
    4.1.1   Erzählungen 287
    4.1.1.1 *Die Kastanienknospe. Erzählungen* 289
              Die Kastanienknospe (289) – Die Libelle (292) – Im Gewitter (294) – Fremdes Leben (298)
    4.1.1.2 *Die Haut der Welt. Erzählungen und Augenblicke* 300
              Kornfrevel (301) – Schritte ohne Spur (303)
    4.1.2   Kurze Prosastücke 304
    4.1.2.1 *Unvergleichliche Rose. Kleine Prosastücke* 304
              Unvergleichliche Rose (305) – Warten (306) – Die verzauberte Minute (307) – Lob der Euphorie (309) – Brahms-Sinfonie (310) – Sonntagvormittag (311) – Geruch eines Apfels (311) – Seifenblasen (312) – Erinnere Dich! (313)
    4.1.2.2 *Katzenspaziergang. Poetisches Feuilleton* 314
              Eine frühe Vision (314) – Monolog eines Steins (315) – Zu Fuß im Winter (317) – Entenfrühling (318) – Die Katze, die allein spazieren ging (319) – Die fliegende Prinzessin (320) – Altweibersommersonne liest aus der Hand (321) – Schnecken-Piazza (321) – Es wimmelte von Faunen (322) – Der Wind dreht sich (323) – Unter einer Linde zu liegen (324) – Das Seepferdchen (325) – Zwei Klaviere (326) – Ende des Sommers (327) – Die Malerin (328)
    4.1.2.3 *Die Haut der Welt. Erzählungen und Augenblicke* 329
              Spiegelungen (329) – Die Haut der Welt (330) – Eine jede Kugel trifft ja nicht (333)
    4.1.3   Autobiographien 334
    4.1.3.1 *Auch wenn Du träumst, gehen die Uhren. Lebenserinnerungen*
    4.1.3.2 *Die leuchtenden Feste über der Trauer. Erinnerungen aus der Nachkriegszeit* 335
    4.2   Feuilletonistische Arbeiten 337
    4.2.1   Literaturkritische Beiträge 340
    4.2.2   Gesellschaftskritische und kulturgeschichtliche Essays 350
    4.2.2.1 *Die Boutique. Von den schönen kleinen Dingen der Mode* 351
    4.2.2.2 *Ladies only oder Von der Kunst Dame zu sein* 352
    4.2.2.3 *Der Dandy* 355
    4.2.2.4 *Und fragst du mich, was mit der Liebe sei. Oda Schaefer antwortet auf eine unbequeme Frage* 357
    4.2.2.5 *Die Haut der Welt. Erzählungen und Augenblicke* 361
              Frauenbilder (362)
    4.3   Rundfunk- und Fernseharbeiten Oda Schaefers 363
    4.3.1   Hörspiele 370
    4.3.1.1 *In die Nacht hinein* 375

4.3.1.2 *Libellenbucht. Eine Funkballade* 378
4.3.1.3 *Die Göttliche* 381
4.3.1.4 *Belle Epoque* 383
4.3.1.5 *Die Nacht vor Weihnachten* 385
4.3.2 *Die schwarze Sonne*. Ein Fernsehspiel nach dem Roman *Verlöschende Feuer* von Horst Lange 387

5. Die literaturkritische Rezeption von Oda Schaefer und ihren Werken 391

6. Ausblick 397

Abkürzungsverzeichnis 399

Bibliographie 401
   Bibliographie zum Werk von Oda Schaefer 401
      Ungedruckte Quellen 402
      Buchpublikationen von Oda Schaefer, von Oda Schaefer herausgegebene Werke sowie Werke von Oda Schaefer, die von anderen herausgegeben wurden 403
      Beiträge Oda Schaefers in Zeitungen und Zeitschriften 404
      Nicht Datiertes / Beiträge ohne Erscheinungsdatum und Angabe des Namens der Zeitung bzw. der Zeitschrift ... 426
      Beiträge Oda Schaefers in Buchpublikationen 428
      Gedichte Oda Schaefers in Anthologien 430
      Von Rundfunkanstalten bestätigte Rundfunk- und Fernsehbeiträge von und über Oda Schaefer 433

      Rezensionen zu Oda Schaefer 436
      Berichte über Oda Schaefer in Zeitungen und Zeitschriften ... 436
      Nachrufe 439
      Rezensionen zu einzelnen Werken 440

   Sekundärliteratur zu Oda Schaefer 453
   Sekundärliteratur 453

Dank 463

Personenregister 465

1. Einleitung – Annäherung an Oda Schaefer

Die Lyrikerin, Prosaschriftstellerin, Feuilletonistin und Hörspielautorin Oda Schaefer scheint heute auf den ersten Blick weitgehend in Vergessenheit geraten zu sein. Ihre Bücher können, sofern überhaupt möglich, nur noch im antiquarischen Buchhandel erworben werden und gehören nicht zum sogenannten Kanon der Literatur des 20. Jahrhunderts, genauso wenig wie bislang eine eingehende Auseinandersetzung mit ihrem Gesamtwerk stattgefunden hat.

Das Interesse an Oda Schaefer jedoch ist in den letzten Jahren gewachsen, und zwar nicht nur im literaturwissenschaftlichen Bereich.

Oda Schaefer im Internet

Nähert man sich der Schriftstellerin z.B. via Internet, ist man von den Ergebnissen einer einfachen Suche bei *google* überrascht: Ca. 280 Seiten werden angezeigt, in denen der Name „Oda Schaefer" zu lesen ist[1] – mit steigender Tendenz. Da man bei einer derartigen Internetrecherche nicht davon ausgehen kann, dass es sich bei allen Treffern um den gesuchten Begriff handelt, muss das Ergebnis genauer analysiert werden.

Zieht man von den gefundenen Seiten ca. 13 % an fehlerhaften, nicht die Autorin Oda Schaefer betreffenden Daten ab, so bleibt ein Ergebnis von ca. 87 % an Treffern. Ein großer Teil – ca. 19 % – bezieht sich auf angebotene Bücher oder Artikel von Oda Schaefer in Antiquariaten, ca. 9 % auf Manuskripte oder Briefe in verschiedenen Archiven, wie u.a. dem Deutschen Literaturarchiv Marbach, der Stiftung der Akademie der Künste in Berlin, dem Literaturarchiv der Monacensia München, und in Sammlungen wie dem Franz-Michael-Felder-Archiv sowie der Getty Foundation in Los Angeles, die einzelne Briefe von Oda Schaefer besitzen.

Während man bei einer derartigen Recherche u.a. auch auf eine Straßenneubenennung in München am Bavariaring, nämlich den „Oda-

---

[1] Ergebnis der Suche bei *google* am 14.01.2005. Da es sich bei dieser Suchmaschine laut Beurteilung durch Suchmaschinenkataloge (www.suchmaschine.de) um die Suchmaschine schlechthin handelt, und die Suche in anderen Webverzeichnissen, wie z.B. *altavista*, *fireball* oder *hotbot*, nahezu die gleichen Resultate liefert, wird sich die folgende Analyse exemplarisch auf die Ergebnisse bei *google* beschränken.

Schaefer-Weg", aufmerksam wird[2], erhält man zudem viele Hinweise (ca. 35 %) auf die Erwähnung der Autorin in wissenschaftlichen Publikationen, Aufsätzen, Rezensionen oder Essays, die entweder auf Oda Schaefer als Korrespondenzpartner und Freund des jeweils in den Untersuchungen im Zentrum stehenden Autors eingehen (Beispiele dafür sind Peter Huchel[3], der bekannterweise enge Kontakte zu dem Schriftstellerpaar Oda Schaefer/Horst Lange hatte, Elisabeth Langgässer, eine sehr gute Freundin Oda Schaefers bis zu ihrem Tod 1950, und auch der Schweizer Schriftsteller Alexander Xaver Gwerder[4]) oder die auf Erinnerungen Oda Schaefers an persönliche Zusammentreffen mit bedeutenden Autoren hinweisen, wie z.B. bei Gottfried Benn.[5] Auch in Untersuchungen zu Autoren wie u.a. Horst Lange[6], Günter Eich[7], Georg Britting[8], Gertrud Kolmar[9], Arno Schmidt[10] sowie einer Publikation zum Piper-Verlag[11] ist ihr Name zu lesen.

---

[2] Ca. 6 % der Ergebnisse beziehen sich auf den „Oda-Schaefer-Weg" in München, z.B. unter www.vermessung.muenchen.de/info/odaschaefer.htm.

[3] Vgl. die Homepage des Suhrkamp-Verlages unter www.suhrkamp.de/autoren/huchel/huchel.htm oder die Rezension unter www.berliner-lesezeichen.de über die Briefe von Peter Huchel – Nijssen, Hub (Hg.): *Peter Huchel. Wie soll man da Gedichte schreiben. Briefe 1925-1977*, Frankfurt/M.: Suhrkamp 2000.

[4] Vgl. Perret, Roger (Hg.): *Alexander Xaver Gwerder. Brief aus dem Packeis. Prosa und Briefe*, Zürich: Limmat Verlag 1998.

[5] Vgl. Dyck, Joachim/Hof, Holger/Krause Peter D. (Hg.): *Benn Jahrbuch 2003. 1*, Stuttgart: Klett-Cotta 2003; vgl. Homepage unter www.gottfriedbenn.de/jahrb/jahrbuch.htm.

[6] Vgl. Artikel „Im Spinnennetz der erzwungenen Ordnung. Literatur: Vor dreißig Jahren starb der in Vergessenheit geratene niederschlesische Schriftsteller Horst Lange" von Götz Kubitschek unter www.jf-archiv.de/archiv01/281yy33.htm.

[7] Vgl. Artikel „Eine wahre Flut von Eich-Hörspielen überschüttet uns von allen Seiten her" – Auf dem Weg zum erfolgreichen Hörspielautor 1950-1953 unter www.kreidestriche.de/onmerz/pdf-docs/wagner_eich.pdf.

[8] Vgl. Homepage: www.britting.com.

[9] Vgl. Artikel „Wer war Gertrud Kolmar?" von Ursula Homann unter www.ursulahomann.de.

[10] Vgl. Artikel „Die lebensgeschichtlichen Hintergründe der Entstehung des ‚Fouque'" auf der Homepage: http://home.t-online.de/home/Stephan.Reuthner/smibio8.htm.

[11] Vgl. Homepage: www.piper.de.

Der Oda-Schaefer-Weg in München

Oda Schaefer wird jedoch nicht nur im Kontext von Arbeiten zu einem bestimmten Autor genannt. Als Mitglied des Künstlerkreises um die Zeitschrift *Die Kolonne* steht sie im Interesse des im Jahre 2000 im A1 Verlag von der Monacensia herausgegebenen Buches *Der Traum vom Schreiben* über Münchner Schriftstellerinnen von 1860-1960[12] und als Autorin nicht-nationalsozialistischer Literatur zusammen mit acht weiteren schreibenden Frauen im Blickpunkt der von Lydia Marhoff verfassten

---

[12] Vgl. Leuschner, Ulrike: *Wunder und Sachlichkeit. Oda Schaefer und die Frauen der »Kolonne«.* In: Ziegler, Edda (Hg.): *Der Traum vom Schreiben. Schriftstellerinnen in München 1860 bis 1960*, München: A1 Verlag 2000, S. 137-153; vgl. u.a. die Homepage des Bayerischen Rundfunks unter www.br-online.de.

Dissertation *Zwischen Abwehr und Anpassung. Strategien der Realitätsverarbeitung in den Texten nichtfaschistischer junger Autorinnen von 1930-1945*.[13]

Weitere Hinweise auf die wissenschaftliche Auseinandersetzung mit Oda Schaefer sind Arbeiten über Naturgedichte, z.B. von Dirk Rühaak an der Universität Erlangen[14], oder über deutsche Dichterinnen, wie die von Gisela Brinker-Gabler herausgegebene Untersuchung *Deutsche Dichterinnen vom 16. Jahrhundert bis zur Gegenwart*[15], in denen ihr Name zu finden ist. Auch auf ihren Protest in den fünfziger Jahren gegen die atomare Bewaffnung der Bundeswehr macht eine Seite aufmerksam, auf der die Namen der beteiligten Dichter und Schriftsteller verzeichnet sind.[16]

Zudem gibt es eine Reihe von Treffern, die auf die Werke Oda Schaefers verweisen, wie z.B. die von der Edition Arnshaugk 1995 veröffentlichte Auswahl der Gedichte von Oda Schaefer[17], einen das Gedicht *Sappho* behandelnden Artikel in der Zeitschrift *Dimensions 2*[18] sowie ein von Albinas Misevicius und Oda Schaefer übertragenes litauisches Märchen *Silpnutis und Vyliukas*.[19] Ihre Lyrik ist mit ca. 16 % an Trefferquote ebenfalls im Internet vertreten; allerdings beziehen sich viele Webkataloge einzelner Suchmaschinen und Webverzeichnisse[20] immer wieder auf dieselbe Seite mit den Gedichten *An meinen Sohn*, *Im Hades*, *Veränderung* – eine von „Flora" zusammengestellte Gedichtsammlung ausschließlich von Dichterinnen.[21] Neben dem Poem *Holunder*, das sowohl in der Gedicht-

---

[13] Vgl. Marhoff, Lydia: *Zwischen Abwehr und Anpassung. Strategien der Realitätsverarbeitung in den Texten nichtfaschistischer junger Autorinnen von 1930-1945*, Berlin: wbv 2002; vgl. Homepage unter www.wvberlin.de.

[14] Vgl. Homepage: www.phil.uni-erlangen.de/~p2gerlw/barock/brockes.html.

[15] Vgl. Homepage: humanities.byu.edu/sophie/literature/Brinker/brinker2.htm.

[16] Vgl. Artikel „Gegen die atomare Bewaffnung" auf der Homepage unter www2.rz.hu-berlin.de/fachdidaktik/47-13.pdf.

[17] Auf dieser Homepage (www.leo11.de/arnshaugk/schaefer.php) ist nicht nur die Biographie Oda Schaefers aufgeführt, sondern auch eine Reihe von Gedichten, wie *Die Seherin*, *Im Dickicht*, *August*, *Gedenke des Todes*, *Blumen des Nachts*. Es handelt sich allerdings hier nicht um eine Gesamtausgabe, wie im Text zu Oda Schaefer zu lesen ist, sondern nur um eine Auswahl an Balladen und Gedichten Oda Schaefers, vgl. Edition Arnshaugk (Hg.): *Balladen und Gedichte. Eine Auswahl*, München: Arnshaugk 1995.

[18] Vgl. Homepage unter http://members.aol.com/germanlit/contents-3-3.html.

[19] Vgl. Homepage unter www.kridel.net/maerchen/.

[20] *Freenet*, *google*, *meome*, *startcool*, *netz-tipp*, *webverzeichnis*, *wauu*, *schleuse*, *lycos* und *Tiscali-Search* verweisen bei einer Suche nach Oda Schaefer auf diese Seite.

[21] Vgl. Homepage unter http://mitglied.lycos.de/beschka/inhalt/schaefer.htm.

Datenbank Forschungsring[22] als auch auf der Homepage des Dorfes Achternholt[23] verzeichnet ist, und einem Zitat Oda Schaefers in einer italienischen Aphorismen-Sammlung[24], findet man bezeichnenderweise ihre Gedichte nicht nur auf der Homepage eines Seniorentreffs[25] (Gedicht *Herzangst*), sondern auch auf einer Seite der Rothenfelser Jugendtagung[26] mit Songtexten zum Thema *Traum*, hier das Gedicht *Die Verzauberte*. Generationenunabhängig scheint damit die Lyrik Oda Schaefers auf Anklang zu stoßen. Für die plastische Aussagekraft ihrer Gedichte spricht auch, dass man ihre Lyrik – das Gedicht *Letzter Baumschatten* – in einer im Fach Kunsterziehung gestellten Aufgabe mit dem Thema „Malen als Prozess" entdecken kann.[27]

Die Anzahl an Treffern von Oda Schaefer in verschiedenen Autorensammlungen (ca. 8 %) rundet die sich ergebende, bemerkenswerte Internetpräsenz ab[28]: Neben der Auflistung u.a. in *Lyrikwelt*, *litlinks*, *wikipedia*, *wissensnetz* und dem Munzinger-Archiv erscheinen auch Hinweise auf italienische Seiten wie *poesia femenina alemana* oder englische Datensammlungen, wie z.B. das *Marylin Online Lexikon* unter www.rubycon.de, die *Any-Day-in-History-Page* von Scope Systems unter www.scopesys.com oder der *What happened all those years ago*-Seite unter www.andibradley.com.

Oda Schaefer in Forschungsliteratur und literaturgeschichtlichen Untersuchungen

Ein gesteigertes Interesse an der Autorin im Bereich der Forschungsliteratur wurde bereits durch die Analyse der Internetrecherche deutlich. Zu den genannten Untersuchungen von Lydia Marhoff und Ulrike Leuschner wurden zum 100. Geburtstag Oda Schaefers im Dezember 2000 zwei Artikel in Literaturzeitschriften publiziert[29], die auf die Bedeutung

---

[22] Vgl. Homepage unter www.forschungsring.de.
[23] Vgl. Homepage unter www.achternholt.de.
[24] Vgl. Homepage unter www.daimon.org/lib/afors.htm.
[25] Vgl. Homepage unter www.seniorentreff.de/diskussion/archiv4/a66.html.
[26] Vgl. Homepage unter www.nettrash.com/users/inge/dream.htm.
[27] Vgl. Homepage: www.hh.schule.de/mcg/.
[28] Nur zum Vergleich: Die Trefferanzahl z.B. bei Wolfgang Koeppen beträgt 37.800 oder bei Gottfried Benn 132.000.
[29] Vgl. Leuschner, Ulrike: »*Das Unsagbare benennen*«. *Ein Nachtrag zum 100. Geburtstag der Lyrikerin und Feuilletonistin Oda Schaefer am 21. Dezember 2000*. In: *Literatur in Bayern*, H. 63, März 2001, S. 77-80; Strohmeyr, Armin: *Tief in deinem Wunder, sterniger Holunder. Ein Porträt zum 100. Geburtstag der Dichterin Oda*

der Schriftstellerin in der Literatur des 20. Jahrhunderts verweisen. Dazu erfolgt ihre Erwähnung in Arbeiten über Autoren, die mit ihr befreundet oder bekannt waren, was die in den letzten Jahren erfolgte Aufarbeitung der Werke von Zeitgenossen Oda Schaefers dokumentiert.[30] Gerade in diesem Kontext gewinnt die Auseinandersetzung mit Oda Schaefer, die, sofern überhaupt, bis zu den letzten Jahren vor allem in Literaturgeschichten und Literaturlexika stattfand, an Bedeutung. Hier nämlich ging die Beschäftigung mit dieser Autorin in der Regel nicht über eine Namensnennung, zumeist im Kreis um die Zeitschrift *Die Kolonne*[31], oder im Bereich der Naturlyrik in der Nachfolge von Oskar Loerke[32] und Wil-

---

Schaefer. In: *MUT. Forum für Kultur, Politik und Geschichte*, Nr. 401, Januar 2001, S. 72-87.

[30] Vgl. hierzu z.B. die Nennungen im Internet: Nijssen, Wie soll man da Gedichte schreiben; vgl. ebenso Haefs, Wilhelm/Schmitz, Walter (Hg.): *Martin Raschke (1905-1943). Leben und Werk*, Dresden: Thelem bei w.e.b. 2002. Bereits in den neunziger Jahren wurden z.B. die Briefe von August Scholtis – Scholz, Joachim, J. (Hg.): *August Scholtis. Briefe. 2 Bände*, Berlin: Gebr. Mann Verlag 1992 – und Elisabeth Langgässer (Hoffmann, Elisabeth (Hg.): *Langgässer, Elisabeth: Briefe 1924-1950*, 2 Bände, Düsseldorf: Claassen 1990) herausgegeben, genauso wie das Werk Hermann Kasacks mehrfach Objekt von Forschungen wurde (vgl. z.B. Besch, Heribert: *Dichtung zwischen Vision und Wirklichkeit. Eine Analyse des Werkes von Hermann Kasack mit Tagebuchedition (1930-1943)*, St. Ingbert: Werner J. Röhrig Verlag 1992; John, Helmut/Neumann, Lonny (Hg.): *Hermann Kasack – Leben und Werk*. Symposium 1993 in Potsdam, Frankfurt/M.: Peter Lang 1994).

[31] Vgl. z.B. Böttcher, Kurt/Geerdts, Hans Jürgen: *Kurze Geschichte der deutschen Literatur*, Berlin: Volk und Wissen Volkseigener Verlag 1981, S. 646; vgl. Steinecke, Hartmut (Hg.): *Deutsche Dichter des 20. Jahrhunderts*, Berlin: Erich Schmidt Verlag 1994, S. 468; vgl. Bernhard, Hans Joachim u.a.: *Geschichte der deutschen Literatur. Literatur der Bundesrepublik Deutschland*, Berlin: Volk und Wissen Volkseigener Verlag 1983, S. 53; vgl. Brinker-Gabler, Gisela (Hg.): *Deutsche Literatur von Frauen. Zweiter Band: 19. und 20. Jahrhundert*, München: Beck 1988, S. 403.

[32] Vgl. z.B. Schnell, Ralf: *Die Literatur der Bundesrepublik. Autoren, Geschichte, Literaturbetrieb*, Stuttgart: Metzler 1986, S. 95; vgl. Balzer, Bernd/Mertens, Volker (Hg.): *Deutsche Literatur in Schlaglichtern*, Mannheim, Wien, Zürich: Meyers Lexikonverlag 1990, S. 443; vgl. Schnell, Ralf: *Geschichte der deutschsprachigen Literatur seit 1945*, 2., überarbeitete und erweiterte Auflage, Stuttgart, Weimar: Metzler 2003, S. 85; vgl. Beutin, Wolfgang u.a. (Hg.): *Deutsche Literaturgeschichte. Von den Anfängen bis zur Gegenwart*, 6., verbesserte und erweiterte Auflage, Stuttgart, Weimar: Metzler 2001, S. 497.

helm Lehmann[33], hinaus. Die je nach Publikationsdatum der einzelnen Literaturgeschichten unterschiedlichen Bewertungen der Werke Oda Schaefers spiegeln dabei die Entwicklung der Literatur und der Literaturkritik im 20. Jahrhundert wider, indem entsprechend der die Dominanz der abendländischen, humanistischen Kulturtradition der fünfziger Jahre[34] ablösenden, in den sechziger und siebziger Jahren zunehmend vorherrschenden Ideologiekritik der Vorwurf – auch an Oda Schaefer – lauter wurde, sich mit ihrer Lyrik vor allem während des Nationalsozialismus vor der gesellschaftlichen Wirklichkeit zurückgezogen und nicht gegen die Diktatur opponiert zu haben[35], was bei der Rezeption dieser Schriftstellerin im Einzelnen zu zeigen sein wird.

Oda Schaefer in Lyrik-Anthologien

Ein gesteigertes Interesse an Oda Schaefer kann man auch bei einer Untersuchung von Lyrik-Anthologien erkennen. Überblickt man die Ergebnisse einer Analyse von Lyrik-Anthologien von den fünfziger Jahren bis heute[36], so stellt man neben der Tatsache, dass von ca. 150 geprüften Lyrik-Anthologien 56 Gedichte dieser Autorin aufweisen[37], fest, dass dabei

---

[33] Vgl. Ankenbrand, Stephan: *Meister in Poesie und Prosa. Kleine deutsche Literaturgeschichte*, München: Verlag Martin Lurz 1966, S. 127.

[34] Ein Beispiel dafür wäre Horst, Karl August: *Die deutsche Literatur der Gegenwart*, München: Nymphenburger 1957, S. 256, worin die Lyrik Oda Schaefers euphorisch kommentiert wird.

[35] Vgl. z.B. Böttcher/Geerdts, S. 646.

[36] Diese Analyse erhebt nicht den Anspruch auf Vollständigkeit, da eine Durchsicht sämtlich erschienener Anthologien seit 1945 den Rahmen dieser Dissertation sprengen würde.

[37] Eine Liste dieser Anthologien, die Gedichte von Oda Schaefer enthalten, befindet sich im Literaturverzeichnis. Die Resultate spiegeln dabei die historische Bewertungspraxis von Gedichten und damit auch die Rezeption von Oda Schaefer wider: Entsprechend der Bevorzugung der Autoren nicht-nationalsozialistischer Literatur, die während des Dritten Reichs nicht emigriert waren, erschienen in der Nachkriegszeit und bis weit in die fünfziger Jahre Gedichte Oda Schaefers in diesem Zeitraum allein in acht Lyrik-Anthologien, darunter bis 1950 u.a. in den Gedichtsammlungen *De Profundis* (Groll, Gunter (Hg.): *De Profundis. Deutsche Lyrik in dieser Zeit. Eine Anthologie aus zwölf Jahren*, München: Desch 1946) und *Die Pflugschar* (Weyrauch, Wolfgang (Hg.): *Die Pflugschar. Sammlung neuer deutscher Dichtung*, Berlin: Aufbau-Verlag 1947), sowie ab 1950 u.a. in Lyrik-Anthologien von Friedhelm Kemp und Hans Egon Holthusen (Holthusen, Hans Egon/Kemp, Friedhelm (Hg.): *Ergriffenes Dasein*.

über ein Drittel der Treffer bei Anthologien zu finden ist, die im Zeitraum von 1990 bis jetzt erschienen, davon drei[38] Gedichtsammlungen im Jahr 2002, zwei[39] im Jahr 2003 und sogar sechs[40] im Jahr 2004.

Allein diese Zahl lässt doch gewisse Rückschlüsse auf die aktuelle Präsenz von Gedichten Oda Schaefers auf dem Büchermarkt zu. Sie scheinen heute gerade in Lyrik-Anthologien mit allgemeinen, zeitlos-gültigen, bei einem breiten Lesepublikum beliebten Themen (besonders im Bereich der Naturlyrik) immer wieder gerne eingesetzt zu werden – auch hier mit steigender Tendenz.

Resümee

Da bislang eine eingehende, detaillierte wissenschaftliche Aufarbeitung des Werkes von Oda Schaefer fehlt, jedoch das Interesse an dieser Schriftstellergeneration in der Fachliteratur und auch an Oda Schaefer, wie durch die aktuelle Präsenz in Lyrik-Anthologien belegt wird, durchaus vorhanden ist, soll die vorliegende Arbeit das Werk dieser Dichterin zusammen mit ihrer Person in einem ersten Überblick darstellen[41], aus-

---

Deutsche Lyrik 1900-1950, Ebenhausen bei München: Langewiesche-Brandt 1953), Willi Fehse (Fehse, Willi (Hg.): *Deutsche Lyrik der Gegenwart. Eine Anthologie*, Stuttgart: Reclam 1955) und Curt Hohoff (Hohoff, Curt (Hg.): *Flügel der Zeit*. Deutsche Gedichte 1900-1950, Frankfurt/M., Hamburg: Fischer 1956).

[38] Vgl. Bode, Dietrich (Hg.): „*Siehst du den Mond?*" *Gedichte aus der deutschen Literatur*, Stuttgart: Reclam 2002; Grüninger, Willy/Brandes, Erwin (Hg.): „*Atempausen". Gedanken für jeden Tag des Jahres*, Stuttgart: Kreuz Verlag 2002; Seehafer, Klaus (Hg.): *Des Himmels heitere Bläue. Die schönsten Sommergedichte*, Berlin: Aufbau Taschenbuch Verlag 2002.

[39] Vgl. Bode, Dietrich (Hg.): *Schläft ein Lied in allen Dingen. Naturlyrik*, Stuttgart: Reclam 2003; Stempel, Hans/Ripkens, Martin (Hg.): *Der Engel neben Dir. Gedichte zwischen Himmel und Erde*, zweite Auflage, München: dtv-Verlag 2003.

[40] Vgl. Bode, Dietrich (Hg.): „*Blumen, Gärten, Landschaften". Bilder und Gedichte*, Stuttgart: Reclam 2004; Bull, Gudrun (Hg.): *Gedichte für einen Frühlingstag*, München: dtv 2004; „*Die 365 schönsten Tage"*, Deutsche Stiftung Denkmalschutz, Bonn 2004; Stempel, Hans/Ripkens, Martin (Hg.): „*Sensucht nach dem Anderswo". Reisegedichte*, Zürich, Hamburg: Arche Verlag 2004; Zischler, Hanns (Hg.): „*Willst du dem Sommer trauen". Deutsche Naturgedichte*, Berlin: Klaus Wagenbach Verlag 2004; Zumbach, Frank T. (Hg.): „*Das Balladenbuch". Deutsche Balladen von den Anfängen bis zur Gegenwart*, Düsseldorf: Patmos Verlag 2004.

[41] Diese Arbeit beschränkt sich auf die in Buchform vorliegenden Werke und auf einzelne Manuskripte im Nachlass.

gehend von ihrer Lyrik über ihre Prosa, Feuilletons und Hörspiele ihr Schaffen offen legen und über die vielseitigen Kontakte der Dichterin zu bedeutenden Kollegen und Freunden Aufschluss geben. Dem Leben Oda Schaefers in seiner Exemplarität hinsichtlich der kulturell-politischen, historischen und literarhistorischen Entwicklungen des vergangenen Jahrhunderts gilt es dabei nachzugehen.

Aufgrund der Tatsache, dass diese Autorin aus finanziellen Gründen – sie musste nach dem Krieg nahezu allein für ihren eigenen Lebensunterhalt und den ihres Mannes Horst Lange aufkommen – fast immer parallel an mehreren Werken gleichzeitig arbeitete (z.B. an Sendungen für den Rundfunk, Gedichten, Erzählungen oder auch an Feuilleton-Beiträgen), war die Verfahrensweise einer typischen Werkbiographie kaum möglich.

Daher wird im Folgenden nach Gattungen gegliedert und innerhalb dieser chronologisch vorgegangen, um jeweils hier eine – sofern vorhandene – Entwicklung aufzeigen zu können; die enge Verzahnung von Leben und Werk Oda Schaefers soll dabei nicht vernachlässigt werden.

Die Vorstellung und Analyse ihres lyrischen Oeuvres bildet, da sie gerade für ihre Lyrik mit zahlreichen Preisen und Ehrungen ausgezeichnet wurde, und sie sich selbst in erster Linie als Lyrikerin betrachtet hat, einen Schwerpunkt dieser Arbeit. Der Zuweisung dieser Autorin zur Wilhelm-Lehmann-Nachfolge im Spiegel der Literaturgeschichten ist dabei nachzugehen, genauso wie Fragen nach der Zuordnung zum ‚magischen Realismus', nach Motiven, Themen, Traditionen und stilistischen Besonderheiten ihrer Lyrik zu überprüfen sind. Ebenso soll auf die Bedeutung persönlicher Lebensumstände sowie deren Spiegelung in ihrem Werk aufmerksam gemacht werden.

Neben einer ausführlichen Biographie gilt es auch, dem Stellenwert und der Bedeutung von Oda Schaefer im literarischen Leben Deutschlands gerecht zu werden. Sie unterhielt seit ihrer Zeit im Berlin der zwanziger Jahre zahlreiche Kontakte zu führenden nationalen und internationalen künstlerisch bedeutsamen Persönlichkeiten, die sie nach dem Krieg u.a. durch ihre Angehörigkeit zum PEN und zur Akademie für Sprache und Dichtung in Darmstadt sowie – im regionalen Raum München – durch den Besuch traditioneller Münchner Literaturforen, wie z.B. der Bayerischen Akademie der Schönen Künste, des literarischen Stammtisches von Georg Britting oder des Tukan-Kreises, weiter ausbaute und intensivierte. Viele ihrer Korrespondenz- und Arbeitspartner in den fünfziger und auch sechziger Jahren waren während der Herrschaft des Nationalsozialismus wie Oda Schaefer selbst nicht emigriert, sondern in Deutschland geblieben, und wurden im Nachhinein als sogenannte ‚innere Emigranten' bezeichnet – ein problematischer Begriff, dessen Unschärfe in der Bezeichnung liegt[42], und aufgrund seines Fragen aufwerfenden Charakters[43] zu einer „ins schier Uferlose"[44] gewachsenen Anzahl von Publikationen geführt hat.[45] Neben der Frage, ob es die ‚innere Emigration' überhaupt gegeben habe, wurde die Auseinandersetzung vor allem von einer äußerst politisch akzentuierten Herangehensweise dominiert, die immer wieder zu dem Vorwurf führte, die Literatur der ‚inneren Emigration' „sei – mehr oder weniger getarnt – faschistisch und hätte nicht nur nichts dazu beigetragen, das Regime Hitlers zu stürzen, sondern hätte

---

[42] Vgl. Schnell, Ralf: *Wertebeschwörung – Zur kulturellen Topographie der Inneren Emigration*. In: Bollenbeck, Georg/La Presti, Thomas (Hg.): *Traditionsanspruch und Traditionsbruch. Die deutsche Kunst und ihre diktatorischen Sachverwalter. Kulturelle Moderne und bildungsbürgerliche Semantik II*, Wiesbaden: Westdeutscher Verlag 2002, S. 83-94, hier S. 85f. Die Unschärfe dieses Begriffs liegt darin, dass ‚innere Emigration' eine Metapher ist, deren Wesen eben in einer „Unschärferelation", einem „Paradox" besteht: „Die Metapher ‚ist', was sie zeigt, und zugleich ‚ist sie nicht', was sie zeigt." Die Metapher ‚innere Emigration' lässt sich nicht schärfen, da sie nicht positiv zu fassen ist: „Das, was sie – als Metapher – zu sein oder zu benennen behauptet, ist sie in Wirklichkeit nicht." Ebenda.

[43] „Even before 1945, and certainly ever since then, the term *inner emigration* has been at the centre of debates about the period of National Socialism in Germany, and the term has continually posed questions about what exactly a given writer (or artist or scholar, etc.) did during the twelve-year period from 1933 to 1945, and about how specific actions and specific texts are to be evaluated." Donahue, Neil H.: *Introduction. „Coming to Terms" with the German Past*. In: Donahue, Neil H./Kirchner, Doris (Hg.): *Flight of fantasy. New Perspectives on Inner Emigration in German Literature, 1933-1945*, New York, Oxford: Berghahn Books 2003, S. 1-9, hier S. 1.

[44] Perrier, Petra: *Innere Emigration: Einerseits und andererseits*. In: Beltran-Vidal, Danièle (Hg): *Les Carnets. N 7, – 2002. Exil intérieur. Innere Emigration*, 2003, S. 88-113, hier S. 87.

[45] Einen Überblick über die Forschungsliteratur zur ‚inneren Emigration' vermittelt u.a. Perrier, Petra: *Kurzbibliographie zur Inneren Emigration*. In: Beltran-Vidal, Danièle (Hg): *Les Carnets. N 7, – 2002. Exil intérieur. Innere Emigration*, 2003, S. 199-204; ebenso Schmollinger, Annette: *»Intra muros et extra«. Deutsche Literatur im Exil und in der Inneren Emigration. Ein exemplarischer Vergleich*, Heidelberg: Winter 1999, S. 27-32; zur „reception of inner emigration" vgl. Donahue/Kirchner, Flight of Fantasy, S. 2-7.

dasselbe auch noch unterstützt."[46] Wenn festgestellt wird, dass sich heute die Diskussion „zu reduzieren [scheint] auf zwei Blöcke, von denen der eine großzügig immer mehr Schriftsteller und Künstler in diese Kategorie einordnet und der andere, der kategorisch das gesamte Konzept der »inneren Emigration« als bloßen Deckmantel, als Rechtfertigung und Entschuldigung, – im ursprünglichen Sinne –, für Schweigen, Mitläufertum oder gar Sympathisantenverhalten ablehnt"[47], so übt diese Politisierung offenbar nach wie vor großen Einfluss auf den Umgang mit diesem historischen Phänomen aus. Doch schließt sich nun im Rahmen der literaturwissenschaftlichen, besonders der literarhistorischen Wahrnehmung des Nationalsozialismus und der literarischen ‚inneren Emigration' nach einer „Phase der Ideologiekritik"[48] nun eine eher dokumentarisch-empirische Aufarbeitung von bislang übersehenen Materialien an, die die Basis für differenzierte Wertungen schafft und zur Überprüfung von Kriterien zwingt, die unbefragte Gültigkeit beanspruchen konnten.

Oda Schaefer als nichtfaschistische Autorin der ‚inneren Emigration', der nach 1945 deutlich „der Vortritt vor den Exulanten gewährt wurde"[49], wie man u.a. auch an der Vergabe von Literaturpreisen ersehen kann[50], die „als Indikatoren der Wegbereitung der politisch-kulturellen Restauration"[51] fungierten, genoss in der Nachkriegszeit und in den fünfziger Jahren großes Ansehen. Ihre Karriere ist beispielhaft für den Aufbau eines restaurativen, von Kontinuität geprägten politisch-kulturellen Klimas der fünfziger Jahre, und auch ihre weiteren Auszeichnungen in den sechziger und siebziger Jahren reihen sich mühelos in die allgemeine Ten-

---

[46] Schmollinger, S. 29.
[47] Perrier, Innere Emigration: Einerseits und andererseits, S. 87f.
[48] Hier und im Folgenden Schnell, Wertebeschwörung, S. 84.
[49] Haarmann, Hermann: *Vorbemerkung*. In: Haarmann, Hermann (Hg.): *Katastrophen und Utopien. Exil und Innere Emigration (1933-1945). Das 2. Berliner Symposion – nebst 95 unveröffentlichten Briefen von Carl Sternheim*, Berlin: Bostelmann & Siebenhaar 2002, S. 7-12, hier S. 8.
[50] Vgl. hierzu die Untersuchung von Kröll, Friedhelm: *Literaturpreise nach 1945. Wegweiser in die Restauration*. In: Hermand, Jost/Peitsch, Helmut/Scherpe, Klaus R. (Hg.): *Nachkriegsliteratur in Westdeutschland 1945-49. Schreibweisen, Gattungen, Institutionen*, Berlin: Argument-Verlag 1982, S. 143-164; es ergibt sich das „Gesamtbild einer Kontinuität sichernden, restaurativen Literaturpreispolitik", S. 151.
[51] Kröll, S. 147.

denz ein, dass Vertreter der sogenannten ‚inneren Emigration' „die Literaturpreisszene bis weit in die sechziger Jahre hinein"[52] einfärbten.

Die Fülle an Kontakten Oda Schaefers zu Korrespondenzpartnern, die unterschiedlichste Stellungen und Positionen im literarischen Leben der Bundesrepublik einnehmen, spiegelt zudem das die fünfziger Jahre ebenso beherrschende Phänomen des Pluralismus[53] wider. Anhand ausgewählter Briefwechsel gilt es, die Beziehungen dieser Schriftstellerin in dem sich konstituierenden literarischen Netzwerk und ihre Bedeutung darin darzustellen.

Oda Schaefers Werk beschränkt sich allerdings nicht nur auf ihre Lyrik. Sowohl als Autorin von einigen Erzählungen und kurzen Prosastücken in den Bänden *Die Kastanienknospe, Die Unvergleichliche Rose, Katzenspaziergang, Die Haut der Welt* als auch als Hörspielautorin (u.a. *Das flandrische Eisfest, In die Nacht hinein, Libellenbucht, Die Göttliche, Belle Epoque*) ist sie der literarischen Öffentlichkeit der fünfziger und sechziger Jahre bekannt; große Erfolge feierte sie in den siebziger Jahren mit ihrer Autobiographie *Auch wenn Du träumst, gehen die Uhren* – sie erschien in mehreren Auflagen – und dem dazugehörigen zweiten Band *Die leuchtenden Feste über der Trauer*, die auch heute für ihren Bekanntheitsgrad als Chronistin verantwortlich sind.[54] Diese Werke in ihren Inhalten, Motiven und stilistischen Spezifika kurz vorzustellen, soll ein weiteres Ziel vorliegender Arbeit sein.

Gerade Oda Schaefers kurze Prosastücke sind eng mit ihrer feuilletonistischen Tätigkeit verbunden, mittels derer sie für sich selbst und für ihren Mann ihren Lebensunterhalt bestritt.

Waren es zu Beginn der fünfziger Jahre vor allem literaturkritische Essays und Rezensionen für die *Süddeutsche Zeitung, Die Neue Zeitung*, die *Frankfurter Allgemeine Zeitung, Die Zeit*, durch die sich Oda Schaefer im Literaturbetrieb einen Namen erschrieb, stehen in den sechziger Jahren kulturgeschichtliche Themen in den Feuilletons verschiedenster literarischer Publikationsorgane sowie im Rundfunk im Vordergrund. Bereits

---

[52] Kröll, S. 154.
[53] Vgl. Kröll, S. 156.
[54] Vgl. Nijssen, Hub: *Über die Widerstandskraft der Vernunft. Huchel, Eich und Lange, junge Autoren unter der Hitler-Diktatur*. In: Haefs, Wilhelm/Schmitz, Walter (Hg.): *Martin Raschke (1905-1943). Leben und Werk*, Dresden: Thelem bei w.e.b. 2002, S. 107-120. Seiner Meinung nach gilt Oda Schaefer „heutzutage eher als Chronistin denn als Lyrikerin", S. 119.

in den dreißiger Jahren hatte sie für den Berliner Rundfunk gearbeitet und für das *Liegnitzer Tageblatt* Artikel zu Modefragen verfasst, ein Gebiet, auf dem sie auch weiterhin aktiv und durch ihr immens umfangreiches kulturelles Wissen und ihren allgemein als exzellent bekannten Geschmack äußerst gefragt war. Ihre Bücher *Die Boutique*, *Ladies only* oder der für den Piper Verlag herausgegebene Band *Der Dandy*, die hier zusammen mit einigen ausgewählten Kritiken und Feuilleton-Beiträgen kurz vorgestellt werden, geben hierüber Aufschluss.

Da die persönlichen Lebensumstände Oda Schaefers unweigerlich auch mit ihrem Werk verbunden sind, sollen biographische Daten in den Analysen der jeweiligen Werke berücksichtigt werden. Allerdings liegen zu ihrer Zeit bis 1945 nur wenige persönliche Informationen in Form von Briefen oder Manuskripten vor, da Oda Schaefer bei Kriegsende überstürzt Berlin verlassen musste. Sämtliche Materialien aus Berlin-Zehlendorf sind nicht mehr auffindbar, ihre Wohnung wurde zwangsbesetzt, die Möbel vernichtet oder verschenkt, womit auch alle persönlichen Unterlagen, Manuskripte, Briefe – auch die ihres Mannes Horst Lange – unwiederbringlich verloren waren. So sind einzelne Briefe von Oda Schaefer bis 1945 vor allem in Nachlässen anderer Schriftsteller, mit denen sie korrespondierte, u.a. im Deutschen Literaturarchiv in Marbach am Neckar einsehbar. Ihr Nachlass mit der größten Materialsammlung befindet sich im Literaturarchiv der Monacensia in München, der die Hauptquelle für die Auseinandersetzung mit dieser Dichterin darstellt. Hier sind neben einer Fülle an Briefen und Manuskripten auch zahlreiche Rezensionen der Werke Oda Schaefers in der Literatur- und Tageskritik, die Aufschluss über die Rezeption dieser Autorin geben. Bis auf die Kritiken zu den jeweiligen Lyrikbänden, die aufgrund des Schwerpunktes in diesem Bereich gleich im Anschluss an die Vorstellung des jeweiligen Gedichtbandes behandelt werden und damit auch über die Position und zeitgenössische Bewertung dieser Autorin zu ihrer Zeit Auskunft geben, soll die Rezeption Oda Schaefers am Ende der Arbeit überblicksartig zusammengefasst werden.

Eine ausführliche Bibliographie wird gerade im Hinblick auf weitere Forschungsvorhaben und -themen Hilfestellung leisten.

2. Oda Schaefer in ihrer Zeit

Gravierende historische Ereignisse des 20. Jahrhunderts prägten das Leben Oda Schaefers und das ihrer gesamten Generation – der ‚verlorenen Generation', wie sie neben anderen Autoren[1] auch Oda Schaefer selbst in einem Manuskript charakterisiert.[2] Todessehnsucht, Orientierungslosigkeit, Unsicherheit sind ihre Signen in den zwanziger und zu Beginn der dreißiger Jahre, Konsequenzen aus dem Ende des Kaiserreichs und der Niederlage im Ersten Weltkrieg. „Die Suche nach »Resistenz« [...] bestimmte das Lebensgefühl der jungen bürgerlichen Dichterinnen und Dichter und prädisponierte sie zur »Inneren Emigration«"[3] noch vor der Machtübernahme durch die Nationalsozialisten. Wie viele andere blieb Oda Schaefer, als Schriftstellerin ihren Lebensunterhalt verdienend, während des Dritten Reiches in Deutschland und überstand in Berlin den Zweiten Weltkrieg, der grundlegend ihr weiteres Leben bestimmte. Die hier erlebten existentiellen Erfahrungen führten zur Besinnung auf die Metaphysik, die Kraft der Religion und des christlichen Glaubens, der in der allgemein vorherrschenden desaströsen materiellen und psychischen Konstitution Halt und Schutz bot. Man berief sich, wie auch bereits zu Beginn der dreißiger Jahre, auf den Humanismus, griff „auf überzeitliche Norm- und Wertorientierungen, Deutungsmuster und Kulturtraditionen"[4]

---

[1] Vgl. hierzu z.B. Aussagen von Hans Erich Nossack und Wolfgang Koeppen in: Bienek, Horst: *Werkstattgespräche mit Schriftstellern*, 3., vom Autor durchgesehene und erweiterte Ausgabe, München: dtv 1976, S. 58, 88, 92. Der Ausdruck „verlorene Generation" wurde von den zwischen 1900 und 1915 geborenen Schriftstellern verwendet, um den Verlust ihrer Vergangenheit durch den Nationalsozialismus und einen Neuanfang nach dem Krieg zu bezeichnen, vgl. Roberts, David: *Nach der Apokalypse. Kontinuität und Diskontinuität in der deutschen Literatur nach 1945.* In: Hüppauf, Bernd (Hg.): *„Die Mühen der Ebenen". Kontinuität und Wandel in der deutschen Literatur und Gesellschaft. 1945-1949*, Heidelberg: Carl Winter Universitätsverlag 1981, S. 21-45, hier S. 27.

[2] Vgl. Manuskript Ms 79: „Die Kopie der Kopie", Nachlass Schaefer/Lange, Monacensia.

[3] Leuschner, Wunder und Sachlichkeit, S. 138.

[4] Wende, Waltraud: *Einen Nullpunkt hat es nie gegeben.* In: Bollenbeck, Georg/Kaiser, Gerhard (Hg.): *Die janusköpfigen 50er Jahre. Kulturelle Moderne und bildungsbürgerliche Semantik III*, Wiesbaden: Westdeutscher Verlag 2000, S. 17-29, hier S. 27.

zurück und indizierte damit keinen – so häufig propagierten – Neuanfang, keine „tabula rasa", sondern „mentale Kontinuitäten".⁵

Die Literatur des 18. und 19. Jahrhunderts übte nach wie vor großen Einfluss aus. Die Affinität Oda Schaefers zu Werken von u.a. Heinrich von Kleist, Jean Paul, Johann Peter Hebel, Theodor Fontane ist, wie auch bei vielen anderen ihrer Generation⁶, bis zum Ende ihres Lebens ungebrochen, genauso wie sie immer wieder die Lektüre der noch zu ihren eigenen Jugendzeiten lebenden Schriftsteller Marcel Proust und Rainer Maria Rilke genießt. Durch ihre baltischen Wurzeln fühlte sie sich zudem immer wieder zur russischen Literatur, auch hier vornehmlich der des 19. Jahrhunderts⁷, und zum Osten an sich hingezogen.

So gilt es, nicht nur das Leben dieser Autorin darzustellen, sondern es auch im Hinblick auf den historischen und gesellschaftlichen Kontext zu betrachten, um ihre Stellung im literarischen Deutschland des 20. Jahrhunderts aufzeigen zu können.

Autobiographische Aussagen aus den Lebenserinnerungen sollen dabei unter Berücksichtigung der Problematik ihres objektiven Gehalts ebenfalls herangezogen werden, genauso wie Briefe Oda Schaefers an ihre Freundin Hertha Bielfeld und an Horst Lange als Quellen für persönliche Informationen dienen.⁸

---

[5] Ebenda.

[6] So bestimmt z.B. die Lektüre des Werkes von Hebel nicht nur die gemeinsamen Abende in Luftschutzkellern während des Zweiten Weltkrieges, z.B. mit Friedo Lampe, sondern war auch in den sechziger Jahren Thema in Briefen von Oda Schaefer an Robert Minder, der ihr seine Schriften zu diesem Autor geschickt hatte. Hebel wurde bei einem Vortrag von Friedrich Podszus in der Bayerischen Akademie der Schönen Künste über „Maßstäbe der Literaturkritik" offenbar als Vorbild deutscher Prosa bezeichnet, vgl. Brief von Oda Schaefer an Robert Minder vom 25.01.1964, Teilnachlass Robert Minder, DLA-Marbach. Auch auf die literarischen Vorstellungen Dr. Eberhard Meckels hatte das Werk von Hebel großen Einfluss geübt, vgl. Meckel, Christoph: *SUCHBILD. Über meinen Vater*, Frankfurt/M.: Fischer 1987, S. 114.

[7] Werke von u.a. Fjodor Michailowitsch Dostojewski, Nikolai Semjonowitsch Leskow, Lew Tolstoi, Nikolai Wassiljewitsch Gogol, dessen Märchen *Die Nacht vor Weihnachten* sie 1971 in einem Hörspiel behandelt, gehörten zu ihren Favoriten, vgl. Brief von Oda Schaefer an Karl Krolow vom 26.01.1944, Nachlass Karl Krolow, DLA-Marbach.

[8] Die besondere Rechtschreibung Oda Schaefers wird bei direkten Zitaten aus ihren Briefen beibehalten; nur eindeutig unbeabsichtigte Schreibfehler wurden korrigiert.

2.1 Oda Schaefer – Biographie

Oda Schaefer wurde am 21. Dezember 1900 als Oda Johanna Emma Kraus in der Kaiserallee 205[9] in Berlin-Wilmersdorf geboren.[10] Ihre Vorfahren stammten aus dem Baltikum: Der Vater, Eberhard Kraus, war der Sohn eines protestantischen Pastors (Hugo von Kraus) auf dem kurländischen Neugut, der Sally von Kügelgen geheiratet hatte.[11] Sie war nicht nur die Nichte des Malers und Schriftstellers Wilhelm von Kügelgen[12], dessen Autobiographie *Jugenderinnerungen eines alten Mannes* bis weit in die fünfziger Jahre des 20. Jahrhunderts zum bürgerlichen Literaturkanon gehörte[13], sondern auch die Enkelin des berühmten Malers Gerhard von

---

[9] Vgl. Manuskript Ms 89: „Mein Leben, meine Arbeit", Nachlass Schaefer/Lange, Monacensia.

[10] Im Folgenden richte ich mich nach Strohmeyr, S. 72-87; Leuschner, *Das Unsagbare benennen*, S. 77-80; Fritzsche, Walter: *Nachwort*. In: Fritzsche, Walter (Hg.): *Oda Schaefer. Wiederkehr. Ausgewählte Gedichte*, München: Piper 1985, S. 118-123; Budke, Petra/Schulze, Jutta: *Schriftstellerinnen in Berlin 1871 bis 1945. Ein Lexikon zu Leben und Werk*, Berlin: Orlanda Frauenverlag 1995, S. 315f.; Kunisch, Hermann (Hg.): *Handbuch der deutschen Gegenwartsliteratur*, München: Nymphenburger 1965, S. 503f.; Lennartz, Franz: *Deutsche Schriftsteller der Gegenwart. Einzeldarstellungen zur Schönen Literatur in deutscher Sprache*, 11., erweiterte Auflage, Stuttgart: Kröner 1978, S. 627f.; Killy, Walther (Hg.): *Literaturlexikon. Autoren und Werke deutscher Sprache*, Bd. 10, München: Bertelsmann 1991, S. 149f.

[11] Oda Schaefer gab 1936 das Tagebuch ihrer Großmutter Sally von Kügelgen mit dem Titel *Stilles Tagebuch eines baltischen Fräuleins 1855/1856* heraus.

[12] Wilhelm von Kügelgen wurde 1802 als Sohn des Malers Gerhard von Kügelgen in St. Petersburg geboren und war ab 1834 Hofmaler des Duodezherzogs Alexius von Anhalt-Bernburg in Ballenstedt. Er starb 1867; zur Person Wilhelm von Kügelgens vgl. Knittel, Anton Philipp: *Zwischen Idylle und Tabu. Die Autobiographien von Carl Gustav Carus, Wilhelm von Kügelgen und Ludwig Richter*, Dresden: Thelem bei w.e.b. 2002, S. 91ff.

[13] Die *Jugenderinnerungen eines alten Mannes* galten als ein Lieblingsbuch des gehobenen Bürgertums bis 1914 und erlebten unzählige Auflagen. Seinen Höhepunkt erreichte die Rezeption des Kügelgen'schen Werkes 1925 mit der vermeintlichen ‚Gesamtausgabe' von Johannes Werner. Noch 1941/1942 gab Otto von Taube eine Neuausgabe der Jugend- und Lebenserinnerungen heraus, bis dann nach Kriegsende die Zahl der Neuauflagen der *Jugenderinnerungen* zurückgingen. 1992 erfolgte, wohl zum 125. Todestag, vom Koehler & Amelang-Verlag eine Neuausgabe, vgl. Knittel, S. 110, 112f.

Kügelgen[14], dessen Porträts von u.a. Friedrich von Schiller, Johann Wolfgang von Goethe, dem preußischen Königshaus und der russischen Zarenfamilie weltweit Eingang in die Sammlungen der größten Pinakotheken gefunden haben.[15] Da sich Eberhard Kraus hatte naturalisieren lassen, kam die Tochter Oda „als deutsche Untertanin zur Welt und nicht als russische, wie die Balten allgemein".[16]

Oda Schaefer, Neukuhren 1906.[17]

---

[14] Der Maler Gerhard von Kügelgen, geboren 1772 in Bacherach, ließ sich nach Aufenthalten u.a. in Rom und Sankt Petersburg 1805 in Dresden nieder, wo er 1820 Opfer eines Raubmordes wurde, vgl. Knittel, S. 91-94.

[15] Gerhard von Kügelgen hinterließ ca. 295 Porträts, vgl. von Hellermann, Dorothee: *Gerhard von Kügelgen (1772-1820). Das zeichnerische und malerische Werk*, Berlin: Dietrich Reimer Verlag 2001, S. 55ff.

[16] *Mein Leben, meine Arbeit. Ein Selbstporträt.* In: *Welt und Wort* 16 (1961), S. 45f., hier S. 45.

[17] Foto im Nachlass Schaefer/Lange, Signatur P/a 485/3, Monacensia.

Alice Baertels, die Mutter von Oda Schaefer, stammte aus einer estländischen Kaufmannsfamilie aus der Universitätsstadt Dorpat und wird in den Erinnerungen von Oda Schaefer als eine äußerst schöne[18] und vor allem musikalische Frau beschrieben.[19]

Die Ehe der Eltern war jedoch schwierig. Eberhard Kraus, der gegen den Willen seines Vaters Journalist geworden war[20], übernahm nach seiner Tätigkeit als freier Schriftsteller in Berlin, die er aus finanziellen Gründen nicht dauerhaft ausüben konnte[21], die Chefredaktion der Ostpreußischen Zeitung in Riga, was viele Reisen ins Kurland, nach Ostpreußen und St. Petersburg mit sich brachte. Seit Odas achtem Lebensjahr lebten die Eltern getrennt.

Bei Oda Schaefers einzigem Besuch Estlands auf Gut Poll, das in ihrer Erinnerung zum „Paradies" wurde und das sie in seiner Schönheit beschwor, brach der Erste Weltkrieg aus. Der Vater wurde aus Ostpreußen ausgewiesen, die Familie musste über Finnland nach Schweden fliehen.

Während des Krieges, der auch für Oda Kraus eine bittere Zeit des Hungerns bedeutete, flüchtete sich die Heranwachsende in die Welt der Musik und der Dichtung. Früh hatte sie die vielfachen künstlerischen Begabungen ihrer Eltern übernommen: erste Schreib-[22] und Malversuche offenbarten literarisches sowie bildnerisches Talent, was der Vater mit Besorgnis betrachtete. Er „wollte uns Kinder vor den Fährnissen des freien Berufs bewahren"[23], meinte Oda Schaefer, weswegen seine Kinder

---

[18] In den Lebenserinnerungen *Auch wenn Du träumst, gehen die Uhren* heißt es, dass sie „das schönste Mädchen von Dorpat" war, als ihr Vater sie kennenlernte, S. 42.

[19] Vgl. *Auch wenn Du träumst, gehen die Uhren*, S. 48f.

[20] Nach der Vorstellung seines Vaters sollte er ebenfalls Pastor werden, vgl. *Mein Leben, meine Arbeit*. In: *Welt und Wort* 16 (1961), S. 45f., hier S. 45.

[21] Vgl. Manuskript Ms 154: „Die alte Wohnung. Eine Erinnerung m. Abschweifungen", Nachlass Schaefer/Lange, Monacensia.

[22] Unter den Manuskripten im Nachlass befindet sich eine Erzählung mit dem Titel *Vision. Ein Traumerlebnis*, die Oda Schaefer 1916 im Alter von 15 Jahren verfasste, vgl. Manuskript L 2956, Nachlass Schaefer/Lange. In einem Selbstporträt berichtet sie von Gedichten, die sie mit sechs Jahren, von einem angefangenen Roman *Ritter Heinz von Eschen*, den sie mit zehn, von Sonetten, die sie mit fünfzehn, und einem Märchen, das sie mit sechzehn Jahren geschrieben habe, vgl. *Mein Leben, meine Arbeit*. In: *Welt und Wort* 16 (1961), S. 45f., hier S. 46.

[23] Manuskript Ms 72: „Interview", Nachlass Schaefer/Lange, Monacensia.

Lehrer werden sollten, um eine sichere Pension zu erhalten. Den Ehrgeiz, Pianistin zu werden, gab sie jedoch bald wieder auf.[24]

Der Zusammenbruch des Kaiserreiches, der Verlust des deutschen Baltikums – der politischen Heimat – und der beruflichen Anstellung sowie eine mutmaßlich schwere Krankheit trugen wohl dazu bei, dass sich der Vater Eberhard Kraus 1918 das Leben nahm. Für Oda bedeutete der Tod des Vaters einen tiefen Einschnitt in ihr Leben; von ihm und seinem großen Wissen, das er sich in seinem Studium der Germanistik und Geschichte an der Universität Dorpat erworben hatte, war sie in den häuslichen Tischgesprächen geprägt worden; mit ihm hatte sie sich immer verbundener gefühlt als mit ihrer Mutter.[25]

Nach dem Selbstmord des Vaters stellte sich die Frage nach der finanziellen Versorgung der Familie. Oda Kraus besuchte nach der Gunkelschen Privatschule in Steglitz und dem Gertrauden-Lyzeum in Dahlem nun die Kunstgewerbeschule von Adolf Propp, einem Schüler von Emil Orlik, und wurde Graphikerin. Auf Festen und Ausflügen fand sie Eingang in die Berliner Bohème der zwanziger Jahre. 1922 lernte sie in einem Club namens „Leinöl", den einige Schüler und Schülerinnen der Kunstgewerbe- und Handwerker-Schule am Schlesischen Bahnhof zu Berlin gegründet hatten, den Maler und Zeichner Albert Schaefer-Ast kennen, der mit seinen berühmt-berüchtigten Atelierfesten „im schlauchlangen Ast-Loch"[26] zu den schillernden Künstlerpersönlichkeiten Berlins gehörte. Ihrer Freundin Hertha Bielfeld, einer Mitschülerin im „Blauen Haus" von Adolf Propp, schilderte sie 1960 ihre Eindrücke gegenüber diesem Mann, einem „Gorilla", „für mich völlig undurchsichtig, geheimnisvoll und interessant. Ich bildete mir tatsächlich ein, dass ich mit ihm im Variété auftreten könnte, nachdem ich steppen gelernt hätte […], sah mich schon im Tingel-Tangel, solchen Lokalen, von denen er wie Ringelnatz erzählte, und in der weiten Welt […]."[27]

Als elbische Schönheit war Oda Kraus in diesen Künstler-Kreisen bekannt, auch George Grosz, Kurt Tucholsky und Carl von Ossietzky

---

[24] Vgl. *Auch wenn Du träumst, gehen die Uhren*, S. 128: „[…] ich war körperlich viel zu schwach und geistig zu unkonzentriert."
[25] Vgl. *Auch wenn Du träumst, gehen die Uhren*, S. 137f.
[26] Manuskript Ms 152: „Wie ich den Zeichner Schaefer-Ast kennenlernte. Eine Erinnerung", Nachlass Schaefer/Lange, Monacensia.
[27] Brief von Oda Schaefer an Hertha Bielfeld vom 02.02.1960, Nachlass Schaefer/Lange, Monacensia.

lernte sie kennen.[28] 1923 heiratete Oda Kraus den um elf Jahre älteren Albert Schaefer-Ast, – eine Ehe, die allerdings nur kurze Zeit währte. Sie, der ein Leben außerhalb des Hauses, in der Gesellschaft immer sehr wichtig war, wurde nun auf einmal „mit Wäsche und Kochen und allerlei Krimskrams, der mir zum Halse heraushing, an die Wohnung gefesselt, während Ästchen fleissig weiter poussierte […], was ich immer vorher zu ertragen glaubte, aber dann doch nicht konnte […]."[29] Nach der Geburt des – unbeabsichtigten[30] – Sohnes Peter ein Jahr später, die Oda Schaefer fast nicht überlebt hätte, trennte sich das Paar; die Scheidung erfolgte 1925.[31] Ihre Beziehung zu Uli Klimsch, dem Sohn von Fritz Klimsch, die sie in einem Brief an ihre Freundin als Scheidungsgrund anführte[32], war ebenfalls nur von kurzer Dauer.

1926 zog Oda Schaefer mit ihrer Mutter und ihrem Sohn zu ihrem dreizehn Jahre älteren Bruder, der kurz zuvor die Chefredaktion des *Liegnitzer Tageblattes* übernommen hatte, nach Nieder-Schlesien. Dort verfasste sie, nachdem sie kurzzeitig[33] als Sekretärin und Buchhalterin in einer Handlung für Auto- und Fahrradersatzteile gearbeitet hatte, feuilletonistische Beiträge für verschiedene Zeitungen, wie die *Schlesische Zeitung* und die *Schlesischen Monatshefte*[34] sowie impressionistische Naturschilderungen für den *Wanderer im Riesengebirge*.[35]

---

[28] Vgl. Manuskript Ms 79, Nachlass Schaefer/Lange, Monacensia.

[29] Brief von Oda Schaefer an Hertha Bielfeld vom 02.02.1960, Nachlass Schaefer/Lange, Monacensia.

[30] „[…] denn ich wollte noch garkein Baby, ich war ja selbst noch eins." Ebenda.

[31] Vgl. dem „Fragebogen für schriftstellerisch Tätige" der Reichsschrifttumskammer vom 13.07.1937 beigefügten Lebenslauf Oda Schaefers in der Reichskulturkammerakte im Bundesarchiv Berlin, BArch, ehem. BDC, RKK, Lange, Oda, 21.12.00.

[32] Vgl. Brief von Oda Schaefer an Hertha Bielfeld vom 20.02.1966, Nachlass Schaefer/Lange, Monacensia.

[33] Oda Schaefer berichtet von einem „ca. ¾ Jahr" 1929 und 1930, Brief von Oda Schaefer an Ursula Bräuning vom 18.03.1974, Nachlass Schaefer/Lange, Monacensia.

[34] Vgl. z.B. *Schlesische Landschaft* und das Gedicht *Hände*. In: *Die Schlesischen Monatshefte* 7 (1930), S. 259ff. sowie S. 445.

[35] Vgl. z.B. *Schlesische Landschaft in schlesischer Dichtung*. In: *Der Wanderer im Riesengebirge* 52 (1932), S. 26-28.

Oda Schaefer in Liegnitz, 1927.[36]

Hier, in Liegnitz, traf sie 1929 den Schriftsteller Horst Lange, „die große Liebe ihres Lebens".[37] An ihre Freundin schrieb sie rückblickend über die Faszination an diesem Mann, dass „das Östliche[38], Revolutio-

---

[36] Foto im Nachlass Schaefer/Lange, Signatur P/a 485/4, Monacensia.
[37] Leuschner, Wunder und Sachlichkeit, S. 139. Oda Schaefer berichtet darüber ausführlich in *Auch wenn Du träumst, gehen die Uhren*, S. 222ff.
[38] Diesbezüglich schreibt Oda Schaefer an Hertha Bielfeld: „Ich habe Polen und Russland in ihm, nannte ihn früher meinen ‚kleinen Dostojewski'. Irgendwo stimmt dann die Rechnung doch, denn mich hat das Russische immer angezogen, von jeher. Ich liebe die slawischen Männer. Er hat von seiner Seite her viel Polnisches, auch Russisches im Bluterbe." Brief vom 21.09.1963, Nachlass Schaefer/Lange, Monacensia.

näre, Nicht-Devote, und Dostojewski-hafte"[39] sie magnetisch angezogen hätte.

Mit ihm ging sie entgegen allen Warnungen von Seiten der Familie zwei Jahre später nach Berlin – ohne einen finanziellen Rückhalt: „Wir hatten kein Betriebskapital, […], unsere ganzen Finanzen bestanden aus 300.- Mark, die schon im ersten Monat verbraucht waren, denn die möblierten Zimmer waren recht teuer."[40] Das Paar verdiente sich mit Arbeiten für die Feuilletons verschiedener Zeitungen, wie u.a. dem *Berliner Tageblatt*, der *Frankfurter Zeitung*, sowie für den Berliner Rundfunk seinen Lebensunterhalt. „Wir wohnten von Anfang an nicht in Wolkenkuckucksheim, sondern begaben uns auf eine sehr reale Ebene des Geldverdienens, nämlich als Journalisten", berichtete Oda Schaefer in einer Erinnerung. Ihr als Frau kam zusätzlich zur beruflichen Arbeit die Aufgabe zu, „mit den Realitäten fertig zu werden, mit geringen Summen auszukommen und die Hausarbeit wie nebenher zu bewältigen […]." Die Themen, über die sie schrieben, stellten sie sich zum größten Teil selbst, selten bekamen sie Aufträge von Zeitung oder Rundfunk, denn die Konkurrenz in Berlin war groß:

> Es gab vor 1933, ehe die Emigration einsetzte, eine Fülle von hervorragenden Schriftstellern, gegen die man sich durchzusetzen hatte. Wir beide waren noch ganz unbekannt und mussten erst die andern von unserem Talent überzeugen.[41]

Für eine sichere Basis sorgte Oda Schaefer, indem sie die wöchentlich erscheinende Frauenbeilage für das *Liegnitzer Tageblatt* gestaltete und damit eine feste Summe erwirtschaftete. Zudem versetzte sie bei Engpässen mehrere Male den von ihrer Mutter erhaltenen Schmuck bei einem Leihhaus, löste ihn aber immer wieder aus. Ihre Tätigkeit als Lyrikerin, bei der Horst Lange als Kritiker eine wichtige Rolle spielte, musste sie notgedrungen einschränken, vor allem, da Horst Lange an seinem großen Roman *Schwarze Weide* schrieb, für den erst 1935 ein Verleger gefunden wurde, der das Werk mit einem Vorschuss finanzierte. Der freie Be-

---

[39] Brief von Oda Schaefer an Hertha Bielfeld vom 27.01.1960, Nachlass Schaefer/Lange, Monacensia.
[40] Hier und in den folgenden Zitaten Manuskript L 2967: „Frühe, schöne, schwere Jahre in Berlin. Eine Erinnerung", Nachlass Schaefer/Lange, Monacensia.
[41] Ebenda.

ruf bot dabei dem Paar, das oft krank war[42], viele Vorteile: „Wir konnten zu Haus arbeiten, unsere Zeit selbst einteilen, ich schrieb oft im Liegen, wenn ich krank war, und wir waren von keinem Chef abhängig. Es war eine Art von Freiheit, die uns sehr behagte und die in anderen Berufen unbekannt ist"[43], erinnert sich Oda Schaefer.

Oda Schaefer und Horst Lange, Berlin 1931.[44]

---

[42] In einem Brief an Ursula Bräuning vom 18.03.1974 berichtet Oda Schaefer, dass sie wegen Lungen-Tbc aus ihrer festen Anstellung in Liegnitz ausscheiden musste und daher aus gesundheitlichen Gründen nur ein freier Beruf für sie in Frage kam. Während des Krieges tauchte die Tbc wieder auf, im rechten Auge auf dem Augenhintergrund, neben dem Sehnerv. Einen empfohlenen Aufenthalt in der Schweiz konnte Oda Schaefer aus finanziellen Gründen nicht wahrnehmen, Nachlass Schaefer/Lange, Monacensia.
[43] Manuskript L 2967, Nachlass Schaefer/Lange, Monacensia.
[44] Foto im Nachlass Schaefer/Lange, Signatur P/a 485/6, Monacensia.

In diesen Jahren nach 1933 konnte sie in der kleinen Siedlungswohnung in Berlin-Zehlendorf sogar kurzfristig einen Flügel ihr Eigen nennen, den sie von Peter Huchel, der die meisten der Möbel von Ernst Bloch[45] übernahm, jedoch das Instrument nicht mehr beherbergen konnte, erhalten hatte. Musik hatte für sie immer noch eine große Bedeutung: „Ich spielte fast täglich wie früher und war glücklich. Ausser Couperin, Lully, Haydn, Mozart und wenig Beethoven spielte ich wieder die Mazurken von Chopin".[46]

Auf dem fest eingebundenen Notenheft dieser Chopin'schen Mazurken entstanden, vor allem nachts[47], wenn alles ruhig war und sie sich konzentrieren konnte, ihre besten Gedichte, wie sie selbst in einer Erinnerung[48] berichtet. Die Publikation von Gedichten Horst Langes in der von Martin Raschke und Adolf Artur Kuhnert gegründeten Zeitschrift *Die Kolonne*, in der auch ein Gedicht Oda Schaefers erschien, führte zu einer engen Bekanntschaft bzw. Freundschaft mit in diesem Organ ebenfalls veröffentlichenden Autoren wie u.a. Elisabeth Langgässer, Peter Huchel, Martha Saalfeld, Friedrich Bischoff oder Günter Eich.

Nach einer Hausdurchsuchung durch die Gestapo 1933 entschlossen sich Horst Lange und Oda Schaefer zu heiraten. Die Ehe zwischen beiden Charakteren gestaltete sich allerdings oftmals schwierig. Beide brauchten für ihre Kunst den Flirt, Horst Lange auch die Erotik[49], so dass es immer wieder zu Streit und Eifersuchtsszenen kam. Oda Schaefer berichtete ihrer Freundin, dass sie sich 1937 von Horst Lange scheiden lassen wollte – eine Zeit, in der sie kurzfristig mit dem Maler Max Hauschild liiert war.[50]

---

[45] Ernst Bloch war vor Hitler nach Prag geflohen.
[46] Manuskript Ms 148: „Schwarze Weide [v. Horst Lange]. Die Geschichte eines Romans", Nachlass Schaefer/Lange, Monacensia.
[47] Vgl. Manuskript L 2967, Nachlass Schaefer/Lange, Monacensia.
[48] Vgl. Manuskript Ms 148, Nachlass Schaefer/Lange, Monacensia.
[49] Vgl. Brief von Oda Schaefer an Hertha Bielfeld vom 21.09.1963, Nachlass Schaefer/Lange, Monacensia.
[50] „[…] ich habe früher, da ich auch Schonung und Freundschaft und Zärtlichkeit brauchte, die Freundschaft mit Max Hauschild, dem Maler, gehabt. […] in früheren Zeiten, als seine Erotik noch nicht so zur Sexualität ausartete, ist er mir eine Stütze und ein Halt gewesen, hat aber nie gegen Horst gehetzt. Oft habe ich mich bei ihm ausgeheult, und er hat es mir mit Zartheit vergolten. Diese Zartheit war zuletzt völlig verschwunden. Das Materielle hatte ganz überhandgenommen, Essen, Saufen, und Bettgeschichten. Ich hatte mit ihm nur eine kurze – 1/2 Jahr! – Liaison – in der Zeit, als ich mich von Horst

Stets hatte sie viele Verehrer[51] um sich, verliebte sich sehr schnell, spielte aber auch oft kokett und sich ganz ihrer Schönheit bewusst mit dem anderen Geschlecht. Ihre Liebe zu Horst Lange aber wurde dadurch nie in Frage gestellt.

Da Oda Schaefer zu Beginn der Machtübernahme durch die Nationalsozialisten nicht im Brennpunkt öffentlicher Kontroversen stand und – im Sinne der neuen Machthaber – nicht negativ, wie z.b. durch eine Parteizugehörigkeit, aufgefallen war, hatte sie persönlich durch den politischen Machtwechsel nichts zu befürchten. Ihr wurde kein Publikationsverbot auferlegt, der Antrag zur Aufnahme in die Reichsschrifttumskammer von 1933 genehmigt[52], so dass sie weiterhin publizieren konnte. Ihre anti-nationalsozialistische Haltung hat Oda Schaefer deutlich in ihrer Autobiographie beschrieben, in der sie davon berichtet, wie sie sich für Verfolgte einsetzte, indem sie sie zeitweise in ihrer Wohnung versteckte.[53] In ihren Artikeln, Gedichten und Buchwerken lässt sich kein rassis-

---

scheiden lassen wollte, 1937, dann war es total aus, [...] aber es blieb eine grossartige Freundschaft." Ebenda.

[51] Vgl. Brief von Elisabeth Langgässer an Elisabeth Andre vom 22.02.1941, in dem sie von einem amerikanischen Verehrer Oda Schaefers berichtet, Hoffmann, Elisabeth (Hg.): *Langgässer, Elisabeth: Briefe 1924-1950*, Bd. 1, Düsseldorf: Claassen 1990, S. 351; auch in Briefen an Karl Krolow erzählt Oda Schaefer immer wieder von Verehrern.

[52] Vgl. Reichskulturkammerakte zu Oda Schaefer im Bundesarchiv Berlin, BArch, ehem. BDC, RKK, Lange, Oda, 21.12.00. Ihre Mitgliedsnummer der Reichsschrifttumskammer war mit 697 allerdings eine der früheren Nummern, zwar nicht eine der ersten wie die von Günter Eich (39), aber doch deutlich eher als die von Horst Lange (2037) oder Peter Huchel (9489), vgl. Nijssen, Hub: *Der heimliche König. Leben und Werk von Peter Huchel*, Würzburg: Königshausen & Neumann 1998, S. 99.

[53] Vgl. Brief von Oda Schaefer an Hertha Bielfeld vom 18.02.1964: „Aber Eggebrecht sagte ganz richtig – was das Politische angeht, das mich sonst nie sonderlich interessierte, ausser dass wir gegen die Nazis waren, dauernd gefährdet mit KZ (bei uns konnte man nicht ungestört telefonieren, wir wurden abgehört, es kam eines Tages ein Mann und sagte, er müsse das Telefon nachschauen, da wäre was in Unordnung, die übliche Sache), man solle sich raushalten, aber wir waren keiner Untergrundbewegung angeschlossen. Wir haben nur privat geholfen, jüdische Freunde und jüdische Fremde versteckt, Untergetauchte beschäftigt usw. Auch für Fremdarbeiter, Russinnen und so habe ich Sachen gespendet." Nachlass Schaefer/Lange, Monacensia; vgl. ebenfalls *Auch wenn Du träumst, gehen die Uhren*, S. 298.

tisches und antisemitisches Gedankengut nachweisen, genauso wie sie laut Akte der Reichskulturkammer im Bundesarchiv kein Mitglied der NSDAP war.

Oda Schaefer, 1933. Jutta Selle, Foto-Atelier Berlin.[54]

Neben den regelmäßigen Beiträgen Oda Schaefers für verschiedene Zeitungen, Zeitschriften, wie *Der weiße Rabe*, *Das Innere Reich*, ab 1936/1937 *Die Dame* sowie Jugendsendungen, Lesungen (Funk-Stunde) für den Rundfunk in Berlin, Breslau und Königsberg[55] und Hörspielen für den

---

[54] Foto im Nachlass Schaefer/Lange, Signatur P/a 485/22, Monacensia.
[55] Vgl. „Fragebogen für Mitglieder" des Reichsverbandes Deutscher Schriftsteller vom 20.08.1933, Bundesarchiv Berlin, BArch, ehem. BDC, RKK, Lange, Oda, 21.12.00.

Deutschlandsender erschien 1937 der erste große Roman Horst Langes, *Schwarze Weide*, der in der Fachpresse und bei Schriftsteller-Kollegen sehr geschätzt wurde. Leider geriet sein Erfolg durch die Publikation des gleichzeitig bei demselben Verlag erschienenen Romans von Margaret Mitchell *Vom Winde verweht* ins Hintertreffen. Oda Schaefer erinnerte sich später, dass die Schaufenster von der Präsenz dieses Buches dominiert wurden, während das Werk Horst Langes nur am Rande mit einigen wenigen Exemplaren vertreten war.[56]

Nach der Herausgabe des Tagebuchs ihrer Großmutter Sally von Kügelgen 1936 (*Das stille Tagebuch eines baltischen Fräuleins*) im Propyläen-Verlag trat Oda Schaefer 1939 mit ihrem ersten Gedichtband *Die Windharfe* in der von V.O. Stomps gegründeten Rabenpresse an die Öffentlichkeit. Ihrer gleichzeitigen Tätigkeit auf verschiedenen Gebieten entsprechend erschien in diesem Jahr auch ein Sachbuch bzw. medizinischer Ratgeber mit dem Titel *Kosmetik ohne Geheimnis*, das Oda Schaefer zusammen mit Dr. med. Elfride Scheel verfasst hatte.

Gerade als sich die finanzielle Situation des Paares zu bessern begann[57] – Horst Lange hatte 1940 einen Filmstoff an die Bavaria verkauft, den *Sohn der Hauptmannswitwe*[58] – und sich die Repression scheinbar etwas lockerte, wie Oda Schaefer in einem Brief an Charlotte und Werner Bergengruen schrieb[59], wurde im Juli 1940 Horst Lange zu den Pionieren eingezogen und 1941 vor Moskau verwundet. Er erhielt durch einen Granatsplitter eine schwere Kopfverletzung, unter der er sein ganzes weiteres Leben litt. Die Ehe mit ihm wurde für Oda Schaefer zeitweise sehr schwer, da er – psychisch krank, traumatisiert durch die Erlebnisse des Krieges – in Alkohol flüchtete, was seine körperliche und geistige Konstitution zusätzlich angriff.

Ein weiterer Schicksalsschlag folgte 1944: Oda Schaefer verlor ihren Sohn Peter in der Schlacht um Witebsk. Er galt seitdem als vermisst.

---

[56] Vgl. *Auch wenn Du träumst, gehen die Uhren*, S. 280.
[57] Vgl. Brief von Oda Schaefer an Charlotte und Werner Bergengruen vom 27.02.1940: „Es geht uns Gottseidank viel besser als früher, wir brauchen nicht mehr am Daumen zu lutschen, wenn uns das Essen ausgeht […]." Signatur Ana 593.B.IV, Bayerische Staatsbibliothek München.
[58] Vgl. ebenda.
[59] Vgl. ebenda: „Hier hat sich einiges geändert, was sich auf dem Stande der Kunst anzeigt. Die Galerien haben Leute ausgestellt, die noch im vorigen Jahr strikt verboten worden wären, Bücher gehen weg wie warme Semmeln, […] und manches andre hat sich auch gelockert."

1945 wurde Horst Langes Einheit von der Hauptstadt nach Mittenwald zur „Verteidigung der Alpenfestung"[60] verlegt; mit einem Passierschein als Sekretärin gelang ihr zusammen mit Horst Lange die Flucht nach Bayern, wo sie – völlig verarmt und mittellos (ihre Wohnung in Berlin war ausgebombt und zwangsbesetzt) – eine neue Existenz aufbauen mussten. Die Strapazen des Krieges, die seelischen und physischen Torturen kamen nun zum Ausdruck und führten dazu, dass sich der Gesundheitszustand Oda Schaefers stark verschlechterte. Mehrere Male musste sie sich schweren Operationen unterziehen. Erst 1946 konnte sie die Trauer und den Schmerz über den Verlust ihres Sohnes artikulieren:

> Es ist doch wohl damals so gewesen, als ich die Nachricht erhielt, dass ich mich in einem masslosen Weinen vollkommen zu verlieren und aufzulösen begann und das Ende dieses Beginns wäre der Wahnsinn gewesen, der Wahnsinn eines nicht mehr erträglichen Schmerzes. Jetzt endlich kann ich darüber sprechen. Und voller Entsetzen schnitt ich alles ab wie einen Faden, gewaltsam, oder es war so, als hätte ich eine Schublade aufgezogen, dort etwas Unerträgliches erblickt und sie sofort wieder zugeworfen.[61]

Mit dem Ende des Krieges und dem Neuanfang in Mittenwald zeigte sich bei Oda Schaefer trotz ihrer schlechten Gesundheit jedoch auch eine unglaubliche „Arbeitssehnsucht"[62], die sich in zahlreichen Veröffentlichungen ihrer Gedichte und Beiträge in den sich neu konstituierenden literarischen Foren, z.B. neuen Zeitschriften, wie u.a. *Karussell*, *Der Bogen*, *Das goldene Tor* und *Horizont*, oder Anthologien, etwa u.a. *De profundis*, manifestierte.[63] Diese Produktivität äußerte sich auch in einer Vielzahl an Publikationen in den Jahren 1946 bis 1950: Einerseits trat sie als Lyrikerin mit den Gedichtsammlungen *Irdisches Geleit* (1946) und *Kranz des Jahres* (1948) an die Öffentlichkeit, andererseits mit ihren Prosa-Bänden *Die Kastanienknospe* (1947) und *Unvergleichliche Rose* (1948) sowie als

---

[60] *Auch wenn Du träumst, gehen die Uhren*, S. 316.
[61] Brief von Oda Schaefer an Horst Lange vom 21.05.1946, Nachlass Schaefer/Lange, Monacensia.
[62] Oda Schaefer schrieb Horst Lange am 20.05.1946 aus dem Krankenhaus: „Und ganz im Vordergrund steht bei mir eine Arbeitssehnsucht, wie ich sie noch nie kennenlernte – […]. Ich hab doch solche Arbeitslust, […]!" Nachlass Schaefer/Lange, Monacensia.
[63] Charlotte Bergengruen zollt in ihrem Brief vom 02.12.1946 Oda Schaefer Anerkennung ob ihrer starken Präsenz in Zeitungen und literarischen Zeitschriften, Nachlass Schaefer/Lange, Monacensia.

Herausgeberin eines Gedichtbandes über *Madonnen* (1947). Diese Bände erschienen noch bei unterschiedlichen Verlagen, wie dem Kurt Desch Verlag[64], Hans Müller Verlag[65] sowie *Die Kastanienknospe* bereits bei Piper, dessen Hausautorin Oda Schaefer von nun an werden sollte.
Bei der Suche nach neuen Arbeitsmöglichkeiten waren Kontakte zu befreundeten Schriftstellern wie etwa zu Erich Kästner, Gunter Groll, Elisabeth Langgässer, Jürgen Eggebrecht von unschätzbarer Hilfe. Horst Lange wurde zum Präsidenten der Kulturliga bestimmt, wodurch sich viel für in Not geratene Freunde und Dichter erreichen ließ. Auch Oda Schaefer unterstützte darin ihren Mann.[66] Die Schriftsteller der sogenannten ‚inneren Emigration' waren gesucht – in die Anthologie *De profundis* von Gunter Groll wurden diese Autoren bevorzugt aufgenommen[67] – und dominierten die sich neu bildende Literaturszene. Im Rahmen der allgemeinen Suche nach Orientierungshilfen in der katastrophalen Gegenwart der Nachkriegszeit boten sie die Rückbesinnung auf die Kultur und Literatur der Vergangenheit. Der Dichter erfüllte, „anknüpfend an den im 19. Jahrhundert generierten bildungsbürgerlichen Literatur-, Kunst- und Kulturbegriff, der in der Hochschätzung von Sprache und Literatur, Kunst und Kultur quasireligiöse Sinnangebote und Deutungsmuster bereitstellt"[68], die Funktion eines „Verkünders"[69], Propheten und geistig-moralischen Führers.[70] So bestimmte „die klassisch-humanistische Kulturtradition, die Kontinuität nationaler semantischer Traditionsbestände"[71] die Diskurse.

---

[64] Beim Desch-Verlag erschien der Gedichtband *Irdisches Geleit*.
[65] *Kranz des Jahres* und *Unvergleichliche Rose* wurden beim Hans Müller Verlag in Stuttgart publiziert.
[66] Vgl. Brief von Oda Schaefer an Elisabeth Langgässer vom 07.04.1946, Nachlass Elisabeth Langgässer, DLA-Marbach.
[67] Vgl. Brief von Gunter Groll an Oda Schaefer und Horst Lange vom 10.11.1945: „[...] die innere Emigration rangiert vor der äußeren." Nachlass Schaefer/Lange, Monacensia.
[68] Wende, S. 19.
[69] Hay, Gerhard: *Vorwort*. In: Hay, Gerhard (Hg.): *Zur literarischen Situation 1945-1949*, Kronberg: Athenäum-Verlag 1977, S. 3-11, hier S. 7.
[70] Vgl. hierzu Engler, Jürgen: *„Geistige Führer" und „arme Poeten". Autorenbilder der Nachkriegszeit*. In: Heukenkamp, Ursula (Hg.): *Unterm Notdach. Nachkriegsliteratur in Berlin 1945-1949*, Berlin: Erich Schmidt Verlag 1996, S. 47-87, hier S. 52-56.
[71] Wende, S. 21.

Die Kirche, die Religion an sich gewann allgemein große Popularität. Gerade bei Oda Schaefer bewirkten die existentiellen Erfahrungen des Krieges eine starke Hinwendung zum katholischen Glauben, und führten sogar dazu, dass sie eine Konversion zum Katholizismus in Erwägung zog.[72]

Ihre Orientierung an traditionellen Erzähl- und Lyrikformen und an den ästhetischen Prinzipien der Kalligraphie ließ sie in Gegensatz zur Literatur des sogenannten „Kahlschlags" treten, die einen radikalen Neubeginn in „Sprache, Substanz und Konzeption"[73] proklamierte und sich demonstrativ gegen die bereits vor dem Nationalsozialismus existierenden literarischen Traditionen stellte. Oda Schaefer brachte ihre Haltung gegenüber dieser neuen Tendenz deutlich zum Ausdruck: „Nehme gegen die Übel unserer Zeit Stellung, Feind den Anti-Kalligrafisti, den Kahlschlägern"[74] ist in einem Manuskript zu lesen, in dem sie ihr Leben für ein Interview zusammenfasste – eine Einstellung, die sich weiterhin nicht mehr veränderte. Walter Höllerer bezeichnete sie 1962 polemisch als den „Kartoffelkäfer der deutschen Literatur": er „frisst alles Grüne ab."[75]

---

[72] Ihrer Freundin Hertha Bielfeld schreibt sie am 10.02.1960: „Ich wollte, zumal mein Mann katholisch ist und ich richtig kirchlich nachheiraten wollte, in Mittenwald auch konvertieren – er hat es verhindert, ob zu meinem Schaden oder Nutzen, kann ich noch nicht genau sagen." Im Rückblick auf ihr bisheriges Leben konnte sie für sich feststellen: „Ich fürchte fast, dass ich wie viele Konvertiten päpstlicher als der Papst geworden wäre. […] Ich glaube halt, dass diese Dogmen nicht für mich gemacht sind, […]." Nachlass Schaefer/Lange, Monacensia.

[73] Weyrauch, Wolfgang (Hg.): *Tausend Gramm. Sammlung neuer deutscher Geschichten*, Hamburg, Stuttgart, Baden-Baden, Berlin: Rowohlt 1949, S. 214.

[74] Manuskript Ms 72: „Interview", Nachlass Schaefer/Lange, Monacensia.

[75] Brief von Oda Schaefer an Hertha Bielfeld vom 17.10.1962, Nachlass Schaefer/Lange, Monacensia. Oda Schaefer stieß damit bei ihren der älteren Generation angehörenden Freunden wie Werner Bergengruen, Adolf Grimme oder auch Siegfried von Vegesack auf allgemeine Zustimmung, vgl. Brief von Siegfried von Vegesack an Oda Schaefer vom 08.06.1962: „Sie haben damals in Darmstadt ein wunderbares Wort geprägt, als Sie einen von den jüngeren Mitgliedern unserer Akademie, – ich brauche den Namen nicht zu nennen, – einen ‚Kartoffelkäfer der deutschen Literatur' nannten! [Oda Schaefer fügte handschriftlich „Höllerer" ein.] Auch Grimme's und Bergengruen sind von diesem Wort begeistert, – das mich sogar zu einem Gedicht inspiriert hat!" Nachlass Schaefer/Lange, Monacensia.

Die Erfahrungen während des Nationalsozialismus hatten noch eine weitere Wandlung Oda Schaefers zur Folge, und zwar ihre Einstellung zur Politik: Ging ihr politisches Interesse vor dem Krieg kaum weiter als bis zur Ablehnung Hitlers, so war sie nun ein Gegner jeglicher militärischer Aktivität – sie engagierte sich besonders gegen die atomare Aufrüstung der Bundesrepublik[76] – und bezog deutlich gegen radikal rechte wie linke politische Tendenzen Stellung.[77]

Sie schrieb neben den genannten Zeitschriften u.a. für die *Die Neue Zeitung*, *Die Zeit* und die *Süddeutsche Zeitung* und wurde durch Elisabeth Langgässer und Günter Weisenborn, die Oda Schaefer und Horst Lange bereits von Berlin her „als absolut integer"[78] kannten, 1949 Mitglied im neu gegründeten PEN. Auch in die Akademie für Sprache und Dichtung Darmstadt wurde sie 1949 aufgenommen – sie ist als Gründungsmitglied verzeichnet[79] –, aus der sie 1966 austrat.

Durch die Hilfe bedeutender Freunde, den Verleger von Horst Lange Henry Goverts und den Dramaturgen des Züricher Schauspielhauses Kurt Hirschfeld (genannt „Hirschi"), erhielt das Schriftstellerpaar Oda Schaefer und Horst Lange 1947/1948 einen neunmonatigen Aufenthalt in der Schweiz bewilligt, wo sie in Zürich u.a. mit Bert Brecht, Alexander Lernet-Holenia, Carl Zuckmayer und Max Frisch zusammentrafen.[80] Neben einer ungeheuren Welle der Hilfsbereitschaft, die ihr und Horst Lange zuteil wurde, musste Oda Schaefer dort auch oft die Abneigung und Reserviertheit erfahren, die ihr als Deutsche, die nicht emigriert war, ent-

---

[76] Vgl. Schnell, Geschichte der deutschsprachigen Literatur seit 1945, S. 122; vgl. ebenso Wagenbach, Klaus: *Vaterland, Muttersprache. Deutsche Schriftsteller und ihr Staat seit 1945*, Berlin: Verlag Klaus Wagenbach 1979, S. 145.

[77] Vgl. Brief an Hertha Bielfeld vom 04.02.1960: „Natürlich bin ich im Verein gegen die Atomaufrüstung der Bundesrepublik, mir ist es scheissegal, ob ich dadurch in Geruch des Kommunismus komme. Ich war mal sehr links, – aber ich habe gesehen, dass die Masse jede gute Idee verdirbt, auch das Christentum! [...] Alles, was gegen den gesunden Menschenverstand, jenen common sense geht, ist mir widerwärtig." Nachlass Schaefer/Lange, Monacensia.

[78] Brief von Oda Schaefer an Eberhard Horst vom 13.12.1966, Privatbesitz von Dr. Eberhard Horst.

[79] Vgl. Assmann, Michael/Heckmann, Herbert (Hg.): *Zwischen Kritik und Zuversicht. 50 Jahre Deutsche Akademie für Sprache und Dichtung*, Darmstadt: Wallstein Verlag 1999, S. 22.

[80] Vgl. *Die leuchtenden Feste über der Trauer*, S. 60ff.

gegengebracht wurde. An Hans Sahl schrieb sie 1950 rückwirkend über diese Zeit in der Schweiz:

> Unser ganzer Aufenthalt in der Schweiz 1947-1948, als wir Goverts' und Hirschis Gäste waren (und anderer auch) stand im Zeichen jenes schwarzen Mannes, der „PST!" macht und in Deutschlands letzten Tagen von jeder Mauer als Plakat drohte. Zuerst das Pst der Nazis – und dann noch das der Schweizer Freunde, die immerfort beklemmt waren, wenn wir hochdeutsch sprachen und etwas aus uns herausgingen, – das war fast zuviel. Und wir sind beinah dran kaputt gegangen. [...] Aber da drüben, das war die Zeit der schlimmsten Demütigungen in meinem Leben. Irgendwo sitzt noch der Angelhaken im Kiemen.[81]

Auch ein Brief von Charlotte Bergengruen an Oda Schaefer[82] zeigt, dass die Zeit in Zürich für sie trotz aller positiven Erlebnisse – so genoss sie besonders die durch Kurt Hirschfeld entstandenen Kontakte zu Schauspielern[83] – vor allem von großer Verzweiflung geprägt gewesen ist.[84] Dazu trug auch die Tatsache bei, dass sie auf finanzielle Unterstützung von Henry Goverts und Kurt Hirschfeld angewiesen war, da das Geld, das sie von Rundfunkanstalten und Zeitschriften für die Publikation von Gedichten und Beiträgen erhielt, nicht ausreichte.[85] Aus diesem Grund ging Oda Schaefer im Januar 1947 ins Tessin und Horst Lange auf eine alte Burg bei Basel, um so die Kosten so gering wie möglich zu halten. Nach einer weiteren Augenoperation Horst Langes, die nach einer Schlägerei im Grenzgebiet notwendig geworden war, während der er betrunken niedergeschlagen wurde – Horst Lange verlor nun endgültig ein Auge –, kehrte das Paar im Sommer 1948 nach Mittenwald zurück.

---

[81] Brief von Oda Schaefer an Hans Sahl vom 15.04.1950, Nachlass Hans Sahl, DLA-Marbach.
[82] Vgl. Brief von Charlotte Bergengruen an Oda Schaefer vom 18.12.1947, Nachlass Schaefer/Lange, Monacensia.
[83] Vgl. ebenda.
[84] Dies bestätigt ebenfalls ein Brief von Oda Schaefer an Karl Krolow vom 16.07.1948: „[...] ich war dort so verzweifelt wie noch nie zuvor in meinem Leben." Nachlass Karl Krolow, DLA-Marbach.
[85] „Wir sind schon schwer in Schulden geraten", schreibt Oda Schaefer Ernst Kreuder am 09.01.1948. „Die Honorare hier sind sehr klein im Verhältnis zur Teuerung, ein Gedicht z.B. 15 Fr, [...] ich leide hier masslos." Nachlass Ernst Kreuder, DLA-Marbach.

Nachdem sich Prof. Hans Ludwig Held, der Begründer der Münchner Stadtbibliotheken, für die beiden Schriftsteller eingesetzt hatte[86], zogen Oda Schaefer und Horst Lange 1950 in eine kleine Wohnung nach München, das für sie nach Berlin zu einer zweiten Heimat wurde.

Oda Schaefer, 1949.[87]

---

[86] Über das Zusammentreffen mit Prof. Hans Ludwig Held berichtet Oda Schaefer in ihren Erinnerungen *Die leuchtenden Feste über der Trauer*, S. 158. Auch Reinhard Piper hatte sich für Oda Schaefer als Autorin seines Verlages in der Wohnungsangelegenheit stark gemacht, vgl. Brief von Oda Schaefer an Herrn Menny (Robert Bardtenschlager-Verlag) vom 18.10.1956, Nachlass Schaefer/Lange, Monacensia.

[87] Foto im Nachlass Schaefer/Lange, Signatur P/a 485/25, Monacensia.

Gerade in den fünfziger Jahren war Oda Schaefer auf vielen Gebieten äußerst aktiv und präsent. 1950 erhielt sie ihre bislang höchste Auszeichnung: Zusammen mit Arno Schmidt, Werner Helwig, Heinrich Schirmbeck und Hans Hennecke wurde sie mit dem Preis der Mainzer Akademie der Wissenschaften und Literatur ausgezeichnet.[88]

Sie publizierte Werke der verschiedensten Gattungen: Prosa bzw. poetisches Feuilleton im *Katzenspaziergang* (1956), Hörspiele für den Bayerischen und den Norddeutschen Rundfunk sowie Lyrik in ihrem 1959 erschienenen Gedichtband *Grasmelodie*. Zudem war sie – vor allem zu Beginn der fünfziger Jahre – als Rezensentin in den Feuilletons verschiedener Zeitungen, wie u.a. der *Neuen Zeitung* oder der *Deutschen Zeitung*, und als Herausgeberin der Frauenanthologie *Unter dem sapphischen Mond* (1957) sowie eines kleinen Piper-Bändchens über das Münchner Künstlerviertel Schwabing (1958) tätig.

1952 bekam sie die Ehrengabe der Bayerischen Akademie der Schönen Künste zugesprochen, 1955 den Preis der Münchner Gesellschaft zur Förderung des deutschen Schrifttums und 1959 eine weitere Münchner Auszeichnung: den Förderpreis für Literatur der Stadt München. In dem Schreiben des damaligen Kulturreferenten der Stadt München, Prof. Dr. Herbert Hohenemser, zeigt sich dessen persönliche Freude über die Vergabe des Preises an Oda Schaefer, die wiederholt den traditionsreichen Künstlerkreis im Lokal „Seerose", wo sich regelmäßig Maler und Literaten trafen, besucht hatte und dort mit ihm zusammengekommen war:

> Sie können sich denken, daß auch ich mich sehr gefreut habe, als die Literaturpreiskommission in diesem Jahr so pfeilgerade auf Sie zusteuerte und daß ich inzwischen oft an unsere netten „Seerosen-Abende" der letzten Zeit denken mußte.[89]

Spätestens seit dieser Auszeichnung fühlte sich Oda Schaefer der Stadt München besonders nahe, die sie bereits nach dem Krieg sehr lieb gewonnen hatte, wie in einem Brief an ihre Freundin Elisabeth Langgässer zum Ausdruck kommt.[90] Sie nahm am literarischen Leben Münchens re-

---

[88] Vgl. Hiss: *Zwei Münchner Autoren preisgekrönt*. In: *Abendzeitung*, 07.11.1950.
[89] Brief von Prof. Dr. Herbert Hohenemser an Oda Schaefer vom 14.07.1959, Nachlass Schaefer/Lange, Monacensia.
[90] Vgl. Brief von Oda Schaefer an Elisabeth Langgässer vom 07.04.1946: „Wir haben München sehr lieb gewonnen, es lässt sich recht frei leben im Süden." Nachlass von Elisabeth Langgässer, DLA-Marbach.

gen Anteil: Neben den Abenden in der „Seerose" war sie auch auf anderen literarischen Foren Münchens immer wieder anzutreffen, wie bei Sitzungen und Tagungen der Bayerischen Akademie der Schönen Künste im Prinz Carl Palais, dem Tukan-Kreis sowie ab 1956 bei dem Stammtisch um den Münchner Dichter Georg Britting.[91]

In den sechziger Jahren zog sich Oda Schaefer „weil das Geschrei im Lande zu laut geworden war"[92], wie sie selbst in einem Manuskript schrieb, aus der Lyrik zurück. Es standen kulturelle und gesellschaftskritische Themen im Vordergrund, Gedichte verfasste sie nur wenige.

Oda Schaefer und Horst Lange, 1958.[93]

Neben unzähligen Beiträgen in den Feuilletons der *Frankfurter Allgemeinen Zeitung*, *Süddeutschen Zeitung*, *Die Welt* usw. veröffentlichte sie für Piper

---

[91] Vgl. Schuldt-Britting, Ingeborg: *Sankt-Anna-Platz 10. Erinnerungen an Georg Britting und seinen Münchner Freundeskreis*, München: Buchendorfer Verlag 1999, S. 227; über Oda Schaefer S. 230ff.
[92] Manuskript Ms 72: „Interview", Nachlass Schaefer/Lange, Monacensia.
[93] Foto im Nachlass Schaefer/Lange, Signatur P/a 485/30, Monacensia.

Die Boutique (1963), bei Sanssouci das Bändchen *Ladies only* (1963) und fungierte als Herausgeberin des Buches *Der Dandy* (1964). In ihrem beim Bechtle-Verlag erschienenen Buch *Und fragst Du mich, was mit der Liebe sei* (1968) sind noch einmal viele der gesellschaftskritischen Feuilleton-Beiträge versammelt. Auch für den Rundfunk war Oda Schaefer wieder tätig: 1965 erschien ihr Hörspiel *Belle Epoque* und 1968 ihr erstes Fernsehspiel *Die schwarze Sonne* nach dem Roman *Verlöschende Feuer* von Horst Lange.

1964 wurde Oda Schaefer eine weitere Auszeichnung zuteil: Sie erhielt für ihre Verdienste um die Lyrik das Bundesverdienstkreuz und – neben Rudolf Pannwitz – 1968 den Andreas-Gryphius-Preis.[94]

Einer ihrer größten literarischen Erfolge waren 1970 ihre Erinnerungen *Auch wenn Du träumst, gehen die Uhren*; in diesem Jahr wurde ihr auch die Medaille „München leuchtet – den Freunden Münchens" vom Münchner Oberbürgermeister verliehen, und noch einmal der Münchner Preis der Stiftung zur Förderung des deutschen Schrifttums.[95]

Nach dem Tod ihres Mannes Horst Lange am 6. Juli 1971, den sie aufopferungsvoll jahrelang gepflegt und in dessen Schatten sie sich immer gestellt hatte, veröffentlichte sie nur noch wenig. Zusammen mit Hellmut von Cube schrieb sie ein weiteres Hörspiel für den Bayerischen Rundfunk – *Die Nacht vor Weihnachten* (nach dem gleichnamigen Märchen von Nikolai Gogol) –, das am 20. Dezember 1971 zum ersten Mal gesendet wurde. Ihr Gedichtband *Der grüne Ton* wurde 1973 publiziert, ein Sammelband ihrer Erzählungen und kleinen Prosastücke *Die Haut der Welt* 1976, und 1977 ihr zweiter Erinnerungsband *Die leuchtenden Feste über der Trauer*, mit dem sie ihrem verstorbenen Mann ein Denkmal setzte. Sie sah es als ihre Aufgabe an, das Andenken und Ansehen Horst Langes auch in der Folgezeit zu bewahren und vehement in Schutz zu nehmen.[96]

---

[94] Oda Schaefer wurde die Ehrengabe zugesprochen.

[95] Die Verbundenheit Münchens zu Oda Schaefer spiegelt sich heute in der laut Beschluss des Stadtrats vom 18.04.2002 (www.vermessung.muenchen.de/info/odaschaefer.htm) erfolgten Benennung einer Straße nach Oda Schaefer auf dem ehemaligen Messegelände Münchens in unmittelbarer Nähe der Ruhmeshalle: der Oda-Schaefer-Weg.

[96] Vgl. Brief von Oda Schaefer an Wolfgang Koeppen vom 25.03.1977, Signatur K1302-23, Wolfgang-Koeppen-Archiv der Universität Greifswald; vgl. auch Stellungnahme Oda Schaefers zu dem Brief von F.J. Raddatz vom 23.12.1981, Nachlass Schaefer/Lange, Monacensia; vgl. ebenso Brief von Oda Schaefer an Hans Dieter Schäfer vom 21.07.1983, Nachlass Schaefer/Lange, Monacensia.

Noch in den siebziger Jahren erhielt sie weitere Preise: 1973 wurde sie für das sehr erfolgreiche, 1958 erschienene[97] und 1972 wieder neu aufgelegte Buch *Schwabing verliebt, verrückt, vertan. Vers und Prosa von 1900 bis heute* (1982 unter dem Titel *Schwabing. Ein Lesebuch* wiederum neu herausgegeben) mit dem Schwabinger Kunstpreis für Literatur geehrt; 1975 bekam sie den Literaturpreis des Kulturkreises im Bundesverband der Deutschen Industrie zugesprochen.

Obwohl ihr gesundheitliche Probleme das Schreiben in den folgenden Jahren sehr schwer machten[98], veröffentlichte sie noch bis in die achtziger Jahre vereinzelt einige neue Gedichte, die in dem von Walter Fritzsche, ihrem früheren Lektor beim Piper-Verlag, zu ihrem 85. Geburtstag herausgegebenen Band *Wiederkehr* aufgenommen wurden.

Oda Schaefers letztes Lebensjahrzehnt war dank der engagierten und liebevollen Fürsorge[99] von Eberhard Horst, der als Delegierter der Autoren im Verwaltungsrat der VG-Wort ein Monatsgeld aus dem Sozialfonds beantragen[100] und der bei der Besorgung eines Freiplatzes in einem Münchener Wohnstift mithelfen konnte, eine zum ersten Mal in ihrem Leben finanziell sorgenfreie Zeit.

Die Tatsache, dass Oda Schaefer selbst verfügte, auf ihrem Grabstein nicht als Dichterin oder Schriftstellerin neben dem „Dichter Horst Lan-

---

[97] Hier unter dem Titel: *Schwabing. Spinnete und erotische, enorme und neurotische Moritaten und Verse von Scharfrichtern und Schlawinern aus dem Münchner Künstlerviertel Wahnmoching*, München: Piper 1958.

[98] „Meine letzte Arbeit liegt nun hinter mir und ist erschienen, […]. Ich glaube nicht, dass ich noch weiter arbeiten kann – ich plante, einzelne Momente festzuhalten, aber die Kraft ist sehr gebrochen." Brief an Wolfgang Koeppen vom 07.03.1977 (es muss wohl der 07.04.1977 gemeint sein, da dieser Brief eine Reaktion auf den am 28.03.1977 verfassten Brief Wolfgang Koeppens ist), Signatur K1302-23, Wolfgang-Koeppen-Archiv der Universität Greifswald.

[99] Vgl. Brief von Oda Schaefer an Dr. Eberhard Horst vom 21.11.1977: „[…] Telefonate genügen nicht – ich möchte mich hiermit noch einmal schriftlich und herzlich bei Dir bedanken für Deinen Beistand, Deine Hilfe […]." Brief in Privatbesitz von Dr. Eberhard Horst. Als einziger besuchte Dr. Eberhard Horst Oda Schaefer bis zu ihrem Tode regelmäßig, oft wöchentlich im Wohnstift Augustinum, vgl. Brief von Dr. Eberhard Horst an die Verfasserin vom 13.05.2005.

[100] Vgl. Brief von Dr. Eberhard Horst an die Verfasserin vom 13.05.05.

ge"[101] genannt zu sein, spiegelt wider, wie sehr sie das Werk ihres Mannes schätzte und sich ihm gegenüber unterordnete.

Sie starb am 4. September 1988.

Grab von Oda Schaefer auf dem Waldfriedhof München.

2.2 Die Bedeutung Oda Schaefers im literarischen Leben des 20. Jahrhunderts

Oda Schaefer verfügte über eine immense Fülle an Kontakten zu Schriftstellern und Dichtern unterschiedlichsten Formates und verschiedenster Auffassungen. Waren es im Berlin der zwanziger Jahre z.B. neben Franz Jung, Erich Kästner, Max Hermann-Neiße hauptsächlich Maler, Zeichner und Graphiker, die zu ihrem Bekanntenkreis gehörten, so dominierten die

---
[101] Vgl. die Inschrift auf dem Grabstein von Oda Schaefer und Horst Lange, Waldfriedhof München.

dreißiger Jahre nach ihrer und Horst Langes Rückkehr nach Berlin die Freundschaften zu Autoren des Kreises um den Verleger V.O. Stomps und die Zeitschrift *Die Kolonne*. Mit Oda Schaefers zunehmender schriftstellerischer Tätigkeit erweiterte sich das Spektrum Ende der dreißiger und Anfang der vierziger Jahre zusehends, bis sie in der Nachkriegszeit und in den fünfziger Jahren – entsprechend der Bedeutung der Schriftsteller der sogenannten ‚inneren Emigration'[102] – den Höhepunkt ihrer Publizität erreichte, der u.a. auch in der Auszeichnung durch die genannten Literaturpreise seinen Ausdruck fand. Sie war Mitglied in literarischen Institutionen, wie dem PEN-Club oder der Akademie für Sprache und Dichtung Darmstadt, die die Möglichkeit boten, bestehende Verbindungen zu pflegen und neue Bekanntschaften und Freundschaften zu knüpfen. Welche Position Oda Schaefer in diesem Netzwerk einnahm und über welche Kontakte sie verfügte, gilt es anhand ausgewählter Beispiele darzustellen.

Als Quellen dienen Briefe aus dem Nachlass Oda Schaefers im Literaturarchiv der Monacensia in München, den Nachlässen anderer Schriftsteller im Deutschen Literaturarchiv Marbach am Neckar sowie weiteren Archiven, wie u.a. der Abteilung für Handschriften und Seltene Drucke der Bayerischen Staatsbibliothek München oder der Stiftung Archiv der Akademie der Künste Berlin, in denen Briefe Oda Schaefers und ihrer Korrespondenzpartner aufbewahrt werden.[103] Da aus der Zeit des Nationalsozialismus wegen ihrer überstürzten Flucht aus Berlin nach Mittenwald nur wenige Materialien erhalten geblieben sind, entstammt der größte Anteil der vorhandenen Briefe den Jahren 1945 bis 1988. Interessanterweise vollzieht sich in den vierziger Jahren eine Wandlung von Oda Schaefers Handschrift. War diese in den dreißiger Jahre noch durch die altdeutsche Schrift geprägt, sind die Briefe nach Kriegsende ausschließlich in lateinischer Schrift verfasst.[104]

---

[102] Vgl. z.B. Kröll, S. 148ff.

[103] Diese Informationen sollen, wie bereits bei der Biographie Oda Schaefers, durch ihre Autobiographien *Auch wenn Du träumst, gehen die Uhren* und *Die leuchtenden Feste über der Trauer* ergänzt werden, wobei der Problematik des objektiven Gehalts autobiographischer Äußerungen Rechnung getragen wird.

[104] Nach Lydia Marhoff füllte Oda Schaefer den Antrag zur Aufnahme in die Reichsschrifttumskammer absichtlich „mit einer praktisch unleserlichen Handschrift" aus, S. 64, Anmerkung 106. Da jedoch auch andere handschriftliche Briefe Oda Schaefers aus den dreißiger Jahren, wie z.B. an Elisabeth Langgässer, dieselbe Handschrift aufweisen, und sich ihre Handschrift von späteren

2.2.1 Frühe Kontakte aus den zwanziger und dreißiger Jahren

Mit dem Besuch der privaten Kunst- und Kunstgewerbeschule des „Blauen Hauses" von Adolf Propp und der Kunstgewerbeschule am Schlesischen Bahnhof bewegte sich Oda Schaefer vor allem im Kreise von Malern, Zeichnern und Bildhauern. Auf Atelierfesten, wie z.B. von Albert Schaefer-Ast, und Maskenfesten fand sie Eingang in die Berliner Bohème der zwanziger Jahre. Sie lernte George Grosz, Wieland Herzfelde, Kurt Tucholsky, Carl von Ossietzky und den jungen Erich Kästner kennen, die sie sehr bewunderte.[105] Durch ihre Beziehung zu Uli Klimsch in den Jahren 1925 und 1926, der noch im Hause seines Vaters Fritz Klimsch wohnte[106], kam sie in Kontakt zu weiteren Künstlern[107], wie z.B. Max Pechstein[108], Max Liebermann, Fritz Rhein, Max Hermann-Neiße, sowie zu bedeutenden Schauspielern, Musikern und Ärzten. Auch Franz Jung lernte sie zu dieser Zeit kennen, wie sie anlässlich seines Todes im Januar 1963[109] Robert Minder berichtet:

> Wir hatten [...] oft zusammen gesessen in der Weinstube in der Grolmannstrasse in Berlin, bei der alten, einst herrlich schön gewesenen Griechin. Dort war ein Fass in der Gaststube, auf dem die vom Wein Gelösten oft rittlings sassen wie in Auerbachs Keller. Eine wundervolle Männer-Atmosphäre. Ich sass dumm und blond mitten darunter, fand alles aber ganz in Ordnung, auch dass Franz Jung mir zuliebe einen ganzen Veilchenstrauss aufass.[110]

Briefen der Jahre nach ca. 1943 eklatant unterscheidet, ist diese These von der absichtlich unleserlichen Handschrift nicht haltbar.

[105] Vgl. Manuskript Ms 79: „Die Kopie der Kopie", Nachlass Schaefer/Lange, Monacensia.

[106] Vgl. *Auch wenn Du träumst, gehen die Uhren*, S. 203.

[107] Vgl. im Folgenden *Auch wenn Du träumst, gehen die Uhren*, S. 209.

[108] Oda Schaefer schickte Gerty Spies eine Karte mit der Abbildung der Lupowmündung von Max Pechstein, auf der sie darunter anmerkte: „Ich kannte ihn + seine schöne schwarzhaarige Frau sehr gut, grosse Menschen, mit Herz!" Brief von Oda Schaefer an Gerty Spies vom 23.12.1965, Nachlass Gerty Spies, Literaturarchiv Sulzbach-Rosenberg.

[109] Franz Jung starb am 21. Januar 1963, vgl. Mierau, Fritz: *Das Verschwinden von Franz Jung. Stationen einer Biographie*, Hamburg: Edition Nautilus 1998, S. 274.

[110] Hier und in den folgenden Zitaten Brief von Oda Schaefer an Robert Minder vom 11.02.1963, Teilnachlass Robert Minder, Signatur 97.9.39, DLA-Marbach.

Die Freundschaft zu ihm, den Oda Schaefer als „so maniakisch, wie ich selten jemanden sah" bezeichnet und dessen echte Genialität sie neidlos anerkennt, lebte in den fünfziger Jahren wieder auf, als er bei ihr in München als eine „recherche du temps perdu" auftauchte. Sie setzte sich 1957 für ihn bei Dr. Albrecht Knaus vom Goverts Verlag ein[111] und erreichte durch ihre Anregung, dass auch Leonhard Frank für das entstehende Buch – *Der Weg nach unten* – eintrat.[112] Auch wenn sie seine politische Einstellung nicht in ihrer Radikalität teilte und mit ihren eigenen Werken weit von den Aussagen Franz Jungs entfernt war, so faszinierte sie jedoch an seinem „rabiaten Buch"[113] seine „bis zur Selbstzerfleischung"[114] reichende Ehrlichkeit und das aufklärerische, brisante Potential dieses Werkes:

> Es ist jedenfalls eins der wichtigsten Bücher momentan, weil es die dunklen Hintergründe mit Blitzlichtern aufreisst. Überhaupt, es ist eine grosse confessio, und Otten hat recht, wenn er es mit Rousseau vergleicht. In den Händen junger (heutzutage besonders dümmlicher) Menschen, vor allem Studenten, könnte es wie eine Plastikbombe werden. Zwar bist Du kein Plastiqueur der ultras, aber doch immerhin, wie ich schon sagte, rauchende Salpetersäure. Davon haben wir stets zu wenig in Deutschland gehabt.[115]

Oda Schaefer ist sich der Bedeutung eines derartigen Autors für die deutsche Gesellschaft bewusst und weiß dies zu schätzen, selbst wenn sie persönlich das Buch „manchmal wütend gemacht hat, weil es oft von erbarmungsloser Kälte auch gegen andere ist, oder milde gesagt: total be-

---

[111] Vgl. Briefe von Oda Schaefer an Franz Jung vom 07.12.1957 (Jung 1242) und 12.12.1957 (Jung 1243), Nachlass Franz Jung, Stiftung Archiv der Akademie der Künste Berlin.

[112] Vgl. Mierau, Das Verschwinden von Franz Jung, S. 218; vgl. hierzu Brief von Franz Jung an Cläre Jung vom 21.07.1958, Mierau, Sieglinde und Fritz (Hg.): *Franz Jung. Briefe 1913-1963, Werke 9/1*, Hamburg: Edition Nautilus 1996, S. 613; vgl. ebenso Brief von Franz Jung an Leonhard Frank vom 20.12.1958, ebenda, S. 620.

[113] Brief von Oda Schaefer an Franz Jung ohne Datum, DLA-Marbach. Gemeint ist *Der Weg nach unten*.

[114] Brief von Oda Schaefer an Robert Minder vom 11.02.1963, Teilnachlass Robert Minder, Signatur 97.9.39, DLA-Marbach.

[115] Brief von Oda Schaefer an Franz Jung ohne Datum, DLA-Marbach; diese Passage findet sich auch in Mierau, Das Verschwinden von Franz Jung, S. 230.

ziehungslos"[116] – ein moralischer Aspekt, der für sie sehr wichtig ist, wie ebenfalls in ihrem Schreiben an Franz Jung zum Ausdruck kommt.[117] Sie empfindet es nicht als Lesevergnügen, sondern als anstrengende, „geballt[e] Ladung"[118], von der sie sich durch den *Tom Jones* von Henry Fielding – ein Autor, der wie Laurence Sterne zu Oda Schaefers Favoriten gehört – erholen muss.

Auch bei einem anderen Werk unterstützte sie Franz Jung. Als er die Herausgabe der Werke seines Freundes Ernst Fuhrmann vorbereitete, schrieb sie Franz Jung zuliebe in der *Deutschen Zeitung* einen Bericht über Ernst Fuhrmann[119], obwohl sie nicht von dessen Werken überzeugt war[120], wie sie auch Franz Jung selbst gegenüber gesteht:

> Fuhrmann ist eigentlich – verzeih – eine sehr deutsche Erscheinung. Für mich nicht klar, sondern eher verwirrt. Aber da du ihn lieben tust, und dich für ihn einsetzt, will ich den Mund halten. Dieses Biologische liegt mir nicht. Nun wirst du Blitz und Donner auf mich herabwünschen.[121]

Über den plötzlichen Tod Franz Jungs, den sie „sehr, sehr gern gehabt"[122] hatte, war sie tief betroffen.

Gunter Groll

Während ihrer Zeit in Liegnitz lernte Oda Schaefer neben Horst Lange auch Gunter Groll kennen, woraus eine lebenslange, mit zunehmendem

---

[116] Brief von Oda Schaefer an Robert Minder vom 11.02.1963, Teilnachlass Robert Minder, Signatur 97.9.39, DLA-Marbach.

[117] „[...] aber abgestossen hat mich – da ich ehrlich bin, muss ich's sagen – dass Du über Mord sehr leichthin denkst [...]." Brief von Oda Schaefer an Franz Jung ohne Datum, DLA-Marbach.

[118] Ebenda.

[119] Vgl. *Ein verkanntes Genie. Der Biologe und Dichter Ernst Fuhrmann.* In: *Deutsche Zeitung*, 31.08.1957.

[120] Gegenüber Robert Minder schreibt Oda Schaefer: „Für mich besitzt er [...] sogar nazistische Züge. Ich könnte es belegen. Er ist mir zu deutsch, zu verworren, – Jung erzählte, dass Fuhrmann zuletzt seine Sätze nicht zu Ende geschrieben habe, weil der Leser zum Denken und Weiterdenken angeregt werden solle! Das geht zu weit, das ist Sektierertum." Brief vom 11.02.1963, Teilnachlass Robert Minder, Signatur 97.9.39, DLA-Marbach.

[121] Brief von Oda Schaefer an Franz Jung vom 31.01.1962, DLA-Marbach.

[122] Brief von Oda Schaefer an Robert Minder vom 11.02.1963, Teilnachlass Robert Minder, Signatur 97.9.39, DLA-Marbach.

Alter immer innigere Freundschaft entstand, deren besondere Vertrautheit sie sehr schätzte.[123] Gunter Groll schilderte anlässlich Oda Schaefers 65. Geburtstag äußerst charmant, wie er sie als junger Primaner sah:

> [...] wenn ich an Dich denke, bist Du manchmal so ungefähr vierzig, aber meistens viel jünger, im Liegnitzer Körnerstraßenalter, als ich Dich die ersten Male mit Bewußtsein sah und von ferne ungeheuer bewunderte und eigentlich, obwohl ich noch klein und dumm war, im dummdreisten bis frühmanierierten Halbstarkenalter, doch schon einiges von Dir witterte, Sylphidisches, Undinisches, Magisches jedenfalls, ohne damals noch zu wissen, daß das eine Dichterin war, die da um die Ecke Martinstraße bog. (Dies hätte mir noch weit mehr den Atem verschlagen.)[124]

Bewunderung für ihre Schönheit und ihr magisches, träumerisches, unerreichbares Wesen spricht aus diesen Zeilen, wie überhaupt Gunter Groll den Gedichten Oda Schaefers mit Begeisterung gegenüberstand[125] und daher auch das Erscheinen des *Irdischen Geleits* beim Desch-Verlag, als dessen Cheflektor er ab 1945 tätig war, forcierte.[126]

Gerade bei ihm, der auch als Kritiker u.a. für die „Schöninghsche ‚Süddeutsche'"[127] Zeitung oder die „Kästnersche ‚Neue'" Zeitung schrieb, und – in seiner Position als Lektor – über sehr viele Kontakte verfügte, kann man erkennen, wie eng die Schriftsteller der sogenannten ‚inneren Emigration' untereinander vernetzt waren. So fordert er in seinem an Oda Schaefer und Horst Lange gerichteten Schreiben die beiden nicht nur dazu auf, ihre Gedichte in der Anthologie *De profundis* veröffentlichen zu dürfen, sondern gibt auch darüber Auskunft, welche Stellungen,

---

[123] Vgl. Brief von Oda Schaefer an Gunter Groll vom 18.09.1955, Privatbesitz von Monika Stein.

[124] Brief von Gunter Groll an Oda Schaefer vom 21.12.1965, Nachlass Schaefer/Lange, Monacensia.

[125] Vgl. Brief von Gunter Groll an Oda Schaefer und Horst Lange vom 10.11.1945: „Ich habe von Horst nur ganz wenige Gedichte und von Oda immer noch nicht genug." Nachlass Schaefer/Lange, Monacensia; vgl. hierzu auch Brief von Oda Schaefer an Gunter Groll vom 24.01.1940, in dem sie sich für sein Lob ihrer Gedichte bedankt, Privatbesitz von Monika Stein.

[126] Vgl. Brief von Gunter Groll an Oda Schaefer und Horst Lange vom 10.11.1945: „Horst ist ja wohl an Goverts gebunden – aber Oda? Mit ihrem großem Gedichtband? Können wir nicht einmal darüber reden?" Nachlass Schaefer/Lange, Monacensia.

[127] Hier und im folgenden Zitat ebenda.

wie z.B. die eines russischen und englischen Lektors im Desch-Verlag oder eines Hauptlektors beim Neff-Verlag, noch offen sind, was gleichzeitig mit der Frage nach dafür geeigneten Personen verbunden wird. Mit seinem Bericht über diverse Verlagsprogramme, wie das von Ledig, der DVA sowie des Desch-Verlages, nimmt er zudem Einfluss auf die Beurteilung der Verlagslandschaft durch die Schriftsteller und steuert damit auch ihre Suche nach einem neuen Verlag. Ebenso bei der Verurteilung eines Autors wie Ernst Jünger durch die Behörden ist man sich einig:

> [...] allgemeine Empörung, dass Ernst Jünger auf der schwarzen Liste steht, dessen „Marmorklippen" – sehen wir vom Streit um den künstlerischen Rang einmal ab – doch illegale antinationalsozialistische Dichtung par exellence war. [...] Und auch sonst müßte man etwas tun. Diese Behandlung eines Dichters (oder, wenn Oda protestieren sollte, eines bedeutenden Geistes) wäre eine Schande, und wir wollen doch nicht schon wieder in eine neue Kollektivschuld fallen.[128]

Horst Lange als Präsident der Kulturliga und auch Oda Schaefer verfügten über viele Kontakte zu anderen Schriftstellern, so dass, auch wenn Oda Schaefer persönlich Ernst Jünger nicht mit dem für sie auratischen Begriff eines Dichters bezeichnen wollte[129], beide dennoch einiges für ihn hätten erreichen können. Gunter Grolls Umgang mit dem sehr kontrovers diskutierten[130] Ausdruck „Kollektivschuld" führt neben der Tatsache, dass er ihn aufgrund seiner Undifferenziertheit ablehnte, zudem

---

[128] Ebenda.
[129] Vgl. Brief von Oda Schaefer an Gunter Groll vom 13.06.1943: „[...] aber er soll sich bloss nicht einbilden, ein Dichter zu sein." Privatbesitz von Monika Stein.
[130] Über die Präsenz dieses Themas in der Zeit nach dem Krieg gibt auch ein Brief Hans Egon Holthusens an „Koni" (Adressat ist unbekannt) vom 02.05.1980 Aufschluss: „Deine Gedankengänge sind mir aus der Zeit unmittelbar nach dem Kriege geläufig, als alle Welt das Thema diskutierte. Da konnte man an der Münchner Feldherrnhalle eines Morgens in Riesenlettern die Worte Auschwitz – Buchenwald – Maidanek usw. lesen und am nächsten Morgen standen an derselben Wand die Worte Beethoven – Goethe – Kant usw. Dahinter eine verzweifelte Ratlosigkeit." Universitätsbibliothek Hildesheim/Literaturarchiv, Nachlass Hans Egon Holthusen, Hildesheim, Signatur 48708, Brief vom 02.05.1980. Hans Egon Holthusen verweist in diesem Brief „zur weiteren Erhellung des Problems" auf das von Karl Jaspers 1946 erschienene Buch *Die Schuldfrage*.

vor Augen, dass durch diesen sich kategorisch an alle in Deutschland Gebliebenen gerichteten Vorwurf das Zusammengehörigkeitsgefühl der ‚inneren Emigranten' noch gesteigert wurde.

Erich Kästner

Neben Gunter Groll gehörte auch Erich Kästner zu den frühesten und bis zu seinem Tod besten Freunden Oda Schaefers. Sie hatte ihn bereits in den zwanziger Jahren in Berlin kennengelernt, wo sie ihm mit großer Bewunderung begegnet war. In den dreißiger Jahren intensivierte sich der Kontakt, wie aus Bemerkungen in ihren Erinnerungen *Auch wenn Du träumst, gehen die Uhren* und späteren Briefen[131] hervorgeht. Ein Gedicht anlässlich Erich Kästners 70. Geburtstag bezieht sich neben dem Lob seines Mutes, seiner Klugheit und Unbestechlichkeit sowie seiner Unerschrockenheit auf ein Erlebnis in „Jonnys Künstlerbar"[132], in der Erich Kästner und Luiselotte Enderle zusammen mit anderen Schriftstellern wie Oda Schaefer, Horst Lange, Walther Kiaulehn und den Schauspielern Hans Albers, Hans Söhnker, Karl Schönböck regelmäßige Stammgäste waren.[133] Nach einem schweren Luftangriff soll Horst Lange, wie Oda Schaefer in ihren Erinnerungen berichtet, „einige äußerst leichtsinnige wie auch bösartige Bemerkungen"[134] in Gegenwart eines Unbekannten gemacht haben, der sich als Kriegsgerichtsrat entpuppte und zum Telefon schritt, um ihn verhaften zu lassen. Geistesgegenwärtig „schraubte Erich Kästner die Sicherungen heraus, im ganzen Lokal war es plötzlich stockdunkel, er zerrte Horst am Koppel zur Hintertür heraus und stieß ihn auf eine gerade haltende Straßenbahn."

---

[131] Vgl. Brief von Oda Schaefer an Karl Krolow vom 05.11.1945: „Für Erich Kästner, der zu unseren Berliner guten Freunden gehört, arbeiten wir auch […]." Nachlass Karl Krolow, DLA-Marbach.
[132] Gedicht von Oda Schaefer auf Erich Kästners 70. Geburtstag, Signatur A: Kästner/Glückwünsche zum 70. Geb., DLA-Marbach. „Jonnys Künstlerbar" ist das vom früheren Schauspieler Johnny Rappeport geführte Restaurant „Johnnys Kleines Künstlerrestaurant", vgl. Hanuschek, Sven (Hg.): *Erich Kästner. „Dieses Naja!, wenn man das nicht hätte!"*, Zürich: Atrium Verlag 2003, S. 95.
[133] Vgl. Hanuschek, Erich Kästner. „Dieses Naja!, wenn man das nicht hätte!", ebenda.
[134] Hier und im folgenden Zitat *Auch wenn Du träumst, gehen die Uhren*, S. 307.

Nach dem Krieg wurde die Freundschaft zu Erich Kästner von großer Bedeutung für Oda Schaefer: Sie schrieb für ihn als Chef des Feuilletons der *Neuen Zeitung*, erhielt durch seine Fürsprache Pakete vom amerikanischen PEN-Club und wurde – wohl durch ihn und Elisabeth Langgässer – selbst in den PEN gewählt[135], der sich in den fünfziger Jahren vor allem durch seine „Kleinheit"[136] auszeichnete und – wie man auch im Falle Oda Schaefers ersehen kann – auf der Basis von Freundschaften funktionierte.[137] Durch die Verbindung zu Erich Kästner konnte sie auch für ihre Freunde tätig werden, indem sie Kästner, der nach dem Krieg eine Liste von Schriftstellern zusammenstellte, „die dem Nazismus widerstanden haben"[138], diese als integre Personen nannte und ihnen damit auch die Möglichkeit eröffnete, Lebensmittel-Pakete vom PEN-Club aus Amerika zu erhalten.[139] Bei Oda Schaefers Aufenthalt in der Schweiz trafen sie ebenfalls zusammen[140]; Erich Kästner gab in Zürich einen Vortragsabend[141], zu dem er auch das Ehepaar Schaefer/Lange eingeladen hatte.

---

[135] Vgl. Karte von Oda Schaefer an Martin Gregor-Dellin vom 26.12.1985: „[…] ich bin durch Kästner und die Langgässer gewählt worden, bei Tagung in München ganz früh – als Oldtimers!" DLA-Marbach. In einem Brief von Oda Schaefer an Dr. Eberhard Horst vom 13.12.1966 heißt es, dass Horst Lange durch Erich Kästner, sie selbst durch Elisabeth Langgässer und Günther Weisenborn in den PEN gewählt wurde, Brief in Privatbesitz von Dr. Eberhard Horst. Dies berichten auch ihre Erinnerungen *Die leuchtenden Feste über der Trauer*, vgl. S. 157.

[136] Hanuschek, Sven: *Geschichte des bundesdeutschen PEN-Zentrums von 1951 bis 1990*, Tübingen: Max Niemeyer Verlag 2004, S. 129. Ein Schreiben Erich Kästners an seinen Generalsekretär, in dem er ihm die Anwesenden des Münchner Stammtisches am 06.03.1958 im Café Schön und in der „Kanne" mitteilt, zählt zusammen mit Erich Kästner zwölf Personen, u.a. auch Oda Schaefer und Horst Lange, vgl. ebenda.

[137] Vgl. Hanuschek, Geschichte des bundesdeutschen PEN-Zentrums, S. 134ff.

[138] Brief von Oda Schaefer an Elisabeth Langgässer vom 03.05.1946, Nachlass Elisabeth Langgässer, DLA-Marbach.

[139] Vgl. Brief von Oda Schaefer an Elisabeth Langgässer vom 03.05.1946, Nachlass Elisabeth Langgässer, DLA-Marbach.

[140] Vgl. Brief von Oda Schaefer an Hertha Bielfeld vom 10.11.1963, Nachlass Schaefer/Lange, Monacensia.

[141] Vgl. Brief von Oda Schaefer an Charlotte Bergengruen vom 20.12.1947, Nachlass Schaefer/Lange, Monacensia.

In den fünfziger und sechziger Jahren sah man sich regelmäßig in München bei den Stammtisch-Abenden des PEN, dem Erich Kästner von 1951 bis 1960 als Präsident und ab 1964 bis zu seinem Tod 1974 als Ehrenpräsident[142] vorstand. Der vorliegende Briefwechsel aus diesen Jahren gibt Zeugnis von einem stets freundschaftlichen, sehr persönlichen Umgang Oda Schaefers und Erich Kästners[143], der an ihrem und Horst Langes Leben regen Anteil nahm. 1957, als er den Georg-Büchner-Preis erhielt, verzichtete er selbst auf das Preisgeld und verteilte es, ohne dass die Öffentlichkeit davon wissen durfte, zu gleichen Teilen an ärmere Kollegen – neben Werner Helwig, Martin Kessel[144], Emil Barth, Martha vom Scheidt-Saalfeld[145] auch an Oda Schaefer, die ein Fünftel der Summe erhielt[146], womit ein Klinikaufenthalt Horst Langes bezahlt werden konnte.

Oda Schaefer fragte Erich Kästner immer wieder um Rat, sei es in seiner Funktion als Präsident bzw. Ehrenpräsident des PEN (z.B. bzgl. ihres Prozesses mit der Zeitschrift *TWEN*[147]), oder auch als Freund, z.B. wegen einer Fürsprache beim Fernsehen; sie plante nämlich, durch einen Drehbuchauftrag ihre finanziellen Probleme endgültig zu überwinden, wozu sie Erich Kästner um Hilfe bat. Er nannte ihr den Filmregisseur Kurt Hoffmann, bei dem sie sich beim Einreichen ihres Exposés auf ihn berufen konnte.[148] Auch für andere wandte sie sich an Erich Kästner in seiner Funktion als PEN-Vorsitzenden, wie z.B. für ihren langjährigen

---

[142] Vgl. Gregor-Dellin, Martin/Endres, Elisabeth (Hg.): *P.E.N. – Schriftstellerlexikon Bundesrepublik Deutschland*, München: Piper 1982, S. 178-182.

[143] In dem Brief Erich Kästners an Oda Schaefer mit dem frühesten Datum (1957) findet man zum ersten Mal das persönliche Du, was aber nicht bedeutet, dass sie sich erst ab diesem Zeitpunkt geduzt haben, da ein anderer Brief von Erich Kästner an Oda Schaefer ohne Datum, in dem die persönliche Anrede erkennbar ist, wohl zu Beginn der fünfziger Jahre verfasst wurde, vgl. Brief von Erich Kästner an Oda Schaefer vom 20.10.1957, Nachlass Schaefer/Lange, Monacensia.

[144] Vgl. Hanuschek, Sven: *»Keiner blickt dir hinter das Gesicht«. Das Leben Erich Kästners*, München: dtv 2003, S. 395.

[145] Vgl. Hanuschek, Geschichte des bundesdeutschen PEN-Zentrums, S. 136.

[146] Vgl. Brief von Erich Kästner an Oda Schaefer vom 20.10.1957, Nachlass Schaefer/Lange, Monacensia.

[147] Vgl. Brief von Oda Schaefer an Erich Kästner vom 19.07.1968, DLA-Marbach; derselbe Brief auch im Nachlass Schaefer/Lange, Monacensia.

[148] Vgl. Brief von Erich Kästner an Oda Schaefer ohne Datum, Nachlass Schaefer/Lange, Monacensia.

Bekannten Paul Baudisch, der im Alter schwer erkrankt war[149] und nicht mehr seiner Tätigkeit als Übersetzer nachgehen konnte.

Werner Bergengruen

Während Oda Schaefers Berliner Zeit in den dreißiger Jahren waren Werner und Charlotte Bergengruen bis zu ihrem Umzug nach München im Jahre 1936 die Nachbarn von Oda Schaefer und Horst Lange in Berlin-Zehlendorf in der Riemeisterstraße. Das Verhältnis zwischen beiden Familien war sehr freundschaftlich, ja sogar von besonderer Herzlichkeit geprägt, wozu wohl auch die gemeinsame baltische Abstammung Oda Schaefers und Werner Bergengruens beitrug. Die Anrede für Oda Schaefer in Briefen von Werner Bergengruen mit „Liebe Landsmänn- und Nachbarin"[150] und die Betonung in seinen Briefen, wenn er an seinen verschiedenen Wohnorten auf weitere Balten gestoßen war[151], demonstriert, wie sehr – zusätzlich zu der freundschaftlichen Beziehung – die gemeinsame Herkunft verband.

Herzlichkeit und Gastfreundschaft spiegelt auch der Beitrag Oda Schaefers zu Werner Bergengruens 70. Geburtstag: Sie erinnert sich nämlich an die Bergengruens als „die am schnellsten erreichbare Pumpstation"[152]: „Jeden Sonnabend holten wir uns fünf Mark, [...] um sie artig und gewissenhaft am Mittwoch zurückzubringen und am nächsten Sonnabend wieder zu holen." Es ist eine kindähnliche Einstellung gegenüber Bergengruens, die hier wie auch in einem Brief Oda Schaefers an ihre Freundin Hertha Bielfeld, als sie dieser ihre Lebensweise in den dreißiger Jahren plastisch beschreibt, zum Ausdruck kommt:

> [...] da war ich eine Bohemienne von reinstem Wasser, liess den Abwasch manchmal fünf Tage lang stehen, im Zimmer trocknete die Wäsche auf der Leine (wie bei Bergengruens im Anfang

---

[149] Vgl. Brief von Oda Schaefer an Erich Kästner vom 12.08.1970, Nachlass Schaefer/Lange, Monacensia.

[150] Brief von Werner Bergengruen an Oda Schaefer vom 16.07.1951, Nachlass Schaefer/Lange, Monacensia.

[151] „Uebrigens gibt es hier auch sonst allerhand Balten, den Euch sicherlich bekannten Radecki und den weißhaarig gewordenen puer aeternus Bruno Goetz [...]." Brief von Werner Bergengruen an Oda Schaefer vom 19.09.1947, Nachlass Schaefer/Lange, Monacensia.

[152] Hier und im folgenden Zitat *Schnaps und Blutwurst*. In: „*Dank an Werner Bergengruen*", Zürich: Arche 1962, S. 150-152, hier S. 150.

auch), wir schliefen bis elf, dann schmiss uns Bergengruen aus dem Bett, (die im Anfang unbezogen waren, rote Federbetten, weil wir kein Geld hatten und zu Haus ja rausgeflogen waren, wir haben uns durch Jahre durchgehungert! Ich bin eben eine „Russin") um bei uns ein rohes Ei zu schlürfen, er war magenkrank, es wurde ihm ein Drittel Magen rausoperiert nachher.[153]

Werner Bergengruen hatte für sie Vorbildfunktion – die Tatsache, dass er in seinen Anfängen ebenso lebte, diente Oda Schaefer zur Legitimierung ihrer Lebensart vor ihrer Freundin – und spielte eine vaterähnliche Rolle, da er es übernahm, das junge Paar am späten Vormittag zu wecken. Auch in späteren Briefen Oda Schaefers spiegelt sich dieses Verhältnis wider, wenn sie an die Zeit zurückdenkt, als sie und ihr Mann die Bergengruenschen Kinderschuhe austraten und zusammen mit deren Kindern das Weihnachtsfest genossen.[154]

Viele gemeinsame Abende verbrachten Bergengruens und das Paar Oda Schaefer und Horst Lange, dabei u.a. auch den „Bergengruen-Wodka"[155] trinkend, den Werner Bergengruen selbst destilliert hatte, – für die Freude an ausgiebigen Festen und Feiern, die automatisch mit Alkohol verbunden waren, war Oda Schaefer bekannt, auch später noch.[156] Gemeinsam sinnierten sie über die politische Situation im Dritten Reich, über die sie dasselbe dachten und die sie beide zutiefst verachteten. Wie sicher sich Oda Schaefer der gemeinsamen Freundschaft war und welch großes Vertrauen sie auf Werner Bergengruen setzte, zeigt sich darin, dass in dem vom Reichsverband deutscher Schriftsteller verfassten Fragebogen für Mitglieder, in dem zwei Bürgen angegeben werden mussten, die erschöpfend Auskunft über die politische Einstellung der betreffenden Person geben konnten, Oda Schaefer neben Dr. Eberhard Meckel, der ebenfalls zum *Kolonne*-Kreis gehörte und auch mit Horst Lange be-

---

[153] Brief von Oda Schaefer an Hertha Bielfeld vom 20.03.1968, Nachlass Schaefer/Lange, Monacensia.
[154] Vgl. Brief von Oda Schaefer an Werner Bergengruen vom 13.12.1939, Signatur Ana 593.B.IV., Staatsbibliothek München.
[155] *Schnaps und Blutwurst*. In: „*Dank an Werner Bergengruen*", Zürich: Arche 1962, S. 150-152, hier S. 151.
[156] In dem Beitrag *Schnaps und Blutwurst* berichtet Oda Schaefer, dass Werner Bergengruen sie „inmitten der feierlich zusammenströmenden Akademie-Mitglieder in Darmstadt so reizend und schmeichelhaft" mit „»Oda, wo warst Du gestern, ich habe Dich in allen Kaschemmen gesucht!«" akklamierte, ebenda, S. 150.

freundet war[157], als ersten Bürgen Werner Bergengruen anführte.[158] In ihren Erinnerungen *Auch wenn Du träumst, gehen die Uhren* nennt sie ihn einen „Verächter der braunen Masse"[159], der zusammen mit ihr und Horst Lange auf ein baldiges Ende des „Spukes" hoffte, vor allem 1937, als Werner Bergengruen aus der Reichsschrifttumskammer ausgeschlossen worden war.

Die Verbindung zwischen Oda Schaefer und den Bergengruens blieb trotz des Umzuges von Werner Bergengruen im Jahre 1936 nach München bestehen. Die Briefe Oda Schaefers spiegeln herzliche Anteilnahme sowie in den Schilderungen der eigenen familiären Situation und der eigenen Gefühle ein nach wie vor sehr persönliches Verhältnis zwischen beiden Briefpartnern wider. Mit Wehmut denkt sie an die alten Zeiten zurück, in denen sie und ihr Mann „noch richtige Kinder waren"[160], während sie inzwischen plötzlich „Greise" wurden, wozu vor allem gesundheitliche Schwierigkeiten Oda Schaefers (Magenoperation[161], Gelenkschmerzen[162]) und die zunehmend schlechte Versorgungslage[163] in Berlin beitrugen, unter denen sie zu leiden hatte.

Neben Beziehungsproblemen zwischen Oda Schaefer und Horst Lange, die sich in den Briefen immer wieder andeuten – im Dezember 1939, kurz vor Weihnachten, schreibt sie: „Von uns ist zu sagen, dass wir noch beisammen sind und das ist bei diesem Fest die Hauptsache"[164] –, geht es auch um den Sohn Oda Schaefers, Peter, der sich in einem ähnlichen

---

[157] Über die Freundschaft seines Vaters mit Peter Huchel, Günter Eich, Martin Raschke und Horst Lange berichtet auch Christoph Meckel, vgl. Meckel, S. 20.

[158] Vgl. „Fragebogen für Mitglieder" des Reichsverbandes Deutscher Schriftsteller vom 20.08.1933, Bundesarchiv Berlin, BArch, ehem. BDC, RKK, Lange, Oda, 21.12.00.

[159] *Auch wenn Du träumst, gehen die Uhren*, S. 250.

[160] Hier und im folgenden Zitat Brief von Oda Schaefer an Bergengruens vom 06.04.1939, Signatur Ana 593.B.IV, Bayerische Staatsbibliothek München.

[161] Vgl. Brief von Oda Schaefer an Bergengruens vom 13.12.1939, Signatur Ana 593.B.IV, Bayerische Staatsbibliothek München.

[162] Vgl. Brief von Oda Schaefer an Bergengruens vom 27.02.1940, Signatur Ana 593.B.IV, Bayerische Staatsbibliothek München.

[163] Am 13.12.1939 schreibt Oda Schaefer an Bergengruens von „Punkten" und „Kartenwirtschaft", ganz Berlin sei ausverkauft, Signatur Ana 593.B.IV, Bayerische Staatsbibliothek München.

[164] Ebenda.

Alter befand wie die Tochter Bergengruens Nino Luise. Die Unterschiede der beiden Generationen werden anschaulich geschildert: Verwundert steht Oda Schaefer nämlich der Generation ihres Kindes gegenüber, die ihr in ihren Wesenszügen fremd ist. Sie bezeichnet sie als „seltsame Jugend"[165], als „materialistisch" mit einem festen „Vergnügungsprogramm", von dem sie noch nicht weiß, ob es tatsächlich gut ist, und muss feststellen, dass zwischen ihr und ihrem Sohn dieselbe Kluft entsteht, die sie bereits gegenüber ihren Eltern empfunden hatte. Während auf ihrer Seite, d.h. der Eltern-Generation, „Idealismus, Dichten und Lernen, Lust zum Wort" herrschen, dominieren „Zynismus", „materialistische Anschauungen über Liebe und Vergnügen" ähnlich älteren „Herren mit Embonpoint und Glatze" auf der Seite der Jugend. Ihre Befürchtung, dass sie sehr unglücklich sein werden, „weil sie zuviel Freiheit gehabt haben", konnte sich allerdings bei ihrem Sohn nicht mehr bewahrheiten.

Außer der Familie und den gemeinsamen Freunden, etwa Peter Huchel, dessen Tochter das Patenkind von Charlotte Bergengruen war, ist die Literatur Thema der Briefe. Immer wieder äußert sich Oda Schaefer über ihre literarische Tätigkeit, wie z.B. 1940: „Mit der Arbeit geht es kümmerlich bei mir vorwärts, ich bin mitten in einem Umsturz und muss von vorn anfangen. Wie einer, der ein Jahr lang zu Bett gelegen hat und wie ein kleines Kind laufen lernen muss. Ich stolpere eben über die einfachsten Sätze"[166], oder sie legt ihren Briefen auch neu entstandene Gedichte[167] bei, die offensichtlich auch Werner Bergengruen nicht unkommentiert ließ, da er sich bei Oda Schaefer 1947 für den Gedichtband *Irdisches Geleit* in der Form eines Vergleichs mit der Wirkung von Schnaps bedankte, womit er die rauschhafte Wirkung ihrer Gedichte hervorhob:

> Ihr Irdisches Geleit, liebe Oda, hat mich richtig ver- und eingezaubert und es geht mir da wie mit dem berühmten mandschurischen Reisschnaps, von dem alle Balten erzählten, die im japani-

---

[165] Hier und in den folgenden Zitaten Brief von Oda Schaefer an Bergengruens vom 06.04.1939, Signatur Ana 593.B.IV, Bayerische Staatsbibliothek München.

[166] Brief von Oda Schaefer an Bergengruens vom 23.12.1940, Signatur Ana 593.B.IV, Bayerische Staatsbibliothek München.

[167] Vgl. das im März 1939 entstandene Gedicht *Abend am Wasser*, das der Anfang zu einem „Zyklus über die deutsche Landschaft" werden soll, Brief von Oda Schaefer an Bergengruens vom 06.04.1939; vgl. ebenso das Gedicht *Musik* von Oda Schaefer unter den Briefen an Bergengruens, Signatur Ana 593.B.IV, Bayerische Staatsbibliothek München.

schen Kriege gewesen waren: wenn der erste Rausch verflogen war, blieben auf Grund eines merkwürdigen chemischen oder physikalischen Prozesses bestimmte Alkoholresiduen im Körper zurück, man brauchte dann nur kaltes Wasser zu trinken und war sofort wieder blau. (Das heiß ich eine Kritik!!!) So bin ich dem Zauber Ihrer Gedichtwelt augenblicks verfallen, wenn meine Gedanken zu ihr zurückkehren, [...] auch ohne daß ich das Buch aufgeschlagen vor mir habe.[168]

Seine Kritik geht aber noch weiter ins Detail. Er konstatiert eine „wahre Ueberfülle des vegetativen Daseins"[169], die für ihn ein urweibliches Element darstellt, und äußert sich begeistert über die Hervorhebung der „geheimsten Farben der Natur", und die „Begabung für Vokale" bei Oda Schaefer. Ihre Prominenz – Oda Schaefer und Horst Lange waren gerade in der Nachkriegszeit in literarischen Zeitschriften, Zeitungen und Anthologien sehr präsent[170] – sieht er mit ihrem lyrischen Können absolut gerechtfertigt.

Oda Schaefer selbst schätzte das sich stark an der Tradition orientierende Werk Werner Bergengruens[171] sehr, wie z.B. an Bemerkungen gegenüber Karl Krolow bzgl. des Gedichtbandes *Dies Irae* abzulesen ist – „Bergengruen schrieb herrliche Gedichte ‚Dies irae'"[172] – und wie sie selbst in Briefen an Werner und Charlotte Bergengruen zum Ausdruck bringt.[173] Ebenso steht sie seiner Prosa bewundernd gegenüber. Der

---

[168] Brief von Werner Bergengruen an Oda Schaefer vom 19.09.1947, Nachlass Schaefer/Lange, Monacensia. Von „Zauber" spricht auch Karl Krolow in seinem Brief an Oda Schaefer vom 27.07.1959 bzgl. ihres Gedichtbandes *Grasmelodie*: „Der Zauber, der sich aus der Lyrik mehr und mehr zurückgezogen hat: Du bietest ihn auf und ihn uns an!" Nachlass Schaefer/Lange, Monacensia.

[169] Hier und in den beiden folgenden Zitaten Brief von Werner Bergengruen an Oda Schaefer vom 19.09.1947, Nachlass Schaefer/Lange, Monacensia.

[170] Vgl. Brief von Charlotte Bergengruen an Oda Schaefer vom 02.12.1946: „[...] immerhin sieht man Ihre Namen überall, [...]." Nachlass Schaefer/Lange, Monacensia; vgl. hierzu Bibliographie im Anhang.

[171] Vgl. Bänziger, Hans: *Werner Bergengruen. Weg und Werk*, Bern, München: Francke Verlag 1983, z.B. S. 30 und S. 96.

[172] Brief von Oda Schaefer an Karl Krolow vom 25.10.1945, Nachlass Karl Krolow, DLA-Marbach; vgl. hierzu ebenfalls Brief von Oda Schaefer an Karl Krolow vom 22.05.1946: „[...] erschütternd ist wahrhaftig der Bergengruen ‚Dies irae'." Nachlass Karl Krolow, DLA-Marbach.

[173] Vgl. Brief von Oda Schaefer an Bergengruens vom 06.04.1939, Signatur Ana 593.B.IV, Bayerische Staatsbibliothek München.

1940 erschienene Roman *Am Himmel wie auf Erden* hinterlässt einen tiefen Eindruck:

> Denn ich finde darin das resumé seines ganzen bisherigen Lebens darin, auf eine erstaunliche Art gesagt, und dann die schönen Figuren der Alten und der Kurfürstengeliebten – wo er zum erstenmal diesen Typ von Frau geschildert hat, der voller Wärme ist und doch unstet und labil – und er selbst vor allen Dingen. Es ist ein wahrhaft schönes und wahres Buch [...].[174]

Diese Beurteilungskriterien zeigen die gemeinsame ästhetische und metaphysische Basis, aus der sich auch die Wirkung des Romans ableitet, die Horst Lange in dem angehängten „PS" geschildert hat: „Ich lese den neuen Roman langsam und mit grosser Freude. Er tröstet mich sehr!"[175]

„Trost bieten"[176] – diese Formulierung aus dem von Peter Suhrkamp 1949 umschriebenen Programm der *Neuen Rundschau* im Dritten Reich umschreibt wohl allgemein die Absichten der literarisch-publizistischen ‚inneren Emigration'.

> Glaubwürdigkeit sollten Trost und Erbauung durch die Darstellung je verschiedener Gegenwelten erhalten, denen man die Qualität eines zeitenthobenen tieferen Seins zusprach[177] und denen bestimmte propagierte Verhaltens- und Lebensformen christlicher, stoischer und idealistischer Herkunft entsprachen.[178]

---

[174] Brief von Oda Schaefer an Bergengruens vom 23.12.1940, Signatur Ana 593.B.IV, Bayerische Staatsbibliothek München.

[175] Ebenda. Ingeborg Scholz nimmt Stellung gegen die Etikettierung und Reduzierung Werner Bergengruens auf einen „erbaulichen Trostdichter", gegen die sich Werner Bergengruen selbst entschieden gewehrt hat, und plädiert dafür, ihn nicht mehr „aus dem Wertebereich des Ästhetischen" auszuklammern, Scholz, Ingeborg: *Deutsche Lyrik im Spannungsbogen zwischen Kunst und Religion. Werner Bergengruen und Rudolf Alexander Schröder*, Bonn: Verlag für Kultur und Wissenschaft 2002, S. 3f.

[176] Suhrkamp, Peter: *Die Neue Rundschau*. In: *Die Stockholmer Neue Rundschau. Auswahl*, Berlin, Frankfurt/M. 1949, S. 3-16, hier S. 15. Zitiert nach Ehrke-Rotermund, Heidrun/Rotermund, Erwin: *Zwischenreiche und Gegenwelten. Texte und Vorstudien zur „verdeckten Schreibweise" im „Dritten Reich"*, München: Fink 1999, S. 9.

[177] Heidrun und Erwin Rotermund nennen hier: „Heilsgeschichte, mittelalterlicher Reichsgedanke, überdauernde Naturordnung, antiker Mythos, humanistische Bildungsidee", Ehrke-Rotermund/Rotermund, S. 9.

[178] Ehrke-Rotermund/Rotermund, S. 9f.

Aufgrund der Dominanz der ‚inneren Emigranten' im Literaturbetrieb der Nachkriegszeit setzten sich diese Prinzipien auch weiterhin fort.[179] Oda Schaefer äußerte sich stets stolz darüber, mit ihren Gedichten auch andere getröstet und gestärkt und damit ihre christlich-moralische Pflicht erfüllt zu haben.[180]

So wie allgemein der Glaube und die Religion in der Literatur der Nachkriegszeit an Bedeutung gewannen, spielte der Glaube auch in der Beziehung beider Briefpartner eine große Rolle, wie sich aus einem Brief von Charlotte Bergengruen im Jahre 1947 ablesen lässt:

> Ich bin bei meinen Freunden immer so froh drüber, weil es ein ganzes gemeinsames Gewebe schafft, über das man garnicht mehr zu diskutieren braucht, und alles andere ruht auf dieser Basis so absolut selbstverständlich.[181]

Oda Schaefer hatte sich in einem – leider nicht mehr vorhandenen – Schreiben über ihre „Hinneigung zur Kirche" geäußert und war damit wohl der Bergengruenschen Auffassung von der Bedeutung der Religion[182] ganz nahe gekommen, vor allem dadurch, dass sie beabsichtigte, zum katholischen Glauben überzutreten.[183]

---

[179] Vgl. hierzu Brief von Gunter Groll an Oda Schaefer und Horst Lange vom 10.11.1945 bzgl. der von Gunter Groll herausgegebenen Anthologie *De profundis*. Als einen Gesichtspunkt der Gedichtauswahl nennt Gunter Groll „Heilung und Trost des unverstummten Geistes", Nachlass Schaefer/Lange, Monacensia.

[180] Vgl. Brief von Oda Schaefer an Karl Krolow vom 21.02.1946, in dem sie sich über ihr Gedicht *Irdisches Geleit* äußert, das „inhaltlich ein Trost für die heutige Zeit" wäre, weswegen es in die Anthologie von Friedrich Rasche aufgenommen werden sollte, Nachlass Karl Krolow, Signatur 88.7.62/2, DLA-Marbach; vgl. ebenso: „Viele meiner Gedichte, die im Kriege oder später entstanden, sind als Hilfe für jene Menschen gedacht, die keinen Sinn mehr im Geschehen zu erblicken vermochten." *Den Elementen verschwistert. Ein Selbstporträt.* In: *Welt und Wort* 3 (1949), S. 107.

[181] Hier und im folgenden Zitat Brief von Charlotte Bergengruen an Oda Schaefer vom 25.03.1947, Nachlass Schaefer/Lange, Monacensia.

[182] Werner Bergengruen war 1935 konvertiert, vgl. Ehrke-Rotermund/Rotermund, S. 267.

[183] In ihrem Brief an Oda Schaefer vom 25.03.1947 äußert sich Charlotte Bergengruen traurig darüber, dass Oda Schaefer wohl aus Eheschwierigkeiten noch nicht konvertieren könne, Nachlass Schaefer/Lange, Monacensia.

Nach der Zeit als Nachbarn in Berlin traf Oda Schaefer zum ersten Mal wieder 1947 mit Bergengruens zusammen, und zwar bei ihrem Besuch in der Schweiz. Die Vorfreude auf das Wiedersehen mit Oda Schaefer trägt dem hohen Stellenwert dieser Freundschaft Rechnung. Obwohl Werner Bergengruen inzwischen von einem „pathologische[n] Widerwillen gegen das Briefschreiben"[184] geprägt ist, antwortet er bereits drei Stunden nach Eingang ihres Schreibens und demonstriert damit, „welche Ehren- und Würdestellung" Oda Schaefer und Horst Lange unter den Korrespondenten einnehmen. Geradezu sehnsüchtig erwartet er ihren Besuch:

> Kommen Sie, kommen Sie bald, wir beide haben großes Verlangen nach Ihnen. Es gehört zu der besonderen Note des in den letzten anderthalb Jahrzehnten so sehr gewachsenen Bergengruenschen Nihilismus, daß immer mehr Menschen und Dinge mit einer früher nicht erträumten Leichtigkeit abgeschrieben werden, daß aber die den Durchseihungsprozeß Ueberdauernden umso fester ins Herz geschlossen bleiben.[185]

Werner Bergengruen musste wie auch Oda Schaefer erfahren, dass sich viele angeblichen Freunde während des Dritten Reiches verändert hatten, wodurch sich der Bekannten- und Freundeskreis erheblich verringerte. Zu denen allerdings, die nicht ausgemustert wurden, wurde die Bindung stärker – und Oda Schaefer gehörte dazu.

Sie hatte nämlich im vorausgehenden Brief von einem Besuch Günther Birkenfelds, einem ihrer engsten Freunde in Berlin, erzählt und bei ihm Ähnliches erlebt wie Werner Bergengruen auch bereits bei anderen. Er sieht die Eigenart, anderen Verrat und Feigheit vorzuwerfen, obwohl man selbst davon nicht frei ist, allerdings als eine spezifische Eigenschaft des deutschen Charakters:

> Glauben Sie mir, ich kenne das alles und ich kenne den deutschen Zustand. In dieser unglücklichen Nation herrschte schon immer die Eigentümlichkeit, daß, wer bis an die Brustwarzen in die Abortgrube gefallen war, jeden, der nur bis zum Nabel drinsteckte, für einen Fahnenflüchtigen erklärte. [...] Als Fahnenflüchtigen haben mich schon manche Leute angesehen: als ich von Berlin nach München übersiedelte, als ich katholisch wurde, als ich in

---
[184] Hier und im folgenden Zitat Brief von Werner Bergengruen an Oda Schaefer vom 13.08.1947, Nachlass Schaefer/Lange, Monacensia.
[185] Ebenda.

> Tirol blieb, als ich in die Schweiz ging. Mir ist das gleich. Ich behalte mir vor, wenn der Irrsinn um mich herum zu massiv wird, mich zu meiner Fahne zu flüchten, und es geht niemanden etwas an, in welchen Boden ich sie stecke.[186]

Werner Bergengruen hatte offenbar hart für seine Entscheidungen kämpfen müssen und unter Anfeindungen sehr zu leiden gehabt. Daher klingt diese Passage fast wie ein trotziges Plädoyer für die Durchsetzung seiner eigenen Ansichten, vor allem da ihn andere Personen immer wieder, was seinen Wohnort betraf, beeinflussen wollten und sich in seine Angelegenheiten einmischten. Deutlich macht er dabei seiner Abneigung gegen Berlin Luft und schließt eine Rückkehr in diese Stadt kategorisch aus:

> Ich habe ihr geschrieben, wohin ich später noch einmal käme, wüßte ich nicht, aber bestimmt nie wieder nach Berlin, ich hätte mich noch nie in einer deutschen Stadt so sehr im Auslande gefühlt wie dort und Berlin hätte mir schon vor zwanzig Jahren den Eindruck einer leergebrannten Stätte gemacht. Diese Berliner Gesinnungen sind jene preußischen Requisiten, die alle preußischen Untergänge überleben. In Innsbruck begegnete ich vor anderthalb Jahren einem Berliner Juden, der gerade von Berlin kam und grauenvolle Schilderungen entwarf, dann aber hinzufügte: „Und trotz allem, die einzige Stadt, wo man leben kann." Denen ist nicht zu helfen. Nein, da gibt es auch keinen Rückweg, für Sie nicht und für uns nicht.[187]

Auch für Oda Schaefer kam eine Rückkehr nach Berlin nicht in Frage, allerdings aus anderen Gründen als für Werner Bergengruen, der sich, obwohl er gerne an die Zeit in Zehlendorf mit Oda Schaefer und Horst Lange als Nachbarn zurückdachte[188], in Berlin nicht wohl gefühlt hatte. Sie knüpfte immer sehr positive Erinnerungen an diese Stadt, jedoch war ihre Wohnung zwangsbesetzt, ihre Möbel zerstört oder verschenkt worden, die Manuskripte der Werke verloren und viele enge Freunde ebenfalls nicht mehr in Berlin, wie Elisabeth Langgässer oder Günter Eich, oder sogar nicht mehr am Leben, wie z.B. Friedo Lampe. In Mittenwald hatten sie begonnen, sich eine neue Existenz aufzubauen, Kontakte zu Freunden, wie u.a. Erich Kästner, Gunter Groll, in München aufzuneh-

---

[186] Ebenda.
[187] Ebenda.
[188] Vgl. Brief von Werner Bergengruen an Oda Schaefer vom 13.08.1947, Nachlass Schaefer/Lange, Monacensia.

men. Dazu kam, dass beide wohl nicht die nötige gute gesundheitliche Verfassung hatten, um weitere Strapazen durchzustehen.

Trotzdem blieb die Affinität zu dieser Stadt, das Gefühl der Verbundenheit ihr Leben lang bestehen; wie sehr ihr der Bau der Mauer 1961 zu Herzen ging, ersieht man an ihrem Gedicht *Mitten durch mich*.[189]

Das Treffen zwischen Oda Schaefer und Bergengruens in der Schweiz war trotz der großen Vorfreude auf beiden Seiten von Missverständnissen geprägt, die die Beziehung zwischen beiden Freunden kurzzeitig belasteten. Oda Schaefers Brief auf ein Schreiben von Charlotte Bergengruen, das offen alles das aussprach, was zu Verletzungen[190] geführt hatte, gibt neben ihrem persönlichen Bedürfnis, das gute freundschaftliche Verhältnis, an dem ihr sehr viel lag[191], wieder herzustellen, auch ein Bild über die Situation zwischen Exilanten und ‚inneren Emigranten' im Jahr 1947 wieder. Sie empfindet die Atmosphäre in Zürich als besonders schlecht, die sogar das deutsche, „gewiss nicht sehr menschenfreundliche Klima"[192] noch übertrifft, indem „die Beziehungen der Menschen durch Kolportierung missverstandener Aussprüche" gestört werden. Ihr und Horst Lange als in Deutschland Gebliebenen stehen die Emigranten mit Unverständnis, ja „Gehässigkeit"[193] gegenüber, wie Oda Schaefer immer wieder, wie z.B. auch bei einem Vortragsabend in Zürich, erfahren muss:

> Wir lasen eigentlich contra Emigration, wenn man so nennen will, denn ich kriegte dafür, dass ich von Bomben und der Nachkriegssituation berichtete (die wir ja nach deren Meinung nur

---

[189] Vgl. *Mitten durch mich*. In: *FAZ*, 23.09.1961.
[190] Vgl. Brief von Charlotte Bergengruen an Oda Schaefer vom 18.12.1947, Nachlass Schaefer/Lange, Monacensia. Bergengruens hatten den Eindruck, dass Oda Schaefer ein Zusammensein mit ihnen nicht wünschte und ein gemeinsames Treffen im Rahmen von anderen Dichtern und Schauspielern, deren Kreis sie Bergengruens eindeutig vorziehen würde, ablehne.
[191] Vgl. Brief von Oda Schaefer an Charlotte Bergengruen vom 20.12.1947: „Ich hänge weiss Gott nicht mehr an vielen Menschen, und unter den wenigen – die Zahl bewegt sich unter zehn! – die mir innerlich nahestehen, sind Sie beide, und da ich eine Frau bin, besonders Sie, liebe Frau Nachbarin." Nachlass Schaefer/Lange, Monacensia.
[192] Hier und im folgenden Zitat ebenda.
[193] Brief von Charlotte Bergengruen an Oda Schaefer vom 25.03.1947, Nachlass Schaefer/Lange, Monacensia. Auch sie hatte dieselben Erfahrungen machen müssen wie Oda Schaefer.

verdient haben, weil wir „drin" geblieben sind!), eine sehr schlechte Zensur.[194]

Die beiden Lager sind einander konträr entgegengesetzt.[195] Während die ‚inneren Emigranten' nach Auffassung der Exilanten zurecht Zerstörung und Bombardierung erfahren haben, fühlen diese sich jedoch in doppeltem Sinne als Opfer: als Opfer des nationalsozialistischen Regimes und der erlebten Repression sowie als Opfer des Krieges und der Zerstörungen durch die Bombardements der Alliierten. Die Kluft zwischen beiden Seiten war unüberbrückbar, weswegen sich Oda Schaefer während ihrer Zeit in Zürich, wo sie zusätzlich auch unter Geldmangel litt und auf jede Hilfe von außen angewiesen war, nach Deutschland („unserm komischen verrotteten Land"[196]) zurücksehnte. Dazu kam, dass sie und Horst Lange in ihrer bohemehaften Art und Ausdrucksweise nicht akzeptiert wurden, was Oda Schaefer als heuchlerisch-spießbürgerliches Verhalten beurteilte:

> Ja, wenn man zu oft „Arschloch" und „Scheisse" hier sagt und nicht mehr 25 Jahre alt ist, so wird das übel genommen. Die Villons und Rimbauds sind zwar tot ein Fressen für Literaten, aber lebend will man sie lieber meiden und empört sich pharisäerhaft.[197]

So war Oda Schaefer nach neun Monaten in der Schweiz, obwohl sie dort auch große Hilfsbereitschaft erfuhr, froh, nach Deutschland zurückzukehren.

Der Kontakt zu Bergengruens blieb – allerdings wurde er nicht mehr nur auf rein schriftlicher Ebene geführt, da Oda Schaefer ab 1948 ihre gesamte Korrespondenz aus Zeitgründen reduzierte. Zudem kam sie ab 1949 regelmäßig auf den Tagungen der Darmstädter Akademie, deren

---

[194] Brief von Oda Schaefer an Charlotte Bergengruen vom 20.12.1947, Nachlass Schaefer/Lange, Monacensia.

[195] Zur Auseinandersetzung zwischen Thomas Mann auf der einen und Frank Thiess und Walter von Molo auf der anderen Seite, die das feindselige Klima zwischen Exilanten und ‚inneren Emigranten' schürte, vgl. z.B. Brockmann, Stephen: *Inner Emigration. The Term and Its Origins in Postwar Debates*. In: Donahue, Neil H./Kirchner, Doris (Hg.): *Flight of fantasy. New Perspectives on Inner Emigration in German Literature, 1933-1945*, New York, Oxford: Berghahn Books 2003, S. 11-26.

[196] Brief von Oda Schaefer an Charlotte Bergengruen vom 20.12.1947, Nachlass Schaefer/Lange, Monacensia.

[197] Ebenda.

Mitglieder sie beide geworden waren, mit Werner Bergengruen persönlich zusammen.[198]

Die wenigen Briefe von Bergengruens in den fünfziger Jahren spiegeln aber den nach wie vor engen freundschaftlichen Umgang beider Korrespondenzpartner wider, der sich sogar noch intensiviert hatte. Die Briefe von Charlotte und Werner Bergengruen der Jahre 1950, in denen Werner Bergengruen seine Freude über die Verleihung des Preises der Mainzer Akademie an Oda Schaefer, den sie 1950 erhalten hatte, bekundet und seiner Bestürzung über den plötzlichen Tod Elisabeth Langgässers Ausdruck verleiht, den wohl auch Oda Schaefer in dem vorausgegangenen Schreiben thematisiert hatte, zeigen nämlich den Wechsel der Anrede vom „Sie" zum persönlichen „Du".[199]

Eine besondere Herzlichkeit offenbart das folgende, von Oda Schaefer anlässlich der Verleihung der Ehrendoktorwürde der Universität München an Werner Bergengruen geschriebene „Gedicht", das neben der Entschuldigung für das Fernbleiben zu den Feierlichkeiten – Oda Schaefer und Horst Lange waren wie so oft auf dem Land[200], um sich zu erholen – auch auf die Leidenschaft Bergengruens für Alkoholisches Bezug nimmt:

> Mein liebes Wernerchen,
> Nichts liegt uns fernerchen,
> Als Dir nicht zu huldigen!
> Doch Du musst entschuldigen,
> Dass wir auf dem Lande –
> An der Kräfte Rande –
> Ruhig weiter weilen
> Und nicht zu Dir eilen,
> Mit viel schönen Flausen
> Zwegn honoris causen,

---

[198] Vgl. z.B. Brief von Oda Schaefer an Hagengruber, M.A. vom 19.10.1984, vgl. ebenso Karte von Oda Schaefer an Gertrud Mentz Weihnachten 1964, vgl. hierzu auch Brief von Oda Schaefer an Hertha Bielfeld vom 18.10.1961, Nachlass Schaefer/Lange, Monacensia.

[199] Vgl. Brief von Charlotte Bergengruen an Oda Schaefer und Horst Lange vom 28.09.1950 sowie das Schreiben von Werner Bergengruen an Oda Schaefer vom 30.12.1950, Nachlass Schaefer/Lange, Monacensia.

[200] Sie befanden sich sehr oft auf Gut Achatswies bei Fischbachau, fuhren aber auch ab und zu nach Ambach am Starnberger See sowie – vor allem in den fünfziger Jahren – zum Chiemsee.

> Trotzdem gratulieren,
> Mit viel schönen Bieren,
> Die wir selber zahlen,
> (Aber nicht mit Aalen,
> sondern Bachforellen
> Frisch wie Bergesquellen)
> Gönnend Dir die Krebse
> Und recht viele Schnebse,
> Himbeergeist und Wodka,
> Lieber junger Dokta,
> Whisky, Cognac, Gin,
> Alles ohne Sinn,
> Alles ohne Soda –
> DEINE HORST + ODA![201]

Werner Bergengruen als Liebhaber des Alkohols und Befürworter eines kreativen Rausches taucht in Oda Schaefers Schilderungen seiner Person immer wieder auf[202] und bestimmt auch die über ihn kursierenden Anekdoten. Sogar in dem von Oda Schaefer gesprochenen Gedenkwort für Werner Bergengruen in der Akademie für Sprache und Dichtung Darmstadt wird seine Vorliebe für die „klaren Wässerchen"[203] thematisiert und mit seiner Person unweigerlich verknüpft – hier allerdings auf liebevoll augenzwinkernde Art und Weise, indem sie diese mit dem von Bergengruen verehrten Dichter Jean Paul legitimiert, „daß der Dichter ein ewiger Jüngling und ein Berauschter zu sein habe."[204]

Die Person Werner Bergengruens ist für sie unmittelbar mit seinem Werk, das alles Wesentliche über ihn enthalte[205], verbunden, so dass sich dieser Nekrolog als ein enges Gewebe aus Informationen über die per-

---

[201] Gedicht von Oda Schaefer und Horst Lange an Werner Bergengruen vom 23.06.1958, Teilnachlass Werner Bergengruen, Signatur 88.148.129, DLA-Marbach.

[202] Vgl. *Schnaps und Blutwurst.* In: *„Dank an Werner Bergengruen",* Zürich: Arche 1962, S. 150-152, hier S. 151.

[203] *Gedenkwort für Werner Bergengruen.* In: *Deutsche Akademie für Sprache und Dichtung Darmstadt. Jahrbuch 1964,* Heidelberg, Darmstadt: Verlag Lambert Schneider 1965, S. 196-198.

[204] Ebenda, S. 196.

[205] Oda Schaefer folgt hier wohl einem von Werner Bergengruen selbst geäußerten Satz über die Biographie eines Künstlers: „Die natürliche Form seiner Selbstdarstellung ist die Summe des von ihm Geschaffenen." Zitiert nach Scholz, S. 8.

sönlichen Eigenarten des Dichters und der Wiedergabe literarischer Inhalte darstellt, wobei sie immer wieder auf die Gestalt des Bergengruenschen Rittmeisters als „eine zweite Haut"[206] des Autors Bezug nimmt: seine sich auf die Tradition berufende, dem Experiment fernhaltende Sprache, der Gehorsam gegenüber dem Schicksal, seine Auffassung vom Beruf des Dichters als Berufung, seine der baltischen Herkunft entspringende herzliche Gastlichkeit[207] und die im Alter zunehmende Bedeutung der östlichen Heimat für sein Oeuvre; ebenso sein lauterer Charakter in politischen Fragen, seine Vorliebe für Magisches, für Träume und Zeichen als einem Eingeweihten und Auguren, der es wie „kaum jemand"[208] verstand, „das Antike in das Christliche einzubetten".[209]

Die Tatsache, dass Oda Schaefer den Nekrolog verfasste, machte – auch in der Öffentlichkeit – deutlich, wie eng die Bindung zwischen beiden Schriftstellern gewesen war. Aus der beinahe kindlichen Haltung Oda Schaefers in Berlin wurde im Laufe der Jahre eine sehr persönliche, freundschaftliche Beziehung unter Gleichgesinnten.

Ähnlich wie bei Werner Bergengruen gewinnt nämlich die Besinnung auf den Osten als ihr „baltisches Erbe" für Oda Schaefer eine immer stärkere Rolle. In Briefen an ihre Freundinnen Hertha Bielfeld und Gertrud Mentz in den sechziger Jahren feiert Oda Schaefer Ostern als „das grösste christliche Fest in Russland"[210] und küsst sie russisch auf beide Wangen, genauso wie fast in jedem österlichen Schreiben die russischen Grußformeln „‚Christ ist erstanden' – ‚ER ist in Wahrheit auferstan-

---

[206] *Gedenkwort für Werner Bergengruen*. In: *Deutsche Akademie für Sprache und Dichtung Darmstadt. Jahrbuch 1964*, Heidelberg, Darmstadt: Verlag Lambert Schneider 1965, S. 196.

[207] Die „echt baltische Gastfreundschaft" hat Oda Schaefer bereits in dem Beitrag zum 70. Geburtstag Werner Bergengruens in *Schnaps und Blutwurst* hervorgehoben. In: *„Dank an Werner Bergengruen"*, Zürich: Arche 1962, S. 150-152, hier S. 152.

[208] *Gedenkwort für Werner Bergengruen*. In: *Deutsche Akademie für Sprache und Dichtung Darmstadt. Jahrbuch 1964*, Heidelberg, Darmstadt: Verlag Lambert Schneider 1965, S. 197.

[209] Ebenda, S. 198; vgl. hierzu Bänziger, der die Unterschiede im Werk von Werner Bergengruen zu vielen seiner Zeitgenossen in einem „ausgesprochenen Sinn für Tradition, und zwar in der Form eines humanistisch gefärbten Geschichtsbewußtseins" sowie in „gleichsam vorhumanistische[n] Beziehungen zur Natur [...] durch einen urtümlichen Sinn für ihre Magie" begründet sieht, S. 96.

[210] Brief von Oda Schaefer an Gertrud Mentz vom 21.03.1970, Nachlass Schaefer/Lange, Monacensia.

den"[211] verwendet werden. Die gemeinsame Heimat mit Werner Bergengruen kommt auch hier noch einmal zum Ausdruck: „[...] ich denke an das russische Ostern, wo die Sonne beim Aufgehen vor <u>Freude</u> einen Sprung über den Horizont tut, das hat Bergengruen so schön beschrieben."[212] Entsprechend der zunehmenden Bedeutung der baltischen Heimat wird auch die Beziehung zu den Personen, die die gleichen Wurzeln haben, immer wichtiger.

So wie man Werner Bergengruen ab ca. Mitte der sechziger Jahre als „altmodisch" etikettierte und attackierte, wurde ebenfalls Oda Schaefer zunehmend kritisiert, was sie auf den christlichen Glauben als Fundament ihrer und der Bergengruenschen Dichtung zurückführte:

> Ja, gegen Bergengruen reitet man Attacken, er gilt als altmodisch, aber was sollen Schulkinder mit Kafka? Auch ich bin wieder attackiert worden, es ist wohl immer schwer, alt zu werden + sich zu behaupten. Jeder, der noch glaubt, ist lächerlich.[213]

Sie fühlte sich Werner Bergengruen, dessen Katholizismus sie zwar teilweise als zu radikal ablehnte[214], literarisch aber grundsätzlich[215] schätzte[216], verwandt, da er ebenso wie sie dem Glauben im menschlichen Le-

---

[211] So z.B. Brief vom 07.04.1968, Karte vom 28.03.1969, Brief vom 21.03.1970 an Gertrud Mentz oder auch Briefe vom 26.03.64 und 17.04.1966 an Hertha Bielfeld, Nachlass Schaefer/Lange, Monacensia.

[212] Karte von Oda Schaefer an Gertrud Mentz vom 28.03.1969, Nachlass Schaefer/Lange, Monacensia.

[213] Karte von Oda Schaefer an Gertrud Mentz vom 16.04.1966, Nachlass Schaefer/Lange, Monacensia.

[214] Vgl. z.B. Brief von Oda Schaefer an Hertha Bielfeld vom 10.02.1960, Nachlass Schaefer/Lange, Monacensia.

[215] Nicht immer ist das Urteil Oda Schaefers über die Werke Bergengruens positiv, wie z.B. in einem Brief an Horst Lange vom 02.01.1948 über Bergengruens 1946 veröffentlichte Erzählung *Pelageia*: „Die ‚Pelageia' von Bergengruen ist so trocken wie ein Furz. Und mir kommt es immer so vor, als stimmte alles nicht. [...] Und stinklangweilig." Oder auch in einem Brief an Hertha Bielfeld am 10.09.1964 bzgl. des Spätwerks: „Bergengruen schrieb auch bis zuletzt, kam allerdings, wie ich schon erwähnte, ins Schwatzen. Er war immer hinter Glas." Nachlass Schaefer/Lange, Monacensia.

[216] Vgl. Brief von Oda Schaefer an Hertha Bielfeld vom 11.02.1965: „Bergengruen hielt viel vom Spuken, und hat noch sein letztes Buch auf lauter Wunder (aber manchmal fast Spuken) eingestellt, ‚Das Räuberwunder', eine hervorragende katholische Lektüre, vor allem die letzte Erzählung hinreissend!!!" Nachlass Schaefer/Lange, Monacensia.

ben die zentrale Bedeutung zumaß – ganz im Gegensatz zu Franz Kafka, dessen Werk in seiner Verweigerung metaphysischer Antworten und Lösungen und der daraus resultierenden Vermittlung von Sinn- und Hoffnungslosigkeit Oda Schaefer mit absolutem Unverständnis begegnete, ja aus ihrer Sicht begegnen musste. Zwei Generationen standen sich in den sechziger Jahren zunehmend feindlich gegenüber, und die Ablehnung und Vorwürfe an die sogenannten ‚inneren Emigranten', die die Nachkriegszeit und die fünfziger Jahre noch dominiert hatten, wurden im Rahmen der Politisierung der Literatur und der Ideologiekritik immer lauter. Vor allem Werner Bergengruen wurde von Theodor W. Adorno, der in seinem Essay *Jargon der Eigentlichkeit* ein Zitat aus dem Gedicht *Frage und Antwort* von Werner Bergengruen in unmittelbarem Zusammenhang mit der Vergasung von Juden im Dritten Reich verwendete[217], als „Symptom jenes Krankheitsbildes, das er bei [Heidegger] als ‚verlogen' entlarvt hatte"[218], abgeurteilt – ein Verdikt, nicht nur über Werner Bergengruen, „sondern über das Positive in der Literatur überhaupt".[219]

Mit ihrer Beziehung zu Horst Lange und der Publikation von eigenen Gedichten lernte Oda Schaefer zu Beginn der dreißiger Jahre den Kreis der Schriftsteller um die Zeitschrift *Die Kolonne. Zeitung der jungen Gruppe Dresden* kennen. Der erste Freund in Berlin war – laut der Autobiographie Oda Schaefers[220] – Martin Raschke, der Mitbegründer der Zeitschrift im Dresdener Jeß-Verlag.[221] Er hatte zusammen mit Horst Lange,

---

[217] „Der Band von Bergengruen ist nur ein paar Jahre jünger als die Zeit, da man Juden, die man nicht gründlich genug vergast hatte, lebend ins Feuer warf, wo sie das Bewußtsein wiederfanden und schrien. Der Dichter, dem man bestimmt keinen billigen Optimismus nachsagen könnte, und der philosophisch gestimmte Pädagoge, der ihn auswertet, vernahmen nichts als Lobgesang." Adorno, Theodor W.: *Jargon der Eigentlichkeit. Zur deutschen Ideologie*, Frankfurt/M.: Suhrkamp 1964, S. 23f.
[218] Scholz, S. 4.
[219] von Schirnding, Albert: *Werner Bergengruen*. In: Hackelsberger, N. Luise (Hg.): *Werner Bergengruen. Leben eines Mannes. Neunzig Gedichte, chronologisch geordnet. Mit einem Aufsatz von Albert von Schirnding*, Zürich: Arche 1982, S. 145-163, hier S. 155; vgl. hierzu auch Bänziger, S. 109.
[220] Vgl. *Auch wenn Du träumst, gehen die Uhren*, S. 256.
[221] Martin Raschke „war eine jener wichtigen Personen aus der ‚zweiten Reihe', bei denen Fäden zusammenliefen und wichtige Beziehungen geknüpft wurden, genannt seien Raschkes Kontakte zu Rudolf Braune, Günter Eich, Horst Lange, Peter Huchel, Wilhelm Lehmann, Gottfried Benn, Elisabeth Langgäs-

der vor seiner Breslauer Studienzeit an der Friedrich-Wilhelm-Universität in Berlin eingeschrieben war, Germanistik und Kunstgeschichte studiert[222] und muss von großem Charme, „ein sprechender Erzähler voll sprudelnder Einfälle"[223] gewesen sein; Oda Schaefer suchte den Kontakt zu ihm[224], wie ihre wenigen erhaltenen Briefe an ihn dokumentieren, und bemühte sich auch, sein Urteil, sofern es ihren eigenen Vorstellungen entsprach, umzusetzen.[225]

Das Verhältnis Oda Schaefers zu ihm war allerdings, wie sie in ihren Erinnerungen berichtet, kompliziert und von „Argwohn, Vertrauensbruch und literarischen Unverträglichkeiten"[226] geprägt:

> Raschke wollte mir das Schreiben beibringen, hinterlistig lächelnd versuchte er sich mit mir zu verabreden, vielleicht hatte er mich für kurze Zeit Horst Lange entwenden wollen, mit dem ich noch nicht verheiratet war, vielleicht wollte er aber nur meine schlaf-

---

ser, Will Vesper, Ursula von Kardorff und zahlreichen Mitarbeitern des Rundfunks." Schoor, Uwe: *Schritt aufnehmen oder Verständigung „quer zum Politischen"? Anmerkungen zum „Kolonne"-Kreis im literarischen Leben nach 1933.* In: Haarmann, Hermann (Hg.): *Katastrophen und Utopien. Exil und Innere Emigration (1933-1945). Das 2. Berliner Symposion – nebst 95 unveröffentlichten Briefen von Carl Sternheim*, Berlin: Bostelmann & Siebenhaar 2002, S. 167-186, hier S. 169. Zu Martin Raschke vgl. Haefs, Wilhelm/Schmitz, Walter (Hg.): *Martin Raschke (1905-1943). Leben und Werk*, Dresden: Thelem bei w.e.b. 2002.

[222] Vgl. *Auch wenn Du träumst, gehen die Uhren*, S. 256; vgl. hierzu ebenso Brief von Oda Schaefer an Klaus Täubert vom 15.06.1982, Nachlass Schaefer/Lange, Monacensia.

[223] Brief von Oda Schaefer an Klaus Täubert vom 15.06.1982, Nachlass Schaefer/Lange, Monacensia.

[224] Vgl. Brief von Oda Schaefer an Martin Raschke vom 18.04.1932, Nachlass Martin Raschke, Mscr. Dresd. App. 2531, 1406, Sächsische Landesbibliothek – Staats- und Universitätsbibliothek Dresden.

[225] Vgl. Karte von Oda Schaefer an Martin Raschke vom 21.02.1932 (Poststempel), auf der sie – ihm entgegenkommend – auf ein Wort in einer Zeile des Gedichts *Die Ernte*, das in der *Kolonne* veröffentlicht werden sollte, verzichtet. Auch wenn es sich um die erste – und einzige – Publikation Oda Schaefers in dieser Zeitschrift handelt, kommt sie dem Herausgeber jedoch nicht weiter nach und lässt eine weitere Änderung nicht zu: „Basta, mehr kann ich nicht tun. Genügt es Ihnen?" Nachlass Martin Raschke, Mscr. Dresd. App. 2531, 1405, Sächsische Landesbibliothek – Staats- und Universitätsbibliothek Dresden.

[226] Leuschner, Wunder und Sachlichkeit, S. 143.

wandlerische Natur aufstören und mich aus Illusionen und Träumen wecken. Ich lehnte ab, er war mir sehr fremd, denn nachdem er in „Fieber der Zeit" modern zu sein versucht hatte, sogar etwas kraß, verfiel er immer mehr dem Stifterschen Altersstil.[227]

Zuerst ganz solidarisch mit Horst Lange aus der Perspektive des Paares schreibend geht mit der „Verweigerung einer erotischen wie poetischen Dreiecksbeziehung […] Oda Schaefers Abwertung der literarischen Dominanz Raschkes einher."[228] Seine Epigonalität und vor allem seine „Anbiederung an das ‚Deutsche Schrifttum'"[229], wie sie in einem Brief an Klaus Täubert berichtet, schätzt sie nicht. Die „schlafwandlerische Natur" Oda Schaefers sowie ihre „Illusionen und Träume" scheinen sie mit Horst Lange verbunden zu haben und eine Abgrenzung nach außen zu bilden.

Anfang der vierziger Jahre muss es, wie Oda Schaefer in ihren Erinnerungen und Briefen berichtet, noch einmal ein weiteres Zusammentreffen mit Martin Raschke gegeben haben, nachdem er bereits einige Jahre vorher mit seiner Familie nach Dresden gezogen und ab 1941 als Kriegsberichterstatter in einer Propagandakompanie[230] tätig war. Befremdlich waren offensichtlich für sie und Horst Lange seine Schilderungen von der Front des Krieges in Russland – sie klangen wie Märchen[231], schreibt Oda Schaefer darüber –, da Horst Lange „Russland qualvoll und ganz anders erlebt"[232] hatte. Martin Raschke starb 1943 an einem Bauchschuss.

Günter Eich

Günter Eich lernten Oda Schaefer und Horst Lange über Martin Raschke kennen, dessen gemeinsamer Studienkollege und bester Freund er

---

[227] *Auch wenn Du träumst, gehen die Uhren*, S. 257.
[228] Leuschner, Wunder und Sachlichkeit, S. 143.
[229] Brief von Oda Schaefer an Klaus Täubert vom 15.06.1982, Nachlass Schaefer/Lange, Monacensia.
[230] Vgl. Sarkowicz, Hans/Mentzer, Alf: *Literatur in Nazi-Deutschland. Ein biografisches Lexikon*, erweiterte Neuausgabe, Hamburg, Wien: Europa Verlag 2002, S. 331.
[231] Vgl. Brief von Oda Schaefer an Klaus Täubert vom 15.06.1982, Nachlass Schaefer/Lange, Monacensia; vgl. hierzu auch *Auch wenn Du träumst, gehen die Uhren*, S. 258.
[232] Brief von Oda Schaefer an Klaus Täubert vom 15.06.1982, Nachlass Schaefer/Lange, Monacensia.

war.²³³ Zwischen ihnen entwickelte sich eine enge Freundschaft, die sich auch darin dokumentierte, dass Günter Eich 1933 Trauzeuge bei der Hochzeit von Oda Schaefer und Horst Lange war und sie in seinem Haus in Poberow ihre Flitterwochen verbrachten.²³⁴ Kurzfristig wurde diese Freundschaft nach 1933 offenbar aufgrund politischer und persönlicher Differenzen unterbrochen²³⁵, jedoch waren die Unstimmigkeiten bald wieder beendet, da Oda Schaefer auf dem Fragebogen der Reichsschrifttumskammer vom 13. Juli 1937 neben Ottoheinz Jahn vom

---

[233] „Eich hat wohl nie einen besseren, treueren Freund besessen", *Auch wenn Du träumst, gehen die Uhren*, S. 257. Rührend sorgte offenbar Günter Eich nach dem Krieg für die Kinder Martin Raschkes, vgl. Brief von Oda Schaefer an Klaus Täubert vom 15.06.1982, Nachlass Schaefer/Lange, Monacensia.

[234] Vgl. Nijssen, Wie soll man da Gedichte schreiben, S. 34.

[235] Vgl. Brief von Oda Schaefer an Klaus Täubert vom 15.06.1982: „Nach dem Umsturz 1933 kam Günter Eich zu uns – Raschke war schon in Dresden – und sagte, wir sollten der Partei beitreten wie er. Wir lachten und sagten: ‚Du bist wohl verrückt!' Er hatte es aber getan – man nannte das die ‚Märzgefallenen' – und stieg dann aus, so hörte ich es von seinem Bruder berichten [...]. Für den Austritt aus der Partei musste er später dann monatlich Busse an die SS zahlen, sagte mir der Bruder, Dr. Eich. Das alles hatte uns eine Weile auseinander gebracht, denn wir waren mit Günter doch eng befreundet gewesen." Nachlass Schaefer/Lange, Monacensia. Dazu passend findet sich in einem Brief von Oda Schaefer an Martin Raschke vom 18.04.1932 ein separater Hitler-Gruß an Günter Eich („Heil Hitler für Günther Eich"), während sie sich mit „Viele Grüße für Sie" von Martin Raschke verabschiedet; Nachlass Martin Raschke, Mscr. Dresd. App. 2531, 1406, Sächsische Landesbibliothek – Staats- und Universitätsbibliothek Dresden.
Günter Eich gehörte zwar zu den Märzgefallenen, die einen Antrag auf Parteizugehörigkeit gestellt hatten, er wurde aber nie wirklich in die Partei aufgenommen, vgl. Görtz, Franz Josef: *Lehrstück über einen deutschen Schriftsteller*. In: Vieregg, Axel (Hg.): *„Unsere Sünden sind Maulwürfe". Die Günter-Eich-Debatte*, Amsterdam, Atlanta: Rodopi 1996, S. 49-51. Zur Position Günter Eichs im Dritten Reich, insbesondere zu seinem Hörspiel *Rebellion in der Goldstadt* vgl. Vieregg, Axel: *Der eigenen Fehlbarkeit begegnet. Günter Eichs Realitäten 1933-1945*, Eggingen: Edition Isele 1993.
In einem Brief an Hertha Bielfeld vom 12.09.1962 berichtet Oda Schaefer auch von einem anderen Grund für einen kurzfristigen Bruch der Freundschaft zu Günter Eich: „Es ist zwar vorgekommen, dass ich jemanden, an dem ich sehr hing, auch Männer, plötzlich über Bord schmiss – einmal auch Günter Eich, weil ich mich betrogen fühlte (er hatte Horst ein Rundfunk-Thema geklaut), aber es renkte sich wieder ein, [...]." Nachlass Schaefer/

Deutschlandsender bzgl. ihrer politischen Einstellung Günter Eich bzgl. ihrer schriftstellerischen Tätigkeit eintrug.[236]

Die mit Kriegsende beginnenden vorliegenden Briefe Günter Eichs[237] sind von sehr freundschaftlichem Ton geprägt und zeigen Günter Eich als jemanden, der sich kritisch mit den Gedichten Oda Schaefers auseinandersetzte und ihr Verbesserungs- sowie Änderungsvorschläge unterbreitete. Sie müsste seiner Ansicht nach nur „als ersten Hörer jemanden haben, der schulmeisterlicher ist als Horst, z.B. mich. Öde Fensterhöhlen z.B. sind meines Erachtens seit Schillers Glocke nicht mehr möglich.[238] Mitten zwischen herrlichen Zeilen."[239] Bewunderung und Respekt sprechen einerseits daraus, wenn er bemerkt, dass Oda, wie es scheint, „steil nach oben" klimmt, und er herrliche Zeilen konzediert, andererseits auch das Wissen um Verbesserungsmöglichkeiten, die sich vor allem auf traditionelle Formulierungen und Ausdrücke beziehen, und das Bewusstsein, dass er der Richtige ist, um beurteilen zu können, was emendiert werden muss.

In ihrer Kunstanschauung stimmen Oda Schaefer und Günter Eich nicht grundsätzlich überein, wie an einer Bemerkung Günter Eichs über *Die Feuerprobe* von Werner Bergengruen, über die sich Oda Schaefer und Horst Lange offensichtlich sehr positiv geäußert hatten, zum Ausdruck kommt:

Lange, Monacensia. Zu der Auseinandersetzung bzgl. des Hörspielthemas vgl. auch den Brief Horst Langes an Martin Raschke vom 04.04.1934. In: Vieregg, Axel: *Der eigenen Fehlbarkeit begegnet. Günter Eichs Verstrickung ins „Dritte Reich"*. In: Rüther, Günther (Hg.): *Literatur in der Diktatur. Schreiben im Nationalsozialismus und DDR-Sozialismus*, Paderborn, München, Wien, Zürich: Ferdinand Schöningh 1997, S. 173-194, hier S. 180f.

[236] Vgl. „Fragebogen für schriftstellerisch Tätige" der Reichsschrifttumskammer vom 13.07.1937, Bundesarchiv Berlin, BArch, ehem. BDC, RKK, Lange, Oda, 21.12.00.

[237] In der Monacensia sowie im DLA-Marbach liegen keine Briefe von Oda Schaefer an Günter Eich vor. Einen Brief von Oda Schaefer an Günter Eich (vom 07.11.1953) im Rahmen der Korrespondenz der Zeitschrift *Akzente*, in dem sie ihm Dr. Eberhard Horst herzlich empfiehlt, befindet sich im Walter-Höllerer-Archiv im Literaturarchiv Sulzbach-Rosenberg.

[238] Günter Eich bezieht sich hier wohl auf das Gedicht *Liebespaar 1945*, in dem diese Formulierung von Oda Schaefer verwendet wird. In: *Irdisches Geleit*, S. 20.

[239] Hier und im folgenden Zitat Brief von Günter Eich an Oda Schaefer und Horst Lange vom 02.02.1946, Nachlass Schaefer/Lange, Monacensia.

> Bergengruens Feuerprobe ist in ihrer Art ein Meisterwerk. Freilich ist diese Art meiner Kunstanschauung entgegengesetzt. Mich interessiert das „ungewöhnliche Ereignis" wenig. Der dabei nötige Aufbau (– in der Feuerprobe z.B. zielt alles auf die Schlußpointe –) erscheint mir so künstlich wie die ganze überlieferte Dramentechnik. Womit ich nicht leugne, daß in dieser Technik herrliche Dinge geschaffen worden sind.[240]

Deutlich wird Günter Eichs Abneigung gegen die ihm als antiquiert und manieriert erscheinende Erzähltechnik Werner Bergengruens, welche er zwar in ihrer Art als vollendet empfindet, persönlich jedoch ablehnt, während Oda Schaefer mit Bewunderung von den Bergengruenschen Werken spricht.

Die Entwicklung ihrer Gedichte von traditionellen Themen und Formen zu neueren, ungewohnten Sujets, wie z.B. im Gedicht *Der Trinker*[241], und freien Rhythmen wird von ihm freudig begrüßt[242]; Oda Schaefer hatte ihm nämlich ihr Gedicht *Alptraum* zugesandt, zu dem Günter Eich wie gewohnt konstruktive Kritik übte. Sie scheint seine beckmesserischen[243] Bemerkungen ernst genommen zu haben, da in der im Gedichtband *Grasmelodie* aufgeführten Fassung des Gedichtes Günter Eichs Kommentare fast alle[244] berücksichtigt und umgesetzt wurden. Auch Äu-

---

[240] Brief von Günter Eich an Oda Schaefer und Horst Lange vom 02.02.1946, Nachlass Schaefer/Lange, Monacensia.

[241] Günter Eich beurteilte dieses Gedicht äußerst positiv: „'Der Trinker' ist ein großartiges Gedicht! Ich merke es immer deutlicher, daß die Lyrik erst beginnt, wenn die Jugend-Gefühligkeit verrauscht ist. Gefühl <u>allein</u> scheint mir überhaupt der Verderb des Gedichts zu sein. In Deinen neuen Versen sind Auge, Kopf und Herz eins, – man braucht ein halbes oder ein ganzes Leben, um sein Ich aus seinen Einzelteilen mühsam zusammenzufügen. Da beginnt dann die Präzision, die den Wert des Gedichtes bestimmt (– und die Unverständlichkeit, weil jeder nur Teile zu sehen gewohnt ist). So gewinnt das Altern an Wert, – das ist tröstlich." Brief von Günter Eich an Oda Schaefer vom 01.10.1949, Nachlass Schaefer/Lange, Monacensia.

[242] „Ich sehe Dich auf neuen Wegen, – auch Du, mein Sohn Brutus, – wo bleibt die chtonische Idylle? Daß ich mich darüber freue, wirst Du Dir denken können. Ich finde nicht nur diese entschlossene Wendung großartig, sondern auch das Gedicht, – von einigen Stellen abgesehen." Brief von Günter Eich an Oda Schaefer vom 17.06.1950, Nachlass Schaefer/Lange, Monacensia.

[243] Vgl. ebenda.

[244] Von den kritisierten Wendungen wurde allein die Bemerkung Günter Eichs zur Überschrift nicht umgesetzt. Günter Eich hatte diese als nicht zutreffend

ßerungen Oda Schaefers gegenüber Karl Krolow belegen, dass sie seine Kritik schätzte und großen Wert darauf legte[245], ja sogar, dass sie dadurch unsicher wurde in der Beurteilung ihres eigenen Gedichtes: „[...] denn nur Günter Eich verdanke ich meine Mikos dem Immortellen-Gedicht gegenüber! Er sagte nämlich, es wäre keine Lyrik."[246] Wie bei jeder Kritik ist der Grad zwischen Freude über positive, weiterführende Anregungen und einer als persönlich empfundenen Beleidigung sehr schmal: „Aber er schulmeistert ja dauernd an mir herum, behauptet auch, ich bräuchte, bei aller Bewunderung, einen Schulmeister."

Nicht nur Oda Schaefer und Horst Lange schickten jedoch ihre Gedichte an Günter Eich, der sich immer nach den neuesten Büchern und Gedichten des Paares erkundigte und darum bat, sie ihm zukommen zu lassen, sondern auch Günter Eich selbst sandte regelmäßig seine Gedichte an Oda Schaefer und Horst Lange. So wie Günter Eich sich allerdings teilweise an der traditionellen Form und Wortwahl Oda Schaefers störte, genauso waren ihr seine Gedichte oft fremd, wie sie gegenüber Karl Krolow äußert:

> [...] sie haben einen ganz neuen Ton, aber es stört mich doch sehr, dass sie überhaupt nicht „gearbeitet" sind. Ich stehe sehr skeptisch dazu, der Ton liegt zwischen Hölderlin, Villon und Brecht. Er findet aus dem Egozentrischen auch nicht heraus. Und trotzdem ist viel Eigenart und Merkwürdiges darin.[247]

Es ist nicht so sehr der neue Ton der Gedichte, der Oda Schaefer irritiert, sondern ihre „ungearbeitete" Form, der sie – sich an der Tradition orientierend – große Bedeutung beimisst. Dass sie dies Günter Eich gegenüber offenbar auch angesprochen hat, lässt sich an einer Bemerkung ablesen, mit der er ihr ein neues Gedicht (*Kurz vor dem Regen*) beilegte: „Hier eins von mir, etwas formlos wie immer, aber das auch nicht ganz

---

empfunden, da es sich „nicht um einen Albtraum, sondern um eine Analyse des Schlafes" handele. Zudem drücke dieses Wort „zu viel Leiden" aus, weswegen ein „unbeteiligtere[r] Titel" seiner Meinung nach richtiger wäre, ebenda.

[245] Vgl. Brief von Oda Schaefer an Karl Krolow vom 25.06.1944, Nachlass Karl Krolow, Signatur 88.7.61/7, DLA-Marbach.

[246] Hier und im folgenden Zitat Karte von Oda Schaefer an Karl Krolow vom 15.03.1946, Nachlass Karl Krolow, DLA-Marbach.

[247] Brief von Oda Schaefer an Karl Krolow vom 14.11.1945, Nachlass Karl Krolow, DLA-Marbach.

ohne Absicht."[248] Extra weist er sie auf die „formlose" Form hin und macht darauf aufmerksam, dass dies gewollt und nicht etwa auf Flüchtigkeit zurückzuführen ist. Zu sehr ist sie in ihrem Empfinden noch festgelegt, dass sie dies in ihrer Beurteilung ganz ausschalten könnte, auch wenn sie den Gedichten Eichs persönliche Eigenart und etwas Nicht-in-Worte-Fassbares, Sonderbares zugesteht, das ihr imponiert. Von einer „unnachahmlichen Mischung" spricht Oda Schaefer in ihrer Kritik zu seinen Gedichtbänden *Abgelegene Gehöfte* und *Untergrundbahn*:

> Zögern vor dem ganzen Einsatz, Schwermut der Existenz, die Angst, in der Glut eines Gefühls zu verbrennen, der ewige Monolog, der Standpunkt des untäuschbaren Beobachters, das Fragezeichen, das fast alles in Frage stellt – und nicht zuletzt die verführerischen Zeugen seiner Welt.[249]

Trotz der Melancholie und des Nihilismus seiner Gedichte sieht sie in ihnen eine tröstliche und heilende Wirkung erfüllt, da auch sie „stets einen Sinn"[250] repräsentieren.

Günter Eich wusste, welche Ansicht Oda Schaefer in literarischen und ästhetischen Fragen vertrat, weswegen er ihr auch nur eine bestimmte Auswahl aus seiner Lyrik zukommen ließ. So schickte er ihr Gedichte „von der Ernte 45 zur Erbauung und Verdauung"[251], aber nur die „noch genießbaren Gewächse. Was ich sonst noch habe, handelt vorwiegend von Scheiße – ein Thema von Ewigkeitswert, wie uns die Zeit inzwischen gelehrt hat." Diese legte er ihr jedoch nicht bei, da er die Reaktion Oda Schaefers kannte. Gegen eine radikale, expressive, auch derbe Ausdrucksweise, die sie selbst oft in Briefen verwendete, hatte sie nichts einzuwenden, jedoch, was die Diktion in Gedichten betraf, bezog sie eindeutige Position und lehnte Vulgarismen und Fäkalien ab.

Sie erklärte sich den Tenor seiner neuen Gedichte mit seiner aktuellen Lebenssituation. In ihren Augen spiegelten sie seine Verbitterung ange-

---

[248] Brief von Günter Eich an Oda Schaefer vom 20.06.1947, Nachlass Schaefer/Lange, Monacensia.
[249] *Die Trauer der Welt. Zur Lyrik von Günter Eich.* In: *Die Neue Zeitung*, Nr. 100, 28.04.1951, S. 8.
[250] *Bekenntnis zum Gedicht der Zeit.* In: *Welt und Wort* 6 (1951), S. 297-299, hier S. 298.
[251] Hier und im folgenden Zitat Brief mit Gedichten von Günter Eich an Oda Schaefer ohne Datum, Nachlass Schaefer/Lange, Monacensia.

sichts hoher Schulden, des Verlusts seiner materiellen Existenzgrundlage und seiner Eheprobleme wider.[252]

Die Skepsis gegenüber seinen Gedichten überträgt sie jedoch nicht auch auf seine Person. Sie – genauso wie Horst Lange[253] – trat für ihn ein und unterstützte ihn, indem sie ihre Kontakte nutzte und seine Gedichte an befreundete Schriftsteller weiterreichte, wie z.b. an Karl Krolow, der Material für eine Anthologie zusammenstellte[254], und ihn Verlegern, wie z.b. Hanns Arens[255], empfahl, die nach Autoren für ihr Verlagsprogramm suchten. Auch ihre Verbindung zum PEN nutzte sie, um sich für ihn einzusetzen und ihn für Zuwahlen bei Kasimir Edschmid vorzuschlagen.[256] Oda Schaefers einflussreiche Position in diesem sich nach dem Krieg etablierenden literarischen Netzwerk lässt sich hieran gut ablesen.

Peter Huchel

Der Kontakt zu Peter Huchel entstand in den Jahren 1930 oder 1931[257] bei einem Besuch des expressionistischen Malers Ludwig Meidner, den Horst Lange offenbar bereits seit seiner Studienzeit kannte.[258] Es entwickelte sich ab 1931/1932 eine enge Freundschaft zwischen den Lyrikern[259], die alle – sowohl Horst Lange, Oda Schaefer wie auch Peter Huchel – Gedichte in der *Kolonne* publizierten[260], deren Lyrikpreis Peter Huchel 1932 erhielt. Er war 1931 in die Berliner Künstlerkolonie am

---

[252] Vgl. Karte von Oda Schaefer an Karl Krolow vom 14.11.1945, Nachlass Karl Krolow, DLA-Marbach.

[253] Horst Lange schickte Günter Eichs Gedichte an Dolf Sternberger, der die Zeitschrift *Die Wandlung* herausgab, vgl. Brief von Günter Eich an Oda Schaefer und Horst Lange vom 10.12.1945, Nachlass Schaefer/Lange, Monacensia.

[254] Vgl. Karte von Oda Schaefer an Karl Krolow vom 14.11.1945, Nachlass Karl Krolow, DLA-Marbach.

[255] Vgl. Karte von Oda Schaefer an Hanns Arens vom 21.06.1946, DLA-Marbach.

[256] Vgl. Brief von Oda Schaefer an Kasimir Edschmid vom 17.11.1951, Nachlass Kasimir Edschmid, DLA-Marbach.

[257] Vgl. Nijssen, Wie soll man da Gedichte schreiben, S. 32; vgl. ebenso Njissen, Der heimliche König, S. 90; vgl. hierzu auch *Auch wenn Du träumst, gehen die Uhren*, S. 259.

[258] Vgl. *Auch wenn Du träumst, gehen die Uhren*, S. 259.

[259] „Zu Huchels besten Freunden während der Hitler-Zeit wurden Horst Lange und Oda Schaefer", Nijssen, Der heimliche König, S. 101.

[260] Von Oda Schaefer erschien allerdings nur ein einziges Gedicht in der *Kolonne*.

(heutigen) Ludwig-Barnay-Platz gezogen[261], wo Ernst Bloch[262], Alfred Kantorowicz, Friedrich Burschell und Dr. Eberhard Meckel zu seinen direkten Nachbarn gehörten.[263] Diese freundschaftliche Beziehung zu Peter Huchel war vor allem von Bewunderung auf Seiten Oda Schaefers geprägt. Nach ihrem Bericht in ihrer Autobiographie war er nicht nur „ein auffallend schöner, schweigsamer Mann mit sehr dunklen, melancholischen Augen und vollem, dunklen Haar"[264], in den sie „zeitweise sehr verliebt" war[265], sondern „der bedeutendste Lyriker von allen".[266] „Für mich ist er der genuinste Lyriker unserer Generation, nach dem alten Gesetz der griechischen Dichtung aus dem Orphischen und Rhythmischen kommend, aus dem Unbewußten, Archaischen schöpfend"[267] schreibt sie in *Auch wenn Du träumst, gehen die Uhren*. Der Klang der Worte, nach dem Peter Huchel beim Dichten offenbar primär vorging – „Er sagte die Verse so lange raunend vor sich her, bis die notwendigen, die hellen und die dunklen Vokale [...] die Grundstimmung seines Wesens ausdrückten"[268], erinnert sich Oda Schaefer –, ist in ihren Augen das ureigenste Prinzip der Dichtkunst, das Orphische, das für sie, auch in ihrer eigenen Lyrik, von größter Bedeutung war. Auch in den wenigen Briefen aus der direkten Korrespondenz zwischen Oda Schaefer und Peter Huchel[269], die fast alle aus den fünfziger Jahren stammen, lässt sich diese be-

---

[261] Vgl. Nijssen, Der heimliche König, S. 87.

[262] Dessen Flügel stand nach seiner Flucht ins Exil 1933 bis März 1936 zur großen Freude Oda Schaefers in ihrer Wohnung, da Peter Huchel, der die Möbel Ernst Blochs in Verwahrung genommen hatte, selbst keinen Platz dafür hatte. Am 17. März 1936 wurde er abtransportiert, vgl. Brief von Horst Lange an Peter Huchel vom 18.03.1936, Nijssen, Wie soll man da Gedichte schreiben, S. 39f.

[263] Vgl. Nijssen, Wie soll man da Gedichte schreiben, S. 28.

[264] Hier und im folgenden Zitat *Auch wenn Du träumst, gehen die Uhren*, S. 259.

[265] Offenbar beruhte diese Zuneigung zeitweilig auf Gegenseitigkeit, wie Oda Schaefer in ihrem Brief vom 25.06.1944 an Karl Krolow berichtet, Nachlass Karl Krolow, Signatur 88.7.61/7, DLA-Marbach. In seinem Brief vom 05.11.1956 bezeichnet Peter Huchel Oda Schaefer als „liebes Mädchen", Nijssen, Wie soll man da Gedichte schreiben, S. 248.

[266] Brief an Klaus Täubert vom 15.06.1982, Nachlass Schaefer/Lange, Monacensia; vgl. hierzu auch Njissen, Der heimliche König, S. 219.

[267] *Auch wenn Du träumst, gehen die Uhren*, S. 261.

[268] Ebenda.

[269] Die Briefe aus den dreißiger Jahren von Oda Schaefer und Horst Lange vom 13.07.1933 und 12.09.1933 stammen hauptsächlich von Horst Lange; Oda

wundernde Haltung ihm gegenüber nachweisen: „Deine Gedichte sind für uns immer noch die schönsten unserer Zeit! Wir lieben sie aus ganzem Herzen, das ist Lyrik, wie wir sie auch verstehen. Nicht dieser Krampf, zerebral bewirkt und nie gelöst."[270] Ein Gedicht kann eben nach Oda Schaefers Auffassung nicht nur mit dem Kopf, d.h. mit dem Verstand, entstehen, sondern muss den Klang der Worte, ihre „geheim[e] Musik"[271], miteinbeziehen. So fühlt sie sich mit Peter Huchel in ihrer poetischen Anschauungsweise verbunden, die sie auch die von ihm herausgegebene Zeitschrift *Sinn und Form* mit großem Interesse und Begeisterung verfolgen lässt: „[...] ich lese eben grade ‚Sinn + Form' interessiert – dagegen kann sich hier kaum etwas halten."[272]

Die persönliche Bindung, die aus den Briefen Horst Langes in Berlin spricht – der erste Brief mit der für Huchel üblichen Anrede unter Freunden „Piese" stammt aus dem Jahr 1936[273] –, bleibt trotz der Entfernung über die Jahre hinweg erhalten, wie aus einem 1956 verfassten Schreiben von Oda Schaefer an Peter Huchel herauszulesen ist: „Und ich habe immer noch wärmend dies schöne Gefühl, dass wir uns nahe sind, wie herrlich tröstend war das Wiedersehen!"[274] Mehr als zehn Jahre lagen zwischen dem letzten Treffen in Berlin und dem Besuch Peter Huchels in München im Mai 1956 und wohl auch eine über fünfjährige Pau-

---

    Schaefer richtet neben einer kurzen Bemerkung am 12.09.1933 nur Grüße aus, vgl. Nijssen, S. 34f.

[270] Brief von Oda Schaefer an Peter Huchel vom 11.12.1955, Nijssen, Wie soll man da Gedichte schreiben, S. 201. (Die Wendung „wie gelöst" in der Ausgabe von Hub Nijssen geht wohl auf einen Druckfehler zurück.) Dieselbe Meinung bzgl. der Beurteilung nur mit dem Verstand konzipierter (zerebraler) Gedichte vertraten auch Claire Goll und Robert Minder, vgl. Brief von Claire Goll an Oda Schaefer vom 30.04.1957 und Brief von Robert Minder an Oda Schaefer vom 30.11.1962, Nachlass Schaefer/Lange, Monacensia.

[271] *Auch wenn Du träumst, gehen die Uhren*, S. 261.

[272] Brief von Oda Schaefer an Peter Huchel vom 09.06.1956, Nijssen, Wie soll man da Gedichte schreiben, S. 232f.

[273] Karte von Horst Lange an Peter Huchel vom 18.03.1936, Nijssen, Wie soll man da Gedichte schreiben, S. 39f. Die erste Anrede mit „Du" ist auf der Karte von Horst Lange an Peter Huchel am 26.02.1935 verzeichnet, vgl. Nijssen, Wie soll man da Gedichte schreiben, S. 35.

[274] Brief von Oda Schaefer an Peter Huchel vom 09.06.1956, Nijssen, Wie soll man da Gedichte schreiben, S. 232f. Oda Schaefer und Horst Lange scheinen Peter Huchel, als er sie besuchte, auch zum Stammtisch um Georg Britting mitgenommen zu haben, vgl. Ingeborg Schuldt-Britting, S. 227f.

se in der Korrespondenz[275] – und doch herrschte zwischen ihnen die alte Vertrautheit aus der Berliner Zeit. Das starke Zusammengehörigkeitsgefühl Oda Schaefers und Horst Langes mit Peter Huchel wird deutlich durch Formulierungen wie „Leute wie wir"[276] oder „Von unserer Sorte gibt's ja immer weniger"[277], die zeigen, wie eng sie die gemeinsame Zeit und die Tatsache, dass sie sich in ihrer poetischen Anschauung und in ihrem Charakter nicht verändert hatten, miteinander verband. Viele der Zeitgenossen und ehemaligen Freunde hatten sich entweder bereits während des Krieges oder danach so gewandelt, dass man sie in den Augen Horst Langes, „wenn man sie mit ihrer vergangenen Existenz vergleicht, überhaupt nicht mehr identifizieren"[278] konnte. Umso glücklicher waren Oda Schaefer und Horst Lange, in Peter Huchel den alten, integren[279] Freund und Dichter „Piese" wiedersehen zu können – ein Ereignis, das jedoch, auch in brieflicher Form, nicht oft wiederholt wurde, da Peter Huchel aufgrund der übermäßigen Korrespondenz und seiner zahlreichen Reisen für *Sinn und Form*[280] und der Tatsache, dass er „schreibfaul"[281] war, nicht regelmäßig korrespondierte. Selbst die Verlagshonora-

---

[275] Peter Huchel hatte am 24.01.1949 an Oda Schaefer und Horst Lange geschrieben, vgl. Nijssen, Wie soll man da Gedichte schreiben, S. 65-67. Am 11.12.1955 wandte sich Oda Schaefer mit einem Brief bzgl. der Lyrikerin Annemarie Bostroem für ihre Anthologie *Unter dem sapphischen Mond* an ihn, auf den Huchel bereits am 25.01.1956 reagierte. Dieses Antwortschreiben lässt darauf schließen, dass der Kontakt schon einige Zeit abgebrochen war, da er „sogar gerührt" war, von Oda Schaefer „einige Zeilen zu erhalten", Nachlass Schaefer/Lange, Monacensia.

[276] Brief von Oda Schaefer an Peter Huchel vom 09.06.1956, Nijssen, Wie soll man da Gedichte schreiben, S. 232f.

[277] Brief von Horst Lange an Peter Huchel vom 17.05.1956, Nijssen, Wie soll man da Gedichte schreiben, S. 232.

[278] Ebenda.

[279] Zu den Freunden und Bekannten, die ihre Einstellung auch während des Nationalsozialismus nicht geändert hatten und „untangiert" geblieben waren, zählt Oda Schaefer in einem Brief an Klaus Täubert auch Peter Huchel, Brief an Klaus Täubert vom 15.06.1982, Nachlass Schaefer/Lange, Monacensia.

[280] Vgl. Briefe Peter Huchels vom 05.11.1956 (Nijssen, Wie soll man da Gedichte schreiben, S. 248) und 29.05.1957 (Nachlass Schaefer/Lange, Monacensia) an Oda Schaefer, in denen er sich stets für das Versäumnis, sich nicht gemeldet zu haben, entschuldigt, zugleich von vielen Reisen und redaktioneller Arbeit für *Sinn und Form* berichtet.

[281] Nijssen, Wie soll man da Gedichte schreiben, S. 476.

re, die Oda Schaefer auf seine Bitten hin offenbar für ihn aufbewahrt hatte, holte er beinahe zwei Jahre lang nicht ab.[282]

Und trotzdem scheint der Kontakt nicht abgerissen zu sein, wie ein Brief von Oda Schaefer am 23. Dezember 1972 zeigt, in dem sich noch einmal die starke Verbundenheit angesichts des Todes von Günter Eich artikuliert: „Und inzwischen starb Günter Eich! Wir bleiben übrig wie zwei alte noble Backenzähne in einem zahnlosen Maul, denn die schönsten Reisszähne holte schon der Teufel oder der Engel."[283]

Sprachlich auffallend ist hier der saloppe Vergleich mit einem „zahnlosen Maul" sowie die Verwendung von umgangssprachlichen, drastischen Wörtern wie „abkratzen"[284], was bereits manche früheren Briefe Oda Schaefers in sprachlicher Hinsicht kennzeichnete: etwa die Formulierung bzgl. ihrer Frauenlyrik enthaltenden Anthologie *Unter dem sapphischen Mond*, die sie gegenüber Huchel mit „[...] ich mache eine kleine Lyrik-Anthologie (Piper-Bändchen, nur Weiber)"[285] umschrieb, oder die Formulierung einer kritischen Bemerkung gegenüber der Erzählung *Polarstern und Tigerin* von Hans Henny Jahnn, die in einem Heft von *Sinn und Form* erschienen war, mit „Aber Hans Henny Jahn[n] ist Sch... das soll China sein? Auch Krampf." Vielleicht wollte Oda Schaefer damit an ihr Berliner Image einer „lasziven Mädchenfrau unter exzessiven Saufkumpanen"[286], als die sie sich gerne stilisierte, anknüpfen und zeigen, dass sie sich ihren manchmal derben Humor noch erhalten hatte, der auch in anderen Briefen immer wieder zum Ausdruck kommt.

Was den Inhalt der Zeitschrift *Sinn und Form* betrifft, so wurden Oda Schaefers Gedichte in keine Ausgabe aufgenommen, obwohl Huchel bereits 1949 aktuelle Lyrik zugesandt worden war, die er jedoch ablehnte:

> Sie passen thematisch nicht recht zu dem Gesicht, das unsere Zeitschrift haben soll und das Du ja aus der vorliegenden Nummer deutlich erkennst. Wir haben auch aus den grossartigen Dichtungen von Gertrud Kolmar [...] nur das ausgewählt, was im

---

[282] Vgl. Brief von Oda Schaefer an Peter Huchel vom 12.02.1958, in dem Oda Schaefer Peter Huchel fragt, wann er seine Honorare vom Oktober 1956 und Mai 1957 abzuholen gedenkt, Nachlass Peter Huchel, DLA-Marbach.
[283] Brief von Oda Schaefer an Peter Huchel vom 23.12.1972, Internet-Antiquariat Harald Holder Bad Krozingen.
[284] „Ich hoffe, wir sehen uns, ehe wir abkratzen, noch einmal wieder!" Ebenda.
[285] Hier und im folgenden Zitat Brief von Oda Schaefer an Peter Huchel vom 11.12.1955, Nijssen, Wie soll man da Gedichte schreiben, S. 201.
[286] Leuschner, Wunder und Sachlichkeit, S. 143.

Zusammenhang mit den bedeutenden zeitgenössischen Lyrikern wie Lorca [...], Auden, Eliot, Majakowski, Neruda, Eluard, Aragon u.a. seinen Rang behaupten kann. Um demgegenüber auch unseren deutschen Lyrikern zu ihrem Recht zu verhelfen, bereiten wir ein Sonderheft[287] vor [...].[288]

Ob Peter Huchel Oda Schaefer als Lyrikerin nicht so sehr schätzte und ihre Gedichte deshalb nicht in seine Zeitschrift aufnahm, ist heute nicht mehr feststellbar. Die Tatsache nämlich, dass ihre Gedichte in keinem Heft der Zeitschrift gedruckt wurden, entsprach in den fünfziger Jahren auch ihrem eigenen Willen, die Politik des Ostens, die sie aus ihrer linksliberalen Einstellung[289] heraus ablehnte, in keiner Form – auch nicht durch den Abdruck ihrer Lyrik – zu unterstützen, womit die Publikation in einem DDR-Organ ausgeschlossen war.[290] Peter Huchel bescheinigte hingegen, ihre Gedichte „mit grosser Freude"[291] gelesen zu haben; ja, er versuchte sogar, sie und Horst Lange 1949 nach Wiepersdorf einzuladen, um Horst Lange als ständigen Mitarbeiter an der Zeitschrift und Oda Schaefer als Lektorin im Westen für den Verlag zu gewinnen.[292]

Elisabeth Langgässer

Eine gemeinsame, sehr enge Freundin von Peter Huchel und Oda Schaefer war Elisabeth Langgässer.[293] Der Briefwechsel zwischen ihr und Oda

---

[287] Ein Sonderheft über neue deutsche Lyrik erschien nie, vgl. Nijssen, Wie soll man da Gedichte schreiben, S. 67.
[288] Brief von Peter Huchel an Oda Schaefer vom 24.01.1949, Nijssen, Wie soll man da Gedichte schreiben, S. 65-67, hier S. 66.
[289] Vgl. Brief von Oda Schaefer an Hub Nijssen vom 29.01.1988: „Horst Lange und ich waren wohl links-liberal, lehnten aber seine Einstellung ab." Nijssen, Der heimliche König, S. 219, Anm. 36. An ihre Freundin Hertha Bielfeld schreibt sie bezüglich ihrer politischen Einstellung: „Ich war mal sehr links, – aber ich habe gesehen, dass die Masse jede gute Idee verdirbt, [...]! Alles, was gegen den gesunden Menschenverstand, jenen common sense geht, ist mir widerwärtig." Brief vom 04.02.1960, Nachlass Schaefer/Lange, Monacensia.
[290] Vgl. *Die leuchtenden Feste über der Trauer*, S. 155.
[291] Brief von Peter Huchel an Oda Schaefer vom 24.01.1949, Nijssen, Wie soll man da Gedichte schreiben, S. 66.
[292] Vgl. Nijssen, Der heimliche König, S. 218.
[293] Vgl. Brief von Elisabeth Langgässer an Oda Schaefer vom 03.11.1945, Hoffmann, Bd. 1, S. 509.

Schaefer zeigt einen sehr persönlichen, intensiv freundschaftlichen Ton, den bereits die gegenseitigen Anreden – u.a. „Geliebtes Elisabethchen"[294], „Liebste Elisabeth"[295] von Oda Schaefer und „Meine geliebte, schöne Oda"[296], „Mein liebstes Odachen"[297] von Elisabeth Langgässer – dokumentieren.[298] Die erhalten gebliebenen Briefe stammen zum größten Teil aus der Nachkriegszeit und reichen bis 1950, dem Tod von Elisabeth Langgässer. Sie offenbaren Schilderungen der persönlichen Lebensumstände und Verhältnisse, die in dieser Zeit besonders durch Armut – Oda Schaefer teilte sich ein Zimmer mit Horst Lange und einer Freundin[299] –, Hunger und Suche nach Arbeitsmöglichkeit geprägt sind. Auch der Verlust von Angehörigen, wie bei Oda Schaefer der Sohn Peter oder bei Elisabeth Langgässer der Bruder Heini, wird thematisiert genauso wie gemeinsame Freunde, wie z.B. Peter Huchel, Günther Birkenfeld[300], und ihre Schicksale Gegenstand der Briefe sind. Gerade über die seelische Verfassung Oda Schaefers und die zunehmende Bedeutung der Religion kann man in ihren Briefen an die beste Freundin viel erfahren. Ihre Trauer und Verzweiflung über den Tod ihres Sohnes[301], die sogar

---

[294] Brief von Oda Schaefer an Elisabeth Langgässer vom 24.04.1947, Nachlass Elisabeth Langgässer, DLA-Marbach.
[295] Brief von Oda Schaefer an Elisabeth Langgässer vom 22.04.1947, Nachlass Elisabeth Langgässer, DLA-Marbach.
[296] Brief von Elisabeth Langgässer an Oda Schaefer vom 14.05.1946, Hoffmann, Bd. 1, S. 548.
[297] Brief von Elisabeth Langgässer an Oda Schaefer vom 31.10.1946, Hoffmann, Bd. 1, S. 586.
[298] Elisabeth Langgässer verwendete allerdings auch für andere Korrespondenzpartner verniedlichende Anreden.
[299] Vgl. Brief von Oda Schaefer an Elisabeth Langgässer vom 03.05.1946, Nachlass Elisabeth Langgässer, DLA-Marbach.
[300] Vgl. Brief von Elisabeth Langgässer an Oda Schaefer vom 03.11.1945: „Huchel haben wir auf dem Funk als literarischen Lektor (Abtlg. Sendeleitung) wiedergesehen, Birkenfeld fungiert als Gründer einer literarischen Jugendzeitschrift [*Horizont*] im amerikanischen Sektor von Berlin. […] Huchel sieht sehr blass u. elend aus u. ist erst kürzlich aus russ. Gefangenschaft zurückgekommen", Hoffmann, Bd. 1, S. 509.
[301] „Irgend etwas in einem ist längst, längst tot und gestorben und verdorben, man ist sein eigener revenant, immer wieder", schreibt Oda Schaefer am 07.04.1946 an Elisabeth Langgässer, Nachlass Elisabeth Langgässer, DLA-Marbach.

beinahe zur Selbstaufgabe führen³⁰², kompensiert sie zusehends mit ihrer Arbeit und Tätigkeit für andere.³⁰³ Durch ihren Glauben, zu dem sie in den letzten Kriegsjahren gefunden hatte, gelingt es ihr, ihr Leben bzw. Schicksal, wie sie es empfindet, auf sich zu nehmen und in christlich-ethischem Sinne für andere umzusetzen, nicht in Melancholie und Trübsinn, die sie immer als russisches Erbteil betrachtete, unterzugehen. „[…] wir haben nicht mehr das <u>Recht</u> zu leben, sondern die <u>Pflicht</u> zu leben! […] ich bin ja in dem letzten Jahr ein tiefgläubiger Mensch geworden und nehme alles auf mich, wie es kommt, ohne in russische Lethargie zu versinken, ins Nitschewo"³⁰⁴ schreibt Oda Schaefer an Elisabeth Langgässer im Mai 1946. Gerade sie als christlich-katholische Dichterin, die sich radikal für ihre eigene Anschauung des Katholizismus einsetzte, war die wichtigste Ansprechpartnerin für Oda Schaefer in allem, was ihren religiösen Wandel betraf, den sie in den Nachkriegsjahren – nicht ohne innere Auseinandersetzungen – vollzog:

> Noch eins muss ich gerade Dir mitteilen. Trotz vieler Kämpfe, wieder und wieder, bin ich jetzt ruhiger und glücklicher. Der Schritt, den ich wohlweislich so lange hinausschob, bis ich nun dazu gedrängt wurde, dass ich fast stürzte, ist getan, – meine Konversion beginnt und eine weite Welt tut sich auf. Ich bin wie beschenkt.³⁰⁵

Sehr metaphorisch, pathetisch beschreibt Oda Schaefer hier das religiöse, metaphysische Erlebnis der Konversion³⁰⁶, das ihr neue Dimensionen eröffnet und zu einer neuen literarischen Produktion und Qualität führt: „[…] ein grosses Glück: jetzt endlich kann ich schreiben, wie ich es vorher nur ahnte. Mit 50 werde ich erst richtig am Anfang stehen."³⁰⁷

---

[302] Vgl. Brief von Oda Schaefer an Elisabeth Langgässer vom 03.05.1946: „Ich wollte in diesem Frühjahr schon einmal gerne sterben, vor allem, wenn ich an Peters Los dachte", Nachlass Elisabeth Langgässer, DLA-Marbach.

[303] Vgl. Brief von Oda Schaefer an Elisabeth Langgässer vom 07.04.1946, Nachlass Elisabeth Langgässer, DLA-Marbach.

[304] Brief von Oda Schaefer an Elisabeth Langgässer vom 03.05.1946, Nachlass Elisabeth Langgässer, DLA-Marbach.

[305] Brief von Oda Schaefer an Elisabeth Langgässer vom 02.10.1949, Nachlass Elisabeth Langgässer, DLA-Marbach.

[306] Sie setzte dies aber nie wirklich in die Tat um, da Horst Lange es ablehnte, vgl. Brief von Oda Schaefer an Wilhelm Hoffmann vom 11.08.1950, Signatur 70.4238, DLA-Marbach.

[307] Brief von Oda Schaefer an Elisabeth Langgässer vom 02.10.1949, Nachlass Elisabeth Langgässer, DLA-Marbach.

Von einem Neubeginn ist hier die Rede, von einer Offenbarung und Weiterentwicklung – allerdings nicht im Stile Werner Bergengruens oder Reinhold Schneiders, sondern Paul Claudels und Georges Bernanos', die sie sehr schätzt und in deren Stil sie von nun an schreiben möchte.[308]
Oda Schaefers Erinnerungen geben immer wieder der Bewunderung für ihre Freundin Ausdruck, die sowohl ihrem Mann Wilhelm Hoffmann, von ihr „Reinhold" genannt, der in den dreißiger Jahren zunächst im Jugendfunk des Berliner Rundfunks arbeitete und Oda Schaefer einige Aufträge zukommen ließ, eine perfekte Ehefrau als auch ihren vier Kindern eine liebevolle Mutter sowie eine besessene, unglaublich produktive und arbeitswütige Dichterin gewesen ist, obwohl viele Briefe Elisabeth Langgässers von Überforderung und Überarbeitung durch die familiäre Situation sprechen. Regelmäßig schickte man sich neue Gedichte, Essays und Manuskripte, die Thema der nächsten Briefe wurden. Auffallend dabei ist das geradezu überschwängliche, enthusiastische Lob[309] der Werke Oda Schaefers von Elisabeth Langgässer:

> Heute, am ersten Tag des Neuen Jahres, kam Deine wunderbare Sendung »Irdisches Geleit« als ein rechtes Symbol zu diesem Datum, und ich danke Dir von Herzen dafür. In diesen Gedichten, den alten und den neuen, ist wirklich Dein Wesen in essentia enthalten: eine reine, ausgekühlte Substanz, scharf wie Meersalz und süss wie Lindenblüte – man hätte nicht besser auswählen können.[310]

Ist es hier vor allem der exaltierte Vergleich mit den scheinbar exotischen Gegensätzen von „Meersalz" und „Lindenblüte", von „scharf" und „süß", die dieses Urteil als etwas überzogen charakterisieren könnten, so steigern sich die Bemerkungen Elisabeth Langgässers in den darauf folgenden Jahren:

> Oda, diese Gedichte sind wunderbar. »Im Hades« liebe ich am meisten. Es ist ungeheuerlich. Griechisch – vorantik. Etwas Selt-

---

[308] Vgl. ebenda.
[309] Im Vorwort der Ausgabe der Briefe von Elisabeth Langgässer weist Elisabeth Hoffmann darauf hin, dass sich Elisabeth Langgässer oft sehr „freimütig, manchmal witzig pointiert, mitunter auch allzu enthusiastisch zu den literarischen Erzeugnissen anderer Autoren" äußert, Hoffmann, Bd. 1, S. 10.
[310] Brief von Elisabeth Langgässer an Oda Schaefer vom 01.01.1947, Hoffmann, Elisabeth (Hg.): *Langgässer Elisabeth: Briefe 1924-1950*, Bd. 2, Düsseldorf: Claassen 1990, S. 607.

> sameres, Visionäreres hast Du wohl nie geschrieben. [...] Dagegen ist das »Gedenke des Todes« sehr irdisch. »Im Hades« ist *wirklich* dort, »wo das Licht auf der Leier verlöscht«. Prachtvoll ist auch die »Mitternacht«. Und die »Schwarze Muttergottes von Einsiedeln« ist einfach zum Liebhaben. Oda, Du bist sehr gewachsen – menschlich, künstlerisch, inhaltlich und formal. Und ich *freue* mich so, Dir das zu sagen. Herrlich übrigens auch »Die Grabschänder« – ein pralles Stück Barock und mehr.[311]

Während das Adjektiv „wunderbar" noch als Kommentar zu Gedichten als durchaus üblich angesehen werden kann, wirken die Bemerkungen „ungeheuerlich" sowie besonders „zum Liebhaben" übertrieben, geradezu affektiert. Man erhält den Eindruck, eine Mutter kritisiere wohlwollend das Werk ihres Kindes, was auch sprachlich durch die insistierende Wiederholung des Namens „Oda" am Satzanfang unterstrichen wird.

> Meine sehr geliebte Oda,
> hab innigen Dank für die vielen Blumensträusse, die Du mir [...] in die Hände gelegt hast: die Erzählungen (»Die Kastanienknospe«), die kleinen Essays und den Kreis der Jahresgedichte. Du, Oda, an diesen Essays könnte ich einfach wegschwimmen! Etwas, wie der »Sonntagvormittag«, die »Seifenblase« und die »Verzauberte Minute« sind ein einziger Rausch für mich; ich muss sie mir einfach »verbieten«, verstehst Du, sonst arbeite ich nicht weiter, sondern versinke in abgrundtiefe Euphorie. [...] Über die Gedichte ist garnichts zu sagen – oder soll man Worte verlieren über den zarten Taumel und Duft eines Hochsommersträusschens in einem Deiner Kristallgläser [...]?[312]

Der Eindruck einer mütterlichen Einstellung gegenüber Oda Schaefer, die von oben herab, aus einer wissenden Position heraus getroffen wird, verstärkt sich hier durch die Art der Kritik, die in ihrer Wortwahl und ihrem Satzbau ganz dem bisherigen Tenor folgt, ihn sogar noch durch ihre inhaltliche Überzogenheit und die kindliche Anrede „Du, Oda," übersteigt.

Eine Bemerkung Elisabeth Langgässers gegenüber Oda Schaefer und Horst Lange bestätigt dies: „[...] zwischen Piese und mir seid Ihr beiden der Gegenstand häufiger Erörterungen – so ungefähr wie zwei

---

[311] Brief von Elisabeth Langgässer an Oda Schaefer vom 08.05.1949, Hoffmann, Bd. 2, S. 925.
[312] Brief von Elisabeth Langgässer an Oda Schaefer vom 07.12.1949, Hoffmann, Bd. 2, S. 992f.

unzuverlässige, geliebte Enkelkinder, um die sich die Grosseltern Sorge machen!"[313]

Noch deutlicher wird allerdings Elisabeth Langgässers Haltung gegenüber Oda Schaefer in einem Schreiben an Waldemar Gurian, dem sie über die erwartete Akzeptanz ihres Romans *Das unauslöschliche Siegel* in Deutschland schrieb:

> […] bin ich fest davon überzeugt, dass es ein *französisches* Buch sein müsste, damit der deutsche Spiesser sich die Mühe nähme, es zu studieren. Denn ebensowenig, wie er sich ein Herrenzimmer ohne Klubsessel und ein Buch ohne seriösen und klotzigen Leineneinband vorstellen kann, sind ihm neue Kunstformen zugänglich zu machen. Ich habe schon ein Beispiel dafür an Horst Langes Frau (die mir übrigens als Mensch sehr nahesteht!). Sie schrieb mir, mein »fascinierendes« Buch litte für ihr Gefühl sehr unter <der> Tatsache, dass es nichts sei als »Lehrsätze«, vom blühenden Fleisch der Phantasie umkleidet. Auch störten sie die »Einschübe« und das »Proszenium«. Die Arme – was sagt sie dann wohl zu Claudels »Seidenschuh«?![314]

Oda Schaefer hatte in einem Schreiben Kritik geübt an der Komposition dieses Romans, die Elisabeth Langgässer nicht nur nicht nachvollziehen konnte, sondern als Zeichen eines typisch deutschen Spießbürgertums interpretierte. So versuchte sie Oda Schaefer in ihrem nächsten Brief die Komposition ihres Romans als „*Kosmos*, der nicht linear, sondern *drei*dimensional empfunden worden ist"[315], verständlich zu machen, indem sie sie darauf hinwies, dass „mit vollem Bewusstsein […] sowohl die alte psychologische Entwicklung wie die Geradlinigkeit der Handlung fallen gelassen und durchbrochen" wurden. Demonstrativ betont sie zudem das hervorragende Echo, das dieses Buch bereits in Amerika hervorgerufen hatte, und fügt auch bei der Beschreibung ihres neuen Buches *Torso*, im Ansatz jede Kritik unterbindend, hinzu: „Wer das nicht merkt, den mag der Teufel holen."

Kritik konnte Elisabeth Langgässer offenbar nur bedingt akzeptieren – wohl auch, weil sie im Gegensatz zu Oda Schaefer, die ihr nahe zu

---

[313] Brief von Elisabeth Langgässer an Horst Lange und Oda Schaefer vom 20.02.1946, Hoffmann, Bd. 1, S. 529.

[314] Brief von Elisabeth Langgässer an Waldemar Gurian vom 12.03.1947, Hoffmann, Bd. 2, S. 621.

[315] Hier und in den folgenden Zitaten Brief von Elisabeth Langgässer an Oda Schaefer vom 13.03.1947, Hoffmann, Bd. 2, S. 625.

bringen versuchte, dass man aus jedem Einwand etwas lernen könne, und sie daher auch selbst „jeden Tadel" prüfen würde, „wie weit er berechtigt ist"[316], sich ihr gegenüber nicht als gleichwertigen Partner empfand, sondern eher auf sie – genauso wie auf andere Schriftsteller – herabsah. Oda Schaefer störte des öfteren die Arroganz, mit der Elisabeth Langgässer Werke anderer Schriftsteller beurteilte: „Mich ärgerte ein wenig Deine Intoleranz, Zuckmayer, diesem von allen geliebten Weltkind, gegenüber – ist Dein Begriff der ‚Gnade' richtig? Lies mal Graham Greene [...]".[317] In ihrem Brief vom 8. Mai 1949 hatte Elisabeth Langgässer sich abfällig über Carl Zuckmayers Gedichte geäußert, was Oda Schaefer verletzte, da sie sich selbst mit ihm sehr gut verstand. Noch in einem ihrer letzten Schreiben muss sie sich über ihren Hochmut direkt bei ihr beschwert haben, was Elisabeth Langgässer wiederum vollkommen unverständlich blieb:

> Und nun sage nicht noch einmal, dass ich »hochmütig« bin, sonst raffe ich mich auf und schlage einen furchtbaren Krach. Wie kommst Du bloss darauf? Dummes kleines Schaf – wenn Du wüsstest, wie mein Minderwertigkeitsgefühl mich oft quält und behindert [...].[318]

Wieder trägt ihre Reaktion Züge einer Erwachsenen gegenüber einem unwissenden Kind, das mit einer zornigen, gleichzeitig aber herabsetzenden, den Ärger herunterspielenden Bemerkung ruhig gestellt wird.

Liest man in Elisabeth Langgässers Briefen an andere Personen, was und wie sie sich selbst über Oda Schaefer als Lyrikerin äußert, so erfährt man, dass sie deren Gedichte zwar offensichtlich als geglückt, aber doch niemals Oda Schaefer als eine die deutsche Lyrik maßgeblich repräsentierende Stimme empfunden hat.

> In Royaumont hat mich das Schweizer Radio nach der »neuen deutschen Literatur« befragt – Lyrik u. Prosa. Ich habe Kasack, Seghers und Sie (Wilhelm Lehmann) genannt. Sie *allein* für die lyrische Dichtung. Was hätte ich tun sollen? Günter Eich nennen?

---

[316] Brief von Oda Schaefer an Elisabeth Langgässer vom 24.04.1947, Nachlass Elisabeth Langgässer, Signatur 70.3495, DLA-Marbach.
[317] Brief von Oda Schaefer an Elisabeth Langgässer vom 02.10.1949, Nachlass Elisabeth Langgässer, DLA-Marbach.
[318] Brief von Elisabeth Langgässer an Oda Schaefer vom 17.03.1950, Hoffmann, Bd. 2, S. 1042.

Oda Schäfer? Karl Krolow? Selbst da, wo sie wirklich Geglücktes vollbracht haben, sind sie von Ihnen abhängig.[319]

Allein Wilhelm Lehmann war für sie die unumstrittene deutsche lyrische Autorität, neben der sie keinen anderen deutschen Lyriker – auch Oda Schaefer nicht – wissen wollte, da sie alle ihrer Ansicht nach in seinem Wirkungskreis standen.

Nach den enthusiastischen Lobeshymnen auf Gedichte Oda Schaefers ist man über eine derart abfällige Äußerung über sie als Lyrikerin erstaunt. Vielmehr noch nimmt allerdings die wahre Einstellung Elisabeth Langgässers bzgl. des Verhaltens ihrer Freundin im Dritten Reich wunder, die in einem Brief an Elisabeth Andre zum Ausdruck kommt:

> Nun hat Oda zur Zeit einen heftigen Verehrer, einen amerikanischen Attaché, und wir haben sie gebeten, ihn für uns zu interviewen. Dabei kamen wir in <ein> etwas persönliches Gespräch, ach Liesel!! Es war recht erschreckend. Ich kann nur soviel sagen: diese Frau wird im Augenblick (mit Horst zusammen) von einer Erfolgswelle hochgetragen, hat plötzlich Geld, elegante Kleider, reiche und hochstehende Verehrer – und diesen Zustand verwechselt sie groteskerweise mit »innerer Entwicklung«. Sie gehört »drüben« hin – Du verstehst.[320]

Die Tatsache, dass Oda Schaefer nach dem Erfolg der *Schwarzen Weide* von Horst Lange und dem Verkauf eines seiner Filmmanuskripte zu Beginn der vierziger Jahre über Geld verfügte und einen reichen amerikanischen Verehrer hatte, scheint Elisabeth Langgässer, die als Schriftstellerin zu ihrem großen Leidwesen verfemt war und nicht als Autorin arbeiten durfte, zudem als Mutter mit vollkommen anderen Problemen konfrontiert war, nicht positiv aufgefasst zu haben. Nach einer Zeit des bitteren Geldmangels zu Beginn der dreißiger Jahre genoss Oda Schaefer in vollen Zügen den kurzzeitigen finanziellen Wohlstand und die Hofierungen, die sie durch ihre Schönheit, derer sie sich stets bewusst war und die sie auch durch entsprechende Kleidung unterstrich, immer wieder gerne provozierte. Das Gefühl, geliebt und angebetet zu werden, war für sie, wie sie in ihren Erinnerungen beschreibt[321], lebenswichtig; es stärkte ihr Selbstvertrauen und damit ihre Persönlichkeit.

---

[319] Brief von Elisabeth Langgässer an Wilhelm Lehmann vom 16.10.1948, Hoffmann, Bd. 2, S. 830.
[320] Brief von Elisabeth Langgässer an Elisabeth Andre vom 22.02.1941, Hoffmann, Bd. 1, S. 351.
[321] Vgl. *Auch wenn Du träumst, gehen die Uhren*, S. 260.

An anderer Stelle, als Elisabeth Langgässer einer Freundin von der Anfrage Gunter Grolls bzgl. der Mitarbeit zur Anthologie *De profundis* erzählt, wird sie noch deutlicher, was ihre Beurteilung des Verhaltens von Oda Schaefer in der Zeit des Nationalsozialismus betrifft:

> Der Münchner ›Zinnen-Verlag‹ hat sich um Beiträge für eine lyrische Anthologie an mich gewandt. Thema: Lyriker der Inneren Emigration. Und nun halten Sie an sich, wer da als ›Innere Emigration‹ gilt: Horst Lange, Oda Schaefer (Freunde von mir, die aber alles andere als emigriert waren!), Karl Krolow – ein junger ›Tierstimmen-Imitator‹, der Lehmann und mich mit grossem rührendem Eifer kopiert, R. A. Schröder, Reinhold Schneider (Gott erbarm sich seiner Reime – muss das sein?) usw.[322]

Bei dieser Einschätzung Oda Schaefers und Horst Langes, von dem sie zudem sagte, dass er „aus wahnsinnigem Geltungsdrang auch dann noch produzieren [musste], als bereits anständige – oder kluge!! – Leute anfingen, sich zurückzuhalten"[323], zeigt sich, dass Elisabeth Langgässer mit der Bemerkung, dass Oda Schaefer nach „drüben"[324] gehöre, wohl eine Art regelrechter Mitläuferschaft zum Nationalsozialismus verstand, obwohl sie selbst wie auch andere Schriftsteller der ‚inneren Emigration' „zwischen Anpassung, um nicht zu sagen, Anbiederung an das NS-Regime[325] und kompromißloser Ablehnung geschwankt"[326] hatte.

Sie empfand ihre eigene Situation unter Hitler als wesentlich gefährdeter und konnte daher nicht zustimmen, dass andere, die nicht in demselben Maß bedroht worden waren, nun genauso als ‚innere Emigranten' bezeichnet wurden wie sie selbst.

Die vielen, oft abschätzig geäußerten Bemerkungen Elisabeth Langgässers in ihren Briefen über andere Autoren geben beredtes Zeugnis von der schillernden Persönlichkeit dieser Dichterin, die Oda Schaefer

---

[322] Brief von Elisabeth Langgässer an Franziska Meister vom 11.01.1946, Hoffmann, Bd. 1, S. 526f.

[323] Brief von Elisabeth Langgässer an Waldemar Gurian vom 06.01.1947, Hoffmann, Bd. 2, S. 611.

[324] Brief von Elisabeth Langgässer an Elisabeth Andre vom 22.02.1941, Hoffmann, Bd. 1, S. 351.

[325] In ihren Bemühungen, die Publikationserlaubnis zurückzuerhalten, berief sich Elisabeth Langgässer in einem Schreiben an den „Reichskulturwart" Hans Hinkel vom August 1937 unter anderem darauf, „daß sie ihre künstlerische Begabung der »rein arischen Linie« ihrer »mütterlichen Vorfahren« zu verdanken habe", Hoffmann, Bd. 1, S. 9.

[326] Hoffmann, Bd. 1, S. 9f.

stets, auch trotz ihrer oft monomanischen, lehrerinnenhaften Art[327] persönlich sehr schätzte und wegen ihres Erfolges und ihrer Prominenz bewunderte. Ihre Kritik gegenüber deren Werk gab sie Elisabeth Langgässer selbst deutlich zu verstehen, äußerte sich aber diesbezüglich noch klarer ihrem Mann Horst Lange gegenüber:

> Was sagst Du zu Elisabeths Geschichten? Ich finde sie grauenhaft + dilettantisch, meine ganzen Vorurteile seit den Geschichten bei Müller Salzburg, auch die seit ihrem letzten Gedicht, haben sich bestätigt. Das ist Flüchtigkeit + nicht durchgearbeitet! Es ist schlechtester Faulkner + Joyce. Heute darf man sich sowas nicht erlauben, das können die Amerikaner besser, von Hemingway angefangen. Es scheint nichts mehr übrig zu bleiben von unserer Literatur, ich bin sehr traurig.[328]

Ähnlich wie bei den Werken Günter Eichs stört sie bei den nach dem Krieg geschriebenen Erzählungen Elisabeth Langgässers, dass sie nicht „durchgearbeitet" seien, sich also der Autor nicht genügend, nur flüchtig damit beschäftigt hat. Sie empfindet dies offensichtlich als eine Art Vorstufe zur eigentlichen, ihrer Vorstellung entsprechenden Literatur, von der sich allerdings nun auch Elisabeth Langgässer als ihre beste Freundin und Dichterin der *Kolonne* abgewendet hatte zugunsten neuer Stil- und Kunstformen. Mit Trauer konstatiert Oda Schaefer, dass „von unserer Literatur", die sich für sie anscheinend vor allem durch die Orientierung an traditionellen Erzähl- und Sprachformen auszeichnet, nichts mehr übrig zu bleiben scheint. „Können wir wirklich keine Sätze mehr schreiben?"[329] – lautet die verzweifelte, resignierte Frage Oda Schaefers in dem Brief an ihren Mann, die auch ihre eigene Unsicherheit offenbart.

Der plötzliche Tod Elisabeth Langgässers 1950 war für Oda Schaefer ein Schock. Sie empfand allerdings nicht nur Trauer und Schmerz, sondern vor allem Ärger und Zorn über die Umstände, die – den Briefen von Elisabeth Langgässer nach zu urteilen – zu deren Tod geführt hatten. Ein ständig präsentes Thema war nämlich die Klage um den Mangel an Geld und die daraus resultierende Sorge, die Familie nicht mehr ernähren zu können. Die vielen kraftraubenden und nervenaufreibenden

---

[327] Vgl. Brief von Oda Schaefer an Charlotte Bergengruen vom 19.01.1967, Nachlass Schaefer/Lange, Monacensia.
[328] Brief von Oda Schaefer an Horst Lange vom 23.08.1946, Nachlass Schaefer/Lange, Monacensia.
[329] Ebenda.

Lesungen und Reisen Elisabeth Langgässers sowie die unermüdliche Arbeit an ihren Werken in ihren letzten Jahren unternahm sie – so musste Oda Schaefer schließen – allein aus diesem Grund. Wegen einer monatlichen Rente, die ihr der Verleger nicht in dem für sie notwendigen, ausreichenden Maße bewilligte[330], erwog sie 1950 sogar einen Verlagswechsel und bat Oda Schaefer, sich bei Piper für sie einzusetzen.[331] Das Bild, das in den Briefen Elisabeth Langgässers von ihrem Verleger Claassen entstand, musste dazu führen, dass der in Form eines Briefes verfasste Nachruf Oda Schaefers in der *Neuen Zeitung* eine Anklageschrift wurde – eine Anklage, dass Elisabeth Langgässer vor allem durch die äußeren Umstände, d.h. durch die Verleger, das deutsche Publikum und „die meist nur halbgebildeten Buchhändler, die alles Kompliziertere als ‚highbrow' ablehnen"[332], „zu Tode gehetzt worden"[333] ist. So war der Tod Elisabeth Langgässers für sie symbolisch zu verstehen als ein Opfer für die anderen: „Aber Du bist für uns und unsere Arbeit gestorben, Dein Tod war ein ‚menetekel upharsin'"[334], woraus Oda Schaefer ihre Aufgabe ableitete, die Öffentlichkeit auf die miserable und existenzgefährdende Situation des Dichters aufmerksam zu machen, seine Position zu stärken, und damit heroisch für die Dichtung selbst einzutreten: „[…] ich wäre glücklich, der Dichtung noch einmal so gedient haben zu können."[335] Kämpferische, pathetische Töne schlägt sie gegenüber Wilhelm Hoffmann, dem Ehemann Elisabeth Langgässers, an: „Aber ich werde von jetzt an nicht mehr schweigen, sondern den Kampf aufnehmen"[336], worin auch ihr schlechtes Gewissen zum Ausdruck kommt, da sie es in ihren Augen versäumt hatte, Elisabeth Langgässer in ihrer Not beizustehen und zu helfen. Aufopferungsvoll und gelassen sieht sie daher der Antwort des Verlegers von Elisabeth Langgässers auf ihren Nachruf, der Androhung

---

[330] Vgl. Brief von Elisabeth Langgässer an Oda Schaefer vom 02.03.1950, Hoffmann, Bd. 2, S. 1027.
[331] Vgl. ebenda.
[332] *Elisabeth Langgässer. Ein Brief von Oda Schaefer an ihre tote Freundin*. In: *Die Neue Zeitung*, Nr. 178, 29.07.1950.
[333] Brief von Oda Schaefer an Wilhelm Hoffmann vom 11.08.1950, Signatur 70.4238, DLA-Marbach.
[334] *Elisabeth Langgässer. Ein Brief von Oda Schaefer an ihre tote Freundin*. In: *Die Neue Zeitung*, Nr. 178, 29.07.1950.
[335] Brief von Oda Schaefer an Wilhelm Hoffmann vom 11.08.1950, Signatur 70.4238, DLA-Marbach.
[336] Ebenda.

einer Klage, entgegen – eine Situation, die sich änderte, als sie erfuhr, dass den Verleger durch seine Zahlungsweise keine Schuld am Tode ihrer Freundin traf und die Angaben Elisabeth Langgässers offensichtlich nicht der Richtigkeit entsprochen hatten. Oda Schaefer musste sich zu ihrer im Nachruf geäußerten Anklage rechtfertigen und den Vorwurf, dass den Verleger durch finanzielle Habgier Schuld am Tode Elisabeth Langgässers traf, zurücknehmen. Sie bestätigte zwar, dass sie durch die Briefe Elisabeth Langgässers falsch informiert worden war, konnte es aber nicht lassen, den Verleger auf die „metaphysische Schuld"[337] an deren Tode hinzuweisen.

Auch nach diesem Nachruf trat sie weiter für ihre Freundin ein, indem sie zahlreiche Sendungen und Artikel über ihre Werke verfasste, die sie teilweise bereits zu deren Lebzeiten für Zeitungen rezensiert hatte, und damit das Andenken an diese Autorin zu fördern suchte.

Karl Krolow

Die Korrespondenz zwischen Oda Schaefer und Karl Krolow begann 1943. Oda Schaefer war auf Karl Krolow aufmerksam geworden, da er in der Zeitschrift *Das Innere Reich* über deutsche Gegenwartslyrik und damit auch über den ersten Gedichtband Oda Schaefers *Die Windharfe* geschrieben hatte.[338] Wie in ihrem ersten Brief an ihn deutlich wird, freute sie sich „wirklich aufrichtig darüber, dass sich heute jemand so ernsthaft mit Lyrik auseinandersetzt und so viel Richtiges darüber sagt."[339] Sie fühlte sich, vor allem in seinen Kommentaren zu ihrem Werk, äußerst gut verstanden und in besonderer Weise geschmeichelt, da er ihre Gedichte mit Georg Heym, einem ihrer Lieblingsdichter, und Horst Lange, den sie als Dichter ebenfalls zu ihren großen Vorbildern zählte, verglichen hatte. Die Bemerkung Karl Krolows über die Wirkung ihrer Gedichte – „man gewinnt die Gedichte durch die Haut" – frappierte Oda Schaefer am meisten. „Bis jetzt hat noch niemand das so richtig ausgedrückt, ich empfinde es ebenso und möchte, dass man es so empfindet."

---

[337] Brief von Oda Schaefer an Wilhelm Hoffmann vom 10.09.1950, Signatur 70.4067/1, DLA-Marbach.
[338] Vgl. Krolow, Karl: *Zur Gegenwartslyrik*. In: *Das Innere Reich* 10 (1943/44), S. 165-197, (zu Oda Schaefers Gedichtband *Die Windharfe*, S. 175-77).
[339] Hier und in den folgenden Zitaten Brief von Oda Schaefer an Karl Krolow vom 28.12.1943, Nachlass Karl Krolow, Signatur 88.7.61/1, DLA-Marbach.

So war es nur logische Konsequenz aus dieser geistigen Verbundenheit, dass sich eine enge Korrespondenz zwischen den beiden Schriftstellern entwickelte; man konnte, besonders in der Zeit des Nationalsozialismus, froh sein, einen gleichgesinnten Gesprächspartner zu haben: „[...] die Stunden mit Menschen, welche die gleiche Sprache sprechen wie man selbst, gehören ja in dieser Zeit wohl zum Besten, was man haben kann."[340]

Von den ca. dreißig Briefen Oda Schaefers an Karl Krolow sind ungefähr zehn Briefe aus den Berliner Jahren Oda Schaefers, von 1943 bis 1945, erhalten geblieben, mit den wenigen Briefen an Charlotte und Werner Bergengruen, Elisabeth Langgässer und Gunter Groll die einzigen Zeugnisse Oda Schaefers aus ihrer Berliner Zeit. Da sie jedoch teilweise sehr lang und ausführlich sowie relativ lückenlos sind – nur die Antwortschreiben Karl Krolows bis 1945 liegen leider nicht vor –, geben sie Aufschluss sowohl über den physischen und psychischen Zustand Oda Schaefers als auch über die erlebte Kriegszeit – die Bombardements in Berlin – sowie über ihre literarische Haltung. Dabei zeigen sie, was die Persönlichkeit Oda Schaefers und ihren Charakter angeht, ein anderes Bild als die späteren, nach 1950 entstandenen Briefe, die hauptsächlich vom aufreibenden Alltag, der Sorge um Horst Lange und ihre eigene Gesundheit geprägt sind.

Die Oda Schaefer der Jahre 1944/1945 lässt in den Briefen an Karl Krolow noch die Bohemienne aus den zwanziger und dreißiger Jahren erkennen, die lebenshungrig keine Gelegenheit ausließ, zu tanzen, zu trinken[341] und zu flirten.[342] So berichtet sie z.B. im Juni 1944 Karl Krolow über ein rauschendes, alkoholträchtiges Fest „im Stile Hemingways"[343], eine Fiesta, auf der sie sich wieder einmal in einen anderen Mann und ihr Mann Horst Lange in eine andere Frau verliebte, und auf der eine Prüge-

---

[340] Brief von Oda Schaefer an Karl Krolow vom 28.12.1943, Nachlass Karl Krolow, Signatur 88.7.61/1, DLA-Marbach.

[341] „ [...] aber Horst Lange und mich [...] hat das Barleben seinerzeit doch recht gepackt gehabt. Könnte man nur einmal wieder tanzen, es ist so notwendig wie das Trinken, man verdorrt allmählich ganz und gar." Brief von Oda Schaefer an Karl Krolow vom 26.01.1944, Nachlass Karl Krolow, Signatur 88.7.61/2, DLA-Marbach.

[342] Vgl. Brief von Oda Schaefer an Karl Krolow vom 25.06.1944: „Doch ich bin zuzeiten eine rasante Festnatur. Dabei habe ich noch nicht einmal wissentlich geflirtet, was mein altes Laster ist [...]." Nachlass Karl Krolow, Signatur 88.7.61/7, DLA-Marbach.

[343] Hier und im folgenden Zitat Brief von Oda Schaefer an Karl Krolow vom 25.06.1944, Nachlass Karl Krolow, Signatur 88.7.61/7, DLA-Marbach.

lei ihretwegen stattfand; am Ende „schliefen alle wie zu den seligen Zeiten der Atelierfeste auf Couchs und Polstern wie hingemäht, die Glassplitter lagen neben den Gesichtern". Auch ein anderer Brief gibt Zeugnis von einer „blödsinnige[n] Liebesgeschichte"[344] Oda Schaefers mit einem Schauspieler, die sich nach einer rasanten Entwicklung jedoch in nichts auflöste.

> Der ganze Irrsinn unserer Zeit brach aus, ich wurde mitgeschleift, mitgerissen, und auf einmal platzte die Seifenblase (ich kann jetzt von neuem über Seifenblasen schreiben)[345] und wir beide standen mit leeren Händen und armselig da und mussten uns eingestehen, dass wir Liebe gespielt hatten, aber dass es keine war.[346]

Die Zeit der Entbehrungen, der Erfahrung von Angst, die tagtägliche Konfrontation mit dem Tod führte allgemein zu einer Steigerung der Gefühle auch im negativen Sinne bis hin zum Ausbruch von Gewalt und Gereiztheit als Ausdruck der allgemeinen Labilität[347] sowie zum hektischen Versuch, die noch verbleibende Zeit bis zur letzten Intensität auszukosten. Der Satz Oda Schaefers: „Ich habe heftig gelebt"[348] charakterisiert den Nachholbedarf an Glück und Liebe, den die Menschen im von Panik, Angst, Hunger und Tod gezeichneten Alltag Berlins 1944 verspürten.[349] Die Stimmung der Briefe schwankt denn auch sehr zwischen

---

[344] Brief von Oda Schaefer an Karl Krolow vom 13.11.1944, Nachlass Karl Krolow, Signatur 88.7.61/9, DLA-Marbach.

[345] Oda Schaefer spielt hier auf ihr kurzes Prosastück *Seifenblasen* an, das in der *Kölnischen Zeitung*, Nr. 99, 09.04.1944, S. 4, publiziert worden war, und das sie später in ihren Band *Unvergleichliche Rose* (S. 44-49) aufnahm.

[346] Brief von Oda Schaefer an Karl Krolow vom 13.11.1944, Nachlass Karl Krolow, Signatur 88.7.61/9, DLA-Marbach.

[347] Vgl. Brief von Oda Schaefer an Karl Krolow vom 25.06.1944: „Dann kommt plötzlich die ganze Teufelei der Zeit hoch, alle sind labil und gereizt." Nachlass Karl Krolow, Signatur 88.7.61/7, DLA-Marbach.

[348] Brief von Oda Schaefer an Karl Krolow vom 13.11.1944, Nachlass Karl Krolow, Signatur 88.7.61/9, DLA-Marbach.

[349] Auch Ursula von Kardorff berichtet in ihren Tagebüchern von einer merkwürdigen Stimmung in Berlin, einer „Mischung von Apathie und Vergnügungssucht" und von einer „durch nichts zu dämmende[n] Heiterkeit" nach einem überstandenen Bombardement, Hartl, Peter (Hg.): *Ursula von Kardorff. Berliner Aufzeichnungen 1942 bis 1945*. Unter Verwendung der Original-Tagebücher neu herausgegeben und kommentiert, zweite Auflage, München: dtv 1997, S. 198 und 201.

starkem Überlebenswillen, einer überbordenden Lust am Leben auf der einen, und Selbstmordgedanken, extremer Zukunftsangst[350] auf der anderen Seite.

> Was später wird, weiss niemand, selten war die Zukunft – trotz aller Drohungen – so sehr das verschleierte Bild von Saïs wie im Augenblick. Man lebt von Tag zu Tag, von Angriff zu Angriff, wie man sterben wird, weiss man nicht, aber man weiss auch nicht, ob man sterben wird oder dieser gigantischen Katastrophe auf irgendeine rätselhafte Weise entkommen wird.[351]

Man betrachtet es nur noch als Zufall, dass man mit dem Leben davonkommt und wartet bis zum nächsten „apokalyptischen"[352] Fliegerangriff, wobei die seelische Verfassung Oda Schaefers mit nahendem Kriegsende deutlich schlechter wird.

> Inzwischen geht es mit meinen Kräften ziemlich bergab, denn es sind dauernd Aufregungen gewesen und Krankheit, ich war noch nie so kraftlos und elend. Horst kommt bald fort, seine Dienststelle ist bereits nach Thüringen abgereist, er ist als Einziger allein hier geblieben und wartet auf sein Stichwort, das ihn abruft. Die Trennung ist bisher das Schlimmste. Im Falle der Gefahr versuche ich auch nach Thüringen zu gelangen, Horst will mir noch einen Fahrschein besorgen. Denn meine Nerven sind so herunter, dass mich tatsächlich die panische Angst vor den Russen angesteckt hat. Und sie ist leider Gottes auch begründet. Man kann Glück haben, aber kann auch Sibiriaken in die Hände fallen, und das möchte ich nicht gerade. Diese latente Gefahr und das zeitweise Artilleriefeuer machen einen nicht gerade ruhiger. [...] Und

---

[350] Vgl. Brief von Oda Schaefer an Karl Krolow vom 08.05.1944: „Gesetzt den Fall, man übersteht es, was erwartet einen dann? Ob man überhaupt noch mal richtig zum Arbeiten kommt?" Nachlass Karl Krolow, Signatur 88.7.61/5, DLA-Marbach.

[351] Brief von Oda Schaefer an Karl Krolow vom 23.02.1945, Nachlass Karl Krolow, DLA-Marbach.

[352] Brief von Oda Schaefer an Karl Krolow vom 25.06.1944, Nachlass Karl Krolow, Signatur 88.7.61/7, DLA-Marbach. Die Bezeichnung der Situation während der Bombardements in Berlin als Apokalypse hat Oda Schaefer auch später in ihrem nach dem Roman *Verlöschende Feuer* von Horst Lange geschriebenen Fernsehspiel *Die schwarze Sonne* verwendet. Ursula von Kardorff vergleicht die brennenden Häuser nach einem Fliegerangriff mit der Darstellung vom „Fegefeuer auf mittelalterlichen Bildern", Hartl, S. 200.

bleibt man übrig, so kommt nachher der Hunger, auch nicht schön. – Es ist eine Jeremiade.[353]

Zu ständigen Schmerzen und Krankheiten kam die große Angst, von ihrem Mann getrennt zu werden, sowie die allgemein vorherrschende Panik, russischen Soldaten in die Hände zu fallen. Die Lebensaussichten waren in jedem Fall, auch wenn man das Kriegsende überstand, durch die schlechte Versorgung katastrophal – dessen war sie sich bewusst.

Das Kokettieren mit dem männlichen Geschlecht, schon immer ein spezieller Wesenszug Oda Schaefers, tritt auch hier in den Briefen an Karl Krolow immer wieder zutage. Da Karl Krolow jedoch um einiges jünger war, vermischte sich diese Anlage zum Flirten mit einer – vielleicht altersbedingten – Portion Selbstironie Oda Schaefers, wie sie u.a. bei der Diskussion um das Aussehen des anderen zum Ausdruck kommt: „Fotos schicke ich auch nicht, ich bin zu hübsch, das irritiert Sie nur."[354]

Andererseits sparte sie als Frau nicht mit Vorwürfen bzgl. einer (von ihm wahrscheinlich nicht wirklich ernst gemeinten) Schwärmerei für ein junges weibliches Wesen, die sie entrüstet und aufs Schärfste verurteilte, und machte ihn deutlich auf die Wirkung derartiger negativer Erfahrungen auf die Gefühle einer jungen Frau aufmerksam:

> Wie kann Ihnen so ein liebes armes Hascherl […], dazu dienen, Ihre „miserablen Nerven anzuknipsen"? Sind Sie wahnsinnig geworden? Schämen Sie sich garnicht ein bisschen? Sie haben ja einen richtigen moralischen Defekt, oder vielmehr einen Defekt im Herzen! […] Hund elender. Tun Sie so etwas nicht wieder, Frauen sind sehr sensibel, bis auf die dicken BDM-Kühe, und es kann ein ekliges Trauma fürs ganze Leben geben, wenn man so enttäuscht wird. Lassen Sie die Pfoten von den „Kindchen", solche Eindrücke prägen sich ein wie ein Siegel in weiches Wachs […].[355]

Es ist der Blickwinkel einer reiferen, selbst von schmerzhaften Erfahrungen geprägten Frau gegenüber einem jüngeren, in ihren Augen noch nicht

---

[353] Brief von Oda Schaefer an Karl Krolow, ohne Datum, geschrieben wohl nach dem 06.03.1945, Nachlass Karl Krolow, DLA-Marbach.
[354] Brief von Oda Schaefer an Karl Krolow vom 26.01.1944, Nachlass Karl Krolow, Signatur 88.7.61/2, DLA-Marbach.
[355] Brief von Oda Schaefer an Karl Krolow vom 17.12.1944, Nachlass Karl Krolow, Signatur 88.7.61/10, DLA-Marbach.

viel von der weiblichen Psyche verstehenden Mann, der in dieser Briefstelle zum Ausdruck kommt. Die sprachlich sehr salopp und eindringlich gestaltete „Abreibung" macht die Überlegenheit und beinahe mütterlich-erziehende Position Oda Schaefers gegenüber Karl Krolow deutlich.

Bewusst weiß sie sich vor ihm in Position zu setzen. Ihre Briefe sprühen nur so vor Witz[356], Wissen und vor Begeisterung über Literatur, wie z.B. die von ihr geliebten russischen Autoren Tolstoi, Leskow, Gogol[357], oder die Amerikaner Hemingway, Faulkner, Thomas Wolfe[358] oder auch Marcel Proust[359], den sie in dieser Zeit immer wieder liest.[360] Gerade die französische Kultur, vor allem die moderne Malerei, auf deren Gebiet sie angibt, sicherer zu sein als auf dem der modernen französischen Litera-

---

[356] Oda Schaefer hörte in Berlin das letzte Konzert des Dirigenten Wilhelm Furtwängler und schilderte Karl Krolow dieses Erlebnis „mit festlichen Damen, die alle nichts von Musik verstanden, und mit dem Hampelmann direkt vor meiner Nase, denn ich sass in der ersten Reihe und hatte das Gefühl, dass ich mitmusizierte – manchmal hatte ich auch die Angst, der galvanisierte Frosch würde mir hintenüber vom Podium in den Schoss fallen." Sie hörte zum ersten Mal „eine sinfonische Sache von Ravel", „wobei F. natürlich zu tanzen anfing. Schade, dass er keine Kastagnetten hatte. Ich vertausche die beiden grossen Dirigenten gerne und sage: Knappertwängler und Furtsbusch." Brief von Oda Schaefer an Karl Krolow vom 27.03.1944, Nachlass Karl Krolow, Signatur 88.7.61/3, DLA-Marbach.

[357] Vgl. Brief von Oda Schaefer an Karl Krolow vom 27.03.1944, Nachlass Karl Krolow, Signatur 88.7.61/3, DLA-Marbach.

[358] Von William Faulkner und Thomas Wolfe ging bekanntermaßen große Faszination auf die junge Generation aus, vgl. Schäfer, Hans Dieter: *Das gespaltene Bewußtsein. Über deutsche Kultur und Lebenswirklichkeit 1933-1945*, München, Wien: Hanser 1981, S. 17; zur Ausbreitung ausländischer Literatur während des Nationalsozialismus vgl. Schäfer, Das gespaltene Bewußtsein, S. 14: „Eine Absperrung von der ausländischen Moderne, wie sie nach 1945 für die gesamte Hitler-Ära festgestellt wurde, hat es tatsächlich nicht gegeben."

[359] Oda Schaefer ist hier kein Einzelfall. Die Lektüre Prousts im Dritten Reich wird in mehreren Tagebüchern, Gesprächen und Briefen erwähnt, wie z.B. bei Felix Hartlaub, Friedo Lampe, Ursula von Kardorff, Erich Kuby, Heinrich Böll und Hermann Lenz, vgl. Schäfer, Hans Dieter (Hg): *Horst Lange. Tagebücher aus dem Zweiten Weltkrieg*, Mainz: v. Hase & Koehler Verlag 1979, S. 225; vgl. hierzu auch Schäfer, Das gespaltene Bewußtsein, S. 18. Horst Lange berichtet in seinen Tagebüchern ebenfalls davon: „Ich lese Proust. Das beruhigt. Es ist mir so, als ginge ich in Atlantis unter Wasser spazieren." Schäfer, Horst Lange. Tagebücher, S. 24.

[360] Vgl. Schäfer, Horst Lange. Tagebücher, S. 14.

tur³⁶¹, übt größte Faszination auf sie aus – eine Passion, die sie offensichtlich mit Karl Krolow teilte, der selbst ein großer Frankreich-Kenner war und ihr, z.B. im Hinblick auf französische Literatur (mit dem Namen Apollinaire hatte Oda Schaefer bis auf das gleichnamige Mineralwasser nichts anfangen können)³⁶², neue Kenntnisse vermittelte. Enthusiasmiert schwelgt sie in Erinnerungen an ihre Reise nach Paris im Jahre 1937, das sie so gerne wiedersehen möchte, dass sie „den lieben Gott gebeten [hat], [sie] nur deshalb leben zu lassen, weil [sie] noch ein einziges Mal nach Paris will und zwar für längere Zeit, denn dort ist die Luft, in der [sie] leben und gedeihen kann"³⁶³ – ein Wunsch, der leider unerfüllbar bleiben sollte.

Man spürt förmlich, wie wichtig es für Oda Schaefer war, einen Menschen zu haben, mit dem sie sich in künstlerischen Fragen unterhalten konnte, der ebenso wie sie selbst „so überaus crazy auf alle jene Dinge"³⁶⁴ ist, hinter denen sie „wie ein Narr her" ist, und der ihr für ihre Arbeit entscheidende Impulse geben konnte. So schreibt sie nach ihrem Besuch bei Karl Krolow in Göttingen im Mai 1944: „Ich war doch ungeheuer animiert, das sehen Sie an meiner Produktivität, ich brauche Stimulantien dieser Art, finde sie aber seltsamerweise selten genug hier bei den Freunden [...]."³⁶⁵ Der neue Kontakt zu ihm war ein notwendiger Impetus und eine willkommene Abwechslung, da die Zusammenkünfte mit den alten Freunden, wie z.B. Peter Huchel, keine Anregungen mehr für ihre lyrische Aktivitäten boten.

> [...] vielleicht kennen wir uns schon zu gut und labern dann wie die alten Leute über Krieg oder Klatsch. Neulich waren wir bei Huchel draußen, dem ich vergeblich einige Gedichte zu entreissen versuchte, aber es war stinklangweilig [...], es half mir garnichts, dass er wieder sagte, ich wäre die schilfige Nymphe und er hätte mich immer schon geliebt, das sind so leere Sprüche aus lauter Faulheit. Unsere ganze bande joyeuse ist immer mal durch-

---

³⁶¹ Vgl. ebenda.
³⁶² Vgl. Brief von Oda Schaefer an Karl Krolow vom 26.01.1944, Nachlass Karl Krolow, Signatur 88.7.61/2, DLA-Marbach.
³⁶³ Ebenda.
³⁶⁴ Hier und im folgenden Zitat Brief von Oda Schaefer an Karl Krolow vom 08.05.1944, Nachlass Karl Krolow, Signatur 88.7.61/5, DLA-Marbach.
³⁶⁵ Brief von Oda Schaefer an Karl Krolow vom 25.06.1944, Nachlass Karl Krolow, Signatur 88.7.61/7, DLA-Marbach.

> einander ineinander verliebt gewesen, und ein paar Zärtlichkeiten
> sind noch in der Luft hängengeblieben wie Altweibersommer.[366]

Verliebtheitsgefühle, Flirts sowie anregende Gespräche sind für Oda Schaefer, die sich auch hier gerne als Bohemienne und (mit der Bemerkung über den Vorgang des Dichtens – „Solange man schreibt ists schön, genau wie mit dem Saufen, hinterher kommen Skrupel und Kater") als lasterhafte Saufkumpanin darstellt und stilisiert, offenbar zwingend nötig für ihre lyrische Produktivität. Regelmäßig ließ sie ihre Gedichte Karl Krolow zukommen und erwartete gespannt seine Kritik, zu der sie ihn auch immer wieder ermunterte.

> Sie wissen ja, dass auch Sie ruhig Kritik üben sollen, ich verdanke z.B. Günter Eich Hinweise beim „Dickicht", Hinweise auf Stellen, die mir schon verdächtig, aber noch nicht ganz klar waren. Und ein solches Aufeinandereingehen gerade im Lyrischen ist doch etwas sehr Schönes, ich nehme auch da garnicht übel.[367]

Oda Schaefer wusste die Kritik ihrer Freunde – Günter Eich spielte, wie bereits dargestellt, darin eine große Rolle, genauso wie auch Friedo Lampe[368] – konstruktiv umzusetzen und empfand das gegenseitige Beurteilen als äußerst positiv. Sie nahm es Karl Krolow nicht übel, dass ihm ihr Gedichte *Tote Stadt* oder *Anbruch der Nacht* nicht lagen[369], freute sich dafür umso mehr, dass ihr Gedicht *Junimond* ihm sehr gut gefiel.[370]

Auch sie selbst sparte mit Bemerkungen über die ihr zugesandte Lyrik nicht, wie aus mehreren Briefen hervorgeht. Es ist vor allem eine spezifisch eigene Sprache, die sie an den Gedichten von Krolow feststellt, „ganz eigene Substantive, Adjektive, Verben nicht zu vergessen und Reime, und auch Vergleiche"[371], die sich aus ihrer Sicht mit dem Alter noch weiter entwickeln wird.

---

[366] Hier und im folgenden Zitat Brief von Oda Schaefer an Karl Krolow vom 25.06.1944, Nachlass Karl Krolow, Signatur 88.7.61/7, DLA-Marbach.
[367] Ebenda.
[368] Vgl. Brief von Oda Schaefer an Karl Krolow vom 09.11.1945, Nachlass Karl Krolow, Signatur 88.7.61/17, DLA-Marbach.
[369] Vgl. Brief von Oda Schaefer an Karl Krolow vom 25.06.1944, Signatur 88.7.61/7, und vgl. Brief an Karl Krolow, ohne Datum, aber wohl nach dem 06.03.1945 verfasst, kurz vor der Flucht nach Mittenwald, Nachlass Karl Krolow, DLA-Marbach.
[370] Vgl. Brief von Oda Schaefer an Karl Krolow vom 25.06.1944, Signatur 88.7.61/7, Nachlass Karl Krolow, DLA-Marbach.
[371] Brief von Oda Schaefer an Karl Krolow vom 27.03.1944, Nachlass Karl Krolow, Signatur 88.7.61/3, DLA-Marbach.

> [...] es ist da etwas Neues im Werden, denn ich fühle, wie es sich allmählich [...] gestalten wird zu noch grösserer Bestimmtheit, wie sie das Aelterwerden ja mit sich bringt, da es eine Entwicklung zum Unverwechselbaren, ganz und gar Originalen bedeutet [...].[372]

Oda Schaefer weiß aus Erfahrung, dass sich die Sprache eines knapp Dreißigjährigen noch weiter wandeln und verändern wird, und dass diese Entwicklung positiv zu bewerten ist. Dass die Gedichte Karl Krolows allerdings bereits jetzt einen eigenen Ton besitzen, ist für sie neben der Bewunderung für sein großes Wissen in den Bereichen Geologie und Botanik, das in seinen Gedichten, dabei dem Prinzip der genauen Naturbeobachtung im ‚magischen Realismus' entsprechend, zutage tritt[373], das Entscheidende. „Jedenfalls habe ich einen sehr starken Eindruck von Eigenart aus Ihren Gedichten gewonnen und sie sind mir sehr lieb."[374] Oda Schaefer mochte die Gedichte Karl Krolows, sie schätzte sie, einige imponierten ihr auch[375]; vor allem betonte sie in ihren Briefen, welche ihr durch ihre Einfachheit und ihren hohen Gehalt sehr gut gefielen und welche sie als „sehr eindringlich in Wortprägung und Vergleich"[376], als „geheimnisvoll und ‚orphisch'" oder in ihrer „starke[n] Vollkommenheit" empfunden hatte.

---

[372] Ebenda.

[373] Karl Krolow gehört nicht zu den allgemein mit dem Stichwort ‚magischer Realismus' bezeichneten Dichtern, sondern wird zwischen den älteren Schriftstellern, wie Horst Lange, Oda Schaefer, Günter Eich, Oskar Loerke, Wihelm Lehmann und der Generation, „that emerged into prominence with the Gruppe 47 (Paul Celan, Ingeborg Bachmann, Günter Grass, and others)" eingeordnet, Donahue, Neil H.: *Karl Krolow and the Poetics of Amnesia in Postwar Germany*, New York: Camden House 2002, S. 21. Seine Gedichte in dem Band *Hochgelobtes, gutes Leben!* zeigen einen anderen Umgang mit dem Thema, als ihn der Titel des Bandes suggeriert, womit er sich auch von Autoren wie Oda Schaefer absetzt, die Krolow, ohne von dem Gedichtband zu wissen, in ihrem Brief vom 28.12.1943 dazu aufgefordert hatte, einen „Lobgesang auf das Leben" zu schreiben, Nachlass Karl Krolow, DLA-Marbach. „Krolow's poems capture the uneasiness behind that frantic attempt to find comfort in nature or in art during the war." Donahue, Karl Krolow, S. 40.

[374] Brief von Oda Schaefer an Karl Krolow vom 27.03.1944, Nachlass Karl Krolow, Signatur 88.7.61/3, DLA-Marbach.

[375] Vgl. Brief von Oda Schaefer an Karl Krolow vom 13.11.1944, Nachlass Karl Krolow, Signatur 88.7.61/9, DLA-Marbach.

[376] Hier und in den beiden folgenden Zitaten Brief von Oda Schaefer an Karl Krolow vom 17.12.1944, Nachlass Karl Krolow, Signatur 88.7.61/10, DLA-Marbach.

Kritik formulierte sie zumeist sehr vorsichtig, wie z.B. bei einem sie in musikalischem Sinne störenden Schluss des Gedichtes *Lebenslied*: „[...] ich kann mir denken, dass Sie es absichtlich so schrieben – mit: huscht, bauscht, getuscht, tauscht – das ist zuviel"[377], die sie im Anschluss daran versucht, positiv als Anregung auszudrücken: „Aber ich will garnicht kritisieren, es fiel mir eben nur auf." Stets hebt sie das Positive an ihrer Kritik hervor und betont, dass man ihr „nicht böse drum"[378] sein dürfte, wenn ihr Kommentar negativ ausgefallen war, wie z.B. bei einer Bemerkung über eine ganze Gedicht-Sendung von Karl Krolow, von denen sie einige als „besonders schön" bezeichnete, andere als „zu glatt aus dem Bleistift geflossen" empfand.

Gemeinsam ist beiden Briefpartnern das lyrische Ideal Wilhelm Lehmann. „Ganz wie Sie stelle ich Lehmann fast noch höher"[379], schreibt Oda Schaefer an Karl Krolow, „obgleich, genau wie bei der Langgässer [...], seine Lyrik eigentlich eine ausgesprochene Bildungslyrik ist, d.h. diese Elemente sind in das rein Orphische eingeschmolzen."

Wieder offenbart sich hier, ebenso wie bei der Beurteilung Peter Huchels als genuinsten Lyriker ihrer Generation, die traditionelle Anschauung von der wahren Dichtung[380] als Eingebung, die den Dichter gleichsam zu einem Sprachrohr des göttlichen Geistes macht.[381] Wissen und Bildung sind nicht dazu in der Lage, dies zu ersetzen, im Gegenteil. Bildung steht dem eigentlich nur im Wege, wird aber akzeptiert, wenn sie darin integriert ist.

Ein Lob aus dem Munde Wilhelm Lehmanns zählte denn auch – obwohl sich Oda Schaefer wunderte, „dass er, der ganz aus der ‚Bildung' kommt, irgendeine Beziehung zu mir hätte"[382] – für sie sehr viel und

---

[377] Hier und im folgenden Zitat Brief von Oda Schaefer an Karl Krolow vom 27.03.1944, Nachlass Karl Krolow, Signatur 88.7.61/3, DLA-Marbach.

[378] Hier und in den folgenden Zitaten Brief von Oda Schaefer an Krolow vom 17.12.1944, Nachlass Karl Krolow, Signatur 88.7.61/10, DLA-Marbach.

[379] Hier und im folgenden Zitat Brief von Oda Schaefer an Karl Krolow vom 08.05.1944, Nachlass Karl Krolow, Signatur 88.7.61/5, DLA-Marbach.

[380] Zur weiten Verbreitung eines „mit religiösen oder pseudoreligiösen Metaphern" umschriebenen, auratischen Dichter-Begriffs vgl. Engler, S. 52ff, hier S. 52.

[381] Vgl. *Bekenntnis zum Gedicht der Zeit*. In: *Welt und Wort* 6 (1951), S. 297-299, hier S. 298.

[382] Brief von Oda Schaefer an Karl Krolow vom 28.08.1944, Nachlass Karl Krolow, DLA-Marbach. In ihrer eigenen Lyrik sieht Oda Schaefer offenbar keine Anzeichen der Verwendung von Bildungselementen.

brachte zum Ausdruck, wie sehr sie auf die Anerkennung von außen angewiesen war:

> Es ist doch das Einzige, wofür man schreibt, dass man vielleicht von irgend einem Menschen verstanden wird. Die paar Freunde, die man hat, einige Unbekannte, einige Dichter, die man schätzt – das ist das, was einem auf dem Wege nach der Wahrheit, der dichterischen, künstlerischen und auch menschlichen Wahrheit, begegnet. Sonst fliegt man ja doch im luftleeren Raum wie eine Sternschnuppe.[383]

Der von Oda Schaefer als „mittlere Zensur einer Klassenarbeit" empfundene Kommentar Wilhelm Lehmanns („poetisch tüchtig") zu drei ihrer Gedichte im zweiten an sie gerichteten Brief führt bei Oda Schaefer denn auch wieder vor allem zur Bestätigung ihrer Selbstzweifel gegenüber ihren eigenen Werken.[384]

> [...] von meinen eigenen Arbeiten hielt ich ja nie besonders viel, und ich betone immer wieder: dies ganz ehrlich und ohne fishing für compliments, und so wunderte es mich aufs Höchste, dass mir ein Wilhelm Lehmann auf ein Gedicht hin schrieb.[385]

Sie scheint zu dieser Zeit noch sehr unsicher gewesen zu sein. Man gewinnt nicht den Eindruck, dass ihre Aussagen unehrlich und kokett gemeint sein könnten. Nur einen Gedichtband hatte sie bislang veröffentlicht, dem sie bereits skeptisch gegenüberstand, und kein großes Echo erfahren, zudem auch noch eine Entwicklung vor sich, die sie instinktiv spürte:

> Ich habe das Gefühl, entweder gehe ich mit der vergangenen Zeit unter und erlebe den Beginn des Neuen nicht mehr, das sich in alles Wehen vorbereitet und hoffentlich das Signum des Menschlichen und der Wahrheit[386] tragen wird, oder alles war bisher Vor-

---

[383] Hier und in den beiden folgenden Zitaten Brief von Oda Schaefer an Karl Krolow vom 28.08.1944, Nachlass Karl Krolow, DLA-Marbach.
[384] Auch im Brief von Oda Schaefer an Karl Krolow vom 08.05.1944 ist davon zu lesen: „Mir erscheint meine Produktion oft recht problematisch, aber davon soll man besser nur im Selbstgespräch reden. Man erreicht doch immer nur einen Schatten dessen, was man fühlt und will", Nachlass Karl Krolow, Signatur 88.7.61/5, DLA-Marbach.
[385] Brief von Oda Schaefer an Karl Krolow vom 28.08.1944, Nachlass Karl Krolow, DLA-Marbach.
[386] Auffallend ist auch hier wieder die Berufung auf die klassisch-humanistische Kulturtradition, „die Kontinuität nationaler semantischer Traditionsbestän-

> bereitung für etwas ganz Neues, was ich schaffen werde und was erst der eigentliche und konzentrierte Ausdruck dessen sein wird, was ich immer gewollt habe, nur viel zu dumpf bisher. Die Form steht bereit, es handelt sich jetzt nur darum, den wahrhaft glühenden Inhalt hinein zu giessen.[387]

Ein Wechsel und Neubeginn bahnte sich an, nicht nur die äußeren Umstände, sondern vor allem die eigene dichterische Aussage und Qualität betreffend, was sich auch in der Beurteilung der Krolowschen Gedichte abzeichnete.

> Aber jetzt im Augenblick, wo die Not wie dunkles Wasser einem bis zum Halse steigt, sehe ich überall nach den Prägungen und Siegeln dieser Zeit. Und wenn ich sie nicht finde, bin ich vielleicht ein bisschen enttäuscht. Ebenso können Sie, ich weiss es, nichts mit meinem „Anbruch der Nacht" anfangen. Bei mir hat sich eben eine Wandlung vollzogen, zu einem Glauben hin, den ich früher nicht hatte. – Nichts anfangen – das ist nun völlig falsch von mir gesagt, ich kann sogar sehr viel mit Ihren Gedichten anfangen, das wissen Sie ja, aber augenblicklich laufen Sie Gefahr, in einem Manierismus stecken zu bleiben, das empfinde ich so. Vielleicht ist das falsch. Aber ich suche eben verzweifelt nach dem Bilde des Menschen, der dahinter steckt. Man kann auch keine Idyllik machen. [...] Doch sicher sind Sie zu jung und es kristallisiert sich erst später.[388]

Oda Schaefer hatte, wie viele ihrer Zeitgenossen, zu einem Glauben gefunden, der an ihr Verantwortungsgefühl appellierte und ihr half, den Krieg zu überstehen und nicht zu resignieren oder sich sogar das Leben zu nehmen. „Man hat nur die Verpflichtung zu leben, weil man zu den Wenigen gehört, auf die es ankommt und die diese grauenvolle Zeit wenigstens wandelt und entwickelt, während die meisten völlig absinken"[389],

---

    de", die in der Nachkriegszeit und noch in den fünfziger Jahren die Diskurse bestimmen. „Wahrheit", „Recht" und „Gerechtigkeit", „Güte" und „Liebe", „Menschlichkeit", „Freiheit" sind immer wiederkehrende Argumentationsfiguren, Wende, S. 21.

[387] Brief von Oda Schaefer an Karl Krolow vom 28.08.1944, Nachlass Karl Krolow, DLA-Marbach.

[388] Brief von Oda Schaefer an Karl Krolow ohne Datum, aber wohl nach dem 06.03.1945 verfasst, kurz vor der Flucht nach Mittenwald, Nachlass Karl Krolow, DLA-Marbach.

[389] Ebenda.

liest man in ihren Briefen. Sie empfand die Zeit des Nationalsozialismus und den Krieg als von einer höheren, unbeeinflussbaren Macht auferlegtes Schicksal, aus dem man eine innere Entwicklung zum Glauben zu ziehen hatte, und bezeichnete sie, wie auch andere Schriftsteller[390], wiederholt mit den biblischen Begriffen Apokalypse[391] oder „Sintflut"[392] – eine Metaphorik, die zusammen mit anderen Bildern, wie z.B. der Gleichsetzung des Nationalsozialismus mit einer vernichtenden Epidemie oder der Bezeichnung von Adolf Hitler als Gestalt des Bösen, dazu führte, dass der Einzelne „persönlicher Schuldzuweisung und moralisch-ethischer Verantwortlichkeit enthoben [wurde], weil er diesen übermenschlichen Mächten, die er nicht beeinflussen und denen er sich auch nicht entziehen kann, willenlos ausgeliefert ist."[393]

Oda Schaefer fühlte sich auserwählt, überlebt zu haben, und erachtete es nun auch als ihre Pflicht, sich ihren Aufgaben zu stellen:

> Wir müssen alle Kräfte daran setzen, um dieses Jahr zu überstehen, um weiter aussagen und arbeiten zu dürfen, denn unsere Aussage ist <u>wichtig</u>! Erhalten auch Sie sich für das Zukünftige – ich wäre sonst wohl auch nicht in das Krankenhaus gegangen. So wie wir die Dinge sehen, als Propheten und Sibyllen, sehen nur

---

[390] Vgl. u.a. Werner Bergengruen in seinem Gedicht *Apokalyptische Schwüle*. In: Bergengruen, Werner: *Dies irae*, Zürich: Arche 1945, S. 18; vgl. ebenso Hans Werner Richter im Vorwort zu seiner Anthologie: *Deine Söhne Europa. Gedichte deutscher Kriegsgefangener*, Neuausgabe, München: dtv 1985, S. 9. Für Gunter Groll war Apokalypse einer der Gesichtspunkte bei der Auswahl der Texte zur Anthologie *De profundis*, vgl. Brief von Gunter Groll an Oda Schaefer vom 10.11.1945, Nachlass Schaefer/Lange, Monacensia.

[391] Vgl. Brief von Oda Schaefer an Karl Krolow ohne Datum, aber wohl nach dem 06.03.1945 verfasst, kurz vor der Flucht nach Mittenwald, Nachlass Karl Krolow, DLA-Marbach: „Wann hat denn dieser apokalyptische Spuk ein Ende!" Vgl. ebenso Brief von Oda Schaefer an Karl Krolow vom 25.06.1944, Nachlass Karl Krolow, Signatur 88.7.61/7, DLA-Marbach. Aus der Apokalypse nahm Oda Schaefer auch den Titel ihres Fernsehspiel *Die schwarze Sonne*.

[392] Brief von Oda Schaefer an Karl Krolow vom 09.11.1945, Nachlass Karl Krolow, Signatur 88.7.1/17, DLA-Marbach, vgl. ebenso Brief von Oda Schaefer an Karl Krolow vom 22.05.1946: „Und es ist letzten Endes doch alles einer grossen Sintflut gleichzusetzen gewesen, was uns betraf, und wir steigen geblendet, ungelenk und schüchtern aus unserer selbstgebauten geistigen Arche", Nachlass Karl Krolow, DLA-Marbach.

[393] Wende-Hohenberger, Waltraud: *Ein neuer Anfang? Schriftsteller-Reden zwischen 1945 und 1949*, Stuttgart: Metzler 1990, S. 200.

> wenige sie, […]. Die neue Kunst – ich begann eben einen Aufsatz „Prognosen für die Kunst" – wird eine ganz neue Moral repräsentieren, der <u>Künstler</u> als <u>Moralist</u> im Sinne von Strindbergs Dramen, von Wilders „The skin of our teeth" (Inhalt: Mr. Antropos, <u>der</u> Mensch, erlebt surrealistisch dargestellt Eiszeit, Sintflut, heutige Kriege, übersetzt „Diesmal sind wir noch davongekommen"), von Giraudoux letzten Stück über die verrückte Mme. Chaillot, in dem die Guten siegen, von Horst Langes „Traum von Wassilokowa", von Claudel, – es sind fast alles symbolische oder Mysterienspiele, die das Theater vom Profanen reinigen, vom l'art pour l'art-Standpunkt, und die <u>tief</u> in die religiöse Erkenntnis hineinreichen und erschüttern wollen. Die Erschütterten weiter erschüttern und dort ihnen einen sicheren Boden geben.[394]

Kunst und Moral werden unweigerlich miteinander verknüpft. Der Künstler wird zum Moralisten, zum warnenden Propheten[395], um die Menschen vor einer erneuten Katastrophe und vor einem moralischen Absinken zu schützen. Es zählt nicht mehr die Kunst um der Kunst willen, sondern allein die Wirkung auf den Menschen, um ihm durch tiefe seelische Erregung einen sicheren inneren Halt zu geben. Oda Schaefers metaphysische Haltung ist dabei repräsentativ für die allgemeine Grundeinstellung.[396] Kunst und Religion werden als eng miteinander verbunden betrachtet, da nur der Glaube letztlich in das Innerste eines Menschen vordringen und eine christliche Grundhaltung garantieren kann.[397]

---

[394] Brief von Oda Schaefer an Karl Krolow vom 22.05.1946, Nachlass Karl Krolow, DLA-Marbach.

[395] Oda Schaefer vertritt hier ebenfalls wieder eine sich auf die abendländische, christlich-humanistische Kulturtradition berufende Position; zu der allgemeinen Verbreitung dieses missionarischen Literaturbegriffs vgl. Wende, S. 20; vgl. ebenso Engler, S. 52f.

[396] Vgl. Kreuder, Ernst: *»Man schreibt nicht mehr wie früher«. Briefe an Horst Lange*. In: Born, Nicolas und Manthey, Jürgen (Hg.): *Literaturmagazin 7. Nachkriegsliteratur*, Reinbek bei Hamburg: Rowohlt 1977, S. 209-231, hier S. 210. „Gewissenserweckung" ist „nun einmal ohne religiöse Instanz nicht zu denken", schreibt Ernst Kreuder an Horst Lange und Oda Schaefer am 14.11.1945, ebenda, S. 218.

[397] 1944 begründet sie Karl Krolow, warum für sie die russische Literatur an erster Stelle der Literatur steht, die heute „stichhält", mit der Religion: „[…] weil sie ein tiefreligiöses Volk sind und den nackten Begriff des Menschen haben, […]." Brief von Oda Schaefer an Karl Krolow vom 26.01.1944, Nachlass Karl Krolow, DLA-Marbach.

Auch auf ihre eigene Dichtung und das Verständnis von Dichtung überhaupt hatte diese Anschauung Auswirkungen. Die – sehr metaphorisch umschriebenen – Prägungen und Siegel dieser Zeit[398], die Oda Schaefer in den Gedichten Karl Krolows vermisste, der Zeitbezug von Gedichten, zu dem auch das Bild des Menschen gehört, „der dahinter steckt"[399], wurde für sie immer wichtiger. Allerdings nicht nur für Oda Schaefer, sondern auch für Karl Krolow, der dies jedoch wesentlich deutlicher in die Tat umsetzte.

> Wer hätte gedacht, als ich Ihnen einmal die „Zeitferne" vorwarf, dass Sie nun so radikal vom Leder ziehen würden! Ich muss beinahe schmunzeln. Ich fing eher an als Sie, aber Sie haben mich an Radikalismus bei weitem übertroffen. Nun will ich Ihnen nur eines sagen: man soll nicht den Ossa auf den Olymp türmen wollen. Wo ich vielleicht zu schwach bin, wie im „Schwarzen Engel"[400], der sowieso kein gutes Gedicht ist, da sind Sie zu stark. Sie <u>häufen</u> die krassesten Ausdrücke, bis der Leser quasi vor Schmerz anästhesiert ist, nach dem Vorbild der alten Märtyrer, die vor lauter Wehtun nichts mehr spürten. Es ist zuviel aufeinander, zusammen gepackt. Dies soll garkeine Kritik sein, sondern im Laufe des Gesprächs geäußert, und ist weiter nichts als eine Art Angst vor dem Zuviel, wodurch das Gedicht an Wirkung einbüsst.[401]

Oda Schaefer hatte begonnen, das aktuelle Geschehen in ihre Gedichte miteinzubeziehen – nicht natürlich in der konkreten Art politischer Lyrik oder mit einem sich auf die Realität beziehenden Vokabular, sondern im übertragenen, metaphorischen Sinne, indem sie in ihren Gedichten Zerstörung, Hass, Verlust und Tod thematisierte. Karl Krolow, dem Oda Schaefer noch ein Jahr zuvor „Manierismus" und „Zeitferne" vorgehalten hatte, nahm offenbar ihre Kritik sehr ernst, ja fast zu ernst in ihren Augen. Die Anhäufung der „krassesten Ausdrücke" ist ihr zu viel, da

---

[398] Vgl. Brief von Oda Schaefer an Karl Krolow ohne Datum, aber wohl nach dem 06.03.1945 verfasst, kurz vor der Flucht nach Mittenwald, Nachlass Karl Krolow, DLA-Marbach.
[399] Ebenda.
[400] Karl Krolow war der *Schwarze Engel* „in der Diktion irgendwie nicht rigoros genug für dies rigorose Thema", Brief von Karl Krolow an Oda Schaefer vom 08.06.1946, Nachlass Schaefer/Lange, Monacensia.
[401] Brief von Oda Schaefer an Karl Krolow vom 31.08.1946, Nachlass Karl Krolow, Signatur 88.7.62/7, DLA-Marbach.

ihre Wirkung dadurch aufgehoben und neutralisiert wird. Das richtige Maß an Zeitbezug hat auch sie noch nicht gefunden – sie selbst empfindet das Gedicht *Schwarzer Engel* in diesem Punkt als zu „schwach".

Die Entwicklung der Gedichte Oda Schaefers war auch Karl Krolow nicht verborgen geblieben.

> Sie haben in den Gedichten der letzten Monate – dessen wurde der Kenner und Beobachter bald gewahr – den entschiedenen Willen zur lyrischen Vereinfachung, zu einer besonderen Linearität, die z.B. das Bild sich in sein einfaches, inständiges Gehäuse zurückziehen läßt.[402]

Die Sprache Oda Schaefers hatte sich von der aufwendigen Metaphorik, dem Pathos in den Gedichten der *Windharfe* entfernt und war in ihren neuen Gedichten einfacher und klarer geworden.[403]

So gefiel ihm von ihren neuen Gedichten 1946 am besten die *Grasmelodie* – hier besonders die Worte „Durchsichtig, schweigend und leicht": „das ist es, solch einen Stand muß der Vers erreichen, der zählt. [...] so muß die Euphorie beschaffen sein, wünsche ich mir, der Zustand der Erregung, wenn man eine Strophe konzipieren möchte: eine sanfte, ebenmässige Entrücktheit und Verrücktheit"[404] – und *Kehr in dich selber zurück*. „Es sind grossartige Stücke und ich meine, sie sind ohne Makel gelungen, ganz rein und erfüllt und so dicht wie nur je etwas von Ihnen".[405] Mit diesen Kategorien verwendet Karl Krolow dieselben Maßstäbe wie Oda Schaefer bei der Beurteilung und Wirkung von Lyrik, genauso wie sie auch sonst die gleichen literarischen Vorlieben haben, wie z.B. den *Malte Laurids Brigge* oder auch die Sonette von Rainer Maria Rilke[406], der allgemein in der Nachkriegszeit sehr verehrt wurde.[407]

---

[402] Brief von Karl Krolow an Oda Schaefer vom 08.03.1946, Nachlass Schaefer/Lange, Monacensia.

[403] Vgl. Brief von Oda Schaefer an Karl Krolow vom 28.12.1943, Nachlass Karl Krolow, Signatur 88.7.61/1, DLA-Marbach.

[404] Brief von Karl Krolow an Oda Schaefer vom 08.06.1946, Nachlass Schaefer/Lange, Monacensia.

[405] Ebenda.

[406] Vgl. Brief von Karl Krolow an Oda Schaefer vom 28.05.1946, Nachlass Schaefer/Lange, Monacensia.

[407] Vgl. Engel, Manfred (Hg.): *Rilke-Handbuch. Leben-Werk-Wirkung*. Unter Mitarbeit von Dorothea Lauterbach, Stuttgart, Weimar: Metzler 2004, S. XI.

Beide Briefpartner scheinen sich offenbar sehr ähnlich gewesen zu sein:

> [...] ich bin sehr glücklich, erfahren zu haben, wie sehr wir in den letzten Tagen in dem, was uns wichtig dünkt, miteinander insgeheim verbunden gewesen sind, Sie in der Abgeschiedenheit des Krankenhauses und ich inmitten mancherlei Betriebs, [...].[408]

Es nimmt daher auch nicht wunder, dass Oda Schaefer der Veränderung der Krolowschen Gedichte sehr positiv gegenüberstand – bereits im November 1945 hatte sie sich über die ihr zugesandten Sonette Karl Krolows überrascht geäußert: „Aber die Sonette, ei ei, was tut sich da? Ich bin sehr neugierig, wohin sich das weiter entwickelt! Und ich finde sie sehr schön, bis auf ein paar Dinge, die mich stören."[409] Oda Schaefer unterließ es nie, auf – ihrem lyrischen Empfinden nach – negativ auffallende Kleinigkeiten hinzuweisen, auch wenn sie dabei tatsächlich, wie sie selbst zugab, oberlehrerische Züge[410] annahm. Grundsätzlich schätzte sie seine Gedichte und Essays und setzte sich in der Nachkriegszeit viel für ihn und sein Werk ein.[411] „Wenn Sie Sachen für den Funk haben, schicken Sie sie ruhig, wir wollen Ihnen aufbauen helfen, so gut wir können."[412] Durch ihre Kontakte zu literarisch bedeutsamen Persönlichkeiten, die gerade am Wiederaufbau des Zeitungs- und Zeitschriftenwesens arbeiteten, wie z.B. Erich Kästner oder Franz Schöningh in München, bei denen er sich auf Oda Schaefer und Horst Lange berufen konnte, oder auch beim

---

[408] Brief von Karl Krolow an Oda Schaefer vom 11.06.1946, Nachlass Schaefer/Lange, Monacensia.

[409] Brief von Oda Schaefer an Karl Krolow vom 09.11.1945, Nachlass Karl Krolow, Signatur 88.7.61/17, DLA-Marbach.

[410] „Im ‚Nachtstück' schreiben Sie von grauen Pupillen – entschuldigen Sie die Oberlehrerei, ich meine es wirklich von Herzen gut und möchte mich mit Ihnen darüber auseinandersetzen! Sprechen wäre natürlich besser! – Pupillen sind das Schwarze im Auge und immer schwarz, weil sie Löcher sind, das Graue, Blaue, Braune oder Dunkle ist die Iris! Immer wieder treffe ich auf diese Verwechslung, neulich auch wieder bei einem anderen Dichter." Brief von Oda Schaefer an Karl Krolow vom 31.08.1946, Nachlass Karl Krolow, Signatur 88.7.62/7, DLA-Marbach.

[411] Auch Karl Krolow selbst nahm Gedichte Oda Schaefers für eine Anthologie bei Friedrich Rasche und fragte bei Oda Schaefer um Material für eine geplante Zeitschrift an, vgl. Brief von Oda Schaefer an Karl Krolow vom 31.08.1946, Nachlass Karl Krolow, Signatur 88.7.62/7, DLA-Marbach.

[412] Brief von Oda Schaefer an Karl Krolow vom 09.11.1945, Nachlass Karl Krolow, Signatur 88.7.61/17, DLA-Marbach.

Rundfunk, wie z.B. Friedrich Bischoff oder Dr. Inge Möller, die Oda Schaefer aus den dreißiger Jahren kannte, war es ihr möglich, ihm unter die Arme zu greifen und ihn beim Aufbau einer gesicherten Existenz zu unterstützen.[413] Sie gab seine Gedichte ebenso an Klaus Piper[414], dem sie sie dazu sehr ans Herz legte, und Gerd Ledig vom Rowohlt-Verlag[415] weiter und empfahl sie Gunter Groll vom Desch-Verlag.[416] Auch eine Verbindung zu Günter Eich versuchte sie für Karl Krolow mehrfach herzustellen.[417]

Karl Krolow, der es seinerseits ebenfalls nicht versäumte, Oda Schaefer und Horst Lange z.B. durch das Nennen von Zeitungen in der britischen Zone zu helfen, konnte viel von der Verbindung profitieren, da Oda Schaefer bis zum Beginn der fünfziger Jahre noch die einflussreichere Stellung in der Literaturszene hatte. Sie schlug Karl Krolow u.a. auch bei den Zuwahlen des PEN vor.[418]

Durch die Krankheit und psychische Labilität Horst Langes, die eigene schwache Gesundheit, besonders aber durch den Druck, nahezu allein für den Lebensunterhalt sorgen zu müssen, dem Oda Schaefer ab 1949 in zunehmendem Maße ausgesetzt war, verringerte sich der bis 1946 sehr rege Briefwechsel zwischen beiden Partnern erheblich. Trotzdem nahm der freundschaftliche Ton in den wenigen Briefen nicht ab, ja ab dem Jahr 1957, in dem Oda Schaefer Karl Krolow ihre beiden Bücher *Katzenspaziergang* und die Anthologie *Unter dem sapphischen Mond*, zu der sie ihn wohl auch um Rat gefragt hatte[419], zugeschickt hatte, änderte sich die Anrede in das persönliche „Du". Die positive Haltung Karl Krolows gegenüber den Werken Oda Schaefers, wie sie bereits bei der *Windharfe*

---

[413] Vgl. hierzu Karte von Oda Schaefer an Karl Krolow vom 02.11.1945, Nachlass Karl Krolow, DLA-Marbach.

[414] Vgl. Brief von Oda Schaefer an Karl Krolow vom 31.05.1946, Nachlass Karl Krolow, Signatur 88.7.62/5, DLA-Marbach.

[415] Vgl. Brief von Oda Schaefer an Karl Krolow vom 09.11.1945, Nachlass Karl Krolow, Signatur 88.7.61/17, DLA-Marbach.

[416] Vgl. Karte von Oda Schaefer an Karl Krolow vom 14.11.1945, Nachlass Karl Krolow, DLA-Marbach.

[417] Vgl. Brief von Oda Schaefer an Karl Krolow vom 31.05.1946, Nachlass Karl Krolow, Signatur 88.7.62/5, und vom 31.08.1946, Nachlass Karl Krolow, Signatur 88.7.62/7, DLA-Marbach.

[418] Vgl. Brief von Oda Schaefer an Kasimir Edschmid vom 17.11.1951, Nachlass Kasimir Edschmid, DLA-Marbach.

[419] Vgl. Brief von Karl Krolow an Oda Schaefer vom 28.01.1956, Nachlass Schaefer/Lange, Monacensia.

zum Ausdruck kam, blieb bestehen; seine Kommentare sind geprägt von Bewunderung und Verehrung, wie z.B. in seiner Antwort auf den ihm zugesandten Gedichtband *Grasmelodie*:

> Du bist in ihr auf hinreissende Weise wiedergekehrt. Sie ist die vollkommene Musik, die wir seit der „Windharfe" von Dir kennen, eine Musik, die in der Luft schmilzt, die alles durchdringt, die unbekümmert bleibt, weil sie die Kümmernis so gut kennt. Der Zauber, der sich aus der Lyrik mehr und mehr zurückgezogen hat: Du bietest ihn auf und ihn uns an! Und nun hört hin und die Zeit steht – wie in allen sinnlich schönen Gedichten – für eine Weile still oder hat doch ihr fatales Gedächtnis zugunsten eines feineren, gesteigerten Erinnerungsvermögens verloren!
> Nein, das sind so „Sprüche"... Verzeih! Aber ich wollte eigentlich auch nur sagen, dass und <u>wie</u> ich mich über die Verse gefreut habe.[420]

Diese Begeisterung über die Gedichte Oda Schaefers spiegelt sich auch in einer Kritik Karl Krolows zur *Grasmelodie* wider[421], mit der er Oda Schaefer „alte Liebe" und „Verbundenheit" spüren lassen wollte.[422] Regelmäßig scheinen sich beide Briefpartner auf den Tagungen der Darmstädter Akademie gesehen zu haben – bis 1966 das Verhältnis abrupt endet.

Karl Krolow hatte sich für den Präsidentenposten der Akademie für Sprache und Dichtung Darmstadt beworben, was jedoch Oda Schaefer, die seit 1949 ordentliches Mitglied der Akademie und damit wahlberechtigt war, ablehnte.[423] Der Grund dafür war die Vergangenheit Karl Krolows während des Dritten Reiches. Er hatte Oda Schaefer bei ihrem Besuch 1944 erzählt, „er sei bei einer kulturellen Abteilung der SS in Oberschlesien gewesen, auch seine Frau bei einer femininen Organisa-

---

[420] Brief von Karl Krolow an Oda Schaefer vom 27.07.1959, Nachlass Schaefer/Lange, Monacensia.

[421] Vgl. Krolow, Karl: *Weniger Lyrik, doch bessere Lyrik*. In: *Ruhr-Nachrichten*, Nr. 276, 28./29.11.1959.

[422] „[...] aber eine Kleinigkeit, eine winzige Rezension über Dein neuestes Buch. Möge sie Dir nicht ganz unlieb sein und spüre bitte alte Liebe, Verbundenheit!" Brief von Karl Krolow an Oda Schaefer vom 16.12.1959, Nachlass Schaefer/Lange, Monacensia.

[423] „[...] jedenfalls handelte es sich darum, dass Krolow für den <u>Präsidentenposten</u> der Akademie in Darmstadt kandidieren wollte und wir es verhindern mussten", Brief von Oda Schaefer an Hertha Bielfeld vom 03.04.1966, Nachlass Schaefer/Lange, Monacensia.

tion"⁴²⁴, was Oda Schaefer und Horst Lange bei einem Besuch von Hermann Stahl in München erwähnten, wonach dieser sich vor der Akademie offen gegen eine Kandidatur Karl Krolows aussprach. Im Zuge der Aufklärungsbemühungen von Seiten der Akademie wurden Oda Schaefer, die keine schriftlichen Beweise, sondern sich nur auf ein Gespräch mit Jürgen Eggebrecht, der belastende Papiere gegenüber Karl Krolow erwähnt hatte⁴²⁵, und die mündliche Information Karl Krolows im Jahre 1944 berufen konnte, „verleumderische Anschuldigungen"⁴²⁶ unterstellt. Sowohl Karl Krolow hatte die Vorwürfe dementiert als auch Jürgen Eggebrecht, der bestritt, jemals von belastenden Unterlagen gesprochen zu haben.

> Alle sind sie umgefallen: Eggebrecht hat geleugnet, der Akademie gegenüber, Krolow hat Gedächtnisschwund, und der Mittelsmann Hermann Stahl rief mir, obwohl er der Akademie weiter berichtet hat, per Telefon zu: ‚Eine Zumutung', und ‚Soll ich dir mein Ehrenwort geben?' Also dass er nicht weiter kolportiert hätte, wir baten ihn ja um Schweigen.⁴²⁷

Oda Schaefer erklärte daraufhin ihren Austritt aus der Akademie und kam damit einem Ehrenausschlussverfahren zuvor.⁴²⁸ Sie fühlte sich ungerecht behandelt, da man ihr nicht glaubte, und ihre Ansicht nicht teilte, die sie nach wie vor für richtig hielt, dass ein Mann mit einer derartigen Vergangenheit ungeeignet war, „als <u>Präsident</u> einer Akademie zu fungieren, die im Ausland anerkannt ist".⁴²⁹

Karl Krolow wurde laut NSDAP-Gaukartei ab dem 1. Mai 1937, im Alter von 22 Jahren, Mitglied der NSDAP⁴³⁰; auf dem „Anmeldeschein

---

[424] Brief von Oda Schaefer an Hertha Bielfeld vom 03.04.1966, Nachlass Schaefer/Lange, Monacensia.

[425] Vgl. Brief von Oda Schaefer an Hertha Bielfeld vom 06.04.1966, Nachlass Schaefer/Lange, Monacensia.

[426] Brief von Oda Schaefer an Hertha Bielfeld vom 06.04.1966, Nachlass Schaefer/Lange, Monacensia.

[427] Brief von Oda Schaefer an Hertha Bielfeld vom 03.04.1966, Nachlass Schaefer/Lange, Monacensia.

[428] Vgl. Assmann, S. 105.

[429] Brief von Oda Schaefer an Hertha Bielfeld vom 26.05.1966, Nachlass Schaefer/Lange, Monacensia.

[430] NSDAP-Mitgliedskarte von Karl Krolow, Bundesarchiv Berlin, BArch, ehem. BDC; vgl. hierzu Donahue, Karl Krolow, S. 13-25; vgl. hierzu ebenfalls Sarkowicz/Mentzer, S. 279.

der Studentenführung"[431] in der Akte Parteikorrespondenz zu Karl Krolow im Bundesarchiv Berlin ist verzeichnet, dass er am 10. April 1934 in die HJ eingetreten und darin laut eines Fragebogens für Parteimitglieder vom 30. Juni 1939 nicht nur Mitglied, sondern auch „führend tätig" war; ebenfalls übte er die ehrenamtliche Tätigkeit eines „Blockleiters" aus. Nachdem Karl Krolow am 16. Januar 1941 den Antrag zur Aufnahme in die Reichsschrifttumskammer gestellt hatte, aber von der Mitgliedschaft „wegen »Geringfügigkeit« der schriftstellerischen Arbeit"[432] befreit worden war, bemühte er sich im März 1942 noch einmal um die Aufnahme in die Schriftstellerorganisation:

> Im vergangenen Jahre veröffentliche ich laufend in einer grossen Anzahl deutscher Zeitungen ca. 75 Beiträge (Ausschliesslich Lyrik). Mit dem Ausbau meiner Mitarbeit an deutschen Grosszeitungen ist zu rechnen. Zudem bin ich mit einem Verlag in Verhandlungen über Buchveröffentlichung getreten. Ich halte daher meine Anmeldung mit der Bitte um Aufnahme für unumgänglich.[433]

Karl Krolow unterzeichnete diese Postkarte – abgesehen von dem üblichen „Heil-Hitler"-Gruß – mit „Referent (K) beim Reichsführer SS Reichskommissar f.d.F.d.V."[434] Die Aussage Oda Schaefers, Karl Kro-

---

[431] Vgl. hier und im Folgenden Parteikorrespondenz zu Karl Krolow im Bundesarchiv Berlin, BArch, ehem. BDC, PK, Krolow, Karl; vgl. hier und im Folgenden ebenso Donahue, Karl Krolow, S. 13f.

[432] Sarkowicz/Mentzer, S. 279. Dass ein Schriftsteller von der Reichsschrifttumskammer befreit wurde, hatte vor allem finanzielle Hintergründe: „Those writers who were released from full membership were simply less financially successful and not required to pay full dues or to have their income taxed at the same rate as full members", Donahue, Karl Krolow, S. 18.

[433] Postkarte von Karl Krolow an die Reichsschrifttumskammer vom 08.03.1942, Bundesarchiv Berlin, BArch, ehem. BDC, RKK, Krolow, Karl; ebenfalls Sarkowicz/Mentzer, S. 280.

[434] Postkarte von Karl Krolow an die Reichsschrifttumskammer vom 08.03.1942, Bundesarchiv Berlin, BArch, ehem. BDC, RKK, Krolow, Karl; ebenso Donahue, Karl Krolow, S. 20. Die Gründe für Krolows insistierende Bemühungen, in die Reichsschrifttumskammer aufgenommen zu werden, sind nicht klar. Karl Krolow wollte offenbar seinem Antrag mit dieser Angabe Nachdruck verleihen. Als volles Mitglied dieser Organisation „perhaps he could have then expected higher honoraria for small publications and better terms for the book publication, which he seems at that point to have expected." Donahue, Karl Krolow, S. 20.

low wäre bei einer „kulturellen Abteilung der SS"[435] gewesen, an der sie selbst aufgrund der Tatsache, dass sich niemand daran erinnerte, beinahe schon gezweifelt hatte[436], ist damit, auch wenn der Begriff selbst ungenau ist und nichts über die Tätigkeit Karl Krolows aussagt[437], tatsächlich belegt. Sie hatte keine „Verleumdungskampagne gegen Karl Krolow angezettelt".[438]

Allerdings bleibt ihr Verhalten schwer nachvollziehbar. Man fragt sich, warum Oda Schaefer ihr Wissen so lange verschwieg, vor allem, warum sie nach dem Krieg 1946 für die englische Militärregierung beteuerte, „dass er kein Nazi gewesen sei"[439], als sie ihn 1944 kennenlernte, und warum Horst Lange als Präsident der Kulturliga Karl Krolow, der „seinerzeit als hohe ‚Charge der SS' bei den Engländern denunziert worden"[440] war, einen sogenannten ‚Persilschein' ausstellte.[441]

Aus den Briefen Oda Schaefers 1944 bis 1945 an Karl Krolow sprechen Vertrautheit und Gleichgesinntheit. Es wird nicht ersichtlich, dass sie in ihm einen Anhänger der nationalsozialistischen Ideologie gesehen hätte. Politische Themen werden nicht angeschnitten, ebenso tauchen

---

[435] Brief von Oda Schaefer an Hertha Bielfeld vom 03.04.1966, Nachlass Schaefer/Lange, Monacensia.

[436] Vgl. Brief von Oda Schaefer an Hertha Bielfeld vom 22.04.1966, Nachlass Schaefer/Lange, Monacensia. So bereitete es ihr große Freude, als sie auf einem Münchner Empfang im Mai 1966 von Paul Alverdes, dessen fester Mitarbeiter bei der Zeitschrift *Das Innere Reich* Karl Krolow gewesen war, hörte, dass auch ihm die Vergangenheit Karl Krolows bei der SS bekannt war. „[…] man hätte ihm das gesagt, als man ihm Krolow brachte", Brief von Oda Schaefer an Hertha Bielfeld vom 26.05.1966, Nachlass Schaefer/Lange, Monacensia.

[437] Karl Krolow selbst äußerte in einem Entnazifizierungsprozess am 04.03.1949, dass er sich als Student aufgrund eines Ausschreibens am schwarzen Brett der Universität Breslau, in dem ein Philologe für archivarische Tätigkeit gesucht wurde, zum Ferieneinsatz beim Gauleiter und Oberpräsidenten von Oberschlesien gemeldet hätte. Er wurde in Kattowitz mit dem Ordnen von Pressemeldungen über den kulturellen Aufbau in Oberschlesien beschäftigt. „Ich hatte die Aufgabe, sämtliche eingehenden Zeitungen auf entsprechende Pressenotizen durchzusehen, diese auszuschneiden, aufzukleben und zu ordnen." Donahue, Karl Krolow, S. 64.

[438] Assmann, S. 105.

[439] Brief von Oda Schaefer an Hertha Bielfeld vom 03.04.1966, Nachlass Schaefer/Lange, Monacensia.

[440] Ebenda.

[441] Dafür lassen sich leider keine schriftlichen Belege mehr finden.

keine Namen aus dem öffentlichen Leben des Dritten Reiches auf. Beide Briefpartner nehmen immer wieder Bezug auf – zwar offiziell verbotene, aber dennoch weit verbreitete – französische Literatur[442] oder Werke italienischer Malerei[443] und geben sich als passionierte Frankreich-Liebhaber zu erkennen.

Die Tatsache, dass Oda Schaefer in ihrem an Karl Krolow im August 1944 verfassten Brief zweimal vom „Endsieg"[444] spricht und dazu versichert, „dass der Sieg vor der Türe steht"[445], um ihm Trost und Hoffnung zu spenden, beweist auch nicht, dass sie aus Vorsicht diese Informationen gebrauchte. Vielmehr spiegelt es wider, wie gut die Propaganda noch immer funktionierte, und dass auch Oda Schaefer offenbar daran glaubte. Erst im März 1945, als bereits Kanonendonner von der Front zu hören ist, äußert sie ihre Hoffnung, als Vorort überrannt zu werden.[446] Ihre Kenntnis von der Sinn- und Aussichtslosigkeit der Verteidigungsmaßnahmen zeigt sich nun deutlich an der Beschreibung der militärischen Tätigkeiten von Peter Huchel und Günter Eich:

> Huchel hockt auf irgendeinem Turm in der Mark und dirigiert mit Kehlkopfmikrophon unsere Jäger, ich glaube, es sind wohl nur noch zwei. Eich war zuletzt in Süddeutschland, auch bei der Flugabwehr. Wenn man schon Dichter dazu heranzieht, können wir ja auch nicht siegen.[447]

So konnte Oda Schaefer 1947 daher aus ihrer Sicht tatsächlich angeben, dass Karl Krolow kein Nationalsozialist war, als sie ihn 1944 kennenlern-

---

[442] Die Nationalsozialisten verurteilten Marcel Prousts Roman *Auf der Suche nach der verlorenen Zeit* „als Machwerk eines dekadenten Halbjuden", Schäfer, Das gespaltene Bewußtsein, S. 16; ebenso Schäfer, Horst Lange. Tagebücher, S. 225.

[443] Sie erwähnt in einem Brief Bilder des „italienischen Juden" Amedeo Modigliani, Brief von Oda Schaefer an Karl Krolow vom 08.05.1944, Nachlass Karl Krolow, Signatur 88.7.61/5, DLA-Marbach.

[444] Brief von Oda Schaefer an Karl Krolow vom 28.08.1944: „[…] aber ich habe meine Gedanken doch so weit zusammen gerafft, dass sie auf ein positives Ziel gerichtet sind, nämlich auf den bald bevorstehenden Endsieg (dank unserer vorzüglichen Vergeltungswaffen)". „[…] aber der Endsieg ist ja nicht mehr fern und so wollen wir alle gerne arbeiten." Nachlass Karl Krolow, Signatur 88.7.61/8, DLA-Marbach.

[445] Ebenda.

[446] Vgl. Brief von Oda Schaefer an Karl Krolow vom 06.03.1945, Nachlass Karl Krolow, Signatur 88.7.61/13, DLA-Marbach.

[447] Brief von Oda Schaefer an Karl Krolow ohne Datum, geschrieben wohl nach dem 06.03.1945, Nachlass Karl Krolow, DLA-Marbach.

te, obwohl sie sich im Nachhinein darüber wunderte, ihn in ziviler Kleidung und nicht in Uniform angetroffen zu haben.[448] Sie hatte „sein Nazitum damals für so irrelevant gehalten und ihn für bekehrt"[449], dass sie keine Angabe darüber machte, schrieb sie an ihre Freundin.[450] Nach dem Ende der Diktatur Hitlers, während der sie besonders unter den ständigen Denunziationen gelitten hatte, wollte sie nun unter keinen Umständen ebenfalls eine derartige Rolle übernehmen.

> […] ich musste erklären, dass ich, ebenso wie wir Juden versteckt und gerettet haben, nun auch die anständigen Nazis aus dem Schlamassel heraushalten wollten, wir haben halt geholfen, den Verfolgten, Denunzierten, wo immer es möglich war. Horst hat seinerzeit sogar Liebeneiner, der mit Goebbels zusammen arbeitete, einen Persilschein ausgestellt. Ebenso hätte er es ja für Gründgens[451] tun können![452]

Diese Haltung zeigt, wie subjektiv die Kriterien bei der Ausstellung eines „Persilscheins" für sogenannte „anständige Nazis" waren, und kann auch dazu beitragen, zu erklären, warum in den fünfziger Jahren nach und nach viele Stellungen von im Dritten Reich hochrangigen Personen besetzt wurden. Oda Schaefer betrachtete ihr eigenes und Horst Langes

---

[448] Vgl. Brief von Oda Schaefer an Hertha Bielfeld vom 03.04.1966, Nachlass Schaefer/Lange, Monacensia.
[449] Hier und im folgenden Zitat Brief von Oda Schaefer an Hertha Bielfeld vom 03.04.1966, Nachlass Schaefer/Lange, Monacensia.
[450] Sie hatte ihn, der 1947 in ihren Augen höchst gefährdet war, „schleunigst zu retten versucht". Ebenda.
[451] Für Gustav Gründgens ergriff Oda Schaefer stets Partei: „Gründgens war nie Nazi, er hat unzählige Juden gerettet, mit Emmi zusammen, die auch noch andre aus dem KZ holte", Brief an Hertha Bielfeld vom 06.04.1966, Nachlass Schaefer/Lange, Monacensia. Und an Klaus Täubert schrieb sie: „Von Klaus Mann las ich den ‚Mephisto', der mich doch sehr enttäuschte – nein, so war es nicht gewesen, und er hat Gründgens bitter Unrecht getan. Aber Hass und Liebe liegen nahe beieinander, er konnte als Emigrant nicht verstehen, was hier vorging. Ich nehme Gründgens immer in Schutz, er war zu ehrgeizig, und auf anderer Seite einer, der für manchen sogar sein Leben aufs Spiel setzte, um ihn zu retten. Da gibt es unzählige Zeugnisse." Brief von Oda Schaefer an Klaus Täubert vom 15.06.1982, Nachlass Schaefer/Lange, Monacensia.
[452] Brief von Oda Schaefer an Hertha Bielfeld vom 03.04.1966, Nachlass Schaefer/Lange, Monacensia.

Verhalten als Hilfe gegen Denunziationen und sah sich zu keinem Zeitpunkt in unrechter Position.

Auch wenn für Oda Schaefer aus dieser Angelegenheit langfristig kein Schaden hervorging – beim PEN musste sie eine eidesstattliche Erklärung abgeben[453] –, war jedoch die Freundschaft mit Karl Krolow abrupt beendet. Sie konnte ihm seine Unehrlichkeit nicht verzeihen[454], wie auch noch 1969 in einem Brief an Martha Saalfeld zum Ausdruck kommt[455], die ihr Bedauern über den Austritt von Oda Schaefer aus der Akademie geäußert hatte. Zudem fühlte sich Oda Schaefer als deutlich Ältere, die in ihren Gedichten teilweise noch Reime verwendete, in den Frankfurter Universitätsvorträgen Karl Krolows mitangegriffen: „Georg von der Vring macht immer herrlichere Gedichte, – obwohl Krolow verboten hat, sozusagen, dass heute noch Reime geschrieben werden, er zog gegen uns Alte zu Felde in Universitäts-Vorträgen [...]"[456], was die Kluft zu ihm noch vergrößerte.

Nachdem Karl Krolow allerdings Oda Schaefers Gedichtband *Der grüne Ton* 1973 so positiv in der *Frankfurter Allgemeinen Zeitung*[457] besprochen hatte, meldete sich offenbar Oda Schaefer mit einem Brief bei ihm, in dem sie ihm Versöhnung anbot.

> Ich nehme sofort Deine Hand, und ich sehe Dich wieder wie ich Dich vor 30 Jahren zuerst sah – in Göttingen. Ich habe an Dich und an uns gedacht, oft. Wir wollen uns nichts noch schwerer machen, Da uns ohnehin fast alles [...] schwer fällt: dieses langsa-

---

[453] Vgl. Brief von Oda Schaefer an Hertha Bielfeld vom 11.06.1966, Nachlass Schaefer/Lange, Monacensia. Nach dieser Erklärung und einer kurzen Besprechung mit Erich Kästner hatte sie die Sympathien wieder für sich. „Die ganzen Schatten der Krolow-Affäre sind verflogen, hängen geblieben ist nur was an ihm!" Ebenda.

[454] „Erledigt. Obwohl er geschworen hat und auf mir immer noch der Makel liegt, ich hätte es mir ausgedacht. Mir ist es jetzt wurscht. Wie kann ein Mensch falsch schwören?" Brief von Oda Schaefer an Hertha Bielfeld vom 26.05.1966, Nachlass Schaefer/Lange, Monacensia.

[455] Vgl. Karte von Oda Schaefer an Martha Saalfeld vom 20.01.1969, Teilnachlass Martha Saalfeld, DLA-Marbach.

[456] Brief von Oda Schaefer an Hertha Bielfeld vom 26.04.1966, Nachlass Schaefer/Lange, Monacensia.

[457] Vgl. Krolow, Karl: *Das verwandelte Grün. Späte und frühe Gedichte Oda Schaefers*. In: *FAZ*, Nr. 238, 12.10.1971, S. 31.

me Leben mit der Literatur, die es immer noch gibt. Ich habe auch an Horst gedacht und habe seine und Deine Briefe aus der langen guten Zeit. [...] Deine Gedichte sind schön. Man kann mit ihnen still sitzen, stille sein – „die Verzauberte"! [...] Oda, ich umarme Dich als Dein wirklich alter Freund Karl."[458]

Karl Krolow erwiderte die Geste sofort, was allerdings nicht zu einem weiteren Briefwechsel führte. Als Oda Schaefer 1988 starb, schrieb er ehrerbietig an Dr. Eberhard Horst: „Welch eine tapfere Frau: ich sehe sie noch einmal: resolut und zart und dichterisch vor mir."[459]

2.2.2 Korrespondenzen nach dem Krieg

Mit der Flucht aus Berlin in den Süden Deutschlands veränderte sich schlagartig das ganze Leben und Umfeld Oda Schaefers. Sie hielt zwar nach wie vor Kontakt zu ihren Berliner Freunden, wie z.B. Günther und Bobba Birkenfeld[460], die sich um das Mobiliar Oda Schaefers und Horst Langes in deren Berliner Wohnung kümmerten und es an Alfred Kantorowicz weitergaben, doch der Kreis der literarisch bedeutsamen Personen und Persönlichkeiten erweiterte sich um viele neue Bekanntschaften.

Hans Egon Holthusen

So lernte sie in den ersten Jahren nach dem Krieg bei einem Besuch Gunter Grolls in München den damaligen französischen Lektor des Zinnen-Verlages[461] Friedhelm Kemp[462] sowie Hans Egon Holthusen kennen.[463] Zu ihm entwickelte sich – wohl auch durch die Zusammenkunft

---

[458] Brief von Karl Krolow an Oda Schaefer vom 24.10.1973, Nachlass Schaefer/Lange, Monacensia.
[459] Brief von Karl Krolow an Dr. Eberhard Horst vom 11.09.1988, Privatbesitz von Dr. Eberhard Horst.
[460] Günther Birkenfeld gab die Zeitschrift *Horizont* heraus, in der immer wieder Oda Schaefers Gedichte und Prosastücke erschienen.
[461] Vgl. Brief von Gunter Groll an Oda Schaefer vom 10.11.1945, Nachlass Schaefer/Lange, Monacensia.
[462] Im Nachlass Oda Schaefers befindet sich ein Gedicht von Friedhelm Kemp, das er mit der Widmung „Für O.S." versah, Nachlass Schaefer/Lange, Monacensia.
[463] Vgl. *Auch wenn Du träumst, gehen die Uhren*, S. 331. Über das erste persönliche Zusammentreffen mit Oda Schaefer bei Gunter Groll gibt ein Brief Hans

auf diversen Faschingsfesten und Feiern[464], wie z.B. bei Gunter Groll oder dem gemeinsamen Freund Graf Clemens von Podewils[465] – eine engere Bekanntschaft, da die wenigen vorhandenen Briefe sogar das „Du" dokumentieren. Hans Egon Holthusen, der nach dem Krieg als freier Schriftsteller in München tätig und bis zum Beginn der fünfziger Jahre vor allem als Lyriker bekannt war[466], bewunderte offenbar die Gedichte Oda Schaefers, wie aus einem Schreiben vom Juni 1950 hervorgeht. Er bedankte sich sehr für ein Autogramm, nämlich ihren Brief vom 7. Juni 1950, wodurch ihm ein „Herzenswunsch"[467] erfüllt worden war. Deutlich wird die Stellung Oda Schaefers als namhafte, angesehene Lyri-

---

Egon Holthusens an Inge Holthusen vom 04.04.1946 Aufschluss: „[…] Oda Schäfer / sie ist nicht sehr gebildet und […] etwas vage in der Ausdrucksweise und unsicher im Umgang / […]." Universitätsbibliothek Hildesheim/Literaturarchiv, Nachlass Hans Egon Holthusen, Hildesheim, Signatur 42126, Brief vom 04.04.1946.

[464] In einem Brief von Hans Egon Holthusen an Oda Schaefer, in dem er sich für ihre Glückwünsche zu seinem 60. Geburtstag bedankt (sie hatte ihm eine Abschrift des Gedichtes *Schweigen* zugesandt und ihm das Gedicht gewidmet, dabei an die Zeiten erinnernd, „Da wir uns bei Gunter trafen / Und Du Dich Alkaios nanntest, – / Als wir beschwingt / Swing tanzten / Und jung waren!" Universitätsbibliothek Hildesheim/Literaturarchiv, Nachlass Hans Egon Holthusen, Hildesheim, Signatur 47002, Brief ohne Datum (zu seinem 60. Geburtstag)), schreibt Hans Egon Holthusen bzgl. der gemeinsam verlebten Zeit: „… Habe ich wirklich Alkaios gesagt? Wie leichtsinnig man doch damals war, wie selbstbewusst und zukunftshungrig, und wie herrlich haben wir zusammen getanzt." Nachlass Schaefer/Lange, Monacensia; auch in Universitätsbibliothek Hildesheim/Literaturarchiv, Nachlass Hans Egon Holthusen, Hildesheim, Signatur 47003, Brief vom 18.05.1973. Oda Schaefers Erinnerungen *Die leuchtenden Feste über der Trauer* berichten, dass „der große Holthusen und ich Swing tanzten", S. 54.

[465] Von einer Feier bei Graf Clemens von Podewils ist in einem Brief von Hans Egon Holthusen an Oda Schaefer die Rede: „[…] wenn ich nicht irre, haben wir uns alle fortwährend umarmt, wenigstens potentiell." Brief von Hans Egon Holthusen an Oda Schaefer vom 25.06.1950, Nachlass Schaefer/Lange, Monacensia.

[466] Vgl. Raabe, Mechthild: *Hans Egon Holthusen. Bibliographie 1931-1997*, Hildesheimer Universitätsschriften Band 8, Veröffentlichungen aus dem Nachlass Holthusen Band 1, Hildesheim: Universitätsbibliothek 2000, S. 5f.

[467] Brief von Hans Egon Holthusen an Oda Schaefer vom 25.06.1950, Nachlass Schaefer/Lange, Monacensia.

kerin[468], vor allem, da sich Hans Egon Holthusen ihren Rat für seine eigenen lyrischen Arbeiten erbat:

> Sie sollten mir dann so ernsthaft wie möglich über meine Arbeiten reden, ich weiß, was los ist, oder vielmehr was <u>nicht</u> los ist, und daß ich nach anderthalbjähriger Pause im Lyrischen ganz neu wieder anfangen muß. Dabei dichte ich immer unter der Voraussetzung, daß dichten eigentlich unmöglich ist. Quelle profession![469]

Er erhoffte sich offenbar eine Positionsbestimmung von erfahrener und anerkannter Seite, um wieder neu beginnen zu können.

Auch ein anderer Brief Hans Egon Holthusens gibt Zeugnis von der Bedeutung Oda Schaefers in dieser Zeit, in dem es um seinen Essay *Konversion und Freiheit* ging. Zu heftig scheint sich Oda Schaefer diesbezüglich ihm gegenüber ausgesprochen zu haben – in Form einer „Gardinenpredigt"[470] –, wofür sie sich im Nachhinein bei ihm entschuldigte. Hans Egon Holthusen wusste jedoch auch daraus offenbar positive Anregungen zu ziehen. „Es war sicherlich ein Gramm Wahrheit in dem, was Du sagtest, Dein Instinkt war auf der richtigen Spur, die Formulierung aber schien mir voreilig." Ihre Kommentare zu seinem Aufsatz nahm er sehr ernst und arbeitete sie darin ein.

> Obwohl Dir wahrscheinlich dauernd unerbetene Manuskripte ins Haus flattern, möchte ich es wagen, Dir den ganzen ungekürzten und unverstümmelten Aufsatz ‚Konversion und Freiheit' im Manuskript vorzulegen. Du wirst daraus ersehen, daß ich all die Eindrücke […] nicht unberücksichtigt gelassen habe […].[471]

Es scheint ihm sehr wichtig gewesen zu sein, Oda Schaefer vorzuführen, dass ihre Gedanken nicht unbeachtet geblieben waren und ihn beein-

---

[468] In seinem Essay *Deutsche Literatur nach dem Zweiten Weltkrieg* wird auch Oda Schaefer als „Begabung eigener Prägung" erwähnt, die „schon in den dreißiger Jahren ihre gültige Form gefunden" habe. Ihre Gedichtsammlung *Irdisches Geleit* empfindet er als Abwandlung eines Lehmannschen Stilmusters „ins Zärtlich-Leichte, Weiblich-Vegetative", *Deutsche Literatur nach dem Zweiten Weltkrieg*. In: Holthusen, Hans Egon: *Der unbehauste Mensch. Motive und Probleme der modernen Literatur*, 3. Auflage, München: Piper 1955, S. 247-316, hier S. 257.
[469] Brief von Hans Egon Holthusen an Oda Schaefer vom 25.06.1950, Nachlass Schaefer/Lange, Monacensia.
[470] Hier und im folgenden Zitat Brief von Hans Egon Holthusen an Oda Schaefer vom 26.02.1951, Nachlass Schaefer/Lange, Monacensia.
[471] Ebenda.

flusst hatten. Dass es anscheinend mehrere Leute gab, die gleich ihm ihren Rat suchten, zeigt, dass er davon ausging, dass ihr viele Manuskripte zugeschickt wurden.

Oda Schaefers Meinung über Hans Egon Holthusen war allerdings sehr ambivalent.[472] Einerseits mochte sie ihn als Mensch und schätzte auch seine Gedichte aufgrund ihres schönen Klangs, wobei sie darin viele Parallelen zum späten Rilke fand; andererseits betrachtete sie ihn als großen Rhetoriker, bei dem vieles „im Pathos stecken"[473] blieb, und dessen christlichen Glauben sie ihm nicht abnahm.

Alexander Xaver Gwerder

Ein weiterer Schriftsteller, der sich ebenso an Oda Schaefer wandte, war der Schweizer Dichter Alexander Xaver Gwerder. Er hatte in der *Tat* ihre Gedichte *Spiegelbild* und *Rondo* gelesen[474], die ihn durch ihre „seltsame Farbigkeit"[475] und den „hinter [den] Versen wirkende[n] Gefühlsreichtum überrascht[en]", worauf er spontan beschloss, die Dichterin dieser

---

[472] Ähnlich wie bei Karl Krolow 1966 empfand Oda Schaefer es als nicht richtig, dass sich Hans Egon Holthusen, der während des Dritten Reiches der SS angehört hatte, wie sie selbst von ihm erfuhr (vgl. Brief von Oda Schaefer an Hans Sahl vom 18.09.1954: „Und dies von einem Mann, der 1946 noch ein ‚dummer Junge' war und heute 40 ist, also damals war er immerhin 32! Und der 1946 mir begeistert vorschwärmte, wie die SS alles hinter sich und um sich verbrannt und umgebracht hätte in Bayern, genau wie die Nibelungen in Etzels Burg!" Nachlass Hans Sahl, DLA-Marbach), sich um führende Positionen, wie das Amt des Präsidenten der Bayerischen Akademie der Künste, bewarb, vgl. Brief von Oda Schaefer an Hertha Bielfeld vom 06.04.1966, Nachlass Schaefer/Lange, Monacensia. Für sie war er „ein Stück aalglatte Badeseife", Karte von Oda Schaefer an Martha Saalfeld vom 20.01.1969, Teilnachlass Martha Saalfeld, DLA-Marbach. Die Position Hans Egon Holthusens während des Nationalsozialismus ist weiteren Forschungen überlassen. Er selbst stritt die Mitgliedschaft bei der SS nicht ab, äußerte sich dazu u.a. in dem Beitrag *Porträt eines jungen Mannes, der freiwillig zur SS ging*. In: *War ich ein Nazi? Politik-Anfechtung des Gewissens*, München, Bern, Wien: Rütten + Loening Verlag in der Scherz Gruppe 1968, S. 39-79.

[473] Brief von Oda Schaefer an Karl Krolow vom 29.08.1949, Nachlass Karl Krolow, DLA-Marbach.

[474] Vgl. *Spiegelbild im Wasser. Rondo*. In: *Die Tat*, Nr. 54, 25.02.1950.

[475] Hier und in den folgenden Zitaten Brief von Alexander Xaver Gwerder an Oda Schaefer vom 14.05.1950, Perret, Roger (Hg.): *Alexander Xaver Gwerder. Brief aus dem Packeis. Prosa und Briefe*, Zürich: Limmat Verlag 1998, S. 219f.

Verse kennenzulernen. „Ich wünschte mir Sie zu sehen. Nicht gerade, wie man gelegentlich Meerwunder zu sehen wünscht, aber so, wie man gern Menschen begegnet, die ihr Abseits über der Masse haben."

Alexander Xaver Gwerder, der mühsam mit einem anderen Beruf den Lebensunterhalt für sich und seine Familie verdiente, suchte dringend nach geistigen Anregungen und bemühte sich, den Kontakt herzustellen – allerdings ohne Informationen über die Autorin zu besitzen.

Der Brief Oda Schaefers auf das Schreiben des 27jährigen Dichters hin gibt die eigene Positionsbestimmung zu Beginn der fünfziger Jahre wieder:

> [...] ich bin keine Schweizerin, sondern eine in Deutschland ziemlich bekannte »Poetin«, die auch dem PEN-Club, der neuen Akademie usw. angehört, die nicht nur Gedichte schreibt, sondern auch journalistisch tätig ist, weil ja der Existenzkampf bei uns sehr krass ist und immer krasser wird.[476]

Oda Schaefer war sich ihrer Bedeutung im literarischen Leben vollauf bewusst. Allgemeine Anerkennung hatte sie durch ihre Lyrik gewonnen, was sich vor allem in der Zugehörigkeit zum PEN und der Akademie für Sprache und Dichtung Darmstadt, in denen sie seit 1949 Mitglied war, auch nach außen hin dokumentierte. Ihre idealistische Grundhaltung und ihre dichterische Einstellung gegenüber der „grässlichen, amusischen Zeit", „des Massen-Fussballtoten-Betrieb[s]" weiß sie äußerst bildlich darzustellen und damit ihre Position als der einer wahren, tapferen und mutigen Dichterin gegenüber dem „alles Künstlerische zu verschlingen" drohenden Zeitgeist noch weiter abzusetzen und damit Sympathien und ein Gefühl von Zusammengehörigkeit zu schaffen. Oda Schaefer beurteilte nämlich seine Gedichte, die er ihr beigelegt hatte, äußerst positiv[477], vor allem, da sie „die letzten Klänge des"[478] von ihr geliebten Expressionismus in ihnen entdeckte. Sie selbst stellte sich, wiederum mit ihrem Aussehen und ihrem Ruf als Bohemienne kokettierend, als bekannte „»Elbische«" vor, „die nun aber recht christianisiert ist." Dank ih-

---

[476] Hier und in den folgenden Zitaten Brief von Oda Schaefer an Alexander Xaver Gwerder vom 24.05.1950, Perret, S. 220-222.

[477] Als Oda Schaefer 1966 ihrer Freundin Hertha Bielfeld von einem Gespräch mit einem Studenten berichtet, der seine Doktorarbeit über Alexander Xaver Gwerder verfasst, empfindet sie seine Gedichte als „Abklatsch von Benn", Brief an Hertha Bielfeld vom 17.02.1966, Nachlass Schaefer/Lange, Monacensia.

[478] Hier und in den folgenden Zitaten Brief von Oda Schaefer an Alexander Xaver Gwerder vom 24.05.1950, Perret, S. 221.

res guten Rufes und ihrer Kontakte versuchte sie, Gwerder zu unterstützen und ihn in Deutschland, wo er noch nichts publiziert hatte, in den Literaturbetrieb einzuführen. So überzeugte sie Kurt Friedrich Ertel, der sich „auf den wirklich ausserordentlichen und künstlerischen Instinkt von Oda Schaefer getrost"[479] verließ, davon, Gedichte von Gwerder, den sie ihm sehr empfohlen hatte[480], in seine Zeitschrift *signaturen. blätter für grafik und dichtung* aufzunehmen. Durch ihre Berichte an Korrespondenzpartner, wie z.B. Hans Egon Holthusen, dem sie von ihrem Schützling erzählt hatte[481], an Wolfgang Bächler, der sich daraufhin bei Gwerder meldete[482], oder auch ihre Ermunterung Gwerders, Karl Krolow zu kontaktieren und sich dabei auf sie zu berufen[483], konnte sie ihn an einflussreicher Position ins Gespräch bringen, die Auseinandersetzung mit seinem lyrischen Werk anregen und damit auch seiner dichterischen Anerkennung den Weg bereiten. Sie selbst erwähnte ihn bei einem Vortrag über Lyrik, den sie in München gehalten hatte[484]

> als ‹Phase II des Expressionismus›, wie Gottfried Benn sich in einem seiner letzten Essays ausgedrückt hat – zugunsten dieser Phase. Sie und Wolfgang Bächler [...] sind für mich die jungen Exponenten dieser Richtung. Es handelt sich allerdings um einen ganz anderen Expressionismus als seinerzeit; der ‹Oh Mensch›-Schrei ist dem ‹Oh Gott›-Schrei gewichen.[485]

---

[479] Brief von Kurt Friedrich Ertel an Alexander Xaver Gwerder vom 12.06.1950, Perret, S. 225.

[480] Brief von Oda Schaefer an Kurt Friedrich Ertel vom 10.06.1950: „Wollen Sie einmal an Herrn Alexander Xaver Gwerder schreiben, einen jungen, sehr begabten Schweizer Lyriker, [...] Er macht sehr eigenartige Gedichte, ich setze grosse Stücke auf ihn." Perret, S. 226.

[481] Vgl. Brief von Oda Schaefer an Hans Egon Holthusen, Universitätsbibliothek Hildesheim/Literaturarchiv, Nachlass Hans Egon Holthusen, Hildesheim, Signatur 41185, Brief vom 07.06.1950.

[482] Vgl. Brief von Alexander Xaver Gwerder an Oda Schaefer vom 05.05.1951, Perret, S. 276.

[483] Vgl. Brief von Alexander Xaver Gwerder an Karl Krolow vom 11.08.1950, Perret, S. 240f.

[484] Damit ist wohl der Vortrag in der Falckenberg-Schule gemeint, den Oda Schaefer zwischen dem 22.11. und dem 15.12.1950 gehalten hat, vgl. Brief von Oda Schaefer an Wilhelm Hoffmann vom 15.12.1950, Signatur 70.4067/3, DLA-Marbach. Er wurde unter dem Titel *Bekenntnis zum Gedicht der Zeit* publiziert in: *Welt und Wort* 6 (1951), S. 297-299.

[485] Brief von Oda Schaefer an Alexander Xaver Gwerder vom 06.01.1950, Perret, S. 261.

Auch wenn sich Oda Schaefer aus dieser Korrespondenz noch 1951 zurückzog[486], wusste Alexander Xaver Gwerder, wem er die erste Förderung zu verdanken hatte: Er betrachtete Oda Schaefer als „die erste appollinische Grösse, die den Eindruck hatte, meine Gedichte wären es wert, gelesen zu werden."[487]

Carl Zuckmayer

Neben Mittenwald und München war es vor allem der Aufenthalt Oda Schaefers und Horst Langes 1947/1948 in der Schweiz, der Oda Schaefer viele Möglichkeiten bot, neue Kontakte herzustellen und bereits bestehende zu intensivieren. Sie lernte nach Angaben in ihrer Autobiographie *Die leuchtenden Feste über der Trauer* Schauspieler wie Agnes Fink, Bernhard Wicki[488] oder Therese Giese[489] kennen – Horst Langes Dramen sollten am Züricher Schauspielhaus aufgeführt werden –, traf auf den mit ihr seit Berlin befreundeten Wilfried Seyferth[490] und kam bei Kurt Hirschfeld mit Literaten wie Bert Brecht, Max Frisch, Alexander Lernet-Holenia, Carl Zuckmayer sowie dem aus der Berliner Zeit bekannten Hans Nowak[491] und ihrem ehemaligen Berliner Nachbarn Werner Bergengruen zusammen.[492] Vor allem zu Carl Zuckmayer, der zu einem engen Freund Horst Langes wurde und damit zu einem der wenigen Menschen gehörte, von denen sich Oda Schaefer einen positiven Einfluss auf ihren Mann erhoffte[493], entwickelte sich eine besondere Bindung, die trotz eines Zerwürfnisses zwischen Horst Lange und Carl Zuckmayer in den fünfziger Jahren viele Jahre bestehen blieb. So schenkte

---

[486] Vgl. Brief von Alexander Xaver Gwerder an Oda Schaefer vom 23.06.1951, in dem er den Brief mit der Anrede „Sehr verehrte, liebe und schweigsame Oda Schaefer" eröffnet, Perret, S. 285. Oda Schaefer hatte sich nach ihrem Brief am 06.01.1951 erst ein halbes Jahr später wieder gemeldet, vgl. Perret, S. 288.

[487] Brief von Alexander Xaver Gwerder an Erica Maria Dürrenberger vom 03.09.1951, Perret, S. 316.

[488] Vgl. *Die leuchtenden Feste über der Trauer*, S. 76.

[489] Vgl. *Die leuchtenden Feste über der Trauer*, S. 84.

[490] Vgl. *Die leuchtenden Feste über der Trauer*, S. 86.

[491] Vgl. *Die leuchtenden Feste über der Trauer*, S. 61.

[492] Vgl. *Die leuchtenden Feste über der Trauer*, S. 78.

[493] Vgl. z.B. Brief von Oda Schaefer vom 14.12.1948 oder Brief vom 03.01.1951 an Carl Zuckmayer, Nachlass Carl Zuckmayer, DLA-Marbach.

er Oda Schaefer z.B. 1948 das einzige Manuskript eines Gedichtes, das er 1933/1934 in London „wohl aus Bedauern über [...] das Niezustandekommen einer lang geplanten Zusammenkunft"[494] über ihren ersten Mann Albert Schaefer-Ast geschrieben hatte, und gab ihr und Horst Lange ein mit handschriftlicher Widmung „Für Horst und Oda" versehenes, sich wohl auf die damaligen gemeinsamen Abende beziehendes Gedicht mit dem Titel *Ratschlag fuer gutes Trinken*.[495] Carl Zuckmayer hatte großen Respekt vor den Werken Horst Langes, schätzte aber auch die Gedichte Oda Schaefers, ihre „Zaubergespinste"[496], wie er sie in einem Brief nennt: „[...] Odas Lyrik, aus lyrischer Prosa, finde ich wunderschön, – am liebsten, mir, die ‚elbischen Gedichte', Libellenkopf und Unkenauge, das nixenhaft Verwunschene, Phosphoreszierende) [...]".[497] Seine Begeisterung über ihre Lyrik ist auch noch 1967 zu spüren, als sie ihm ihr Gedicht *Das alles bin ich heute* zusandte: „‚Das alles bin ich heute', – was für ein wunderschönes, einmaliges Gedicht, welche Reinheit der Sprache, wieviel Musik, Geheimnis, Wahrheit. Dafür hänge ich zwei Drittel der Bachmann aus dem Fenster."[498]

Oda Schaefers enges freundschaftliches Verhältnis zu „Zuck", wie sie ihn nannte, spiegelt sich denn auch in ihrem an seine Frau gerichteten Schreiben nach seinem Tod 1977: „Du weisst nicht, wie sehr ich um Zuck trauere! Ich habe niemanden gekannt, der so voller Leben war."[499]

Richard Friedenthal

Mit der Zugehörigkeit Oda Schaefers zum PEN-Zentrum und zur Akademie für Sprache und Dichtung Darmstadt im Jahre 1949 ergaben sich für sie viele Gelegenheiten, auf den dazugehörigen Treffen und Tagun-

---

[494] Brief von Carl Zuckmayer an Oda Schaefer und Horst Lange vom 09.04.1948, Nachlass Schaefer/Lange, Monacensia.
[495] Gedicht bei Briefen von Carl Zuckmayer an Oda Schaefer und Horst Lange, Nachlass Schaefer/Lange, Monacensia.
[496] Brief von Carl Zuckmayer an Horst Lange und Oda Schaefer vom 12.01.1949, Nachlass Schaefer/Lange, Monacensia.
[497] Brief von Carl Zuckmayer an Oda Schaefer und Horst Lange vom 09.04.1948, Nachlass Schaefer/Lange, Monacensia.
[498] Brief von Carl Zuckmayer an Oda Schaefer vom 12.07.1967, Nachlass Schaefer/Lange, Monacensia.
[499] Brief von Oda Schaefer an Alice Herdan-Zuckmayer vom 01.03.1977, Nachlass Carl Zuckmayer, DLA-Marbach.

gen, die sie immer gerne wahrnahm, neue Kontakte zu knüpfen. Einer der ersten zu Beginn der fünfziger Jahre war die Bekanntschaft mit Richard Friedenthal auf einer PEN-Tagung in Darmstadt, wo Oda Schaefer seine „Tischdame"[500] war. „Ich sehe Dich auch wie bei der ersten Begegnung in Darmstadt […] sehr leibhaftig, so agil, so anmutig in den Bewegungen, so wenig Literaturweib wie nur möglich, vielmehr sehr damenhaft, wie unter Autoren sonst kaum üblich"[501], erinnert sich Richard Friedenthal 1976. Es entwickelte sich zwischen ihnen eine enge und herzliche Freundschaft[502], die auch trotz des endgültigen Umzuges von Richard und Liselotte Friedenthal 1956 nach London anhielt.

> Wir haben uns mit einem wahren coup de foudre sogleich verstanden, als wir uns damals in Darmstadt zum ersten Male trafen, […]. Es ist ja eigentlich recht ungewöhnlich, dass Schriftsteller untereinander wirklich Freunde sind. Meist bleibt es beim „cher ami", was auch heftigsten Neid und bittersten Antagonismus umfasst. Aber bei uns ist es anders, und so soll es bleiben.[503]

Auch an der Rede Richard Friedenthals auf der Feier anlässlich seines 70. Geburtstages in München kann man den Stellenwert dieser Freundschaft ermessen: Er hatte „nur von drei Freunden gesprochen: Erich (Kästner), Oda und Horst".[504]

Beide stimmten als Angehörige der älteren Generation überein in der Beurteilung der jungen, ihre Traditionen und ästhetischen Prinzipien ablehnenden Literatur, der sie zunächst skeptisch und dann zunehmend verständnislos gegenüberstanden, wie verschiedene Berichte Richard Friedenthals von PEN-Tagungen oder Akademie-Sitzungen belegen.[505]

---

[500] Brief von Richard Friedenthal an Oda Schaefer vom 15.08.1954, Nachlass Schaefer/Lange, Monacensia.

[501] Brief von Richard Friedenthal an Oda Schaefer vom 14.06.1976, Nachlass Schaefer/Lange, Monacensia.

[502] Vgl. Wagener, Hans: *Richard Friedenthal. Biographie des großen Biographen*, Gerlingen: Bleicher 2002, S. 164.

[503] Brief von Richard Friedenthal an Oda Schaefer vom 21.06.1966, Nachlass Schaefer/Lange, Monacensia.

[504] Brief von Oda Schaefer an Hertha Bielfeld vom 11.06.1966, Nachlass Schaefer/Lange, Monacensia.

[505] Vgl. Brief von Richard Friedenthal an Oda Schaefer vom 05.12.1969: „Eigentlich hatte ich gehofft, Euch in Darmstadt zu treffen, aber Ihr habt da nichts versäumt, es sei denn einen erneuten Einblick in die zunehmende und absichtlich gesteuerte Verblödung der Jugend. Da trat ein listiger Wiener

Dementsprechend positiv waren die Kommentare Richard Friedenthals zu den Werken Oda Schaefers, sowohl zu ihren „anmutig"[506] gemachten gesellschaftskritischen Feuilletons, wie zu ihrer Autobiographie, die er als „ein rechtes Labsal"[507] bezeichnete oder zu ihren Gedichtbänden, wie z.B. der Sammlung *Der grüne Ton,* zu dem er Oda Schaefer „kräftig"[508] applaudierte.

Hans Sahl

Eine gemeinsame Haltung bzgl. der Beurteilung von Literatur verband Oda Schaefer auch mit Hans Sahl, den sie ähnlich wie Richard Friedenthal 1949 auf einer PEN-Tagung kennengelernt hatte.[509] Beide scheinen sich sofort sehr gut miteinander verstanden zu haben, wie Oda Schaefers übermütiger, Vitalität und Sprachwitz versprühender sowie sich durch eine gewisse Koketterie auszeichnender Brief nach dieser Begegnung zeigt:

> Lieber Hans Sahl,
> ich hätte mich hinterher prügeln können, dass wir uns nicht mehr miteinander unterhalten haben – ich glaube, es war meine Schuld. So sind Sie wieder so schnell entschwunden, als ob zwei Schwalben sich im Fluge gekreuzt hätten. Auf dass Sie ein wenig mehr

---

Giftbold bei der ‚Darmstädter Lesung', auf, namens Jandl, der mit bellender Stimme zum Jubel der langmähnigen hübschen jungen Mädchen und weniger schönen Zusselbartknaben seine unglaublich albernen Wortspielereien in den Saal stiess. [...] Es gab dann noch den üblichen Schüler-Studentenkrawall bei der Preisverteilung für Heissenbüttel und auch dabei konnte man nur still seufzen: arme Kinder!" Nachlass Schaefer/Lange, Monacensia; dieser Brief befindet sich auch im DLA-Marbach.

[506] Brief von Richard Friedenthal an Oda Schaefer vom 28.03.1968, Nachlass Schaefer/Lange, Monacensia.

[507] Brief von Richard Friedenthal an Oda Schaefer vom 07.10.1970, Nachlass Schaefer/Lange, Monacensia.

[508] Brief von Richard Friedenthal an Oda Schaefer vom 09.10.1973, Nachlass Schaefer/Lange, Monacensia.

[509] Der Kontakt zwischen Oda Schaefer und Hans Sahl wird in der Literatur zu Hans Sahl nicht erwähnt, vgl. z.B. Skwara, Erich Wolfgang: *Hans Sahl. Leben und Werk,* New York, Berne, Frankfurt/M.: Peter Lang 1986; vgl. ebenso Ackermann, Gregor/Brodersen, Momme: *Hans Sahl. Eine Bibliographie seiner Schriften. Mit einem Vorwort von Edzard Reuter,* Marbach am Neckar: Deutsche Schillergesellschaft 1995.

von mir erfahren, schicke ich Ihnen nächstens meine Gedichte. Daraus werden Sie sehen, dass ich eigentlich eine Elbische bin und erst langsam jene irdische Wärme erworben habe – unter Verlust meines Schwanenhemds! –, wie Sie von Ihnen als fast radioaktive Emanation ausstrahlt. [...] Eine grosse Erzählung ist im Werden, doch ist es recht mühsam, sich zu konzentrieren, da das Pekuniäre im Vordergrund steht – unerbittlich, grausam und die Zähne fletschend. Aber das ist ja unser aller crux!
Werden Sie mir Ihre Gedichte schicken? Und anderes? Neugier ist nicht die richtige Bezeichnung für das Gefühl, mit dem ich Ihren Skripten entgegensehe.
Nebenbei: Kannten Sie Annette Kolb? Ich soll im voraus, wie greulich, einen Nekrolog bei ihrem lebendigen Leibe schreiben, aus „berufener Feder", wie man mir versicherte, aber ich tue es wiederum gerne, da sonst ein Scribifax einen Quatsch verfasst. Ich hätte gerne Persönliches über diese Dichterin erfahren, deren friderizianischem Windhundprofil ich mich allmählich annähere.
Hoffmannsthal schrieb „Berührung der Sphären". Bei uns blieb es eine Berührung in den Sphären. Werden Sie bestimmt nicht wiederkommen? Noch eins: ich übernehme gerne die Vertretung Ihrer Interessen bei Desch, der ein grosser Gangster ist! Ich bin sogar bereit, mich für Sie mit ihm zu prügeln (prügeln siehe oben!)![510]

Um sich vorzustellen, verwendete Oda Schaefer immer wieder die in den dreißiger Jahren von Friedo Lampe geprägte Bezeichnung „Elbische"[511], als deren Gegensatz sie ihre im Laufe der Kriegs- und Nachkriegszeit erworbene christlich-religiöse Haltung empfindet. Gekonnt weiß sie ihr literarisches Ansehen einzubringen und sich selbstbewusst von den qualitativ minderwertigen „Scribifaxen" abzusetzen, womit sie sich auch vor ihrem Korrespondenzpartner ins rechte Licht zu rücken versteht; das Angebot, ihren Einfluss bei dem Verleger Desch für ihn geltend zu machen, unterstützt die Stellung Oda Schaefers.

Ihren spielerischen Tonfall und geistreichen Wortwitz behielt sie auch in ihren weiteren Briefen an Hans Sahl bei. Sie hatte das Bedürfnis nach einem ihr ebenbürtigen Gesprächspartner[512] und suchte seinen Kontakt, wobei sie immer wieder seine Rückkehr nach Deutschland ansprach.

---

[510] Brief von Oda Schaefer an Hans Sahl vom 22.11.1949, Nachlass Hans Sahl, DLA-Marbach.
[511] Vgl. *Auch wenn Du träumst, gehen die Uhren*, S. 268.
[512] Vgl. Brief von Oda Schaefer an Hans Sahl vom 09.02.1950, Nachlass Hans Sahl, DLA-Marbach.

Horst bewundert ebenso wie ich Ihre Kunst des Ausdrucks und, indem Sie etwas kritisieren und schildern, Ihre Selbstdarstellung in reinster, kristallinischer Form. Mein Gott, bei all diesen Dilettanten, die hier rumlaufen und die Gegend durch ihr neues Biedermeier verpesten, müsste es doch möglich sein, dass Sie Boden fassen. Sie <u>können</u> doch wirklich, realiter, schreiben! Sie haben Stil, und zwar Ihren eigenen, unverwechselbaren, und eine seltene Klarheit der Darstellung![513]

Hans Sahl, der große finanzielle Schwierigkeiten hatte und sich seinen nötigen Lebensunterhalt hart erkämpfen musste[514], hatte wohl Zweifel geäußert, sich in Deutschland durchsetzen zu können – ein Gedanke, den Oda Schaefer, absolut überzeugt von seiner Schreibkunst, vor allem von seinem Stil, nicht teilen konnte.[515] Hans Sahls unanzweifelbar antinationalsozialistische Haltung, seine klare, reine, unbestechliche Stimme[516] empfand sie gerade im Rahmen einerseits wieder erstarkender nationalistischer Tendenzen, die sie auch in der Literatur mit dem Erfolg von Gottfried Benn und Hans Egon Holthusen umgesetzt sah, und andererseits einer die Werte und Traditionen ihrer Autorengeneration in Frage stellenden Position wie die der Gruppe 47[517] als äußerst wichtig. „Es wird allmählich alles Leise, Schöpferische zu Tode geschrien"[518] äußerte Oda Schaefer frustriert gegenüber Hans Sahl. Beide vertraten sie gegen-

---

[513] Brief von Oda Schaefer an Hans Sahl vom 15.04.1950, Nachlass Hans Sahl, DLA-Marbach.
[514] Vgl. Skwara, S. 107. Ähnlich, jedoch nicht ganz so schlecht erging es auch Oda Schaefer, die sich hauptsächlich durch journalistische Arbeiten ihren Lebensunterhalt verdiente und sich für ihre Lyrik und eigene Prosa-Arbeiten „die Stunden dazu stehlen" musste „wie zu einem Stelldichein", wie sie Hans Sahl gegenüber schrieb, Brief von Oda Schaefer an Hans Sahl vom 09.02.1950, Nachlass Hans Sahl, DLA-Marbach.
[515] Hans Sahl freute sich sehr über ihre so positive Beurteilung: „[…] und ich bin so stolz auf Dein Lob!" Brief von Hans Sahl an Oda Schaefer vom 20.07.1955, Nachlass Schaefer/Lange, Monacensia.
[516] Vgl. Brief von Oda Schaefer an Hans Sahl vom 15.04.1950, Nachlass Hans Sahl, DLA-Marbach.
[517] Vgl. Brief von Oda Schaefer an Hans Sahl vom 18.09.1954: „Und wer ist der grosse deutsche Dichter bei der 1. Biennale in Knokke gewesen? Holthusen und daneben Benn. Es ist, um schizophren zu werden. Und als Gegengewicht diese idiotische Gruppe 47. Noch babylonischer kann keine Verwirrung sein." Nachlass Hans Sahl, DLA-Marbach.
[518] Ebenda.

über den neue, abstrakte Themen bevorzugenden modernen Künstlern, nicht nur in der Literatur, sondern auch in der Malerei, die gleiche, von absolutem Unverständnis geprägte Ansicht: „Aber heute ist es doch so, daß man schizophren, abnorm und irgendwie gestört sein muß, um ausgestellt oder abgedruckt zu werden."[519] Die Schärfe des Tons in der Auseinandersetzung wurde dazu durch das Schwanken zwischen Extremen und durch vorschnelle politisierende Etikettierungen verstärkt, wie Oda Schaefer feststellt: „Es kriegt gleich alles die Brandmarke: gegen Abstraktion, daher totalitär gesonnen. Man muss das doch trennen können!!"[520] Die Kluft zwischen beiden Lagern, die auch ein Generationenproblem war, wurde jedoch immer größer, die Bedeutung der „avantgardistischen Schmöcke"[521] nahm zu, was das Zusammengehörigkeitsgefühl der älteren Generation, die oft aggressiv angegriffen wurde[522], verstärkte.

So ist es vor allem eine enge Verbindung sowohl in geistiger als auch menschlicher Hinsicht[523], die in der kurzen Korrespondenz zwischen den Jahren 1949 bis 1957 zum Ausdruck kommt.[524] „Obwohl wir wenig zusammen waren, gehören wir doch zu Deinen Freunden, die Dich lieben und die wissen, w e r Du bist!! Das ist doch so unendlich wichtig, dass

---

[519] Brief von Hans Sahl an Oda Schaefer vom 27.07.1955, Nachlass Schaefer/Lange, Monacensia.

[520] Brief von Oda Schaefer an Hans Sahl vom 18.09.1954, Nachlass Hans Sahl, DLA-Marbach.

[521] Brief von Hans Sahl an Oda Schaefer vom 27.07.1955, Nachlass Schaefer/Lange, Monacensia.

[522] Vgl. hierzu Brief von Hans Sahl an Oda Schaefer vom 20.07.1955, in dem er ihr von einer Auseinandersetzung in der Zeitschrift *Monat* berichtet, im Laufe derer er „des Nazismus verdächtigt" worden war, Nachlass Schaefer/Lange, Monacensia.

[523] Als Oda Schaefer von der Lungentuberkulose Hans Sahls erfuhr, wegen der er vom Mai bis zum November 1955 in einem Lungensanatorium in Gauting bleiben musste, half sie Richard Friedenthal beim Aufsetzen eines Gesuches beim PEN, um ihm finanzielle Unterstützung zukommen zu lassen, vgl. Brief von Oda Schaefer an Hans Sahl vom 05.07.1955, Nachlass Hans Sahl, DLA-Marbach.

[524] Nach den ersten Briefen wechselt die Anrede auch zum persönlichen „Du", vgl. Brief von Oda Schaefer an Hans Sahl vom 05.07.1955, in denen sie ihn mit „Hänschen" anspricht (Nachlass Hans Sahl, DLA-Marbach), woraufhin Hans Sahl schrieb: „Ja, Du sollst immer nur ‚Hänschen' zu mir sagen", Brief von Hans Sahl am 20.07.1955, Nachlass Schaefer/Lange, Monacensia.

die andern den richtigen Masstab haben, Dich richtig sehen!"[525] schrieb Oda Schaefer an Hans Sahl. Auch wenn er den Krieg nicht in Deutschland, sondern im Exil erlebt hatte, fühlte sie sich von ihm nie missverstanden oder angefeindet, wie sie es bei ihrem Aufenthalt in der Schweiz erlebt hatte. Die Grenze, die zwischen den Exilanten und den ‚inneren Emigranten' entstanden war, spürte sie bei ihm nicht, weil er sie durch seine „grosse Sanftmut, Geduld und Menschlichkeit überbrückt[e]."[526]

Martha Saalfeld

Die Tagungen und Treffen des PEN-Zentrums sowie der Akademie für Sprache und Dichtung Darmstadt boten Oda Schaefer allerdings nicht nur die Möglichkeit, neue Bekanntschaften zu schließen, sondern auch bereits bestehende, freundschaftliche Verbindungen zu pflegen.[527] Dazu gehörte u.a. der Kontakt zu dem ehemaligen Kolonne-Kreis-Mitglied Martha Saalfeld, mit der nach dem Tode der gemeinsamen Freundin Elisabeth Langgässer 1950 eine zeitweise enge Korrespondenz begonnen hatte[528], und die nun Oda Schaefer in den fünfziger Jahren zu unterstützen

---

[525] Brief von Oda Schaefer an Hans Sahl vom 05.07.1955, Nachlass Hans Sahl, DLA-Marbach. Darauf schrieb Hans Sahl über sein Empfinden gegenüber Oda Schaefer und Horst Lange: „Es war eine Erfahrung mehr für mich in Deutschland, in dem es auf der andern Seite solche Wesen gibt wie Euch beide, die ich vom ersten Augenblick an in mein Herz schloß, und es ist so schön, zu wissen, daß diese Beziehung auf gegenseitiger menschlicher und literarischer Schätzung beruht, was ja doch so selten geworden ist in diesen Tagen", Brief von Hans Sahl an Oda Schaefer vom 20.07.1955, Nachlass Schaefer/Lange, Monacensia.

[526] Brief von Oda Schaefer an Hans Sahl vom 15.04.1950, Nachlass Hans Sahl, DLA-Marbach.

[527] Wie sehr sie die Treffen genoss, zeigt ein Bericht Oda Schaefers an Hertha Bielfeld vom 28.10.1962: „Und es war an und für sich so reizend in Darmstadt, all die alten Freunde wie Bergengruens, der verrückte Scholtis, der Job aus Zürich, früher beim Radio, ein dicker alter lustiger Mann, die schreckliche Ilse Langner, bei der mich meine Hilfsbereitschaft im Stich lässt – ich hasse Dilettanten –, und unser Freund Wolfgang Koeppen mit seiner blendenden, oder vielmehr herzergreifenden Büchner-Preis-Rede", Nachlass Schaefer/Lange, Monacensia.

[528] Zusammen planten sie ein Buch über Elisabeth Langgässer mit Gedichten und Holzschnitten, vgl. Brief von Oda Schaefer an Wilhelm Hoffmann vom 22.11.1950, Signatur 70.9067/2, DLA-Marbach.

versuchte, da diese mit Schwierigkeiten auf dem Buchmarkt zu kämpfen hatte[529], während sie selbst eine angesehene, überlegenere Position inne hatte und durch ihre Publikationen präsent war. Die erhaltenen Briefe sind Zeugnisse einer engen Freundschaft und großer gegenseitiger Achtung. Oda Schaefer schätzte die Gedichte Martha Saalfelds sehr[530] und äußerte sich stets sehr positiv über die ihr zugesandten Werke, wie z.B. auch 1969 über die *Judengasse* von Martha Saalfeld:

> […] ich liebte wohl Ihre Bücher und Ihre Gedichte, aber selten hat mich etwas so bewegt, seit der Else Lasker-Schüler[531], wie die „Judengasse". Ich habe diese seltsam schwingende, im Rhythmus tönende Prosa in einem Zuge gelesen und bin dankbar, dass jemand noch so zu schreiben wagt.[532]

Der Ende der sechziger Jahre nicht mehr übliche Schreibstil Martha Saalfelds, die Verbindung von Prosa mit Rhythmus und klanglichen Elementen erinnert sie an die dreißiger Jahre, vor allem an ihren früheren Freund, den Bremer Dichter und Rowohlt-Lektor Friedo Lampe[533], der mit *Atalanta* ebenfalls „rhythmische Prosa"[534] geschrieben hatte. Tragischerweise wurde er, der stets gefürchtet hatte, aus Versehen erschossen zu werden, wie er während des Krieges Oda Schaefer in zahlreichen Gesprächen gegenüber gestand, tatsächlich auf diese Weise getötet.[535]

---

[529] „Ich glaube alle Verleger sind böse" schrieb Martha Saalfeld an Oda Schaefer, die sich im Folgenden bemühte, Verbindungen herzustellen, um damit die sehr unter Misserfolgen leidende Martha Saalfeld wieder zu motivieren. Brief von Martha Saalfeld an Oda Schaefer vom 31.07.1950, Nachlass Schaefer/Lange, Monacensia.

[530] „[…] seltsamerweise hat Elisabeth die Saalfeld eigentlich abgelehnt, weil ihre Welt unchristlich ist. Ich halte sie für eine grosse Lyrikerin und liebe ihre Gedichte sehr", Brief von Oda Schaefer an Wilhelm Hoffmann vom 22.11.1950, Signatur 70.9067/2, DLA-Marbach.

[531] Dies bezieht sich wohl auf die Gedichte von Else Lasker-Schüler, die Oda Schaefer 1966 für *Die Welt* rezensiert hatte; vgl. *Der schwarze Schwan Israels. „Sämtliche Gedichte" von Else Lasker-Schüler*. In: *Die Welt*, Nr. 5, 03.03.1966.

[532] Brief von Oda Schaefer an Martha Saalfeld vom 10.02.1969, Teilnachlass Martha Saalfeld, Signatur 74.1576/4, DLA-Marbach.

[533] Vgl. Karte von Oda Schaefer an Karl Krolow vom 14.11.1945, Nachlass Karl Krolow, DLA-Marbach.

[534] Brief von Oda Schaefer an Martha Saalfeld vom 10.02.1969, Teilnachlass Martha Saalfeld, Signatur 74.1576/4, DLA-Marbach.

[535] „Über Friedos Tod hörte ich von Ledig vom Rowohlt-Verlag eine andere Version – diese erschütterte mich grenzenlos, zumal weil er schon im März

Einen gemeinsamen Freund auf den Tagungen der Akademie für Sprache und Dichtung in Darmstadt besaßen Oda Schaefer und Martha Saalfeld auch in Georg von der Vring, den Oda Schaefer bereits 1940 kennengelernt hatte. Über das erste persönliche Gespräch mit ihm, der offenbar ihre Gedichte bewunderte, berichtet sie in einem Brief an Charlotte und Werner Bergengruen: „[…] außerdem habe ich einen Verehrer meiner Gedichte kennen gelernt, nämlich Georg von der Vring, der ein sehr reizender und seltsamer Kauz ist. Mit Maleraugen, die alles genau anschauen."[536] Sie, die mit derartigen Doppelbegabungen von sich selbst und von Horst Lange her vertraut war und offensichtlich gerne – als Malerobjekt kokettierend[537] – bewundert wurde, verstand sich mit Georg von der Vring, den sie gegenüber Karl Krolow als einen „ganz reine[n], kindliche[n] Mensch[en] von einer unglaubhaften Klarheit"[538] beschrieb, von Beginn an sehr gut. Ihre Aussagen über ihn sind stets geprägt von größter Wertschätzung und Verehrung. Sein Freitod war für sie und Martha Saalfeld sehr erschütternd.

So sind die regelmäßigen Besuche Oda Schaefers von literarischen Foren seltene und sehr willkommene Gelegenheiten für sie, sich mit anderen Schriftstellern auszutauschen und anregende Gespräche zu führen – Situationen, die sich in ihrem Alltag durch die aufreibende journalistische Arbeit und die Pflege ihres Mannes nicht oft ergaben. Sie erfuhr hier die für sie so notwendige Anerkennung als Frau und Ehrung als Dichterin, wie z.B. von Kasimir Edschmid[539], dem Generalsekretär des

---

immer fürchtete, ‚aus Versehen' oder als falsche Geisel erschossen zu werden. Er hatte soviel Angst, dass es wirklich Schicksal war, was ihm begegnete. Der arme, liebe Mensch! Wir hatten so herrliche Trostabende miteinander bei Lektüre von Hebel, Tschechow […]." Karte an Karl Krolow vom 02.11.1945, Nachlass Karl Krolow, DLA-Marbach. Davon berichtet auch ein kurzer Beitrag Oda Schaefers in Dierking, Jürgen: *Neunundzwanzig Einladungen, Friedo Lampe zu lesen*. In: *Die Horen* 41 (1996), H. 181, S. 127-132, S. 128.

[536] Brief von Oda Schaefer an Bergengruens vom 27.02.1940, Signatur Ana 593.B.IV., Bayerische Staatsbibliothek München.

[537] Oda Schaefer stand selbst auch Modell. Eine von Max Hauschild stammende Bleistiftzeichnung sowie eine Kohlezeichnung von O. Joesten befinden sich in der Monacensia.

[538] Brief von Oda Schaefer an Karl Krolow vom 28.12.1943, Nachlass Karl Krolow, DLA-Marbach.

[539] Kasimir Edschmid, der Oda Schaefer „schon lange als Dichterin" und – nach einem ersten persönlichen Treffen – „nunmehr auch als Individuum" verehrte (Brief von Kasimir Edschmid an Oda Schaefer vom 15.12.1951, Nachlass

PEN von 1951 bis 1956, Vizepräsidenten (1957) und Ehrenpräsidenten 1960 bis 1966[540], oder auch zu Beginn der sechziger Jahre von Hans Erich Nossack, mit dem sie sich auf Anhieb sehr gut verstand.[541]

Wolfgang Koeppen

Durch die regelmäßigen Treffen des PEN, bei denen sie auch mit alten, aus der Berliner Zeit bekannten Freunden wie z.B. Bruno E. Werner, der in den dreißiger Jahren die Zeitschrift *die neue linie* herausgegeben hatte und in den Jahren 1934 bis 1938 zugleich als Leiter des Feuilletons der *Deutschen Allgemeinen Zeitung* tätig war[542], immer wieder zusammenkam[543], scheint sich auch der Kontakt zu Wolfgang Koeppen intensiviert zu haben. Horst Lange und Wolfgang Koeppen kannten sich bereits seit ca. 1938 aus ihrer Zeit als Drehbuch- und Filmautoren wäh-

---

Schaefer/Lange, Monacensia), hatte Oda Schaefer zum großen internationalen PEN-Kongress in Nizza eingeladen, da er es sehr gern hätte, „wenn wir nicht nur eine bedeutende Dichterin, sondern auch eine schöne Frau präsentieren könnten." Brief von Kasimir Edschmid an Oda Schaefer vom 21.05.1952, Nachlass Schaefer/Lange, Monacensia.

[540] Vgl. Gregor-Dellin, S. 178f.

[541] Ihrer Freundin Hertha Bielfeld berichtet Oda Schaefer von dieser Akademie-Tagung 1961: „[…] obwohl ich vor Schwindel oft eine Treppe kaum herunter konnte, – übel, und mir brach tatsächlich der Angstschweiss dabei aus – waren doch so viele chevalereske Dichter dabei, die mir halfen, sogar der Preisträger Nossack, ein bezaubernder, nobler Mensch, und soviele liebe Menschen, die ich wiedersah wie Bergengruens […]", Brief vom 18.10.1961, Nachlass Schaefer/Lange, Monacensia. Die Sympathie für Hans Erich Nossack beruhte offensichtlich auf Gegenseitigkeit, wie die ersten Zeilen des Briefes von Hans Erich Nossack an Oda Schaefer vom 22.10.1961 belegen: „[…] herzlichen Dank für Ihren Brief. Vor allem dafür, dass Sie gleich in unserer Sprache sprechen. Oder in unserem Familienjargon. Das ist wohltuend und selten." Nachlass Schaefer/Lange, Monacensia; Rechteinhaber: Akademie der Wissenschaften und der Literatur Mainz.

[542] Vgl. Döring, Jörg: *»ich stellte mich unter, ich machte mich klein…« Wolfgang Koeppen 1933-1948*, Frankfurt/M., Basel: Stroemfeld/Nexus 2001, S. 260. Jörg Döring weist darauf hin, dass Bruno E. Werner in der Nachkriegszeit bei der *Neuen Zeitung* Feuilleton-Chef-Nachfolger des „in *die neue linie* als Ku'damm-Literaten geschmähten Erich Kästner" wurde, ebenda.

[543] Anlässlich seines Todes im Januar 1964 schrieb sie an Hertha Bielfeld: „Wie oft haben wir mit oder neben ihm in der Jockey-Bar in Berlin gesessen", Brief vom 21.01.1963, Nachlass Schaefer/Lange, Monacensia.

rend des Dritten Reiches.[544] Beide waren sie nach dem Krieg beim Goverts Verlag unter Vertrag, wodurch Oda Schaefer und Wolfgang Koeppen bereits Ende der vierziger, Anfang der fünfziger Jahre zusammentrafen.[545] Sie erwähnt ihn in ihrer Einführung zu ihrem 1972 noch einmal herausgegebenen Band *Schwabing verliebt verrückt vertan*[546] zusammen mit Wilfried Seyferth im Rahmen von gemeinsamen Abenden im Atelier des Architekten Eickemeyer „in den Jahren, ehe das Wirtschaftswunder sich zeigte"[547], sowie in ihrem zweiten Erinnerungsband *Die leuchtenden Feste über der Trauer*.[548] Seinen 1951 erschienenen Roman *Tauben im Gras* rezensierte[549] sie offenbar positiv und nahm damit in Kauf, dass sie sich in dem damaligen gesellschaftlichen und politischen Klima „in vielerlei Nesseln"[550] setzte. Zwar lehnte sie persönlich das Buch inhaltlich und stilistisch ab[551], da Wolfgang Koeppen in ihren Augen kein Dichter, son-

---

[544] Vgl. Müller-Waldeck, Gunnar: *Wolfgang Koeppen – Zeittafel*. In: Müller-Waldeck, Gunnar/Gratz, Michael (Hg.): *Wolfgang Koeppen – Mein Ziel war die Ziellosigkeit*, Hamburg: Europäische Verlagsanstalt 1998, S. 329-333, hier S. 330f. Zu Wolfgang Koeppens Tätigkeit als Film- und Drehbuchautor vgl. Döring, S. 196ff.

[545] In einem Brief Oda Schaefers an Horst Lange vom 28.08.1951 berichtet sie, dass sie zusammen mit Goverts noch bei Wolfgang Koeppen war und dort die Schutzumschläge seines Buches *Tauben im Gras* besehen habe. Gemeinsam mit Wolfgang Koeppen setzte sie sich bei Goverts für die Senkung des Buchpreises von 14.80 DM auf 12.80 DM ein. Eine Karte Wolfgang Koeppens an Horst Lange stammt vom 27.02.1947, Nachlass Schaefer/Lange, Monacensia.

[546] Vgl. *Schwabing verliebt verrückt vertan. Vers und Prosa von 1900 bis heute*, S. 214. Wolfgang Koeppen bedankte sich für das Schwabingbuch, das ihm „sehr gefallen" hatte, und war gerührt, dass sie Wilfried Seyferth und ihn „so nett und zusammen" erwähnt hatte, Brief von Wolfgang Koeppen an Oda Schaefer vom 13.09.1972, Nachlass Schaefer/Lange, Monacensia.

[547] *Schwabing verliebt verrückt vertan. Vers und Prosa von 1900 bis heute*, S. 213.

[548] Vgl. *Die leuchtenden Feste über der Trauer*, S. 57.

[549] Leider ist die Kritik nicht erhalten.

[550] Brief von Oda Schaefer an Horst Lange vom 22.09.1951, Nachlass Schaefer/Lange, Monacensia.

[551] „Den Köppen finde ich im Anfang doch recht widerlich, […]. Er ist doch verflucht intellektuell! Und Hemingway hats dezenter geschrieben und viel besser, im ‚Haben und Nichthaben'. Ihm fehlt, und das ist der wunde Punkt, die Potenz. Er ist klug, aber impotent. Der Kopf reicht ihm wohl aus, aber unten sitzt die Laus. Trotz vieler Figuren fehlt ihm die Fülle des Lebens, die du immer wieder hast. Und der springende Punkt: er ist letzten Endes eben keen Dichter. Eigentlich ist sein Buch Kabarett, Neumannsche Parodie von sämtlichen lebenden Dichtern von Faulkner, Joyce, Hemingway bis Malapar-

dern ein Fotograf war[552], erkannte jedoch die Bedeutung des Romans: „Und trotzdem ist das Buch wichtig, weil er MUT hat und DIE WAHRHEIT KENNT UND SAGT! Weil er richtig sieht. Das Objektiv ist in Ordnung, das aufnimmt."[553]

Die Mitte der fünfziger Jahre einsetzende Korrespondenz zwischen Oda Schaefer und Wolfgang Koeppen ist denn auch von einem sehr freundschaftlichen Ton geprägt. Vor allem Wolfgang Koeppens Briefe und Karten dokumentieren, dass er sie sehr schätzte und verehrte[554] – der ersten (erhaltenen) Karte an Oda Schaefer legte er ein kleines gepresstes Veilchen bei.[555] Das bekannte gute Verhältnis zwischen beiden Korrespondenzpartnern versuchte auch Klaus Piper zu nutzen, indem er Oda Schaefer bat, sich für ihn bei Wolfgang Koeppen einzusetzen[556], als sich bei diesem 1959 ein Verlagswechsel abzeichnete. Ihre Bemühungen, ihn in den Piper-Verlag „zu lotsen"[557], blieben allerdings ohne Erfolg[558] – Wolfgang Koeppen entschied sich nicht für Piper.

---

te." Brief von Oda Schaefer an Horst Lange vom 14.09.1951, Nachlass Schaefer/Lange, Monacensia.

[552] Vgl. ebenda.

[553] Ebenda.

[554] Vgl. Leuschner, Ulrike: *Koeppen in München. Eine Bestandsaufnahme im Monacensia-Literaturarchiv.* In: Häntzschel, Günter/Leuschner, Ulrike/Müller-Waldeck, Gunnar/Ulrich, Roland (Hg.): *Jahrbuch der Internationalen Wolfgang Koeppen-Gesellschaft* 1 (2001), München: judicium 2001, S. 211-225, hier S. 221.

[555] Vgl. Brief von Wolfgang Koeppen an Oda Schaefer vom 18.01.1956, Nachlass Schaefer/Lange, Monacensia.

[556] Vgl. Brief von Oda Schaefer an Wolfgang Koeppen vom 15.07.1959, Signatur K1314.20196, Wolfgang-Koeppen-Archiv an der Ernst Moritz Arndt–Universität Greifswald.

[557] Brief von Oda Schaefer an Wolfgang Koeppen vom 15.07.1959, Signatur K1314.20196, Wolfgang-Koeppen-Archiv an der Ernst Moritz Arndt–Universität Greifswald. Oda Schaefer schrieb an Wolfgang Koeppen: „Ich kann Ihnen nur zuraten! Piper ist generös, schenkte mir 800 M, damit ich in Ruhe arbeiten kann (Erzählung), die Leute dort sind nett, vor allem Dr. Baumgart, ein cleverer Bursche. Horst will auch wieder zu Piper." Ebenda.

[558] Oda Schaefer schrieb am 29.07.1959 an Dr. Baumgart: „Sagen Sie bitte Herrn Piper, dass ich Koeppen per Brief und Telefon beschwor, in den Verlag vertrauensvoll einzusteigen, ich gab beste Referenzen mit gutem Gewissen, lobte Sie auch in der Zusammenarbeit. Aber er will ‚Skandal', sagt er." Verlagsarchiv Reinhard Piper, DLA-Marbach.

Den Werken Oda Schaefers stand er sehr anerkennend, wenn es sich um Kindheitserinnerungen an Landschaften handelt, „die auch seine frühen Jahre prägten"[559], begeistert gegenüber[560], wie z.B. dem in der *Süddeutschen Zeitung* erschienenen Gedenkartikel Oda Schaefers *Das Extrablatt vom Sommer 14*[561] an den Beginn des Ersten Weltkrieges 1914 in Sarajewo:

> Liebe Oda,
> unter all den vielen Gedenkartikeln hast Du einen wirklich schönen geschrieben, der mir plötzlich jenen Sommer wieder ins Gemüt brachte, die Kindheit, den deutschen Osten, die russische Grenze und dieses nie wiedergesehene Licht, in dem man, ahnungslos, doch spürte, wie der Oger geboren war, sich erhob und wuchs. Du sagst es besser. Ich gratuliere Dir. Und dem Bild, dem Mädchen von 14, Dir möchte ich, gerührt, einen Kuss geben.[562]

Neben der schmeichelnden Bemerkung Wolfgang Koeppens gegenüber Oda Schaefers „Porträtfoto im Matrosenkleid mit langen Haaren und feinem, sensiblem Kindergesicht"[563] im Zentrum der Seite, die sie kokett mit – „Als Dreiundsechzigjährige dankt Dir für den Kuss auf den spöttischen Mund der Dreizehnjährigen[564] Deine Oda"[565] – erwiderte, zeigt sich, wie nahe sie sich in ihrer Affinität zum Baltikum, zum Östlichen kommen, deren Landschaften ihre Kindheiten bestimmt haben.

---

[559] Leuschner, Koeppen in München, S. 221.

[560] „Er verfolgte aufmerksam Oda Schaefers verstreute Zeitungsbeiträge […], sendet einmal (16. Dezember 1970) aus der ersten Begeisterung über einen Artikel in der Münchner *Abendzeitung* sogar ein Telegramm", Leuschner, Koeppen in München, S. 221.

[561] Vgl. *Das Extrablatt vom Sommer 14*. In: *SZ*, Nr. 160, 04./05.07.1964.

[562] Brief von Wolfgang Koeppen an Oda Schaefer vom 06.07.1964, Nachlass Schaefer/Lange, Monacensia; ebenso im Wolfgang-Koeppen-Archiv an der Ernst Moritz Arndt–Universität Greifswald, Signatur K1307-013.11041, sowie in Leuschner, Koeppen in München, S. 221.

[563] Leuschner, Koeppen in München, S. 222.

[564] Hier, genauso wie auf dem Belegexemplar dieses Zeitungsausschnitts in ihrem Nachlass, auf dem sie notierte: „Ich bekam viele Briefe hierauf, auch von Männern wie Wolfgang Koeppen, der dem 13 jähr. Mädchen einen Kuss schickte", hat sie die 13 aus einer 14 korrigiert. 14 wurde sie nämlich erst am 21.12.1914.

[565] Karte von Oda Schaefer an Wolfgang Koeppen vom 14.07.1964, Signatur K1307-013.11063, Wolfgang-Koeppen-Archiv an der Ernst Moritz Arndt–Universität Greifswald.

So ist denn auch das Echo Wolfgang Koeppens, der sich ebenfalls sehr positiv zu Oda Schaefers *Boutique*, in dem u.a. sein Buch *Reisen nach Frankreich* zitiert worden war[566], geäußert hatte[567], auf einen weiteren Artikel Oda Schaefers am 25. Juni 1967 über Ferien in Vorpommern[568] besonders groß:

> Liebe Oda,
> wie sehr hat mich dein ‚Lubmin-sur-mer' entzückt! Erinnerungen, die mich schon seit längerer Zeit beschäftigen, werden belebt durch dein getreues Bild, und wieder fröstele ich in der alten Badeanstalt mit den muffigen Brettern. Mich amüsiert der Gedanke, dass wir uns beinah getroffen hätten. Ich war einige Sommer ab 1920 dort. […] Das hast du dir nun mit deiner, mich so begeisternden Erinnerung eingebrockt -[569]

Inspiriert durch ihren Artikel („eine heimwehkranke und subtil geschlechterdifferente Sommerferiengeschichte mit einem ausgeschlagenen Zahn im Jungmädchengesicht als Pointe"[570]) erinnert er sich an seine Zeit in Lubmin, an Eindrücke verschiedenster Art – „Zum Frühstück gab es eine Marmelade, die merkwürdigerweise erträglich schmeckte, wenn man sie mit Wasser verdünnte"[571] – und Erlebnisse, sei es eine Verlobung mit einer kleinen Berlinerin im Wald, ein Theaterabend mit dem „Heldenvater des Greifswalder Theaters" in Lubmin sowie eine Verliebtheit mit einem „Mädchen von einem der Rittergüter ringsum", einer borniertten jungen Adligen mit „ihrer Wollust am Mord von rechts", die

---

[566] Vgl. *Die Boutique*, S. 127.
[567] Vgl. Karte von Wolfgang Koeppen an Oda Schaefer vom 16.05.1965: „Liebe Oda, es ist mir eine grosse Ehre, von Dir in deiner charmanten und an Kenntnissen so erstaunlich reichen ‚Boutique' genannt zu sein! Ich finde Dein neues Buch ein wahres Meisterwerk: von Welt und von tieferer Bedeutung. Ich habe mich beim Lesen immer wieder gefreut, und ich danke Dir sehr!" Nachlass Schaefer/Lange, Monacensia.
[568] Vgl. *Wie schön war doch „Lubmin-sur-mer". Ferien in Vorpommern – damals.* In: *Die Welt*, 24.06.1967.
[569] Brief von Wolfgang Koeppen an Oda Schaefer vom 25.06.1967, Nachlass Schaefer/Lange, Monacensia sowie Wolfgang-Koeppen-Archiv an der Ernst Moritz Arndt–Universität Greifswald; auch in Leuschner, Koeppen in München, S. 222f.
[570] Leuschner, Koeppen in München, S. 223.
[571] Hier und in den folgenden Zitaten Brief von Wolfgang Koeppen an Oda Schaefer vom 25.06.1967, Nachlass Schaefer/Lange, Monacensia.

er versuchte, literarisch und politisch zu bekehren.[572] Sein Bericht über diese „Beziehung" entbehrt nicht der Komik: „[...] es war ein herrlicher Sommer unter den Kiefern, in den Dünen, und vor lauter Wut aufeinander vergassen wir, miteinander zu schlafen." Sie heiratete dann aber einen Mann, dessen Namen Wolfgang Koeppen Jahre später auf der Totenliste des 20. Juli fand, woraufhin er seine Meinung revidierte: „Es beschämte mich: ihr Preussentum war vielleicht doch ein Idealismus und eine Moral", was Oda Schaefer in ihrer Antwort als sehr tröstlich empfand: „Das Preussische, Märkische oder Pommersche war wohl stur, aber sie waren keine Nazis."[573] Gleich einer Kettenreaktion wurde nun Oda Schaefer selbst durch die so lebendige Erinnerung Wolfgang Koeppens – „[...] nein, das war ja einer der reizendsten Briefe, die ich je bekommen habe! Lubmin tauchte noch einmal sehr präsent auf" – animiert, weiter von ihrer Vergangenheit in Lubmin zu berichten. Ausführlich schildert sie ihm die weitere Lebensgeschichte der in ihrem Artikel erwähnten Personen und ihre eigenen Gefühle und Erfahrungen an diesem Ort, wobei sie seine Berichte aufgreift. Wieder weiß sie sich gekonnt als erfahrene und bekannte Autorin darzustellen, indem sie erwähnt, Persönlichkeiten wie Tucholsky, George Grosz, Szafranski, Stefan Grossmann persönlich kennengelernt zu haben, oder auch die Bemerkung Karl Krolows über ihre Gedichte – dass man sie „weder mit dem Kopf, noch dem Herz begreifen könne, sondern durch die Haut" – miteinfließen lässt.

Nicht nur die Affinität zum Osten hatten Oda Schaefer und Wolfgang Koeppen allerdings gemeinsam, sondern auch die Verbundenheit mit Berlin. Beide hatten sie entscheidende Jahre vor dem Krieg in Berlin verbracht, teilweise sogar dieselben Lokale besucht, wie z.B. das des „alten Jockey"[574], und beide waren sie nach dem Krieg nicht mehr zurückgezogen, sondern in München geblieben. Während aber München für Oda Schaefer tatsächlich zu einer zweiten Heimat wurde, in der sie sich wohl

---

[572] „Ich infizierte sie mit Literatur, Expressionismus, Anarchie und Bolschewismus, ich las ihr die Weltbühne vor [...]." Ebenda.

[573] Hier und in den folgenden Zitaten Brief von Oda Schaefer an Wolfgang Koeppen vom 30.06.1967, Signatur K1307-063.10.203, Wolfgang-Koeppen-Archiv an der Ernst Moritz Arndt–Universität Greifswald.

[574] Brief von Wolfgang Koeppen an Oda Schaefer vom 13.09.1972, Nachlass Schaefer/Lange, Monacensia; ebenso Brief von Oda Schaefer vom 22.09.1972, Signatur K1306-063.14374, Wolfgang-Koeppen-Archiv an der Ernst Moritz Arndt–Universität Greifswald.

fühlte[575], blieb Wolfgang Koeppen innerlich mehr mit Berlin verwachsen.[576] „Ich glaube, wir alle hätten diese Stadt nicht verlassen sollen. Sind wir Schwabinger geworden? Nicht einmal Münchner"[577] schreibt er 1972 bei einem Berlin-Aufenthalt an Oda Schaefer. „Berlin ist bis jetzt für mich eine Oase der Besinnung, der Erinnerung, die ja alles verklärt" – eine Haltung, die Oda Schaefer gut nachvollziehen konnte. „Ich kann es verstehen, dass Du die Vergangenheit unter den eisigen Fronten der Hochhäuser siehst."[578] Sie selbst wollte jedoch das neue Berlin mit seinen architektonischen und bautechnischen Veränderungen und vor allem der die Stadt teilenden Mauer nicht mehr wiedersehen, sondern das Bild aus den dreißiger Jahren in Erinnerung behalten.

Das Verhältnis Oda Schaefers zu Wolfgang Koeppen, das durch eine jahrelange, tiefe Freundschaft geprägt war, die auch eine längere Schreibpause Wolfgang Koeppens nach dem Tod von Horst Lange nicht trüben konnte[579], änderte sich allerdings kurzzeitig 1977. Wolfgang Koeppen hatte in seinem Buch *Jugend* den Begriff „Ulanenpatrouille" – auch der Titel eines Romans von Horst Lange – in einem Zusammenhang verwendet, den Oda Schaefer als diffamierend und abschätzig empfand. Sie interpretierte dies als persönlichen Angriff gegen Horst Lange und änderte daher in diesem Brief sogar die seit dem Beginn der sechziger Jah-

---

[575] „München hat inzwischen soviele gute Seiten entwickelt, dass ich dort gern lebe" schreibt sie in einem Brief an Hertha Bielfeld vom 01.08.1965, Nachlass Schaefer/Lange, Monacensia.

[576] Zu dem Verhältnis Wolfgang Koeppens zur Stadt München vgl. Estermann, Alfred (Hg.): *Wolfgang Koeppen. Muß man München nicht lieben?* Frankfurt/M.: Insel 2002.

[577] Hier und im folgenden Zitat Brief von Wolfgang Koeppen an Oda Schaefer vom 13.09.1972, Nachlass Schaefer/Lange, Monacensia.

[578] Brief von Oda Schaefer an Wolfgang Koeppen vom 22.09.1972, Signatur K1306-063.14374, Wolfgang-Koeppen-Archiv an der Ernst Moritz Arndt–Universität Greifswald.

[579] Wolfgang Koeppen entschuldigte sich in seinem Brief vom 13.09.1972 bei Oda Schaefer dafür, dass er sich nach dem Tod von Horst Lange nicht gemeldet hatte – Horst Lange war am 06.07.1971 gestorben. „Ich werde allzusehr gehindert, der Mensch zu sein, der ich gern wäre. Es ist der Kampf gegen Ms [Seine Frau Marion] Trinken, den ich – und ein paar Ärzte – längst verloren haben. – Es frißt auf." Nachlass Schaefer/Lange, Monacensia. Oda Schaefer konnte die Situation Wolfgang Koeppens aufgrund ihrer eigenen Erfahrungen mit Horst Lange wohl sehr gut nachvollziehen.

re[580] bestehende persönliche Anrede wieder zum unpersönlichen „Sie". „Wenn eine Freundschaft bestanden haben sollte zwischen Ihnen beiden, so hätte das Wort unbedingt unterlassen werden müssen."[581]
Wolfgang Koeppen war geradezu „verstört und entsetzt"[582] über diesen Brief Oda Schaefers:

> [...] gerührt über die Vehemenz, mit der Sie Horst Lange verteidigen, oder glauben, ihn gegen mich in Schutz nehmen zu müssen, was ich nun, verzeihen Sie bitte, leicht absurd finde, denn weder habe ich Horst angegriffen, noch wollte, werde, möchte ich ihm, schaden, sein Andenken schmähen, wozu, weshalb, es gäbe nicht den geringsten Grund, und das mit der Ulanenpatrouille ist nicht einmal eine Anspielung.[583]

Wolfgang Koeppen hatte nicht an den gleichnamigen Roman Horst Langes gedacht, als er den Begriff verwendete, und auch nicht im Entferntesten eine Diffamierung beabsichtigt oder das Wort in einem ironisierenden, Horst Lange in irgendeiner Form abschätzig beurteilenden Kontext gebraucht, weswegen er sehr gekränkt war: „Es tut mir richtig weh, daß Sie mir solche idiotische Meinung unterstellen."
Auch wenn Oda Schaefer nach dieser Reaktion Wolfgang Koeppens zwar beruhigt war und zu verstehen gab, dass sie „auf keinen Fall ein Zerwürfnis"[584] riskieren wollte, konnte sie es sich aber nicht nehmen lassen, doch ihre Verwunderung bzgl. der Verwendung des Ausdrucks zu äußern. Versöhnliche Töne schlug sie allerdings an, indem sie ihre Freu-

---

[580] Der von Oda Schaefer an Wolfgang Koeppen am 12.01.1963 verfasste Brief bzgl. des PEN-Antrags zur Aufnahme Hermann Stahls, den Oda Schaefer und Wolfgang Koeppen unterzeichneten, zeigt, dass sie sich duzten, Signatur K1310-008.12749, Wolfgang-Koeppen-Archiv an der Ernst Moritz Arndt–Universität Greifswald.

[581] Brief von Oda Schaefer an Wolfgang Koeppen vom 25.03.1977, Signatur K1302-23.1998, Wolfgang-Koeppen-Archiv an der Ernst Moritz Arndt–Universität Greifswald.

[582] Brief von Wolfgang Koeppen an Oda Schaefer vom 28.03.1977, Signatur K1302-23.1999, Wolfgang-Koeppen-Archiv an der Ernst Moritz Arndt–Universität Greifswald.

[583] Hier und im folgenden Zitat ebenda.

[584] Hier und in den folgenden Zitaten Brief von Oda Schaefer an Wolfgang Koeppen vom 07.03.1977 (es muss der 07.04.1977 gemeint sein, da der vorherige Brief Koeppens vom 28.03.1977 stammt), Signatur K1302-23.2063, Wolfgang-Koeppen-Archiv an der Ernst Moritz Arndt-Universität Greifswald.

de darüber zum Ausdruck brachte, dass Wolfgang Koeppen „der Durchbruch mit einer so wichtigen Würdigung durch Reich-Ranitzki gelungen" und er nun „vor allem bei den jungen Leuten eine Art 'Geheimtip'" war. Zu Unrecht hatte er ihrer Meinung nach bislang ein Schattendasein gefristet, weil er „von der Werbung des Goverts Verlages vernachlässigt" worden war. Sie gönnte ihm diesen Erfolg und freute sich mit ihm, dass er nun einen „verständnisvollen Verleger" gefunden hatte.

Noch einmal, im Alter von 83 Jahren, schrieb Oda Schaefer an Wolfgang Koeppen bzgl. Horst Lange, diesmal jedoch nicht anklagend, sondern überaus dankbar. „Mein lieber Wolfgang Koeppen, wie soll ich Ihnen danken für die wunderbaren Worte, die Sie für Horst gefunden haben!"[585] Wolfgang Koeppen hatte offenbar in einem Zeitungsartikel Horst Lange die nach Oda Schaefers Ermessen gebührende Ehre zuteil werden lassen. Sie fühlte sich mit ihm in ihrem Kampf um das Ansehen ihres Mannes verbunden und sah sich mit ihm in einer Reihe gegen den Kritiker Fritz J. Raddatz, der nicht nur Horst Langes Roman *Schwarze Weide* als Paradebeispiel für das „unterschwellige Nazischreiben und die Nazimentalität"[586], wie Oda Schaefer Wolfgang Koeppen gegenüber berichtete, interpretiert[587], sondern sich auch über den Roman Wolfgang Koeppens *Die Mauer schwankt* negativ geäußert hatte.[588] Sie betrachtete es als ihre Aufgabe, das Ansehen Horst Langes in der Öffentlichkeit zu bewahren und dafür zu kämpfen. Mit seinem Engagement für ihn kam Wolfgang Koeppen Oda Schaefer noch einmal sehr nahe.

---

[585] Brief von Oda Schaefer an Wolfgang Koeppen vom 10.05.1983, Nachlass Schaefer/Lange, Monacensia.
[586] Ebenda; vgl. hierzu Brief von Fritz J. Raddatz an Oda Schaefer vom 23.12.1983 und Oda Schaefers Kommentar dazu, Nachlass Schaefer/Lange, Monacensia.
[587] Vgl. Raddatz, Fritz J.: *Wir werden weiterdichten, wenn alles in Scherben fällt... Der Beginn der deutschen Nachkriegsliteratur*. In: *Die Zeit*, Nr. 42, 12.10.1979, S. 33-36. In diesem Aufsehen erregenden Dossier hatte Raddatz die während der Herrschaft der Nationalsozialisten veröffentlichenden Autoren moralisch hingerichtet. Zur Darstellung der Kontroverse vgl. Schäfer, Hans Dieter: *Kultur als Simulation. Das Dritte Reich und die Postmoderne*. In: Rüther, Günther (Hg.): *Literatur in der Diktatur. Schreiben im Nationalsozialismus und DDR-Sozialismus*, Paderborn, München, Wien, Zürich: Ferdinand Schöningh 1997, S. 215-245, hier S. 226f.
[588] Vgl. Raddatz, Fritz J.: *Neuer Blick auf Koeppen*. In: *Die Zeit*, Nr. 11, 11.03.1983, S. 47.

Marie Luise Kaschnitz

Wann genau der Kontakt zwischen Oda Schaefer und Marie Luise Kaschnitz entstand, ist anhand ihrer Briefe – leider liegen keine Briefdokumente von Oda Schaefer vor – nicht nachvollziehbar. Beide gehörten seit 1949 dem PEN-Zentrum sowie der Deutschen Akademie für Sprache und Dichtung Darmstadt an[589], auf deren Tagungen und Sitzungen sie sich wohl persönlich kennengelernt haben. Eines der ersten Schreiben[590] von Marie Luise Kaschnitz, die nur ca. eineinhalb Monate jünger als Oda Schaefer und ebenfalls in Berlin geboren war, bezieht sich denn auch auf einen im Herbst 1957 vorgesehenen Vortrag in der Darmstädter Akademie, zu dem Marie Luise Kaschnitz und Oda Schaefer gebeten worden waren.[591] In der Ausgestaltung des Themas, „Das Weibliche in der Kunst"[592], werden die unterschiedlichen Auffassungen der beiden Referentinnen deutlich. Während Marie Luise Kaschnitz in ihren Ausführungen eine Entwicklung in der Motivik der weiblichen lyrischen Dichtung aufzeigt und diese Entwicklung zu „Entpersönlichung"[593], „zur reinen Betrachtung", „zur ich-fernen Einfühlung" in der Lyrik der Mitte des 20. Jahrhunderts, „wo die Liebe ihre eigentliche erlösende Kraft verliert"[594], beinahe ohne Wertung konstatiert, ist der Vortrag Oda Schaefers ein pathetisches Bekenntnis zum Humanismus, zu den traditionellen Prinzipien weiblicher Lyrik, dem „Gefühl als unversiegbare[r] Quelle des

---

[589] Vgl. von Gersdorff, Dagmar: *Marie Luise Kaschnitz. Eine Biographie*, zweite Auflage, Frankfurt/M.: Insel 1993, S. 181.

[590] Karte von Marie Luise Kaschnitz an Oda Schaefer vom 17.08.1957, verfasst im Sanatorium in Baden-Baden, wo sie sich zu dieser Zeit zusammen mit ihrem Mann aufhielt, Nachlass Schaefer/Lange, Monacensia.

[591] Während Marie Luise Kaschnitz und Oda Schaefer die Lyrik in den Mittelpunkt ihrer Betrachtungen stellten, behandelte Ilse Langner das Thema in der Gattung des Dramas, vgl. *Das Besondere der Frauendichtung*. In: *Deutsche Akademie für Sprache und Dichtung Darmstadt. Jahrbuch 1957*, Heidelberg, Darmstadt: Verlag Lambert Schneider 1958, S. 59-76.

[592] von Gersdorff, S. 184.

[593] Hier und in den folgenden beiden Zitaten *Das Besondere der Frauendichtung*. In: *Deutsche Akademie für Sprache und Dichtung Darmstadt. Jahrbuch 1957*, Heidelberg, Darmstadt: Verlag Lambert Schneider 1958, S. 59-76, hier S. 62.

[594] Karte von Marie Luise Kaschnitz an Oda Schaefer vom 17.08.1957, Nachlass Schaefer/Lange, Monacensia.

poetischen Ausdrucks"[595] und – nicht ohne Kritik an zeitgenössischen, dem widersprechenden Tendenzen – ein leidenschaftliches Plädoyer für die Liebe als das alte Thema der Frauenlyrik.

Beide Autorinnen, die sich auch zuvor offenbar gut miteinander verstanden[596], scheinen sich in der Zeit danach noch näher gekommen zu sein, denn eine weitere Karte von Marie Luise Kaschnitz – wohl aus dem Jahre 1958[597], der Zeit der schweren Krankheit ihres Mannes, den sie „ganz mutig"[598] einige Tage allein gelassen hatte, um nach Berlin, ihre „Kinderheimat", die sie zwanzig Jahre nicht gesehen hatte, zu reisen – ist von sehr freundschaftlichem und respektvollem Ton geprägt.[599] „Ich habe noch so viel Schönes in Ihren Geschichten[600] gelesen und ein langes Gespräch allein mit Ihnen – wäre es nicht an der Zeit?"[601]

Auch Oda Schaefers Kommentare gegenüber ihrer Freundin Hertha Bielfeld bestätigen, dass die Freundschaft genauso von ihrer Seite aus von großer Zuneigung bestimmt war[602], vor allem von Bewunderung und

---

[595] *Das Besondere der Frauendichtung*. In: *Deutsche Akademie für Sprache und Dichtung Darmstadt. Jahrbuch 1957*, Heidelberg, Darmstadt: Verlag Lambert Schneider 1958, S. 59-76, hier S. 72.

[596] „[…] ich freu mich, dass wir im Oktober bei der Akademietagung Hand in Hand aufs Siel sollen" schreibt Marie Luise Kaschnitz an Oda Schaefer, Karte vom 17.08.1957, Nachlass Schaefer/Lange, Monacensia.

[597] Die Karte von Marie Luise Kaschnitz an Oda Schaefer enthält zwar kein Datum, bezieht sich aber auf den von Oda Schaefer herausgegebenen Band *Schwabing*, der 1958 erschienen war, und spricht Kaschnitz' Aufenthalt in Berlin an, wohin sie 1958 einige Tage gereist war, vgl. von Gersdorff, S. 244f.; Karte im Nachlass Schaefer/Lange, Monacensia.

[598] Hier und im folgenden Zitat ebenda.

[599] Vgl. hierzu auch von Gersdorff, die den freundschaftlichen Austausch zwischen Oda Schaefer und Marie Luise Kaschnitz erwähnt, S. 184.

[600] Wahrscheinlich ist der *Katzenspaziergang* von Oda Schaefer gemeint.

[601] Karte von Marie Luise Kaschnitz an Oda Schaefer, ohne Datum (wohl 1958), Nachlass Schaefer/Lange, Monacensia. Ob es tatsächlich zu einem längeren Gespräch gekommen war, ist nicht bekannt; allerdings beginnen die weiteren Briefe und Karten von Marie Luise Kaschnitz mit der Anrede „Liebste Oda", Karte vom 15.12.1960, Brief vom 05.05.1961 usw., Nachlass Schaefer/Lange, Monacensia.

[602] Vgl. hierzu: „Aber Marie Luise ist im Grunde genommen enorm anständig, fast edel, ein reiner Tor [durch Lochabdruck sind die ersten beiden Buchstaben dieses Wortes nicht genau lesbar] und Mensch. Ich mag sie doch sehr gern." Brief von Oda Schaefer an Hertha Bielfeld vom 27.09.1963, Nachlass Schaefer/Lange, Monacensia.

großer Achtung, dass Marie Luise Kaschnitz trotz härtester Schicksalsschläge die Fähigkeit nicht verloren hatte, mit anderen mitzufühlen und Anteil nehmen zu können.[603] So freute sie sich auch, im Rahmen ihrer Dichterinnen-Porträts für die *Süddeutsche Zeitung*[604] über „die liebe Kaschnitz [...], eine grossartige Person"[605] zu schreiben, die ihr dafür sehr gerührt und geehrt dankte:

> Liebste Oda,
> durch einen reinen Zufall hab ich bei gut bairisch gebliebenen hiesigen Bekannten Ihren schönen Aufsatz über mich zu Gesicht bekommen, ich habe ihn den Leuten schliesslich abgebettelt und ihn, obwohl es wirklich sonst nicht meine Art ist, mich an Lobendem zu <u>weiden</u>, nun zuhaus mehrmals gelesen, und wirklich, ich <u>hab</u> mich geweidet, an Ihrem Verständnis, an Ihrer Zustimmung, eben weil es <u>Ihre</u> war. Ich schaue ja aus mancherlei Gründen zu Ihnen auf und ich bin stolz darauf, dass <u>Sie</u> sagen, dass ich jemand bin und etwas mache, und froh darüber wie Sie es sagen, mit soviel Freundschaft, einer unverdächtigen sozusagen, weil sie das Hervorgebrachte umfasst und die Kritik einbeschliesst. Haben Sie tausend Dank![606]

Sehr großer Respekt und eine äußerst innige freundschaftliche Beziehung zu Oda Schaefer sprechen aus diesem Brief und zeigen, dass sie großen Wert auf ihr Urteil legte. Die Tatsache, dass sie, die literarisch äußerst bedeutende Auszeichnungen – u.a. Georg-Büchner-Preis (1955), Immermann-Preis der Stadt Düsseldorf (1957) – erhalten hatte und mehr in der Öffentlichkeit stand als Oda Schaefer[607], zu ihr aufschaute, dokumentiert, wie sehr sie auf menschlicher Ebene Oda Schaefer zugetan war. 1961 verband sie zudem noch ihr gemeinsames Engagement für die Aufnahme ihres Freundes Eckart Peterich in die Akademie für Spra-

---

[603] „Die Kaschnitz verlor ihren Mann an Gehirntumor, jetzt ihre Schwägerin an Kinderlähmung, die Schwester starb in England – sie wirkte ganz erloschen und war trotzdem <u>so</u> lieb", Brief von Oda Schaefer an Hertha Bielfeld vom 25.10.1960, Nachlass Schaefer/Lange, Monacensia.
[604] Vgl. *Dichterinnen dieser Zeit. Porträt Marie Luise Kaschnitz*. In: *SZ*, Nr. 222, 16./17.09.1961.
[605] Brief von Oda Schaefer an Hertha Bielfeld ohne Datum, wohl April 1961, Nachlass Schaefer/Lange, Monacensia.
[606] Brief von Marie Luise Kaschnitz an Oda Schaefer vom 20.09.1961, Nachlass Schaefer/Lange, Monacensia.
[607] Sie stand 1961 wohl „im Zenit ihres Ruhmes", von Gersdorff, S. 264.

che und Dichtung, die beim ersten Antrag zwar fehlgeschlagen war, aber durch einen neuen auszuarbeitenden Antrag glücken sollte.[608]

Dass Oda Schaefer und Marie Luise Kaschnitz in der Beurteilung ihrer Werke nicht immer übereinstimmten, dessen waren sich beide stets bewusst. Aber gerade weil Oda Schaefer ihre Kritik Marie Luise Kaschnitz nicht vorenthielt, sondern deutlich machte – auch in ihrem Porträt sind dafür leichte Anzeichen zu finden –, empfindet Marie Luise Kaschnitz wohl dies als ehrlichen Freundschaftsbeweis. So scheute sie sich auch ihrerseits nicht, an Oda Schaefers Werken Kritik zu üben, die ihre Ablehnung mancher moderner Wendungen in der Lyrik von Marie Luise Kaschnitz sowie ihre Vorbehalte zu Essays und Prosa-Werken offen geäußert hatte. Wie Oda Schaefer nämlich „wegen des neutümlichen"[609] bei Marie Luise Kaschnitz zu „leiden" hätte, würde sie, die sich zunehmend „von den Begrenzungen der »Bildung und Tradition«"[610] befreite, z.B. bei der Ballade Oda Schaefers *Variationen auf ein Thema von Matthias Claudius*[611] manchmal wegen altertümlicher Wendungen zusammenzucken, auch wenn sie die Umsetzung des Themas als absolut gelungen empfindet:

> [...] gestern abend hab ich mich in Ihre Ballade vertieft und war sehr ergriffen. Ich habe ein junges Mädchen gekannt, Stella die jüngste Tochter von Ludwig Curtius, die mit 22 Jahren an Drüsenkrebs gestorben ist, sie lag in Heidelberg, der Vater kam nicht, aus Rom, weil er sich nicht zutraute, sie zu belügen, ich tat es, aber sie klammerte sich an mich und zitterte vor Angst. In Ihrer Ballade ist das alles grossartig zum Ausdruck gekommen, die Unsinnigkeit eines solchen Todes und die Angst und das Heldentum und Vorüber. Besonders gefallen mir die Absätze „an die Jugend"

---

[608] „Unseren Peterich bringen wir diesmal durch, – ich hoffe, sehr, Sie kommen nach Darmstadt, es soll etwas am Antrag geändert werden, wir sollen das ausbrüten, aber dann steht nichts mehr im Wege", Brief von Marie Luise Kaschnitz an Oda Schaefer vom 20.09.1961, Nachlass Schaefer/Lange, Monacensia.

[609] Brief von Marie Luise Kaschnitz an Oda Schaefer ohne Datum, Nachlass Schaefer/Lange, Monacensia. Der Brief stammt wohl aus den Jahren 1963/1964, da Oda Schaefer 1963 an der angesprochenen Ballade arbeitete.

[610] Pulver, Elsbeth: *Marie Luise Kaschnitz*, München 1984, S. 10. Zitiert nach Göttsche, Dirk: *Vorwort*. In: Göttsche, Dirk (Hg.): *»Für eine aufmerksamere und nachdenklichere Welt«. Beiträge zu Marie Luise Kaschnitz*, Stuttgart, Weimar: Metzler 2001, S. 1-4, hier S. 2.

[611] Vgl. *Der grüne Ton*, S. 47ff.

(bis auf die etwas schweren, etwas „historischen" Zeilen „wie sie die Alten noch kannten" usw) „Rühre mich an", „Tod, falsche Frucht", „die kindliche Frau opfert", und „Niemals wird er vergessen", auch viele Einzelheiten, die Anemonen unter den rostig verhärteten Buchen, die Geduld des gewachsenen Kalks, der Koralle des Menschen, das luziferische Haupt und noch vieles andere. Manchmal hab ich ein bisschen gezuckt wegen des altertümlichen (doch er kommt, den sie erwartet) so wie Sie ja auch oft bei mir wegen des neutümlichen leiden müssen!⁶¹²

Dementsprechend stand Oda Schaefer dem Werk von Marie Luise Kaschnitz ambivalent gegenüber. Während sie *Das Haus der Kindheit* wegen der Nähe zu Franz Kafka, dessen Werk sie nicht schätzte, als schlecht beurteilte⁶¹³ oder den Schluss der Aufzeichnungen *Wohin denn ich* als „egozentrisch"⁶¹⁴ und im Gegensatz zu „höchst dichterisch[en] und hinreissend[en]"⁶¹⁵ Stellen des Buches als „uninteressant" bezeichnete, war ihre Haltung allem, „was italienisch ist"⁶¹⁶, und dem Erzählband *Das dicke Kind* gegenüber sehr positiv. Der Bruch in der neuen Lyrik von Marie Luise Kaschnitz mit der Tradition machte Oda Schaefer misstrauisch – „Irgendwas stimmt da nicht" –, ließ sie aber die Gedichte nicht grundsätzlich ablehnen.

Ihrem freundschaftlichem Verhältnis scheint dies keinen Abbruch getan zu haben – ein Brief von Marie Luise Kaschnitz im September 1965 zeigt sogar die persönliche Anrede und bringt ihre Freude auf die bevorstehende Akademietagung zum Ausdruck, bei der sie hofft, Oda Schaefer und Horst Lange zu sehen. „Man besucht Tagungen immer lustloser, eigentlich nur um der Freunde willen".⁶¹⁷ Seltsamerweise bleibt das „Du" nicht bestehen, denn eine Karte von Marie Luise Kaschnitz aus dem

---

⁶¹² Brief von Marie Luise Kaschnitz an Oda Schaefer ohne Datum (wohl 1963), Nachlass Schaefer/Lange, Monacensia.
⁶¹³ Brief von Oda Schaefer an Hertha Bielfeld vom 22.11.1963, Nachlass Schaefer/Lange, Monacensia.
⁶¹⁴ Hier und im folgenden Zitat Brief von Oda Schaefer an Hertha Bielfeld vom 29.08.1963, Nachlass Schaefer/Lange, Monacensia. Oda Schaefer ging „das mit dem ‚Ich' zu weit." Ebenda.
⁶¹⁵ Brief von Oda Schaefer an Hertha Bielfeld vom 21.09.1963, Nachlass Schaefer/Lange, Monacensia.
⁶¹⁶ Hier und im folgenden Zitat Brief von Oda Schaefer an Hertha Bielfeld vom 22.11.1963, Nachlass Schaefer/Lange, Monacensia.
⁶¹⁷ Brief von Marie Luise Kaschnitz an Oda Schaefer vom 16.09.1965, Nachlass Schaefer/Lange, Monacensia.

Jahr 1967[618], mit der sie sich für die Glückwünsche Oda Schaefers bedankt und, von einem „schönen"[619] Lebenslaufgedicht Oda Schaefers animiert, sich interessiert nach einem neuen Gedichtband erkundigt, dokumentiert den Rückgang zum „Sie".

Beide scheinen sich, vor allem da sie die Tagungen in Darmstadt nicht mehr besuchten – Oda Schaefer hatte 1966 aufgrund der Auseinandersetzung wegen Karl Krolow ihren Austritt erklärt und Marie Luise Kaschnitz litt unter einer Hüftarthrose, die sie in ihrer Bewegungsfreiheit sehr einschränkte – voneinander entfernt zu haben.

Robert Minder

Den deutsch-französischen Literaturhistoriker Robert Minder[620] lernte Oda Schaefer im Herbst 1962 auf einer Tagung der Darmstädter Akademie kennen.[621] Sie war sehr stolz auf die Korrespondenz mit dem berühmten Germanisten[622] und genoss es sehr, in dem Kontakt mit ihm eine Verbindung zu Frankreich, besonders Paris, zu haben, an das sie die schönsten Erinnerungen hatte.[623] Dass ein angesehener, in den Augen seiner Zeitgenossen für seine Schärfe bekannter Kritiker wie Robert Minder, vor dessen „Röntgenblick und [...] blitzendem Skalpell"[624] sie sich gefürchtet hatte, sich zudem sehr anerkennend, ja enthusiastisch über ihre Werke äußerte, stärkte ihr Selbstvertrauen und ihr Selbstbe-

---

[618] Vgl. Karte von Marie Luise Kaschnitz an Oda Schaefer vom 30.07.1967, Nachlass Schaefer/Lange, Monacensia.

[619] Ebenda.

[620] Zu Robert Minder vgl. die Dissertation von Kwaschik, Anne: *Kultur und Literatur in Deutschland und Frankreich. Robert Minders Beitrag zur Mentalitätenhistoriographie,* (in Vorbereitung, 2005); vgl. ebenso Betz, Albrecht/Faber, Richard (Hg.): *Kultur, Literatur und Wissenschaft in Deutschland und Frankreich. Zum 100. Geburtstag Robert Minders,* Würzburg: Königshausen & Neumann 2004.

[621] Vgl. Brief von Oda Schaefer an Hertha Bielfeld vom 30.05.1963, Nachlass Schaefer/Lange, Monacensia.

[622] Vgl. Karte von Oda Schaefer an Hertha Bielfeld vom 15.11.1963, Nachlass Schaefer/Lange, Monacensia.

[623] Zusammen mit Max Hauschild war sie 1937 in Paris gewesen.

[624] Brief von Oda Schaefer an Robert Minder vom 27.05.1963, Teilnachlass Robert Minder, Signatur 97.9.39, DLA-Marbach.

wusstsein sehr.[625] Es ist vor allem ihr unprätentiöser, eleganter Stil, der dem Germanisten besonders gefällt:

> [...] mit grösstem Genuss habe ich eben die „Boutique" zu Ende gelesen und mich dabei über den leichten und doch prägnanten Stil gefreut. Kein Snobismus, kein Ästhetisieren, alles knapp und schlank. Die Belesenheit unaufdringlich, man erfährt im Vorübergehen allerlei – dass Balenciaga 1937 aus Spanien gekommen ist (mir bisher unbekannt, und der Hinweis auf das tiefe spanische Schwarz zur Zeit Karls V wie die Parallelen zu Ionesco, das alles in 20 oder 30 Zeilen – eine Leistung! Sie wechseln mit ebenso viel Grazie von der „Gartenlaube" zu Aristide Bruant, und vom Empirestil zu Fontane.[626]

Die Meinung von Robert Minder hatte so viel Gewicht, dass der Piper-Verlag, dem sie diesen Brief vorgelegt hatte, um ihr Ansehen zu heben, überlegte, mit dieser Anerkennung für *Die Boutique* öffentlich zu werben und das Schreiben in seinem Verlagsprospekt zu zitieren.[627]

Auch gegenüber ihren Gedichten[628], dem *Dandy*, zu dessen Einführung Robert Minder Oda Schaefer beglückwünschte[629], und der für den Deutschlandsender verfassten Rundfunksendung *Die Frau im Krieg*, deren Manuskript sie ihm zugesandt hatte, war der deutsch-französische Literaturkritiker des Lobes voll:

---

[625] Vor ihrer Freundin Hertha Bielfeld betont sie die Besonderheit des Lobes: „Robert Minder der berühmte Germanist schrieb an mich reizend + teilnahmsvoll, er ist sonst ein scharfer Hecht", Karte vom 15.11.1963, Nachlass Schaefer/Lange, Monacensia.

[626] Brief von Robert Minder an Oda Schaefer vom 19.05.1963, Nachlass Schaefer/Lange, Monacensia.

[627] Vgl. Karte von Oda Schaefer an Robert Minder vom 29.05.1963, auf der sie ihn davon unterrichtet und um Zustimmung oder Ablehnung ersucht, Teilnachlass Robert Minder, DLA-Marbach.

[628] Robert Minder brachte seine Anerkennung der Gedichte Oda Schaefers in seinem Brief vom 30.11.1962 zum Ausdruck, indem er sie als „gestaltet" bezeichnete, Nachlass Schaefer/Lange, Monacensia. Genauso wie Oda Schaefer lehnte er alles Zerebrale, nur mit dem Verstand Konzipierte ab.

[629] Vgl. Brief von Robert Minder an Oda Schaefer vom 12.11.1964: „Die Einführung ist nicht nur sehr reizvoll, sondern auch sehr fundiert und lässt die nicht sehr einfachen Entwicklungslinien klar hervortreten." Nachlass Schaefer/Lange, Monacensia.

> Ich habe Ihnen noch gar nicht gesagt, wie <u>sehr</u> mich Ihre Erinnerungen an die Kriegszeit ergriffen, erschüttert haben. Das ist alles so präzis, so haarscharf vermerkt, man zweifelt keinen Augenblick an der Echtheit des Gesagten ohne Zutat, ohne Schnörkel. So muss es gewesen sein. Ein grundlegender Beitrag, von klassischer Reife.[630]

Jedoch nicht nur die Briefe Robert Minders sind geprägt von Achtung und Respekt vor der Leistung Oda Schaefers, die sich stets auch durch seine Bemerkungen geschmeichelt fühlte[631], sondern genauso spiegeln auch ihre Briefe an den Literaturhistoriker ihre Bewunderung seiner Essays und Arbeiten wider:

> Es freut mich, dass anscheinend ein allgemeiner Lobgesang angestimmt wird, umso mehr, als solch eine klare, dem 18. Jahrhundert und Lichtenberg, aber auch dem Modernen angemessene Sprache, nämlich dort, wo es selbst klar zu sein versucht, hier einmal Beifall findet.[632]

Es ist nicht nur die Sprache Robert Minders, der Oda Schaefers Wertschätzung gilt, sondern es sind vor allem seine Untersuchungen der deutschen und französischen Literatur sowie seine Analysen und Deutungen der Geschichte der Deutschen, die ganz ihre Zustimmung finden. „Wie sehr recht haben Sie damit, wenn Sie die Gründe aufzeigen, warum die deutsche Literatur nicht in das Bewusstsein dieses Volkes aufgenommen wurde, nicht aufgenommen werden konnte […]." Beide teilen, wie der Briefwechsel dokumentiert, dieselbe Einstellung und Haltung gegenüber der Beurteilung der politischen Stimmungslage in Deutschland und sehen in dem immer noch spürbar präsenten Nationalsozialismus eine große Bedrohung. In dem politisch konservativen Klima der fünfziger und frühen sechziger Jahre kämpfte Robert Minder mit

---

[630] Brief von Robert Minder an Oda Schaefer vom 21.01.1967, Nachlass Schaefer/Lange, Monacensia.

[631] Vgl. Brief von Oda Schaefer an Hertha Bielfeld vom 30.05.1963: „Prof. Dr. Robert Minder, der beste französische Germanist (Elsässer, lernte bei Schweitzer auch Orgel spielen), schreibt mir immer wieder rührend. […] Ich glaube fast, er ist meinen letzten melusinischen Emanationen ins Garn gegangen, lobte meine boutique über die Maassen!" Nachlass Schaefer/Lange, Monacensia.

[632] Hier und im folgenden Zitat Brief von Oda Schaefer an Robert Minder vom 13.01.1963, Teilnachlass Robert Minder, Signatur 97.9.39, DLA-Marbach.

Reden, Kritiken und Essays[633] unermüdlich gegen die Verdrängung des Dritten Reiches, gegen personelle Kontinuitäten sowie für die Wahrnehmung der Gefahr durch die immer noch einflussreiche nationalsozialistische Ideologie.[634] So nimmt es nicht wunder, dass Oda Schaefer gerade in einem Brief an ihn ihre große Besorgnis angesichts der in weiten Kreisen der Bevölkerung vorherrschenden positiven Bewertung Hitlers artikuliert und darin von ihrer – auch vehement vor dem Forum des PEN-Clubs vorgetragenen – Forderung nach einer engagierten Auseinandersetzung mit diesen Tendenzen berichtet:

> Mit Erschrecken nehme ich wahr – und wetterte im PEN neulich sogar gegen Erich Kästner und Paul Baudisch, die das (nach allem, was sie erfuhren!) nicht so tragisch nehmen wollten, dass die „Literaten" wieder einmal schlafen oder zu weich sind, und dass überall, wo ich auch hinhöre, – und ich habe „das Ohr an der Masse", wie man in der Zone sagt, sitze mit Maurern, Handwerkern, Spiessern zusammen und horche sie aus – die Nazizeit als goldenes Zeitalter gepriesen wird, die randalierende Jugend sei Schuld der Regierung, Adolf der Grosse hätte nicht nur die Autobahnen gebaut, sondern für Ordnung gesorgt, usw. Ich spreche mit jedem Taxi-Chauffeur, mit dem ich fahre. Es ist schauerlich. Das ganze Volk lechzt wieder nach dem alten Pantoffel, der ihm so gut gepasst hat: das Denunzieren und das Subalterne liegt ihm allzu sehr. Demokratie überhaupt nicht. Und wir „Antis" sind noch nicht einmal eine so dünne Schicht gewesen wie die Sahne auf der Milch – viel, viel dünner![635]

Oda Schaefer wollte sich nicht noch einmal vorwerfen müssen, geschwiegen zu haben und zu schwach gewesen zu sein, sich gegen den

---

[633] Vgl. u.a. Minder, Robert: *Das Bild des Pfarrhauses in der deutschen Literatur von Jean Paul bis Gottfried Benn.* In: Minder, Robert: *Kultur und Literatur in Deutschland und Frankreich. Fünf Essays,* Frankfurt/M.: Insel 1962, S. 44-72, Vortrag, gehalten am 25.04.1959 in der Akademie der Wissenschaften und der Literatur in Mainz; vgl. z.B. ebenso Minder, Robert: *Lesebuch als Explosionsstoff.* In: *SZ,* Nr. 143/144, Juni 1967, publiziert in Beyer, Manfred (Hg.): *Robert Minder. Die Entdeckung deutscher Mentalität,* Leipzig: Reclam 1992, S. 156-170.

[634] Oda Schaefer beschreibt ihn gegenüber Hertha Bielfeld als „Ganz Anti-Nazi, ganz alter Revoluzzer wie 1848, Non-Konformist." Brief vom 30.05.1963, Nachlass Schaefer/Lange, Monacensia.

[635] Brief von Oda Schaefer an Robert Minder vom 25.01.1964, Teilnachlass Robert Minder, Signatur 97.9.39, DLA-Marbach.

Nationalsozialismus zu wehren, vor allem, da sie sich auch persönlich betroffen fühlte. Der Auslöser für ihr derartig massives Auftreten war nämlich das von Erich Kern (Kernmayr) verfasste Buch *Verrat an Deutschland*, in dem ihr „geliebter"[636] Freund Adolf Grimme, den sie in den fünfziger Jahren auf den Mitgliederversammlungen der Akademie für Sprache und Dichtung regelmäßig getroffen hatte[637], übel diffamiert worden war. Sie fühlte sich verpflichtet, in der Öffentlichkeit diese Unterstellungen und Unwahrheiten[638] bloßzustellen[639] und damit ihre apolitische Haltung, in die sie ihren Angaben zufolge Ende der fünfziger Jahre aufgrund ihres schlechten Gesundheitszustandes geflüchtet war[640], zu ändern. Dass sie Robert Minder von ihrem Vorhaben, „alle Hebel in Be-

---

[636] Brief von Oda Schaefer an Hertha Bielfeld vom 21.01.1964, Nachlass Schaefer/Lange, Monacensia. Über ihre Freundschaft zu Adolf Grimme schreibt sie weiter: „Ich habe kaum einen Mann gekannt, dem mein Herz so in Liebe zugetan war, er war grossartig, ein breiter Niedersachse voller Humor, von einer Sauberkeit und Klarheit wie selten jemand." Ebenda.

[637] „Wir sassen in der Akademie meist mit ihm zusammen und mit Bergengruens." Brief von Oda Schaefer an Hertha Bielfeld vom 21.01.1964, Nachlass Schaefer/Lange, Monacensia.

[638] Oda Schaefer berichtet Robert Minder gegenüber von „falschen Daten + Zitaten", Brief an Robert Minder vom 25.01.1964, Teilnachlass Robert Minder, Signatur 97.9.39, DLA-Marbach.

[639] Oda Schaefer versuchte mithilfe eines Briefes, Zeitungen wie die *Welt* und die *Süddeutsche Zeitung* dazu zu bewegen, derartige Bücher aufs schärfste zu verurteilen, was ihr jedoch misslang. Die Redaktion der *SZ* teilte ihr, so Oda Schaefer in einem Brief an Hertha Bielfeld vom 07.02.1964 offensichtlich mit, „dass man sich mit solchen Pamphleten nicht öffentlich befassen dürfe", aber Oda Schaefer selbst ihre Meinung in einem Leserbrief kundtun könne. Diesen Leserbrief schickte sie allerdings nie ab: „[...] ich habe einsehen müssen, dass ich den Leserbrief nicht loslassen kann. Ich wäre hier meines Lebens nicht mehr sicher." Brief von Oda Schaefer an Hertha Bielfeld vom 18.02.1964, Nachlass Schaefer/Lange, Monacensia.

[640] An ihre Freundin Hertha Bielfeld schreibt sie darüber: „[...] du kannst mönchisch leben und gelassen sein – ich kann und ich darf es nicht. Ich habe mich jahrelang, jahrzehntelang aus allem Politischen rausgehalten, weil ich zu erschöpft war, und habe mich absichtlich in Parfum, Kleider, Kulturgeschichte, Mode usw. geflüchtet. Es war eine Flucht. Jetzt, in dem Moment, wo Freunde von uns ‚zur Sau' gemacht werden, von so einem üblen Nazischwein – [...]." Brief von Oda Schaefer vom 28.01.1964, Nachlass Schaefer/Lange, Monacensia.

wegung"[641] zu setzen und die *Welt* sowie die *Süddeutsche Zeitung* zu informieren, berichtete, zeigt ihre Überzeugung, dass ihre Aktivität ganz auf seine Zustimmung – ja vielleicht sogar Unterstützung – stoßen würde. Ihrer Betroffenheit und ihrer Angst angesichts ihrer Beobachtungen nationalsozialistischer Tendenzen machte sie sich in einem Brief ihm gegenüber Luft:

> Wir waren tagelang krank, weil wir erkennen mussten, dass neue Nazizellen sich bilden, dass „braune" Lehrer an den Schulen wirken und das Dritte Reich entweder totgeschwiegen wird oder positiv beurteilt. Ich habe es zuerst nur für Bagatellen gehalten, aber jetzt sehe ich die erneute Gefahr, denn die Jugend wird wieder beeinflusst und zwar im Sinne eines „Patriotismus", wie man ihn auch drüben in der Zone kultiviert, mit 1812 und Reden an die deutsche Nation.[642]

Sowohl politisch radikal rechte als auch politisch äußerst linke Tendenzen lehnte Oda Schaefer ab, beide Ausformungen unterschieden sich für sie in ihrer die freiheitlichen Rechte des Individuums beschneidenden Form nicht voneinander.

Entsprechend der gemeinsamen politischen Überzeugung und Grundhaltung verfuhren Oda Schaefer und Robert Minder auch ähnlich in ihrem – teils ambivalenten – Umgang bei der Beurteilung von Schriftstellern, die der Ideologie des Dritten Reiches – wenn auch kurzzeitig – erlegen waren. Während sie Gottfried Benn und Ina Seidel[643] verurteilten und ablehnten, standen sie z.B. Hermann Stahl, für dessen Aufnahme in den PEN-Club sich Oda Schaefer zusammen mit Wolfgang Koeppen

---

[641] Brief von Oda Schaefer an Robert Minder vom 25.01.1964, Teilnachlass Robert Minder, Signatur 97.9.39, DLA-Marbach.

[642] Ebenda.

[643] Oda Schaefer schrieb an Robert Minder bzgl. seiner „médisance über die Pfarrhauskinder Benn und Ina Seidel", die er in seinem Essayband *Kultur und Literatur in Frankreich und Deutschland*, Frankfurt/M.: Insel 1962 (vgl. z.B. S. 66f.) erwähnt hatte: „Ich musste, um der Gerechtigkeit willen, eine kleine ritterliche Arbeit über die Seidel schreiben, aber, du lieber Gott, es wurde mir übel beim Lesen, denn dort häuften sich die deutschen „Übel", Brief vom 13.01.1963, Teilnachlass Robert Minder, Signatur 97.9.39, DLA-Marbach. Allerdings gehörte Ina Seidel in den Mädchen-Jahren Oda Schaefers zu ihren Lieblingsschriftstellern, vgl. *Auch wenn Du träumst, gehen die Uhren*, S. 128; vgl. ebenso Brief von Oda Schaefer an Ina Seidel vom 18.02.1956, Nachlass Ina Seidel, Signatur 79.380/3, DLA-Marbach.

und Rudolf Goldschmit-Jentner einsetzte[644], sehr tolerant und wohlmeinend gegenüber.

Noch eine Reihe weiterer interessanter Kontakte Oda Schaefers ließe sich anführen, wie z.B. der zu ihrem Duzfreund Walter Kolbenhoff[645], der in der Nachkriegszeit immer wieder die Verbindung zu ihr suchte, oder zu Hermann Stahl sowie das besondere Verhältnis zu dem sie verehrenden Eckart Peterich, der sie als Leiter des Goethe-Instituts in Mailand 1960 zu einer Dichter-Lesung dorthin eingeladen und ihr damit eine der wenigen Auslandsreisen in der Nachkriegszeit ermöglicht hatte.[646] Die seit 1964 bestehende enge Freundschaft zu Gerty Spies, die Oda Schaefer immer wieder ermutigte[647] und für die sie sich, z.B. bei der Stadt München oder auch dem Piper-Verlag[648], einsetzte, oder auch der Kontakt zu dem ihr durch die gemeinsame Herkunft des Baltikums verwandten Siegfried von Vegesack, genauso wie die freundschaftliche Beziehung zu Irene Kreuder, deren Mann vor allem mit Horst Lange in der Nachkriegszeit in engem Austausch stand[649], oder auch zu Ingeborg Drewitz sind erwähnenswert. Nicht vergessen werden dürfen ihre guten Verbindungen zu dem Münchner literarischen Stammtischbruder Georg Schneider, oder der Feuilletonistin Ursula von Kardorff, bei deren Festen sie in den fünfziger Jahren oft und gern gesehener Gast war.

Auffallend ist nicht nur die Fülle, sondern auch die Unterschiedlichkeit der Korrespondenzpartner. Zwar dominieren zahlenmäßig die sich an der Tradition orientierenden und ebenfalls wie Oda Schaefer eine me-

---

[644] Vgl. Brief von Oda Schaefer an Robert Minder vom 13.01.1963, Teilnachlass Robert Minder, Signatur 97.9.39, DLA-Marbach.

[645] Auch Oda Schaefer gehörte zu seinen Gästen in der Schellingstr. 48, vgl. Kolbenhoff, Walter: *Schellingstraße 48. Erfahrungen mit Deutschland*, Frankfurt/M.: Fischer 1984, S. 115 und 176.

[646] Oda Schaefer schickte ihm 1968 das Gedicht *Zärtlichkeit*, vgl. Brief von Oda Schaefer an Hertha Bielfeld vom 09.01.1968, Nachlass Schaefer/Lange, Monacensia.

[647] Vgl. Brief von Oda Schaefer an Gerty Spies vom 27.02.1964 („[...] und seien Sie bitte, bitte nicht kleinmütig und verzagt.") und 27.03.1964, Nachlass Gerty Spies, Literaturarchiv Sulzbach-Rosenberg.

[648] Vgl. Brief von Oda Schaefer an Gerty Spies vom 27.02.1964, Nachlass Gerty Spies, Literaturarchiv Sulzbach-Rosenberg.

[649] Vgl. Kreuder, Ernst: *»Man schreibt nicht mehr wie früher«. Briefe an Horst Lange*. In: Born/Manthey, S. 209-231.

taphysische und humanistische Grundanschauung vertretenden Literaten, Kunsthistoriker oder Altphilologen, jedoch zählen auch dem Experiment aufgeschlossene, innovative, sich bewusst von der Tradition abkehrende Schriftsteller zu diesem Kreis. Sowohl regional als auch international bekannte Größen befinden sich darunter, genauso wie unter den sich bewusst der Politik fernhaltenden Stimmen auch ein politisch gegen das konservative Klima eindeutig Stellung beziehender Aktivist wie Franz Jung. Die Briefe offenbaren ein weites Spektrum, eine bunte Mixtur, entsprechend dem vielseitigen Interesse und der Tätigkeit Oda Schaefers sowie ihrem persönlichen Gefallen an verschiedenen Charakteren und Altersstufen.

Sie dokumentieren damit nicht nur die Stellung Oda Schaefers in ihrer Zeit, ihre Position in dem – gerade in den fünfziger Jahren sich durch freundschaftliche Verbindungen auszeichnenden – Netzwerk literarischer Foren und Institutionen, sondern zeigen damit auch exemplarisch „das Panorama des Pluralismus der ideologischen Positionen und literarästhetischen Konzepte"[650], die simultane Existenz der verschiedenen literarischen Strömungen und Ansichten in den fünfziger Jahren. Das politische, gesellschaftliche und kulturelle Klima dieser Zeit mit all seinen Widersprüchen spiegelt sich hier wider, die Koinzidenz unterschiedlicher Arten und Formen, wie sie für diesen Zeitraum charakteristisch ist.

---

[650] Kröll, S. 159.

3. Das lyrische Werk Oda Schaefers und seine Rezeption

Oda Schaefer sah sich selbst trotz ihrer Tätigkeit in den Bereichen Prosa, Feuilleton und Hörspiel stets als Lyrikerin. Für ihre Lyrik wurde sie mit zahlreichen Preisen ausgezeichnet, u.a. 1950 mit dem Preis der Akademie der Wissenschaften und Literatur Mainz, 1959 mit dem Förderpreis für Literatur der Stadt München, 1964 mit dem Bundesverdienstkreuz für ihre Verdienste um die Lyrik usw., und als Lyrikerin ist sie, wie bereits gezeigt wurde, auch heute noch präsent.

Ebenso in Literaturgeschichten und literarhistorischen Untersuchungen wird sie, sofern man dort allerdings überhaupt ihren Namen nennt, als Lyrikerin geführt[1], und zwar vor allem im Bereich des Kreises von Literaten um die Zeitschrift *Die Kolonne*, die als symptomatisch für das sich am Ende der zwanziger Jahre manifestierende Interesse an Naturlyrik, Naturmagie, an „mythisierenden Sprechweisen", gilt, „die die Positionen von Urbanität und Gebrauchswertorientierung zugunsten einer neuen Heiligung der Dichtung revidieren."[2] Der in den zwanziger Jahren vom Kunstkritiker Franz Roh eingeführte Begriff ‚magischer Realismus' als Versuch einer Bezeichnung des Phänomens einer nachexpressionistischen Malerei wurde – allerdings erst nach 1945[3] – zum Stilmerkmal[4] der Werke von Schriftstellern, die wie Oda Schaefer fast alle um die Jahrhundertwende geboren wurden und einer zur Zeit der Weimarer Republik jungen Generation[5] angehörten. Nach dem Expressionismus und

---

[1] Vgl. z.B. Knörrich, Otto: *Die deutsche Lyrik der Gegenwart 1945-1970*, Stuttgart: Kröner 1971, S. 187f.; vgl. Žmegač, Viktor (Hg): *Geschichte der deutschen Literatur vom 18. Jahrhundert bis zur Gegenwart*, Königstein/Taunus: Athenäum 1984, S. 433; vgl. Barner, Wilfried (Hg.): *Geschichte der deutschen Literatur von 1945 bis zur Gegenwart*, München: Beck 1994, S. 198.

[2] Fähnders, Walter: *Avantgarde und Moderne 1890-1933*, Stuttgart, Weimar: Metzler 1998, S. 265.

[3] Dieser aus der Kunstgeschichte stammende Begriff wurde erst nach dem Zweiten Weltkrieg auf die Literatur übertragen, vgl. Scheffel, Michael: *Magischer Realismus. Die Geschichte eines Begriffes und ein Versuch seiner Bestimmung*, Tübingen: Stauffenburg-Verlag 1990, S. 73.

[4] Vgl. Leuschner, Wunder und Sachlichkeit, S. 142.

[5] Vgl. die Schlagworte „Nachkriegsjugend", den „Jüngsten" oder der „Jungen Generation" in Schäfer, Horst Lange. Tagebücher, S. 293. Gerhart Pohl bezeichnete diese Generation 1948 als deutsche „Zwischengeneration", Pohl, Gerhart: *Magischer Realismus?* In: *Aufbau* 8, 1948, S. 650-653.

dem Höhepunkt der ‚Neuen Sachlichkeit' stellte man eine Um- und Neuorientierung hin zu einem „neu aufziehenden Realismus"[6] fest:

> Der Sinn für das Tatsächliche erwacht wieder, doch dieses Tatsächliche hat ein anderes Antlitz als das Faktum des naturwissenschaftlichen Lebensgefühls. Es ist seltsam geheimnisvoll in seiner unverrückbaren Körperlichkeit, rational und irrational zugleich.[7]

Anders als der Realismus des 19. Jahrhunderts oder der Naturalismus beinhaltet dieser ‚magische Realismus' ein „die unmittelbare Wirklichkeit der ‚Sachen' transzendierendes Moment"[8] – eine Spannung und Paradoxie zugleich, auf die der Begriff als solcher bereits verweist. Man wandte sich vehement gegen ein „ausschließlich an der Ratio orientierte[s] Weltverständnis"[9], gegen eine rein positivistische Beurteilung der Wirklichkeit, „die den Dichter zum Reporter erniedrigte"[10], und versuchte, widersprüchliche Pole, „Wunder und Sachlichkeit", miteinander zu verbinden.

> Wer nur einmal in der Zeitlupe sich entfaltende Blumen sehen durfte, wird hinfort unterlassen, Wunder und Sachlichkeit deutlich gegeneinander abzugrenzen. So kann auch im Bereiche der Dichtung ein Wille zur Sachlichkeit nur dann Berechtigung erlangen, wenn er nicht von Unvermögen, sondern durch die Furcht bedingt wurde, mit allzuviel Worten das Wunderbare zu verdecken. Denn zum Verzicht auf jegliche Metaphysik führt nun, daß die Ordnung des Sichtbaren Wunder genug erscheint.[11]

Die hier genannte Sachlichkeit besteht darin, sich auf wenige Worte zu beschränken, um das stets vorhandene Wunderbare zum Ausdruck kommen zu lassen und dem „Geheimnis"[12] wieder Raum zu geben. Das bereits bei den Barockmystikern verwendete „Paradoxon der schweigenden

---

[6] Utitz, Emil: *Die Überwindung des Expressionismus. Charakterologische Studien zur Kultur der Gegenwart*, Stuttgart: Verlag von Ferdinand Enke 1927, S. 3.
[7] Utitz, S. 39.
[8] Scheffel, S. 73.
[9] Scheffel, S. 78.
[10] Hier und im folgenden Zitat: Raschke, Martin. In: *Die Kolonne* 1 (1929), S. 1.
[11] Ebenda.
[12] Dieser Begriff wurde u.a. von Horst Lange und Werner Milch verwendet – Lange, Horst: *Landschaftliche Dichtung*. In: *Der weiße Rabe* 2, H. 5/6, 1933, S. 21-26, hier S. 21; Milch, Werner: *Magische Dichtung*. In: *Der weiße Rabe* 2, H. 3/4, 1933, S. 1-4, hier S. 4.

Sprache"[13] fand vor allem bei Wilhelm Lehmann, der für viele Schriftsteller – auch für Oda Schaefer – ein Vorbild war[14], Verwendung. „Ein Geheimnis wird verkündet, zugleich aber verschwiegen, d.h. verschlüsselt, um leichtfertiges Verstehen zu verhindern."[15] Die mystische Erfahrung geheimer Bezüge des Daseins lässt sich kaum durch Sprache ausdrücken, womit dem Dichter nach Wilhelm Lehmann die Funktion eines Mystikers zukommt, „dessen Gedicht ein Schweigen mit Worten sei".[16]

So lehnte man zwar „den allen Irrationalismus negierenden ‚Reportagecharakter' der ‚Neuen Sachlichkeit'" ab, übernahm aber die ihrem realistischen Ansatz entspringenden Elemente, „wie die Konzentration auf Dinge und Ereignisse innerhalb der alltäglichen Welt, die Bemühung um Präzision in der Diktion und Schärfe in der Beschreibung".[17]

Man empfand die Welt der Moderne – die Großstadt – als dekadent und rückte die Natur, den ursprünglichen Lebensraum des Menschen, gegen einen „als übermächtig empfundenen Materialismus und ein[e] entmenschlichend[e] Technologisierung"[18] in das Zentrum des Interesses. Die verloren gegangenen Geheimnisse in der Natur, das Wunderbare in ihr als Teil eines „höheren Ganzen"[19] gilt es wieder sichtbar werden zu lassen, um „‚die großen Kräfte' ins Bewußtsein [zu] rufen, ‚die zwischen der Natur und dem menschlichen Herzen wirksam sind'".[20] Der Humanismus ist dabei eine allen gemeinsame Grundposition[21], der vor allem nach dem Krieg bis weit in die sechziger Jahre hinein das geistige und kulturelle Klima bestimmt.

---

[13] Goodbody, Axel: *Natursprache. Ein dichtungstheoret. Konzept der Romantik und seine Wiederaufnahme in der modernen Naturlyrik (Novalis – Eichendorff – Lehmann – Eich)*, Neumünster: Wachholtz 1984, S. 238.

[14] Vgl. Brief von Oda Schaefer an Karl Krolow vom 08.05.1944, Nachlass Karl Krolow, Signatur 88.7.61/5, DLA-Marbach.

[15] Goodbody, S. 238.

[16] Goodbody, S. 239.

[17] Scheffel, S. 80.

[18] Kirchner, Doris: *Doppelbödige Wirklichkeit: Magischer Realismus und nicht-faschistische Literatur*, Tübingen: Stauffenburg-Verlag 1993, S. 38.

[19] Scheffel, S. 81.

[20] Lange, Horst: *Bemerkungen zum Inhalt dieses Heftes*. In: *Der weiße Rabe* 2, H. 5/6, 1933, o.S. Zitiert nach Scheffel, S. 81.

[21] Vgl. Pohl, S. 651.

Inwiefern auch Oda Schaefers Lyrik diesem Programm des ‚magischen Realismus' entspricht, wird sich zeigen. Eine detaillierte, umfassende Untersuchung der literarischen Traditionszusammenhänge und ihrer Manifestierung in der Lyrik dieser Autorin ist jedoch nicht Ziel der vorliegenden Arbeit. Hier geht es um eine erste Analyse und Vorstellung sowie, darin eingebettet, um eine Darstellung der Entwicklung ihres lyrischen Werkes im Kontext ihres Lebens.

Da Oda Schaefers Biographie in ihren Gedichten eine sehr dominante Rolle spielt[22] – viele sind aufgrund persönlicher Erlebnisse entstanden, wie z.B. *An meinen Sohn*, das sie 1944 schrieb, als sie die Nachricht erhielt, ihr Sohn Peter wäre vermisst, oder das an ihren Mann gerichtete Gedicht *Der Trinker* –, sollen auch, soweit aus Zeugnissen erkennbar, persönliche Daten und Lebensumstände in die Betrachtung ihrer Lyrik, die sich auf die in ihren Gedichtbänden publizierten Gedichte beschränkt, miteinfließen. Die Bestimmung der Entstehungsdaten einzelner Poeme gestaltet sich dabei jedoch, sofern sie nicht selbst den Zeitraum auf einem ihrer Manuskripte notiert, ihn selbst in ihren Erinnerungsbänden *Auch wenn Du träumst, gehen die Uhren* und *Die leuchtenden Feste über der Trauer* mitgeteilt hat oder aus der Erwähnung in einem Brief ersichtlich ist, schwierig, weil die Gedichte fast alle vor ihrer Veröffentlichung in Gedichtbänden bereits in Zeitungen und Zeitschriften – auch teilweise unter anderen Titeln und oft leicht verändert – erschienen sind.[23] Diese Daten zur Entstehung der Gedichte und ihrer Veröffentlichung in Publikationsorganen werden, wenn sie bekannt sind, bei den im Folgenden behandelten Gedichten[24] im Text angegeben, zu den übrigen am Ende dieser Arbeit innerhalb der Bibliographie aufgeführt, in der auch die Gedichte verzeichnet werden, die Oda Schaefer nicht in ihre Gedichtbände aufgenommen hat.

Im Anschluss an den jeweiligen Band bzw. die von Oda Schaefer herausgegebene Gedichtsammlung soll, sofern Rezensionen zu diesem Werk vorhanden sind[25], das Echo der zeitgenössischen Literaturkritik darge-

---

[22] Vgl. hierzu Fritzsche, Nachwort in Wiederkehr, S. 122f.
[23] Um exakte Angaben machen zu können, wäre eine Durchsicht sämtlicher Publikationsorgane im Zeitraum von ca. 1930 bis ca. 1970 notwendig, was jedoch im Rahmen dieser Dissertation nicht möglich war.
[24] Bei der Vorstellung der Gedichtbände Oda Schaefers kann nur eine Auswahl an Gedichten behandelt werden.
[25] Zu den Bänden *Madonnen*, *Kranz des Jahres* liegen leider keine Rezensionen vor. Da sich die wenigen Kritiken zu dem von Walter Fritzsche herausgegebenen

stellt und damit zugleich auch auf die Bedeutung der Lyrikerin Oda Schaefer in ihrer Zeit hingewiesen werden.

Das Elbische – das Orphische

Diese beiden Begriffe durchziehen wie Leitmotive das Werk Oda Schaefers. Sie selbst hat sich wiederholt als Elbische bezeichnet, genauso wie andere Schriftsteller, wie z.B. Carl Zuckmayer und Friedo Lampe, ihr und ihren Gedichten dieses Attribut zugewiesen haben. Damit ist das schwebende, leichte, verträumte, elfenhafte Wesen Oda Schaefers charakterisiert, das Umherschwirren ähnlicher einer Libelle[26], was man auch sprachlich und inhaltlich an vielen ihrer Gedichte beobachten kann. Das Abgehobene, Unrealistische, Märchenhafte ist ein beliebtes Sujet ihrer Lyrik, ihrer Prosa und in ihren in den fünfziger Jahren verfassten Hörspielen – gerade das Märchen von der Schwanenjungfrau, deren Kleid ein Fischer am Ufer findet und sie durch Liebe an sich bindet, hat Oda Schaefer wiederholt aufgegriffen.[27] Das Elbische besitzt für Oda Schaefer allerdings auch eine weitere Komponente: In ihren Erinnerungen und auch in Briefen sieht sie in ihrem eigenen Leben eine Entwicklung von der Elbischen hin zur Christin, von Eros zu Agape[28] entsprechend ihrem religiösen Wandel gegen Ende des Krieges. So hat das Elbische auch ein heidnisch-erotisches, egoistisches, vom christlichen Prinzip der Nächstenliebe entferntes Element, von dem sie sich im Laufe ihres Lebens zunehmend distanziert.

Das Orphische ist für Oda Schaefer das ureigenste Prinzip der Dichtkunst. Durch den Bezug auf die mythologische Figur des Sängers Orpheus sind bereits die bestimmenden Grundlagen einer in ihren Augen wahren Dichtung bezeichnet: Der Gesang, der Klang, die Dominanz des Tons, der Melodie, also der Musik, und damit die Verbindung zum Nicht-Erklärbaren, dem Unbewussten als ursprünglicher Quelle schöp-

---

Band *Wiederkehr* mit der Würdigung von Oda Schaefers 85. Geburtstag stark überschneiden, sollen diese am Ende der Arbeit in den Punkt „5. Die literaturkritische Rezeption von Oda Schaefer und ihren Werken" miteinfließen.

[26] Dieses Tier symbolisiert für Oda Schaefer die Dichtung an sich, vgl. *Die leuchtenden Feste über der Trauer*, S. 78.

[27] Vgl. das Gedicht *Die Verzauberte*. In: *Irdisches Geleit*, S. 30f.; vgl. das Hörspiel *Libellenbucht*.

[28] Vgl. *Auch wenn Du träumst, gehen die Uhren*, S. 285.

ferischer Poesie und Gestaltungskraft – Elemente, die auch in ihrer eigenen Lyrik deutlich zu spüren sind. In dieser Tradition eines auratischen Dichterbegriffs stehend, die aufgrund der Nähe zum Archaischen den Dichter als eine gleichsam göttliche Stimme und damit als einen Propheten betrachtete, lehnte sie daher den Verstand als im Dichtungsprozess entscheidenden Faktor ab, wie er u.a. von den Schriftstellern der Gruppe 47 propagiert wurde. Gerade die Wirkung von Musik stellte Oda Schaefer zusätzlich in einen weiteren Zusammenhang: Da Orpheus durch seinen Gesang und sein Spiel auf der Lyra sowohl Menschen als auch Tiere, Pflanzen und sogar Götter mit seiner Musik besänftigen und beglücken konnte, hatte für sie die Dichtkunst ebenso eine pazifistische Note, die für sie als Autorin der sogenannten ‚inneren Emigration' eine besondere Rolle einnahm.

3.1 *Die Windharfe. Balladen und Gedichte*

Der erste Gedichtband von Oda Schaefer erschien im Jahre 1939 in der von V.O. Stomps gegründeten, aber zu diesem Zeitpunkt bereits von ihm verkauften Rabenpresse in Berlin. Viele der in diesem Band versammelten Gedichte waren bereits vorher in verschiedenen Zeitschriften wie *Das Innere Reich, Der weiße Rabe, Die literarische Welt* veröffentlicht worden. Eines der ersten[29] ist das 1932 in der *Kolonne*[30] publizierte Gedicht *Die Ernte* (S. 10).

Die Ernte

Es geht das Wasser in den Wellen
Wie Berge hoch, wie Täler tief,
Wie Wind, der durch das Kornfeld lief.
Getragen von den Quellen
Glänzt oben dort im Hellen

---

[29] Oda Schaefer hat ihre in den *Schlesischen Monatsheften* veröffentlichten Gedichte *Hände, Waldgedicht, Mitte der Nacht* und *Deine Nähe* nicht in diesen Band aufgenommen. Gegenüber Karl Krolow äußert sie 1944, dass sie ihr Gedicht *Mitte der Nacht* als nicht gut empfand, vgl. Brief von Oda Schaefer an Karl Krolow vom 27.03.1944, Nachlass Karl Krolow, Signatur 88.7.61/3, DLA-Marbach.
[30] Vgl. *Die Ernte*. In: *Die Kolonne* 3 (1932), S. 7. Es ist das einzige Gedicht Oda Schaefers in dieser Zeitschrift.

> Ein Schwarm von Fischen, und er ruht,
> Dann sinkt er schwarz im Fall der Flut.
>
> Gebeugt zur Erde sind die Ähren,
> Weil über sie der Sommer schritt,
> Fern rauscht heran der Sensenschnitt.
> Mit weißen Segeln kehren
> Die Schiffe von den Meeren,
> Und Netze folgen ihrer Spur,
> Die durch den Schaum der Kiele fuhr.
>
> Zur Nacht liegt schon das Korn in Garben,
> Zur Nacht treibt stumm der Fische Schar
> Im Netz, das nie zerrissen war.
> Und als sie langsam starben,
> Da zog mit schwachen Farben
> Der Tag am Himmel hin, und bald erglüht
> Die neue Ernte, die aus Meer und Acker blüht.

Mit seinen Signalworten Acker, Meer und Himmel entspricht dieses Gedicht ganz der von Martin Raschke formulierten Einführung zur ersten Nummer der *Kolonne*: „Aber noch immer leben wir von Acker und Meer, und die Himmel, sie reichen auch über die Stadt."[31]

Die Natur, geschildert „in den homologen Kontrasten von Meer und Kornfeld"[32], erfüllt ganz ihre Bestimmung, die Bereitstellung von Nahrung – Fischen und Ähren – für den Menschen, auch wenn er selbst in diesem Gedicht nicht genannt, ja sein Aussprechen geradezu vermieden wird. Kein lyrisches Ich, kein ‚Du' treten hier auf, allein „der Sensenschnitt" und die heimkehrenden Schiffe mit ihren Netzen verweisen indirekt auf den, der diese Maschinen und Werkzeuge steuert. Das qualvolle Sterben der Fische, das Einholen der Ernte wird dabei glanzvoll überhöht und in den Dienst am Menschen gestellt, zu dessen Wohlergehen am nächsten Tag die neue Ernte „erglüht".

Visuelle Eindrücke dominieren die Bildlichkeit des Gedichts, die Ausdrucksweise ist geprägt von Vergleichen und Personifikationen, auf akustischer, sprachmelodischer Ebene unterstützen Alliterationen und Assonanzen den Inhalt.

Die Bewegung der Verse wird neben einer Reihe von dynamisierenden Verben im Vokabular metrisch durch eine Kombination von umar-

---

[31] Raschke, Martin. In: *Die Kolonne* 1 (1929), S. 1.
[32] Leuschner, Wunder und Sachlichkeit, S. 144.

mendem Reim und doppeltem Paarreim sowie durch einen mit zweimaligem Taktwechsel verschränkten vierhebigen Jambus[33] verdeutlicht, wobei sich kongruent zum Inhalt in den beiden letzten Zeilen, in denen eine neue Ernte und ein neuer Tag thematisiert werden, die Zahl der Hebungen erhöht.

Wie stark die Gedichte Oda Schaefers traditionellem Gedankengut verbunden sind, zeigt bereits der Titel des Bandes *Die Windharfe*. In diesem schon in der Antike eingesetzten Instrument, mit dem man Geheimnisvolles, Geisterhaftes, auch Unheimliches verband, sah man vor allem in der Romantik die Möglichkeit, die Musik der Natur, des Kosmos hörbar zu machen. So vereinigt, ganz diesen antiken und romantischen Ideen verpflichtet, die Windharfe auch für Oda Schaefer, wie sie in ihrem ersten Band ihrer Lebenserinnerungen schreibt, „die Sprache der Natur mit dem Melos, ich empfand wie die frühen Griechen, wie Sappho, die Dichtung als Teil der Musik – die Leier hat der Lyrik den Namen gegeben."[34]

Diese enge Verbindung von Musik und Dichtung spielt auch in ihren Gedichten eine große Rolle: Musikalität und Klanglichkeit sind Kennzeichen ihrer Lyrik und für Oda Schaefer von Beginn an von entscheidender Bedeutung.

Das erste Gedicht in diesem Gedichtband *Die stumme Harfe*[35] (S. 7) greift das Motiv der Windharfe aus dem Titel direkt auf.

> Die stumme Harfe
>
> Harfe, o Harfe! Es schwieg nun dein Lied,
> Irrendes zwischen dem goldenen Holz!
> Windharfe! Meidet der Süd, der dich flieht,
> Saite um Saite als fühllos und stolz?
>
> Schüttet der Knabe, der Schlaf, dir den Mohn
> Rot wie Zinnober ins singende Haar?
> Nur der Geliebte entlocket den Ton,
> Echo so hold wie vor Jahren es war.
>
> Nachtfalter flattern und fächern den Klang
> Klagend dir auf, eine Grasmelodie,

---

[33] Vgl. Leuschner, Wunder und Sachlichkeit, S. 145.
[34] *Auch wenn Du träumst, gehen die Uhren*, S. 283.
[35] *Die stumme Harfe* erschien zuvor in: *Das Innere Reich* 2 (1935/36), S. 981.

> Fern bläst das Waldhorn die Raine entlang,
> Liebliche Stimme, – erwidere sie!
>
> Bald die metallene Seele im Strom
> Zärtlichen Föhnsturmes löst sich und lauscht,
> Windharfe! Lobe den wolkigen Dom,
> Wo deine Lust wie ein Orgelchor rauscht.

Die Harfe wird als ‚Du' angerufen und imperativisch dazu aufgefordert, ihr Lied wieder ertönen zu lassen. Kunstvoll musikalisch ist dazu die Sprache: Vokale, besonders das „o" aus dem Anruf „o Harfe" häufen sich, um den klangästhetischen Eindruck zu intensivieren – „goldenen Holz", „Mohn/ Rot wie Zinnober", „entlocket den Ton", „Echo so hold", usw. –, Alliterationen, Personifikationen, dynamisierende Verben und ein die innere Bewegung steigerndes, fast singendes Versmaß (Volksverse, vierhebig mit zweisilbigen Füllungen, männlich-vollen[36] Kadenzen, die durch Kreuzreim miteinander verbunden werden) verstärken die Emphase des Anrufes. Die Harfe, ein Symbol der Dichtkunst, schweigt, nur der Geliebte – übertragen wohl der Geliebte der Muse der Dichtkunst – versteht es, ihr Töne zu entlocken, die an eine frühere Zeit erinnern, in der die Harfe noch geklungen hat. Die Erklärungsversuche für die Stummheit der Harfe nehmen antike Motive auf, wie den die Harfe meidenden Südwind oder den Gott des Schlafes – Hypnos –, der in der Kunst meist als geflügelter Knabe mit verschiedenen Attributen (u.a. auch einem Mohnstengel, hier im Gedicht reduziert auf den Mohn an sich) abgebildet sein kann.[37] Einen Anreiz zum Klingen soll das romantische Motiv des Waldhorns darstellen, das vom nur implizit durch die Imperative präsenten lyrischen Ich als „Liebliche Stimme" apostrophiert wird. Der Imperativ, diese Stimme zu erwidern, leitet zum auf die Zukunft gerichteten „Bald" in der vierten und letzten Strophe über. Ein erneutes Klingen der Windharfe scheint sicher: die „metallene Seele", eine oxymoronähnliche Umschreibung für das Instrument, die Verbindung des Materials mit der Gefühle und Emotionen anspre-

---

[36] Zur Beschreibung von volksliedhaften Versen vgl. die Terminologie von Andreas Heusler u.a. in: Arndt, Erwin: *Deutsche Verslehre. Ein Abriss*, Berlin: Volk und Wissen Verlag 1990, S. 97ff; ebenso in Binder, Alwin u.a.: *Einführung in Metrik und Rhetorik*, 5. Auflage, Frankfurt/M.: Scriptor 1987, S. 60f.

[37] Vgl. *Der neue Pauly. Enzyklopädie der Antike*, Band 11, Stuttgart, Weimar: Metzler 2001, S. 712f. Weitere Attribute des Hypnos sind ein mit Säften gefülltes Horn und ein Stab, die allerdings hier nicht angeführt werden.

chenden Musik, ertönt wieder „im Strom/ Zärtlichen Föhnsturmes". Obwohl ein Sturm an sich nichts Zärtliches evoziert, wird durch die Kombination dieses Adjektivs mit der Charakterisierung des Sturmes als Föhnsturm, der mit Wärme konnotiert ist, ein positives, Leidenschaft implizierendes Bild erzeugt. Analog zur ersten Strophe erfolgt ein nochmaliger Anruf an die Windharfe, der sich mit der pathetischen Aufforderung verbindet, „den wolkigen Dom" zu loben. Nicht von einem christlichen Gott ist hier die Rede, sondern allgemein von dem Bild einer Kirche aus Wolken, das durch den Vergleich mit dem Gesang eines Orgelchores Unterstützung erhält. Das Besingen oder – das Dichten – in seiner höchsten Form besitzt allerdings nicht nur diese allgemein metaphysische, sondern durch die Begriffe „zärtlich" und „Lust" auch noch eine erotische Komponente.

Da Oda Schaefer dieses Gedicht in dem Band *Der grüne Ton* unter die Gedichte an Horst Lange einordnete, wäre hier auch eine Interpretation dahingehend denkbar, dass das Gedicht als eine Art Dichtungs-Aufforderung an ihren Mann zu verstehen wäre.

Auf eine etwaige zeitkritische Dimension könnte hinweisen, dass die Zeit, in der die Harfe stumm ist und nicht klingt, die Gegenwart, d.h. das Dritte Reich, darstellt, und in der letzten Strophe die Hoffnung auf ein erneutes Klingen die Hoffnung auf einen politischen Wechsel und damit wieder ein freies Dichten bedeuten könnte.

Deutlich kritische Töne gegen das nationalsozialistische Regime sind in der Lyrik von Oda Schaefer jedoch fast nicht vorhanden. Die Angst vor der tödlichen Gewalt, die Freunde und Bekannte erleben mussten, und die Verantwortung Oda Schaefers für ihren eigenen Lebensunterhalt und den ihres Mannes, der zu dieser Zeit hauptsächlich an seinem ersten Roman *Schwarze Weide* arbeitete, waren zwingende Gründe dafür, mit Kritik vorsichtig umzugehen, um nicht aus der Reichsschrifttumskammer ausgeschlossen zu werden und damit die Lebensgrundlage entzogen zu bekommen. Dass sie durch diese Haltung „nolens volens den Eindruck literarischer Normalität im NS-Staat"[38] unterstützte, war ihr durchaus bewusst. Die Emigration stellte für sie und Horst Lange jedoch von Anfang an keinen Ausweg dar. Vielleicht hätte sich Oda Schaefer aufgrund ihrer guten Französisch-Kenntnisse und ihrer Flexibilität und Lernfähigkeit auch anderen Sprachen gegenüber im Ausland zurechtgefunden, sie fühlte sich aber ebenso wie ihr Mann fest an die deutsche

---

[38] Sarkowicz/Mentzer, S. 342.

Sprache gebunden.[39] Die Auswanderung wäre für sie „der geistige Tod"[40] gewesen.

Entsprechend der Bedeutung der Malerei für Oda Schaefer als Grafikerin wurde sie oftmals von Bildern zu Gedichten inspiriert[41], wie z.B. das nach einem Aquarell von Max Hauschild[42] geschriebene Gedicht *Mondsee* (S. 54), genauso wie Farben und Lichtkontraste große Verwendung finden, ja oftmals die Grenzen zwischen Malerei und Poesie verschwimmen lassen, da manche ihrer Gedichte als gemalte Bilder erscheinen.

Auch viele persönliche Erlebnisse hat Oda Schaefer in ihren Gedichten verarbeitet. Dem Tod des geliebten Vaters, der einen tiefen Einschnitt in ihr Leben darstellte, gedachte sie in dem Gedicht[43] *Am Grabe* (S. 19), das vor der *Windharfe* bereits in den Zeitschriften *Der weiße Rabe* und – zusammen mit der Ballade *Das ertrunkene Kind* – in *Das Innere Reich* erschienen war.[44] Es schildert die Eindrücke und Gedanken des lyrischen Ich beim Besuch des Grabes seines Vaters in einem versöhnlichen, nicht von Trauer oder Unverständnis geprägten Ton. Der ewige Kreislauf der Natur wird durch sanfte Bilder und Vergleiche dargestellt, die ruhige, fließende Atmosphäre klanglich durch das gleichmäßige, alternierende Versmaß unterstützt.

---

[39] In *Die leuchtenden Feste über der Trauer* schreibt Oda Schaefer über ihren Mann: Er „hätte sich niemals in einer fremden Sprache ausdrücken können", S. 47.

[40] Manuskript Ms 88: „Brennendes Leben. Erinnerungen an Elisabeth Langgässer", zweites Manuskript, S. 3, Nachlass Schaefer/Lange, Monacensia.

[41] Dies gilt auch für ihre Erzählungen, wie z.B. *1894* (in: *Kölnische Zeitung*, Nr. 540-541, 12.12.1943, S. 4) und *Die Haut der Welt* (in: *Die Haut der Welt. Erzählungen und Augenblicke*, S. 83-96.).

[42] Vgl. *Auch wenn Du träumst, gehen die Uhren*, S. 286.

[43] Vgl. hierzu Brief von Werner Bergengruen an Oda Schaefer vom 19.09.1947: „Ich freute mich so sehr manchem Bekannten wieder zu begegnen, etwa dem von mir so sehr geliebten Gedicht auf das Grab Ihres Vaters oder der Amsel im Winter, die Sie uns einmal nach Solln schickten, damals als das junge Jahr noch keineswegs Miene machen wollte, vom blauen Thron zu leuchten." Nachlass Schaefer/Lange, Monacensia.

[44] Vgl. *Am Grabe*. In: *Der weiße Rabe* 2 (1933), H. 11/12, S. 113, ebenso in: *Das Innere Reich* 1 (1934/35), S. 1407.

Am Grabe

Die Esche wächst, o schlanker Stamm,
Aus meines toten Vaters Brust.
Es kniet das sanfte Gotteslamm
In ihrem Schatten unbewußt,
Es weht ein Atem in den Zweigen,
Die hoch zum Himmel steigen.

Des Baumes silbergrauer Schaft
Strebt wie ein Pfeiler stolz und klar
Und trägt der Blätter junge Kraft
Als Laubgewölbe wunderbar,
Das sich zur Kathedrale weitet
Und um den Leichnam breitet.

Aus Fleisch wird Same, Gras und Baum,
Im Winde rauscht das grüne Blut,
Doch ewig strömen Geist und Traum
Des Toten in der Sternenflut.
Das Erbe seh ich leuchtend schweben,
Spät wird es mir gegeben.

Aus der Brust des toten Vaters, in der sich das Herz als das wichtigste Organ des Menschen befindet, das für das Leben des Menschen an sich steht, wächst die Esche, d.h. aus Tod und Stillstand wird lebendiges Wachstum. Sie verweist, vor allem in dem gleichsam kirchenschiffähnlichen umwölbenden Charakter des Laubes in der zweiten Strophe und in der Thematisierung der Gestirne in der letzten Strophe auf die immergrüne „Weltenesche Yggdrasil, die das Reich der Götter und Menschen verbindet und das All umschließt."[45] Als Zeichen des Göttlichen kniet in ihrem Schatten unbewusst das „sanfte Gotteslamm". Christliches wird evoziert, was mit den „hoch zum Himmel" steigenden Zweigen sowie dem Bild der Kathedrale in der zweiten Strophe, in der der Stamm des Baumes mit einem Pfeiler und die Blätter mit einem Gewölbe verglichen werden, weiter ausgeführt wird. Analog dazu ändern sich auch jeweils in den letzten beiden Zeilen der drei Strophen die Endungen: zweisilbige Kadenzen verdeutlichen auch sprachlich die in diesen Versen jeweils ausgedrückte Aufwärtsbewegung.

---

[45] Schäfer, Hans Dieter: *Wilhelm Lehmann. Studien zu seinem Leben und Werk*, Bonn: H. Bouvier u. Co. Verlag 1969, S. 189. Wilhelm Lehmann verwendet dieses Motiv in seinem Gedicht *Die Signatur*.

Jedoch bleibt das Religiöse auf diese Andeutungen beschränkt und erfüllt sich nicht in christlichen Jenseitsvorstellungen. Der natürliche, biologische Kreislauf, dass aus „Fleisch" wieder neues Leben erwächst, sinnbildlich dargestellt durch das Oxymoron „grünes Blut", die Elemente des Alten, des vergangenen Fleisches, sowie des neuen, grünen Lebens in sich vereinigend, wird um eine Dimension erweitert. In einer Art mystischer, pantheistischer Vision strömen „Geist und Traum/ Des Toten" ewig „in der Sternenflut"; das Erbe[46] ist visuell für das lyrische Ich sichtbar – es schwebt „leuchtend", womit die Sternenflut wieder aufgegriffen wird. Die Betonung des Wortes „Spät", das aus dem alternierenden Versmaß heraussticht, da man es akzentuiert lesen und damit das zweite Wort „wird" direkt mit einer Hebung anschließen muss, verweist auf seine Wichtigkeit: Spät wird das Erbe des Vaters dem lyrischen Ich gegeben, d.h. erst einige Zeit nach seinem Tod geht das Vererbbare auf das lyrische Ich über.

Betrachtet man diese Aussage vor der Biographie Oda Schaefers, so könnte man diese letzte Zeile dahingehend interpretieren, dass sie erst spät, Jahre nach dem Tod ihres Vaters, ihre eigentliche, vom väterlichen Erbe stammende Begabung, das Dichten, erkannte und zu ihrem Beruf machte. Erst in Liegnitz, im Alter von fast dreißig Jahren fand sie zur Lyrik.

Die niederschlesische Landschaft, die sie dort zusammen mit Horst Lange kennen und lieben gelernt hatte, spielt in ihren Gedichten eine große Rolle. Hier,

> im Schwarzwasser-Bruch der »Schwarzen Weide«, das sie mit dem Gefährten durchwandert, eröffnet sich ihr jenes Gelände von Wasser, Sumpf, Moor, Ried und Gras[47], das für ihre Lyrik charakteristisch ist: erdnahe, feuchte, niedere Formationen, fern von heroischen Landschaften wie Gebirge und Meer, die ihren Gedichten fremd sind.[48]

Ein Beispiel dafür ist das Gedicht *Wasserjungfer*[49] (S. 43f).

---

[46] Für Lydia Marhoff ist das Erbe des Vaters die explizit christliche Deutungsmuster zurückweisende Vorstellung vom Tod, vgl. Marhoff, S. 160.

[47] Auch Horst Lange verwendet dieses Sujet in seinen Gedichten, wie z.B. in *Mückenlied, Die Wasserrosen*. In: Lange, Horst: *Gedichte aus zwanzig Jahren*, München: Piper 1948, S. 41f., 68ff.

[48] Fritzsche, Nachwort in Wiederkehr, S. 120.

[49] Das Gedicht *Wasserjungfer* erschien bereits zuvor in: *Das Innere Reich* 3 (1936/37), S. 1504.

Wasserjungfer

Die Blase quillt aus Schlamm und Moor,
Im toten Wasser schwankt der Kreis,
Das Auge ohne Lid starrt weiß
Hinauf zum manneshohen Rohr –
Träg treibt sie mit den Unsichtbaren
Und strähnt in fahlen Algenhaaren.
…

In der ersten Strophe wird eine Blase beschrieben, die zwischen Algen und Schilf im Moor treibt. Eine düstere, unheimliche Stimmung verbindet sich mit ihr, evoziert durch die Art der Schilderung. Bewegungsloses, Totes wird dreifach assoziiert durch das Bild „Das Auge ohne Lid starrt weiß", das tote Wasser sowie das Treiben „mit den Unsichtbaren" verstärken diesen Bedeutungsrahmen, wobei die langsame Bewegung sowohl durch die Betonung von „Träg", die Alliteration „Träg treibt", die zum langsamen Sprechen zwingt, sowie die das lange „a" betonende Verbindung „strähnt in fahlen Algenhaaren" unterstrichen wird. Erst die zweite Strophe lässt erkennen, worum es eigentlich geht: eine Libellenlarve, auch mit dem Namen „Wasserjungfer" bezeichnet, schwimmt im Moor. Ihre Beschreibung orientiert sich an menschlichen Verhaltensweisen: Scheu verbirgt sich „der Jungfernleib" – die Tarnung der Larve durch blau-grüne Schuppen. Mit einer Wendung, die einem Rätsel gleicht („Ist Quappe nicht und irdisch Weib"), wird die Beschreibung fortgeführt und ein kunstvoller Gegensatz aufgebaut: Das Bild des Erblühens, ausgedrückt in den Vergleichspaaren „wie Muschelmund", „wie weiße Rose", steht konträr zum dunklen, hässlichen „Aalkraut", in dem „die Wurzellose" schwimmt. Zusammen mit den Fingern, die sie aus dem Wasser hebt, gleitet nun der Blick ebenso aus dem Wasser in die Luft und damit in ein Element, das sich mit einem vollkommen anderen Assoziationsrahmen als dem Bewegungslosen, Toten des Moores verbindet.

Und ihre Finger spreizend hebt
Sie aus der brakig seichten Bucht,
Denn oben heiter auf der Flucht
Blitzt das, was zart in Lüften lebt,
Libelle hell! Es schwirrt gleich Grillen
Ihr Flattern an des Schilfes Rillen.
…

Als „heiter", „zart" entsprechend dem Luftigen, Leichten wird die Libelle beschrieben, voll Licht („hell", „licht") und Bewegung, was in den dynamisierenden Verben „blitzen", „schwirren" und „Flattern" und – auf klanglicher Ebene – in der Häufung von Doppelkonsonanten und kurzen, hellen Vokalen zum Ausdruck kommt.

Das Geschehen findet seinen Höhepunkt in der vierten Strophe: Die Libelle, „liebend tiefer" irrend, „wie betäubt" vom „nahen Antlitz", wird von der Libellenlarve gefangen. Das Wasser, von der Larve in Bewegung gesetzt, benetzt die Flügel der Libelle, so dass sie sie nicht mehr bewegen kann und damit zur Beute wird. „Voll Wollust" – wiederum ein sehr menschenähnliches Attribut – wird sie nun am Ende des Gedichts von der Larve verzehrt, wonach diese wieder auf den Grund zurücksinkt, in die trübe, dunkle Welt des Moores, mit der wie auch in den ersten beiden Strophen wieder eine Betonung dunkler Vokale („Mund", „ruht", „trübe Flut", „Grund") verbunden ist. „Blind" löschte sie „den Schwesternamen/ Den Zwilling aus dem gleichen Samen".

Das in diesem Gedicht dargestellte Aufeinandertreffen zwischen einer niederen Form von Existenz in dem Bild der Libellenlarve und einer höheren in Form der Libelle, die bei Oda Schaefer ein Symbol der Dichtung darstellt[50], könnte man nach Lydia Marhoff auch in einen größeren Bezugsrahmen setzen:

> So wird in diesem Gedicht aus einem Ereignis, von dem man annehmen kann, dass es sich in der Natur tatsächlich so abspielen könnte, die Begegnung von zivilisatorischen Idealen mit auf einfache Triebbefriedigung ausgelegter, finsterer Brutalität, in der die Ideale unterliegen.[51]

Bezieht man diese Aussage auf die Situation im Dritten Reich, trägt eine größere Kultiviertheit also nicht dazu bei, zu überleben. „In einen gesellschaftspolitischen Zusammenhang gebracht, scheint das System (die ‚Unsichtbaren') auf der Seite derer zu stehen, die primitiv geblieben sind." Diese Interpretation führt wohl etwas zu weit, vor allem da das Handeln beider Kreaturen, der Larve wie auch der Libelle, als absichtslos dargestellt wird (die Larve löscht „blind" den Schwesternamen, die Libelle „irrt liebend", „wie betäubt" tiefer). „Somit ist das Gedicht keine Anklage einer ungerechten oder grausamen Tat, sondern eine distanzierte

---

[50] Vgl. *Die leuchtenden Feste über der Trauer*, S. 78: „Auf dem Gürtel befanden sich kleine goldmetallene Libellen, als geheimer Ausweis, daß ich Lyrikerin war."
[51] Hier und im folgenden Zitat Marhoff, S. 153.

Schilderung eines Ereignisses, dessen Interpretation den Lesern überlassen bleibt."⁵²

Der stetige Kreislauf der Natur, Metamorphosen, Verwandlungszustände stehen hier – wie auch bereits im Gedicht *Am Grabe* – im Vordergrund. Aus Altem entsteht Neues, aus der Larve, die sich jetzt noch von anderen Insekten, u.a. auch Libellen ernährt, wird auch einmal eine Libelle werden, die ebenso wieder einer neuen Larve zum Opfer fallen kann: Der Tod als Verwandlung in einen neuen Zustand, „die Wiederkehr alles Lebendigen"⁵³ ist in der Dichtung Oda Schaefers ein wichtiges Element.

In einem anderen, romantischen Kontext erscheint das Motiv des Todes in dem 1935 in *Das Innere Reich* erschienenen Gedicht *Verführung und Beschwörung*⁵⁴ (S. 46f), das sich entsprechend dem Titel in zwei Teile gliedert. In der ersten Hälfte des Gedichts fühlt sich der Leser aufgrund der direkten Anrede an ein ‚Du' durch den Tod selbst angesprochen und sieht sich aufgefordert, sich ihm ganz zu überlassen. Positiv, als ewiger, traumloser Schlaf stellt der Tod sich dar, ganz im Sinne der Todessehnsucht der Romantik⁵⁵, beschwörend, formelartig eindrücklich, nahezu hypnotisch sprechend, indem die erste und die letzte Zeile einer jeden Strophe gleich lauten.

> Verführung und Beschwörung
>
> Niemals wirst du süßer schlafen
> Als im dunklen Erdenhaus,
> Jene, die sich drunten trafen,
> Ruhen Schmerz und Tränen aus,
> Niemals wirst du süßer schlafen!
>
> Immer sinkst du, tiefer immer,
> Wo kein harter Dornenhag
> Und kein grauer Regenschimmer
> Bitter trennt die Nacht vom Tag,
> Immer sinkst du, tiefer immer!
> ...

Auch das regelmäßige alternierende Versmaß mit seinen vier Hebungen und das Reimschema ‚ababa', in dem weiblich-volle mit männlich-vollen

---
⁵² Marhoff, S. 154.
⁵³ Fritzsche, Nachwort in Wiederkehr, S. 120.
⁵⁴ Vgl. *Verführung und Beschwörung*. In: *Das Innere Reich* 2 (1935/36), S. 285f.
⁵⁵ Vgl. Marhoff, S. 156; vgl. ebenso Fritzsche, Nachwort in Wiederkehr, S. 120.

Kadenzen abwechseln, bewirken den eindringlichen, verführungsartigen Ton dieser ersten vier Strophen.

Ganz anders der zweite Teil des Gedichts: hektisch, fluchtartig ist der Rhythmus:

> Du lächelst so beinern und ziehst mich hinunter,
> O löse die dorrenden Hände von mir!
> Vom Faulbaum berauscht, sinke träge ich unter
> In finstere Kammer, zu Wurm und Getier. (S. 47)
> …

Das Versmaß ist zwar ebenfalls vierhebig mit abwechselnd weiblich- und männlich-vollen Kadenzen, aber diesmal mit Auftakt und jeweils zwei Senkungen. Analog zum unruhigen Metrum und panikartigen Rhythmus der Verse ist der Ton: Das nun auftretende lyrische Ich versucht beschwörend der Verführung des Todes zu widerstehen, auch wenn die Anziehungskräfte stark sind und drogenähnliche Wirkung haben – „ziehst mich hinunter", „vom Faulbaum berauscht, sinke träge ich unter", dabei direkt auf die ersten Strophen Bezug nehmend. Mit direkten Anrufen und Imperativen „O löse die dorrenden Hände von mir" antwortet das lyrische Ich auf die verführerischen Angebote und entidealisiert den süßen Schlaf, die Traum- und Schmerzlosigkeit sowie das dunkle „Erdenhaus" als „finstere Kammer, zu Wurm und Getier". Die Alliterationen und Lautgruppenkorrespondenzen[56] (u.a. „Traum" – „Truhe", „Hammerschlag schloß") wirken auch auf der klanglichen Ebene zusätzlich insistierend und den abwehrenden Eindruck verstärkend. Die Gaukeleien der Verführung werden offenbart: „Du flötest das Lied auf dem zaubrischen Knochen,/ Betörend und schwül ruft die bleiche Schalmei."

> Verlocke mich nicht mit der schmerzlosen Ruhe!
> Im Mondlichte flieht nun geflügelt mein Roß,
> Kein Bett für den lieblichen Traum ist die Truhe
> Aus tannenem Holz, die der Hammerschlag schloß.

Es bleibt allein die in der Anspielung auf das Dichterpferd Pegasus sich offenbarende geistige Flucht – „Im Mondlichte flieht nun geflügelt mein Roß" – und die emphatische Abwehr des negativen Einflusses durch erneute Imperative.

---

[56] Zum Terminus vgl. Binder, S. 80.

...
O schweige dort, Buhle du, unter dem Hügel!
Zu früh wie die Kehle der Lerche im März
Verführst du zum Schlaf den ermatteten Flügel –
Doch Scharlach verblutend erwehrt sich das Herz.

Mag die Verführung auch noch so groß sein, das Herz wehrt sich bis zuletzt, bildlich ausgedrückt in dem zwei Mal die Farbe Rot assoziierenden Bild „Scharlach verblutend".

So steht dieses Gedicht dem Inhalt und auch dem in der ersten Hälfte[57] einer Romanze ähnelnden Versmaß nach ganz im Zeichen romantischer Todessehnsucht. Die Gefahr für das lyrische Ich ist nicht so sehr eine Bedrohung von außen, sondern von innen durch Resignation und Melancholie, womit die Aussage dieses Textes, wenn es denn als Gedicht des Widerstands gelesen würde, „extrem unpolitisch"[58] wäre.

Der Tod spielt vor allem in den Balladen Oda Schaefers eine große Rolle. Unheimliches, tragische, oft zum Tod führende Begegnungen in der Tradition der numinosen Ballade bestimmen die Themen, genauso wie ihnen, wie auch in anderen Gedichten Oda Schaefers, oft Sagen- oder Märchenmotive zugrundeliegen[59], die sie zufällig, wie z.B. bei der Ballade *Die Totenbraut*, von zwei Moritatensängern in Liegnitz erfuhr.[60] Der Reim „Sie wollte den Liebsten wiederhaben, – Sie wollte ihn mit den Händen ausgraben..." aus der „Geschichte von der schönen Totenbraut"[61] war ihr, wie sie in *Auch wenn Du träumst, gehen die Uhren* berichtet, im Gedächtnis geblieben und hatte sie zu ihrer eigenen Dichtung inspiriert. Auch für die Ballade *Die arme Magd* (S. 37-39) war ein persönliches Erlebnis auf der Hochzeitsreise von Oda Schaefer und Albert Schaefer-Ast nach Bayern ausschlaggebend.[62]

---

[57] Vgl. Marhoff, S. 156.
[58] Marhoff, S. 157.
[59] Vgl. Fritzsche, Nachwort in Wiederkehr, S. 123.
[60] Von ihrer Verliebtheit in Günter Eich als Inspirationsquelle für die Ballade *Die Totenbraut* berichtet Oda Schaefer in einem Brief an Hertha Bielfeld vom 06.05.1965: „Wir erklärten uns unsere Liebe, Günter und ich, er hatte mich sehr geliebt, was er mir einmal später im Suff verriet, und ich ihn auch. Meine Ballade Die Totenbraut war durch meine damalige Verliebtheit inspiriert." Nachlass Schaefer/Lange, Monacensia.
[61] *Auch wenn Du träumst, gehen die Uhren*, S. 283.
[62] Vgl. *Auch wenn Du träumst, gehen die Uhren*, S. 180.

Dem Einfluss der Balladen Gottfried August Bürgers gemäß, die auf sie in ihrer Jugend „einen starken Eindruck von Kraft und Unmittelbarkeit gemacht hatten"[63], sind nun auch ihre Balladen traditionell geprägt von hoher dramatischer Gestaltungskraft und großer Bildhaftigkeit des Ausdrucks.

So wird in der Ballade *Die Totenbraut*[64] (S. 30-33) von der Braut Jorinde erzählt, die aus Kummer um den Tod ihres Geliebten nachts auf dem Friedhof das Grab des Verstorbenen aufsucht und dort stirbt. Kunstvoll ist der Spannungsaufbau in diesem Erzählgedicht, das sofort mit einer äußerst bildhaften Beschreibung des Toten durch zahlreiche Vergleiche („blau wie fernes Hügelland", „Lächeln gleich dem Winde") in den ersten beiden Strophen beginnt, deren Intensität durch eine den Gegensatz zwischen Tot und Leben unterstreichende Wortwahl sowie auf klanglicher Ebene durch die auffällige Häufung von Vokalen („Mundes jungen Purpur") gesteigert wird. Nach der auszehrenden und schlafraubenden Trauer der Braut in der dritten Strophe erfolgt nun in der vierten Strophe das Aufbrechen Jorindes.

> Und als der Mond zum drittenmal vollendet,
> Seit der allein im kalten Bette blieb,
> Und als des Mondes Scheibe wie geländet
> Vom Strom des Himmels an das Ufer trieb,
> Das breit am dunklen Horizonte lag –
> Da trat Jorinde in den frühen Tag. (S. 30f.)
> …

Die vergangene Zeit wird hier durch die Phasen des Mondes angezeigt: Der Vollmond erscheint in dem ausdrucksstarken Bild von der vom „Strom des Himmels" an das Ufer getriebenen Scheibe des Mondes. Jorindes Weg führt sie am frühen Morgen durch Nebelbänke, bildhaft verglichen mit weißen Särgen, zum Friedhof. Die dramatische Spannung erhöht sich durch die analog zum Gegensatz von Leben und Tod verwendete Farbgebung schwarz und weiß („Lemurenhänd[e] spitz und weiß" – „der Erde fettem Schwarz"), die zusätzlich noch von Metaphern und Vergleichen („ein zartes Reis", „Steckling in der Erde fettem

---

[63] *Auch wenn Du träumst, gehen die Uhren*, S. 283; vgl. hierzu auch Brief von Oda Schaefer an Hertha Bielfeld vom 29.12.1961: „Ich kam direkt aus den Balladen von Bürger usw. und aus der Romantik, ohne moderne Zwischenstufen, daher wohl diese frühe Kraft." Nachlass Schaefer/Lange, Monacensia.
[64] Vgl. *Die Totenbraut*. In: *Der weiße Rabe* 3 (1934), S. 12-14.

Schwarz") sowie durch eine äußerst sinnhafte Darstellungsweise unterstützt wird; visuelle Reize, z.B. der Nebel, stehen neben akustischen, z.B. den schreienden Angeln, und olfaktorischen, wie u.a. der bittere und schwere „Duft der Nacht", „Zypressen und süßem Jasmin gemacht".

Trauer und Wut Jorindes entladen sich in der 10. Strophe, in der sie verzweifelt an den Sarg des Toten schlägt, ihn anruft und zu ihm in das Grab hinabsteigt. Sprachliche Mittel, wie u.a. Anaphern und Parallelismen beschleunigen und steigern das Erzähltempo; die auffallende Häufung des Vokales „o" („Tod", „Verstorbnen", „erhob", „ostwärts", „Morgenrot") trägt zur Expressivität der Szene bei. Das unheimliche Bild von den „Finger[n] der Verstorbnen", die „schauernd über Busch und Kraut" streichen, leitet bereits zur nächsten Strophe über, der Erscheinung des Geliebten als Geist, als „Irrlicht überm Rain", wobei die Wiederholung der Klanggruppe „schw" den Eindruck des Schwebens auch auf der Lautebene umsetzt.

> Dort, wo sie klagte, hinter ihrem Rücken,
> Dort bildete sich schwacher Phosphorschein,
> Ach, der Geliebte! Seliges Entzücken!
> Er schwebte schweigend, Irrlicht überm Rain,
> Vom Moor kam er, vom letzten, stillen Teich,
> Das grüne Fleisch, wie durchsichtig, wie bleich! (S. 32)
> …

Die grüne Farbe des Moores wird bei der Beschreibung der durchsichtigen, bleichen Erscheinung, deren Eindruck durch die Kombination mit dem wiederholten Ausruf „wie" verstärkt wird, in der Verbindung „das grüne Fleisch" wieder aufgegriffen, das allerdings mit seiner Assoziation zu Verdorbenem eine zusätzliche Bedeutungskomponente erhält.

Die Durchsichtigkeit der Gestalt, ihre Farblosigkeit weist bereits auf die nächste Strophe hin, in der sich der „Jüngling" mit dem Morgengrauen wieder auflöst. Doppelt grausam erscheint nun das Los der Totenbraut: Zum zweiten Mal wird ihr der Geliebte genommen. Die Personifizierung des Todes und die Zuweisung des Attributes „königlich" („Der königliche Tod") führen anschaulich seine Macht vor Augen und steigern die Emotionalität der Szene. Wendung und Auflösung erfolgen erst am Ende der Strophe: Jorindes Tod wird sehr bildlich durch das Siegel „mit dem großen Sterbemal" umschrieben, ebenso metaphorisch das Ende ihres Schmerzes über den Verlust ihres Geliebten mit der Wendung „Dann löschte er die Flamme ihrer Qual."

So kehrt nun mit ihrem Tod Ruhe ein, die Spannung löst sich auf. Jorinde liegt am Grab, zum ersten Mal wird sie auch im Gedicht „die Geliebte" genannt, ein Zeichen dafür, dass sie nun mit dem Geliebten auf gleicher Ebene vereinigt ist. Die friedliche Atmosphäre stellt im visuellen Bereich nun nach der zuvor beherrschenden Dunkelheit der Nacht die Dominanz des Hellen, Lichten dar sowie auf der Ebene des Akustischen nach den schreienden Angeln der Gesang einer Amsel, der auch im Klanglichen durch die den singenden Eindruck verstärkende Dominanz des Lautes „l" umgesetzt wird.

Auffallend an den Balladen Oda Schaefers ist, dass die meisten Hauptagonisten oder Sagengestalten weiblichen Geschlechts sind, sei es in *Der Engel der Schlacht, Die Seherin, Die Totenbraut, Die Schwestern* oder *Die arme Magd*. Auch in der Ballade *Das ertrunkene Kind*[65] (S. 34-36) geht es um eine weibliche Figur, eine Geistergestalt, die um ihr ertrunkenes Kind vierzig Nächte klagen muss, bis der Körper des Kindes von dem „Wasserweib", der „grünen Nymphe" herausgegeben wird. Ganz der romantischen Tradition verpflichtet wird die Nymphe als Heidin bezeichnet, ähnlich der Eichendorffschen Venus in der Erzählung *Das Marmorbild*, in der auch die antike Mythenwelt mit nicht-christlichen Attributen versehen ist. Oda Schaefer deutet die christliche Gegenwelt, die bei Eichendorff noch konkret durch eine Gegenspielerin, Bianca, personifiziert war, in ihrer Ballade allerdings am Ende mit der Formel „Daß zu Erde wird, was Erde war" nur an und führt den von der christlichen Heilsauffassung geprägten Kontext nicht weiter aus.

Ein gerade im Dritten Reich sehr brisantes Thema hat die Ballade *Der Engel der Schlacht* (S. 24-26) zum Inhalt.

> Der Engel der Schlacht
>
> In jener Nacht, als schon der Große Wagen
> Mit seiner Deichsel langsam erdwärts sank,
> Als aus dem Grund von leergeschöpften Tagen
> Kein einzger Mann mehr Rausch und Frevel trank,
> Da schlüpfte aus der Fäulnis zarter Glorie
> Ein Weib, ein Engel: Buhlerin Viktorie!
> …

Die Göttin Viktoria – als Siegesgöttin normalerweise stets positiv besetzt – erscheint in dieser Ballade in keinem guten Licht. Sie wird als „Buhle-

---

[65] Vgl. *Das ertrunkene Kind*. In: *Das Innere Reich* 1 (1934/35), S. 1407-1409.

rin" bezeichnet und mit den Periphrasen „aus der Fäulnis zarter Glorie" Entschlüpfte, als „Gezeuget in dem stöhnenden Umarmen/ Gestürzter Krieger mit dem dunklen Land" umschrieben, die nur Verderben bringt. Mit vielen bildhaften Vergleichen (u.a. „wie Kometen", „dem Monde gleich"), dynamisierenden Verben (u.a. „brauste", „klirrten", „zuckt'", „schweben", „schnitt"), anschaulichen Metaphern (u.a. „die jungen Halme", „Totentanze"), ausdrucksstarken Adjektiven (u.a. „dumpf", „glänzend", „laut", „stöhnenden", „heiß") und Konsonantenhäufungen auch auf der Lautebene (u.a. „klirrten", „Waffen", „metallne", „Rebellen") wird die Gewalt und der Einfluss der Göttin, des Engels der Schlacht, beschrieben, die von den Gemütern sturmhaft Besitz ergreift.

> Der Tag begann und brauste an das Ufer,
> Wie klirrten da die Waffen laut von Erz,
> Kanonen wurden dumpf metallne Rufer;
> In längst vergangnem Fleische zuckt' das Herz
> Galvanisiert bei diesen nahen Zeichen,
> Rebellen gegen Sterben, Söldnerleichen.
>
> Denn auch die leeren Augen sahen schweben
> Den hohen Engel im Gewölk der Schlacht,
> Und in den Adern klopfte heiß das Leben
> Der schönen Jünglinge, die wirr entfacht
> Die Hände stürmend streckten nach der Palme –
> Die Knochensense schnitt die jungen Halme. (S. 25)
> ...

Der Lohn für die Begeisterung der Kämpfenden jedoch ist hoch: Der Tod ist das Ergebnis der trunkenen Anbetung, an der die Soldaten selbst jedoch nicht schuldig sind. Als verfallen, „wirr", genarrt durch „die monotonen Lieder/ Gleich Hymnen auf den Ruhm", als verblendet werden sie dargestellt, als einförmige Masse – nicht als selbstbestimmte Individuen.

Betrachtet man diese Ballade im Kontext des Nationalsozialismus, so könnte man durchaus einen kritischen Ansatz erkennen. Der Krieg, die Schlacht wird nicht als aufopferungswürdig markiert, nicht verherrlicht und als etwas beschrieben, für das es sich zu kämpfen lohnt. Durch die starke Zeichnung der Gegensätze zwischen Tod und Leben, durch die Darstellung der Kampfbegeisterung als „wirr", „verblendet", genarrt erkennt man im Kriegsgeschehen nur sinnloses Sterben, für das man sich – im nicht verblendeten Zustand – wohl nie entscheiden würde. Neben dieser eindeutig als negativ zu betrachtenden Kriegsschilderung ist eine weitere kritische Komponente in dieser Ballade auch die Tatsache, dass hier nicht von einer bestimmten Nationalität, nicht einmal vom Kampf um das Vaterland – welches auch immer damit gemeint sei – gesprochen wird, sondern von einer personifizierten Idee, die alle betrifft und auch dasselbe für alle Parteien bedeutet. Kriegsgegner sind hier gleich geschaltet, beide sind sie geblendet von der gleichen Vorstellung des Sieges, sind geleitet von denselben Motiven – es gibt keinerlei Unterschiede. Der Krieg als menschliche Tragödie ist das, was als menschenunwürdig, sinnlos kritisiert wird.

Diese Auffassung deckt sich durchaus mit den persönlichen Ansichten Oda Schaefers. Sie hatte bereits den Ersten Weltkrieg, vor allem sein Ende, bewusst miterlebt, und konnte damit fühlen, was der Kriegsbeginn von 1939 bedeutete. Wie sie in ihren Erinnerungen berichtet, war sie von der Nachricht wie gelähmt und schockiert; nichts ist bei ihr von Kriegsbegeisterung zu spüren, nur Panik, Angst und Entsetzen.[66]

Das 1938 in der *Neuen Rundschau* erschienene Gedicht *Amsel im Winter*[67] (S. 55) lässt wieder andere Merkmale der Dichtung Oda Schaefers in den Vordergrund treten: eine melancholische Atmosphäre, zarte, verhangene Bilder sowie ein leiser, singender Ton. In vier Strophen mit einem volksliedhaften Rhythmus (vierhebig, abwechselnd mit weiblich-vollen und männlich-vollen Kadenzen, dem Kreuzreimschema entsprechend angeordnet) wird das Lied einer Amsel im Winter beschrieben. Ein nicht explizit genanntes lyrisches Ich wendet sich an die Amsel – das pars pro toto „Kehle" steht dabei sinnbildlich für den akustischen Reiz –, die irrigerweise in einer Jahreszeit singt, in der ihr Lied normalerweise nicht zu hören ist.

> Amsel im Winter
>
> Du süße Kehle, grün und irrend,
> Verloren tief im Nebelgrau,
> Erlahmter Flügel, furchtsam schwirrend
> Wie Fledermaus vor Tag und Tau,
>
> Im Dunkel wächst der bleiche Schimmel,
> Der Pelz der Nässe färbt sich schwarz,
> So singe du den hellen Himmel,
> Den Duft der Pappel, goldnes Harz.

---

[66] Vgl. *Auch wenn Du träumst, gehen die Uhren*, S. 289.
[67] Vgl. *Amsel im Winter*. In: *Die neue Rundschau* 49 (1938), Bd. 1, S. 258.

> Der Wind zerbricht die Blätterrippen
> Und Regen tropft auf totes Gras –
> Es klingt von unsichtbaren Lippen,
> Die Flöte dringt durch Schleier blaß
>
> Und schmilzt in Dämmertraum und Feuchte
> Zu früh wie Weidenrohres Ton,
> O Amsel klage, bis es leuchte,
> Das junge Jahr vom blauen Thron.

Das Gedicht besteht vor allem aus der Schilderung von Gegensätzen: Während die Jahreszeit des Winters mit den Attributen „Nebelgrau", „Dunkel", totem Material („Blätterrippen", „totes Gras"), „Dämmertraum", „Feuchte" korreliert ist, verbindet sich mit der Amsel das Helle, Farbige, Grüne (stellvertretend für den Frühling und Sommer), Duftende und Singende. Alliterationen verstärken die Sinn- und Bildlichkeit des Gedichts und verdeutlichen den singenden, volksliedhaften Ton. Zur Anschaulichkeit und Verstärkung des Ausdrucks sowie zur ästhetischen Geschlossenheit tragen auch auf der Bildebene die vielen Vergleiche, Metaphern und Synästhesien (u.a. „Die Flöte dringt durch Schleier blaß/ Und schmilzt") bei. Kontinuierlich steigert sich dazu parallel zur Zunahme an klangvollen, dynamisierenden Verben der Ton des Gedichts und kulminiert im emphatischen Aufruf, den durch die Farbe Blau und damit mit Assoziationen zu Kälte und Eis symbolisierten Winter zu vertreiben.

Wollte man auch hier eine politische Lesart anstrengen, so könnte man eventuell mit dem Winter auch die gegenwärtige, von den Nationalsozialisten beherrschte gefühlskalte Zeit gleichsetzen, womit der Aufruf an die Amsel mit einem Appell zum Widerstand zu vergleichen wäre – allerdings ein Appell, der nicht zu Taten, sondern klagend, also zum Widerstand mit Worten aufrufen würde.

Noch viele Gedichte ließen sich anschließen – der Ton der Gedichte sowie ihre Form ändern sich jedoch nicht grundlegend. An volksliedhaften Versen oder an Strukturen der romanischen Verstradition, wie z.B. im durch die Form der Terzine auffallenden letzten Gedicht *Traum* (S. 61f.), orientierte Versmaße wechseln einander ab, große Bildhaftigkeit und Farbigkeit des Ausdrucks sowie die auffallende Verwendung von Alliterationen, Häufungen von Vokalen und Lautgruppenkorrespondenzen erinnern dabei auch immer wieder an den Expressionismus. Inhaltlich entsprechend der äußeren Form dominiert die Orientierung an traditionellem klassisch-romantischem Gedankengut[68], und, was die Balladen Oda Schaefers betrifft, vor allem an der Tradition der numinosen, naturmagischen Ballade. Moor, Sumpf, Wasser sind oft verwendete Sujets, genauso wie Oda Schaefer Motive aus Märchen und Sagen einsetzt. „Wunder und Sachlichkeit" – die Prinzipien der *Kolonne* und Kennzeichen des ‚magischen Realismus' sind bestimmende Charakteristika dieses Gedichtbandes.

3.1.1 *Die Windharfe* im Spiegel der Literaturkritik

Zu Oda Schaefers erstem Gedichtband liegen nur zwei Kritiken vor. Neben einem kurzen Beitrag in der Zeitschrift *Die Dame* über Gedichtbücher[69], zu denen auch *Die Windharfe* Oda Schaefers gehörte, schrieb Karl Krolow in der Zeitschrift *Das Innere Reich* über Gegenwartslyrik, wobei er sich u.a. ebenfalls diesem Gedichtband von Oda Schaefer widmete.[70] Beide Stimmen sind sich in ihrer durchgängig positiven Bewertung einig. Das Prinzip des ‚magischen Realismus', das in ihren Gedichten – dem Programm der *Kolonne* folgend – deutlich zum Ausdruck kommt, wird in wortgewaltigen und bilderreichen Beschreibungen vorgeführt: So werde nach Krolow die Wirklichkeit „mit äußerster Leidenschaftlichkeit im gestalteten Wort zu jenem Leben erhoben […], das berückt durch die Kraft seines bloßen Da-Seins."[71] Gefahr gehe von dieser Wirklichkeit aus, nämlich die „Nähe zur Magie schlechthin, die behext und zu verschlingen droht". „Diese ‚Wirklichkeit' ist eben alles andere als naturalistisch" – sondern magisch-realistisch, die beiden scheinbar gegensätzlichen Pole in sich verbindend, ein Prinzip, das auch der Kritiker in der *Dame* wiederzugeben versucht. „Das Dingliche, kräftig Angeschaute prägt ihr die Form vor, die stark und groß genug ist für ein das Elementische irrlich-

---

[68] Der Rekurs auf die klassisch-romantische Lyrik-Tradition gilt als allgemeines Kennzeichen der Lyrik der dreißiger und vierziger Jahre, vgl. Ketelsen, Uwe-K.: *Die dreißiger und vierziger Jahre*. In: Hinderer, Walter (Hg.): *Geschichte der deutschen Lyrik vom Mittelalter bis zur Gegenwart*, 2. erweiterte Auflage, Würzburg: Königshausen & Neumann 2001, S. 477-501, hier S. 480.
[69] Weylandt: *Gedichtbücher*. In: *Die Dame* 66 (1939), H. 25, S. 6f.
[70] Krolow, Karl: *Zur Gegenwartslyrik*. In: *Das Innere Reich* 10 (1943/44), S. 165-197, (zu Oda Schaefers Gedichtband *Die Windharfe*, S. 175-77).
[71] Hier und in den folgenden Zitaten Krolow, Karl: *Zur Gegenwartslyrik*. In: *Das Innere Reich* 10 (1943/44), S. 175.

tig umfassendes Gefühl."⁷² Wirklichkeit und ein gleichsam ‚magisches' Gefühl für das Wesentliche werden miteinander in Beziehung gebracht, womit den Worten Johann Wolfgang von Goethes Folge geleistet wird, „daß alles Lyrische im ganzen sehr vernünftig, im einzelnen ein bißchen unvernünftig sein müsse"; „in schöner Selbstverständlichkeit und wechselseitiger Durchdringung" wären „Maß" und „Magie" den Gedichten Oda Schaefers zu eigen.

So bleibt auch die Wirkung der Gedichte, von deren Aussagekraft, Bildlichkeit und Sprache Karl Krolow begeistert ist[73], nicht aus: sie machen betroffen. „Man gewinnt sie [...] nicht einfach durchs Gefühl, [...] sondern erschreckend plötzlich, durch die Haut, wenn man so will" – eine Aussage, über die sich Oda Schaefer sehr freute[74] und die sie später immer wieder gerne zur Charakterisierung ihrer Lyrik zitierte.

Als bedeutungsvollen Beitrag zur Gegenwartslyrik betrachtet er die Balladen Oda Schaefers: „Kaum eine ist unter ihnen, die nicht als gemeistert angesehen werden könnte."[75] Sie zeichnen sich seiner Meinung nach in ihren Inhalten durch deutliche Bezüge zum ostdeutschen Raum aus, wie z.B. durch „die Dämonisierung des Stoffes, etwa der Kräfte des Wassers", was ihn an die Lyrik des Schlesiers Georg Heym und des „Ostdeutschen" Horst Lange erinnert, bei denen sich ebenfalls „die Neigung zur Feuchtigkeit" finden ließe. Auch der Tod wird als wiederkehrendes Thema in den Balladen hervorgehoben, was ihrer Dichtung etwas Dunkles verleiht, das ein schwermütig-dumpfer Klang[76] der Verse noch unterstützt.

Die enthusiastische Besprechung Karl Krolows endet mit einer der höchsten, sich dabei auf traditionell geprägte Vorstellungen und Bewertungen eines Schriftstellers berufenden Auszeichnung für das „Erstlings-

---

[72] Hier und in den folgenden Zitaten Weylandt: *Gedichtbücher*. In: *Die Dame* 66 (1939), H. 25, S. 6.
[73] Er attestiert den Gedichten einen „Stand von fast fleischhafter Dichte und süßer Geschöpflichkeit" sowie „Stärke des Erlebens und gesättigter und bildhafter Aussagemächtigkeit", Krolow, Karl: *Zur Gegenwartslyrik*. In: *Das Innere Reich* 10 (1943/44), S. 175 und 177.
[74] Vgl. Brief von Oda Schaefer an Karl Krolow vom 28.12.1943, Nachlass Karl Krolow, DLA-Marbach.
[75] Hier und in den folgenden Zitaten Krolow, Karl: *Zur Gegenwartslyrik*. In: *Das Innere Reich* 10 (1943/44), S. 176.
[76] Vgl. Weylandt: *Gedichtbücher*. In: *Die Dame* 66 (1939), H. 25, S. 6.

werk" Oda Schaefers: Das ganze Versbuch wäre „ein dichterisches, in des Wortes genauester Bedeutung".[77]

3.2 *Irdisches Geleit. Gedichte*

Ein Jahr nach dem Ende des Zweiten Weltkrieges erschien im Münchner Kurt Desch Verlag der zweite Gedichtband von Oda Schaefer. Mehr als die Hälfte der hier versammelten Poeme entnahm sie der *Windharfe* – ein Zeichen dafür, dass sich der romantische Ton im Vergleich zum ersten Band nicht grundlegend ändert, obwohl sie bereits 1943 „kein rechtes Verhältnis mehr zu ihren Gedichten aus der ‚Windharfe'"[78] hat, ja nun sogar den Titel „abscheulich und viel zu romantisch" findet. Die Stimmung in vielen der neuen Gedichte ist denn auch anders: deutlicher sind Trauer und Melancholie vorherrschend, entsprechend der Widmung dieses Bandes an den seit Juni 1944 bei Witebsk vermissten Sohn Oda Schaefers Peter. Das Leid, der Kummer und der Schmerz um den verlorenen Sohn sind in vielen der neuen Gedichte präsent und bestimmend[79] für das *Irdische Geleit*, das in seinem Titel auch an das *Irdische Vergnügen in Gott* von Barthold Heinrich Brockes erinnert, dessen Naturgedichte gerade im Rahmen des selbst konstituierten Literaturkanons der *Kolonne* einen wichtigen Platz einnehmen.[80]

---

[77] Krolow, Karl: *Zur Gegenwartslyrik*. In: *Das Innere Reich* 10 (1943/44), S. 177.

[78] Hier und im folgenden Zitat Brief von Oda Schaefer an Karl Krolow vom 28.12.1943, in dem sie weiter über ihre Gefühle gegenüber dem ersten Gedichtband ausführt: „Vieles ist noch genau so da, aber vieles, das meiste würde ich doch anders machen, bis auf die letzten Gedichte. Es ist so wie mit illegitimen Kindern, deren Vaterschaft man nur ungern anerkennt, ich habe sie wie der Esel im Galopp verloren. Die schöne Unschuld von damals, die mich in das Pathos hineinbrachte, sie ist dahin comme la neige d'antan." Nachlass Karl Krolow, DLA-Marbach.

[79] In einem Brief an Hertha Bielfeld vom 01.08.1965 berichtet sie, dass die meisten ihrer Gedichte im *Irdischen Geleit* aus einer kurzen Liebesgeschichte mit dem Maler Maximilian Hauschild im Jahre 1937 entstanden sind, Nachlass Schaefer/Lange, Monacensia. Da jedoch viele der neuen Gedichte die Erlebnisse des Krieges verarbeiten, müssten unter den aus der Beziehung mit Max Hauschild entstandenen Gedichten auch Gedichte aus der *Windharfe* sein.

[80] Vgl. Leuschner, Wunder und Sachlichkeit, S. 147.

Ganz an die *Windharfe* anknüpfend beginnt der Gedichtband mit dem Poem *Grasmelodie*[81] (S. 7) – bereits im ersten Gedicht der *Windharfe* mit dem Titel *Die stumme Harfe*[82] kam dieses Motiv vor – und benennt die Prinzipien der Lyrik von Oda Schaefer: Die Melodie, die Musik ist nach wie vor wichtiges kennzeichnendes Merkmal sowie der Bezug zur Natur, zum Gras, was nun in der ersten Strophe ausgeführt wird.

Grasmelodie

Aus dem brakigen Wasser geboren,
Aus der Mummel, der Weide, dem Ried,
Steigt es zaghaft mit nebligen Floren,
Steigt es aufwärts zum Monde, mein Lied.

Von unten, dem brakigen Wasser, verläuft der Blick dem Bild der „nebligen Foren" entsprechend langsam nach oben, aus der Weide, dem Ried aufwärts zum Mond. Die beiden Anaphern jeweils zu Beginn der Verszeilen sowie das wiegende Metrum der Verse (vierhebige Volksverse mit freien Füllungen, mit abwechselnd weiblich- und männlich-vollen Kadenzen) verstärken dabei die sanfte Aufwärtsbewegung. Erst am Ende der ersten Strophe wird das Subjekt des Satzes genannt, wird deutlich, dass ein lyrisches Ich sein eigenes Lied beschreibt und damit das Dichten selbst Thema ist.

Wie die Strophe des Sprossers am Morgen,
Wenn der zitternde Stern schon erbleicht,
In der Frühe vom Lichte verborgen
Wird es durchsichtig, schweigend und leicht.

Das Schwebende, Leichte bleibt im gesamten Gedicht, ganz den Bildern und dem Inhalt verpflichtet, erhalten und wird in der zweiten Strophe durch die kunstvolle Verbindung von optischen und akustischen Eindrücken in den an sich widersprüchlichen Wendungen „vom Lichte verborgen" sowie in der Beschreibung des Liedes als „durchsichtig, schweigend und leicht" unterstrichen.

Nur der Abend vermag es zu tragen,
An den Schilfspitzen schwebt es empor,
Schwebt begleitet von Rufen und Klagen,
Die der Letzte am Ufer verlor.

---

[81] Laut Manuskript Ms 137 zum Gedichtband *Der grüne Ton* entstand das Gedicht 1939, Nachlass Schaefer/Lange, Monacensia.
[82] Vgl. *Die Windharfe*, S. 7.

Allein der Abend, das Reich zwischen Tag und Nacht, ist der richtige Zeitpunkt, an dem ein Schweben des Liedes möglich ist, was zusätzlich auch auf der Lautebene durch die Häufung des Vokales „a" („Nur der Abend vermag es zu tragen"), der selbst eine Art Schwebezustand suggeriert, betont wird. Dieser Schwebezustand, sowohl auf der Ebene des Metrums als auch auf Laut- und Wortebene umgesetzt, ist das Charakteristikum der Dichtung, die allerdings noch um ein Attribut in den letzten beiden Zeilen des Gedichtes erweitert wird. Dichtung ist immer begleitet von den Gefühlen, von den Erlebnissen der Menschen, von der Trauer und von den Klagen derjenigen, die vielleicht ein ähnliches Schicksal zu erleiden haben, womit ihr eine wichtige Aufgabe zukommt: Durch das In-Worte-Fassen den Schmerz des Einzelnen auffangen, um Trost zu spenden, das Leid ertragbar zu machen; das Gedicht gibt jedem eine Stimme, auch dem, der, wie er meint, allein seine Trauer tragen muss.

So ist in dem ersten Gedicht dieses Bandes viel Persönliches und Programmatisches enthalten: die Verbundenheit Oda Schaefers (wie auch bereits bei den Gedichten der *Windharfe*) mit der Ostdeutschen Landschaft, der Weide- und Moorlandschaft, dem durch Nebel Verhangenen sowie die Zartheit, das Musikalische ihrer Dichtung, und – ein neuer Aspekt in der Lyrik Oda Schaefers – die Aufnahme von Klagen, dem Schmerz der Menschen und von persönlich erfahrenem Leid, um Trost und Hilfe zu spenden.[83]

Waren bislang aktuelle zeitliche Bezüge in Gedichten von Oda Schaefer ausgespart geblieben, so sind die Gedichte *Schwarzer Engel*, *Tote Stadt* und *Liebespaar 1945* eindeutig Zeitgedichte, allerdings ohne Hinweise auf konkrete Daten und Fakten. Sie verarbeiten die Erlebnisse des Krieges in abstrakter, metaphorischer Art, indem sie allgemein Tod und Zerstörung zum Thema haben, wobei sie auf eine traditionelle, sachliches und zeitgenössisches Vokabular ausschließende Sprache zurückgreifen.

Der schwarze Engel wird im Gedicht *Schwarzer Engel* (S. 11), das Oda Schaefer 1946 schrieb[84], mit Imperativen aufgefordert, die ein Bild der

---

[83] Vgl. hierzu Brief von Oda Schaefer an Karl Krolow, ohne Datum, aber wohl nach dem 06.03.1945 verfasst, kurz vor der Flucht nach Mittenwald, Nachlass Karl Krolow, DLA-Marbach: „Aber ich suche eben verzweifelt nach dem Bilde des Menschen, der dahinter steckt. Man kann auch keine Idyllik machen."

[84] Vgl. Karte von Oda Schaefer an Karl Krolow vom 15.03.1946, Nachlass Karl Krolow, DLA-Marbach. Sie selbst empfindet übrigens dieses Gedicht im Nachhinein als „zu schwach", was den Zeitbezug betrifft, vgl. Brief von Oda

Zerstörung bietende Stätte zu verlassen: Rauch steht noch in der Luft von den letzten Flammen, „geborstnes Schweigen" liegt über den Gräbern, „Haß hockt auf den Hügeln". Nur indirekt wird damit der Krieg genannt, die Welt als Opfer einer höheren Macht dargestellt, die, ist diese schwarze Macht verschwunden, wieder erstehen kann.

> ...
> Unter deinen Flügeln
> Kann die Saat nicht ergrünen,
> Haß hockt auf den Hügeln
> Wie auf kahlen Dünen.
>
> Erst bei deinem Schwinden
> Blutet nicht mehr die Rose,
> Und in warmen Winden
> Stirbt die Herbstzeitlose.

Die Saat versinnbildlicht das neue Leben, das unter den Flügeln nicht ergrünen kann, das Blut der Rose, das fließt, solange der schwarze Engel noch anwesend ist, symbolisiert die Wunden Christi[85], während die Herbstzeitlose offenbar als Attribut des Dunklen mit seinem Verschwinden vergeht. Personifikationen, farbige Bilder und Vergleiche, die die starken Gegensätze in diesem Gedicht zwischen der schwarzen Macht und dem bunten Leben noch weiter verstärken, und ein insistierendes Metrum, das den beschwörenden Ton der Verse unterstreicht, machen die Ausdrucksstärke dieses Gedichtes aus.

> Tote Stadt
>
> Von Melde ist und Kletten überwunden
> Dies trübe Jahr,
> Vereinzelt helle, gärtnerische Stunden
> Sind doppelt klar.
>
> Der Löwenzahn, der wilde Hafer samen
> Sich maßlos aus
> Auf Mörtel, Schutt und Ziegelrest, sie kamen
> In totes Haus.

Schaefer an Karl Krolow vom 31.08.1946, Nachlass Karl Krolow, Signatur 88.7.62/7, DLA-Marbach.
[85] Vgl. Becker, Udo: *Lexikon der Symbole*, Köln: Komet Verlag 1992, S. 243f.

Zusammen wandernd mit den Asselheeren
Sie zogen ein,
Und niemand kann den Ratten es verwehren,
Dabei zu sein.

Behutsam ziehen Spinnen ihre Flore
Und weben zu
Die Wunde am gestürzten Sims, am Tore
In dumpfer Ruh.

Die Larven, Würmer sind die reichen Erben
Des Schweigens hier,
Es prasset zwischen Trümmerstatt und Scherben
Nur kleines Tier.

Wie seltsam ist der Karyatide Lächeln
Im grauen Sand,
Dem Haupt gesellt, als wollt' den Staub sie fächeln,
Liegt ihre Hand.

Ein Engel, von dem hohen Sturz zerschlagen,
So ruht sie dort
Umgeben von den Seufzern, letzten Klagen
Am wüsten Ort.

Und wieder fällt der Regen, rauschen Güsse
Auf Quecken her,
Und all das Flüstern, die getauschten Küsse
Weiß niemand mehr.

Der Schatten, der nun leer und ohne Trauern
Vorüber schwebt,
Gewahrt, daß hinter rauchgeschwärzten Mauern
Noch Erde lebt.

Auch im Gedicht *Tote Stadt* (S. 14f.), das 1944 entstand und das Oda Schaefer selbst als gelungen empfand[86], ist von Zerstörung die Rede; hier

---

[86] Vgl. Brief von Oda Schaefer an Karl Krolow vom 25.06.1944: „Ich war sehr froh, dass es mir einmal gelungen war, dasjenige, was mich jetzt am meisten bewegt, in Worte zu fassen, es ist nicht einfach, weil man noch mitten drin steht. […] ich […], halte aber nach wie vor die ‚Tote Stadt' für das beste […]". Das Gedicht hatte sie zusammen mit *Junimond* und zwei weiteren Gedichten in einer Woche geschrieben, „[…] von den Alarmen gänzlich untangiert, innerlich weiter wuchernd und skandierend." Horst Lange hielt offenbar dieses Gedicht für das beste, was Oda Schaefer je verfasst hatte, Nachlass Karl

jedoch hat der organische Kreislauf der Natur eingesetzt und ist dabei, die alten Ruinen, die Scherben und Trümmer neu zu besiedeln. Personifizierungen, die Übertragung menschlicher Verhaltensweisen auf Tiere und die Belegung tierischer Verhaltensmuster mit menschlichen Attributen bewirken die Entstehung des Bildes von einer harmlosen, in sich geordneten heilen Welt, die allerdings immer wieder von Zeichen der Zerstörung und vor allem in der sechsten Strophe des Gedichtes mit dem einzigen, auch an die Gestalt des Menschen erinnernden Gegenstand, der Karyatide[87], unterbrochen wird. Zum ersten Mal wird klar, dass mit der toten Stadt auch tote Menschen, Lebensgeschichten verbunden sind und dass mit jedem vernichteten Haus auch seine Bewohner ausgelöscht wurden. Und doch ist der Ton versöhnlich in diesem Gedicht, macht die letzte Zeile wiederum auf den Kreislauf des Lebens aufmerksam: Auch hinter „rauchgeschwärzten Mauern", unter den augenscheinlich lebensfeindlichsten Bedingungen lebt die Erde noch, ist noch Leben anzutreffen.

Ungewöhnlich in diesem Gedicht ist das Versmaß: Im Gegensatz zu den Zeilen eins und drei jeder Strophe, die wie viele Gedichte Oda Schaefers vier Hebungen haben, weisen die Zeilen zwei und vier nur zwei Hebungen auf, was zu einem Stocken beim Lesen führt und damit ein Zeichen dafür sein könnte, dass die im Inhalt angesprochene Zerstörung der Stadt und ihre langsame Wiederbesiedelung durch die Tierwelt auch in der verkürzten, den Rhythmus unterbrechenden Form des Gedichtes seine Entsprechung hat.

Das Gedicht *Liebespaar 1945* (S. 20f.), das Oda Schaefer im Februar 1945[88] zu einer Zeichnung von Horst Lange[89] geschrieben und noch

---

Krolow, Signatur 88.7.61/7, DLA-Marbach. Laut der von Gunter Groll herausgegebenen Anthologie *De profundis* ist das Gedicht Elisabeth Langgässer gewidmet, vgl. Groll, Gunter (Hg.): *De Profundis*, München: Desch 1946, S. 321f.

[87] Die Karyatide symbolisiert nach dem Artikel *Karyatide* von Oda Schaefer in der *Süddeutschen Zeitung* die Frau in der Nachkriegszeit. In: *SZ*, Nr. 3, 10.01.1948, S. 5.

[88] Vgl. *Liebespaar 1945*. In: *Horizont* 1 (1946), H. 6, S. 24.

[89] Diese Zeichnung zeigt, wie sie an Karl Krolow schreibt, „uns [Oda Schaefer und Horst Lange] beide, von rückwärts gesehen, [...] eng umschlungen und zärtlich in eine völlig ausgebrannte Stadt mit verkohlten, verrenkten, zerrissenen Bäumen hineingehend, vertrauensvoll, selig in uns selbst, innerlich harmonisch, obwohl alles um uns zerstört ist", Brief an Karl Krolow vom 23.02.1945, Nachlass Karl Krolow, DLA-Marbach. Auch in ihren Erinnerungen *Auch wenn Du träumst, gehen die Uhren* berichtet sie darüber: „Ich schreibe

1945 in der *Süddeutschen Zeitung* veröffentlicht hatte[90], weist schon im Titel auf den Zeitbezug hin, der sich auch hier in der Schilderung einer zerstörten Welt zeigt.

> Liebespaar 1945
>
> Sie gingen beide durch den Wald
> Der Steine ohne Tür und Dach,
> Sie fanden aneinander Halt
> Und waren beide arm und schwach.
>
> Die graue Leere blickte blind
> Von öden Fensterhöhlen aus,
> Der Haß stand stumm im Abendwind
> Und hütete das letzte Haus,
>
> Wie Flocken wirbelte der Ruß,
> Die Lüfte seufzten überall,
> Doch Flügel trugen ihren Fuß
> Vorbei am lauernden Verfall.
>
> So leicht, so lächelnd waren sie,
> Ein Kern in einer Frucht aus Licht,
> Was vordem litt, in Ängsten schrie,
> Beschwerte ihre Zukunft nicht,
>
> Aus allen tiefen Schatten trat
> Das tote Leben neu hervor,
> Es säte unsichtbar als Saat
> Die Unschuld, die es einst verlor.
>
> Nun schwinden beide in dem Rauch,
> Der sie mit Nebelkränzen krönt –
> Ach, in des Sommers blauen Hauch
> Verwandelt er sich ganz versöhnt.

Anders als in den anderen beiden Zeitgedichten steht hier ein Liebespaar im Blickpunkt. Seine Entfernung von allem Materiellen, Körperlichen, Irdischen, die am Ende im Entschwinden des Paares im Rauch kulminiert, wird auf jeder Ebene ausgedrückt. Formal bewirkt das alternierende Metrum der vierhebigen Verse sowie das Kreuzreimschema ein Schwe-

---

das Gedicht »Liebespaar 1945«, durch eine Zeichnung von Horst angeregt, das uns beide zeigt, wie wir unversehrt mitten durch eine Trümmerlandschaft in die Zukunft gehen", S. 315.

[90] Vgl. *Liebespaar 1945*. In: *SZ*, Nr. 19, 07.12.1945, S. 5.

ben und leichtes Wiegen, ähnlich vorstellbar dem Gehtempo des Paares, das auch im Inhalt in der Entmaterialisierung seine Entsprechung findet. Das einzige, was den beiden Menschen geblieben ist, sind sie selbst und ihre Liebe zueinander. Losgelöst von allem Irdischen, „arm und schwach", bewegen sie sich, getragen von Flügeln, traumwandlerisch durch eine Welt der Leere, des Hasses, des Dunklen im Gegensatz zum Hellen, Lichten, Leichten, das sie umgibt und in das sie sich am Ende apotheosenhaft auflösen. Versöhnlich ist damit der Ton des Gedichts: Eine christliche Perspektive, ein Leben nach dem Tod, deutet sich an, wird aber nicht weiter ausgeführt; es geht allgemein um den natürlichen Kreislauf des Lebens, die Wiederkehr alles Lebendigen, seine Metamorphosen, was im Oxymoron des „toten Leben[s]", das wieder neu hervortritt, seinen Ausdruck findet. Tod und Zerstörung[91] werden in den beständigen Kreislauf des Lebens und Vergehens eingebunden und verlieren damit ihren Schrecken.

Selbst Oda Schaefer fiel diese positive Stimmung in ihrem Gedicht auf, vor allem weil es hierin ganz im Gegensatz zu ihrem 1932 verfassten frühen Liebesgedicht *Die Liebenden* steht.[92] „Komisch, wie negativ das alte, wie positiv das neue! Aber so ist es auch, wir wissen endlich, warum wir leben und arbeiten und wofür, und leiden nicht mehr am Leben, kranken nicht mehr daran."[93]

Sie hatte in den letzten Kriegsjahren zu einem starken christlichen Glauben gefunden, der sie in ihrer – und damals allgemein vorherrschenden[94] – moralisch-pädagogischen, missionarischen Auffassung von der Funktion der Literatur bestärkte.

---

[91] Die Formulierung der „öden Fensterhöhlen" kritisierte Günter Eich in seinem Brief an Oda Schaefer und Horst Lange vom 02.02.1946; nach Friedrich Schillers *Lied von der Glocke* wären sie nicht mehr möglich, Nachlass Schaefer/Lange, Monacensia. So heißt es in *Das Lied von der Glocke*: „Leergebrannt/ Ist die Stätte,/ Wilder Stürme rauhes Bette,/ In den öden Fensterhöhlen/ Wohnt das Grauen,/ Und des Himmels Wolken schauen/ Hoch hinein." Kurscheidt, Georg (Hg.): *Friedrich Schiller. Sämtliche Gedichte und Balladen*, Jubiläumsausgabe, Frankfurt/M., Leipzig: Insel Verlag 2004, S. 46.

[92] Beide Gedichte sollten zusammen in einer Zeitschrift erscheinen und von Oda Schaefers Freund „Alf" illustriert werden. Oda Schaefer nannte ihr frühes Gedicht *Die Liebenden* in *Liebespaar 1932* um, Brief vom 27.06.1946 an Horst Lange, Nachlass Schaefer/Lange, Monacensia.

[93] Brief von Oda Schaefer an Horst Lange vom 27.06.1946, Nachlass Schaefer/Lange, Monacensia.

[94] Vgl. Wende, S. 19.

Das 1944[95] verfasste Gedicht *Die Verzauberte* (S. 30f.), in dem Oda Schaefer nach ihren Erinnerungen *Auch wenn Du träumst, gehen die Uhren* „die alten Mythen von Schwanenjungfrauen und Elbischen"[96] wieder auferstehen ließ, enthält, wie sie selbst dort sagt, ihr eigenes lyrisches Selbstporträt.

> Das alte Märchen von der Schwanenjungfrau, die ihr Federkleid am Ufer liegen läßt, und die ihre Freiheit verliert, weil ein junger Fischer das Schwanenhemd findet und an sich nimmt, so daß sie ihm folgen muß, bis sie ihn zu lieben beginnt und freiwillig bleibt[97],

ist zum Sinnbild ihres Lebens geworden. In einer Radiosendung von Wolfgang Bächler im Jahre 1951 greift sie dieses Motiv rückblickend noch einmal auf und erklärt die persönliche Bedeutung dieses Märchens für sich:

> Oft hatte ich, da ich als Kind viele Sagen und Märchen gelesen hatte, das Empfinden, als entstammte ich einer anderen Welt und wäre fremd unter den Menschen. Ich fühlte mich unfrei wie jene Wasserentstiegene, deren Schwanenkleid geraubt wurde und die nun an die irdische Schwere gebunden ist. Das eigene Element schien mir verschlossen und nur der Sehnsucht zugänglich, solange das Federkleid nicht in meinem eigenen Besitz war.[98]

Das Elbenhafte Oda Schaefers in jungen Jahren war offenbar tatsächlich auch für die Mitmenschen sichtbar, da sie u.a. von Friedo Lampe und Peter Huchel als „Elbische" betitelt wurde. Das Schwebende einer solchen Verzauberten, die Vertrautheit mit dem Element des Wassers, der Welt des Schilfes und Rieds, das Leichte und Helle, das mit der Libelle verbunden ist, sind zusammen mit Motiven aus der Märchen- und Sagenwelt, die sie bereits in den Balladen der *Windharfe* verwendet hatte, Elemente, die in ihren Werken[99] immer wieder auftauchen.

---

[95] Vgl. Manuskript L 1775: „Gedichte", Nachlass Schaefer/Lange, Monacensia.
[96] *Auch wenn Du träumst, gehen die Uhren*, S. 283.
[97] *Auch wenn Du träumst, gehen die Uhren*, S. 284.
[98] Bächler, Wolfgang: *Gedichte von heute – Oda Schaefer*. Sendung im Rundfunk. Angabe des Senders fehlt im Nachlass, Kult. Wort/Lit. Abt., 01.02.1951, Manuskript im Nachlass Schaefer/Lange, Monacensia.
[99] Vgl. u.a. das Gedicht *Wasserjungfer*. In: *Windharfe*, S. 43f. In ihrem 1956 verfassten Hörspiel *Libellenbucht* nimmt sie noch einmal Bezug auf das Märchen vom Schwanenkleid, genauso wie 1939 bereits eine Erzählung mit dem Titel *Libelle* in der *Frankfurter Zeitung* erschienen war, die sie 1947 in ihren Band *Die Kastanienknospe* (S. 37ff.) und 1976 in *Die Haut der Welt* (S. 37ff.) aufnahm.

Die Verzauberte

Den grünen Leib der Libelle,
Das Auge der Unke dazu,
So treibe ich über der Welle,
Dem murmelnden Mund der Quelle,
Die strömt aus dem dunkeln Du.

Hörst du mich?
Siehst du mich?
Ach, ich bin unsichtbar
Im weißen Spinnenhaar,
Im wirren Gräsergarn,
Unter Dorn und Farn.

Alles, was flüstert und schäumt,
Alles, was schauert und bebt,
Bin ich, die einsam träumt
Und im Entschweben lebt.

Im Schilf, im Ried
Singt ein Vogel mein Lied,
Liegt das Schwanenkleid
Meiner Flucht bereit.

Suche du mich!
Finde du mich!
Bis ich dir wiederkehr
So federleicht,
Ist alles still und leer,
Was mir noch gleicht.

Auffallend an diesem Gedicht ist seine Lebendigkeit sowohl in Rhythmus und Metrum, die fast in jeder Strophe abwechseln, als auch inhaltlich in den Fragen und Aufforderungen des bereits im Titel als weiblich gekennzeichneten lyrischen Ich an das ‚Du'. Eine spielerische, leichte Atmosphäre entsteht, man erhält den Eindruck eines Versteckspiels, das mit den Fragen „Hörst du mich?/ Siehst du mich?" evoziert wird. Der schwerelose Charakter dieses Gedichts wird dazu auch inhaltlich durch das Märchenhafte, nicht dem Realen entsprechende Äußere des lyrischen Ich („Den grünen Leib der Libelle,/ Das Auge der Unke dazu") sowie seine Unsichtbarkeit unterstrichen.

Das Schweben bzw. „Entschweben" als Lebensform klingt in der dritten Strophe explizit an, auch lautmalerisch durch die Häufung des

Vokales „e" in der letzten Zeile und den alternierenden Rhythmus in den beiden letzten Zeilen im Gegensatz zu den zwei Senkungen in den beiden ersten Zeilen der Strophe umgesetzt. Wieder ist das Schilf, das Ried der Ort, dem sich das Ich am verbundensten fühlt; das Motiv des Schwanenkleids weist nun direkt auf das geschilderte Märchensujet, in dem sich die Schwanenjungfrau freiwillig entscheidet, zu bleiben. So ist auch in der letzten Strophe nicht von Abschied die Rede, sondern von Wiederkehr. Es ergeht eine Aufforderung an das ‚Du': „Suche du mich!/ Finde du mich!", die nun nichts Spielerisches mehr an sich hat, sondern etwas Wehmütiges. Still und leer wird alles sein, was dem Ich noch gleicht, nicht mehr voller schäumendem, flüsterndem Leben.

Der Zustand des Schwebens, des körper- und schwerelosen Seins der Verzauberten, der in diesem Gedicht auf allen Ebenen vollendet umgesetzt ist, findet sich auch in vielen anderen Gedichten, die allerdings nichts Märchenhaftes als Thema haben. Das Gedicht *Aus der Gestaltung zu flüchten* (S. 22f.) beruht nach einem Bericht Oda Schaefers in *Die leuchtenden Feste über der Trauer* auf einer Erzählung ihrer Mutter von einem Herzanfall, in dessen Verlauf diese vom Arzt eine Morphiumspritze erhielt und daraufhin den Zustand des Morphiumtraums erlebte. „Sie habe, so erzählte sie, dabei die Empfindung gehabt, über sich selbst zu schweben und sich wie eine Fremde unter sich liegen zu sehen."[100] Noch einmal betont sie die Faszination eines derartigen Schwebezustands und erklärt damit, warum dieses Thema in viele ihrer Gedichte Eingang gefunden hat: „Da ich von Jugend an nichts sehnlicher wünschte, als die irdische Schwere zu überwinden, sei es im Tanz oder im Gedicht oder in der Musik, beschäftigte mich diese Erzählung immer wieder."[101]

So klingt in dem Gedicht *Holunder*[102] (S. 56) ebenfalls ein Schwebezustand an, der diesmal jedoch ganz in der Gegenwart des lyrischen Ich verankert ist. Es sitzt träumend an einem Baum und ist in den Anblick eines blühenden Holunders versunken – eine Situation, die Oda Schaefer in der Nachkriegszeit selbst beim Waschen an einem Bach erlebte und die sie zur Entstehung dieses Gedichtes animiert hat.[103]

---

[100] *Die leuchtenden Feste über der Trauer*, S. 37.
[101] Ebenda.
[102] Dieses Gedicht wurde laut der von Gunter Groll herausgegebenen Anthologie *De profundis* 1944 geschrieben und in dieser Sammlung zum ersten Mal veröffentlicht, Groll, S. 323. *Holunder* erschien ebenso in: Rasche, Friedrich (Hg.): *Das Gedicht in unserer Zeit*, Hannover: Adolf Sponholtz Verlag 1946, S. 57.
[103] Vgl. *Die leuchtenden Feste über der Trauer*, S. 16.

Holunder

Sitze ich im Dunkelgrün
Träumend an der grauen Rinde
Eingewiegt vom Sommerwinde –
Sehe ich dein helles Blühn
Überall im Dunkelgrün,
Sehe still dein Wunder,
Sterniger Holunder.

Blätter spielen über mir
Fingergleich mit Licht und Schatten
Auf den zarten Phloxrabatten,
Und ich ruhe ganz im Hier,
Glut und Mittag über mir,
Lausche deinem Wunder,
Sterniger Holunder.

Wie die Zeit vergessen lehnt
Drüben an der weißen Mauer –
Bin ich's selber, ohne Trauer,
Ohne Seele, die sich sehnt,
Und am Stamm vergessen lehnt
Tief in deinem Wunder,
Sterniger Holunder …

Die drei Strophen sind gleich konzipiert, nach demselben Reimschema, einer Kombination von umarmendem Reim und doppeltem Paarreim, und Metrum aufgebaut, mit einer Wiederholung der letzten beiden Worte der ersten Zeile jeweils in der fünften Zeile und einem sehr ähnlichen, einem Refrain gleichenden und damit beschwörungshaft wirkenden Paarreim am Ende einer jeden Strophe, in der sich das Tempo entsprechend verlangsamt. Dadurch wird eine Atmosphäre des Versunkenseins hervorgerufen, eines immer stärker werdenden Einsseins mit der Natur, das sich vom Visuellen in der ersten Strophe, in dem es heißt „Sehe still dein Wunder,/ Sterniger Holunder", über Akustisches in der zweiten Strophe („Lausche deinem Wunder,/ Sterniger Holunder") zum letzten, die bisherige Distanz aufhebenden Paarreim „Tief in deinem Wunder,/ Sterniger Holunder …" hin steigert. Mit Hell-Dunkel-Kontrastierungen, Substantivierungen von Farben und Verben, Personifizierungen, Vergleichen und einer teils sehr genauen, botanischen Beschreibung, wie z.B. im Adjektiv „sternig", das sich auf die sternartige Form der Blüten bezieht, oder in der Bestimmung der Rabattenpflanzen als Phlox, wird eine ruhige, schwebende Stimmung evoziert, in der „das Wunderbare"[104] der Natur dem Programm der *Kolonne* gemäß dargestellt wird. In diesem Wunder der Natur geht das lyrische Ich auf, ganz bei sich, in sich ruhend, den Moment auskostend („Und ich ruhe ganz im Hier"), ohne Trauer, ohne Sehnsucht nach einem anderen Zustand – ein Augenblick des vollkommenen Glücks: eins mit sich selbst und mit der Natur.

Ganz anders gibt sich das auf *Holunder* folgende, ebenfalls einen Strauch behandelnde Gedicht *Jasmin* (S. 57).

> Jasmin
>
> Jasmin, Jasmin,
> Wie duftest du bang,
> Wann ward dir verliehn
> Solch Sterbegesang?
>
> Aus alterndem Strauch
> Der süße Schnee,
> Der betäubende Hauch
> Schwermütig und weh.
>
> Wie duftest du voll,
> Jasmin, Jasmin,
> Als trügest du toll
> Der Rose Carmin,
>
> Als krönte dich satt
> Päonienhaupt,
> Mit fleischigem Blatt
> Der Stengel belaubt –
>
> Wie wölkst du so schwer
> In Gewitterluft
> Und sinkst dann so leer
> Und entgöttert zur Gruft.

Bereits die vielen zweisilbigen Senkungen verleihen dem Metrum etwas Drängendes, was die kurzen Verszeilen mit ihren zwei Hebungen noch verstärken. Auch im Text wird die gesteigerte Empfindung belegt durch die Geminatio „Jasmin, Jasmin", die auch in der Mitte des Gedichtes wieder erscheint, sowie durch die mit „Wie" eingeleiteten Anrufe und die

---

[104] Raschke, Martin. In: *Die Kolonne* 1 (1929), S. 1.

sich direkt mit ‚Du' an den Jasmin richtende Frage „Wann ward dir verliehn/ Solch Sterbegesang?" in der ersten Strophe. Ebenso auf Satzebene bestätigt sich der Eindruck des Pathetischen, Aufgewühlten. Bis auf die erste Strophe, in der sich noch tatsächlich vollständige Sätze nachweisen lassen, herrschen in den vier anderen Strophen fragmentartige Gebilde vor, bestehend vor allem aus den Nebensatzkonjunktionen „Wie" und „Als". Äußerst bildhafte Adjektive tragen zur Lebendigkeit des Gedichtes bei, genauso wie das aus einem Substantiv umgebildete dynamische, an den Expressionismus erinnernde Verb „wölkst" die Ausdruckskraft steigert. Vor allem der Geruch des Jasmins, dem allein fast vier Strophen gewidmet sind, steht in diesem Gedicht im Vordergrund. Nach seiner Intensität zu urteilen, die sprachlich besonders durch synästhetische Verbindungen „Wie duftest du bang", „Sterbegesang"[105] und auch die dieses Kennzeichen tragende Metapher „Der süße Schnee" ausgedrückt werden, könnte man meinen, auch sein äußeres Erscheinen müsste farblich auffallend sein, entsprechend dem Rot der Rose oder der vollen Blüte einer Pfingstrose („Päonienhaupt") – aber (der Gedankenstrich in der vierten Strophe setzt diesen Gegensatz bereits um) – die letzte Strophe offenbart die wahre Beschaffenheit der Jasmin-Blüten. „Entgöttert" und „leer" sinken sie „zur Gruft" bei Gewitter, in Wolken lösen sich die Blütenblätter, ganz im Gegensatz zum betörenden Duft, von dem man auf mehr Widerstandskraft schließen würde.

So bleibt dieses Gedicht inhaltlich ganz der Beschreibung des Jasmins verhaftet, sprachlich dabei auch an expressionistische Elemente erinnernd.

Das dritte sich auf eine Pflanze beziehende Gedicht *Wildes Geissblatt*[106] (S. 58) in diesem Band schließt direkt an die beiden anderen an. Die Atmosphäre in diesem Gedicht unterscheidet sich jedoch grundsätzlich von der der beiden anderen.

---

[105] Dieses Attribut kennzeichnet den Jasmin wohl nicht als Totenblume wie die Chrysantheme oder die Lilie, sondern spielt auf seinen Duft an, der im Verwelken – im Sterben der Blüte – am intensivsten ist.

[106] Vgl. *Wildes Geißblatt*. In: *Das Innere Reich* 10 (1943/44), S. 205. Dieses Gedicht entstand laut einem Brief von Oda Schaefer an Gunter Groll vom 24.05.1943 in den Jahren 1937 bis 1940, Brief in Privatbesitz von Monika Stein.

Wildes Geissblatt

Geißblatt mit den weißen Fingern,
Welche nach dem Monde greifen,
Nach dem Saum der Wiesen tasten,
Wo die Nebelschleier schleifen –

Unruhvolle Seele, klagend
Windest du dich in den Ranken,
Willst ersterben in der Blätter
Losem Hin- und Widerschwanken,

Und du irrst im Spiel der Sterne,
Die im dunklen Wasserloche
Zittern und alsbald vergehen,
Wenn der Wind sich rühret ferne.

Nur dein Duft ruht still im Grase.
Süße blüht aus bitterm Kerne.

War im *Holunder* die Ruhe einer kontemplativen Versenkung in die Natur evoziert worden und im Gedicht *Jasmin* dagegen eine von Pathos getragene Beschreibung des Strauches im Vordergrund gestanden, so öffnet sich hier in der ersten Strophe, ausgehend von einem Geißblatt, der Blick entsprechend der Wachsrichtung der Pflanze nach oben („Monde") und unten („Saum der Wiesen") auf eine weite, neblige Naturlandschaft. Die Personifizierung der weißen Blütenblätter als weiße Finger[107], eine der tatsächlichen Form des Blattes ähnliche Umschreibung, und ihre Ausstattung mit menschlichen Eigenschaften des Greifens und Tastens sowie die Verwendung des Bildes vom Nebelschleier, das auch auf klanglicher Ebene durch die wiederholte Verwendung der Lautgruppe „schlei" unterstrichen wird, tragen zusätzlich zur visuellen Ausformung und Expressivität bei. Das Geißblatt in seiner rankenden Form und seinen schwankenden, nicht von Standfestigkeit geprägten Bewegungen, die auch durch den alternierenden Rhythmus veranschaulicht werden, wird zur unruhvollen, klagenden Seele, die allein in sich gefangen ist. Unterstri-

---

[107] Max Dauthendeys Anschauung „Daß die Zweige Menschengesten zeigen,/ Und die Blätter seelenvoll wie Menschenhände leben" stellt ein Prinzip in der Literatur des Jugendstils dar, *Gerne liege ich im Grase horchend*. In: Dauthendey, Max: *Gesammelte Werke in sechs Bänden. Vierter Band: Lyrik und kleinere Versdichtungen*, München: Albert Langen 1925, S. 127; zur Verwendung von Elementen des Jugendstils bei Wilhelm Lehmann vgl. Schäfer, Wilhelm Lehmann, S. 80.

chen wird dies in der dritten Strophe durch die Wortwahl, etwa die Verwendung von nur eine Hin- und Herbewegung bedeutenden Ausdrücken (u.a. irren, zittern, sich rühren). Auch hier, im Spiel der Sterne, deren Abbilder sich im Wasser bei Wind sofort aufzulösen beginnen, steht die schwankende, dem Wind ausgesetzte Bewegung im Vordergrund, visuell umgesetzt in die Reflexe auf dem Wasser. Allerdings fällt auf, dass in dieser, der dritten, Strophe im Vergleich zu den beiden ersten die beiden reimlosen Zeilen die Stellung gewechselt haben. Sie werden von dem Reim der ersten und vierten Zeile umschlossen, was im Gegensatz zum willkürlichen Spiel der Sterne auf der Wasseroberfläche, zur schwankenden Bewegung, etwas Verbindendes, ja Haltgebendes bedeutet. So tritt in den letzten beiden Zeilen mit der Beschreibung des Geruches des Geißblatts und seiner Blüte Ruhe ein, wobei die ungewöhnlichen synästhetischen Verbindungen von Geruch, Bewegung und Akustischem („Duft ruht still") sowie olfaktorischen und visuellen Eindrücken („Süße blüht"), die auf lautlicher Ebene durch Assonanzen („Duft ruht", „Süße blüht") ergänzt werden, auch bildlich den einkehrenden Stillstand verdeutlichen.

Gerade die ausgeprägten Synästhesien, aber auch die schwankenden, arabeskenhaft rankenden Geißblattformen sowie das Bild vom Spiel der Sterne erinnern hier an Bilder des Jugendstils.

Die letzten sechs Gedichte dieses Bandes sind vor allem dem Tod gewidmet, der bereits in der *Windharfe*, besonders in den Unheimliches evozierenden Balladen, eine große Rolle gespielt hatte. Aber nicht Wut oder emotionale Ausbrüche, wie man angesichts der persönlichen Geschichte Oda Schaefers vermuten könnte, prägen Inhalt und Atmosphäre, sondern Versöhnlichkeit und Verständnis. Dem Gedicht *Am Grabe* (S. 67), in dem Oda Schaefer den Tod ihres Vaters verarbeitet hat, ist das Gedicht *Totenwache*[108] (S. 66) gegenübergestellt. Aus einem Brief an ihren Mann Horst Lange erfährt man, dass dieses Gedicht von Oda Schaefer direkt nach dem Tod ihrer Mutter entstanden ist und auf einer realen Begebenheit gründet: „Als Mutti gestorben war, flog ein kleiner Vogel in die Wohnung, wir alle glaubten, es wäre ihre Seele, und ich schrieb darauf das Gedicht ‚Wie eines Vogels Wiederkehren', die ‚Totenwache.'"[109]

---

[108] Das Gedicht *Totenwache* erschien bereits 1942 in: *Krakauer Zeitung*, Nr. 277, 22.11.1942, S. 7, sowie 1943 in: *Kölnische Zeitung*, Nr. 431, 12.10.1943, S. 4.
[109] Brief von Oda Schaefer an Horst Lange vom 21.05.1946, Nachlass Schaefer/Lange, Monacensia.

Noch einmal verweilt das ‚Du', die Seele der Verstorbenen, eine Nacht in dem gewohnten „Gehäuse", bevor sie sich hebt „zum jungen Tag". Das lyrische Ich kann noch die Nähe spüren, möchte sie halten, ist jedoch machtlos. Trotzdem endet das Gedicht tröstlich mit dem Ausblick ins Licht, beschrieben im mythologischen Bild von der Sonne als Rad, im Bewusstsein des ewigen Kreislaufs, dass Altes vergeht, sich auflöst und Neues entsteht.

Einen ebenfalls mit dem Tod versöhnenden Aspekt vermittelt das Gedicht *Immortelle*[110] (S. 63-65). Auch hier wird mit dem ‚Du' eine verstorbene Person angesprochen, deren Tod allerdings bereits eine Weile zurückliegt. Kunstvoll wird das Grab mit ausdrucksstarken, farbigen Bildern umschrieben, die Pflanzen darauf, ähnlich auch anderen Gedichten[111], personifiziert und – eine im Jugendstil beliebte Vorstellung[112] – mit menschlichen Eigenschaften ausgestattet.

> …
> aus der Erde schwarzer Gruft
> Tasten grüne Hände,
> Blumen sanft in Sommerluft,
> Blumen ohne Ende.
>
> Duftest du von alter Zeit,
> Süße Immortelle,
> Dann tritt die Vergangenheit
> Hell durch Tür und Schwelle,
> …

So entsteht eine von Leichtigkeit und Zartheit geprägte Atmosphäre, in der der Duft der Immortelle Vergangenes hervorruft und Erinnerungen an alte Zeiten weckt. Verschiedene Sinneseindrücke des vergangenen Lebens ziehen vorbei, die Freuden der Jugend, der Übergang ins Alter, die Charaktereigenschaften des Verstorbenen, seine Eigenwilligkeit und Erhabenheit über das „Grau" im Alter bis zum Tod. Doch bedeutet er nicht

---

[110] Das Gedicht *Immortelle* wurde bereits am 04.04.1943 in der *Kölnischen Zeitung* (Nr. 173, S. 5) veröffentlicht und erschien 1946 in der von Friedrich Rasche herausgegebenen Anthologie *Das Gedicht in unserer Zeit*, S. 56f.

[111] Im Gedicht *Wildes Geissblatt* (S. 58) waren die weißen Blütenblätter zu weißen Fingern umstilisiert und ebenfalls mit menschlichen Eigenschaften des Greifens und Tastens belegt; ähnlich auch im Gedicht *Holunder* (S. 56) – „Blätter spielen fingergleich".

[112] Vgl. Schäfer, Wilhelm Lehmann, S. 80.

das Ende, sondern nur das Eingehen in den Kreislauf der Natur und damit die Unsterblichkeit, hier verkörpert durch die Rose, die Immortelle.

> ...
> Efeu ward zum Bett bereit
> Für die Flügellose,
> Drüber haucht Unsterblichkeit
> Immortelle, Rose. (S. 65)

Die hier verwendeten sprachlichen Mittel sind in vielen anderen Gedichten bereits beschrieben worden: Alliterationen, Lautgruppenkorrespondenzen, bildhafte Vergleiche, Metaphern und Personifikationen bewirken eine farbenreiche Lebendigkeit und haben erheblichen Anteil an dem schwebenden, von Leichtigkeit geprägten Charakter des Gedichts.

Im Gegensatz dazu steht das auf den Sohn Peter[113] geschriebene Gedicht *Botschaft* (S. 70).

> Botschaft
>
> Spüre: ich sende dir
> Botschaft der Lüfte
> Durch alle vier
> Winde, über die Grüfte
> Der gefallenen Toten
> Als Zeichen, als Boten.
>
> Spüre, ach spür' es doch
> Innig dich rühren,
> Halb in Träumen noch
> Leicht dich entführen
> Zeiten zurück
> In ein schwebendes Glück.
>
> Komm mit den Schritten der Nacht,
> Spüre: ich lebe ... ich habe
> Stunden durchwacht
> Um die Tränengabe,
> Die liebend dich hält
> Über der dunkelnden Welt.

Die bittende, drängende Suche nach Kontaktaufnahme zum entfernten ‚Du' erhält hier durch das mehrmalige Wiederholen des Imperativs „Spüre", das in der zweiten Strophe noch durch die Geminatio und den Aufseufzer „ach" verstärkt wird, eine verzweifelte Note. Bereits das Metrum

---
[113] Vgl. *Die leuchtenden Feste über der Trauer*, S. 157.

und der Rhythmus der Verse verraten durch die unterschiedliche Zahl der Hebungen und die oft verwendeten doppelten Senkungen eine hohe Emotionalität. Das Medium, dem das lyrische Ich seine Botschaft anvertrauen kann, ist allein die Luft, personifiziert als die Winde der vier Himmelsrichtungen, die als Boten über die „Grüfte/ Der gefallenen Toten" hinweg seine Botschaft tragen sollen. Beschwörend, ja beinahe hypnotisierend wirken die Zeilen der zweiten Strophe, die das ‚Du' in einer Art Schwebezustand – halb träumend – zurück in „schwebendes Glück" entführen sollen, eine Bewegung hin zum Ich, die der Imperativ in der dritten Strophe „Komm" sofort aufnimmt. Hier ist es das Ich, das im Vordergrund steht, und allein durch seine intensiven Empfindungen, durch durchwachte Stunden und Tränen das ‚Du' liebend beschützt und hält.

So endet das Gedicht trotz der Verzweiflung angesichts der realen Machtlosigkeit doch versöhnlich, indem es die Möglichkeit beschreibt, in seiner Trauer mental immer noch etwas tun und für den anderen bewirken zu können.

Das letzte Gedicht dieses Gedichtbandes – *Irdisches Geleit*[114] (S. 71) – empfand Oda Schaefer zwar selbst als „kein gutes Gedicht"[115], erachtete es aber aufgrund seines Trost spendenden Charakters, der vor allem in dem inhaltlich geäußerten Verständnis für den unabänderlichen Kreislauf des Lebens zum Ausdruck kommt, als wichtig und deshalb als wert, in Anthologien aufgenommen zu werden.

> Irdisches Geleit
>
> Alles ist dir verliehen
> Für eine flüchtige Zeit,
> So wie die Wolken dort ziehen,
> Sei du zur Reise bereit.
>
> Eigentum darfst du nicht nennen
> Kaum deine eigne Gestalt,
> Glaubst du sie endlich zu kennen,
> Bist du verändert und alt.
>
> Gib den wartenden andern,
> Noch leiden sie mehr als du,
> Zum unvergleichlichen Wandern
> Brauchst du nur Stab und Schuh.

---

[114] *Irdisches Geleit* erschien am 22.01.1946 in der *SZ*, Nr. 7, S. 5.
[115] Brief von Oda Schaefer an Karl Krolow vom 21.02.1946, Nachlass Karl Krolow, Signatur 88.7.62/2, DLA-Marbach.

Das Versmaß verströmt mit seinen an das Volkslied erinnernden vier Hebungen, dem Kreuzreim und den abwechselnd klingenden und stumpfen Kadenzen Ausgeglichenheit und Ruhe; gerade die klingenden Kadenzen sorgen für ein Verlangsamen des Tempos und tragen zu einer erfüllten, abgeklärten Atmosphäre bei. Der Leser fühlt sich direkt als ‚Du' angesprochen und findet sich selbst unwillkürlich in den allgemeinen Aussagen wieder. Der Mensch erscheint in seiner Passivität als Objekt, dem alles nur für eine „flüchtige Zeit" verliehen wird und der daher jederzeit, bildhaft in einem Vergleich mit der Natur umschrieben, bereit sein muss, alles abzugeben. Positiv, euphemistisch wird dabei der Tod oder der Übergang in eine andere Seinsform mit der Metapher der „Reise" bezeichnet. Nicht einmal der eigene menschliche Körper gehört einem selbst – gerade, wenn man meint, ihn zu kennen, hat man sich verändert und ist alt geworden.

So lautet die christlich-ethische Aufforderung des lyrischen Ich, an die anderen zu denken, an diejenigen, die noch mehr zu leiden haben, und zu geben; materielle Güter, die über (die typischen romantischen Topoi) „Stab und Schuh" hinausgehen, sind im Leben, das im alten poetischen Motiv des Wanderns seinen Ausdruck findet, überflüssig.

Wie auch in anderen Gedichten Oda Schaefers wird hier eine christlich-religiöse Dimension angedeutet, aber dann nicht weiter ausgeführt. Die Aussagen bleiben auf einer allgemein christlich-metaphysischen Ebene und belegen eine den Lebenskreislauf annehmende Position.

Betrachtet man in diesem Gedicht allein die sprachliche Form, so fällt auf, dass das Gedicht von einer einfachen Syntax geprägt ist; der Inhalt wird nicht zusätzlich durch üppige Metaphern oder eine Vielzahl an Vergleichen ausgeschmückt, Synästhesien sowie auf Lautebene expressive Häufungen von Alliterationen und Lautgruppen unterbleiben. Auch wenn die Besinnung auf romantische Traditionen außer Frage steht, deutet sich hier eine Entwicklung Oda Schaefers zu einer einfacheren, klareren Ausdrucksweise an.

3.2.1 *Irdisches Geleit* im Spiegel der Literaturkritik

Oda Schaefers Gedichtband *Irdisches Geleit* hat vielseitiges Echo in der damaligen Presse erfahren. Je nach Auffassung des Rezensenten teilen sich die Stimmen allerdings grundsätzlich in zwei Lager. Wer von Gedichten erwartet, sich konkret auf das Zeitgeschehen zu beziehen, sprachlich und inhaltlich radikal Neues zu wagen und damit sich von der

Tradition abzuwenden, steht diesem Gedichtband skeptisch bis ablehnend gegenüber.

> Formales Können vermählt sich mit betonter Innerlichkeit, ohne zu neuen Ufern vorzustoßen. [...] Reiner Wohllaut bestimmt die Melodie der Verse Oda Schäfers, die bei mancher Schöne dennoch nicht aufhorchen lassen, weil sie im Konventionellen, Herkömmlichen befangen bleiben,[116]

heißt es in einer Rezension. Oder von anderer Seite, in demselben Tenor, wird „eine größere Freiheit von traditionellen Vorstellungen"[117] gefordert:

> Am wenigsten befriedigend möchten jene Gedichte sein, in denen spezifisch-romantische Themen („Die Mondsüchtige", „Nächtliche Reiterin" usw.), die heute kaum mehr ins Zentrum führen können, in erzählerischem Nacheinander ausgebreitet werden.[118]

Die blasse Gestaltung von Zeitereignissen und die deutliche Besinnung auf romantische Traditionen beurteilt man hier negativ, da die Schönheit der Verse, ihre Musikalität noch als ein zu selbständig für sich Bestehendes, ja – metaphorisch – als eine übernommene Wiege betrachtet werden.[119] Ferner hat, so ein weiterer Rezensent, diese Schönheit der Form auch ihre Schattenseiten: „Die Verse holpern zuweilen, die Form bleibt leer, Bilder und Anschauungen überwuchern den geistigen Hintergrund, der Ausdruck kommt hier und da mit der Tiefe des Gedankens nicht mit"[120], ja von Totmusizieren des Bildes[121] ist sogar die Rede.

Jedoch gilt dieses Urteil nicht grundsätzlich für alle Gedichte. Einigen gelingt es, „schön und gehaltvoll zu sein und zugleich Antwort und Deutung zu geben".[122]

---

[116] o.V.: *Oda Schäfer: „Irdisches Geleit"*. Die Angabe des Namens der Zeitung und des Erscheinungsdatums fehlen im Nachlass Schaefer/Lange, Monacensia.

[117] Hartung, Rudolf, S. 381. Die Angabe des Namens der Zeitung und des Erscheinungsdatums fehlen im Nachlass Schaefer/Lange, Monacensia.

[118] Ebenda.

[119] Vgl. ebenda.

[120] Funke, Fritz. In: *LVZ*. Die Angabe des Erscheinungsdatums fehlt im Nachlass Schaefer/Lange, Monacensia.

[121] Vgl. von Cube, Hellmut. In: *Welt und Wort* 2 (1947), S. 90.

[122] Hier und im folgenden Zitat Funke, Fritz. In: *LVZ*. Die Angabe des Erscheinungsdatums fehlt im Nachlass Schaefer/Lange, Monacensia.

> [...] in das erdgeborene Lied dieser Dichterin [ist] wirklich etwas von der Dichte und vom Duft des Irdischen eingegangen, von jenem Geheimnis auch, das die plane Verständlichkeit ausschließt und an den besten Stellen das Dunkle als eine sehr positive Aussage verstehen läßt[123],

womit das Magisch-Realistische und die metaphysische Aussage der Gedichte von Oda Schaefer hervorgehoben werden.

Ein Rezensent, der demnach im Sinne des Humanismus die Rückbesinnung auf traditionelle Themen und Gedichtformen fordert und einer von traditionellen ästhetischen Prinzipien geleiteten Auffassung entsprechend von der Dichtung erwartet, von der Gegenwart abzulenken, die Leser der harten Alltagswelt entfliehen und ihnen damit Hilfe zukommen zu lassen, muss diesem Gedichtband zustimmend gegenüberstehen. Für ihn gilt es, die Beziehung zur „zarten Verskunst"[124] nicht zu verlieren und dankbar denjenigen zu sein, die solche Verse schenken.[125] „Sie geben uns viel, wenn es ihnen gelingt, durch ihre Dichtung etwas in uns anzurühren, und herauszuheben aus unserer Bedrängnis".[126] Der Trost als Aufgabe des Dichtenden steht in der Nachkriegszeit im Vordergrund, vor allem durch das Entführen in andere, geistige Bereiche. Die Schönheit der Gedichte wird durchweg als positiv betrachtet und dies in einer äußerst metaphorischen Ausdrucksweise wiedergegeben. Es seien

> melodische Verse, voller Tiefe und Zartheit, Verse, die man immer wieder lesen muß, um ganz in sie einzudringen, sie zu erfühlen. Manches ahnt man nur und scheut eine Deutung, die lediglich zerstören könnte. Es sind Verse einer Frau, die Leid erfahren, jedoch den Glauben nicht verloren hat.[127]

Auch das Spezifisch-Weibliche in der Dichtung Oda Schaefers wird erwähnt:

---

[123] Hartung, Rudolf, S. 381. Die Angabe des Namens der Zeitung und des Erscheinungsdatums fehlen im Nachlass Schaefer/Lange, Monacensia.

[124] A.S.: *Neue Versbücher*. Die Angabe des Namens der Zeitung und des Erscheinungsdatums fehlen im Nachlass Schaefer/Lange, Monacensia.

[125] Vgl. hierzu Rezension von E.F.: *Oda Schaefer: Irdisches Geleit*. Die Angabe des Namens der Zeitung und des Erscheinungsdatums fehlen im Nachlass Schaefer/Lange, Monacensia.

[126] A.S.: *Neue Versbücher*. Die Angabe des Namens der Zeitung und des Erscheinungsdatums fehlen im Nachlass Schaefer/Lange, Monacensia.

[127] Ebenda.

> [...] was beim Manne Zucht, Kontur, Prägung ist, in einem Ausdruck geistgebändigter Dämon, – hier ist es Hingabe, eingefangenes Gefühl, Vibration der Seele. Ein oft wehmütig verhaltener, oft wilder, gesteigerter Klang aus dem Zwischenreich der Empfindung. (Zwischenreich: Reich zwischen Mensch und Kreatur, zwischen gewissermaßen zivilem Tag und dem im Blut, in den Tiefen fortwirkenden Traum.)[128]

Beglückend wird „die Stimme der Natur"[129], „der Ruf der dunklen Lebensmächte" empfunden. „Nicht Zeitflucht ist diese Hinwendung zur Natur, sondern Rückbesinnung auf das Urbeständige, da ringsum die gestaltete Welt zerbricht."[130] So bleibt dieser Gedichtband ein „Trost für alle, denen sich das Geheimnis des Gedichtes erschlossen hat"[131], er ist „das Zeugnis einer reifen, großen lyrischen Begabung" und bereichert den „Schatz des Unverlierbaren in unserer Gegenwartsdichtung".[132]

3.3 *Madonnen. Ein Bildbuch mit Gedichten*

1946 erschien im Kurt Desch Verlag der Band *Madonnen. Ein Bildbuch mit Gedichten*. Oda Schaefer war für die Auswahl der Gedichte zuständig, während Anni Wagner die erläuternden Bildtexte schrieb. Sowohl die abgebildeten Gemälde und Plastiken als auch die abgedruckten Gedichte entstammen, wie es im Einleitungskapitel zu lesen ist, „den verschiedensten Zeiten, Stilperioden und Geschmacksepochen" (S. 5) und erheben in keinster Weise den Anspruch, „repräsentativ oder gar dokumentarisch und in irgendeiner Weise vollständig zu sein." Nicht unbedingt ästhetische Gesichtspunkte waren für die Auswahl bestimmend gewesen, sondern sie ergaben sich

---

[128] von Cube, Hellmut. In: *Welt und Wort* 2 (1947), S. 90.
[129] Hier und im folgenden Zitat ebenda.
[130] Sabais, Heinz-Winfried: *Eindrücke neuer Lyrik*. In: *AUFBAU*. Kulturpolitische Monatsschrift. Herausgegeben vom Kulturbund zur demokratischen Erneuerung Deutschlands 4 (1948), H. 4, S. 314-321, hier S. 319.
[131] Hier und im folgenden Zitat von Cube, Hellmut. In: *Welt und Wort* 2 (1947), S. 90.
[132] Sabais, Heinz-Winfried: *Eindrücke neuer Lyrik*. In: *AUFBAU*. Kulturpolitische Monatsschrift. Herausgegeben vom Kulturbund zur demokratischen Erneuerung Deutschlands 4 (1948), H. 4, S. 314-321, hier S. 319.

aus der handgreiflichen Not einer Zeit, die es sich nicht mehr leisten kann, im Kontemplativen zu verharren, in der Muße einer schöngeistigen oder kunstkritischen Betrachtung, die vielmehr auch vom Kunstwerk und gerade von ihm Hilfe erwartet, Trost, Stärkung, ein wenig Glück. (S. 5f.)

Die in der Nachkriegszeit allgemein vorherrschende Anschauung von der Funktion des Künstlers und Dichters als Heiler und Tröster und der Rekurs Oda Schaefers auf die abendländische, christlich-humanistische Kulturtradition spiegeln sich in diesem Vorwort wider. Ebenso entspricht die sehr pathetische, metaphorische Sprache dem allgemein üblichen Sprachduktus, genauso wie die Bezeichnung Hitlers und des Dritten Reiches mit dem biblischen Bild des „Höllental des Antichristen" (S. 7)[133] auch von anderen, vornehmlich „religiös gebundenen"[134] Schriftstellern verwendet wurde.

Dem hohen Ton entsprechend schließt sich die Autorin in der Verwendung des Pluralis majestatis mit ein, und betont bewusst die Gemeinsamkeit zwischen Autor und Leser.

Die Gedichte dieses Bandes dienen nicht der Erklärung der Bilder, genauso wenig wie die Bilder der Illustration der Gedichte, doch – so heißt es im Vorwort – „ergibt sich manchmal eine Übereinstimmung, ein Zusammenklang von beglückender Harmonie".

Oda Schaefer beschränkte sich in ihrer Auswahl nicht auf die Gedichte einer Epoche, nahm jedoch, allein was die Anzahl betrifft, deutlich mehr Gedichte von Rainer Maria Rilke – Ausdruck der in der Nachkriegszeit allgegenwärtigen Rilke-Verehrung – sowie von Joseph von Eichendorff in die Sammlung mit auf als von anderen Dichtern. Das Spektrum reicht von Gedichten aus dem Mittelalter, wie von Walther von der Vogelweide, Hildegard von Bingen, dem Hl. Bernhard oder auch unbekannten Dichtern aus dem 7./8. und 10. Jahrhundert, über romantische Dichter, wie Novalis, bis hin zu christliche Themen bearbeitenden Schriftstellern der Gegenwart von 1946, wie Richard Billinger, Albrecht Schaeffer, Hermann Hesse oder Rudolf Alexander Schröder. Der religiöse Aspekt steht allein aufgrund des Themas „Madonnen" und der Auf-

---

[133] Zur Folge derartiger begrifflicher Verwendungen, nämlich dass sich dadurch Hitler und die Nationalsozialisten menschlicher Beurteilung entzogen und die konkrete Wirklichkeit verwischt wurde, vgl. Wende, S. 22.
[134] Ebenda.

gabe der Kunst als Hilfe und Trostspenderin bei allen Gedichten im Vordergrund. Eigene Gedichte verwendete sie nicht.

3.4 *Kranz des Jahres. Zwölf Gedichte*

Der kleine Gedichtband *Kranz des Jahres* mit zwölf Gedichten von Oda Schaefer und Zeichnungen von Asta Ruth-Soffner erschien 1948 im Hans Müller Verlag[135] in Stuttgart, nur zwei Jahre nach dem im Desch-Verlag verlegten *Irdischen Geleit,* und spiegelt mit seinem allgemein beliebten Thema das „Erstarken der bukolischen Tradition"[136] wider.

Jedes Gedicht ist einem Monat gewidmet, den es plastisch in seinem ihm eigenen Charakter und in seinen typischen Eigenschaften darzustellen sucht, was dazu jeweils mit einer gegenüberliegenden Zeichnung illustriert wird. Sprache und Stil der Gedichte ändern sich, vor allem wohl aufgrund der Tatsache, dass viele bereits vor 1946 gleichzeitig mit anderen, bereits im *Irdischen Geleit* publizierten Gedichten entstanden sind, im Vergleich zum vorherigen Gedichtband nicht: Farbenreiche Bilder und Vergleiche, Personifikationen, Synästhesien, dynamisierende Verben, Parallelismen, Chiasmen, auf lautlicher Ebene Alliterationen und Häufungen von Vokalen, Konsonanten und Konsonantengruppen sind die bevorzugten sprachlichen Mittel, um die Lebendigkeit und Anschaulichkeit der gewählten Aussagen zu unterstreichen. Auch Metrum und Rhythmus der Verse heben sich, vor allem in Bezug auf die Verwendung volksliedhafter Verse, nicht grundsätzlich vom vorherigen Gedichtband ab.

Während somit im *Januar*[137] (S. 7) Kälte, Frost, Schneetreiben, Eisblumen und der betörende Duft von Hyazinthen dominieren, das Gedicht *Februar*[138] (S. 9) das Karnevalstreiben, die Kürze der Tage und die begin-

---

[135] Das „Calendarium" hatte Oda Schaefer bereits vorher dem Desch- sowie dem Piper-Verlag angeboten, wie aus Briefen an Horst Lange, z.B. vom 12.08.1946, hervorgeht, Nachlass Schaefer/Lange, Monacensia.

[136] Schäfer, Das gespaltene Bewußtsein, S. 56.

[137] *Januar* erschien bereits 1946 in der von Friedrich Rasche herausgegebenen Anthologie *Das Gedicht in unserer Zeit*, S. 58f. Es wurde 1953 in der *SZ*, Nr. 24, 30.01.1953, S. 3, unter dem Titel *Vor dem Föhn* publiziert; allerdings beginnt das Gedicht hier mit der zweiten Strophe.

[138] Oda Schaefer hatte *Februar* bereits bei ihrem Schweiz-Aufenthalt an eine Zeitschrift verkauft, vgl. Brief an Horst Lange vom 16.12.1947, Nachlass Schaefer/Lange, Monacensia.

nenden Knospen der Blumen zum Inhalt hat, wird das Gedicht *März*[139] (S. 11) ganz von einer schwebenden Atmosphäre beherrscht.

März

Wie dort im Luch
Die Nebel sich heben,
Leicht wie ein Tuch
Aus Seide entschweben,
Die Gräser beben
Im Märzgeruch.

Ach, dieser zarte
Und köstliche Duft
Löste die harte
Vorfrühlingsluft,
Dämmernde Wintergruft,
Öffne dich, warte!

Die Meise zirpt
Besessen im kahlen
Strauche und wirbt
Mitten im fahlen
Laub, das von Malen
Gezeichnet verdirbt.

Neben den Schlehen
Lauert April
Mit Regen und Wehen,
Aber dann will
Er lächelnd und still
In Blüte gehen.

Es ist der Geruch des Frühlings, der zusammen mit Vergleichen aus dem visuellen, dem aufsteigenden Nebel, und dem taktilen Bereich („Tuch aus Seide") evoziert wird, und jene Leichtigkeit und Schwerelosigkeit

---

[139] *März* entstand zuerst unter dem Titel *Junger Tag* im Jahre 1945, vgl. Brief von Oda Schaefer an Karl Krolow vom 06.09.1945, Nachlass Karl Krolow, Signatur 88.7.61/13, DLA-Marbach. Oda Schaefer schrieb selbst über dieses Gedicht: „[...] das ist meine Sehnsucht, die irdische Schwere abzutun, die ich schon in der ‚Verzauberten' hatte, und es ist nicht nur Beschreibung", Brief an Karl Krolow, ohne Datum, wohl nach dem 06.03.1945 verfasst, Nachlass Karl Krolow, DLA-Marbach. Es erschien unter dem Titel *Junger Tag*. In: *SZ*, Nr. 57, 09.03.1951, S. 4.

entstehen lässt, die den Charakter dieses Gedichtes und damit des Monats März, das Schwanken zwischen Winter und Frühling, ausmachen. Dazu tragen auch das ruhige Metrum der Verse mit seinen zwei Hebungen sowie der Verschränkung von Kreuzreim und umarmendem Reim bei, der fließende Rhythmus mit seinen zwei Senkungen in den Mittelzeilen und, vor allem in der ersten Strophe, die weiblichen Kadenzen mit ihrem verlangsamenden Duktus entsprechend den eine langsame Bewegung implizierenden Verben „heben", „entschweben" und „beben". Die zweite Strophe schließt sich inhaltlich direkt an die erste an und nimmt das letzte Wort, den „Märzgeruch", als Thema auf. Als zart und köstlich wird der Duft beschrieben, emotional unterstrichen durch das seufzende „Ach" des lyrischen Ich, im Gegensatz zur harten „Vorfrühlingsluft", die mit dem Bild der dämmernden Wintergruft verbunden wird. Entsprechend des Ausrufs in der ersten Zeile dieser Strophe besteht die letzte Zeile ebenfalls wieder in einem Aufruf des lyrischen Ich, diesmal einem Imperativ, an die Wintergruft („Öffne dich, warte!"), was seine Ungeduld offenbart. Denn noch beherrscht, auch wenn nicht mehr so stark, der Winter die Landschaft, noch sind die Sträucher kahl, das Laub ohne Farbe, obwohl sich bereits der Frühling durch den Märzgeruch und – nun im akustischen Bereich – das besessene Zirpen einer Meise andeutet.

Die vielen Enjambements in dieser Strophe („kahlen/ Strauche", „fahlen/ Laub", „von Malen/ gezeichnet") – auch bereits in der zweiten Strophe fällt ein Enjambement auf („harte"/ Vorfrühlingsluft") – bestärken die flüssige Leseweise und bewirken damit ein hohes Sprechtempo, was einerseits ebenfalls Zeichen für die wachsende Ungeduld, das ersehnte Ende des Winters, andererseits auch Ausdruck für stetiges, schnelles Wachstum der Natur, ständiges Fortschreiten des Jahresablaufs sein könnte. So behandelt nämlich die letzte Strophe des Gedichts bereits den nächsten Monat April, der – personifiziert – bereits mit „Regen und Wehen" „lauert", dann jedoch „lächelnd und still/ In Blüte" geht, eine Bewegung, die wiederum durch ein Enjambement unterstützt wird.

Waren hier in der letzten Strophe bereits „Regen und Wehen" als typische Merkmale des April angeklungen, wird dies nun im bereits 1944 veröffentlichten Gedicht *April*[140] (S. 13) weiter ausgeführt und mit zahlreichen Bildern und Vergleichen veranschaulicht.

---

[140] Vgl. *April*. In: *Krakauer Zeitung*, Nr. 81, 01.04.1944, S. 4.

April

Langsam zieht heran die Trift
Weißer Wolken, weißer Ballen,
Keil der Gänse – Bilderschrift,
Aufgezeichnet wie mit Krallen,

Und die blauen Winde fallen,
Dünne Schauer, rüttelnd ein,
Frage, Ruf, Gelächter hallen
Nur als Echo noch allein,

Das in tiefe Schluchten weht,
Wo die grünen Flore wallen,
Laub in grünen Flammen steht
Und der Freude Hörner schallen.

Das Motiv des Vogelfluges als Bilderschrift – Oda Schaefer wird dieses Motiv der natureigenen Sprache in ihrem nächsten Gedichtband wieder aufgreifen[141] – erscheint auch in der Lyrik anderer Dichter, wie Georg Britting[142] oder auch Wilhelm Lehmann.[143] War die Beobachtung des Vogelfluges (Auspizien) in der Antike ein alter Brauch, um den Willen der Götter zu erkunden[144], so scheint hier dieser Wille der Götter bzw. die Sprache der Natur für den Menschen nicht mehr erkennbar geworden – er steht außerhalb dieses Geheimnisses. In Oda Schaefers Gedicht geht es allein um das Bild der Formation des Gänsefluges vor den weißen Wolken, nur der visuelle Eindruck ist entscheidend, er hat keine Bedeutung für den Menschen.

Die Farbe Blau ist von Oda Schaefer in ihren Gedichten bislang in vielerlei Kombinationen verwendet worden, sei es z.B. in Verbindung mit der Kälte des Winters in *Amsel im Winter*[145], der Morgenstimmung im Gedicht *Tagesanbruch*[146] oder des Sommers im *Liebespaar 1945*.[147] Hier assoziieren die „blauen Winde" wiederum die Farbe Blau mit Wasser, Regen, und geben Hinweise auf die Fruchtbarkeit, das einsetzende Wachs-

---

[141] Vgl. *Bilderschrift*. In: *Grasmelodie*, S. 20f.
[142] Vgl. Britting, Georg: *Krähenschrift*. In: Schuldt-Britting, Ingeborg (Hg.): *Georg Britting: Süßer Trug. Hundert Gedichte*, Ebenhausen: Langewiesche-Brandt 2000, S. 75.
[143] Vgl. Schäfer, Wilhelm Lehmann, S. 187.
[144] Vgl. *Lexikon der Alten Welt*, Zürich, Stuttgart: Artemis Verlag 1965, Spalte 3241.
[145] Vgl. *Irdisches Geleit*, S. 52.
[146] Vgl. *Irdisches Geleit*, S. 48f.
[147] Vgl. *Irdisches Geleit*, S. 20f.

tum der Natur, was in der dritten Strophe des Gedichtes in dem Bild der „grünen Flore" und der synästhetischen, oxymoronähnlichen Verbindung „grüne Flammen" wieder aufgegriffen wird – eine Wendung, die bereits im Gedicht *Morgenröte*[148] („grün von Flammen") sowie in ähnlicher Form im Gedicht *Das volle Glück*[149] („grün glüht") vorkam.

Während der *Mai*[150] (S. 15) in seinem Inhalt – Paarung und Vermehrung, hier am Beispiel der Vögel –, direkt an das Gedicht *April* anknüpft, besteht das Gedicht *Juni*[151] (S. 17) ähnlich dem Gedicht *März* aus einer Art Momentaufnahme, einer Art impressionistischem Stimmungsbild, das die Atmosphäre eines Augenblicks wiedergibt.

> Juni
>
> Die Fliegen summen
> Ans Fensterglas,
> Bestürztes Verstummen
> Draußen im Gras,
>
> Die blasse Winde
> Dreht ihren Schoß,
> Süßer als Linde
> Duftet sie groß.
>
> Wie Gallert beben
> Die Lüfte heiß,
> Falter entschweben
> Azurblau und weiß.
>
> Der grüne, der kühle
> Junimond schmolz,
> Kaum Schattengewühle
> Im laubigen Holz,
>
> Und Zeit steht träumend
> In Mittagsglut,
> Es tränkt sie schäumend
> Spiräenflut –

---

[148] Vgl. *Irdisches Geleit*, S. 50f.
[149] Vgl. *Irdisches Geleit*, S. 34.
[150] Das Gedicht war unter dem Titel *Im Mai* erschienen. In: *SZ*, Nr. 36, 03.05.1946, S. 6.
[151] Das Gedicht wurde auch unter dem Titel *Im Sommer* publiziert. In: *SZ*, Nr. 63, 06.08.1946, S. 5.

Oda Schaefer nennt dieses Gedicht in *Auch wenn Du träumst, gehen die Uhren* ein „»elbische[s]« Gedicht"[152], dem sie „einen der seltenen Augenblicke des Glücks zu verdanken" hat, die sie in ihrem Leben erfuhr. Durch einen Brief des Dichters Wilhelm Lehmann, der ihr auf die Publikation von *Junimond* in der *Frankfurter Zeitung*[153] hin spontan geschrieben hatte, war sie so beglückt, dass sie kurzfristig keine Angst vor den Fliegerangriffen verspürte. In ihrem Antwortschreiben vom 10. Juli 1944 an ihn berichtet sie: „[...] die Freude darüber absorbierte mich völlig, sodass ich drohende Bomben und busters vergass [...]."[154] Wilhelm Lehmann war für sie, wie auch für viele andere *Kolonne*-Dichter, eine der Leitfiguren der Dichtung überhaupt.[155] „Sie leben in unserer Vorstellung als der grosse Magier, der ‚grüne Gott', und es sind nicht wenige, die sie sehr verehren."[156] So konnte sein Brief „kein schöneres Echo geben."

Ausführlich musste Wilhelm Lehmann Oda Schaefer über das Gedicht *Junimond* geschrieben und auch die Stellen angesprochen haben, die sie selbst in ihrem Gedicht als „unvollkommen" empfunden hat, so dass sie die letzte Strophe fortließ und bewusst das Poem mit dem „magischen Wort" „Spiräenflut" beendete. ‚Magie' war in ihren Augen eines der wichtigsten Grundprinzipien des Dichtens an sich, womit sie ganz dem Programm der *Kolonne* bzw. des ‚magischen Realismus' entsprach: einerseits eine genaue Beobachtung und Beschreibung der Natur, andererseits das Fühlen des Wunders, das Offenbaren des Magischen. So werden genaue Naturbeobachtungen (wie z.B. die botanische Bezeichnung des Spierstrauches als „Spiraea") mit Metaphern, Vergleichen („Wie Gallert"[157]), dynamisierenden Verben, farbkräftigen Adjektiven, Personifika-

---

[152] Hier und im folgenden Zitat *Auch wenn Du träumst, gehen die Uhren*, S. 285.

[153] In der *Frankfurter Zeitung* war das Gedicht unter dem Titel *Junimond* erschienen. Das Erscheinungsdatum ist leider nicht bekannt.

[154] Brief von Oda Schaefer an Wilhelm Lehmann vom 10.07.1944, Nachlass Wilhelm Lehmann, Signatur 68.5469, DLA-Marbach.

[155] Vgl. hierzu Brief von Oda Schaefer an Karl Krolow vom 08.05.1944, Nachlass Karl Krolow, Signatur 88.7.61/5, DLA-Marbach.

[156] Hier und in den folgenden Zitaten Brief von Oda Schaefer an Wilhelm Lehmann vom 10.07.1944, Nachlass Wilhelm Lehmann, Signatur 68.5469, DLA-Marbach.

[157] Ihrer Freundin Gertrud Mentz, die einige Fragen und Anmerkungen bzgl. dieses Wortes und des Gedichts *Junimond* hatte, schrieb Oda Schaefer in einem Brief: „‚Gallert' ist ein Ausdruck, den ich kühn gefunden habe, für die flimmernde glühende Sommerhitze, vielleicht entsinnen Sie sich aus Ihrer

tionen, synästhetischen Eindrücken („Süßer als Linde/ duftet sie groß") und auf klanglicher Ebene Assonanzen („Der grüne, der kühle", „Junimond schmolz") kombiniert und damit jene sublime Atmosphäre des „Sicheinsfühlens mit der Natur"[158] evoziert, die wohl –, so eine Überlegung Oda Schaefers – auch Wilhelm Lehmann zu seinem freundlichen Schreiben veranlasst hat. Fern jeder Kriegserlebnisse, wie z.B. der unablässigen Fliegerangriffe – das Gedicht wurde 1944 verfasst[159] –, wird hier eine in seiner Friedlichkeit betörend wirkende Momentaufnahme und Stimmung wiedergegeben, die weder an einen bestimmten Ort[160] noch an eine bestimmte Zeit gebunden, sich selbst absolut genügend ist.

„Das Leise ist das Mächtige[161] – das Sanfte hat die wahre pénétration pacifique, wir können der Brutalität nur den Glauben an Wort und Geist entgegenstellen"[162] schreibt Oda Schaefer in ihrem Brief an Wilhelm Lehmann und zeigt damit grundsätzlich ihre Haltung gegenüber der Dichtung als Zeichen des Friedens und damit des stillen Widerstandes.[163]

Kindheit, wie der Glast manchmal über dem Land lag. Glast dagegen ist ein Wort, das ich nicht liebe", Brief vom 22.08.1956, Nachlass Schaefer/Lange, Monacensia.

[158] *Auch wenn Du träumst, gehen die Uhren*, S. 285.

[159] Vgl. Manuskript L 1775, Nachlass Schaefer/Lange, Monacensia.

[160] Die Landschaften ihrer Kindheit spielen in diesem Gedicht eine große Rolle: Die flimmernde Hitze, „Gallert", ist ein Merkmal der Landschaften Schlesiens und Pommerns, genauso wie auch die im Gedicht beschriebene „Winde" mit ihrem süßen Duft: „Und dann: meine geliebte Winde am Zaun, schneeweiss mit hauchzartem Rosa duftet, vor allem gegen Abend, so süss fast wie Jasmin, betäubend geradezu! Jedenfalls in den Landschaften meiner Kindheit, Pommern und Schlesien. Sie ist klein und nicht riesengross, sie schliesst sich am Abend oder dreht sich vielmehr zu, sie ist die einfache Zaunwinde. [...] Meine ist ein Zaunkind, ein Kletterkind, ein Unkraut eigentlich, mir deshalb besonders lieb", Brief von Oda Schaefer an Gertrud Mentz vom 22.08.1956, Nachlass Schaefer/Lange, Monacensia.

[161] Dieser Satz entstammt wohl dem Brief von Wilhelm Lehmann, da Oda Schaefer diesen in ihrem Brief an Karl Krolow vom 28.08.1944 zitiert: „Das Leise ist das Mächtige: das sei unsere Zuversicht", Nachlass Karl Krolow, Signatur 88.7.61/8, DLA-Marbach.

[162] Brief von Oda Schaefer an Wilhelm Lehmann vom 10.07.1944, Nachlass Wilhelm Lehmann, Signatur 68.5469, DLA-Marbach.

[163] Ähnlich äußert sich Oda Schaefer auch in ihrem Brief vom 18.10.1943 an Gunter Groll: „[...] das Sanfte überwindet die Gewalt. [...] Ich bin immer noch überzeugt, dass Mozart das Heulen der Luftminen besiegen wird [...]." Brief in Privatbesitz von Monika Stein.

Auch die weiteren Gedichte dieses Bandes behandeln zeitlos gültige charakteristische Eigenschaften der jeweiligen Monate: Im Gedicht *Juli* (S. 19) wird ein bunter Blumenstrauß aus verschiedensten Feldblumen beschrieben, wobei die Kornblume mit ihrem „stolzen Königsblau" als „des Getreides Krone" hervorgehoben wird – ein Bild, das tatsächlich auf die Form der Kornblumenblüte zurückzuführen ist. Das Gedicht *August* (S. 21) gibt die von dem Zirpen einer einzelnen Grille begleitete Atmosphäre der sengenden Hitze im Spätsommer vor einem Gewitter wieder, und im Gedicht *September* (S. 23), das bereits 1946 in der Zeitschrift *Horizont*[164] veröffentlicht worden war, werden die typischen Herbststürme und die bei Kindern beliebte Beschäftigung des Drachen-Steigens geschildert.

Das Poem *Oktober* (S. 25) ist visuell geprägt von starken, leuchtenden Farben: „Ahornflamme" (die Form des Blattes verbindet sich mit der leuchtenden Farbe), „Pflaumenblau", „Zinnober", „Safranfeuer" beherrschen die Tage, während am Morgen das „Grau" in Form von Nebelschwaden dominiert. Es ist der Monat des Erntens – Wein („der dunkle Saft") wird aus den während des Sommers gereiften Früchten gewonnen – und bestimmter Herbst-Blumen, wie den Astern, den Dahlien und den Sonnenblumen, deren Verblühen sich aber bereits ankündigt und schon zum nächsten Monat – November – überleitet. Bereits das Metrum der Verse mit seinen zwei Senkungen und der klingenden, verlangsamend wirkenden Kadenz versinnbildlicht hier im *November*[165] (S. 27) das Trommeln des Regens, das keine andere Begegnung zulässt außer sich selbst gegenüber.

November

Immer hörst du es regnen
Unabänderlich,
Jegliches Begegnen
Gilt deinem eigenen Ich,

Hinter den Regenschnüren
Steht dein Spiegelbild,
Läßt sich nicht berühren,
Lächelt ungestillt.
…

Das ‚Du' spricht den Leser direkt an, so dass man sich sofort mit ihm identifiziert und das eigene Spiegelbild „hinter den Regenschnüren"

---

[164] Vgl. *September*. In: *Horizont* 1 (1946), H. 22, S. 18.
[165] *November* erschien bereits am 17.11.1945 im *Weser-Kurier*.

nachempfindet. Danach geht es um einen weiteren, diesen Monat kennzeichnenden Brauch: Das Gedenken der Toten an Allerseelen mit Kerzen, Chrysanthemen und Weihwasser, ausgedrückt in der Metonymie „Krüge rinnen", das direkt zur letzten Strophe des Gedichtes überleitet. Das Jahr, personifiziert, neigt sich dem Ende zu, es „zerfließt sterbend in Tränen", ein Bild, das auch auf lautlicher Ebene durch den Rhythmus der Verse, die langsamen langen Vokale, umgesetzt wird; es herrscht nur noch die Sehnsucht nach dem, „was schon einmal war".

Das letzte Gedicht *Dezember* (S. 29) hat das Weihnachtsfest als Thema.[166] Die silberne Christbaumkugel, in der sich alle anderen Baumanhänger sowie das flackernde Licht der Kerzen widerspiegeln, wird zum weihnachtlichen Symbol, da es das „vergehende Licht" in sich auffängt „zu ewigem Mittagsschein". Die christliche Dimension wird in der Figur des „Vollkommnen" und dem Bild der summenden „himmlischen Bienen" angedeutet, das wohl auf alte Abbildungen in Kinderbüchern des 19. Jahrhunderts zurückgeht[167], in dem fleißige Engel mit Weihnachtsarbeiten beschäftigt sind. Weniger die religiöse Bedeutung des Weihnachtsfestes steht im Vordergrund, sondern mit der Betonung des Lichts eine allgemein-christliche, metaphysische Komponente.

3.5 *Unter dem sapphischen Mond. Deutsche Frauenlyrik seit 1900*

Die von Oda Schaefer herausgegebene Anthologie *Unter dem sapphischen Mond. Deutsche Frauenlyrik seit 1900* erschien 1957 im Piper-Verlag. Sie spiegelt in der Auswahl der Gedichte und der Autorinnen sowie dem von Oda Schaefer verfassten Nachwort nicht nur ihre Orientierung an traditionellen Themen und Inhalten weiblicher Lyrik, sondern auch die Wertschätzung und den Stellenwert traditionellen Dichtens und Schreibens in den fünfziger Jahren wider. Da die angesichts dieser Anthologie geführten Briefwechsel Oda Schaefers ihre Wesensverwandtschaft mit anderen Schriftstellerinnen in poetologischen Fragen belegen, sollen diese nun bei der Vorstellung des Nachwortes und der Auswahl an Dichterinnen ebenfalls berücksichtigt werden.

---

[166] Dieses Gedicht erschien auch unter dem Titel *Heiligabend*. Die Angabe des Namens der Zeitung und des Erscheinungsdatums fehlen im Nachlass Schaefer/Lange, Monacensia.

[167] Vgl. z.B. Darstellungen in: *Mein liebstes Weihnachtsbuch*, Erlangen: Pestalozzi-Verlag 1977, S. 10f.

Laut Aussagen in Briefen bereitete Oda Schaefer die Arbeit an dem kleinen Bändchen von ca. 80 Seiten große Freude[168], „wie ein zauberhafter Garten, den ich mit gärtnerischen Händen pflege".[169] Überall findet sie „erstaunlich gute Qualität"[170] und kann in dem Band auch ihre persönlichen Vorlieben, wie u.a. Gedichte von Christine Busta[171], Regina Ullmann oder auch der ehemaligen *Kolonne*-Autorin Paula Ludwig, über deren Armut und Krankheit sie 1956 erschüttert ist[172], miteinbringen. Es gilt, auf engstem Raum „wirklich bedeutende Dichterinnen"[173] zusammenzufassen, die jeweils mit zwei bis drei Gedichten vertreten sein sollen. Als Quellen dienen ihr entweder andere Anthologien, wie die ihren Schwerpunkt auf die Literatur der ‚inneren Emigranten' setzende Ge-

---

[168] Vgl. Brief von Oda Schaefer an Dagmar Nick vom 14.11.1956, Vorlass Dagmar Nick, Monacensia.

[169] Brief von Oda Schaefer an Ina Seidel vom 01.02.1956, Nachlass Ina Seidel, DLA-Marbach.

[170] Brief von Oda Schaefer an Dagmar Nick vom 14.11.1956, Vorlass Dagmar Nick, Monacensia.

[171] Vgl. Brief von Oda Schaefer an Gertrud von Le Fort am 08.02.1956, Nachlass Gertrud von Le Fort, Signatur 74.7937/1, DLA-Marbach.

[172] Paula Ludwig war 1953 nach Deutschland aus dem Exil in Brasilien zurückgekommen und nach drei Jahren erkrankt. Sie wurde in eine Nervenheilanstalt überwiesen und hatte enorme finanzielle Schwierigkeiten, vgl. Briefe von Paula Ludwig an Oda Schaefer vom 17.01.1956 und 06.02.1956, Nachlass Schaefer/Lange, Monacensia. Oda Schaefer half, obwohl ihre eigenen finanziellen Mittel sehr beschränkt waren, sofort aus und empfahl Paula Ludwig dem Hessischen Rundfunk, um sie durch Aufträge aus der Misere zu befreien, vgl. Brief von Oda Schaefer an Paula Ludwig vom 18.02.1956, Nachlass Paula Ludwig, Franz-Michael-Felderarchiv. Dies reichte jedoch offenbar nicht aus, wie Oda Schaefer gegenüber Ina Seidel zum Ausdruck bringt: Es kann „nur ein Tropfen auf den heissen Stein sein […], denn der Stein ist wohl recht heiss, es verzichtet wohl rasch, denn sie kann sich, meinen Eindrücken nach, in die Realität nicht einpassen." Brief vom 18.02.1956, Nachlass Ina Seidel, DLA-Marbach.
Ein letzter Brief von Oda Schaefer an Paula Ludwig stammt vom 10.08.1957 (Nachlass Paula Ludwig, Franz-Michael-Felderarchiv), in dem sie Paula Ludwig ihre getippten Gedichte wieder zurückschickt und ihre Freude darüber zum Ausdruck bringt, dass deren Gedichte, wie diese ihr am 18.07.1957 (Nachlass Schaefer/Lange, Monacensia) mitgeteilt hatte, im Verlag Langewiesche-Brandt gedruckt würden.

[173] Brief von Oda Schaefer an Ina Seidel vom 29.01.1956, Nachlass Ina Seidel, DLA-Marbach.

dichtsammlung *De profundis* von Gunter Groll[174], Gedichtbände von Lyrikerinnen, aus denen sie selbst auswählt, oder von den Autorinnen selbst zu bestimmende Gedichte, die sie sich zuschicken lässt. Das wichtigste Kriterium, das Oda Schaefer dabei ansetzt, ist, dass es Gedichte sind, die den Schriftstellerinnen selbst am typischsten erscheinen[175] und deren „eigenes, innerstes Wesen"[176] aussagen. Was ihre Gedichte betraf, so entschied sich Oda Schaefer für *Die Verzauberte*, das sie auch im Rückblick immer wieder als ihre Person am besten charakterisierendes Gedicht empfand, und *Geburt* – zwei Poeme, die beide in unterschiedlichen Bildern die Sehnsucht nach einem anderen Sein offenbaren. Als Modell für ihre Anthologie gibt sie in ihrem Schreiben an Ina Seidel[177] die von Oskar Jahnke herausgegebene Sammlung *Wellen und Ufer* an, die Oda Schaefer selbst jedoch aufgrund des Fehlens von österreichischen und schweizerischen Schriftstellern nicht für eine gute Auswahl hält – ein Manko, dem sie in ihrer eigenen Anthologie vorbeugt, indem sie Gedichte von österreichischen Autorinnen wie u.a. Paula Grogger, Erika Mitterer, Christine Lavant, Christine Busta und Frauen aus der Schweiz wie Regina Ullmann und Silja Walter mitaufnimmt. Auffallenderweise wählt sie von Autorinnen aus der DDR nur ein Gedicht von Annemarie Bostroem aus.

Neben dem Kriterium der Deutschsprachigkeit geht es bei der Auswahl der Gedichte, auch nach der Vorgabe ihres Verlegers, vor allem darum, auf engstem Raum repräsentativ die wichtigsten Autorinnen vorzustellen und dabei auch mehrere Altersstufen zu berücksichtigen. Dass dies mit Oda Schaefers Vorlieben nicht immer übereinstimmt, kommt in einem ihrer von Verehrung und großem Respekt geprägten Briefe an Ina Seidel zum Ausdruck, gegenüber der sie sich beklagt, dass sie sich nach Herrn Piper zu richten habe, der „sehr modern eingestellt"[178] sei und

---

[174] Vgl. Brief von Oda Schaefer an Gertrud von Le Fort am 08.02.1956, Nachlass Gertrud von Le Fort, Signatur 74.7937/1, DLA-Marbach.
[175] Vgl. Brief von Oda Schaefer an Ina Seidel vom 01.02.1956, Nachlass Ina Seidel, DLA-Marbach.
[176] Brief von Oda Schaefer an Regina Ullmann vom 21.01.1956, DLA-Marbach; vgl. hierzu ebenso Brief von Oda Schaefer an Paula Ludwig vom 10.01.1956, Nachlass Paula Ludwig, Franz-Michael-Felderarchiv.
[177] Vgl. Brief von Oda Schaefer an Ina Seidel vom 29.01.1956, Nachlass Ina Seidel, DLA-Marbach.
[178] Hier und im folgenden Zitat Brief von Oda Schaefer an Ina Seidel vom 18.02.1956, Nachlass Ina Seidel, DLA-Marbach.

nicht so viele „Seniorinnen" in der Anthologie haben möchte.[179] So müsse sie „schweren Herzens"[180] auf Irene Forbes-Mosse, deren Gedichtband Ina Seidel Oda Schaefer zugeschickt und für die Anthologie empfohlen hatte[181], verzichten, genauso wie auf Lulu von Strauß und Torney, Helene Voigt-Diederichs und Isolde Kurz.[182]

Der Titel des Gedichtbandes scheint sich im Laufe der Arbeiten noch einmal geändert zu haben: Aus dem zuerst angedachten, aus dem Gedicht von Clemens Brentano stammenden Titel „Stern und Blume, Geist und Kleid"[183] – dieser Vers[184] stand an der Wand des Vorzimmers der Kunstgewerbeschule „Das Blaue Haus", in dem Oda Schaefer ihre Ausbildung als Graphikerin erfuhr – wurde *Unter dem sapphischen Mond*, Ausdruck für „die kosmische Harmonie der Antike".[185]

Sehr metaphorisch und pathetisch stellt sie in ihrem Nachwort die für sie wesentlichen Kennzeichen und Inhalte weiblichen Schreibens sowie die Entwicklung der Frauenlyrik dar.[186] Die Bezugspunkte weiblicher Lyrik liegen, wie der Titel bereits anzeigt, mit der Dichterin Sappho als Urgestalt weiblichen Schreibens schlechthin und dem Mond als von jeher weiblichen Element in der Verbindung zur Tradition. Gefühl, Liebe, „Magie des Unbewußten" (S. 68) und Traum werden als urweibliche Eigenschaften und Themen betrachtet, die die Frau in eine „innere Ver-

---

[179] Als Vertreter der jungen Generation wurden Gedichte von Ingeborg Bachmann, Dagmar Nick und Margot Scharpenberg in die Anthologie aufgenommen, während sonst vor allem die Autoren-Generation von Oda Schaefer die Auswahl bestimmte.

[180] Brief von Oda Schaefer an Ina Seidel vom 18.02.1956, Nachlass Ina Seidel, DLA-Marbach.

[181] Vgl. Brief von Ina Seidel an Oda Schaefer vom 05.02.1956, Nachlass Schaefer/Lange, Monacensia.

[182] Vgl. Brief von Oda Schaefer an Ina Seidel vom 18.02.1956, Nachlass Ina Seidel, DLA-Marbach.

[183] Brief von Oda Schaefer an Ina Seidel vom 29.01.1956, Nachlass Ina Seidel, DLA-Marbach.

[184] Vgl. *Auch wenn Du träumst, gehen die Uhren*, S. 149.

[185] Leuschner, Wunder und Sachlichkeit, S. 150f.

[186] Teile dieses Nachwortes verwendete sie in ihrem Aufsatz *Das Besondere der Frauendichtung*. In: *Deutsche Akademie für Sprache und Dichtung Darmstadt. Jahrbuch 1957*, Heidelberg, Darmstadt: Verlag Lambert Schneider 1958, S. 59-76; ebenso in *Problematische Frauendichtung*. In: *Zeitwende, Die neue Furche* 29 (1958), H. 3, S. 181-186. In beiden Essays finden sich Ansätze aus dem Aufsatz *Bekenntnis zum Gedicht der Zeit*. In: *Welt und Wort* 6 (1951), S. 297-299.

wandtschaft mit den Frühzeiten der Geschichte, mit den alten Kulturen von Ur und Babylon" treten lässt. Deutlich wird Oda Schaefer hinsichtlich der Beurteilung weiblicher Lyrik, die sich diesen weiblichen Traditionen nicht anschließt:

> Es bedeutet einen Verlust an Substanz, wenn die Dichterin ihren Blick nicht mehr dahin richtet, wo das unversiegbare Gefühl strömt, sondern der Abstraktion einer entseelten, mechanisierten Welt verfällt, die letzten Endes den Sieg der Ziffer und des rein männlichen Verstandes dokumentiert. Es kann nur eine Nachahmung – es kann nicht echt sein. Die Empfindung ist und bleibt ihre Domäne, wie auch die Verwurzelung in allem, was der Natur angehört. (S. 68)

Gefühl, Empfindung und Verbindung zur Natur als wesentliche Kennzeichen bedeutungsvollen weiblichen Schreibens stehen Abstraktion und Technisierung gegenüber – eine Meinung, die auch Claire Goll teilte und in einem Brief an Oda Schaefer darlegte: „Wie recht haben Sie: Gefühl und Leidenschaft sind unser Element. Abstrakte Lyrik wird sich bald überlebt haben. Sie ist ja auch nur ein Deckmantel für Sterilität."[187]

Auch Gertrud von Le Fort äußerte sich zuversichtlich, dass Oda Schaefer eine Wahl gelingen wird, „die der Stunde dient, indem sie über diese hinausweist, denn alle wirkliche Dichtung ist nicht nur dem ‚Zeitnahen', wie man früher sagt, sondern auch dem Ewigen verbunden".[188] In einem Brief Oda Schaefers an Gertrud von Le Fort kommt ihre Haltung gegenüber der modernen, abstrakten Lyrik, die sie zudem als typisch männlich empfindet, ebenfalls noch einmal zum Ausdruck:

> […] denn welche Kraft strahlt gerade von diesen Frauengedichten aus, die noch die verschütteten Quellen kennen, die ihr Gemüt in grosser Stärke bewahrt haben und nicht so der Abstraktion verfallen sind, wie die meisten Männer.[189]

Ansätze zur Abstraktion findet sie, was Frauen betrifft, bei Ingeborg Bachmann, die sie, wie sie an Ina Seidel schreibt, „für ein Gedicht in den

---

[187] Brief von Claire Goll an Oda Schaefer vom 30.04.1957, Nachlass Oda Schaefer, Monacensia; Rechteinhaber: Wallstein Verlag.
[188] Brief von Gertrud von Le Fort an Oda Schaefer vom 19.02.1956, Nachlass Schaefer/Lange, Monacensia.
[189] Brief von Oda Schaefer an Gertrud von Le Fort vom 08.02.1956, Nachlass Gertrud von Le Fort, Signatur 74.7937/1, DLA-Marbach.

„Akzenten' direkt verhauen möchte"[190], da man Gedichte nicht „machen" könne[191], und bei Marie Luise Kaschnitz. Nicht der Verstand ist nach Oda Schaefer zum Dichten notwendig, sondern die Verbindung zum Unbewussten, Elementaren; der Dichter ist in ihren Augen – nach alter Vorstellung – ein Sprachrohr des gleichsam göttlichen Geistes.[192] Zuversichtlich (im Rückblick allerdings sehr realitätsfern) äußert sie sich hinsichtlich der Entwicklung dieser beiden Schriftstellerinnen: „[...] doch werden diese beiden Dichterinnen – die Kaschnitz tut es wohl schon – doch wieder zum echten orphischen Wort[193] zurückfinden."[194]

Dementsprechend metaphorisch und pathetisch beschreibt Oda Schaefer auch die Entwicklung der Frauenlyrik in diesem Jahrhundert: Von dem beherrschenden Thema der Liebe hätten sich die Dichterinnen durch die Erfahrungen zweier Weltkriege „in Sibyllen und Kassandren" (S. 69) verwandelt, deren Gedichte sich nun „von finsteren, chthonischen Mächten gepeinigt" „zum delphischen Spruch" entwickelten; „[...] das Zarte", den Klang, „mit dem Orpheus die Tiere zähmte", setzten sie gegen die Gewalt.

Ähnlich dem Brief Oda Schaefers an Wilhelm Lehmann gewinnt hier das Orphische als Stimme des Friedens – „das Leise ist das Mächtige"[195] hatte Wilhelm Lehmann an Oda Schaefer geschrieben – eine weitere

---

[190] Brief von Oda Schaefer an Ina Seidel vom 18.02.1956, Nachlass Ina Seidel, DLA-Marbach.

[191] Diese Ansicht hat Oda Schaefer in ihrem Aufsatz *Bekenntnis zum Gedicht der Zeit* geäußert: „Es [das Gedicht] trägt göttliche Spuren, denn es kann nicht ‚gemacht' werden, sondern es bemächtigt sich dessen, der es niederschreibt. Kaum eine andere literarische Form zeugt so stark vom Dasein des großen Schöpfers. Erst die letzte Konzeption ist von der Hand des Schreibenden, das angerührte Gefäß gibt den Ton weiter." In: *Welt und Wort* 6 (1951), S. 297-299, hier S. 298.

[192] Der auratische Dichterbegriff war gerade in der Nachkriegszeit weit verbreitet, vgl. Engler, S. 55.

[193] Vgl. das Gedicht *Der grüne Ton* („Der grüne Ton/ Den Orpheus verlor"). In: *Grasmelodie*, S. 12. Auch in Briefen hatte sie immer wieder diese Formulierung vom orphischen Wort gebraucht, vgl. z.B. Brief von Oda Schaefer an Karl Krolow vom 17.12.1944, Nachlass Karl Krolow, Signatur 88.7.61/10, DLA-Marbach; vgl. ebenso *Auch wenn Du träumst, gehen die Uhren*, S. 261.

[194] Brief von Oda Schaefer an Gertrud von Le Fort vom 08.02.1956, Nachlass Gertrud von Le Fort, Signatur 74.7937/1, DLA-Marbach.

[195] Brief von Oda Schaefer an Karl Krolow vom 28.08.1944, in dem sie Wilhelm Lehmann zitiert, Nachlass Karl Krolow, Signatur 88.7.61/8, DLA-Marbach.

Komponente neben der Bedeutung des Klangs, die auf die Ursprünge des Dichters als Sänger verweist.

Der Glaube und die Mystik spielten in der weiteren Entwicklung eine wichtige Rolle: „Das Gedicht wurde mehr und mehr zum Konzentrat, es schuf als reines Medium, also in seiner Idealgestalt, einen Raum der absoluten Stille im ansteigenden Lärm der Fühllosen" (S. 69) – eine Ansicht, die Oda Schaefer bereits in ihrem 1946 verfassten Aufsatz *Bekenntnis zur Lyrik* geäußert hatte.[196] Die Stille des Gedichts steht für sie in absolutem Gegensatz zum Lärm, sei es noch 1946 dem des Krieges, des Marschierens[197], oder später dann zum Lärm der Zivilisation[198] und derjenigen, die ihrer Auffassung konträr gegenüberstehen und nicht dem Gefühl eine derart dominante Position beim Vorgang und Inhalt des Dichtens einräumen.

Alle Frauen werden durch das Erleben des Zweiten Weltkrieges zu Opfern:

> Welch ungeheures Erblühen der Kunst aus aller Tragik, wieder und wieder: im Kriege geopferte Söhne, Verlust der Heimat durch Vertreibung oder Emigration, Verfolgung und Pein, Armut, bittere Not. Die Kraft zum Überwinden war die Kraft zum Gedicht. (S. 69f.)

Die unterschiedlichsten Schicksale werden dabei nebeneinander gestellt: „Agnes Miegel, Ina Seidel[199], Gertrud Fussenegger[200] stehen unangefoch-

---

[196] Vgl. *Bekenntnis zur Lyrik*. In: *Welt und Wort* 1 (1946), S. 9f., hier S. 10. Oda Schaefer spricht hier von dem Gedicht als der größten Konzentration der Stille.

[197] Vgl. ebenda.

[198] Vgl. *Bekenntnis zum Gedicht der Zeit*. In: *Welt und Wort* 6 (1951), S. 297-299, hier S. 297.

[199] Die Haltung Oda Schaefers gegenüber Ina Seidel ist sehr ambivalent: Einerseits gibt sie in Briefen an Ina Seidel der langjährigen Verehrung ihrer Lyrik Ausdruck, die sie als 18jährige besonders gerne gelesen hatte. Andererseits lehnt sie sie aufgrund ihrer mit den Nationalsozialisten sympathisierenden Haltung während des Dritten Reiches ab, wie sie in Briefen an ihre Freundin Hertha Bielfeld und an Robert Minder mitteilt: „[…] leider war sie eine Nazisse mit Führergedicht", Brief von Oda Schaefer an Hertha Bielfeld vom 26.07.1961; „Und dann noch die Seidel, die eine Nazisse war und Führergedichte geschrieben hat, das dumme Weib. Ich kann ebensowenig wie du mit alten Nazis, es ist eine andere Sorte Mensch", Brief an Hertha Bielfeld vom 21.08.1961, Nachlass Schaefer/Lange, Monacensia; vgl. hierzu ebenfalls Brief von Oda Schaefer an Robert Minder vom 13.01.1963, Teilnachlass Robert Minder, DLA-Marbach.

[200] Gertrud Fusseneggers Verhältnis zu Oda Schaefer war von Verehrung und Dank geprägt. In ihrem Brief an Oda Schaefer bzgl. der Mitwirkung an der

ten neben Ricarda Huch, Else Lasker-Schüler und Gertrud Kolmar"[201], die besonders unter der Verfolgung der Nationalsozialisten zu leiden hatten und als solche auch im Nachwort (zusammen mit Elisabeth Langgässer) hervorgehoben werden. „Wir stehen für immer in ihrer Schuld" (S. 69) heißt es nach der knappen Würdigung des Werkes von Gertrud Kolmar.

In der alle Gedichte dieser Sammlung vereinenden Definition weiblichen Schreibens am Ende des Nachwortes klingt das Programm der *Kolonne* – „Wunder und Sachlichkeit" – noch einmal an[202]: Nicht eine revolutionäre Form hätten die Dichterinnen geschaffen, sondern

> eine unverwechselbar eigene Sprache. Ein schöner orphischer Klang tönt durch alle Strophen, der aus der Musik der Sphären zu kommen scheint, – das Irdische, in dem die Frauen ihre eigentliche Herkunft haben, mit dem Außerirdischen verbindend. (S. 71)

3.5.1 *Unter dem sapphischen Mond* im Spiegel der Literaturkritik

Die von Oda Schaefer herausgegebene Anthologie *Unter dem sapphischen Mond. Deutsche Frauenlyrik seit 1900* wurde in der Presse vielfach rezensiert.[203] Als äußerst positiv hob man vor allem die innere Geschlossenheit dieser Gedichtsammlung[204] hervor, die Verbundenheit und Zusammengehörigkeit der verschiedenen Gedichte durch einen „fraulich zeitlosen Ton"[205],

---

Anthologie gibt sie ihrer Freude darüber Ausdruck, „einen Brief zu erhalten, unter dem ein Name steht, der einem von Jugend an viel und manche Herzenserhebung bedeutet hat." Als junges Mädchen hätte sie Liebesgedichte von Oda Schaefer gelesen, die sie „sehr ergriffen und erfüllt und Antwort in [ihr] erweckt" hätten. „Ihre Gedichte wurden mir im Krieg oft zum Trost;" Brief von Gertrud Fussenegger an Oda Schaefer ohne Datum (wohl 1955/ 1956), Nachlass Schaefer/Lange, Monacensia.

[201] Leuschner, Wunder und Sachlichkeit, S. 151.
[202] Vgl. ebenda, S. 151.
[203] Auch wenn in der im Nachlass von Oda Schaefer vorliegenden Sammlung von Kritiken Besprechungen von *Unter dem sapphischen Mond* in den großen Tageszeitungen *FAZ*, *SZ* oder der *Welt* nicht vorhanden sind, kann man dennoch ein vielseitiges Echo in der zeitgenössischen Presse konstatieren.
[204] Vgl. Ahemm, Hildegard. In: *Deutsche Rundschau* 9 (1957), S. 977f.; vgl. ebenso o.V.: *Gedichte von Frauen*. In: *Weser Kurier*, 27.07.1957.
[205] H.S.: *Oda Schäfer. Unter dem sapphischen Mond*. In: *Hilpoltsheim Kurier Ingolstadt*, 09.10.1957; o.V.: *Gedichte von Frauen*. In: *Weser Kurier*, 27.07.1957; o.V.: *Unter dem sapphischen Mond*. In: *Sonnenblumen*, Bamberg, 06.06.1957; o.V.: „*Unter dem sapphischen Mond*". In: *NRZ*, Essen, 25.07.1957; o.V.: *Unter dem Sapphischen Mond*. In: *Das Antiquariat Wien*, Nr. 6/7 (1957).

was „„dem guten Geschmack"[206] der dichtenden Herausgeberin zu verdanken wäre.

Die Auswahl wird als „sorgfältig"[207] und bedacht[208] charakterisiert, als „objektiv, sachkundig und profiliert".[209] Problematisches würde erfreulicherweise ferngehalten.[210] Es seien „echte Perlen"[211], die Oda Schaefer „mit sicherer"[212] und „behutsamer"[213] Hand „und wohltätiger Strenge"[214] herausgegriffen habe – ein „Strauß bester deutscher Lyrik"[215], der mit einem „klugen"[216], „feinfühligen"[217], intelligenten[218], ja „ausgezeichneten"[219] Nachwort versehen sei.

Jedoch gibt es auch eine kritische Stimme. Günter Blöcker gesteht der Anthologie in seiner Kritik[220] zwar einen informativen Wert insofern zu,

---

[206] o.V.: *Schaefer, Oda, Hrsg.: Unter dem sapphischen Mond*. In: *Büchernachrichten Salzburg*, November 1957.

[207] o.V.: *„Unter dem sapphischen Mond"*. In: *Südkurier*, Konstanz, 22./23.06.1957.

[208] Vgl. o.V.: *Frauenlyrik unserer Zeit*. In: *Der Pfälzer*, Landau, 17.05.1957.

[209] Weber, Elisabeth: *„Unter dem sapphischen Mond". Eine Anthologie deutscher Frauenlyrik seit 1900*. In: *Ruhr-Nachrichten*, 14.06.1957.

[210] Vgl. o.V. In: *Rhein-Neckar-Zeitung*, 07.09.1957.

[211] ö: *Gedichte des Herzens*. In: *Das Er. Düsseldorf* (Name der Zeitung im Nachlass Schaefer/Lange undeutlich) 6 (1957), Monacensia.

[212] Ahemm, Hildegard. In: *Deutsche Rundschau* 9 (1957), S. 977f.

[213] o.V. In: *Fränkische Landeszeitung*, 07.12.1957.

[214] Ferber, Christian: *Unter dem sapphischen Mond*. In: *Ev. Literaturbeobachter*, München, 9 (1957).

[215] o.V.: *Frauenlyrik*. In: *Volkszeitung Kiel*, 10.09.1957.

[216] So z.B. Behl, C.F.W.: *Schäfer, Oda (Herausg.): Unter dem sapphischen Mond*. In: *Welt und Wort*, Mai 1958; ebenso o.V.: *Er schenkt es ihr – oder umgekehrt*. In: *Abendzeitung*, 06./07.04.1957.

[217] Meidinger-Geise, Inge: *Ausgewählte Frauenlyrik*. In: *Die Welt der Frau*, Oktober 1957.

[218] Vgl. Ferber, Christian: *Unter dem sapphischen Mond*. In: *Ev. Literaturbeobachter*, München, 9 (1957).

[219] Dr. Strecker: Buchbesprechung. Sendung im Rundfunk, HR, Frauenfunk, 11.07.1957; Manuskript im Nachlass Schaefer/Lange, Monacensia.

[220] In den folgenden Zitaten Blöcker, Günter: *Unter dem sapphischen Mond. Zum Thema Frauenlyrik*. In: *Der Tagesspiegel*, 07.07.1957. Dieselbe Kritik von Günter Blöcker wurde auch im Rundfunk ausgestrahlt: Blöcker, Günter: *Unter dem sapphischen Mond. Zum Thema Frauenlyrik*. Sendung im Rundfunk, Sender Freies Berlin, Literarische Umschau, 20.06.1957; Manuskript im Nachlass Schaefer/Lange, Monacensia.

als sie Nachweis über den weiblichen Anteil an der deutschen Lyrik der letzten fünfzig Jahre erteile. Jedoch gelingt es seiner Meinung nach Oda Schaefer, die er als „lyrisches Talent von strenger, bisweilen etwas starrer Ernsthaftigkeit" bezeichnet, nicht, weder im Nachwort noch durch die Auswahl selbst, „von der Sendung eines so ungreifbaren Dinges zu überzeugen, wie es ‚Frauendichtung' nun einmal ist." Die Auswahl erwecke den Anschein, als ob es Oda Schaefer „mit jenem unkritischen konventionellen Begriff der Frauenlyrik" halte, der da meine, „daß ein Gedicht, das mit ‚Lieber Sohn' oder ‚Komm, mein Geliebter' anfängt, auch schon eine gültige Bekundung weiblichen Dichtertums sei", womit die Auswahl der Gedichte als „tendenziös" zu betrachten wäre.

> [...] nicht Gefühligkeit, nicht vages Schwärmen, nicht Trost oder Anrufung, sondern das Vermögen, spezifisch weibliche Erfahrungen aus dem Unbestimmten heraufzuholen und von sich abzurücken, so daß sie – als Strophe – in einem allgemeineren Sinne erfahrbar werden[221],

das könne Frauenlyrik sein. Die Folge daraus, dass diese Anthologie nicht unter einem so strengen Ausleseprinzip stehe, wäre, dass Schriftstellerinnen wie Ingeborg Bachmann oder Gertrud Kolmar, „die dem Klischee der Frauenlyrik einen heilsamen Widerstand entgegensetzen, in dieser Sammlung verhältnismäßig zahm und uncharakteristisch vertreten" seien.

Der überwiegende Anteil positiver Rezensionen zeigt, dass Oda Schaefers Auswahl und auch ihre dabei angelegten Maßstäbe zu einem hohen Prozentsatz dem allgemein vorherrschenden Geschmack entsprechen. Die metaphorische Sprache des Nachworts, das Berufen auf die Antike und die durch ihre Ursprünge in der Tradition legitimierten Prinzipien von Frauenlyrik spiegeln die allgemein verbreitete Sprechweise und anerkannte Grundeinstellung zu dieser Zeit wider. Allein Günter Blöcker ist gegenüber den dargestellten Inhalten der Frauenlyrik und den angegebenen Auswahlkriterien skeptisch und wünscht sich eine weniger dem traditionellen Klischee weiblichen Schreibens erlegene Auslese, wobei seine eigenen Kriterien in demselben Duktus verharren und sich nicht klar von Oda Schaefers im Nachwort geäußerten Vorstellungen absetzen.

---

[221] Blöcker, Günter: *Unter dem sapphischen Mond. Zum Thema Frauenlyrik.* In: *Der Tagesspiegel*, 07.07.1957.

3.6 *Grasmelodie. Neue Gedichte*

Nach einer Pause von elf Jahren erschien 1959 der vierte Gedichtband von Oda Schaefer im Münchner Piper-Verlag. Auch hier waren viele Gedichte schon vorher in Zeitschriften[222], Zeitungen (vor allem in der *Neuen Zeitung*[223]) erschienen, fünf Gedichte aus dem Band *Kranz des Jahres* – teilweise unter einem anderen Titel – übernommen worden.[224] Bereits früher hatte Oda Schaefer einen neuen Lyrikband mit Gedichten aus den Jahren 1949 bis 1953 geplant, wie aus einem Manuskript in ihrem Nachlass hervorgeht[225], der aber nicht in die Tat umgesetzt wurde.[226] Unter dem Titel „Gezeiten", der zweite Titel „Und Ariel steigt aus deiner Brust…"[227], hatte sie ca. 50 Gedichte zusammengestellt, vorwiegend bereits die Gedichte aus dem Gedichtband *Grasmelodie*, womit das Entstehungsdatum bei der größten Zahl an Poemen noch vor 1953 liegt; 11 Gedichte kamen noch hinzu, während ca. 18 im Manuskript genannte Gedichte nicht aufgenommen wurden. Interessant innerhalb der Notizen ist auch die Tatsache, dass Oda Schaefer schon 1953/54 offensichtlich eine Gliederung in die Kategorien „Natur", „Zeit", „Sohn", „Christlich" plante, ein derartiges Prinzip aber erst in ihrem Gedichtband *Der*

---

[222] Gemäß dem Schreiben Oda Schaefers an Dr. Baumgart vom 22.01.1959 erschienen Gedichte u.a. in den Zeitschriften *Hochland*, *Merkur* und *Wort und Wahrheit*, Verlagsarchiv Reinhard Piper, DLA-Marbach.

[223] Nach zwei Briefen von Oda Schaefer an ihren Lektor Dr. Baumgart sind die Gedichte *In dieser Zeit, Bitte um Frieden, Flüchtlinge, Golgatha, Im Hades, Sirenengesang* (vgl. Brief vom 29.11.1958), *Nachts, Der grüne Ton, Äolsharfe, Lerchenlied, Bilderschrift, Verlockung, Die Verwandelte, Der Schlafende, Albtraum, An meinen Sohn, Rondo, Gezeiten, Ich warte, Dem Manne, der im Krieg war* in der *Neuen Zeitung* erschienen, vgl. Brief vom 22.01.1959, Verlagsarchiv Reinhard Piper, DLA-Marbach.

[224] Folgende Gedichte wurden aus dem Gedichtband *Kranz des Jahres* übernommen: *Oktober, Allerseelen* (*November* im *Kranz des Jahres*), *Die Grille* (*August*), *Im Luch* (*März*), *Junimond* (*Juni*).

[225] Vgl. Manuskript Ms 61: „Gezeiten. Neue Gedichte von Oda Schaefer", Nachlass Schaefer/Lange, Monacensia.

[226] Laut eines Briefes von Oda Schaefer an Ellen Delp vom 03.11.1956 lagen ihre Gedichte ungedruckt bereits zwei Jahre beim Piper-Verlag, der „jedoch soeben die viel modischere Ingeborg Bachmann" herausgebracht hatte „und sich davon mehr Profit" versprach, Nachlass Schaefer/Lange, Monacensia.

[227] Diese Zeile ist dem Gedicht *Altern* entnommen. In: *Grasmelodie*, S. 24.

grüne Ton realisierte, wohl aus dem Grund, dass sich der Lektor negativ gegenüber einer derartigen Gliederung äußerte.[228]

Der Titel *Grasmelodie* ist bereits aus dem ersten Gedicht des *Irdischen Geleit* sowie dem ersten Gedicht der *Windharfe*[229] bekannt und knüpft damit an Bewährtes an. Viele Gedichte erinnern thematisch an bereits vorhergehende, wie z.B. das seichte, trübe, von Algen durchzogene Wasser im ersten Poem *Spiegelbild im Wasser* (S. 7), das 1949 entstand.[230] Auch das Motiv des Spiegelbilds ist bereits aus dem Gedicht *Ewiges Spiegelbild*[231], genauso wie die „unirdisch schwebende, traumhaft elbische Sphäre"[232] – so Wolfgang Bächler in einer Radio-Sendung – aus früheren Gedichten geläufig. Ebenso ähnelt das Gedicht *Die Verwandelte*[233] (S. 25) in seinem Inhalt, seinen Bildern und der pantheistischen Auffassung sehr den Gedichten *Immortelle*[234] und *Am Grabe*[235].

Und doch zeigt dieser Gedichtband andere, neue Seiten von Oda Schaefer. Rein die äußere Form betreffend, sind fast ein Drittel der Gedichte nicht an die strenge Form des Reimes gebunden, sondern in große Abschnitte von freien Rhythmen gefasst, die in ihrem hohen Pathos oft an Elegien und Oden erinnern. Das Vergehen der Zeit, das unaufhaltsame Altern, der Zyklus des Lebens – Geburt und Tod – sind vorherrschende Themen dieses Bandes, reine Naturgedichte wie im *Irdischen Geleit* oder dem *Kranz des Jahres* kommen zwar vor, sind aber nicht mehr dominierend.

---

[228] Vgl. Brief von Dr. Baumgart an Oda Schaefer vom 26.11.1958, Verlagsarchiv Reinhard Piper, DLA-Marbach.

[229] Vgl. *Die stumme Harfe*. In: *Die Windharfe*, S. 7.

[230] Vgl. Manuskript L 1775, Nachlass Schaefer/Lange, Monacensia. *Spiegelbild im Wasser* wurde in der Zeitung *Die Tat* am 25.02.1950 veröffentlicht.

[231] Vgl. *Irdisches Geleit*, S. 46f.

[232] Bächler, Wolfgang: *Gedichte von heute – Oda Schaefer*. Sendung im Rundfunk. Angabe des Senders fehlt im Nachlass, Kult. Wort/Lit. Abt., 01.02.1951, Manuskript im Nachlass Schaefer/Lange, Monacensia, S. 3.

[233] Oda Schaefer schrieb dieses Gedicht im Mai 1946 bei ihrem Krankenhausaufenthalt. Das Wachstum der Natur, das in voller Blüte stehende Frühjahr wirkten äußerst positiv und lebensbejahend auf sie: „Auch bei uns blühte und grünte es so üppig wie noch nie und ich finde, das Leben lohnt sich schon deswegen. Ein Niederschlag davon ist das Gedicht ‚Die Verwandelte', das ich hier schrieb", Brief von Oda Schaefer an Karl Krolow vom 31.05.1946, Nachlass Karl Krolow, Signatur 88.7.62/5, DLA-Marbach.

[234] Vgl. *Irdisches Geleit*, S. 63-65.

[235] Vgl. *Irdisches Geleit*, S. 67.

Hockergrab

Oftmals schlief ich des Nachts
Rund wie im Mutterleib,
Den Rücken gebogen.
Träume stiegen herauf
Aus der schwärzesten Tiefe,
Dem dampfenden Erdspalt,
Rausch und Orakel.
Wieder wußte ich dann,
Was vordem gewesen,
Aber im Wachen vergaß ich's,
Und ich sah voller Trauer
Einen goldenen Saum
Langsam entschlüpfen unter der Schwelle,
Gleich dem glänzenden König der Ottern
Hinweg in den grauen trockenen Morgen.
Lange noch weint' ich ihm nach.

Ach, der Schmerz des Geborenen!
Entrissen der bergenden Wärme,
Aus dem Schoße geschleudert
Von den Krämpfen der Wehen
In das eisig flammende Licht
Eines Morgens im Winter,
Blendend das träumende Auge,
Weil ich ein andres gewohnt war –
Und des ersten Atemzugs Qual
Stieß ich aus mir
Als einen einzigen Schrei,
Denn die irdische Luft
Ist schwer vom Gelebten.
Anders als drüben...

Gebt mich, gebt mich der Erde zurück,
Laßt mich schlafen,
Den Rücken gebogen
Wie einst in der Mutter.
Zerfallen will ich
In Staub, in den Frieden
Der süßen beweglichen Gräser,
Der weißen Federn des Löwenzahns,
Gefächelt vom schattigen Blätterdach grün.

> Gefangen schlug sie, die Nachtigall,
> An die Stäbe des Käfigs,
> Das Herz gegen die beinernen Rippen.
> Nun verläßt sie
> Die schwarze Gefangenschaft
> Und entflieht bräunlich unscheinbar,
> Doch jubelnd in das Jasmingebüsch,
> Um im bleichen Viertelsmonde
> Zu singen, zu singen!

Das Gedicht *Hockergrab* (S. 10f.), das Oda Schaefer während einer Grippe im Januar 1955[236] auf ihren Sohn[237] schrieb, erinnert mit seinem Titel an die aus der Vorgeschichte bekannte Bestattungsform, die Toten mit angewinkelten Beinen auf der Seite liegend zu begraben – eine irritierende Vorstellung, da man heutzutage mit einem Grab eine ausgestreckt liegende Position assoziiert. Hier jedoch ist mit „Hockergrab" die gebogene Stellung des Körpers gemeint, wie sie im Mutterleib eingenommen wird, womit der Zustand vor der Geburt, die den Eintritt in das Leben bedeutet, und der Tod zusammenfallen.

Die vorgeburtliche Existenz verbindet sich in diesem Gedicht mit dem Ursprünglichen, „der schwärzesten Tiefe", dem „dampfenden Erdspalt", „Rausch und Orakel" und wird damit als Zustand der Verbindung zum Göttlichen, zur Antike und zum griechischen Mythos bezeichnet, die dem Menschen bzw. dem lyrischen Ich nur noch nachts in seinen Träumen zuteil werden kann, nicht jedoch, wenn es erwacht ist. Bildhaft wird das Entgleiten dieser Welt mit dem Entschlüpfen eines goldenen Saumes unter der Schwelle und einem Vergleich aus einem Märchen – „dem glänzenden König der Ottern" – belegt, und die Divergenz der beiden Bereiche durch die polarisierende Darstellung und kontrastive Zeichnung hervorgehoben. Das irdische Leben, die Geburt erscheint als Qual, geprägt von Kälte, blendendem Licht und von einer „vom Gelebten" schweren, mit Gewicht belasteten Luft. Die hohe Emotionalität des Geschehens wird dabei sprachlich – sehr expressionistisch anmutend – u.a. durch Ausrufe, Aneinanderreihung von Partizipien, Auf-

---

[236] Vgl. Brief von Oda Schaefer an Walter Kolbenhoff vom 13.03.1955, Nachlass Walter Kolbenhoff, DLA-Marbach; vgl. ebenso Brief von Oda Schaefer an Walter Höllerer vom 09.01.1955, in dem sie ihm „als Erstem" dieses Gedicht für die *Akzente* anbot, Literaturarchiv Sulzbach-Rosenberg.

[237] Vgl. Brief von Oda Schaefer an Dr. Baumgart vom 29.11.1958, Verlagsarchiv Reinhard Piper, DLA-Marbach.

lösung der Satzstruktur, durch dynamische Verben und als Adjektive eingesetzte Partizip-Präsens-Formen, durch ausdrucksstarke Bilder und Oxymora unterstrichen. Die Sehnsucht des lyrischen Ich, die nun mit Imperativen an eine übergeordnete Instanz zum Ausdruck kommt, gilt dem vorgeburtlichen Sein, der Erde, dem Schlafen in der den Rücken gebogenen Stellung wie im Mutterleib; es geht darum, nach dem Tod wieder einzugehen in den natürlichen Kreislauf, zu Staub zu zerfallen und damit einszuwerden mit der Natur. Damit bezeichnen Tod und Vorgeburt in der Wendung des „Hockergrabes" keinen Gegensatz, sie sind ein und derselbe Zustand. Der menschliche Körper aber, den das irdische Leben mit sich bringt, bedeutet nur Beschwernis[238]: gleich einem Käfig schlägt das Herz gegen die beinernen Rippen. Jedoch gibt es für die Nachtigall – romantisches Sinnbild für die sich sehnende, dichtende Seele, in der christlichen Symbolik der Himmelssehnsucht[239] – noch eine Möglichkeit, dem Käfig zu entkommen, was gleichzeitig mit einem Tempuswechsel vom Präteritum ins Präsens markiert wird und damit auf die Bedeutung dieses Ereignisses hinweist. Mit ihrem Gesang vollzieht sie die Flucht aus der „schwarze[n] Gefangenschaft". Die Fähigkeit des Singens, des Dichtens, deren Stellenwert durch die Geminatio des Infinitivs „Zu singen, zu singen!" am Ende des Gedichts noch einmal verdeutlicht wird, ist der Schlüssel zu jenem Käfig, zum Überwinden der engen körperlichen Grenzen.

Mit dieser Vorstellung von der Schwere, dem Ballast des menschlichen Körpers fühlt man sich an antike philosophische Ideen von Platon – der Körper ist nur das Gefäß für die Seele – erinnert. Der Zustand des Fremd-Seins im Leben, des an andere Sphären Gebunden-Seins kam auch im Gedicht *Die Verzauberte*[240] zum Ausdruck; dort wurde er durch die Liebe überwunden.

Das nächste Gedicht *Der grüne Ton*[241] (S. 12) schließt zwar in seinem Thema direkt an die letzte Zeile des *Hockergrabes* an – auch hier geht es um das Singen, das Dichten –, ist aber in seiner Form im Gegensatz zu den

---

[238] Oda Schaefer bezeichnete in ihrem Brief an Walter Kolbenhoff vom 13.03.1955 das Gedicht als „todessüchtig", Nachlass Walter Kolbenhoff, DLA-Marbach.
[239] Vgl. Becker, S. 202. Aufgrund ihres süßen und klagenden Gesanges ist die Nachtigall auch Symbol der Liebe.
[240] Vgl. *Irdisches Geleit*, S. 30f.
[241] *Der grüne Ton* erschien 1951 in: *Die Neue Zeitung*, Nr. 63, 15.03.1951, S. 4, ebenso in: *Wort und Wahrheit* 7 (1952), S. 182.

freien Rhythmen, der oft prosanahen Syntax und dem hohen Pathos, das sich in sich steigernden Partizipialkonstruktionen ausdrückte, nun in engere, feste Strukturen gebannt, die in ihrer Formelhaftigkeit der Trauer und Melancholie dieses Gedichtes angepasst sind: Volksliedhaft das Metrum der Verse, der Ton entsprechend dem Inhalt, des Verstummt-Seins des Liedes, verhalten, anders als der enthusiastische Schluss des Gedichtes vorher.

Der grüne Ton

Das Lied verstummt,
Das süße, echte,
Es lebt vermummt
Im Schatten der Nächte.

Die trüben Tage
Sind ohne Klang,
Bittere Klage
Und nie Gesang.

Zurück entflohn
Ins Weidenrohr:
Der grüne Ton,
Den Orpheus verlor.

Nur „vermummt" lebt das wahre Lied, im „Schatten der Nächte" – nicht einmal in der Nacht selbst, sondern nur mehr in ihrem Schatten. Die Tage sind trüb, bittere Klage, „ohne Klang" und Gesang, dem auch auf klanglicher Ebene die Trauer und eine trostlose Stimmung evozierende Dominanz des Vokales „a" entspricht. Die Inversion des Wortes „Zurück" in der letzten Strophe steigert bewusst die Spannung bis zum Ende: Zurück ins „Weidenrohr", der Substanz, aus dem die Lyra besteht, also zurück in die Natur ist der grüne Ton entflohen, den „Orpheus verlor" (kunstvoll auch hier die lautliche Umsetzung in der Betonung des „o"). Orpheus, der größte Sänger der griechischen Mythologie, konnte mit seinem Gesang und seinem Leierspiel alle verzaubern, sowohl Götter, Menschen als auch die Natur, da „selbst Bäume und Steine kamen – so glaubte man –, um seine Musik zu hören"[242]; als Sohn (oder Schüler) des Apollon und der Muse Kalliope steht er sinnbildlich für die Dichtkunst und ist Garant für die Einheit, die enge Verbindung von

---

[242] Grant, Michael/Hazel, John: *Lexikon der antiken Mythen und Gestalten*, 12. Auflage, München: dtv 1996, S. 314.

Dichtung, Göttlichkeit und Natur – den grünen Ton. Nun ist diese Verbindung jedoch abgerissen, Orpheus hat ihn verloren, die alles einigende Weise gibt es nicht mehr, nur in der Stimme der Natur, im Weidenrohr noch kann man sie finden.

Von der Dichtung handelt ebenfalls das Gedicht *Äolsharfe*[243] (S. 14f.), allerdings in einem anderen Kontext. Hier geht es um eine sich verändernde innere Einstellung gegenüber der Aufgabe und Funktion der Dichtkunst, um ein sich von der Natur und dem Mythos zum Christlichen bekennendes Dichtertum, dargestellt am Beispiel der Äolsharfe, dem Instrument, das durch den Wind zum Klingen gebracht wird, das Oda Schaefer bereits in dem Gedicht *Die stumme Harfe*[244] verwendet hatte.

> Äolsharfe
>
> Äolsharfe war ich vordem.
>
> Verfallen dem Winde,
> Bebend und klagend
> Wie seufzende Türen
> In einsam verlassenem Haus,
> Klirrend vor Zorn
> Im Froste wie Schilfrohr,
> Oder sommers ruhend in Leere –
> Aber dann trat
> Pan, der bräunliche Hirte,
> Aus den Gebüschen des Schweigens,
> Streifte mit zärtlicher Hand
> Im Vorüber die Stumme,
> Und ich tönte von neuem,
> Zaghaft und wirr noch
> Und voll Erinnern
> An den schattigen Laubbaum,
> Der einst ich gewesen,
> Und die Syrinx gab Antwort,
> Leise nur, wie ein Hauch von der Echo.

---

[243] *Äolsharfe* erschien zuvor in: *Die Neue Zeitung*, Nr. 28, 03.02.1953, S. 4; ebenso wurde es 1956 in die von Curt Hohoff herausgegebene Anthologie *Flügel der Zeit. Deutsche Gedichte 1900-1950* aufgenommen, Frankfurt/M., Hamburg: Fischer 1956, S. 155f.
[244] Vgl. *Die Windharfe*, S. 7.

> Ach, es vermögen mich nimmer zu rühren
> Boreas, der Rauhe aus Norden,
> Oder Zephir, die flüsternde Luft –
> Davids Hände nur sollen mich spielen,
> Wenn die böse Laune des Saul,
> Laune der Welt,
> Aufsteigt düster und schwer
> Wie die blaue Wand des Gewitters.
> Psalmen werde ich jubeln,
> Singen die große,
> Die herrliche Schöpfung
> Und den erschütternden Namen,
> Bis es erzittert, das goldene Holz,
> Bis sie zerspringen, die Saiten –
>
> Sanft verhüllt mich,
> Die Zerstörte, Erweckte,
> Ein Tuch aus Azur.

In drei Stufen vollzieht sich die Wandlung: Während zuerst der Wind, d.h. die Natur, der entscheidende Spieler und das Lied ganz von ihm abhängig war, tritt mit den mythologischen Figuren Pan, Syrinx und Echo der griechische Mythos und das Besinnen auf die ursprünglichen Wurzeln hinzu – („voll Erinnern/ An den schattigen Laubbaum,/ Der einst ich gewesen,") –, was jedoch nicht den Endpunkt der Entwicklung darstellt. Die Äolsharfe erfüllt nun eine andere Funktion, nicht mehr die Winde, Boreas oder Zephir, werden sie spielen, sondern „Davids Hände". David und Saul, Gestalten aus dem Alten Testament, symbolisieren die christliche Religion und zeigen damit letztlich die Funktion der Dichtung: Das intensive Lob der Schöpfung im religiösen Sinne, das mit hoher Emotionalität und großer Emphase verbunden ist, die sich sprachlich u.a. durch Parallelismen und Alliterationen bis zum abrupten Ende des Gedankenstrichs steigern. Der Name Gottes jedoch bleibt, auch wenn er hier als der „erschüttern[de] Name" angesprochen wird, wie auch in vielen anderen Gedichten Oda Schaefers, ungesagt.[245]

So ist die Äolsharfe einerseits zerstört, da sie ihre ursprüngliche Funktion nicht mehr erfüllt, andererseits durch die neue Aufgabe der Dichtung des Schöpfungslobes erweckt.

---

[245] Vgl. hierzu Brief von Oda Schaefer an Hertha Bielfeld vom 15.01.1966, Nachlass Schaefer/Lange, Monacensia.

Es fällt auf, dass Oda Schaefer nicht mehr nur mythologische, sondern zunehmend auch biblische Figuren und Motive verwendet, wie z.B. ebenfalls in dem 1948 entstandenen[246] Gedicht *Mitternacht* (S. 29).

> Mitternacht
>
> Ach, du wirst mich verraten,
> Eh noch die Hähne krähn,
> An der Wand der langnasige Schatten
> Wird all die schlafenden Taten
> Und deine Lüge erspähn.
>
> Im Kreis der flackernden Kerzen
> Wandert die Zeile und schwankt,
> Die mitternächtigen Schwärzen
> Dröhnen wie Glocken so erzen,
> Am Traume bist du erkrankt.
>
> Dem purpurnen, violetten
> Weine vermischt sich mein Blut,
> Was du verrätst, wird dich retten,
> Trinke! Es fallen die Ketten,
> Entsteige der stygischen Flut.

In den ersten Zeilen wird mit „Ach, du wirst mich verraten,/ Eh noch die Hähne krähn" auf die dreimalige Verleugnung von Jesus durch Petrus angespielt[247], hier ausgesprochen vom lyrischen Ich an das ‚Du'. Seine Lüge

---

[246] Vgl. Manuskript L 1775; ebenso im Manuskript L 3203: „8 Gedichte": „Dies Gedicht schrieb ich im vergangenen Jahr für Dich – lies es noch einmal ganz genau!" Zwar erscheint kein Name, da aber per Hand die Zeile „Was du verrätst, wird dich retten," doppelt und die letzte Zeile „Entsteige der stygischen Flut!" einfach unterstrichen ist, die Ehe zwischen Oda Schaefer und Horst Lange zu dieser Zeit schwierig und Horst Lange sowohl vom Alkoholismus gezeichnet war als auch mehrere Verhältnisse hatte, ist es wahrscheinlich, dass dieses Gedicht für ihn geschrieben wurde. Im Manuskript L 2964: „Entwürfe von Gedichten aus den Jahren 1946-1956 (ca.)" ist unter dem Entwurf dieses Gedichtes vermerkt: „Für Horst, 4. Juli 3 Uhr nachts", Manuskripte im Nachlass Schaefer/Lange, Monacensia; vgl. hierzu auch den Gedichtband *Der grüne Ton*, in dem das Gedicht unter den Gedichten an H.L. verzeichnet ist.

[247] Vgl. Lukas: 22, 34: „Jesus erwiderte: Ich sage dir, Petrus, ehe heute der Hahn kräht, wirst du dreimal leugnen, mich zu kennen." *Das Neue Testament. Einheitsübersetzung der Heiligen Schrift*, 5. Auflage, Stuttgart: Katholische Bibelanstalt, Deutsche Bibelstiftung/Klosterneuburg: Österreichisches Katholisches Bibelwerk 1983.

und alle „schlafenden Taten" werden entdeckt werden, wozu entsprechend das Bild der langen Nase, die mit der Lüge immer länger wird, wie z.B. aus dem Kinderbuch *Pinocchio* von Carlo Collodi, in dem Ausdruck des „langnasige[n] Schattens" übernommen wird. Lautmalerisch unterstützt dies die Häufung des langen Vokals „a" in diesen beiden mittleren Zeilen („An der Wand der langnasige Schatten/ Wird all die schlafenden Taten"), ein Prinzip, das sich auch in der zweiten Strophe des Gedichtes in der mehrfachen Verwendung des Konsonanten „k" („Im Kreis der flackernden Kerzen") und der Assonanz des Umlautes „ä" in „mitternächtigen Schwärzen" fortsetzt. Die unheimliche Atmosphäre um Mitternacht, in der die Zeilen im Licht der Kerzen beginnen, sich schwankend zu bewegen, gewinnt damit an Ausdruckskraft, die ebenso durch die ungewöhnliche Kombination des Adjektivs „mitternächtig" und die expressive Pluralform „Schwärzen" sowie die Verwendung von visuellen und akustischen Reizen in Form des Vergleichs mit Glocken unterstrichen wird – eine düstere Traumsituation, an der das angesprochene ‚Du' „erkrankt" ist.

Die letzte Strophe greift das biblische Motiv des verleugnenden Petrus wieder auf, die paradoxe Situation, dass der Verratene zum Retter seines Verräters wird. Der Tod des lyrischen Ich, symbolhaft im Blut ausgedrückt, wobei das Mischen von Blut und Wein deutlich Bezug auf das letzte Abendmahl nimmt, bedeutet für den Verräter die Rettung aus dem Styx, dem Fluss des Todes. Die Erlösung aus „der stygischen Flut", die Befreiung von Ketten, weist hier auf den Stellenwert der Religion gegenüber der Mythologie und der heidnischen Antike.

Auch das Gedicht *Geheim* (S. 34) verfügt über biblische Anspielungen: Stigmata, Ruten, Nägel, Dornen sind Merkmale der christlichen Heilsgeschichte, sie werden hier allerdings dazu gebraucht, den ewigen Kreislauf des Lebens zu beschreiben. Die Tatsache, dass „Jegliche Hülle" immer „Ewige Fülle,/ Lebendigen Keim" in sich trägt, dass das Leben ständiger Metamorphose unterworfen ist, war bereits in Gedichten des Bandes *Irdisches Geleit* angeklungen.

Ein anderes Sujet sowie einen anderen Duktus lässt das Gedicht *Rondo*[248] (S. 50) erkennen. Oda Schaefer hat, wie aus einem Brief an Gottfried Benn[249] hervorgeht, dieses Gedicht 1950 Gottfried Benn gewid-

---

[248] *Rondo* erschien zuvor in: *Die Tat*, Nr. 54, 25.02.1950, ebenso in: *Die Neue Zeitung*, Nr. 135, 12.06.1951, S. 4.
[249] Vgl. Brief von Oda Schaefer an Gottfried Benn vom 02.01.1950, Nachlass Gottfried Benn, DLA-Marbach.

met[250], dessen Gedichte, „nicht die Krebsbaracke, sondern die schwungvollen Tiraden auf den Untergang"[251], sie, wie sie in einem Brief an Karl Krolow 1944 schreibt, sehr verehrte; Benns Gedichte seien „eine tödliche, verführerische Untergangsmusik, voll musikalischem Zauber, ich lese sie immer laut vor mich hin, man muss sie eigentlich zitieren" – eine Aussage, die noch einmal die große Bedeutung des Musikalischen, von Ton und Klang, für Oda Schaefer belegt. So sagt sie über Benns Gedicht *Schleierkraut*, dass es „mit seiner unerhörten ‚Musik', seinem betörenden Klang ei[n] Idealfall"[252] sei. Wieder stellt sie die Verbindung zur Gestalt des Orpheus als Sänger schlechthin her: „Die genuine Lyrik kommt, allen modernen Puzzlespielen zum Trotz, aus dem Ton der Leier und dem Gesang des Orpheus." Gottfried Benn, der den Verstand beim Vorgang des Dichtens betont hatte, bewies sie mit der Tatsache, dass das Gedicht *Schleierkraut* unter dem Einfluss eines Narkotikums geschrieben worden sei, dass Gedichte eben nicht rein zerebral konstruiert werden können[253]; nur die Korrektur erledige der Verstand, aber nicht die Eingebung.[254]

Auch persönlich hatte Oda Schaefer Gottfried Benn kennengelernt, „eine sehr merkwürdige Bekanntschaft"[255], wie sie Karl Krolow berichtet. Ihr Besuch erfolgte auf seine Einladung hin und fand wohl im Sommer 1943[256] in seiner Wohnung statt.[257] Über seine Art, mit Menschen

---

[250] Vgl. Brief von Oda Schaefer an Hertha Bielfeld vom 02.08.1967, Nachlass Schaefer/Lange, Monacensia.

[251] Brief von Oda Schaefer an Karl Krolow vom 26.01.1944, Nachlass Karl Krolow, Signatur 88.7.61/2, DLA-Marbach.

[252] Hier und im folgenden Zitat Beitrag von Oda Schaefer in: Zimmer, Dieter E. (Hg): *Mein Gedicht. Begegnungen mit deutscher Lyrik*, Wiesbaden: Limes Verlag 1961, S. 21.

[253] Diese Meinung vertraten u.a. ebenso Claire Goll und Robert Minder, vgl. Brief von Claire Goll an Oda Schaefer vom 30.04.1957 und Brief von Robert Minder an Oda Schaefer vom 30.11.1962, Nachlass Schaefer/Lange, Monacensia.

[254] Vgl. Beitrag von Oda Schaefer in Zimmer, S. 21f.

[255] Brief von Oda Schaefer an Karl Krolow vom 26.01.1944, Nachlass Karl Krolow, Signatur 88.7.61/2, DLA-Marbach.

[256] In ihrem Brief vom 13.06.1943 erzählt sie Gunter Groll von dieser Begegnung, Brief in Privatbesitz von Monika Stein.

[257] Oda Schaefer hat diese Begegnung 1978 auf Bitte von Hans Dieter Schäfer, der mit ihr an der Edition der Tagebücher von Horst Lange arbeitete, aufgezeichnet, vgl. Schäfer, Hans Dieter: *Einleitung zu Oda Schaefer: Begegnung*. In: Dyck, Joachim/Hof, Holger/Krause, Peter D. (Hg.): *Benn Jahrbuch 2003. 1*, Stuttgart: Klett-Cotta 2003, S. 47-49; *Begegnung* von Oda Schaefer, S. 49-51.

umzugehen berichtet sie: „Er ist ja leider nur neugierig und bricht die Menschen an, wie ich es nenne. Er schaut sie einmal an und verzichtet dann weise auf die nähere Bekanntschaft."[258] Sie charakterisiert ihn als „der Alte von der Osterinsel, mit einem gewaltigen Haupt, das imponiert, und einem kalten, sezierenden Intellekt."

So ist es bei der Bewunderung und Verehrung – sie bezeichnete ihn in einem Brief an Alexander Xaver Gwerder als den für sie „grösste[n] deutsche[n] Lyriker"[259] – nicht verwunderlich, dass sich Oda Schaefer über die Antwort Gottfried Benns auf ihr Gedicht *Rondo* hin, das sie ihm hatte zukommen lassen, sehr freute.[260]

Das Rondo, seine Verspieltheit, die kurze „leicht zu komponierende und abzurundende"[261] Form, die wie ein Kreisel wieder zu ihrem Ausgangspunkt zurückkehrt, wurde von Oda Schaefer auch in der Prosa oft und gern verwendet.[262]

Rondo

Worte tropfen wie Tränen,
Regen von bebendem Zweig,
Lösen die Hüllen und dehnen
Stunden, Minuten – o schweig!

Schweigen – zuckende Nerven,
Blutpuls in seidener Haut,
Laß dich ins Dunkelste werfen,
Opfer, von Tränen betaut.

Dieser Text von Oda Schaefer wurde unter demselben Titel zuerst publiziert in: *Jahresring* 26 (1979/80), S. 253-256.

[258] Hier und im folgenden Zitat Brief von Oda Schaefer an Karl Krolow vom 26.01.1944, Nachlass Karl Krolow, Signatur 88.7.61/2, DLA-Marbach.

[259] Brief von Oda Schaefer an Alexander Xaver Gwerder vom 24.05.1950, Perret, S. 221.

[260] Vgl. Brief von Oda Schaefer an Gottfried Benn vom 02.01.1950, Nachlass Gottfried Benn, DLA-Marbach. Dass sie ihm sein kurzzeitiges Sympathisieren mit dem Nationalsozialismus auch nach dem Krieg noch übel nahm, geht aus einem Brief Oda Schaefers an Hans Sahl hervor, in dem sie ihr Unverständnis über die Ehrungen Gottfried Benns und Hans Egon Holthusens bei der ersten Biennale in Knokke äußert, vgl. Brief von Oda Schaefer an Hans Sahl vom 18.09.1954, Nachlass Hans Sahl, DLA-Marbach.

[261] Brief von Oda Schaefer an Wilhelm Lehmann vom 10.07.1944, Nachlass Wilhelm Lehmann, Signatur 68.5469, DLA-Marbach.

[262] Vgl. ebenda.

So kehren die Tränen, die als Vergleich in der ersten Zeile des Gedichtes erwähnt werden, auch am Ende wieder. Ganz die ungewöhnliche Vorstellung der tropfenden Worte[263] in sich aufnehmend wird auch die Sprache und der Rhythmus der Verse, die sich in die strenge Form des Kreuzreimes und der vier Hebungen fügen, tropfenartig konstruiert: der Satzbau ist teilweise Fragment, das Enjambement, inhaltlich passend zum Wort „dehnen" gesetzt, verzögert das Absetzen des Tones gleich dem Bild eines sich langsam lösenden großen Tropfens, um dann abrupt mit dem Gedankenstrich und dem Imperativ abzubrechen. Doch schon wird, gleich der Bildung eines neuen Tropfens, mit dem rhetorischen Stilmittel der Figura etymologica die Verbindung zur nächsten Strophe aufgenommen, indem das letzte Wort wieder aufgegriffen wird („schweig!/ Schweigen"), was wiederum der Gedankenstrich, ähnlich der Ablösung des Tropfens, unterbricht. Impuls-, ja ruckartig folgen asyndetisch kongruent zum Inhalt Bewegung und Erregung ausdrückende Bilder („zuckende Nerven", „Blutpuls in seidener Haut"), die wohl sexuell konnotiert sind[264] – Oda Schaefer deutet auf einer Gedichtabschrift an, dass die „verkappte Erotik"[265] in diesem Gedicht nicht erkannt wurde[266] –, was

---

[263] Vgl. hierzu die Ballade *Die Tulipan* von Lulu von Strauss und Torney: „Es fallen ihre Worte wie Tropfen, bang und schwer." In: Zumbach, Frank T.: *Das Balladenbuch. Deutsche Balladen von den Anfängen bis zur Gegenwart*, Düsseldorf, Zürich: Patmos Verlag 2004, S. 601.

[264] Zu diesem Gedicht schrieb Oda Schaefer an ihren Lektor Dr. Baumgart: „Rondo ist, wie so oft bei mir versteckt, ‚erotisch-mystisch', (wenn Sie wollen). Ich finde es sehr verschlüsselt und seltsam", Brief vom 29.11.1958, Verlagsarchiv Reinhard Piper, DLA-Marbach.

[265] Gedichtabschrift von Oda Schaefer bei Brief von Gottfried Benn an Oda Schaefer, Nachlass Schaefer/Lange, Monacensia.

[266] Oda Schaefer bezieht sich auf eine Kritik von Eckart Kleßmann mit dem Titel „*Fegt doch die fetten Rosen hin". Benn-Hymniker und Benn-Epigonen – Kritische Anmerkungen zu einer Anthologie* (In: *Die Welt*, Erscheinungsdatum liegt leider nicht vor) zur von Jürgen P. Wallmann herausgegebenen Anthologie *Après Aprèslude. Gedichte auf Gottfried Benn* (Zürich: Arche 1967), in dem auch ihr Gedicht *Rondo* aufgenommen worden war. In dieser Kritik heißt es, dass Oda Schaefers *Rondo* auf Benn so dahinplätschere, ja dass es einen „solch faden Aufguß seines Altersstil [...] selbst bei Benn nie gegeben" hätte – eine Kritik, zu der Oda Schaefer in einem Brief an ihre Freundin Hertha Bielfeld bemerkt: „[...] ich hatte Benn einmal ein Gedicht gewidmet, aber nicht auf ihn geschrieben, und ich habe weiss Gott wohl nicht den Benn-Duktus", Brief an Hertha Bielfeld vom 02.08.1967, Nachlass Schaefer/Lange, Monacensia.

sich bis zur Aufforderung an das ‚Du', sich „ins Dunkelste" werfen zu lassen, steigert. Das ‚Du' wird als „Opfer" bezeichnet, worüber Gottfried Benn in einem Brief an Oda Schaefer schrieb: „Aber wenn wir keine Opfer sind, sind wir wohl garnichts mehr."[267]

Das letzte Bild des Gedichtes „von Tränen betaut", lautlich durch die Konsonantenhäufung „t" unterstützt, nimmt, ganz der Art des Rondos entsprechend, die Verbindung zum Beginn wieder auf. Gottfried Benn sah in dieser letzten Wendung etwas spezifisch Weibliches, wie er brieflich äußerte: „‚von Tränen betaut' – darüber habe ich nachgedacht, eine Frau kann es wohl schreiben" und führte als Erklärung ein Zitat aus *Lord Jim* von Joseph Conrad an, in dem eine weibliche Figur sagt, dass sie nicht weinend sterben wolle. Oda Schaefer konterte in ihrem Antwortschreiben, dass Tränen nicht nur eine weibliche Eigenart wären, sondern sich auch Männer wie Perikles oder Gerhard Hauptmann ihrer Tränen nicht schämten bzw. geschämt hätten.[268] Sie selbst reagierte auf die Nachricht, dass ihr Sohn vermisst sei, nicht mit Tränen, sondern „drängte [...] das vulkanisch ausbrechende Schluchzen zurück. Hätte ich in diesem Augenblick weiter geweint, hätte es mich zerstört. Zerrissen."[269]

Die Verarbeitung dieses so bitteren Verlustes leistete Oda Schaefer in Gedichten[270], wie z.B. in *An meinen Sohn* oder *Ich warte*, in denen sie deutlicher ihre Gedanken und Gefühle offenbarte als noch im Gedichtband *Irdisches Geleit*, der bereits ihrem vermissten Sohn gewidmet war. In dem Gedicht *An meinen Sohn* (S. 39), das 1947[271] entstand und Eingang in viele Anthologien fand, beschwört sie in streng alternierenden Versen, die die Eindringlichkeit des Gedichtes steigern, seine Wiederkehr.

---

[267] Es bleibt offen, worauf sich diese Aussage bezieht; naheliegend ist wohl die Unterdrückung durch die Nationalsozialisten. Hier und im folgenden Zitat Brief von Gottfried Benn an Oda Schaefer vom 12.02.1950, Nachlass Schaefer/Lange, Monacensia; veröffentlicht in Wallmann, Jürgen P. (Hg.): *Après Aprèslude. Gedichte auf Gottfried Benn*, S. 62f.

[268] Vgl. Brief von Oda Schaefer an Gottfried Benn vom 02.01.1950, Nachlass Gottfried Benn, DLA-Marbach.

[269] Brief von Oda Schaefer an Gottfried Benn vom 02.01.1950, Nachlass Gottfried Benn, DLA-Marbach.

[270] Die Gedichte *Ernte, Hockergrab, Totenfracht, Ungarn 1956, Abgesang, Heimkehr, An meinen Sohn* sind auf ihren Sohn geschrieben, vgl. Brief von Oda Schaefer an Dr. Baumgart vom 29.11.1958, Verlagsarchiv Reinhard Piper, DLA-Marbach.

[271] Vgl. Manuskript L 1775, Nachlass Schaefer/Lange, Monacensia.

An meinen Sohn

Wo bist du? Ach, ich höre dich nicht mehr,
Die Kinderstimme, die mich nächtlich rief,
Wenn ich im Arm des Alptraums schlief,
Nun ist die Nacht so blind und leer.

Das Bergwerk hat wie Tuch den Schritt verschluckt,
Die öde Steppe deinen Ruf verweht,
Die Sümpfe fraßen dein Gebet,
Dein Herz am Stacheldrahte zuckt.

Wo flog dein Lachen hin, der Amselton,
Und deine Tränen ruhn in welchem Teich?
Dein Kleid, dem grauen Nebel gleich,
Verhüllt dich ganz, mein lieber Sohn.
…

Sie versucht ihn zu rufen[272] und Kontakt mit ihm aufzunehmen. Fragen („Wo bist du?", „Wo flog dein Lachen hin"), Ausrufe („Ach") des lyrischen Ich prägen das Gedicht, geben Zeugnis von seiner Hilflosigkeit; der Schmerz über den Verlust, die plötzliche Leere sowie die Gedanken über den Aufenthaltsort des Sohnes werden in lebendigen, in ihrer Farbigkeit teilweise expressionistisch anmutenden Bildern anschaulich dargestellt, wozu auch Personifizierungen beitragen. Weiter unterstreichen Parallelismen, Oxymora die Verzweiflung und die nicht endenwollende Hoffnung auf Leben, existiere dieses auch in noch so schmerzlicher Form.

Wenn du noch lebst, von Hunger und von Not
Den Mund erfüllt wie vom erstickten Schrei,
Dir selbst nur ein Gewicht von Blei,
So ist es besser als der Tod,

Ist besser als das Nichts aus schwarzem Samt –
Ein neuer Atem hebe deine Brust,
O fühle, daß du kommen mußt,
Du Leben, das von meinem stammt!

Der Tod kann nicht akzeptiert werden, die Trauer wäre zu groß – so hat der Leser das Gefühl –, nicht verwindbar für das lyrische Ich, was sich vor allem in den Imperativen am Ende des Gedichtes offenbart, in denen es beschwörend und flehentlich seine Rückkehr befiehlt.

---

[272] Vgl. *Auch wenn Du träumst, gehen die Uhren*, S. 335.

War dieses Gedicht noch durch seine traditionelle äußere Strophenform sowie die Verwendung eines umarmenden Reims, der wohl auch Ausdruck für den zusammenhaltenden, suchenden Impetus des lyrischen Ich gewesen war, gekennzeichnet, zeigt das zweite an den Sohn gerichtete Gedicht *Ich warte*[273] (S. 63f.) eine andere äußere Konstruktion: es ist geprägt von freien Rhythmen, die das Gedicht in sieben Abschnitte teilen.

> Ich warte
>
> Wo blieb dein Schrei?
>
> Erstickt, vermummt schleppst du weiter
> Die klirrende Kette
> Tiefer ins eisengrau dunkelnde Land,
> Schächte, Wüsten, ja endlos
> Kreisende Ebenen
> Füllst du vergebens mit Traum.

Auch hier steht eine Frage zu Beginn – „Wo blieb dein Schrei?" –, die aber in ihrem Ausdruck wesentlich expressiver, abstrakter und forscher ist als noch das hilflose „Wo bist du?" in *An meinen Sohn*; danach herrscht Stille – die Frage verhallt im leeren Raum, zum Bild geworden in den beiden freien Zeilen danach. Befremdlich wirken die nächsten Verse, in denen das ‚Du' als aktiv tätig geschildert wird; hart lesen sich die ausdrucksstarken Partizipien „erstickt", „vermummt", die zusätzlich lautlich durch die Häufung weiterer Doppelkonsonanten verstärkt werden. Es scheint, was auch die Verwendung des Imperfekts belegt, dass diesem Gedicht bereits viele gescheiterte Versuche der Kontaktaufnahme vorangegangen sind. Der Ton ist ungeduldiger, das Ich weiß im Grunde um die Unerreichbarkeit des ‚Du', was sich in der Verneinung der Fragen offenbart.

> Drang meine Liebe nicht hin,
> Hin zu dir, mein Geliebter,
> Aus meinem Schoße Geborener,
> Drang nicht der Ruf durch die Winde,
> Die Wolken, die Nächte, den Schnee?
> Konnte die Fessel er nimmer
> Lösen vom blutenden Fuß
> Oder den Bann, der dich hält,
> Mit uraltem Zauber,
> Der Formel, dem Wort?

---

[273] *Ich warte* erschien zuvor in: *Welt und Wort* 5 (1950), S. 144.

Seine Trauer und Verzweiflung darüber sind jedoch ungebrochen. Wiederholungen, asyndetische Reihungen und ausdrucksstarke Bilder weisen auf die große Emotionalität, das hohe Pathos, das immer noch vorherrscht. Die Liebe und die Rufe des lyrischen Ich konnten das ‚Du' bislang nicht erreichen, nicht seine Fesseln lösen oder ihn von einem „Bann" – sogar diese Möglichkeit wird in Betracht gezogen – befreien. Doch was noch im Märchen zur Flucht verholfen hat, wie der Schlüssel zum gläsernen Berg in *Die sieben Raben*, die Tarnkappe in der Nibelungensage, oder der Ring in *Der Wunschring*, wirkt nicht mehr.

> Alles ist heute verloren,
> Der Schlüssel zum gläsernen Berg
> Aus beinernem Knöchel –
> Die Kappe aus Nebel und Tarn,
> Unsichtbar machend den Flüchtenden –
> Der dreimal gedrehte Goldring,
> Der rasch dich entrückte –
> ...

„Alles ist heute verloren" kann das lyrische Ich nur mehr konstatieren. Das Märchen vom Schwanenkleid, das bereits in dem Gedicht *Die Verzauberte*[274] angeklungen war, wird wieder verwendet, diesmal jedoch als Möglichkeit der Flucht, als realer Bezugspunkt ausgeschlossen. Das lyrische Ich hat sich verändert, es ist nicht mehr „die Elbische", die sich in die Gestalt eines Schwanes verwandeln kann – nur die Wunschvorstellung im Konjunktiv („Wär ich die Elbische noch") bleibt. Der unstillbare Schmerz über den Verlust des Sohnes bricht sich auch am Ende des Gedichts noch einmal seine Bahn:

> ...
> Ach, mein Sohn, du mein Sohn!
> Wie kann ich verschmerzen
> Das Licht deiner Augen,
> Blau wie die Blumen am Wasser,
> Das Haar wie ein goldener Helm
> Und voll Anmut die Hände!
> Dunkle Mauern werfen
> Das Echo des Weinens zurück,
> Dumpf ist der Hall
> Aus Gewölben, Verliesen,

---

[274] Vgl. *Irdisches Geleit*, S. 30f.

Endlosen Katakomben,
Mit Kreuz und Gebeinen geschmückt...
...

Die emphatische Wiederholung der Exklamation, die mit Vergleichen ausgeschmückten Bilder, die starken farblichen Kontrastierungen von Hell-Dunkel zeigen die Expressivität, die nicht endenwollende Verzweiflung, auf die, neben dem Bild der „Endlosen Katakomben", auch der Tempuswechsel ins Präsens hinweist. Jedoch nicht im Dunklen, in der Trauer endet das Gedicht. Die letzte Zeile, die dieselbe Frage – nur im Präsens gestellt „Wo bleibt dein Schrei?" – wie zu Beginn aufweist, belegt: die Hoffnung stirbt nie, das Ich wird warten, niemals ganz aufgeben, wie auch der Titel des Gedichtes besagt.

Oda Schaefer hatte aber nicht nur einen vermissten Sohn zu beklagen. Auch ihr Mann, Horst Lange, wurde durch den Krieg zu einem anderen Menschen: von einer schweren Kopfverletzung gezeichnet, psychisch unter den furchtbaren Eindrücken traumatisch leidend wurde er zum Alkoholiker, der zeitweise unfähig war, geistig zu arbeiten, und an seinen Fähigkeiten zweifelte. Oda Schaefer sah es als ihre Aufgabe an, ihn zu unterstützen, seine Begabung und sein Genie zu fördern, wo immer sie konnte; nur sein Wohl hatte sie im Auge, sich selbst setzte sie ganz zurück.[275] Viele Gedichte sind ihrem Mann gewidmet, darunter auch *Der Trinker* (S. 58), das sie im Juni 1949[276] schrieb und damit den Zustand eines Menschen wiederzugeben versucht, der unter Alkoholeinfluss steht. Es fand offenbar nicht nur die Zustimmung des Verlegers Claassen[277],

---

[275] Über ihre Gefühle schreibt sie ihrer Freundin: „Ich liebe ihn, so, dass ich mich selbst darüber vergesse, und das ist wohl die einzige Erlösung, die es gibt." Brief von Oda Schaefer an Hertha Bielfeld vom 27.01.1960, Nachlass Schaefer/Lange, Monacensia.

[276] Das Gedicht *Der Trinker* schrieb Oda Schaefer laut Manuskript L 3203 am 09.06.1946. Hier findet sich eine Fassung des Gedichts mit fünf Strophen, von denen Oda Schaefer nur die ersten drei (mit einigen Änderungen) in den Gedichtband *Grasmelodie* übernommen hat. Auch im Manuskript L 1775 ist das Gedicht aufgezeichnet, hier nur mit dem Entstehungsdatum 1949 versehen, aber ebenfalls aus fünf Strophen bestehend, Manuskripte im Nachlass Schaefer/Lange, Monacensia.

[277] Vgl. Brief von Oda Schaefer an Dr. Baumgart vom 29.11.1958, Verlagsarchiv Reinhard Piper, DLA-Marbach.

sondern auch von Günter Eich.[278] Laut eines Briefes von Oda Schaefer an Dr. Baumgart, den damaligen Lektor des Piper-Verlages, ist dieses Gedicht „allen Dichtern von Baudelaire, Rimbaud, Verlaine bis Horst Lange und Joseph Roth gewidmet"[279], die sie sehr schätzte, da sie „der Welt zu entfliehen suchen." Trinker, deren Phantasie sie bewunderte und bourgeoise Art mochte[280], hatten überhaupt besondere Anziehungskraft für Oda Schaefer[281], denn auch Albert Schaefer-Ast und Ulrich Klimsch waren, wie sie immer wieder in Briefen an Hertha Bielfeld berichtet, sehr dem Alkohol zugetan. Dass, wie sie selbst angibt, in diesem Gedicht „auch etwas von Dostojewski"[282] sei, bezieht sich wohl auf die psychische Labilität des Alkoholikers, seine „stete Gefährdung, das Leben auf dem Seil, auf der Grenze des Möglichen"[283], die für Oda Schaefer eng mit dem Östlichen, Russischen, verbunden ist. Horst Lange nannte sie daher früher „meinen ‚kleinen Dostojewski'".

Der Trinker

Das schräge Licht, die schrägen Böden,
Die Bahnen quer durch Rauch und Raum,
Inmitten tabakbrauner Öden
Schwebt phosphorgrün der letzte Traum.

---

[278] Vgl. Brief von Günter Eich an Oda Schaefer vom 01.10.1949, Nachlass Schaefer/Lange, Monacensia.

[279] Hier und im folgenden Zitat Brief von Oda Schaefer an Dr. Baumgart vom 29.11.1958, Verlagsarchiv Reinhard Piper, DLA-Marbach.

[280] Vgl. Brief von Oda Schaefer an Hertha Bielfeld vom 21.09.1963: „[...] und im allgemeinen mag ich ja auch die Trinker überhaupt, weil sie so viel Phantasie haben und meist nicht spiessig sind. Sie wollen immer durch die Wand." Nachlass Schaefer/Lange, Monacensia.

[281] „Und immer flogen die Trinker auf mich! Schaefer-Ast, Uli Klimsch, und ich auf sie!" Brief von Oda Schaefer an Hertha Bielfeld vom 27.01.1960, Nachlass Schaefer/Lange, Monacensia. Auch Georg Britting, „ein richtiges Mannsbild" nach Oda Schaefer, schätzte sie aus diesem Grund sehr: „Britting ist auch ein ‚Rauschmensch' gewesen, er hat schöne Gedichte geschrieben über das Trinken, die ich sehr liebe." Brief an Hertha Bielfeld vom 21.09.1963, Nachlass Schaefer/Lange, Monacensia.

[282] Brief von Oda Schaefer an Dr. Baumgart vom 29.11.1958, Verlagsarchiv Reinhard Piper, DLA-Marbach.

[283] Hier und im folgenden Zitat Brief von Oda Schaefer an Hertha Bielfeld vom 21.09.1963, Nachlass Schaefer/Lange, Monacensia.

> Es steigen Blasen von Gedanken,
> Zersprengen fast, was ihn berauscht,
> Bis dem Entzückungsschrei des Kranken
> Die tiefe Trauer sich vertauscht.
>
> Der schwarze See mit den Ertränkten
> Haucht stetig dumpfe Schauer her,
> Zu den Gequälten, den Gekränkten
> Sinkt er nun schwer.

Starke visuelle Eindrücke beherrschen das Gedicht: Gerade Linien gibt es keine, sowohl das Licht wie auch die Böden – es gibt hier offensichtlich mehrere – sind schräg, quer verlaufen die Bahnen „durch Rauch und Raum", zwei voneinander unabhängig existierende Bereiche, obwohl sich der Rauch im Raum befindet. Von Luft wird nicht einmal mehr gesprochen, es gibt nur „tabakbraun[e] Öden", Ausdruck dafür, dass an klare Sicht, an Neues nicht zu denken ist, im Gegenteil. Der letzte Traum ist immer noch wie etwas Giftiges, worauf das Epitheton Phosphor hinweist, vorhanden. Seltsam, bedrohlich bleibt die Atmosphäre in diesem Gedicht. Gedanken steigen in Form von Blasen auf, haben etwas Gefährliches an sich, indem sie fast zersprengende Wirkung zeigen, was den Umschwung in das andere Extrem ankündigt: Entzücken wird durch „tiefe Trauer" ersetzt. Waren bislang noch grau-braune Farbtöne entscheidend, so herrscht nun Schwarz vor, unheimlich kombiniert im Bild des schwarzen Sees „mit den Ertränkten", von dem, personifiziert, „dumpfe Schauer" ausgehen. Die Bewegung führt nach unten, zu „den Gequälten, den Gekränkten", was durch den Rhythmus, die vier aufeinander folgenden Hebungen („Sinkt er nun schwer") auch klanglich unterstrichen wird.

Fühlt man sich noch in der ersten Strophe ganz in die Sichtweise eines Trinkers versetzt, so beginnt in der zweiten Strophe mit der Einführung einer dritten Person, die als Kranker bezeichnet wird, eine distanziertere Betrachtung, die jedoch nicht auf sachlicher Ebene verbleibt, sondern Mitgefühl und Verständnis für seinen Krankheitszustand weckt.

Die Schrecken des Krieges, unter denen damals viele Menschen litten, u.a. auch so sehr, dass sie sich in den Alkohol oder andere Suchtmittel flüchteten, mussten zur Sprache kommen, verarbeitet und bekannt gemacht werden. Nicht nur körperlich waren viele verstümmelt, sondern vor allem psychisch.

Weitere Gedichte, wie *Heimkehr* und *Dem Manne, der im Krieg war* kreisen ebenfalls um den Krieg. Während das Gedicht *Heimkehr* (S. 47f.), das

Oda Schaefer auf ihren in Russland vermissten Sohn schrieb[284], versöhnlich in einer mystisch-pantheistischen Vision der Auflösung und Heimkehr in den ewigen Kreislauf des Lebens und Vergehens -„Sein Hauch ward verteilt/ In alles auf Erden,/ Ist der Erde enteilt/ In anderes Werden" – endet, ist der Kampf in *Dem Manne, der im Krieg war* (S. 65f.) noch nicht zu Ende.

> Dem Manne, der im Krieg war
>
> Voller Unruh die Lüfte.
> Immer noch kämpfen Gefallne
> Die große Katalaunische Schlacht:
> Achilles, Ajax und Hektor,
> Glänzend wie grüne Planeten
> Unter dem grauen, lehmfarb gemischten Heerwurm,
> Sich wälzend über die östliche Steppe,
> Argonnerwald, Cyrenaika.
> Kein Rost beschwichtigt die Waffen,
> Daß sie zerfallen zu Erde,
> Der sie entstammen,
> Verdammt sind sie
> Ins zuckende Nordlicht.
> …

Hymnenartig, in freien Rhythmen werden große historische Schlachten aufgezählt, von der Katalaunischen Schlacht über den Trojanischen Krieg bis zu Kriegsschauplätzen in der „östliche[n] Steppe", im „Argonnerwald" und der „Cyrenaika". Sie werden zu der einen, ewigen Schlacht, die fern der Realität über „den Wolken" immer weiter anhält und das angesprochene ‚Du', auch wenn es körperlich anwesend ist, immer noch für sich einnimmt und es nicht zur Ruhe kommen lässt. Körper und Geist sind nicht mehr eine Einheit, die Seele ist immer noch beherrscht von Krieg, furchtbare Träume quälen das ‚Du'. Eine apokalypsenähnliche Vision wird entworfen, die sich bis zur Vorstellung von der Bewegung der Toten zum nördlichen Ende der Welt, der „Ultima Thule",

---

[284] Vgl. Brief von Oda Schaefer an Dr. Baumgart (Piper-Verlag), Verlagsarchiv Reinhard Piper, DLA-Marbach. Zur Zeile „Wollgras deckt weiß" vgl. die Bemerkung in *Auch wenn Du träumst, gehen die Uhren*, dass ihr Sohn seinem letzten Brief an sie Wollgras beigelegt hatte, vgl. S. 310; vgl. ebenso das Gedicht *Männer*: „Mein Sohn blieb liegen/ Unter den Birken/ Unter dem Wollgras/ In den Sümpfen von Witebsk." In: *Die Welt*, Nr. 265, 13.11.1982, S. II.

steigert.[285] Doch hier endet das Gedicht nicht. Es ist nur eine Pause, in die diese Klimax mündet, verdeutlicht durch die folgenden leeren Zeilen, die die Diskrepanz zwischen Traum und Realität offenbaren.

> Erbitte die Seele zurück
> Von den Katalaunischen Feldern,
> Wo die ewige Schlacht tobt,
> Nimm wieder Wohnung
> Mitten in dir –
> IN DER MITTE.

Es ergeht die Aufforderung an das ‚Du' – die Imperative („Erbitte", „Nimm") zeigen die Emotionalität, das Mitgefühl des lyrischen Ich – tätig zu werden, seine Seele zurückzuerbitten aus dem Krieg und wieder zu sich zu kommen, in sich, in seiner Mitte wieder heimisch zu werden.[286]

Gerade vor dem Hintergrund, dass Horst Lange die grausamen Erfahrungen des Krieges bis zu seinem Tod nicht verwinden konnte, gewinnt dieses Gedicht an Bedeutung. Der Krieg hörte für ihn einfach nicht auf.

Der Tod war vor allem in der Nachkriegszeit ein immer wiederkehrendes Thema. Ein ständiges Memento mori beherrschte die Zeit, das sich bei Oda Schaefer auch in vielen Gedichten ausdrückt, sei es in sehr barocker Form in *Gedenke des Todes* (S. 41), das sie für Horst Lange am Tag seiner Premiere des Stücks *Der Traum von Wassilikowa* am 6. Juni 1946 schrieb[287], oder in *In dieser Zeit*[288] (S. 49), in dem die letzte Zeile der ersten Strophe „Und jede Erde deckt schon dein Grab" beschwörend wiederholt wird. Ebenso auf das Gedicht *Bilderschrift* (S. 20f.) trifft dies zu, in dem am Beispiel eines sich wie Bilderschrift[289] anmutenden Insek-

---

[285] Auch Karl Krolow verwendete das Motiv der ultima Thule in Gedichten, wie u.a. in *Heute*. In: Krolow, Karl: *Gesammelte Gedichte I*, Frankfurt/M.: Suhrkamp 1985, S. 43.

[286] Nach Hermann Korte zeigt dieses Gedicht „die begrenzten Möglichkeiten einer traditionalistischen Lyrik, die den Weltkrieg in eine Bildungsreminiszenz aus antiken und nordischen Mythologien bannen will", Korte, Hermann: *Deutschsprachige Lyrik seit 1945*, 2., völlig neu bearbeitete Auflage, Stuttgart, Weimar: Metzler 2004, S. 21.

[287] Vgl. Manuskript L 3203, Nachlass Schaefer/Lange, Monacensia.

[288] *In dieser Zeit* wurde zuvor publiziert in: *Die Neue Zeitung*, Nr. 37, 09.05.1947, S. 3.

[289] In den Gedichten Wilhelm Lehmanns erscheinen die Naturphänomene „nicht nur als gemalte Welt, sondern als Zeichen einer fernen Sprache." Immer wieder arbeitete er den „Schriftcharakter einzelner Phänomene" heraus, Schäfer, *Wilhelm Lehmann*, S. 187.

tenganges unter der Rinde eines Baumes deutlich gemacht wird, dass das Schicksal jedes Menschen von vornherein festgelegt, sein Tod bereits im Anfang seines Lebens enthalten ist.

Nie ist der Ton jedoch bestimmt von Angst, im Gegenteil. Im Gedicht *Altern* (S. 24), das Oda Schaefer am 26. April 1954 verfasste[290] und das in seiner äußeren Form mit den vier Hebungen und der Verwendung des Kreuzreimes noch ganz der Tradition verbunden ist, wird der Prozess des Alterns beschrieben, nicht voller Trauer über den Verlust der Jugend, sondern beobachtend. Mit der Zeile „Zur Erde will, was Erde war," verweist es auf einen christlichen Kontext und bejaht den natürlichen Lauf des Lebens.

> Altern
>
> Du spürst es schon, das Fleisch wird schwer,
> Zur Erde will, was Erde war,
> Das Stundenglas läuft langsam leer,
> Im Neumond schwindet Jahr um Jahr.
>
> Ach, Fleisch setzt in Gefangenschaft
> Des Ariels holdes Lerchenlied,
> Das dieser Welt nur schattenhaft,
> Auf Traumesflügeln nur entflieht.
>
> So stirbst du täglich fort und fort,
> Vergißt den Schmerz, die jähe Lust –
> Das Fleisch will seinen dunkeln Ort
> Und Ariel steigt aus deiner Brust.

Ähnlich der Vorstellung Platons vom Körper des Menschen als einem Käfig, die bereits im Gedicht *Hockergrab* verwendet wurde, setzt auch hier „das Fleisch" die Seele „in Gefangenschaft". Allerdings findet sie nicht wie im Gedicht *Hockergrab* Ausdruck im Bild der Nachtigall, sondern in der aus Shakespeares Drama *Der Sturm* bekannten Figur des Luftgeistes Ariel, die von Johann Wolfgang von Goethe auch in den *Faust* übernommen wurde.[291] „Ariels holdes Lerchenlied" jedoch – die

---

[290] Vgl. Manuskript L 2964, Nachlass Schaefer/Lange, Monacensia.
[291] Vgl. Schöne, Albrecht (Hg.): *Johann Wolfgang Goethe. Faust. Texte*, Frankfurt/M.: Deutscher Klassiker Verlag 1994, Walpurgisnachtstraum: Verse 4239-4242: „Ariel bewegt den Sang/ In himmlisch reinen Tönen;/ Viele Fratzen lockt sein Klang,/ Doch lockt er auch die Schönen"; Beginn Faust Zweiter Teil: 4613-4633, 4666-4678.

Lerche ist, da sie senkrecht zum Himmel aufsteigt, ihr Nest aber auf den Boden setzt, Symbol für die Verbindung zwischen Himmel und Erde[292] – kann sich im irdischen Leben „nur schattenhaft" entfalten, nur im Traum sich über den Körper hinwegsetzen und entfliehen. Leben und Sterben verkehren sich in ihr Gegenteil: Das Leben an sich wird als tägliches Sterben angesehen, während der Tod, ausgedrückt durch die Metapher des dunklen Ortes, die Befreiung bedeutet. Das Aufsteigen Ariels steht symbolhaft für die Vereinigung des Geistes mit der Urmaterie, für das Eingehen in den ewigen Kreislauf – eine Vorstellung, die, nur in ein anderes Vergleichsbild gefasst, auch das Gedicht *Die Münze* (S. 30) zeigt, das Oda Schaefer ihrem Freund Werner Bergengruen zu dessen sechzigstem Geburtstag am 16. September 1952[293] schickte. Es weist in seiner einfachen Bildstruktur, seiner syntaktischen Klarheit und seinem Schluss bereits auf Oda Schaefers Altersgedichte hin. Vergänglich ist zwar das menschliche Leben auf Erden, der Körper am Ende verbraucht, aber der Geist nicht durch den Tod auslöschbar; das letzte Wort dieses Gedichtes lautet: „Ewig".

3.6.1 *Grasmelodie* im Spiegel der Literaturkritik

Oda Schaefers Gedichtband *Grasmelodie* erfuhr in der Kritik außerordentlich positive Resonanz. Oda Schaefers Lyrik beweise, so Rudolf Ibel in der *Welt*, „daß eine sowohl sprachlich wie thematisch traditionell gebundene Lyrik von Rang auch heute noch möglich ist".[294] Die Tatsache, dass die Dichterin fest in der Tradition verwurzelt, und „nichts Neutönerisches, aber auch nichts epigonal Klingendes"[295] in diesem Gedichtband zu finden ist, wird nicht als Manko betrachtet, im Gegenteil. „Es liegt etwas vom Glanze Hölderlins auf ihren Versen, die trotzdem nicht zeitlos sind, aber sie umfangen unser heutiges Empfinden mit klassischer Sprachkraft".[296] Vor allem der Klang der Verse, ihre Melodie[297] und der

---

[292] Vgl. Becker, S. 170.
[293] Vgl. Gedichtabschrift von Oda Schaefer, Teilnachlass Werner Bergengruen, Signatur 88.148.81, DLA-Marbach.
[294] Ibel, Rudolf: *Lyrik – traditionell und modern*. In: *Die Welt*, 29.08.1959.
[295] o.V.: Buchbesprechung. In: *Wort und Wahrheit*, H. 1 (1962).
[296] o.V.: *Oda Schäfer „Grasmelodie"*. In: *Schwäbische Zeitung*, Nr. 71, 26.03.1959.
[297] Vgl. G.A.: *Klang der Sprache. Neue Gedichte von Oda Schaefer*. In: *Tagesanzeiger*, Zürich, 05.06.1959.

„zarte, schwebende Tonfall"[298] der Gedichte werden immer wieder besonders hervorgehoben.

Karl Krolow stimmte in den *Ruhr-Nachrichten* geradezu eine Lobeshymne an:

> Dem vollkommenen Zauber dieser sylphidischen Dichtung kann man sich nicht entziehen. Er packt einen vom ersten Gedicht an. Es sind Verse für Windlichter, für den Hauch und Schauder der Stille und Einsamkeit. Ein sehnsüchtiges Ziehen, ein zephirischer, schmeichelnder Atem, aber auch versteckte Drohung, dämonische Kraft liegt über ihnen. Gedichte, die in ihrer Musikalität, ihrem Duft und Geschmack körperhaft werden können. Sie sind – wie die einstigen, unvergessenen Verse der „Windharfe" aus den dreißiger Jahren – moor- und teichentstiegen, libellenhaft schwebend und blitzend, insektenleicht.[299]

Die Leichtigkeit dieser Lyrik und die hohe Musikalität der Sprache Oda Schaefers beeindrucken offenbar am stärksten.

Auch die neuen, zeitgenössischen Themen und Inhalte ihrer Gedichte, die Verwendung des frei ausschwingenden Langverses[300], des freien Rhythmus'[301] und eines elegischen Parlandos im Gegensatz zu den streng skandierten Kurzzeilen der übrigen Gedichte werden registriert. Während sie für die einen positiv als Zeichen der Auseinandersetzung mit der Vergangenheit[302] und als eine natürliche Weiterentwicklung ihres Talentes[303] betrachtet werden, da Oda Schaefer nicht auf den einmal besetzten Positionen verharrt[304], sind sie für einen anderen, traditionelle Formen

---

[298] o.V. In: *Frankfurter Rundschau*, 09.06.1959; vgl. ebenso o.V. In: *Badische Neueste Nachrichten*, 25.03.1959, sowie o.V. In: *Oberhessische Presse*, 20.07.1959.

[299] Krolow, Karl: *Weniger Lyrik, doch bessere Lyrik*. In: *Ruhr-Nachrichten*, Nr. 276, 28./29.11.1959.

[300] Vgl. Neumann, Gerhard. Buchbesprechung im Rahmen der Sendung *Vom Büchermarkt* im Rundfunk, Südwestfunk Baden-Baden, Kulturelles Wort, 27.04.1960, Manuskript im Nachlass Schaefer/Lange, Monacensia.

[301] Vgl. Meidinger-Geise, Inge: *Reife Frauenlyrik. Zu Gedichten von H.Börger, O.Schaefer, N.Sachs*. In: *Echo der Zeit*, 10.05.1959.

[302] Vgl. o.V. In: *Frankfurter Neue Presse*, 21.03.1959.

[303] Vgl. Strand, R.H.: *Oda Schaefer. Grasmelodie*. Sendung im Rundfunk, Österreichischer Rundfunk, Sendereihe *Bücherecke*, 30.07.1959, Manuskript im Nachlass Schaefer/Lange, Monacensia.

[304] Vgl. Neumann, Gerhard. Buchbesprechung im Rahmen der Sendung *Vom Büchermarkt* im Rundfunk, Südwestfunk Baden-Baden, Kulturelles Wort, 27.04.1960, Manuskript im Nachlass Schaefer/Lange, Monacensia.

bevorzugenden Kritiker ein Rückgang des Dichtertums und nur „ungeformte lange Rede".[305]

Oda Schaefers *Grasmelodie* wurde ebenfalls im Rahmen von Rezensionen zur zeitgenössischen Frauenlyrik besprochen. Man erkennt in diesen Gedichten eindeutig typisch weibliche Elemente des Schreibens, ein bewusst weibliches Versbuch[306], „frauliche Wärme"[307] und „mütterliche Größe des Gefühls" in den Gedichten an den vermissten Sohn, „die Kraft der behütenden Gefährtin" in Liebesgedichten oder in den Naturgedichten –

> jene[s] fraulich[e] Geöffnetsein den Dingen gegenüber, das die Mystikerinnen des Mittelalters auszeichnete. Wie diese erlebt auch Oda Schaefer immer wieder jenen mystischen Augenblick, in dem die Tiefe des Gefühls die Zeit aufhebt und Leben und Tod in eines verschmelzen.[308]

Auch Eberhard Horst konstatiert, dass in „der Tiefe des Gefühls [...] alles Gegenständliche entstofflicht" sei, „schwerelos, allein gehalten durch den zartschwebenden Rhythmus des lyrischen Verses."[309] Oda Schaefer selbst hatte im Nachwort zu ihrer Anthologie *Unter dem sapphischen Mond* auf die Wichtigkeit hingewiesen, dass Dichterinnen ihren Blick dahin richten, „wo das unversiegbare Gefühl strömt"[310] – ein Grundsatz, dem sie in ihren Gedichten selbst stets treu geblieben ist.

Besonders auf die Naturgedichte Oda Schaefers wird immer wieder hingewiesen, da sie „von einem süßen, zauberischen Klang"[311] seien, ja die Gedichtsammlung „den Rhythmus pflanzlichen Lebens zum Wohllaut"[312] wecken würde. In der Sehnsucht nach Vereinigung von Geist und Natur sehen Rezensenten immer wieder eine Verbindung zu Nova-

---

[305] Hoffmann, Dieter: *Schwestern des Wortes. Die neueste Frauenlyrik auf dem Büchermarkt*. In: *Stuttgarter Nachrichten*, 02.04.1960.
[306] Vgl. Meidinger-Geise, Inge: *Reife Frauenlyrik*. In: *Echo der Zeit*, 10.05.1959.
[307] Hier und in den folgenden Zitaten Schmähling, Walter: *Lyrik*. Die Angabe des Namens der Zeitung und das Erscheinungsdatum fehlen im Nachlass Schaefer/Lange, Monacensia.
[308] Ebenda.
[309] Horst, Eberhard: *Das weibliche Element. Zur deutschen Frauendichtung*. In: *Rheinische Post*, 29.08.1959.
[310] *Unter dem sapphischen Mond*, S. 68.
[311] o.V. In: *Frankfurter Neue Presse*, 21.03.1959.
[312] Carlsson, Anni: *Verwandeltes Grün*. In: *Deutsche Zeitung*, 06.06.1959.

lis[313], zur Romantik überhaupt, in dessen Traditionskreis sie steht. Curt Hohoff stellt den besonderen Bezug Oda Schaefers zur Zeit heraus: „Ihre Lyrik tremoliert zwischen der Zeit als Augenblick des Lebens und jenem zeitlosen Augenblick, der das Immer ist."[314]

So ist dieser Lyrikband *Grasmelodie* „Ausdruck einer noch stärker, noch sicherer gewordenen Verzauberung"[315]; er gilt als „ein wertvolles Geschenk"[316], weil Oda Schaefer „wirklich etwas zu sagen hat" – als „wirkliche und tiefe Kunst"[317], womit sie ihren Rang als „eine der großen Dichterinnen"[318] dieser Zeit unterstreicht.

3.7 *Der grüne Ton. Späte und frühe Gedichte*

Der Gedichtband *Der grüne Ton* erschien 1973, wiederum im Piper-Verlag. Seit der *Grasmelodie* waren vierzehn Jahre vergangen, in denen Oda Schaefer sich besonders kulturgeschichtlichen, feuilletonistischen Themen und vor allem Ende der sechziger Jahre ihren Lebenserinnerungen *Auch wenn Du träumst, gehen die Uhren* zugewandt hatte, die 1970 erschienen waren. *Der grüne Ton*[319] ist eine Auswahl aus ihren späten und frühen Gedichten, die diesmal nicht nur einfach aneinandergereiht, sondern, wie

---

[313] Vgl. Buchbesprechung im Rundfunk, Radio Vorarlberg, Dornbirn, 17.08.1959, Manuskript im Nachlass Schaefer/Lange, Monacensia; vgl. ebenso o.V.: Buchbesprechung. In: *Wort und Wahrheit*, H. 1 (1962).

[314] Hohoff, Curt: *Lyrische Welterfahrung. Notizen zu neuen Gedichtbänden*. In: *SZ*, Nr. 117/118, Pfingsten 1959. Derselbe Artikel unter dem Titel *Kann unsere heutige Lyrik keinen Klartext sprechen? Ein aktueller Literaturbericht von Curt Hohoff*. In: *Deutsches Volksblatt*, Nr. 116, 23.05.1959.

[315] Meidinger-Geise, Inge: *Reife Frauenlyrik*. In: *Echo der Zeit*, 10.05.1959.

[316] Hier und im folgenden Zitat Strand, R.H.: *Oda Schaefer. Grasmelodie.* Sendung im Rundfunk, Österreichischer Rundfunk, Sendereihe *Bücherecke,* 30.07.1959, Manuskript im Nachlass Schaefer/Lange, Monacensia.

[317] Buchbesprechung im Rundfunk, Radio Vorarlberg, Dornbirn, 17.08.1959, Manuskript im Nachlass Schaefer/Lange, Monacensia.

[318] A.L. In: *Dpa Hamburg*, 24.03.1959.

[319] Oda Schaefer hat in dem Manuskript Ms 137 zu diesem Gedichtband per Hand jeweils eine Jahreszahl hinzugefügt, die sich wohl auf das Enstehungsdatum des jeweiligen Gedichtes bezieht. Einige der hier angegebenen Daten, wie z.B. bei dem Gedicht *Der Trinker*, stimmen jedoch nicht mit dem tatsächlichen Veröffentlichungsdatum oder mit in anderen Manuskripten verzeichneten Daten überein, Nachlass Schaefer/Lange, Monacensia.

sie bereits einmal geplant hatte, in verschiedene, sowohl zeitlich in „Neue Gedichte (1954-1972)" und „Frühe Gedichte" als auch thematisch in „Gedichte an H.L. (1931-1973)", „Zeitgedichte (1943-1968)" und von „Natur (1936-1957)" geprägte Abschnitte angeordnet sind; ca. 30 Gedichte wurden noch nicht in anderen Gedichtbänden von Oda Schaefer veröffentlicht.

Der Titel, den bereits ein Gedicht in der *Grasmelodie*[320] trug, täuscht etwas über das tatsächliche Thema des Bandes hinweg, denn nicht nur die Natur ist Gegenstand von Gedichten, sondern – gerade in den neuen Gedichten seit 1954 – vor allem das Leben an sich, der Tod, das Alter und, wie in den Gedichten an ihren 1971 verstorbenen Mann Horst Lange, der Schmerz über den Verlust dieses geliebten Menschen.

Auffallend ist, dass die Sprache noch einfacher, die Aussagen noch klarer geworden sind. Bewusst, sparsam werden die Worte gesetzt, die Bildlichkeit auf wenige Metaphern reduziert, wie z.B. im Gedicht *Übergang* (S. 7). Elf Jahre liegen zwischen diesem und dem dasselbe Thema behandelnden Gedicht *Altern*[321] aus der *Grasmelodie*, das man im Vergleich zu dem 1965[322] entstandenen neuen Gedicht als sprachlich weitschweifend, geradezu als mit Bildern überladen empfindet.

Übergang

Ich trete ein in das Alter
Unter die Brücken.
Kalt ist der Stein
Und leicht als Decke die Zeitung.
Nachts rauscht der Fluß
Lauter als tags
Schwärzliche Lethe.

Schon beugt sich der Rücken
Dem Stein entgegen.

---

[320] Vgl. *Der grüne Ton*. In: *Grasmelodie*, S. 12.
[321] Vgl. *Grasmelodie*, S. 24.
[322] Vgl. Manuskript Ms 137, Nachlass Schaefer/Lange Monacensia. Es erschien am 65. Geburtstag Oda Schaefers, dem 21.12.1965, in der *FAZ*. Unter den Briefen von Oda Schaefer an Klaus Piper befindet sich ein Manuskript des Gedichts *Übergang*, das Oda Schaefer Klaus Piper 1969 zusandte, Verlagsarchiv Reinhard Piper, DLA-Marbach.

Kein Reim prägt das Gedicht, der Satzbau ist klar konstruiert, Betonungen finden Ausdruck durch wenige Inversionen. „Die Sprache »singt« nicht mehr, sondern zieht sich zusammen auf ein paar unverwechselbare Metaphern"[323], wie der wärmenden Decke der Zeitung, den Brücken als Ort des Schutzes und der Nähe zum Wasser, das im das vorüberrauschende Leben symbolisierenden Fluss wieder aufgenommen wird. Die atmosphärische Dichte des Gedichts unterstützt dazu die Verwendung des antiken mythologischen Motivs vom Fluss Lethe: aus diesem Strom des Vergessens müssen die Seelen der Verstorbenen trinken, wenn sie in die Unterwelt gelangen.[324]

Der Übergang in das Totenreich, die Nähe des lyrischen Ich zum Tod deuten sich hier an, was in den letzten beiden Zeilen des Gedichts – auch in der signifikanten Stellung des „Schon" – noch einmal klar ausgesprochen wird. Neutral, emotionslos bleiben jedoch die Aussagen, feststellend ohne jegliche Wertung.

Einen Lebensrückblick stellt das Gedicht *Das alles bin ich heute* (S. 9f.) dar, das Oda Schaefer im Alter von 67 Jahren schrieb[325] und ihrer Freundin Hertha Bielfeld widmete.[326] Es spiegelt so sehr das Leben von Oda Schaefer, dass man versucht ist, Autor und lyrisches Ich von Beginn an gleichzusetzen, da die Ähnlichkeit zu frappant ist. Das Gedicht zeigt die Gleichzeitigkeit aller Alters- und Lebensstadien in der Person des lyrischen Ich: Es ist sowohl Kind als auch alter Mensch, anschaulich durch die Verwendung des Rätsels der Sphinx aus dem griechischen Ödipusmythos unterstrichen, dann ein Mädchen von fünfzehn Jahren, das „sterben wollte" – was auch Oda Schaefer von ihren, von Melancholie beherrschten jungen Jahren berichtet.[327] „Die junge Frau im Wochenbett",

---

[323] Horst, Eberhard: *Geh ein Wort weiter. Aufsätze zur Literatur*, Düsseldorf: Claassen 1984, S. 132.

[324] Vgl. *Lexikon der Alten Welt*, Spalte 1714.

[325] Vgl. Brief von Oda Schaefer an Hertha Bielfeld vom 14.07.1967, Nachlass Schaefer/Lange, Monacensia. Das im Manuskript Ms 137 genannte Datum (1970) ist wohl nicht ganz richtig, da *Das alles bin ich heute* bereits am 29.06.1967 in der *SZ* erschien.

[326] Vgl. Brief von Oda Schaefer an Hertha Bielfeld vom 14.07.1967, Nachlass Schaefer/Lange, Monacensia.

[327] Vgl. hierzu Brief von Oda Schaefer an Gunter Groll vom 24.05.1943: „Ich bin eine elendigliche Melancholikerin, […]." Ebenso Brief von Oda Schaefer an Gunter Groll vom 13.06.1943: „Früher glaubte ich ja, ich wäre ausser melancholisch auch noch manisch depressiv, denn meine Depressionen erreich-

die im Gegensatz zum Mädchen leben möchte, ähnelt ebenfalls der Autorin selbst. Auch sie hatte eine schwere Geburt zu überstehen, die sie fast das Leben gekostet hätte, und auch sie hatte einen eisernen Überlebenswillen. Als „Unglückselige" wird die nächste Altersstufe beschrieben, als ein Wesen, das uneinig mit sich selbst, zerfallen ist und sich in die Kunst des Dichtens flüchtet, als „Liebende", die „den Geliebten nie erreichte", veranschaulicht durch den Vergleich mit dem „Apollofalter hinter Glas", einer vom Aussterben bedrohten Schmetterlingsart[328], womit ihr Mann Horst Lange gemeint ist.[329] Der geschilderte Zeitabschnitt trifft bei Oda Schaefer genau auf die Zeit ihrer Ehe mit Horst Lange zu, den Mann, den sie immer liebte, jedoch damals nicht erreichen konnte. Elisabeth Langgässer, die engste Freundin Oda Schaefers in den dreißiger und vierziger Jahren, berichtet in einem Brief von den Schwierigkeiten in der Beziehung zwischen den Eheleuten[330], die auch in Briefen an Charlotte und Werner Bergengruen anklingen; ebenso lässt der Briefwechsel zwischen Oda Schaefer und Horst Lange auf massive Eheprobleme schließen, die wohl nach dem Krieg auch durch die schwere Kriegsverletzung Horst Langes vermehrt wurden. Oda Schaefer nahm sich ganz zurück und sah es als ihre moralische Pflicht an, für ihn, den sie noch als einen der wenigen Dichter überhaupt erachtete, zu sorgen, ihn zu schützen und das Genie, dessen Begabung den Menschen nicht verloren gehen durfte, zum Schreiben zu animieren. Dieses Sich-Zurückstellen zugunsten eines anderen, selbstlos zu lieben ganz ohne die Erwartung von Gegenliebe und Gegenleistung könnte man auch im Gedicht wiedererkennen im Bild des sich groß über alles erhebenden „DU", das nun zur lebenserfüllenden Aufgabe des Ich geworden ist.

---

ten in Tiefe die Höhe des Mount Everest oder noch besser Atlantik-Tiefe." Briefe in Privatbesitz von Monika Stein.

[328] Vgl. *Brehms Neue Tierenzyklopädie*, Band 11: Wirbellose, Gütersloh: Bertelsmann Lexikothek Verlag 1996, S. 206.

[329] Vgl. Brief von Oda Schaefer an Carl Zuckmayer vom 24.06.1967: „Der Apollofalter im Gedicht ist natürlich Horst!" Nachlass Carl Zuckmayer, DLA-Marbach, sowie Brief von Oda Schaefer an Hertha Bielfeld vom 14.07.1967: „Der Apollofalter ist ja bei mir Gleichnis für den Dichter (namens Horst)", Nachlass Schaefer/Lange, Monacensia.

[330] Vgl. Brief von Elisabeth Langgässer an Wilhelm Hoffmann vom 22.02.1935: „Die beiden tun mir so leid – lauter ungelöste Spannungen, obwohl jeder es grundehrlich meint." Hoffmann, Bd. 1, S. 234.

> ...
> Bis dann die Qual des Ich
> Sich löste fast in Tränen
> Der Stein dem Tropfen unterlag
> Und dunkel groß erhob sich
> Das DU
> Gebot des Gottes
> Dem ich diene selbstvergessen.

Die Nächstenliebe wird zum wesentlichen Inhalt des christlichen Glaubens, zum „Gebot des Gottes" – eine der wenigen Male, dass er in einem Gedicht explizit erscheint –, dem „selbstvergessen" gedient wird. Oda Schaefer hat wohl in ihrem Leben ebenfalls eine derartige Wandlung und Veränderung ihres Wesens erfahren, denn in ihren Lebenserinnerungen heißt es: „Aus der Elbischen wurde die Christin, Eros verwandelte sich in Agape"[331], genauso wie sie an anderer Stelle davon berichtet, dass sie zu ihrer „verborgensten Eigenschaft"[332], der Hilfsbereitschaft, gefunden habe. Der Glaube an Gott wurde die entscheidende Stütze ihres Lebens, er gab ihr Mut und Kraft bei vielen ihrer Operationen und half ihr auch beim Ertragen der psychischen Belastungen, die aufgrund der Pflege Horst Langes entstanden.

> Das alles bin ich heute
> Und meine Summe
> Ist die geheime Zahl
> Der Ewigkeit. (S. 10)

Am Ende des Gedichtes wird Bilanz gezogen – der Titel *Das alles bin ich heute* wird wiederholt und nun die Summe vorgestellt. Nicht Zweifel, Trauer oder Angst vor dem Tod stehen dabei im Vordergrund, sondern das Bewusstsein, ewig zu leben – ein Gedanke, der auch bereits im Gedicht *Die Münze*[333] angeklungen war.

Neben sich auf das Leben beziehenden Themen zeigen zwei neue, 1972 entstandene Gedichte, *Das Wort* und *Das Gedicht*[334], auch die Beschäfti-

---

[331] *Auch wenn Du träumst, gehen die Uhren*, S. 285.
[332] *Auch wenn Du träumst, gehen die Uhren*, S. 336.
[333] Vgl. *Grasmelodie*, S. 30.
[334] Oda Schaefer schickte eine Abschrift dieses Gedichtes (mit einigen kleinen Änderungen gegenüber der im Gedichtband gedruckten Fassung) am 15.04.1972 an Georg Schneider anlässlich seines 70. Geburtstages und schrieb darunter „Ein Qua-Gedicht", Gedicht „Das Gedicht, das Gold", Nachlass Schaefer/Lange, Monacensia.

gung mit dem Vorgang des Dichtens. Beide Poeme sind, was die äußere Form betrifft, durch den Reim geprägt und weisen feste Versmaße auf. Die Abgeschiedenheit des lyrischen Ich, seine Einsamkeit, das Fern-Sein von der äußeren Welt und die Öffnung zu „einem anderen Sein" werden im Gedicht *Das Wort* (S. 11) zu wesentlichen Kennzeichen.

> Das Wort
>
> Vom Wort der Dichter früh betroffen
> Lebt ich zumeist allein
> Fern von der Welt – die Welt stand offen
> Zu einem andern Sein.
>
> Ich hörte Töne, Flügelrauschen
> Und las die Chiffre ganz entrückt:
> Ich solle nur das Ich vertauschen
> Mit dem, was mich entzückt.

Dieses Fremdsein der irdischen Welt gegenüber erinnert an das von Oda Schaefer in früheren Gedichten, wie in *Die Verzauberte*[335], verwendete Märchen-Motiv vom Schwanenkleid. Der Anstoß zum Dichten selbst kommt von außen: Töne, d.h. die Musik der Sprache, das Hören werden zum entscheidenden Element der Dichtung, ebenso das Entrücktsein, das Vergessen des Ich und gleichzeitig das vollständige Ausgefülltsein durch den Gegenstand des Entzückens[336], womit Oda Schaefer ihre Nähe zu Wilhelm Lehmann dokumentiert, der das Einswerden von Ich und betrachtetem Gegenstand beschrieben hatte.[337]

Ganz dieser Auffassung entsprechend gibt das Gedicht mit dem gleichnamigen Titel *Das Gedicht* (S. 12) den Prozess des Schreibens wieder.

> Das Gedicht
>
> Wie in den Schächten
> Rauchiger Quarz
> Liegt in den Nächten
> Kristallisches Schwarz:
> Lastend und stumm
> Qual und Warum.

---

[335] Vgl. *Irdisches Geleit*, S. 30f.
[336] Bereits 1951 in ihrem Aufsatz *Bekenntnis zum Gedicht der Zeit* hatte Oda Schaefer geäußert, dass das Gedicht „göttliche Spuren" trage, der Dichter als „das angerührte Gefäß" den Ton nur weitergäbe, *Bekenntnis zum Gedicht der Zeit*. In: *Welt und Wort* 6 (1951), S. 297-299, hier S. 289.
[337] Vgl. Marsch, Edgar: *Moderne deutsche Naturlyrik*, Stuttgart: Reclam 1980, S. 300f.

> Seltene Adern
> Zersprengen Gestein
> Brechen durch Quadern
> Erlösen dein Sein:
> Aurorenhaft hold
> Das Gedicht, das Gold.

Bildhaft wird der Vorgang des Dichtens mit dem Ausbrechen von Magma aus der Erde, dem Sich-Auftun des Erdinnersten verglichen, das die belastende Spannung zuvor, das kristallische „Schwarz" auflöst. Starke Farben prägen das Gedicht: das Gold des Gedichtes in der zweiten Strophe, das durch das Adjektiv „Aurorenhaft" mit seinem Verweis auf die römische Göttin der Morgenröte noch eine rote Komponente erhält, steht dem grauen Quarz und dem „Schwarz" der ersten Strophe konträr gegenüber. Das Gedicht drängt aus dem Innersten eruptiv – Gestein zersprengend – an die Oberfläche und löst damit den vorherigen, als qualvoll beschriebenen Spannungszustand des Stumm-Seins auf. Es ist also nicht ein langsamer, bewusst vom Verstand gesteuerter Vorgang, der zum Gedicht führt, sondern etwas, das gewaltsam, animalisch, mit ungeheurer Kraft von unten an die Oberfläche drängt – eine Auffassung, die Oda Schaefer bereits 1947 vertrat. In der literarischen Zeitschrift *Prisma* bezeichnete sie den Vorgang des Dichtens als „magischen Zwang, der nicht zu erklären ist, der aber in der Tiefe des Unterbewußtseins wohl begriffen wird"[338], genauso wie sie über das, was sie mit ihrer Lyrik will, „vom Verstand her nur wenig aussagen" kann. In einem Brief an Geno Hartlaub, die im Rahmen einer Publikation des Gedichts *Das volle Glück* in der Zeitschrift *Die Wandlung* um eine Erklärung gebeten hatte, schreibt Oda Schaefer, dass

> das ‚Dichten' meist von selbst kommt und der Verstand nur eine Art Kontrolle ausübt, also eine untergeordnete Funktion hat. [...] die besten Dinge fallen einem aus dem Unterbewusstsein zu, dem ich eine grosse Macht einräume, den Wachträumen sozusagen, die gespeist sind aus Bluterinnerungen und seltsamen Assoziationen.[339]

---

[338] Hier und im folgenden Zitat Beitrag von Oda Schaefer in: *Prisma* 1 (1947), H. 10, S. 16.
[339] Hier und in den folgenden Zitaten Brief von Oda Schaefer an Geno Hartlaub vom 31.08.1946, Nachlass Dolf Sternberger. Die Wandlung, Signatur 74.10800/3, DLA-Marbach.

Das ist der Grund dafür, dass sie ihre Gedichte nicht „erklären" könne, da sie sich in dem Zustand einer „angenehmen Besessenheit und Verrücktheit" befinde, den andere nicht teilen können. „Vor mir und meinem Gewissen stimmt das Gedicht. Es kann also nur genommen oder seiner Unverständlichkeit wegen abgelehnt werden."

Die Aussage eines Gedichtes zu erläutern und dem Leser darüber das Gedicht zugänglich zu machen, wird als unmöglich betrachtet. Wem das Gedicht „sich nicht sofort durch die Magie des Verses mitteilt, der kann nicht davon mitergriffen werden – es kann ebenso gut die Schuld des Verses sein, wie die Schuld des Lesers."

Nach diesem Komplex der neuen Gedichte hat Oda Schaefer in der Kategorie „Gedichte an H.L. (1931-1973)" eine Vielzahl weiterer, aus anderen Bänden bereits bekannter Gedichte versammelt; nur fünf davon sind neu, d.h. noch in keinem Gedichtband veröffentlicht, wie z.B. das 1968[340] verfasste Gedicht *Trunkener Zorn* (S. 36). Es schließt in seinem Thema direkt an das in diesem Band zuvor verzeichnete Gedicht *Der Trinker* an, stellt diesmal jedoch eine für die Mitmenschen äußerst gefährliche Seite des Alkohols, die Verstärkung von Aggressivität, in den Vordergrund. Mit einem Bild aus der griechischen Mythologie, der Anspielung auf den Minotaurus in Kreta, wird die infernalische Kraft zum Ausdruck gebracht, die vom Dichter Besitz ergreift. Brutale Gewalt – das Blenden der Augen – beraubt ihn seiner auch im übertragenen Wortsinn gemeinten seherischen Fähigkeit[341], wodurch er die blauen „Spiegel der Welt" verliert. In der zweiten Strophe steigert sich der Grad der Inbesitznahme: Immer tiefer fällt „der Besiegte", „hinab" als Spielball in einer „Arena", als Höhepunkt das „Ich" – einen Teil von ihm selbst – „ausspeiend", sich „wälzend im Staube". Expressiv ist die Wortwahl, der Satzbau entsprechend fragmentartig gestaltet, eine reine Aneinanderreihung von Partizipien, was auch sprachlich das Nicht-mehr-bei-sich-Sein, das torkelnde Element und Getrieben-Sein verdeutlicht.

Im biographischen Kontext Oda Schaefers weist dieses Gedicht auf eine ihr Leben stark belastende Auswirkung der Alkohol-Abhängigkeit ihres Mannes hin; seine erhöhte Aggressivität wandte sich immer wieder auch gegen sie. Dazu kam, dass Horst Langes Körper zunehmend verfiel – er starb 1971 an den Folgen einer Leberzirrhose.

---

[340] Vgl. Manuskript Ms 137, Nachlass Schaefer/Lange, Monacensia.

[341] Oda Schaefers Haltung gegenüber der Funktion des Dichters als Prophet und Verkünder hat sich nicht verändert.

Die letzten vier Gedichte in diesem Kapitel sind nach dem Tod Horst Langes geschrieben und zeigen die Trauer und den Schmerz über den Verlust des geliebten Menschen.

> Jener Morgen im Juli
>
> Hinweggerissen
> Wie mit des Windes Gewalt
> Von meiner Seite gerissen
> Hinweg -
> Verstummt
> Für immer verstummt nun
> Dein Mund
> Geliebter
> Der du den Namen
> Vergangenheit trägst
> Seit der siebenten Stunde
> Jenes Morgens im Juli.

In *Jener Morgen im Juli*[342] (S. 41), das 1971 wohl kurz nach dem Tod ihres Mannes entstand, wird der plötzlichen Leere Ausdruck gegeben, der Fassungslosigkeit und Hilflosigkeit angesichts des Todes. Es ist der Moment, in dem man nach Worten zu ringen versucht, um das Unfassbare zu begreifen, ausgedrückt durch Wiederholungen einzelner Wörter („„Hinweg", „Verstummt"), durch tonloses Stammeln, Vor-sich-hin-Reden. Die Zeilen sind entsprechend kurz, sie tragen oft nur ein Wort, die Satzstruktur ist rudimentär ausgebildet, erst langsam gegen Ende des Gedichts entsteht wieder – im Nebensatz – das gewohnte Satzgefüge. Als gewaltsamer Akt wird der Tod empfunden; er trennt, reißt unerbittlich auseinander, was im Leben zusammengehört hat. Das Verstummtsein des Geliebten äußert sich auch auf lautlicher Ebene durch die Häufung der Doppelkonsonanten „mm" sowie des dunklen Vokals „u" („Für immer verstummt nun/ Dein Mund") – ein Prinzip, das Oda Schaefer von Beginn an in ihren Gedichten verwendet hat, genauso wie das sprachliche Mittel des Vergleichs zur bildhaften Unterstützung.

Das Gedicht *Jahrestag* (S. 42) schrieb Oda Schaefer genau ein Jahr nach Horst Langes Tod am 6. Juli 1972.[343]

---

[342] Oda Schaefer sandte dieses Gedicht unter dem Titel „Fragment" am 21.01.1972 an Ernst und Irene Kreuder „im Andenken an Horst Lange", Nachlass Ernst Kreuder, Konv. 5 Gedichte, DLA-Marbach.
[343] Vgl. Manuskript Ms 51: „[Gedichte. Alphabetisch geordnet]", Nachlass Schaefer/Lange, Monacensia.

Jahrestag

Rose, Jasmin
Vor deinem Bild –
Meine Trauer
Bleibt ungestillt.

Jasmin und Rose –
Weißer Schaum
Und tiefrotes Blut
Enden den Traum.

Es gibt das Bild eines mit Blumen („Rose, Jasmin") geschmückten Fotos wieder und zeigt, dass die Trauer des Ich auch durch die Zeit nicht gestillt wurde – sie bleibt. Einfach und klar ist die Sprache, das Metrum und der Reim der zweiten und vierten Zeile einer jeden Strophe fügen sich unauffällig ineinander; es erscheint nicht ein Wort zu viel, der Sinn ist dem Leser sofort verständlich.

In der zweiten Strophe jedoch, in der die Motive der Blumen aus der ersten Strophe wieder aufgegriffen werden, nur in umgekehrter Reihenfolge („Jasmin und Rose –"), verschließt sich der Sinn. Die Assoziationen zum Weiß des Jasmins („Weißer Schaum") und dem Rot der Rose („tiefrotes Blut") werden sehr bildhaft aneinandergereiht und parallel zu den Begriffen der ersten Zeile der Strophe angeordnet; die Verbindung zu einem Zusammenhang bleibt jedoch vage. Man könnte meinen, das Ich ist beim Anblick des Fotos und seiner Trauer in eine Art Traumzustand entrückt, der nun mit den Erinnerungen an das Leiden Horst Langes – er hatte einen Blutsturz und kurz darauf begann weißer Schaum aus seinem Mund zu quellen[344] – beendet wird. Die Verbindung zum ‚Du' ist abgebrochen, es bleiben allein Träume, Assoziationen.

Bildhaft ist bei gleichzeitiger stilistischer Unauffälligkeit durch die Einfachheit und Klarheit der Sprache auch das Gedicht *Schmerz* (S. 43).

Schmerz

Um das Messer
Schließt sich die Wunde
Laß es darin
Nicht jeder soll sehn
Das Blut
Und die Tränen.

---

[344] Vgl. *Die leuchtenden Feste über der Trauer*, S. 167 und S. 173.

Durch die letzte Zeile des Gedichts, in welcher der Bildbereich der körperlichen Verletzung mit dem Element der „Tränen" verlassen wird, ist klar, dass sich der durch einen Messerstich verursachte Schmerz metaphorisch auf den durch den Verlust eines geliebten Menschen hervorgerufenen Schmerz bezieht. Man wird auf brutale Weise körperlich verletzt, die zu erleidende Trauer ist identisch mit den Folgen eines Messerstiches. Doch während diese körperliche Verletzung in der Regel heilbar ist, verbleibt hier das Messer in der Wunde – und es soll auch nicht herausgezogen werden. „Das Blut/ Und die Tränen" sind nicht für jeden bestimmt, der Schmerz soll nicht allgemein sichtbar sein. Doch die Trauer – und damit der Schmerz – hält an.

So wie sich im Gedicht *Jahrestag* (S. 42) Parallelen zu den Erinnerungen Oda Schaefers ergeben, besitzt auch das Gedicht *Der Geflügelte* (S. 44) Hinweise auf ähnliche Schilderungen in *Die leuchtenden Feste über der Trauer*. Oda Schaefer bezeichnet hier die Seele Horst Langes als weißen Falter, den sie bei seiner Beerdigung am Friedhof tatsächlich beobachten konnte[345] – und auch im Gedicht ist von einem weißen Geflügelten die Rede, der von seinem Grab zwischen den Bäumen davonflog. Ist es in der ersten Strophe noch „Der Geflügelte", der von dem lyrischen Ich betrachtet wird, so ändert sich in der zweiten Strophe die Perspektive.

> …
> Zweimal kehrtest
> Du wieder
> Wieder zu mir
> In dieser Gestalt
> Und ich gab dir
> Die Freiheit der Lüfte
> Des Himmels gestirnt
> Bis ich
> Mit dir vereint
> Das Sternbild werde
> Das neue.

Der Geflügelte wird nun als ‚Du' angesprochen, das in der Gestalt des Falters, erhaben über die irdische Schwere, noch zweimal zum Ich zurückkehrt und dann von ihm in die „Freiheit der Lüfte" entlassen wird.

---

[345] Vgl. *Die leuchtenden Feste über der Trauer*, S. 175. Diese Aussage bestätigte Herr Walter Fritzsche in einem persönlichen Gespräch im Oktober 2004.

Mit einem tröstlichen Ausblick in die Zukunft, einer Art mystisch-pantheistischer Vision[346], endet das Gedicht, indem sich das Ich mit dem ‚Du' in einem neuen Sternbild[347] vereint sieht.

Wie bei den späten Gedichten überhaupt, ist auch hier die Sprache klar und einfach, der Sinn sofort verständlich.

Die 1963[348] verfasste Ballade *Variationen auf ein Thema von Matthias Claudius* (S. 47-59) besitzt keinerlei Ähnlichkeit zu den frühen Balladen aus der *Windharfe*, die noch ganz von den Leseeindrücken Gottfried August Bürgers und der Romantik geprägt waren und damit der Tradition der naturmagischen, numinosen Schauerballade zugeschrieben werden konnten. Hier wird, ganz dem musikalischen Prinzip des „thema con variationi" gemäß ein Thema – das Gedicht *Der Tod und das Mädchen* von Matthias Claudius – zu Beginn vorgestellt, wonach dann jeweils eine Zeile des Gedichtes als Überschrift für eine Variation fungiert. Der Inhalt, der Dialog eines jungen Mädchens mit dem personifizierten Tod, der sie gegen ihren Willen zu sich nimmt, wird in die Moderne übertragen: Eine junge Frau verliert trotz neuer Medizin den Kampf gegen Krebs, was in seiner Dramatik noch verstärkt wird durch das Einfügen einer im Thema nicht vorgegebenen Liebesbeziehung zwischen der dem Tod Geweihten und einem jungen Arzt. Wie aus einem Brief Oda Schaefers an Dr. Hans Paeschke, den Herausgeber der Zeitschrift *Merkur* hervorgeht, ist das Thema dieses Gedichtes auch durch persönliche Umstände in der Verwandtschaft Oda Schaefers motiviert, die sie zu dieser Ballade veranlasst haben: „Es ist das Schicksal meines ältesten Neffen, Sohn meines Bruders, der ein krebskrankes Mädchen heiratete und mit ihr ein Jahr verheiratet war, so glücklich, dass er sich an niemand anders binden will."[349] Oda Schaefer ging es darum, dieser unvergleichlichen Liebe ein Denkmal

---

[346] Auch in dem Gedicht *Am Grabe* gab es eine ähnliche pantheistische-mystische Vorstellung: „Doch ewig strömen Geist und Traum/ Des Toten in der Sternenflut". In: *Irdisches Geleit*, S. 67.

[347] Auch in dem Gedicht *An H.* wird die Idee von den Sternen als Aufenthaltsort des ‚Du' geäußert. In: *Die Welt*, Nr. 1, 02.01.1988, S. II.

[348] Im Manuskript Ms 137 ist zwar 1961 angegeben, jedoch schreibt sie im Jahr 1963 in Briefen (z.B. am 18.01.1963) an ihre Berliner Freundin Hertha Bielfeld, dass sie an der Ballade *Der Tod und das Mädchen* arbeiten würde, Nachlass Schaefer/Lange, Monacensia.

[349] Brief von Oda Schaefer an Dr. Hans Paeschke vom 17.04.1963, Teilnachlass Hans Paeschke, DLA-Marbach.

zu setzen, mit der Ballade der opfernden, karitativen Liebe ein „exegi monumentum"[350] zu schaffen und damit auch an der ihrer Ansicht nach von Lieblosigkeit geprägten Gegenwart Kritik zu üben, was in der Ballade durch die Erzählerposition[351] zum Ausdruck kommt. Sowohl Christliches in auf die Bibel verweisenden Versen, wie z.B. die alte biblische Formel „Mene mene tekel" (S. 53f.) oder „Was Erde zu Erde soll werden" (S. 51), als auch Mythologisches, wie in dem Ausruf „Hymen o Hymenaios" (S. 53f.), werden verwendet, womit gezeigt wird, dass die das Leben der Menschen entscheidend beeinflussenden Ereignisse und Prinzipien bis in die Gegenwart gleich geblieben sind und ihre Bedeutung nicht verloren haben. In dem epischen Gestus der Ballade werden auch Gedanken der kranken Frau sowie des Mannes miteinbezogen, wodurch sich die Tragik und Dramatik des Geschehens erheblich steigern.

>   …
>   *Bin Freund und komme nicht zu strafen*
>
>   Strafen wofür?
>   Und Freund sage mir wessen?
>   Feind bist du unserer Freude
>   Denn er, den ich liebe
>   Ist mein einziger Freund
>   Er, dessen Leben ich teile
>   Bis der Tod wird uns scheiden –
>   So spricht man die Formel
>   Und denkt nichts dabei –
>   Wir aber erfahren die Schwere des Schwurs
>   Der uns band.
>
>   Tod, falsche Frucht, taube Frucht
>   Die ich austragen muß
>   Wie ein Kind
>   Bis sie reif an den Tag drängt
>   Und mich selber ins Dunkel verstößt.
>   Schuldlose Wohnung bin ich geworden

---

[350] Brief von Oda Schaefer an Dr. Hans Paeschke vom 02.07.1963, Teilnachlass Hans Paeschke, DLA-Marbach; vgl. hierzu ebenso Brief von Oda Schaefer an Hertha Bielfeld vom 10.04.1963: „[…] sie ist ja ein Lobgesang auf die Liebe", Nachlass Schaefer/Lange, Monacensia.

[351] Vgl. die Stelle: „Auch nicht die Kraft/ Der unvergleichlichen/ Unbeschreiblichen Liebe/ Die ihresgleichen wohl sucht/ In unsern glanzlosen Tagen." In: *Der grüne Ton*, S. 57.

Der zerstörenden Krankheit
Die den Namen
Des rückwärts gehenden Tiers trägt
Mit den Scheren
So scharf wie die Schwerter
Der Schmerzen.
Strafen wofür? (S. 54f.)
...

Auch sprachlich wird die dramatische Aussagekraft plastisch unterstützt: Metaphern, Vergleiche, Personifikationen, auf syntaktischer Ebene Wiederholungen, Inversionen, Parenthesen und unvollständige, fragmentartige Konstruktionen, hypotaktische Satzgebilde und Parallelismen prägen die Sprache der Ballade. Zudem werden ganz dem musikalischen Prinzip des „thema con variationi" entsprechend nicht nur der Inhalt des vorangehenden Verses in den dazugehörigen Ausführungen wieder aufgenommen, sondern auch sein Wortlaut immer wieder verwendet und im Kontext variiert.

...
Sei gutes Muts! Ich bin nicht wild!
...
Die kindliche Frau
Opfert dem unerbittlichen
Abgewiesenen Freier
Opfert dem Knochenmann
Der grausam und wild ist
Nicht sanft
Opfert ihm
Rosen und Nelken der Wangen
Gespaltnen Granatapfel Lippenpaar
Nachtschwarze Mähne des Haars.
Gleichmütig hält er
Neben der Sense
Mit der er sie mähen wird
Eine einfache Blume des Feldes,
Hält er das Stundenglas
Mit dem rinnenden Sande
Der abnimmt
Wie der scheidende Mond
Nun der Jugend.
Und die Hand des Geliebten

> Kann dem Verfall nicht gebieten
> Auch nicht die Kraft
> Der unvergleichlichen
> Unbeschreiblichen Liebe
> Die ihresgleichen wohl sucht
> In unsern glanzlosen Tagen. (S. 55-57)
> ...

Ausdrucksstark wird der unaufhaltbare Verfall der jungen Frau geschildert, die Grausamkeit und Unerbittlichkeit des Todes hervorgehoben.

Einige Motive in dieser Ballade erinnern an andere Gedichte, wie z.B. die Gestalt des Hypnos, sowie an weitere Werke von Oda Schaefer, wie z.B. Psyche in *Die leuchtenden Feste über der Trauer*[352], die hier ebenfalls den toten leblosen Körper verlassen hat, als Ausdruck des christlichen Glaubens an ein Weiterleben nach dem Tod. Der Tod jedoch bzw. der Kampf gegen ihn, der ja das Thema der Ballade ist, wird sich, wie sich am Ende offenbart, indem die erste Zeile des Themas noch einmal anklingt, immer wiederholen.

Unter dem Kapitel „Zeitgedichte (1943-1968)" hat Oda Schaefer zehn Gedichte subsumiert. Von diesen waren bislang nur die Gedichte *Tote Stadt* und *Schwarzer Engel* in weitere Gedichtbänden Oda Schaefers veröffentlicht worden[353], die restlichen acht in Zeitungen und literarischen Zeitschriften erschienen. Sie sind insofern „Zeitgedichte", als sie sich zu ihrer Entstehungszeit auf zeitgeschichtliche Ereignisse, wie in den früheren Gedichten von 1942-1948 (*Tote Stadt, Sehnsucht nach Frieden, Schwarzer Engel, Die Flüchtlinge, Der Heimkehrer, Im Hades*) auf den Krieg und seine Zerstörungen, die von Angst geprägten Menschen, die Gefühle und Empfindungen von Flüchtlingen und Soldaten, die aus dem Krieg heimkehrten, und die Verarbeitung des Todes von Familienangehörigen beziehen. Nicht kritisch hinterfragen sie die eigene Haltung während des Dritten Reiches, das eigene Verhalten oder die Strukturen, die das Aufkommen Hitlers und der NSDAP begünstigt haben könnten. Es sind keine politischen Gedichte, sondern sie beschreiben abstrakt und metaphorisch das Leid und den Kummer der Menschen, die generell als Opfer betrachtet werden.

---

[352] Vgl. *Die leuchtenden Feste über der Trauer*, S. 175f.
[353] Vgl. *Irdisches Geleit*, S. 14f., 11.

Während das Gedicht *Ungarn 1956* (S. 72) durch die Angabe der Jahreszahl ganz deutlich auf die brutale Niederschlagung des ungarischen Volksaufstandes durch die sowjetischen Truppen verweist, und hier der Trauer der Menschen, ihrem Kummer und ihrem Leid in plastischen Bildern Ausdruck verliehen wird, kann man bei dem Gedicht *Veränderung* (S. 73), das Oda Schaefer 1957 schrieb[354], auf den ersten Blick keinen konkreten zeitgeschichtlichen Anlass erkennen.

> Veränderung
>
> Ich kann die Wolke nicht mehr Wolke nennen,
> Den Himmel nicht mehr strahlender Azur,
> Was wir so kannten, müssen neu wir kennen,
> Auch von der Morgenröte schwand die sanfte Spur.
>
> Die Sommerhimmel waren lächelnd blauer,
> Die Wetterhäupter ruhten still im Süden aus,
> Welch schlimme Fracht trägt nun der Regenschauer,
> Und welcher Sturm bricht aus des Nordens Haus?
>
> Ich seh den Mond gedoppelt schweben
> Auf einem Flor, auf einer Nebelbank –
> Gibt uns die Sonne noch das alte Leben,
> Blutendes Auge Gottes abends, schwer und krank?

Inhaltlich wird von einer Veränderung der Natur berichtet – die Farbe des Himmels, die Wolken, die Morgenröte sind nicht mehr so, wie sie einmal waren. Der Regen bringt nicht mehr nur einfach Wasser, es ist vielmehr von schlimmer Fracht die Rede, genauso wie von einem gefährlichen Sturm aus dem Norden. Sogar die Gestirne werden in Frage gestellt, das lyrische Ich sieht den Mond „gedoppelt schweben", nicht klar, sondern „auf einer Nebelbank", und es wird bezweifelt, ob die Sonne, der Motor allen Lebens, in ihrem kranken Zustand den Menschen überhaupt noch „das alte Leben" ermöglichen kann. Die beigefügte Metapher für die Sonne „Blutendes Auge Gottes abends" zeigt ebenfalls eine Verletzung, eine Wunde, die nicht mehr zu stillen ist.

Da Oda Schaefer sich stark gegen eine atomare Wiederaufrüstung und gegen Experimente mit Radioaktivität engagierte[355], könnte sich die im

---

[354] Vgl. Manuskript Ms 137, Nachlass Schaefer/Lange, Monacensia.
[355] Sie verurteilte entschieden die atomare Aufrüstung – „Wie kann man nur, nach diesen Kriegsschrecken und Hiroshima, überhaupt an Atomwaffen denken! Das ist doch ein ganz allgemeiner kontinentaler Wahnsinn!" – und trat, obwohl sie dadurch „in Geruch des Kommunismus" kommen konnte, dem

Gedicht angesprochene Veränderung der Natur auf Auswirkungen atomarer Versuche beziehen. Gerade im Jahre 1957 war es in England (Windscale) zu einer Atomkatastrophe gekommen, die auch in Deutschland nicht ohne Folgen blieb und große Angst vor der Radioaktivität aus dem Norden auslöste. Die im Gedicht verwendeten Begriffe und Inhalte würden damit auf einen anderen Bedeutungshintergrund hinweisen: die Wolke bestünde aus Radioaktivität, genauso wie das Partizip „strahlend" eine zusätzliche Konnotation im Sinne von verstrahlt besäße, und die Morgenröte durch den Lichtblitz eine bedrohliche, scharfe Komponente erhielte. Besonders deutlich in diesem Kontext wäre die Bezeichnung des Regenschauers als „schlimme Fracht", da mit ihm nicht das lebensnotwendige Wasser, sondern vergifteter Regen die Erde berührte, und die Angst vor einem Sturm aus dem Norden, der direkt auf die Atomkatastrophe in Windscale hinweisen könnte. So wäre erklärbar, dass sich alles – auch Mond und Sonne – derartig negativ verändert hat und dadurch eine allgemeine Verunsicherung eingetreten ist, ob überhaupt noch Leben im bisherigen Sinne möglich ist. Das lyrische Ich schließt sich in ein den Leser mitansprechendes „wir" aus der ersten Strophe und ein am Ende anklingendes „uns" mit ein und macht damit deutlich, dass diese Veränderungen alle betreffen und ein Umdenken aller erfordern. Die traditionelle äußere Form, die Verwendung von Reim und einem gleichmäßigen Rhythmus der Verse nimmt den Inhalt – „Was wir so kannten, müssen neu wir kennen" – in sich noch einmal auf, und deutet mit dem Rhythmuswechsel in der letzten Zeile den grundsätzlichen Wandel des Lebens an.

Während das Gedicht *Haus im Osten* (S. 68), das Oda Schaefer im Jahre 1963[356] verfasste, sich wieder auf Kriegsschauplätze bezieht, d.h. auf das, was nach einem Bombenangriff von der menschlichen Zivilisation und von menschlichem Leben übrig bleibt – das Gedicht entstand laut eines Briefes von Oda Schaefer an Gertrud Mentz beim Anblick eines

---

Verein gegen die Atomaufrüstung der Bundesrepublik bei, Brief von Oda Schaefer an Hertha Bielfeld vom 04.02.1960, Nachlass Schaefer/Lange, Monacensia. Immer wieder berichtet sie bestürzt über die Auswirkungen von Atomversuchen auf den Menschen.

[356] Vgl. z.B. Brief von Oda Schaefer an Gertrud Mentz vom 15.12.1964, Nachlass Schaefer/Lange, Monacensia, sowie Manuskript des Gedichts *Haus im Osten* unter den Briefen von Oda Schaefer an Klaus Piper, das Oda Schaefer Klaus Piper Weihnachten 1963 zueignete, Verlagsarchiv Reinhard Piper, DLA-Marbach.

Fotos des zerstörten Witebsk, auf dem die Kamine, die Schornsteine stehen geblieben waren wie „‚Stelen', wie Grabmäler"[357] – richtet sich das Gedicht *Gegen die Dunkelheit der Welt*[358] (S. 74) in seiner Aussage zeitkritisch an die Gesellschaft.

> Gegen die Dunkelheit der Welt
>
> Wer hat Mut den andern zu tragen
> Über den schwarzen Fluß
> In die Ungewißheit des Nebels,
> Den Verwirrten zu suchen
> Zwischen endlos sich gleichenden Stämmen
> Die den Gesunden verwirren
>
> Wer hat Mut den Aussatz zu heilen,
> Die Schwären des Bettlers zu küssen
> Oder die Narben des Mannes
> Den die Panzerfaust ins Gesicht schlug
>
> Wer hat Mut das Entsetzen
> Beim Anblick der Mißgestalt
> Niederzuhalten wie einen Wolf
> Der das Beste im Menschen zerfleischt,
> Den göttlichen Schein im Auge des Neugeborenen,
> Ohne Hände geborenen Kindes
> Erkennen zu wollen und es zu schützen
> Gegen die eigene Panik des Tötens,
> Ein Leben lang zu bejahen,
> Daß es atmen will wie wir alle
>
> Wer hat Mut bei den Finstren zu bleiben
> Die jedermann meidet
> Wenn die Goldnen dort oben, hoch oben
> Anlocken die Schwärme der Schwachen
>
> Wer hat Mut zur beständigen Liebe!

---

[357] Brief von Oda Schaefer an Gertrud Mentz vom 15.12.1964, Nachlaß Schaefer/Lange, Monacensia. Das in diesem Brief abgeschriebene Gedicht hat noch eine weitere letzte Zeile: „Requiem für die Opfer". Oda Schaefer hatte zuerst den Titel „Requiem" vorgesehen, sich dann aber für *Haus im Osten* entschieden, „ob deutsch, polnisch oder russisch, ist gleichgültig", Brief an Hertha Bielfeld vom 01.12.1963, Nachlaß Schaefer/Lange, Monacensia.
[358] Dieses Gedicht entstand laut eines Briefes von Oda Schaefer an Klaus Piper (Poststempel vom 20.12.1962) im Dezember 1962, Verlagsarchiv Reinhard Piper, DLA-Marbach, und wurde am 06.04.1963 in der *FAZ* veröffentlicht.

Das Gedicht ist ein emphatischer Appell, sich christlich-moralische Grundsätze ins Bewusstsein zu rufen, gegen die eigene Bequemlichkeit vorzugehen und seinen Egoismus zu überwinden. Insistierend werden fünf Mal in jeder neuen Strophe die ersten drei Worte – „Wer hat Mut" – wiederholt, die allerdings entsprechend dem aufrüttelnden Gestus des Gedichts nicht mit einem Fragezeichen abgeschlossen werden, sondern erst in der letzten Strophe mit einem Ausrufezeichen enden, was die Emotionalität, den Aufruf unterstützend zur Geltung bringt. Mit jedem „Wer hat Mut" verbindet sich die Aufforderung, gegen die Dunkelheit vorzugehen, d.h. sich selbst nicht in den Vordergrund zu stellen, sondern über seinen Schatten zu springen und nicht wegzusehen bei Verwirrtheit, Krankheit, körperlichen Missbildungen – sie beziehen sich auf die Contergan-Katastrophe[359] –, sondern sich diesen Dunkelheiten zu stellen, die Hand des anderen zu ergreifen und ihm beizustehen; dies wird in der letzten Zeile summarisch zusammengefasst in dem Ausruf: „Wer hat Mut zur beständigen Liebe!" In ihr gehen alle Aufforderungen zuvor auf, sie vereinigt in sich alle Kräfte gegen „die Dunkelheit der Welt".

Sprachlich wird die Aussagekraft durch die kontrastive Zeichnung der Gegensätze hell (golden) – dunkel (finster), hoch – tief und eine starke Metaphorik unterstrichen, die Spannung und Eindringlichkeit der Verse durch Parallelismen und asyndetische Reihungen gesteigert.

Oda Schaefer hatte dieses pathetische Bekenntnis zur Nächstenliebe auch auf sich selbst bezogen, auf ihre aufopfernde Pflege ihres zeitweise sehr stark nervenkranken Mannes.[360]

Mit diesem Gedicht enden alle neuen, d.h. nach dem letzten Gedichtband von 1959 entstandenen Gedichte in diesem Band. Von den im Kapitel „Natur" aufgeführten Gedichten, die in den Jahren 1936 bis 1957 geschrieben worden sind, wurden drei noch nicht in Gedichtbänden Oda Schaefers veröffentlicht: *Cosmäa stirbt*, *Die Braut* und *Frühling*. Das Gedicht *April* (S. 78), das bereits im *Kranz des Jahres*[361] publiziert worden war, ist hier auf die ersten beiden Strophen reduziert und in seinen letz-

---

[359] „Ich habe damals die junge Mutter gemeint, die in Belgien ihr Contergan-Kind umbrachte und freigesprochen wurde", schreibt Oda Schaefer in einem Brief an ihre Freundin Gertrud Mentz vom 07.01.1970, Nachlass Schaefer/Lange, Monacensia.

[360] Vgl. Brief von Oda Schaefer an Gertrud Mentz vom 07.01.1970, Nachlass Schaefer/Lange, Monacensia.

[361] Vgl. *Kranz des Jahres*, S. 13.

ten beiden Zeilen im Vergleich zur Fassung von 1948 verändert. Die nun durchgehende Verwendung des Plurals („Rufe, Fragen, Lachen") glättet die durch die vorherige Abwechslung von Singular und Plural etwas holpernde Lesart, und auch die Umstellung der Wörter führt zu einem runderen, insgesamt harmonischeren Ergebnis, zu dem auch der Verzicht auf die dritte Strophe und damit die Fokussierung auf das Echo als einzigen menschlichen Laut beitragen. Das Gedicht erhält dadurch wieder eine für viele Gedichte Oda Schaefers so typische schwebende, melancholische Atmosphäre.

Cosmäa stirbt... (S. 79) schrieb Oda Schaefer wohl 1950[362] und behandelt darin das Thema Vergänglichkeit und Eingehen in den natürlichen Kreislauf des Lebens am Beispiel der Blumenart Cosmäa. Euphorisch wird der Vorgang des Abblühens als Vermählung mit der Erde umschrieben; wie ein Memento mori klingt das Thema der Vergänglichkeit in der letzten Zeile des Gedichtes an.

Das Gedicht *Die Braut* (S. 80) beschwört eine andere Atmosphäre. Es geht um die Vereinigung des lyrischen Ich mit der Natur, das Eins-Sein mit ihr, das sehr gefühlsbetont, emotional dargestellt wird durch Ausrufe, Synästhesien, Wiederholungen, Parallelismen und, auch auf lautlicher Ebene, durch die Häufung bestimmter Vokale (z.B. „im Winde sich wiegt"). Oda Schaefer schrieb dieses Gedicht wohl im Zeitraum von 1949 bis 1953, da es im Manuskript des geplanten Gedichtbandes „Gezeiten" mit Gedichten aus diesen Jahren enthalten ist.[363]

Von den drei noch nicht zuvor in anderen Gedichtbänden veröffentlichten Poemen ist *Frühling* (S. 81) am spätesten – laut Manuskript im Jahre 1957[364] – entstanden. Es erinnert von Ferne mit der Beschwörung derselben Attribute dieser Jahreszeit, nämlich des Elements der Lüfte, der Farbe Blau oder den Düften an das berühmte Gedicht Eduard Mörikes „Frühling läßt sein blaues Band/ Wieder flattern durch die Lüfte". Der Frühling wird mit allen Sinnen, besonders mittels des Haptischen – Karl Krolow schrieb ja, dass Oda Schaefers Gedichte über die Haut auf-

---

[362] Vgl. Manuskript Ms 137. Auch im Manuskript Ms 61 unter der geplanten Gedichtsammlung „Gezeiten" ist das Gedicht aufgeführt, womit es in den Jahren 1949-1953 entstand, Manuskripte im Nachlass Schaefer/Lange, Monacensia.
[363] Vgl. Manuskript Ms 61, Nachlass Schaefer/Lange, Monacensia.
[364] Vgl. Manuskript Ms 137, Nachlass Schaefer/Lange, Monacensia.

genommen würden[365] – erlebt und beschrieben. Allerdings ist nicht nur die Natur Gegenstand des Gedichts: Die Jahreszeit des Frühlings wird gleichzeitig auch auf das Leben übertragen, ausgedrückt in der Person eines „bräunlichen Mädchens"; mit ihm beginnt eine neue Zeit, der Wind des Lebens.

Aus der Zahl der „Frühen Gedichte" ist nur das Gedicht *Sommer* (S. 94) noch nicht aus vorhergehenden Gedichtbänden bekannt. Es beschwört im Sinne des ‚magischen Realismus' die Atmosphäre des Hochsommers in einer höchst bildhaften Ausdrucksweise mit einer Fülle an Vergleichen, Metaphern, Personifikationen usw., ganz im Duktus der frühen Gedichte Oda Schaefers. Mit dem im Manuskript angegebenen Datum von 1934[366] wäre es tatsächlich zu den ersten Gedichten Oda Schaefers zu rechnen.

Das Gedicht *Schweigend und leicht* (S. 95) erschien bereits unter dem Titel *Grasmelodie* im *Irdischen Geleit*[367] und das 1934[368] geschriebene Gedicht *An G.E.* (S. 97), womit Günter Eich gemeint ist[369], in der *Windharfe* unter dem Titel *Erinnere dich*.[370]

3.7.1 *Der grüne Ton* im Spiegel der Literaturkritik

Der grüne Ton von Oda Schaefer wurde, wie bereits ihr Lyrikband *Grasmelodie*, überwiegend positiv von der Presse aufgenommen. Mit dieser Gedichtsammlung aus unterschiedlichen Zeit- und Lebensabschnitten erfolgte nun dementsprechend auch eine historisierende Betrachtung der Gedichte und eine literaturgeschichtliche Einordnung Oda Schaefers, wie z.B. als „eine »Sappho« der Besinnungszeit nach 1945".[371]

---

[365] Vgl. Krolow, Karl: *Zur Gegenwartslyrik*. In: *Das Innere Reich* 10 (1943/44), S. 165-197, hier S. 175.
[366] Vgl. Manuskript Ms 137, Nachlass Schaefer/Lange, Monacensia.
[367] Vgl. *Irdisches Geleit*, S. 7.
[368] Vgl. Manuskript Ms 137, Nachlass Schaefer/Lange, Monacensia.
[369] *An G.E.* erschien 1973 in dem zum Tode Günter Eichs von Siegfried Unseld herausgegebenen Band *Günter Eich zum Gedächtnis*, Frankfurt/M.: Suhrkamp 1973, S. 132.
[370] Vgl. *Die Windharfe*, S. 8.
[371] Hier und im folgenden Zitat Meidinger-Geise, Inge: *Lebendige Legende*. In: *Die Tat*, Nr. 250, 27.10.1973, S. 31.

Unbestritten ist die Stimme Oda Schaefers als „unüberhörbar eigen", als eine der gewichtigen Dichterinnen der zeitgenössischen deutschen Lyrik.[372] Gerade die Tatsache, dass sie sich dem allgemeinen Paradigmenwechsel nicht anschließt, sondern an traditionellen poetologischen Prinzipien festhält, die sie aber eine weitere Entwicklung ihrer eigenen Lyrik nicht verweigern lassen, bewirkt ihre Sonderstellung. „Die besten Gedichte vermitteln, was in der derzeitigen Lyrik selten geworden ist, ‚ein Stück geordneter Sinnlichkeit', Inbilder zarter Emotionen".[373] Ähnlich äußert sich Curt Hohoff:

> Es ist selten, daß ein Dichter heute zu „singen" wagt, an die Musik der Sprache appelliert und ihr etwas anvertraut, das als Ton immer mehr verschwindet: den Einklang mit der Schöpfung auch da, wo es weh tut.[374]

So wird die Traditionalität der Gedichte sowohl in ihrer Form als auch in ihrem Inhalt sehr positiv beurteilt, als „frei von jenen zuweilen schon allzu vertrackten modernistischen Sprachexperimenten, wie sie die wechselnden Moden so mit sich bringen".[375] Nach wie vor gilt sie als in die Nachbarschaft Wilhelm Lehmanns reichende Naturlyrikerin[376], als Lyrikerin der Landschaft[377], deren Gedicht „das liedhaft bleibende und sich so entfaltende Sprachgebilde [ist], das keine wesentliche Veränderung, vielmehr Verfeinerung der eigenen intimen, persönlichen Sprechart kennt."[378] Ähnlich seiner Rezension des Gedichtbandes *Grasmelodie* benennt Karl

---

[372] Vgl. Albers, Heinz: *Finnlands Dichter stellen sich vor. Anmerkungen zu neuerschienenen Gedichtbänden*. In: *Hamburger Abendblatt*, 21.09.1973.

[373] Horst, Eberhard: *Oda Schaefer: Späte und frühe Verse. Gegen die Dunkelheit der Welt*. In: *Die Welt*, Nr. 107, 09.05.1974, S. 3.

[374] Hohoff, Curt: *Traumglück der Vergänglichkeit*. In: *Schwäbische Zeitung*, Nr. 289, 14.12.1973; derselbe Text unter dem Titel *Oda Schaefers späte Gedichte*. In: *Die Presse*, 16./17.02.1974, S. 5, ebenso in: *Rheinische Post*, Nr. 291, 15.12.1973.

[375] Albers, Heinz: *Finnlands Dichter stellen sich vor. Anmerkungen zu neuerschienenen Gedichtbänden*. In: *Hamburger Abendblatt*, 21.09.1973.

[376] Vgl. Ude, Karl: *Schaefer, Oda: Der grüne Ton*. In *Welt und Wort* 4 (1973), S. 441.

[377] Vgl. Krolow, Karl: *Das verwandelte Grün. Späte und frühe Gedichte Oda Schaefers*. In: *FAZ*, Nr. 238, 12.10.1973, S. 31; ähnlich auch unter dem Titel *Der grüne Ton u.a. Töne. Deutsche Gedichte in Neuerscheinungen*. In: *Der Tagesspiegel*, Nr. 8598, 23.12.1973, S. 35.

[378] Hier und im folgenden Zitat Krolow, Karl: *Das verwandelte Grün*. In: *FAZ*, Nr. 238, 12.10.1973, S. 31.

Krolow auch in dieser Kritik zum *Grünen Ton* „das luftige Hingleiten, die lyrischen Voile" als das

> Klima solcher Dichtung, in der die Autorin als eine Verzauberte, als eine Art Sylphide erscheint, als atmosphärischer Geist, der etwas Altersloses hat. [...] Das Kindhafte hat sich aus ihren zarten, geradezu mädchenhaft feingliedrigen Versen (aus Versen, die zuweilen die durchsichtige Zartheit und sinnenhafte Frömmigkeit gewisser Gedichte von Francis James aufnehmen) nicht verloren.[379]

Neben der Naturlyrik werden aber auch Oda Schaefers Zeitgedichte gewürdigt: „[...] wo persönliche Betroffenheit das artifiziell wiederholte Naturschema durchstößt"[380], gelingen ihr Zeitgedichte „von erstaunlicher Kraft und Wirkung". Sehr wohl wird eine Entwicklung ihrer jüngsten Alterslyrik festgestellt: „Hier wird Betroffenheit unmittelbar Sprache, Wort an Wort gesetzt, ohne Beiwerk, Gedichte auf den reinen Befund reduziert", was als dem lyrischen Ich der Poetin angemessener betrachtet wird als der „gemessene Tonfall der Litanei, das Singen in der Zeit".[381] Die Art, wie die Grundthemen im dichterischen Werk Gestalt gewinnen, wäre „bewußter, einprägsamer"[382] geworden, und zwar

> nicht wie bei manchen Dichtern dieser Gegenwart durch Zertrümmerung der Form, sondern [...] durch den Einsatz ihrer am Leben gereiften Sprache. Das Besondere ihrer Form liegt darin, daß sie in gleicher Weise sinnliche Bilder und musikalische Reize zu nützen vermag, um auszudrücken, was sie bewegt.[383]

Während jedoch für den einen gerade die Verse der jungen Oda Schaefer, „deren blühende, erblühende Üppigkeit den Tod, von dem sie spricht, Lügen straft"[384], als hinreißend angesehen werden, so können diese Ver-

---

[379] Ebenda.

[380] Hier und in den beiden folgenden Zitaten Horst, Eberhard: *Oda Schaefer: Späte und frühe Verse. Gegen die Dunkelheit der Welt.* In: *Die Welt*, Nr. 107, 09.05.1974, S. 3.

[381] Kramberg, K.H.: *Bis in die siebente Schicht. Oda Schaefers frühe und späte Gedichte.* In: *SZ*, Nr. 282, 06.12.1973, S. 5.

[382] Heuschele, Otto: »*Mut zur beständigen Liebe«. Gedichte Oda Schaefers.* In: *Neue Zürcher Zeitung*, Nr. 13, 09.01.1974, S. 23.

[383] Ebenda.

[384] h.: *Grüne Poesie.* In: *AZ*, 16.06.1974.

se für den anderen „nur noch mit gemischten Gefühlen oder als Freund der Dichterin"[385] gelesen werden, „ohne zusammenzuzucken". Denn so

> vergänglich Mensch und Natur, so vergänglich auch Formen der Lyrik, die uns entglitten sind, so vergänglich die Unbefangenheit Oda Schäfers, Metaphern zu setzen, wie sie ihr gerade einfallen, mitunter kostbar, dann Klischees der Aufbruchszeit moderner Lyrik, dann wieder altmodisch.[386]

Auch Inge Meidinger-Geise ist verunsichert:

> Kann man soviel Harmonie des Zusammenklangs von Schmerz, Rausch, Hoffnung, Mut zum Schön-Vergänglichen heute noch lesen, ertragen? Oder bedeutet das alles samt den jüngsten Arbeiten der Lyrikerin neue, überraschende Begegnung von Sprache, Kompositionssicherheit – inmitten der morschen Lyrik-Instrumente?[387]

Die unüberbrückbare Kluft zwischen den Gedichten Oda Schaefers und der Entwicklung der modernen Lyrik verunsichert, die Skepsis gegenüber den „anachronistisch in der lyrischen Landschaft"[388] stehenden Gedichten kommt hier deutlich zum Ausdruck. Die Beurteilung dieses Gedichtbandes wird in die Hände des Lesers gelegt: *Der grüne Ton* wird all jene begeistern, „who favors non-hermetic, melodious poetry"[389], also diejenigen, die die Schönheit der Verse analytisch nicht hinterfragen.[390]

3.8 Oda Schaefer. Wiederkehr. Ausgewählte Gedichte

Dieser Band enthält eine Auswahl an Gedichten Oda Schaefers aus allen bislang erschienenen Gedichtsammlungen. Er wurde 1985 zum 85. Geburtstag von Oda Schaefer veröffentlicht, wobei sie die Auswahl der Gedichte nicht selbst traf, sondern Walter Fritzsche, ihr langjähriger Lektor im Piper-Verlag.

---

[385] Hier und im folgenden Zitat o.V.: *Oda Schäfer: Der grüne Ton*. In: *Bayernkurier*, 08.06.1974.
[386] Ebenda.
[387] Meidinger-Geise, Inge: *Lebendige Legende*. In: *Die Tat*, Nr. 250, 27.10.1973, S. 31.
[388] o.V.: *Oda Schäfer: Der grüne Ton*. In: *Bayernkurier*, 08.06.1974.
[389] Haenicke, D.H.: *Oda Schaefer. Der grüne Ton*. In: *Books abroad. An international literary quarterly*. Norman Oklahoma 73069 USA, January 1975.
[390] Vgl. o.V.: *Oda Schäfer: Der grüne Ton*. In: *Bayernkurier*, 08.06.1974.

Neun Gedichte in diesem Band sind neu: *Schweben* und *Gesichter* erschienen hier zum ersten Mal, während *Herzangst*, *Ostwind*, *Augen*[391], *Überfahrt*[392], *Eurydike*[393], *Lebenszeichen*[394] und *Immer*[395] bereits zuvor in Zeitschriften, Anthologien und in Oda Schaefers Erinnerungen veröffentlicht worden waren.

Diese Altersgedichte sind getragen von Lebensweisheit, von abgeklärter Distanz und Weitsicht und präsentieren sich in eingehender, prägnanter, kurzer Form. Es spricht viel Lebenserfahrung aus ihnen, wie u.a. in dem bereits 1965 verfassten[396] Gedicht *Schweben* (S. 111), in dem der in vielen früheren Gedichten konstatierte Schwebezustand nicht nur auf sprachlicher und bildlicher Ebene umgesetzt, sondern auf das Leben übertragen wird.

> Schweben
>
> Versuche zu ruhn
> Auf der Strömung des Lebens
> Wie der Falke
> Weitgebreiteten Flügels
> Auf der Strömung des Winds.

Durch den Imperativ fühlt sich der Leser unmittelbar angesprochen; er wird dazu aufgefordert auf der „Strömung des Lebens" zu ruhen, d.h. sich den Erlebnissen und Hindernissen zu stellen, nicht in Panik oder Angst auszubrechen, sondern sich darauf einzulassen, bildhaft dargestellt im Vergleich mit dem Flug eines Falken, der „Weitgebreiteten Flügels" auf der „Strömung des Winds" schwebt.

---

[391] Diese drei Gedichte *Ich liebe den Ostwind...*, *Augen*, *Herzangst* erschienen in: *Jahresring* 24 (1977-78), S. 65-66.

[392] Vgl. *Überfahrt*. In: *Litfass* 8 (1984), H. 29, S. 79.

[393] Vgl. *Eurydike*. In: Conrady, Karl Otto (Hg.): *Jahrbuch für Lyrik 1*, Königstein/Taunus: Athenäum 1979, S. 1; *Eurydike*. In: *Die Presse*, 16./17.06.1979, S. 19.

[394] Vgl. *Lebenszeichen*. In: *Die leuchtenden Feste über der Trauer*, S. 165.

[395] Vgl. *Immer bin ich*. In: *Die Welt*, Nr. 229, 29.09.1984, S. 18.

[396] In ihrem Brief an Gertrud Mentz vom 03.08.1965 berichtet sie, dass ihr diese Zeilen jetzt eingefallen wären, wobei sich die zweite Zeile „Auf der Strömung des Lebens" von der früheren im Brief angegebenen Fassung – „Auf der Strömung der Zeit" – unterscheidet. Die kurze Form der japanischen Haikus scheint Oda Schaefer fasziniert zu haben, denn sie trägt sich mit dem Gedanken, vielleicht in der nächsten Zeit mehrere „so kleine kurze Gedichte" zu schreiben, Nachlass Schaefer/Lange, Monacensia.

Nahtlos fügt sich an das letzte Wort dieses Gedichtes („des Winds") das nächste Poem *Ostwind* (S. 111) an.

> Ostwind
>
> Ich liebe den Ostwind
> Mir stürzend entgegen
> Während ich fahre
> Auf der Kugel der Erde
> Empfangend ihn
> Wie auf dem Bug eines Schiffes.

Das Epitheton „ost" weist bei Oda Schaefer immer auf besondere biographische Hintergründe: ihre familiären Wurzeln stammen aus dem Osten, dem Baltikum, sie selbst verbrachte Jahre in Schlesien, lernte dort Horst Lange kennen und die östliche Landschaft lieben; im Osten, in Russland, verlor sie ihren einzigen Sohn und in gewissem Sinn auch Horst Lange, dessen inneres Gleichgewicht die Erlebnisse in Russland zerstörten. So vereinigen sich im Ostwind sowohl negative wie auch positive Erfahrungen[397], er wird zum Sturm des Lebens an sich, dem sich das lyrische Ich bewusst entgegenstellt, bildhaft ausgedrückt im Vergleich mit dem „Bug eines Schiffes". Nicht Angst prägt das lyrische Ich: Das Leben mit all dem, was es mit sich bringt, wird bejaht, angenommen, ja geliebt.

Auch die Erfahrung von Herzangst findet Eingang in ein Gedicht. Mit Hilfe eines Vergleichs zum gejagten Wild im Gedicht *Herzangst* (S. 110) wird deutlich, dass eine derartige Angst mit Todesangst gleichzusetzen ist, die zwar vorübergehen, aber immer wieder von neuem ausbrechen kann.

Ein erfahrener Umgang mit Menschen zeigt sich in den Gedichten *Augen* und *Gesichter*. Das Gedicht *Augen*[398] (S. 114) gibt den Prozess der Wahrnehmung wieder:

---

[397] In ihren Lebenserinnerungen *Auch wenn Du träumst, gehen die Uhren* heißt es über den Ostwind: „Wieder der Wind, dieser frische, helle, jünglingshafte Ostwind, mit dem kein anderer sich vergleichen kann", S. 13.

[398] Oda Schaefer sandte sowohl Klaus Piper als auch Gunter Groll 1975 dieses (an einigen Stellen anders lautende) Gedicht unter dem Titel „Nachts, schlaflos". Es entstand am 07.08.1975, Verlagsarchiv Reinhard Piper, DLA-Marbach; vgl. Gedichtmanuskript unter den Briefen von Oda Schaefer an Gunter Groll mit dem Datum vom 07./08.12.1975, Privatbesitz von Monika Stein.

Augen

Ich bleibe wohnen
In mir selber
Und schicke
Meine Augen aus
Die Dinge zu erkennen,
Bis sie durchsichtig
Sind und deutlich –

Die Menschen
Zu ertasten
Zuerst den Umriß
Der noch schwarz,
Bis er aufflammt
In einer Aureole
Und freigibt
Ihr Gefangensein.

Nicht das ganze Ich erkundet die Umwelt, es sendet lediglich seine Augen aus, um die Dinge zu erkennen, bis sie „durchsichtig" und „deutlich" geworden sind, und die Menschen zu „ertasten", bis sich ihr „Gefangensein" offenbart – ein Gefangensein aus der Sicht des lyrischen Ich, das selbst davon jedoch ausgeschlossen zu sein scheint. So zeigt sich eine distanzierte, abgeklärte Position des Ich, dessen Augen eine Qualität erhalten, die das Innerste eines Menschen offenbaren und durchleuchten.

Eine von Weitsicht und Beurteilungsvermögen im Umgang mit anderen Menschen geprägte Perspektive verrät auch das Gedicht *Gesichter* (S. 115), in dem verschiedene Arten von Gesichtern, die hier stellvertretend für den Menschen an sich stehen, aufgezählt werden.

Gesichter

Manche sind nur stumpfe Steine
Manche spiegeln Fremdes wider
Viele tragen Larven
Sind verschlossen
Wie bei peinlichem Verhör
Und wer zeigte nicht die Lüge
In den flinken Wieselaugen –

Sie jedoch kann man sogleich erkennen
Denn es strahlen
Die dazu Bestimmten

Ahnungslos aus sich das Wissen
Um das unergründliche Geheimnis
Dieser Erde unter Sternen.

Zunächst werden – durch die Anapher und den parallelen Satzbau zu Beginn eine beinahe gleichmütige, keine innere Beteiligung verratende Atmosphäre evozierend – negative Gesichter beschrieben, sei es von Stumpfheit geprägte, Fremdes widerspiegelnde, Larven tragende, verschlossene und sogar solche mit lügenden Augen. In der zweiten Strophe erfolgt die Wendung, bereits vorbereitet durch den Gedankenstrich in der letzten Zeile der ersten Strophe. Die pointierte Wortstellung zu Beginn („Sie jedoch") betont den Gegensatz zum bisherigen Inhalt. Die im Folgenden im Zentrum der Betrachtung stehenden Gesichter sind anders: man kann sie nicht nur sofort erkennen, sondern sie tragen, ohne sich selbst dessen bewusst zu sein, eine schicksalhafte Bestimmung in sich – nämlich das Wissen um das Wunder des menschlichen Lebens, seinen Sinn auszustrahlen.

Klar und zugänglich sind die Aussagen dieser Gedichte, ausgedrückt in reimlosen Versen und einer sprachlich sehr einfachen, kurzen, auf jedes zusätzliche Detail verzichtenden Form.

Auch jetzt ist die antike griechische Mythologie in ihren Vorstellungen ein gern verwendeter Fundus. So wird im Gedicht *Eurydike* (S. 112) die Situation, dass Orpheus durch das Sich-Umdrehen nach seiner geliebten Eurydike auf dem Weg aus der Unterwelt diese nun ganz an das Reich der Schatten verliert, auf die Zeit übertragen. Vergangenes lässt sich nicht mehr in das Leben zurückholen, es entgleitet, so wie Orpheus Eurydike. Bezeichnenderweise steht danach das Gedicht *Lebenszeichen* (S. 113), das durch die Veröffentlichung in *Die leuchtenden Feste über der Trauer* eindeutig auf Horst Lange hinweist. Es spricht viel Trauer daraus, jedoch nicht in der Art wie in den Gedichten kurz nach seinem Tod, sondern eine tiefere, sublimiertere Form: Trauer über den Tod, der nun akzeptiert und angenommen worden ist.

Lebenszeichen

Ein wenig Asche nur von
Deiner Zigarette
An jenem Tage,
Als die Linden
Und der Jasmin
In süßem Überschwang

Der Düfte
Sich überstürzten –

Ein wenig Asche nur von
Deiner Zigarette
Ich fand sie heute
Ein kleiner grauer Fleck
Auf einer Seite der
Anna Karenina.
Und wieder seh ich dich,
Das Buch auf Knien
Den Kopf gebeugt darüber,
Ein Lesender,
der diese Welt vergaß
Über der Unglücklichen,
Die vor den Zug sich warf,
Nein, vor den zweiten Wagen,
Der erste rollte schon vorüber,
Und die dann Wronski fand
Ganz unversehrt
In ihrer Schönheit.

Wehmut und Bewegtheit verrät die Wiederholung der ersten beiden Zeilen des Gedichts zu Beginn der zweiten Strophe „Ein wenig Asche nur von/ Deiner Zigarette", Lebenszeichen des ‚Du' – geradezu paradoxerweise wird Asche hier als ein Lebenszeichen verwendet –, die das lyrische Ich an vergangene Situationen erinnern, wie an einen besonderen Tag voller Linden- und Jasminduft in der ersten Strophe. Der zweite Abschnitt zeigt die Gegenwart – das, was von der Asche der Zigarette übrig geblieben ist: Das lyrische Ich findet einen kleinen grauen Fleck auf einer Seite der „Anna Karenina". Er reicht jedoch aus, um das, was sich mit dem ‚Du' verbindet, vor dem geistigen Auge wieder auferstehen zu lassen, das Bild des lesenden, von der Geschichte des Buches ergriffenen ‚Du'. So ist die Asche der Zigarette nur Auslöser für die eigentlichen Lebenszeichen, die Erinnerungen, in denen das ‚Du' weiterlebt.

Überfahrt
Als Peter Huchel starb

Drüben am
Anderen Ufer
Im Schilfkolbenwald

Das schattige Haus
Aus Asche und Staub.

Der Kahn knirscht auf Sand
Zwei steigen aus
Einer voran.
Zögernd folgt
Noch einmal sich wendend
Zum Hier und Jetzt
Der Dunkle, der Schöne.

Wieder und wieder
Sah ich die Freunde
Schwinden im Nebel
Dort drüben
Jahr um Jahr.

Hol über!

Das Gedicht *Überfahrt* (S. 116) schrieb Oda Schaefer auf den Tod ihres langjährigen Freundes Peter Huchel. Der Tod als Überfahrt in einem Kahn zu einem anderen Ufer und eine Figur, die man als Fährmann interpretieren könnte, erinnern an die antike Mythologie, in der die Seelen der Verstorbenen, die Schatten, durch den Fährmann Aron in das Reich der Unterwelt gebracht werden. Von zwei Personen ist nämlich im Gedicht die Rede: Der eine, der vorangeht, der andere, der sich unsicher noch einmal umwendet zum „Hier und Jetzt", den Ort, den er kennt und der ihm vertraut ist, und der nur zögernd folgt. Als grau, ähnlich einer Kohlezeichnung, wird das andere Ufer beschrieben, undeutlich sichtbar im Nebel, mit einem Haus aus Asche und Staub – dem, was an körperlichen Resten von einem Menschen übrig bleibt – im „Schilfkolbenwald".

Bislang könnte es irgendeine Person oder Figur sein, jedoch die Beschreibung als Dunkler, Schöner trifft auf Peter Huchel zu. Über ihn hat sich Oda Schaefer immer wieder in Briefen an Freunde oder Bekannte sowie in ihren Erinnerungen geäußert und ihn als äußerst attraktiven Mann mit dunklen Haaren und Augen bezeichnet; dazu verehrte sie ihn als einen der wenigen wirklichen Dichter, die es noch gab.[399]

Während bisher die Schilderung distanziert blieb – ohne Beteiligung des lyrischen Ich –, wird nun seine Emotionalität und Trauer in der letzten Strophe offenbar. Nicht nur um eine einzige Person geht es mehr, sondern um den Verlust der Freunde, die das lyrische Ich immer wieder,

---
[399] Vgl. *Auch wenn Du träumst, gehen die Uhren*, S. 259 und 261.

Jahr für Jahr, am anderen Ufer im Nebel verschwinden sah. Es ist die Position eines Einsamen, der nicht allein bleiben möchte, sich nach denen sehnt, die ihm wichtig waren, und deswegen mit seinem Leben im Hier und Jetzt abgeschlossen hat, was sich auch im Tempuswechsel vom Präsens zum Präteritum zeigt. Das lyrische Ich ist nun selbst bereit zu gehen und sich an das andere Ufer bringen zu lassen – es erfolgt der von alters her bekannte, bereits im Mittelalter verwendete Ruf an den Fährmann „Hol über!"

Eine dieser Aussage entsprechende, auf das irdische Leben schon zurückblickende Perspektive weist das letzte Gedicht *Immer* (S. 117) auf.

> Immer
>
> Immer war ich
> In welcher Gestalt auch
> Oder gestaltlos.
>
> Denn ich spürte
> Nach dem Schrei der Geburt
> Noch das verlorene Glück
> Und daß
> Ein Körper mich zwang
> Zu leben, zu altern.
> Auch nach dem Tode:
> Immer werde ich sein.
>
> Immer bin ich
> Ich bin immer.

Es offenbart – in nuce – eine Lebenseinstellung, die von keinerlei Angst vor dem Tod geprägt ist, weil die Existenz des Ich nicht an den menschlichen Körper oder an irgendeine andere Gestalt gebunden ist. Das Ich war schon immer, bereits vor der Geburt, und auch der Tod wird an der Existenz des Ich nichts ändern: „Immer werde ich sein." Dieser gestaltlose Zustand gilt für das Ich als Glückszustand, während das Leben als Mensch in einem Körper als Zwang angesehen wird – ein Gedanke, der auch aus anderen Gedichten Oda Schaefers bekannt ist. So ist die Existenz des Ich sowohl von Zeit als auch vom Ort unabhängig, worauf das Präsens am Ende des Gedichts als Ausdruck für diese Allgemeingültigkeit und Ewigkeit noch einmal hinweist: „Immer bin ich". Die pointierte Umstellung zu „Ich bin immer" in der letzten Zeile legt nach der Betonung des Wortes „Immer" und „bin" den Fokus auf das „Ich" und verleiht damit der Aussage noch einmal Nachdruck.

4. Prosa, feuilletonistische Arbeiten und Beiträge für Rundfunk und Fernsehen

Neben der Lyrik, die für Oda Schaefer die größte Bedeutung besaß, war diese Autorin ebenso in den Bereichen Prosa, Feuilleton und Hörfunk tätig, hier jedoch vor allem aus ökonomischen Gründen. Durch ihre journalistische Tätigkeit in den verschiedensten Ressorts, sei es u.a. Kosmetik, Mode, Literatur, Literaturkritik, Gesellschaftskritik, Kulturgeschichte, finanzierte sie hauptsächlich den Lebensunterhalt für sich und ihren Mann.

Diese Fülle an unterschiedlichsten Arbeiten anhand ausgewählter Beispiele vorzustellen[1] und dabei auch einen Überblick über die Prosa-Schriften und die Rundfunk- und Fernseharbeiten Oda Schaefers zu geben, ist das Ziel der nächsten Kapitel. Da der Schwerpunkt dieser Arbeit auf dem Gebiet der Lyrik liegt, werden die nun folgenden Untersuchungen sich vor allem auf die Beschreibung der Inhalte konzentrieren, wobei wegen des großen Einflusses der Biographie auf ihr Werk auch immer wieder Hinweise auf persönliche Daten und Erlebnisse miteinfließen.

4.1 Prosa

Oda Schaefer verfasste keine Romane und versuchte sich auch nicht in diesem Genre.[2] Erzählungen, Essays, kurze Prosastücke waren die literarischen Formen, die sie von Anfang an – genauso wie viele andere Autoren in den dreißiger Jahren – bevorzugte. Bis auf wenige Ausnahmen, wie z.B. Horst Lange mit seinem großen Roman *Schwarze Weide*, lässt sich hier allgemein eine „Dominanz der literarischen Kleinform"[3] beobachten, die auf die sich Ende der zwanziger und zu Beginn der dreißiger

---

[1] Eine ausführliche Bibliographie sämtlicher aufgefundener Arbeiten Oda Schaefers ist im Anhang verzeichnet.

[2] Ende der vierziger und zu Beginn der fünfziger Jahre arbeitete Oda Schaefer an einer längeren Erzählung über ihre Mutter mit dem Titel *Immortelle* – bereits ein Gedicht in *Irdisches Geleit* trug diesen Titel (S. 63-65) –, die jedoch Fragment blieb, vgl. Manuskript Ms 71 im Nachlass von Oda Schaefer und Manuskript bei Briefen von Oda Schaefer an Klaus und Reinhard Piper, DLA-Marbach.

[3] Kirchner, S. 14; vgl. hierzu Schäfer, Das gespaltene Bewußtsein, S. 29.

Jahre konstituierende umfassende „Geistes- und Zeitkrise"[4] zurückzuführen ist, infolge derer man sich von der politischen und gesellschaftlichen Gegenwart abwandte. So versuchte man, „möglichst viel der zurückweichenden Lebensnähe zu bewahren"[5], und bemühte sich, sowohl in einem „betont radikalen literarischen Ästhetizismus"[6], als auch in der Besinnung auf Traditionen, die sich z.B. in der Rückkehr zu literarischen Formen der Jahrhundertwende und des frühen zwanzigsten Jahrhunderts äußerte, Beständigkeit und Sicherheit zu erlangen.

Nicht nur in der Lyrik zeigte sich mit der „Wiederbelebung bzw. Neugestaltung des antiken Mythos"[7] und der Hinwendung zur Natur das Phänomen des ‚magischen Realismus', sondern auch in den Gattungen Prosa, Drama und Hörspiel – und das nicht allein in Deutschland, sondern allgemein „in der westlichen Welt".[8] Als ein „ästhetisches Gegenkonzept"[9] der um 1900 geborenen Schriftsteller repräsentiert der ‚magische Realismus' jedoch keine einheitliche Bewegung und vereint daher Werke verschiedenen Gehalts und unterschiedlicher Verfasser, wie u.a. Horst Lange, Friedo Lampe, Eugen Gottlob Winkler, Marie Luise Kaschnitz[10], Hermann Kasack, Ernst Kreuder, Elisabeth Langgässer, Martin Raschke und Martha Saalfeld[11], die sich allerdings alle durch eine humanistische Grundeinstellung auszeichnen[12], wie sie auch bei Oda Schaefer festgestellt werden kann. Inwiefern auch ihre Prosa Kennzeichen des ‚magischen Realismus' aufweist, wird im Folgenden untersucht.

---

[4] Kirchner, S. 14.
[5] Schäfer, Das gespaltene Bewußtsein, S. 29.
[6] Kirchner, S. 14.
[7] Ebenda; vgl. hierzu Schäfer, Das gespaltene Bewußtsein, S. 30.
[8] Kirchner, S. 39. Die Tatsache, dass der ‚magische Realismus' als ein internationales Phänomen betrachtet werden muss, tritt der Behauptung entgegen, er wäre aus der Reaktion der ‚inneren Emigration' auf die faschistische Machtübernahme entstanden. „Magischer Realismus scheint sich immer dann zu manifestieren, wenn es um die Auseinandersetzung mit politischen und geistesgeschichtlichen Krisen geht." Ebenda. Zur internationalen Verbreitung des ‚magischen Realismus' in der Kunst und Literatur vgl. Kirchner, S. 29ff.
[9] Kirchner, S. 38.
[10] Doris Kirchner untersucht in ihrer Abhandlung *Doppelbödige Wirklichkeit* Prosa dieser Autoren aus den dreißiger und vierziger Jahren.
[11] Vgl. Scheffel, S. 83; Scheffel rechnet dem ‚magischen Realismus' neben Horst Lange und Friedo Lampe die genannten Schriftsteller zu sowie – mit Einschränkungen – Ernst Jünger und Wilhelm Lehmann, vgl. ebenda.
[12] Vgl. Kirchner, S. 22f., 38.

Oda Schaefer konzentrierte sich ganz auf literarische Kurzprosa, vor allem, da sie diese „durch ihre leicht zu komponierende und abzurundende Form, quasi als Rondo"[13], wie sie in ihrem Brief an Wilhelm Lehmann schreibt, reizte. Ihre Erzählungen, kleinen Prosastücke, Betrachtungen und Essays konnte sie außerdem immer wieder an die Feuilletons namhafter Tageszeitungen und Zeitschriften verkaufen und damit zur Sicherung ihres Einkommens beitragen. Ebenso wie bei der Lyrik verwundert es deswegen nicht, dass Oda Schaefer auch ihre Werke auf diesem Gebiet mehrfach in Buchpublikationen erscheinen ließ. So wurden z.B. in ihrem letzten Band *Die Haut der Welt. Erzählungen und Augenblicke* einige ihrer in der Nachkriegszeit und in den fünfziger Jahren veröffentlichten Erzählungen noch einmal aufgenommen. Zudem sind die Grenzen zwischen den Gattungen Prosa und Feuilleton oft fließend: „Poetisches Feuilleton" ist der Untertitel ihres die kurzen Feuilletons bzw. Prosastücke zu Beginn der fünfziger Jahre zusammenfassenden Bandes *Katzenspaziergang,* und auch ihr letzter Prosa-Band *Die Haut der Welt* enthält neben den als „Augenblicken" titulierten, kurzen poetischen Prosastücken einige längere, kulturhistorische Essays aus den sechziger Jahren, hier bezeichnet als „Frauenbilder". Ebenso sind die Autobiographien nicht als reine Prosa anzusehen; in beide Bände, vor allem im zweiten Band *Die leuchtenden Feste über der Trauer* arbeitete Oda Schaefer auch Gedichte in den Text mit ein.

Diese Autobiographien aus den siebziger Jahren zeichnen sich allerdings durch die Darstellung eines größeren, umfassenden Rahmens aus und geben ein Bild nicht nur ihres eigenen Lebens, sondern auch das ihrer Generation.

4.1.1 Erzählungen

Reine Erzählungen hat Oda Schaefer, allein was die Anzahl in Buchpublikationen betrifft, nicht viele geschrieben. Sie scheint jedoch hier ihre früheren Arbeiten im Nachhinein selektiert zu haben, denn in *Die Kastanienknospe* und *Die Haut der Welt,* die Erzählungen aus den dreißiger Jahren enthalten, wurden einige kurze Prosa-Werke aus diesem Zeitraum, die in Zeitungen und Zeitschriften veröffentlicht worden waren, nicht aufgenommen. Zu ihnen gehören u.a. die Kurzgeschichte *Das Böse und*

---

[13] Brief von Oda Schaefer an Wilhelm Lehmann vom 10.07.1944, Nachlass Wilhelm Lehmann, Signatur 68.5469, DLA-Marbach.

das Gute[14] aus *Die literarische Welt* von 1933, die 1938 in der Zeitschrift *Die Dame* veröffentlichte Prosa *Muriel Allison*[15], die als Erzählung tituliert Kurzprosa *Täuschende Nacht*[16] in der *Kölnischen Zeitung* von 1943 sowie die kurze Geschichte *Am Fluß*[17], die in der *Krakauer Zeitung* – ebenfalls 1943 – erschienen war. Bis auf die in Berlin spielende Erzählung *Täuschende Nacht* – die Nacht eines Ich-Erzählers in einer Stadt-Bahn, während der er Zeuge eines Gespräches zwischen einem in den Kriegsdienst einberufenen älteren Mann und einem jungen, schönen Mädchen wird – zeigen sie Vorfälle auf dem Land. So geht es in *Das Böse und das Gute* um einen ‚bösen' Holzfäller, der am Ende seines Lebens seine Taten bereut. Sein Tod offenbart jedoch die schlechten Charakterzüge seiner Kollegen, wodurch wie in der Natur ein Gleichgewicht zwischen Gut und Böse, Werden und Vergehen hergestellt wird[18], das hierin an Marie Luise Kaschnitz' Roman *Elissa* erinnert, in dem ebenfalls das Böse neben dem Guten existiert.[19] Die dramatische Eifersuchtsgeschichte *Am Fluß* spielt an einem Fluss, in dem am Ende (bis auf den Geliebten der Ehefrau) alle Protagonisten ihren Tod finden.

Muriel Allison entbehrt nicht des romantisch-unheimlichen Elementes[20]: Im Traum eines Bergsteigers missachtet eine junge Irin (Muriel Allison), zu sehr ihrem Ehrgeiz und ihrer Sensationslust verfallen, die Gewalt der Natur und verunglückt zusammen mit ihrem erfahrenen Begleiter bei einem waghalsigen nächtlichen Aufstieg tödlich. Der Bergsteiger, aus seinem Traum erwacht und die Nähe eines Dorfes suchend, wird am Ende an das Grab seines Vaters und der Irin geführt, die in dieser Nacht vor zwanzig Jahren auf die geträumte Art den Tod gefunden hatten.

Mit ihrer äußerst metaphorischen und durch viele Vergleiche geprägten Sprache[21], ihrer geschlossenen Erzählform, der dichten, sinnlichen

---

[14] Vgl. *Das Böse und das Gute*. In: *Die literarische Welt* 9 (1933), Nr. 16, S. 8.
[15] Vgl. *Muriel Allison*. In: *Die Dame* 65 (1938), H. 23, S. 76-78.
[16] Vgl. *Täuschende Nacht*. In: *Kölnische Zeitung*, Nr. 305, 19.06.1943, S. 6.
[17] Vgl. *Am Fluß*. In: *Krakauer Zeitung*, Nr. 140, 12.06.1943, S. 7f.
[18] Vgl. Marhoff, S. 54.
[19] Vgl. Kirchner, S. 54.
[20] Vgl. hierzu Marhoff, S. 188.
[21] Vgl. im Folgenden Deich, Andrea: *Felix Hartlaub. Zwischen Magischem Realismus und Neuer Sachlichkeit*. In: Delabar, Walter (Hg.): *Banalität mit Stil. Zur Widersprüchlichkeit der Literaturproduktion im Nationalsozialismus*, Bern, Berlin, Frankfurt/M., New York, Paris, Wien: Lang 1999, S. 259-283, hier S. 260f; vgl. hierzu auch Scheffel, S. 110ff.

Erzählweise, den oft zeitfernen Sujets, und ihrem zumeist ahistorischen Kontext zeigen diese Kurzgeschichten typische Kennzeichen von Werken des ‚magischen Realismus' auf, worauf es auch nun bei der folgenden Vorstellung der in Buchform vorliegenden Erzählungen zu achten gilt.

Im Nachlass Oda Schaefers finden sich noch einige Manuskripte zu Erzählungen, die nicht in Sammelbände aufgenommen wurden, und deren Publikationen in Zeitungen nicht bekannt sind, wie z.B. die für einen Kurzgeschichten-Wettbewerb verfasste Erzählung *Der Bussard schreit*[22], in der Oda Schaefer wie aus dem Lehrbuch die Merkmale dieser Gattung realisiert hat, oder auch die Erzählung *Die Maus*.[23]

4.1.1.1 *Die Kastanienknospe. Erzählungen*

Der nur vier Erzählungen enthaltende Band *Die Kastanienknospe* war das erste Buch Oda Schaefers im Verlag von Reinhard und Klaus Piper und erschien 1947.[24] Offenbar hatte sie anfangs nur drei Erzählungen geplant, wie sie Karl Krolow gegenüber berichtet, die Prosa *Die Libelle* und die Erzählung *Im Gewitter* –

> jene Novelle, die ich von meinen früheren Sachen noch gerne gelten lasse. Ich will sie zusammen mit der „Libelle" als Piper-Reihen-Bändchen herausgeben, eventuell noch eine dritte dazu, aber ich finde diese beiden Geschichten aus der Welt des Kindes sollten für sich bleiben.[25]

Durch ihre überstürzte Flucht aus Berlin hatte sie das Manuskript dieser Erzählung nicht mehr bei sich und bat ihn um die Zusendung des Textes, der 1936[26] in *Das Innere Reich* erschienen war. Auch die anderen Erzählungen *Die Libelle* und *Fremdes Leben* hatte Oda Schaefer bereits während der Zeit des Nationalsozialismus veröffentlicht[27]; neu, d.h. der Zeit

---

[22] Vgl. Manuskript Ms 17, derselbe Text mit einigen Änderungen auch unter L 2960, Nachlass Schaefer/Lange, Monacensia.
[23] Vgl. Manuskript Ms 97, Nachlass Schaefer/Lange, Monacensia.
[24] Im Folgenden wird nach diesem Band zitiert, nicht nach den Erzählungen in *Die Haut der Welt*.
[25] Karte von Oda Schaefer an Karl Krolow vom 21.09.1946, Nachlass Karl Krolow, DLA-Marbach.
[26] Vgl. *Das Gewitter*. In: *Das Innere Reich* 3 (1936/1937), S. 481-489.
[27] Vgl. *Die Libelle*. In: *Frankfurter Zeitung*, Nr. 659-660, 28.12.1939, S. 4; vgl. *Fremdes Leben*. In: *Kölnische Zeitung*, Nr. 228, 07.05.1943, S. 1, ebenso in: *Krakauer Zeitung*, Nr. 39, 14.02.1943, S. 7.

nach dem Krieg entstammend, ist allein *Die Kastanienknospe*.[28] In ihren Erinnerungen *Auch wenn Du träumst, gehen die Uhren* berichtet sie von den Umständen, unter denen die Erzählung entstand:

> [...] ich schrieb meine Novelle »Die Kastanienknospe« in einem Raum, dem einzig heizbaren, mit Horst Lange und einer Krankenschwester, die aus der Elmau gekommen war, wo man das Lazarett aufgelöst hatte. Sie war mit uns in das neue Quartier gezogen. Mich störte das Sprechen der anderen nicht. Hatte ich erst die Konzeption des Ganzen, hörte ich nichts mehr – genau wie mein Vater während des Ersten Weltkriegs, wenn er mit uns zusammen um den Eßtisch unter der leise fauchenden Gaslampe saß und arbeitete, als wir Licht und Heizung sparen mußten.[29]

Die Geschichte spielt zu Beginn eines Krieges[30] im Frühjahr auf einem alten feudalen Gutshof[31], der deutliche Zeichen des Verfalls trägt, und umfasst die erzählte Zeit von einigen Wochen. Immer wieder erfolgen Vorblenden auf das nahe Ende des Besitzes und auf das bevorstehende Unglück der darin lebenden Menschen. Die noch vorherrschende Stille des Landes, der Friede der Natur stehen im Gegensatz zur nahen, visionsartig geschauten Zukunft, die Krieg und Zerstörung mit sich bringen wird.

Hauptfigur der Erzählung ist ein gerade 17jähriges Mädchen mit Namen Aline, die ihr Vater mit seinem, ihr ein behütetes und sorgenfreies Leben bietenden Freund Krusius verheiraten möchte; diesen Plan sieht er jedoch am Ende vereitelt durch die Liebe Alines zu Edgar, einem jungen, als Soldat einberufenen Mann. Eine auktoriale Erzählsituation gibt die unterschiedlichen Gedanken der Personen wieder, womit die Figuren jeweils aus der Sicht des anderen an Gestalt und Kontur gewinnen, da sie selbst kaum direkt miteinander kommunizieren. Wie auch in der Literatur des ‚magischen Realismus' wird die Umgebung, sei es die Natur oder auch das Innere des Hauses, hier des Gutshofes, detailliert beschrieben[32],

---

[28] Diese Erzählung wurde 1947 auch publiziert in: *Karussell* 2 (1947), Folge 11, S. 12-23.
[29] *Auch wenn Du träumst, gehen die Uhren*, S. 338.
[30] Es könnte sich um den Ersten Weltkrieg handeln.
[31] Oda Schaefer hat hier Erinnerungen aus ihrer Kindheit und an Gut Poll in Estland miteingeflochten, vgl. *Die leuchtenden Feste über der Trauer*, S. 39f. Derartige Kulissen haben auch viele Erzählungen des Balten Eduard von Keyserling, der mit Oda Schaefers Vater befreundet war.
[32] Gerade die Konzentration auf Details ist Ausdruck für die Suche nach Beständigem, indem man sich auf den kleinen Ausschnitt, das Überschaubare beschränkt, vgl. Kirchner, S. 14.

mit einer starken „Tendenz zum Miniaturhaften"[33], wobei die räumliche Umgebung oftmals zur Charakterisierung des psychischen Zustandes der Personen verwendet wird.[34] Die Sprache ist dabei – ebenfalls ganz dem Prinzip des ‚magischen Realismus' entsprechend – geprägt von metaphorischen Wendungen, von Vergleichen, Personifizierungen, Anthropomorphisierungen der Natur, einer dichten Erzählweise und einer starken Sinnlichkeit vor allem visueller Eindrücke[35], mit der die morbide, schon den Keim der Zerstörung in sich tragende Atmosphäre auf anschauliche Art wiedergegeben wird. Nicht Dynamik beherrscht daher die Erzählung, sondern Stillstand.

Symbol für den drohenden Verfall stellt ein vom Wind abgebrochener Zweig einer Kastanienblüte dar, den Aline auf ihrem Heimweg aufhebt und zur Beobachtung der sich bereits abzeichnenden Knospe in ein Glas Wasser stellt.[36]

> Das Wasser war trübe und flockig und bedeckte nur noch den Boden; nach und nach hatte es im Absinken weiße, kalkige Ringe hinterlassen, welche die Durchsichtigkeit des Glases trübten. Am schwarzen Stengel hing verwelkt und eingetrocknet das greisenhafte Händchen des Blattes, es hatte die gelblichgrüne Färbung verloren und war grau geworden, mit einer krankhaften Bräune an den Rändern gleich einer Borte. (S. 30)

---

[33] Deich, S. 260.
[34] Vgl. *Die Kastanienknospe*, S. 18. Das stille Wasser des ehemaligen Springbrunnens im Gegensatz zu der durch die Gewalt des Windes bewegten Natur außerhalb des Gewächshauses entspricht Alines in sich selbst versunkenem Zustand: „Es war, als sänke sie in sich hinein wie unter einen Wasserspiegel und ließe der Welt eine Scheintote zurück, die nur des Anschauens wert war, aufgebahrt in einem gläsernen Sarg, der sie von jeglichen Stürmen trennte." (S. 19).
[35] Vgl. Deich, S. 260.
[36] Oda Schaefer berichtet in *Die leuchtenden Feste über der Trauer* über den autobiographischen Hintergrund dieser Erzählung: „Ich verflocht Bilder aus meiner Kindheit und vom Gut Poll in Estland mit Erinnerungen an die erste Zeit meiner Liebe zu Schaefer-Ast, meinem ersten Mann, von dem ich mich so bald hatte trennen müssen. Er hatte mir einen Kastanienzweig geschenkt, und ich beobachtete täglich, wie sich die kleinen Blätter aus der dicken klebrigen dunkelbraunen Knospe vorstreckten, zuerst noch zerknittert und gefaltet, dann wie kleine Hände." (S. 39f.) Der im Jugendstil gebräuchliche Vergleich der Blätter mit Händen und Fingern ist schon aus Gedichten Oda Schaefers bekannt, wie z.B. *Wildes Geissblatt* oder *Holunder*. In: *Irdisches Geleit*, S. 58 und 56.

Sein Verwelken am Ende der Erzählung weist nicht nur auf den Untergang der alten, durch den Gutshof symbolisierten Zeit hin, sondern auch auf die zukünftige Verlassenheit und den Schmerz Alines, die Krusius in einer Vision erblickt und was ihn – statt Eifersucht angesichts des jungen Paares Aline und Edgar – „unendliche Geduld" (S. 33) und „zärtliche Wärme" (S. 34) empfinden lässt. Die Kastanienknospe wird zum Symbol für das Wirken der Natur, die alles, auch vermeintlich Unzerstörbares, wie Jugend, Schönheit, Stärke und Kraft bezwingt und dem unabänderlichen Kreislauf des Werdens und Vergehens zuführt[37]:

> Er ahnte nun mehr, als genug war, und wußte gleichzeitig, daß der große Schutz, der bisher hütend wie ein Torwächter vor Alines Dasein sich aufgereckt und jegliche Gefahr abgewehrt hatte, die ihre zarte Haut hätte berühren und zerstören können, nichts mehr war als nur ein Block aus Fleisch, den das Schicksal zu fällen und vor die verbrannte Schwelle seines Eigentums zu legen vermochte, als toten Hüter eines toten Hauses.
> Die Verletzlichkeit der Schönheit, die Sterblichkeit der Kraft, das Welken des Blühenden – es hatte mit leisen, klagenden Stimmen, die dem Winde glichen, aus dem verwahrlosten Gemäuer gesprochen. (S. 34)

Der Krieg erfüllt dabei eine geradezu natürliche, von übergeordneter Instanz bestimmte Funktion und wird in einen größeren, das gesamte organische Leben umfassenden Zusammenhang gestellt.

Im Mittelpunkt der Erzählung *Die Libelle* steht das elfjährige Mädchen Ebba, das am Silvestertag, am Boden vom Weihnachtsbaum verborgen, in den Anblick einer als Christbaumschmuck am Weihnachtsbaum hängenden gläsernen Libelle versunken und ganz in ihrer eigenen Welt und Phantasie gefangen ist.[38] Das Mädchen reagiert nicht, als ihre Mutter und

---

[37] Auch in den Gedichten Oda Schaefers werden allgemeingültige Aussagen über die Gesetze der Natur getroffen und immer wieder wird der Kreislauf des Lebens mit seinem Werden und Vergehen thematisiert, wie z.B. in *Am Grabe* oder *Totenwache*. In: *Irdisches Geleit*, S. 67 und 66.

[38] Dieses Versunkensein in sich selbst, in die eigene Welt und Phantasie hatte bereits Aline aus der vorherigen Erzählung charakterisiert. Es könnte auf die eigene Situation Oda Schaefers als Kind und Heranwachsende verweisen, da sie selbst in ihren Erinnerungen von einer starken Zurückgezogenheit in eigene Vorstellungen und Traumwelten berichtet. In ihrem Nachlass befindet sich eine im Alter von 15 Jahren geschriebene Erzählung mit dem Titel *Eine*

der Vetter ihres verstorbenen Vaters, Konstantin, das Zimmer betreten, um darin ein Gespräch unter vier Augen zu führen; die gegenseitige Annäherung am Ende dieses Gesprächs unterbricht das Mädchen, intuitiv aus ihrem Traum erwachend, als sie die Hände der beiden Erwachsenen zu trennen versucht und dabei die gläserne Libelle zerstört.

Ebba und ihre Mutter erscheinen als beinahe konkurrierende Rivalinnen, da auch die Träume des Mädchens bereits die Gefühle und Vorstellungen einer heranwachsenden Frau offenbaren, die für Konstantin mehr empfindet als nur für einen beliebigen Verwandten.

Das Motiv der Libelle[39], das Oda Schaefer auch in ihren Gedichten immer wieder verwendet[40], beherrscht dabei die gesamte Erzählung: zuerst in dem Bericht der Mutter, die diese Libelle zur Geburt ihrer Tochter als Geschenk erhalten und dank dieses Symbols des Sommers, das ihren Lebenswillen animierte, das Kindbettfieber überlebt hatte[41], dann in der Schilderung von Konstantin, einen Vorfall aus der Zeit seiner Pubertät mit einem anderen, Ebba dem Äußeren nach ähnlichen Mädchen betreffend, das eine Libelle, in diesem Tier eine unheimliche Bedrohung, ein „Untier" (S. 43) sehend, getötet hatte, schließlich in der Perspektive Ebbas, die die Gegenwart, d.h. das Gespräch der Erwachsenen, nur durch die gläserne Libelle in sich aufnimmt.

Während Konstantin von einem auktorialen Erzähler sehr positiv als ruhiger, gütiger Mann geschildert wird, trägt die Mutter eitle, gekünstelte[42] und auch ungerechte Züge, die die Eifersucht auf ihre Tochter erkennen lassen. In der Charakterisierung der Reaktion Konstantins auf ihre Annäherung hin, wird die Fremdheit zwischen beiden Figuren deut-

---

Vision, die ebenfalls dieses Charakteristikum betont, vgl. Manuskript L 2956, Nachlass Schaefer/Lange, Monacensia.

[39] Libellen betrachtete Oda Schaefer als Zeichen eines Lyrikers, vgl. *Die leuchtenden Feste über der Trauer*, S. 78.

[40] Vgl. z.B. das Gedicht *Wasserjungfer*. In: *Die Windharfe*, S. 43f; vgl. ebenso *Die Verzauberte*. In: *Irdisches Geleit*, S. 30f.

[41] Diese Szene erinnert an die eigene Situation Oda Schaefers, die bei der Geburt ihres Sohnes Peter beinahe gestorben wäre. Allein ihr unbändiger Lebenswille führte dazu, dass sie das tagelange hohe Fieber überlebte, vgl. *Auch wenn Du träumst, gehen die Uhren*, S. 194-197.

[42] „[...] ihr heller Sopran hatte das Spielerische der Koloraturen, ihr Mund lächelte stets in einem Schwung der roten Lippen, obwohl er sich auch gerne einmal schmerzlich nach unten bog, wenn von Ebbas Vater die Rede war. [...] In einer halben Tonleiter, die aufwärts stieg, lachte die Mutter einmal auf, [...]." In: *Die Kastanienknospe*, S. 38f.

lich: „Er drehte den Kopf zu ihr hin wie jemand, der bisher geglaubt hatte, daß neben ihm ein Echo seine Gedanken schöner und reiner zurückrufen würde, und der nun eine in sich selbst tönende, schwingende Leere[43] entdeckt." (S. 44)

Auffallend sind auch hier wieder die vielen detaillierten, miniaturverliebten Beschreibungen, die diese Erzählung bestimmen, wie z.B. bei der Schilderung der auf den Anblick der Libelle konzentrierten Augen des Mädchens: „Was das Mädchen dachte, in dessen weißlichblauer Iris die Pupille sich bis zur Größe eines spitzen Nadelkopfs zusammenzog, um sich gleich darauf wieder zu einem feuchten, schwarzen Fleck zu erweitern, [...]." (S. 37)

Nur einmal könnte man in dieser Erzählung, die ansonsten ganz in einem den historischen Augenblick transzendierenden Rahmen ohne genaue zeitliche oder örtliche Bestimmung verbleibt, einen Hinweis auf die Einarbeitung eines aktuellen, politischen Zeitgeschehens erkennen: Die Bedrohung des Menschen durch die Technik – vielleicht als ein Zeichen des bevorstehenden Krieges[44] – klingt in der im visionsartigen Traum des Mädchens stattfindenden Verwandlung der Libelle in ein Flugzeug an:

> Die Libelle wuchs, sie flog empor, und es tönte wie Gesang von dem feinen Schwirren herab; dann spreizte sie sich und verlor ihr bekanntes schönes Aussehen. Schließlich verwandelte sie sich in ein metallisches Flugzeug, das vor einem verfinsterten Himmel kreiste und plötzlich, während das Summen der Motoren zu einem Dröhnen anschwoll, mit einem Kometenschweif von Blitzen hinunterstürzte, in ein Tal voller Schwärze... (S. 37f.)

Starke visuelle und akustische Eindrücke beherrschen die Szenerie, dynamische Verben und eine äußerst bildliche Sprache unterstreichen die zerstörerische Gewalt, die von der Maschine ausgeht.

Die dritte Erzählung dieses Bandes *Im Gewitter* schrieb Oda Schaefer bereits 1936. Sie spielt in der Zeit des Kaiserreichs an einem Sommernachmittag 1914 unmittelbar vor dem Ausbruch des Ersten Weltkrieges – ein Zeitraum, der im Gegensatz zu dem als „Schmiede"[45] des Nationalsozialismus ideologisierten Ersten Weltkrieg und der als „Systemzeit" diffamier-

---

[43] Das Motiv der Leere war bereits in der *Kastanienknospe* im Bild von Aline als schöngeformter, aber leerer Amphore angeklungen, vgl. S. 11f.

[44] *Die Libelle* wurde am 28. Dezember 1939 in der *Frankfurter Zeitung* (Nr. 659-660, S. 4) veröffentlicht, was diesen Hinweis durchaus rechtfertigen könnte.

[45] Hier und in den beiden folgenden Zitaten Marhoff, S. 131.

ten Weimarer Zeit „für die nationalsozialistische Umdeutung der jüngeren Geschichte Deutschlands keine besondere Rolle mehr" einnahm.

Wiederum ist die Hauptperson ein Kind[46], diesmal der elfjährige Junge Joseph, der mit seinen Gedanken und Vorstellungen das Zentrum der Erzählung bildet. Sie umfasst zeitlich das von einem auktorialen Erzähler wiedergegebene Geschehen von wenigen Stunden, von der Zeit vor einem Gewitter, dessen gewaltiger Entladung bis zum Spätnachmittag, an dem der Vater von Joseph, feudaler Guts- und Hofbesitzer, seinem Sohn mitteilt, dass er in den Krieg zieht, und ihm damit gleichzeitig die Verantwortung für Haus und Hof überträgt: „Dir also gehört der Besitz, nun ist es aus mit der Träumerei. Du bist wohl erst elf Jahre alt, doch nun bist du von heute ab fast erwachsen, du mußt lernen aufzupassen, du mußt das Leben lernen." (S. 65)

Die Natur fungiert in der Erzählung als Seismograph für die wachsenden politischen Spannungen, die die Menschen bedrohen, indem die schwüle, drückende Atmosphäre eines Gewitters, die zerstörerische Naturgewalt den Ausbruch des Krieges symbolisiert[47], von dem der Leser durch das Gespräch des Kutschers Holz mit Moritatensängern erfährt.

Durch diese „Parallelisierung von Naturphänomenen mit der Handlung"[48] gewinnt die bedrohliche Stimmung an Eindringlichkeit, genauso

---

[46] Nach Lydia Marhoff hängt die häufige Verwendung der Perspektive eines Kindes bei Erzählungen, die in der Kaiserzeit spielen, mit der Autobiographie der Schriftstellerinnen zusammen, da die um 1900 Geborenen diese Zeit aus der Sicht eines Kindes erlebt haben, vgl. Marhoff, S. 131.

[47] Die Herrschaft der Nationalsozialisten wurde in dieser Zeit immer wieder mit dem Bild eines Gewitters verglichen, in dem sich die Hoffnung ausdrückte, dass die Diktatur Hitlers schnell wieder vorbei sein würde, vgl. Donahue, Karl Krolow, S. 44: „[…] the motif of the storm reflects a common attitude among nonfascist writers in Nazi Germany that the regime could not last long". Oda Schaefer berichtet von einem ähnlichen Vergleich, der dasselbe impliziert: „Zuerst hielten wir alles, trotz der Haussuchung, für einen Alptraum, der wohl Opfer fordern, doch rasch vorübergehen würde", und zitiert dann Max Born, der 1938 in einem Brief an Einstein schrieb, „er sähe alles wohl voraus, den Krieg und das Ende, »aber an diesem Geschehen kann man nichts ändern. Das läuft ab wie ein Gewitter«", *Auch wenn Du träumst, gehen die Uhren*, S. 249. Donahue macht hierbei darauf aufmerksam, dass diese Vergleiche „[were] unsettling in its smugness and in the ease with which real victims are included in the calculus of wheathering the storm", Donahue, Karl Krolow, S. 44.

[48] Marhoff, S. 134.

wie die Evokation einer magischen „andere[n] Welt" (S. 62), „deren Geister dem Menschen nicht freundlich gesinnt sind", Josephs Gewalt- und Machtphantasien verstärken.[49] Diese „von kriegerischem Heldentum"[50] und Männlichkeitsbeweisen diktierten Vorstellungen des Jungen Joseph, die in dem aggressiven Dressurversuch der alten Hündin Minka vor dem Mädchen Anna, das er damit erobern zu müssen meint, kulminieren, werden in ihrer Grausamkeit und Absurdität vor Augen geführt; sie erhalten vor allem vor dem Kontext des in den Krieg ziehenden Vaters, der, von denselben männlichen Prinzipien geleitet, dort mit der blutigen Realität des Krieges konfrontiert werden wird, an Bedeutung.

Der Grund für derartige Verhaltensmuster und Vorstellungen des Jungen scheint in den familiären Umständen des Elternhauses zu liegen, die von der strengen Erziehung des von Vernunft und Verstand gesteuerten Vaters dominiert sind, während Geborgenheit, Zuneigung und Wärme durch den frühen Tod der Mutter ganz fehlen. So bestimmt die Sehnsucht des Jungen nach einer Frau, die die Mutterrolle übernimmt, seine Vorstellungen und seine Gefühle, die auch am Ende in der Person der Tante Elisabeth, der Schwester der verstorbenen Mutter, erfüllt wird. Die dunkle, bedrückende Atmosphäre des Hauses[51] verwandelt sich: „Elisabeth legte ihren Arm um Joseph und führte ihn in das erleuchtete Wohnzimmer, dem ein Blumenstrauß ein ganz anderes Aussehen gab, auch hing ein feiner, fremder Duft über den Möbeln." (S. 66) Die Rolle des beschützenden, verständnisvollen Vaters übernimmt in dieser Erzählung der mit einer besonders innigen Verbindung zu Tieren ausgestattete Kutscher Holz, der Joseph vor dem Gewitter in Sicherheit bringt und als guter und treuer Freund die Stelle des Vaters vertreten[52] wird: „Holz

---

[49] „Der gesättigte Heuduft trieb umher, er verwirrte, es wurde eine andere Welt ohne Himmel, die Kräfte der Erde für sich allein waren böse. Die halbe Dunkelheit unter dem Dach hatte tausend Körper und Stimmen; sie bewegten sich und flüsterten miteinander, die Gespenster ohne Rücken. In jeder Ecke saß der Spott und lauerte auf die Ohnmacht, Joseph spürte es ganz genau." In: *Die Kastanienknospe*, S. 62.

[50] Marhoff, S. 135.

[51] Er wird als „düsterer, grauer Bau" beschrieben, für das Mädchen Anna ist es „wie ein Grab", in dem Kinder „gewiß darin sterben" müssen. In: *Die Kastanienknospe*, S. 59.

[52] „Und noch eins, Joseph, du kannst dich ganz und gar auf Holz verlassen, er ist treu, es ist so gut, als wäre ich da, wenn du ihn um Rat fragst, er gehört zu unserer Familie." In: *Die Kastanienknospe,* S. 65.

nahm Josephs Hand, die er ihm entgegenstreckte, und schüttelte sie, die Liebe zu diesem Kinde strömte als Wärme aus der ruhigen, breiten Hand in die schmalen Finger." (S. 65)

Oda Schaefer hat allerdings ihre 1936 veröffentlichte Erzählung *Das Gewitter* im Vergleich zu der in *Die Kastanienknospe* publizierten Fassung[53] entscheidend verändert. Deutlich ist das oppositionelle, sich gegen das nationalsozialistische Regime und dessen Verherrlichung des Krieges richtende Element, das sich bereits durch die Parallelisierung des Naturphänomens Gewitter in seiner Bedrohung und Zerstörung für die Menschen mit dem ausbrechenden Krieg offenbart, gegenüber der ersten Fassung abgemildert. In der Variante von 1936 wird die Absurdität und Grausamkeit derartiger männlicher Gewaltphantasien gerade durch die Darstellung einer größeren Brutalität gegenüber einem unschuldigen Tier vor Augen geführt: Joseph will nämlich die Hündin Minka wegen Ungehorsams aufhängen.

Neben der Reduktion der Gewaltdarstellung wurden in der jüngeren Fassung zudem einige Szenen eingefügt, die die Sehnsucht des Jungen nach der Geborgenheit und Wärme seiner Mutter betonen[54] und damit auf die Ursache seiner Phantasien – die Einseitigkeit der männlichen, allein vom Verstand diktierten Erziehungsprinzipien – verweisen. Mit der neuen Figur der Tante Elisabeth erhält die Erzählung eine versöhnliche, positive Wendung, indem am Ende eine ausgeglichenere Erziehung des Jungen in Aussicht gestellt wird.

Ein deutlicheres gesellschaftskritisches Moment enthält die zweite Fassung der Erzählung. Bei dem Aufeinandertreffen des Kutschers und der Moritatensänger erfährt man von der Abhängigkeit des Kutschers von seinem ‚Herrn', dem Vater Josephs, und seinem naiven Vertrauen zu den von diesem erhaltenen Informationen: „,Ich lese keine Zeitung', sagte Holz ärgerlich, ,was drin steht, sagt mir die Herrschaft, und die haben mir nichts von einem solchen Serben erzählt, also wird es nicht so wichtig sein'." (S. 54)

Wenn auch hier bereits die Hörigkeit gegenüber einer vermeintlich höheren Klasse, der blinde Glauben an die von ‚oben' erteilten Informa-

---

[53] Der Titel wurde hier verändert zu *Im Gewitter*, der einen länger andauernden Zustand impliziert.

[54] Diese Szenen sind die Erinnerung Josephs an seinen vorgeburtlichen Zustand und an das Erlebnis, vom Kutscher im Kinderwagen über den Hof gefahren worden zu sein, vgl. *Die Kastanienknospe*, S. 51f.

tionen, und die fehlende Motivation, sich eigenständig selbst ein Bild über die Lage machen zu wollen, klar kritisiert werden und damit durchaus eine sich gegen die nationalsozialistische Doktrin wendende Aufforderung herausgelesen werden kann, nicht allem Glauben zu schenken, was die Propaganda verkündet, so wird in der zweiten Fassung dies noch plakativer hervorgehoben:

> „Da siehst du wieder", wandte sich jetzt der Mann an die Frau, „so sind die Leute. Keine Zeitung lesen ... die Herrschaft erzählt es ihm ... er glaubt alles, was sie ihm sagen ... es nützt ja doch nichts, wenn wir herumfahren und ihnen die Wahrheit beibringen. Die Wahrheit ist immer bitter und will vorher nicht geglaubt werden." (S. 54)

Diese Aussage gewinnt gerade im Kontext des verlorenen Krieges und dem Ende der Herrschaft der Nationalsozialisten an Bedeutung. Ratschläge, Informationen und Warnungen vor Hitler waren missachtet worden, erst im Nachhinein wurde man sich der Tragweite und des Ausmaßes an Lügen und Grausamkeiten bewusst.

Die Erzählung *Fremdes Leben* entspricht bis auf einige wenige Änderungen[55] den bereits 1943 in der *Kölnischen Zeitung* und *Krakauer Zeitung* erschienenen Fassungen. Sie enthält keinerlei Hinweise auf einen konkreten Ort oder eine genaue Zeitangabe – das Geschehen bewegt sich in einem überzeitlichen Rahmen.

Der Leser erhält durch die Perspektive eines Ich-Erzählers, der auf einem Spaziergang vor einem Haus stehenbleibt und sich für einige Minuten in dessen Betrachtung vertieft, Einblick in zwei entscheidende Szenen der mit diesem Haus verknüpften Geschichte. Dabei ändert sich die Wahrnehmung: Aus einer reinen Beschreibung des Gartens und des Hauses, dem man sich von außen langsam mit dem Blick des Ich-Erzählers nähert, wird mit dem Eintreten in das Innere die Darstellung eines

---

[55] Neben kleinen, rein sprachlichen Änderungen wurden an einigen Stellen Sätze hinzugefügt, die die jeweiligen Situationen noch detaillierter beschreiben – wie z.B. „Er machte eine Pause und ging einmal um den Tisch herum, sie stand da und rührte sich nicht, als wäre sie zu Stein geworden, ein schmales, hohes Bild aus einem weißen, durchscheinenden Stein" (In: *Die Kastanienknospe*, S. 71) – und eine größere Dramatik bewirken, wie z.B. „Der Mann riß die Frau noch einmal in seine Arme, sein Mund berührte den ihren, dann ließ er sie los, daß sie taumelte, und eilte zur Tür, [...]." In: *Die Kastanienknospe,* S. 72.

Ausschnitts aus der Vergangenheit. Realität und Fiktion gehen ineinander über, das Ich befindet sich in einem traumähnlichen Zustand: „Als ich genauer hinblickte, war es mir, als schwänden die Fäden dieses Tuches. Meine Augen knüpften sie scheinbar auf und lösten sie, bis das Innere des Raumes deutlich sichtbar wurde." (S. 69)

Gleichsam durch die Augen des Ich-Erzählers wird man Zeuge der schmerzhaften Trennung eines Liebespaares, des Abschieds eines jungen Mannes, der zur See fährt und seine Geliebte, eine junge, als schön geschilderte Frau, zurücklässt, ungeachtet ihrer Trauer und der Zerstörung ihres Lebenswillens. Unmittelbar daran schließt sich eine Szene aus der Gegenwart an, die in einem zeitlichen Abstand von fünf Jahren zu der geschilderten Vergangenheit spielt. Ein alter Mann und eine junge Frau mit einem kleinen Mädchen an der Hand betreten den Raum, von denen man nun im Gespräch erfährt, dass es sich um den Vater, die verlassene, kranke Tochter und ihr uneheliches Kind handelt. Auch hier geht es um eine Trennung, die beabsichtigte Trennung der Tochter und ihres Kindes von dem Haus und damit auch von ihrem Vater, der dies jedoch nicht akzeptiert, und seine Tochter durch den Hinweis auf fehlende finanzielle Absicherung[56], mangelnde gesellschaftliche Anerkennung aufgrund ihres unehelichen Kindes und auf ihre fortgeschrittene Krankheit überzeugend von ihrem Auszug abhält.

Der auf der menschlichen Ebene sich abspielende Verlust des Geliebten wird auf die Räumlichkeit übertragen, in der sich diese Trennung abspielte, und ist nun unweigerlich mit dem Haus und seinen Bewohnern verbunden:

> Und ich begriff, daß aus den wenigen Augenblicken des Abschieds der wahre Zustand, der traurige Charakter dieses Zimmers und dieses Hauses sich einst gebildet hatte, daß nichts danach es mehr zu ändern vermochte, kein Glück und keine neue Liebe. Alles, was sich bilden wollte, zerging wie die Ringe im Wasser, wenn man einen Stein hineinwirft. Das trübe Leben, das Opfer der Frauen würde hier immer fortdauern und diejenigen, die in dem Hause wohnten, bedrücken, auch wenn es mit neuen Farben und neuen Möbeln geschmückt werden würde. (S. 75)

---

[56] Der Vater weigert sich, seine Tochter nach einem Auszug finanziell zu unterstützen: „,Ihr bleibt hier, wo wollt ihr denn hin? Was wollt ihr denn ohne Geld? Ich gebe dir keins. Keinen Pfennig bekommst du von mir, darauf kannst du dich verlassen.'" In: *Die Kastanienknospe*, S. 73.

Mit dem Ende der Liebesbeziehung geht der – auch nach außen sichtbare – Verfall dieses Ortes einher[57], der ebenso vor seinen Bewohnern nicht halt macht: „Der Mann war alt und stand vor dem Sterben, die junge Frau war krank und schritt von der Höhe des Lebens bereits die Stufen herunter, [...]." (S. 75)

So steht hier neben sehr genauen, detailverliebten Beschreibungen der räumlichen Umgebung vor allem die von Untergang, Krankheit und Trauer geprägte Atmosphäre im Vordergrund, die durch eine höchst bilderreiche, sinnliche, besonders das Visuelle betonende, farbenreiche Sprache sehr anschaulich dargestellt wird.

Wie auch in den anderen Erzählungen dominieren damit nicht äußere Handlungselemente, sondern bestimmen ausgeprägte Detailschilderungen und Deskriptionen die Prosa Oda Schaefers. Das Innenleben einzelner Figuren, ihre Gedanken und Gefühle sowie die Wiedergabe einer bedrohlichen, morbiden, von Verfall gezeichneten Stimmung, die auch inhaltlich durch bestimmte Motive, wie z.B. Stille, Lautlosigkeit, Mittagshitze, herbstliche Landschaft, Schwüle unterstützt werden, befinden sich im Zentrum des erzählerischen Geschehens, so dass sich diese Prosa nicht durch Dynamik, sondern durch einen Zug zum Statischen auszeichnet[58] und damit wichtige Merkmale der Literatur des ‚magischen Realismus' erfüllt.

4.1.1.2 *Die Haut der Welt. Erzählungen und Augenblicke*

Der 1976 erschienene Band *Die Haut der Welt* enthält u.a. fünf Erzählungen, von denen drei – *Die Kastanienknospe, Die Libelle, Im Gewitter* – aus *Die Kastanienknospe* übernommen wurden. *Kornfrevel* und *Schritte ohne Spur* sind jedoch nicht jüngeren Datums, sondern stammen wie die übrigen Erzählungen (bis auf die *Kastanienknospe*) auch aus der Zeit des Nationalsozialismus, wo sie in Zeitungen bereits veröffentlicht worden waren.

---

[57] „[...] die Tapeten hatten ihren Glanz verloren und hingen voller Stockflecken an der Wand, die Polster der Möbel waren gelblich verschossen und das Mahagoni war blind geworden – alles glich dem ersten Bild nur noch so wie die Züge einer verbrauchten Greisin dem Antlitz eines schönen Mädchens." In: *Die Kastanienknospe*, S. 75.
[58] Vgl. Deich, S. 260f.

Im Zentrum der bereits 1933 in der Zeitschrift *Der weiße Rabe* unter dem Titel *Die Kornfrevler*[59] publizierten Erzählung *Kornfrevel* steht die Dienstmagd Magda mit ihrer von Hass und Liebe geprägten Beziehung zu dem Bauern Ernst Krusch[60], die sie ihn als Ehemann ablehnen lässt. Stattdessen verkauft sie sich für Geld und geht ein Verhältnis mit einem Kontorschreiber ein, mit dem sie sich nachts auf dem Kornfeld des Bauern Krusch trifft. Die dabei eintretende Zerstörung des reifen fruchtbaren Korns führt dazu, dass Krusch, der sich wegen der Abweisung von Magda ganz in sich zurückgezogen hatte, wütend nächtelang dem Paar auflauert. Als er die „Kornfrevler" stellt, stürzt sich Magda in einen nahe gelegenen Teich und ertrinkt.

Die Erzählung spielt im ländlichen Milieu und enthält bis auf die Angabe von Jahreszeiten und eines Monatsnamens keine Hinweise auf eine konkrete Zeit oder einen genauen Ort. Auffallend ist die sehr anschauliche, bildhafte, farbenreiche, von Vergleichen geprägte Sprache, die besonders in den Schilderungen der Natur und ihrer Entwicklung zutage tritt. Einige Motive erinnern dabei an expressionistische Bilder in Gedichten, wie z.B. die Bedrohung suggerierende Kombination der Farbe Rot mit dem Mond[61], oder an die in dem Gedicht von Oda Schaefer *Die*

---

[59] Vgl. *Die Kornfrevler*. In: *Der weiße Rabe* 2 (1933), H. 5/6, S. 34-38. Bis auf den Titel sind diese und die 1976 veröffentlichte Erzählung identisch.

[60] Lydia Marhoff weist darauf hin, dass der Name Krusch „offensichtlich eine beliebte literarische Markierung für Schlesien" ist. Neben dieser Erzählung gibt es eine derartige Hauptfigur auch in Oda Schaefers kurzer Prosa *Das Gute und das Böse* genauso wie in Ilse Molzahns Roman *Nymphen und Hirten tanzen nicht mehr*, Marhoff, S. 54.

[61] Vgl. z.B. die Formulierungen „glänzt der dunkelrot gekrümmte Mond,/ eine blutige Sichel Gottes" und „brandrot aus dem schwarzen Saum,/ taucht das Horn des Mondes hoch" in Richard Dehmels Gedicht *Anno domini 1812*. In: Schindler, Paul Johannes (Hg.): *Richard Dehmel. Dichtungen, Briefe, Dokumente*, Hamburg: Hoffmann und Campe Verlag 1963, S. 32f.; vgl. ebenso „Den blutrot dort der Horizont gebiert" im Gedicht *Mond* von Georg Heym, dessen Gedichte Oda Schaefer sehr schätzte. In: Hermlin, Stephan (Hg.): *Georg Heym. Gedichte*, Frankfurt/M.: Suhrkamp 1966, S. 90f.; auch Wilhelm Lehmann verwendete das Farbadjektiv rot zur Bezeichnung des Mondes, vgl. Schäfer, Wilhelm Lehmann, S. 91f., und Karl Krolow, wie z.B. in seinem Gedicht *Nachtstück*. In: Krolow, Karl: *Heimsuchung*. Vorwort von Stephan Hermlin, Berlin: Volk und Welt 1948, S. 29. Zitiert nach Paulus, Rolf/Kolter, Gerhard: *Der Lyriker Karl Krolow. Biographie-Werkentwicklung-Gedichtinterpretation-Bibliographie*, Bonn: Bouvier 1983, S. 23f.

*Ernte*⁶² thematisierte Rolle der Natur als Spenderin von Fruchtbarkeit und Leben sowie das Liebespaar im Kornfeld aus dem Gedicht *Die Liebenden*.⁶³ Die Literatur des ‚magischen Realismus' charakterisierenden Motive tauchen auf, wie z.B. die Hitze des Hochsommers⁶⁴ oder auch das Kranke, Morbide⁶⁵, das den Menschen von innen heraus zerstört, wie der Hass und der Schmerz der Magd Magda. Das Geschehen wird von einem auktorialen Erzähler wiedergegeben, der in die Gedanken Magdas und Kruschs Einblick gewährt, wobei das Innenleben der Figuren keine derart große Bedeutung einnimmt wie in den späteren Erzählungen *Die Kastanienknospe* und *Die Libelle*.

Äußerst bild- und kontrastreich wird die auch äußerlich sichtbare Wandlung Magdas beschrieben: Gerade auf dem Höhepunkt des Sommers wird sie, deren Weiblichkeit und sexuelle Reize hervorgehoben werden, und deren Schönheit stetig zugenommen hatte, mit ihrer leichtfertigen Hingabe an Männer, die „das Geld locker in der Tasche sitzen" (S. 67) haben, und ihrer Beziehung zu einem „jungen Mann mit langen, knochigen Fingern", der im Kontor arbeitet, „welk", während um sie herum „der Sommer die herrlichste Gestalt" annimmt. Als sie sich dann auch noch gegen die Fruchtbarkeit der Natur stellt, indem sie reifes Korn, „Brot für viele Menschen" (S. 68), vor seiner Ernte zerstört, folgt die Bestrafung.⁶⁶ Der Mensch macht sich schuldig, wenn er die Prinzipien und Werte der Natur missachtet – eine Aussage, die in Beziehung zum Programm der *Kolonne* gesetzt werden kann, die die Polarität von Stadt und Land hervorhob und die Bedeutung der Natur für die Zivilisation betonte: „Aber noch immer leben wir von Acker und Meer, und die Himmel, sie reichen auch über die Stadt."⁶⁷ Eine weitere Parallele ergibt sich hier auch zu den von Günter Eich und Martin Raschke ab Oktober 1933 bis Mai 1940 geschriebenen Hörfolgen des *Königswusterhäuser Land-*

---

⁶² Vgl. *Die Ernte*. In: *Irdisches Geleit*, S. 61.
⁶³ Vgl. *Die Liebenden*. In: *Irdisches Geleit*, S. 12.
⁶⁴ Vgl. Deich, S. 260.
⁶⁵ Vgl. Scheffel, S. 111.
⁶⁶ Nach Lydia Marhoff wird die „weibliche Sexualität, die sich dem ‚Richtigen' verschließt und dem ‚Falschen' zuwendet, [...] gleichgesetzt mit einem ‚Frevel' an der Fruchtbarkeit der Natur, also dem Zerstören des Korns vor der Ernte." Marhoff, S. 55.
⁶⁷ Raschke, Martin. In: *Die Kolonne* 1 (1929), S. 1.

boten im Auftrag des Deutschlandsenders[68], in der diese in der Poetik der *Kolonne* wurzelnde Konstellation des Stadt-Land-Gegensatzes „in die ‚Volksgemeinschaft'- Ideologie transformiert"[69] wurde.

Ein völlig anderes Thema steht in der Erzählung *Schritte ohne Spur* im Vordergrund, die 1936 im *Berliner Tageblatt* veröffentlicht worden war.[70] Es ist die Geschichte des Landstreichers und Mörders Schikalski, der sich, von seinem schlechten Gewissen verfolgt, ruhelos und getrieben am Ende der Erzählung seiner Verurteilung stellt. Die Vergangenheit, in der er den ihn erpressenden Holzhändler Tentschel im Kampf mit einem Messer getötet hatte, holt ihn ein: die im Geist und im Traum so oft vernommenen Schritte der Verfolger treiben ihn schließlich nach Jahren wieder an den Ort des Verbrechens zurück und damit seiner gerechten Strafe zu. Der kleine Bub, der ihn damals beobachtet und ob des schrecklichen Ereignisses seine Stimme verloren hatte, findet diese nun als Erwachsener bei der Begegnung mit Schikalski wieder und kann nun vor den anderen die Tat bezeugen. Der Täter selbst hat allerdings bereits mit ihr abgeschlossen, da sich mit seiner Auslieferung nun endlich die ihn verfolgenden Schritte entfernen.

Äußerst bildhaft ist die Sprache auch hier. Akustische, optische und olfaktorische Sinneseindrücke bewirken einen hohen Grad an Anschaulichkeit, ebenso die häufige Verwendung von Vergleichen und von einem expressiven Wortschatz. Die detaillierten Beschreibungen werden auf Wortebene durch zahlreiche dynamische Verben und viele Adjektive, auf syntaktischer Ebene durch Partizipialkonstruktionen und hypotaktischen Satzbau umgesetzt.

---

[68] Vgl. hierzu Wagner, Hans Ulrich: „*Der Weg in ein sinnhaftes, volkhaftes Leben*". *Die Rundfunkarbeiten von Martin Raschke*. In: Haefs, Wilhelm/Schmitz, Walter (Hg.): *Martin Raschke (1905-1943). Leben und Werk. Mit einer Lebenschronik und einer Bibliographie von Wilhelm Haefs sowie einer Radiographie von Hans-Ulrich Wagner*, Dresden: Thelem bei w.e.b. 2002, S. 167-197, hier S. 172.

[69] Ebenda, S. 190. So wurden die Sendungen lange Zeit programmatisch mit folgendem Spruch beschlossen: „Du zarter Städter, spotte nicht/ der schwielenvollen Hand,/ sie nährt, was dein Stolz auch spricht,/ dich und das ganze Land." „KWL"-Folge vom Dezember 1933, S. 36. SLB. Mscr. Dresd. App. 2531, Nr. 2016. Zitiert nach Wagner, „Der Weg in ein sinnhaftes, volkhaftes Leben", S. 190.

[70] Vgl. *Schritte ohne Spur*. In: *Berliner Tageblatt*, Nr. 230, 15.05.1936. Auf dem Exemplar im Nachlass befindet sich der handschriftliche Vermerk: „Von Jürgen Eggebrecht 1964 wiederbekommen."

Auffallend ist das Motiv des Bussards, das auch in Oda Schaefers im Nachlass vorliegender Kurzgeschichte *Der Bussard schreit* in demselben Zusammenhang, d.h. mit einem Verbrechen im Wald[71], erwähnt wird. Die Bussarde übernehmen hier allerdings mit ihren schrillen Schreien die Funktion des schlechten Gewissens. Sie treiben, wie in *Schritte ohne Spur* die vermeintlich verfolgenden Schritte, den Mörder seiner gerechten Strafe zu.

Die Erzählungen Oda Schaefers bleiben damit in ihren wesentlichen Elementen gleich – es findet entsprechend der Tatsache, dass die Autorin sie fast alle in dem kurzen Zeitraum von ca. zehn Jahren verfasste, keine Entwicklung zu einem anderen Stil statt. Deutlich sind sie der mit dem Begriff des ‚magischen Realismus' bezeichneten Literatur der dreißiger und vierziger Jahre verpflichtet.

4.1.2 Kurze Prosastücke

Oda Schaefer schrieb außer Erzählungen vor allem kurze Prosastücke, die sie vor ihrer Veröffentlichung oft mehrmals an verschiedene Zeitungen verkaufte. Es sind Miniaturen, Augenblicke, kleine Bilder oder Szenen aus dem Leben, Erinnerungen, Lebensweisheiten, die sie auf wenigen Seiten erzählt. Die Grenze zum Feuilleton ist dabei fließend, genauso wie die Sprache in ihrer Bildhaftigkeit, die auch Oda Schaefers Erzählungen auszeichnet, deutliche Einflüsse der Lyrik offenbart, weshalb ihr 1956 erschienener Band *Katzenspaziergang* auch den Untertitel „Poetisches Feuilleton" trägt.

Nicht äußeres Geschehen, keine dynamischen Handlungen bestimmen diese Prosa, sondern Gedanken und Momente, ähnlich einem Ausschnitt aus einem impressionistischen Gemälde, wobei immer auch eine moralische Komponente spürbar ist.

4.1.2.1 *Unvergleichliche Rose. Kleine Prosastücke*

Dieser Band mit neun kurzen Prosastücken erschien 1948 im Stuttgarter Hans Müller Verlag. Der Titel ist der gleichnamigen Prosa *Unvergleichliche*

---

[71] Ähnlich wie in *Schritte ohne Spur* wird ein im Wald lebender Mann mit einem Erlebnis in seiner Vergangenheit konfrontiert, in der ein junges Mädchen, das vor seinen Zudringlichkeiten geflüchtet war, sich tödlich verletzte.

Rose entnommen, die zu Beginn des Buches steht. Wie aus einem Brief Oda Schaefers an Horst Lange 1946 hervorgeht, weist diese kleine Erzählung, mit deren Qualität sie offenbar selbst sehr zufrieden war[72], auf einen autobiographischen Hintergrund hin, der sich auf eine Situation bezieht, wie sie bereits Marcel Proust erlebt hatte:

> Was für Marcel Proust die Weissdornhecke im [...] war, ist mir ein weisses Rosengeranke in Lubmin gewesen, Rosen in der Nähe des Meeres – Berührung des Kräftigen, Salzigen mit dem Zarten + Süssen.[73]

Oda Schaefer war als Kind viele Jahre – auch während des Ersten Weltkrieges – mit ihrer Mutter regelmäßig zum Badeurlaub in Lubmin gewesen, womit sie die schönsten Erinnerungen verband, wie sie in der *Welt* in dem Feuilletonbeitrag *Wie schön war doch 'Lubmin-sur-mer'. Ferien in Vorpommern – damals* im Juni 1967[74] zum Ausdruck bringt.

Deutlich wird in der Erzählung die Beziehung zu ihrer persönlichen Situation erkennbar: der weibliche Ich-Erzähler – er trägt ein „weißes Musselinkleid" (S. 8) – erinnert sich an eine Situation aus seiner Kindheit, die er in einem Alter von ca. dreizehn Jahren erlebt und die mit einem Ort am Meer verbunden ist; zudem trägt der die Träumerei des Ich-Erzählers unterbrechende Junge Züge des im Feuilleton-Beitrag von 1967 angesprochenen „Unni".

Geschildert wird in dieser Prosa der Augenblick, als sich dem Ich-Erzähler im Alter von dreizehn Jahren das Geheimnis der Rose schlechthin erschließt, er also mit allen Sinnen die Schönheit dieser Blume begreift, und dieser Moment von da an unauslöschlich in seinem Gedächtnis verankert und damit unvergänglich, ewig bleibt, jederzeit abruf- und zum Leben erweckbar. So geht es hier um die Macht der Phantasie gegenüber der Realität, um eine andere Wirklichkeit, die sich in einem „magischen Augenblick" (S. 7) dem offenbart, der ihn aufgrund seiner Sensibilität wahrnehmen kann und der sich darin von den anderen unterscheidet. Der Höhepunkt der Empfindung, der Trancezustand des Erzählers, wird

---

[72] Vgl. Brief von Oda Schaefer an Horst Lange vom 16.08.1946: „An Schoeningh schickte ich meine beste Prosa ‚Unvergleichliche Rose'", Nachlass Schaefer/Lange, Monacensia. Vor ihrer Publikation in diesem Band erschien dieses Prosastück in: *SZ*, Nr. 74, 13.09.1946, S. 4.

[73] Brief von Oda Schaefer an Horst Lange vom 15.06.1946, Nachlass Schaefer/Lange, Monacensia.

[74] Vgl. *Wie schön war doch „Lubmin-sur-mer". Ferien in Vorpommern – damals.* In: *Die Welt*, 24.06.1967.

dabei sprachlich durch eine asyndetische Reihung der die Situation prägenden Eindrücke wiedergegeben, die emphatisch in der direkten Anrede der Rose – damit ihrer Personifizierung – und einer einem pathetischen Ausruf ähnelnden Satzkonstruktion kulminieren:

> Gefäß des Zaubers, geheimnisvolle Schale, aus der die beschwörenden Düfte quellen, von nichts genährt als von Luft und Erde und ein wenig Wasser, wie ahnte ich deine Form, die sich verschwendet und doch zum vollkommenen Rund schließt und sich nie verliert, wie schmerzte mich die Vollkommenheit deiner Jugend, ganz der Vergänglichkeit preisgegeben im nächsten Windstoß, im allernächsten Wachstum sogar. (S. 8f.)

Die detaillierten Beschreibungen der Rose hinsichtlich ihres Aussehens und ihres Geruchs werden auf Wortebene vor allem durch zahlreiche Adjektive umgesetzt. Sie verleihen genauso wie die vielen Vergleiche und Personifizierungen dem Text geradezu überbordende Lebendigkeit, Bildhaftigkeit und rokokohafte Fülle, die auch durch klangliche Elemente aus dem Lyrischen, wie die häufige Verwendung von Alliterationen, gefördert wird.

Die den Titel *Warten* tragende zweite Prosa in diesem Band kreist um das Thema Zeit, d.h. die Lebenszeit einer weiblichen Person, die aus der Perspektive eines auktorialen Erzählers geschildert wird. Es geht um den Zustand des Wartens, des Wartens auf den Beginn des richtigen, des erträumten und erhofften Lebens, sei es zuerst in der Kindheit, dann weiter auch im Erwachsenenleben, das jedoch nicht eintritt, auch wenn sich Wünsche erfüllen.

> Manches ging später in Erfüllung, eine Liebe, eine Ehe, eine Arbeit, aber es löste sich schon auf, als es sich erfüllte, das Fest war stets geringer als die Vorfreude, die Gegenwart entglitt so rasch wie der Sekundenzeiger. (S. 14)

Die Gegenwart, auf die gewartet und die ersehnt wird, entzieht sich, sie existiert quasi nicht, nur der eben vergangene Moment und die Zukunft. „Niemals konnte sie den wirklichen Augenblick bannen, obwohl sie nichts anderes tat, als auf ihn warten, mitten in der Arbeit, mitten in der Nacht, immerfort." (S. 15)

Auch das Ende des Prosastückes verheißt hierin keine Änderung. Die nahenden Schritte eines bestimmten Mannes sind zwar mit Hoffnung verbunden, die sich jedoch wiederum als trügerisch herausstellt; die mit ihm und der Situation verbundenen Erwartungen erfüllen sich nicht – „Noch während er da war, begann das Warten von neuem." (S. 16)

Im letzten Satz deutet sich an, wann dieser Zustand beendet sein wird: „Es würde sich erst dann erfüllen, zu seinem wahren, verborgenen Zweck, wenn sie sich von dieser Welt löste in einer Einsamkeit, die sie bisher nicht einmal in ihrer Kindheit gekannt hatte." (S. 16)

Eine metaphysische Existenz klingt hier an, die über das irdische Leben hinausgeht – erst in dieser Einsamkeit wird das Warten aufhören.

Die verzauberte Minute schrieb Oda Schaefer im Juni 1946 innerhalb von wenigen Tagen.[75] Ihrem Mann Horst Lange berichtet sie über den Gegenstand dieser Prosa:

> Ich habe heute früh eine süsse kleine Prosa beendet, „Verzauberte Minute", über das Foto aus der Koralle, kennst Du es, das ein kleines Mädchen mit Strohhut in einem südfranzös. Garten darstellt?[76]

Oda Schaefer hielt sich, als sie an dieser Prosa arbeitete, im Krankenhaus auf. Sie befand sich in keinem guten physischen und psychischen Zustand: Der Abgang aus der Gallenblase war verschlossen, sie musste operiert werden. Dazu hatte sie tiefe Depressionen, Zusammenbrüche, wurde geplagt von Alpträumen, vor allem ihren Sohn betreffend, und Todesangst: „Absinken in die Vergangenheit und den Tod, tiefstes Fallen nach Innen", „voll Todesnähe"[77] berichtet sie in einem Brief an ihren Mann. Trotzdem gibt sie sich nicht auf, wird sich vielmehr des Lebens, seiner Schönheit und seines Wertes bewusst und entwickelt einen unbedingten Lebenswillen:

> Ich will leben, mit Dir leben, noch ein paar Jahre wenigstens, obwohl ich mich von irgendwoher bedroht fühle, als ob in diesem Jahr eine sehr grosse Gefahr für mich verborgen liegt. [...] Über diese Gefahr muss ich aus eigener Kraft hinweg.[78]

---

[75] Oda Schaefer arbeitete an der *Verzauberten Minute* vom 11.06.1946 bis 15.06.1946, vgl. Briefe von Oda Schaefer an Horst Lange an denselben Tagen, Nachlass Schaefer/Lange, Monacensia. 1946 erfolgte die Publikation in: *SZ*, Nr. 94, 16.11.1946, S. 5.

[76] Brief von Oda Schaefer an Horst Lange vom 15.06.1946, Nachlass Schaefer/Lange, Monacensia.

[77] Brief von Oda Schaefer an Horst Lange vom 03.06.1946, Nachlass Schaefer/Lange, Monacensia.

[78] Ebenda.

Sie empfindet Sehnsucht nach dem Leben, nach ihrem früheren Lebensgefühl in der Kindheit, zu dem sie – auch in ihrem Schreibstil – wieder zurückkehren will:

> Ich möchte in meiner Prosa gerne jene Grazie und Leichtigkeit erreichen, die ich als Kind auch körperlich besass + die ich jetzt manchmal wieder im Körperlichen habe, wie beim Tanzen. Leicht werden, ganz leicht, aber trotzdem das Leben nicht fliehen! Ich liebe das Leben, […].[79]

„Grazie und Leichtigkeit" sind die angestrebten Ziele, einerseits das Vermögen, sich über die Realität zu erheben, andererseits doch die Nähe zur Wirklichkeit nicht zu verlieren – Prinzipien, die sich z.B. in der Wahl der Inhalte und Themen, wie auch der Reflexion über die Macht der Erinnerung, der Vorstellungskraft und Phantasie gegenüber der Wirklichkeit deutlich aufspüren lassen. Die vielen kleinen Momentaufnahmen könnten ebenso durch die persönliche Lebenssituation Oda Schaefers motiviert sein, da sie aufgrund ihres schlechten Gesundheitszustandes nicht weit in die Zukunft dachte, sondern eher von Tag zu Tag, von Stunde zu Stunde oder gar von Augenblick zu Augenblick. Dazu kam, dass die Entbehrungen und Mühen des täglichen Lebens den Hang zur Innerlichkeit, d.h. zur Konzentration auf die Erinnerung, zu einem Rückzug in die innere, von Alltagssorgen unbelastete Welt, forcierten.

Ihren Stil kennzeichnet dementsprechend elegante Leichtigkeit, ihre Sprache äußerste Bildhaftigkeit, ähnlich ihrer Lyrik, ganz den inhaltlichen Betrachtungen und Momentaufnahmen angepasst.

So steht in der *Verzauberten Minute* neben der grundsätzlichen Reflexion über das Wesen von Fotografien im Gegensatz zu Bildern und Daguerrotypien die Erinnerung an ein bestimmtes Foto aus einer Zeitschrift im Mittelpunkt, das nicht nur einen Augenblick darstellt, sondern die Aufnahme dieser Zeit selbst ist und deswegen den Ich-Erzähler fasziniert. Das Bild zieht ihn in seinen Bann, gleichsam in die abgelichtete Zeit und den abgebildeten Ort hinein, unabhängig vom realen Leben und den materiellen Möglichkeiten, womit deutlich auf die entbehrungsreiche Nachkriegssituation angespielt wird, in der viele Menschen, wie auch Oda Schaefer selbst, alles verloren hatten.

Als tröstlich wird dieser Zustand geschildert, da jemand, der die Gabe zur „Rekonstruktion eines Bildes oder eines plastischen Vorgangs" hat,

---

[79] Brief von Oda Schaefer an Horst Lange vom 15.06.1946, Nachlass Schaefer/Lange, Monacensia.

„niemals besitzlos" ist, „auch wenn er alles verloren hat." (S. 19) Das auf dem Foto abgebildete Mädchen in einem südfranzösischen Garten ist dabei in seiner Vollkommenheit „die verzauberte Minute" (S. 20) – sie verzaubert den Betrachter, ja sogar die Zeit selbst: „Auch die Zeit hielt inne mit ihrem Schritt, sie wurde überrascht, alles hörte auf sich zu bewegen, der Atem stockte, – […]." (S. 21)

Der Ich-Erzähler ist so in die Erinnerung an diesen Augenblick vertieft, dass sich die Situation auf einmal umdreht: er steht „immer noch neben der Zeit von damals" (S. 21), nun jedoch als das verzauberte Mädchen selbst, unfähig, sich aus dieser Position zu befreien – ein Beispiel für „die Kraft" (S. 22) der Phantasie.

Auch in *Lob der Euphorie* geht es um gesteigerte Wahrnehmungskraft, hier allgemein auf die Gemütsstimmung des – dazu begabten – Menschen an sich bezogen.[80] Es ist die Beschreibung der Abwechslung zwischen Melancholie, Depression und einem im Gegensatz dazu um so positiver wirkenden Zustand der Euphorie, der eine wesentlich intensivere Sichtweise und Empfindung ermöglicht und das Auf und Ab des Lebens in seinen beiden Ausprägungen zu akzeptieren lehrt. Je deutlicher die Schwankungen zwischen den Extremen ausgeprägt sind, deren Ausformungen äußerst bildhaft und deutlich dargestellt werden, umso mehr kann der Künstler davon profitieren, da er daraus seine Kraft und Leistungsfähigkeit schöpft:

> er tritt aus dem Dunkel der Depression wie Orpheus aus den schattigen Gängen der Tiefe, und wenn er auch jedesmal Eurydike verlieren muß, so gewinnt er doch das unvergleichliche Lied, aus dem Schmerz, aus der Finsternis geboren, wie eine Pflanze, die ihre Wurzeln aus der unterirdischen Fäulnis nährt. (S. 26)

So stehen hier auch die Bedingungen poetologischen Arbeitens im Vordergrund: Erst aus Schmerz und Trauer kann wirkliche Kunst entstehen; sie sind notwendig, um intensiver wieder glückliche Augenblicke erleben zu können.

---

[80] Oda Schaefer berichtet in Briefen – gerade in den Nachkriegsjahren – oft von Depressionsanfällen. Auch sonst war sie allerdings mit diesem Phänomen vertraut. Sie betrachtete diese Neigung zur Melancholie als ihr „baltisches Bluterbe", vgl. Manuskript 89: „Mein Leben, meine Arbeit", Nachlass Schaefer/Lange, Monacensia.

Waren bislang visuelle Anreize Auslöser für die übernatürliche Empfindungskraft, so ist es in der *Brahms-Sinfonie*[81] die Macht der Musik, die verdrängte Erinnerungen, Ängste wieder aufleben und sie dadurch zu überwinden imstande ist. Ihre Wirkung auf den Menschen, Gefühle, Emotionen anzusprechen und frei werden zu lassen, Trost zu spenden und über Furcht hinwegzuhelfen wird anschaulich vor Augen geführt.

Den Kontext bilden dabei die von einer Frau – offenbar von Oda Schaefer selbst[82] – erlebten Erfahrungen von Krieg und Zerstörung in Berlin, die von einem auktorialen Erzähler wiedergegeben werden. Durch das Erlebnis der Aufführung einer Brahms-Sinfonie wird diese Frau an das letzte, in Berlin stattfindende große Konzert vor dem Fall Berlins erinnert, das sie besucht hatte, wobei alle damit verbundenen Erfahrungen vor ihrem inneren Auge aufstehen und sie diese noch einmal durchlebt. Deutlich werden die die Menschen in der damaligen, von Fliegerangriffen, von Feuer und Tod geprägten Situation beherrschenden Gefühle geschildert, ihre Hoffnungslosigkeit, ihre Angst vor dem Tod, das Bewusstsein, einem höheren, launenhaften, beliebigen Schicksal gnadenlos ausgeliefert zu sein und – dagegen – das Vermögen der Musik, in einer derartigen Zeit dennoch Trost, „Ruhe und Heiterkeit" (S. 30) spenden zu können.

Zur Rückkehr in die Realität aus der von Flucht und Abschied gezeichneten Vergangenheit, den eigenen Erinnerungen, die sie sich hatten einsam fühlen lassen, verhilft ihr gemeinsam mit der Musik, die sich der Wendung zum Positiven entsprechend aus der Tiefe in die Höhe erhebt, die Zuneigung ihres Partners. Durch seine Berührung ihrer Hand gibt er Vertrauen und Sicherheit, womit diese Prosa mit einem versöhnlichen Ausblick auf die Zukunft endet.

---

[81] Zuvor veröffentlicht unter dem Titel *Brahms opus 4*. In: *SZ*, Nr. 46, 07.06.1946, S. 6.

[82] In ihrem Brief an Karl Krolow vom 21.02.1946 berichtet sie, dass sie das, was in diesem Prosastück geschildert wird, selbst erlebt hat: „[…] nebenher schrieb ich ein Feuilleton ‚Brahms opus 4', das ich sozusagen selbst erlebt hatte: ich hörte die 4. von Brahms jetzt als erstes Konzert in München, zuletzt, als die Russen vor Berlin standen, unter Furtwängler. Ich brach jetzt völlig zusammen und konnte mit Mühe mein Schluchzen unterdrücken. Es war zuviel im letzten Jahr, was über einen gekommen war, und man hat es fortwährend in irgendwelche unterirdische Schubladen gestopft. Horsts Vater verhungert, mein Bruder und Familie halbverhungert, alle irgendwo Nazis gewesen, ohne Unterstützung usw." Nachlass Karl Krolow, Signatur 88.7.62/2, DLA-Marbach.

Sonntagvormittag[83] und *Geruch eines Apfels* schließen sich thematisch eng an die Prosa *Lob der Euphorie* sowie *Die verzauberte Minute* an. Wieder geht es jeweils um einen besonderen Augenblick der Wahrnehmung, um eine besondere Kraft der Sensibilität, die nur in wenigen euphorischen Momenten möglich ist und dem weiblichen Ich-Erzähler tiefes Glück und ein gesteigertes Lebensgefühl vermittelt. Waren bisher ein Foto oder Musik die Auslöser für Träume und Erinnerungen aus der Vergangenheit, vor allem der Kindheit, gewesen, so ist es in *Sonntagvormittag* der Anblick einer Gartenlaube im Herbst, der im Ich-Erzähler Assoziationen zu seiner Jugend weckt und sich diesen Moment genau einprägen und zu seinem eigenen Schatz aus gesammelten Bildern und Eindrücken werden lässt. In *Geruch eines Apfels*[84] bewirkt der Duft eines Apfels das Abtauchen in die Kindheit des – auch hier – weiblichen Ich-Erzählers in eine Szene im Alter von vierzehn Jahren in der Hitze eines Sommertages, in der er, einen Apfel derselben Sorte in den Händen, an „die Schmerzen der ersten Liebe" (S. 41) erinnert wird.

Beide kurzen Prosastücke thematisieren damit wiederum den Wert der Vergangenheit[85], der mit ihr verbundenen Erinnerungen und ihre Kraft, über eine trostlose Gegenwart hinwegzuhelfen – deutlich ausgesprochen in *Geruch eines Apfels*. „Nichts ist verloren, was war. Es lebt in mir weiter, ich brauche es nur zu rufen mit aller Gewalt, es kommt auf die Inständigkeit der Stimme an, mit der gerufen wird." (S. 42)

Vergangenheit, Gegenwart und Zukunft fallen ineinander und verschwimmen. „Die Erinnerung trägt mir das Vergangene zu als einen unverlierbaren Besitz, der kostbarer wird, je ärmer ich bin, und das Unwirkliche steht neben mir, um sich mit der Wirklichkeit zu messen." Trost geht von Erlebtem, von der Vergangenheit aus. Sie hat die Macht, sich über die Gegenwart zu stellen, sie zusammen mit „Glaube und Gefühl, Phantasie und Selbstbesinnung, Erinnerung und Hoffnung" (S. 43),

---

[83] In *Die leuchtenden Feste über der Trauer* hat Oda Schaefer Teile dieser kurzen Prosa leicht verändert in ihr Kapitel „Trost in der Natur" eingefügt, vgl. *Die leuchtenden Feste über der Trauer*, S. 32-34. *Sonntagvormittag* erschien zuvor in: *Der Bogen* 1, Oktober 1946, H. 12, S. 14f.

[84] 1945 wurde dieses Prosastück bereits publiziert: *Geruch eines Apfels*. In: *SZ*, Nr. 22, 18.12.1945, S. 4.

[85] Vgl. *Sonntagvormittag*. In: *Unvergleichliche Rose*, S. 38: „Ich trage sie in mir, ein Teil des Schatzes aus Bildern, den ich von der frühesten Jugend an gesammelt habe, wertlos für jeden anderen, aber für mich von einem unmeßlichen Wert."

d.h. der Zukunft, zu überlagern und damit neu zu erschaffen. Mit dem letzten Satz, der auf die „Liebe" Bezug nimmt, wird dazu eine christliche Dimension angedeutet.[86]

Deutlich tritt hier die moralische Komponente in den Vordergrund, dem Leser Hoffnung zu vermitteln und Trost zu spenden. So stellten die persönlichen Erinnerungen den einzigen Besitz dar, der einem von niemandem genommen werden konnte.

Seifenblasen erschien noch vor Kriegsende 1944 in der *Kölnischen Zeitung*.[87] Diese Prosa spiegelt, abgesehen von dem den Inhalt bestimmenden Traum, von Seifenblasen zu schreiben, und den Erinnerungen[88] des Ich-Erzählers an die von Alpträumen[89] geprägte Kindheit, Unsicherheit bei der Suche nach dem Sinn des Lebens wider. Entsprechend den Erlebnissen im Bombenhagel wird die Welt in einer Art apokalyptischer Weltuntergangsstimmung gezeichnet: die Erde ist im Begriff zu erlöschen, ein wohl in Assoziation an Feuer und Brände dunkelrot glühender „Ball, der durch die Sphären rollt und vielleicht mit dem Ton eines nur noch schwach summenden Kreisels in die riesige Musik des Alls mit einstimmt." (S. 48f.)

---

[86] Hans Dieter Schäfer verweist bei einem ähnlichen Kontext in dem Gedicht *Teppich des Lebens* von Marie Luise Kaschnitz auf das Spenden von „volkstümlich-biedermeierlichen Trost", Das gespaltene Bewußtsein, S. 54.

[87] Vgl. *Seifenblasen*. In: *Kölnische Zeitung*, Nr. 99, 09.04.1944, S. 4. Ebenfalls publiziert in: *Die Zeit*, Nr. 3, 16.01.1947, S. 4.

[88] Die geschilderte Erinnerung hat große Ähnlichkeit zu einem sich im Nachlass befindenden Manuskript mit dem Titel „Was ich mit elf Jahren dachte". Auch hier hat der Ich-Erzähler das Gefühl, „allein auf der Welt" und in sich, seinem Körper als Gefängnis, mit Augen als Fenstern, eingeschlossen zu sein. Er ist sich bewusst, sich nicht in einen anderen Menschen versetzen, „nicht auch in andern drin sein" zu können, Ms 147, Nachlass Schaefer/Lange, Monacensia. Ebenso tragen Formulierungen und Motive verwandte Züge mit Schilderungen aus *Auch wenn Du träumst, gehen die Uhren*. In *Seifenblasen* ist es eine „rotglühende Wand", die sich immer wieder „von rechts nach links hinüberstürzte" (S. 48), in den Lebenserinnerungen eine „glühende Mauer", die von rechts nach links fällt (*Auch wenn Du träumst, gehen die Uhren*, S. 25); auch ist in beiden von einem „Orgelton" die Rede, *Unvergleichliche Rose*, S. 48, vgl. *Auch wenn Du träumst, gehen die Uhren*, S. 25.

[89] Oda Schaefer selbst wurde als Kind offenbar von Alpträumen heimgesucht, wie sie in ihren Erinnerungen *Auch wenn Du träumst, gehen die Uhren* berichtet, vgl. S. 20ff.

Aus der Situation eines Ich-Erzählers wird der sich mit dem Leser vereinigende, ihn mitansprechende und einbeziehende Blick eines „wir" (S. 48f.), der allgemeine Verunsicherung und Zukunftsangst formuliert. Thema ist die absolute Bedeutungslosigkeit des Menschen angesichts des auch den Lauf der Sterne beeinflussenden Schicksals, das Ausgeliefertsein an eine höhere Macht, und das Eingehen in den Zusammenhang von Leben und Vergehen – dargestellt im Bild der Seifenblase. Sie steht für die Auflösung des Menschen nach dem Tod – „ein Nichts im Nichts" (S. 49) –, das Eingehen der Seele, d.h. der erlebten Vergangenheit, in den Raum und die Wiedergeburt in neuen Formen.

Die den Titel *Erinnere Dich!* tragende kurze Prosa, die Oda Schaefer im Mai 1946 unter dem Titel *Hast Du es schon vergessen?*[90] schrieb[91], ist die Aufforderung an ein den Leser direkt ansprechendes ‚Du', die Erlebnisse des Krieges, die Angst und alle damit zusammenhängenden Gefühle nicht zu vergessen. Es mahnt ihn, den Sinn seines Am-Leben-Bleibens zu begreifen, das höchste Gut, das geblieben ist, nämlich das Leben selbst, seinen Wert zu erkennen und neu anzufangen, das Zerstörte wieder aufzubauen und nach vorne zu blicken.[92]

So stehen diese kurzen Prosastücke ganz im Zeichen der Nachkriegszeit und spiegeln die Erfahrungen von Krieg, Armut und Zerstörung wider. Sie beschwören die Kraft der Phantasie und der Erinnerung an die Vergangenheit, zumeist an Eindrücke aus der Kindheit, die über die entbehrungsreiche Gegenwart hinweghelfen und wie die Literatur an sich die Funktion des Trost-Spendens übernehmen. Sie steht hier im Vordergrund. Völlig Unscheinbares, beinahe Wertloses, wie ein Foto aus einer Zeitschrift oder der Geruch eines Apfels, reichen aus, um in einem Moment besonderer „Bewußtseinshelle"[93], wie sie ihn die Protagonisten magisch-realistischer Literatur oft erfahren, Erlebtes vor dem geistigen Auge wiedererstehen zu lassen.

---

[90] Vgl. *Hast Du es schon vergessen?* In: *SZ*, Nr. 60, 26.07.1946, S. 4.
[91] Vgl. Brief von Oda Schaefer an Horst Lange vom 26.05.1946, Nachlass Schaefer/Lange, Monacensia.
[92] Diese Aussage entspricht ganz Oda Schaefers persönlicher Haltung, vgl. Brief von Oda Schaefer an Horst Lange vom 27.06.1946, Nachlass Schaefer/Lange, Monacensia.
[93] Deich, S. 261.

4.1.2.2 *Katzenspaziergang. Poetisches Feuilleton*

Oda Schaefer veröffentlichte 1956 in diesem Band der Piper-Bücherei ihre oft mehrfach in Feuilletons verschiedener Zeitungen publizierten Prosastücke. Der Titel ist einer beinahe gleich lautenden Prosa dieses Buches entnommen und weist bereits auf den spielerischen, heiteren Charakter der versammelten Werke hin. Der Untertitel „Poetisches Feuilleton" macht zudem auf die Einflüsse aus der Lyrik aufmerksam, die in der bildhaften Sprache und Ausdruckskraft sowie vor allem in der Gestaltung der Sujets nicht zu verkennen ist.

Das erste Prosastück *Eine frühe Vision*, das Oda Schaefer im Frühjahr 1950 schrieb[94], hat sie auch in ihren Lebenserinnerungen *Auch wenn Du träumst, gehen die Uhren* verwendet[95], womit diese Erzählung vor dem Hintergrund autobiographischer Erfahrungen Oda Schaefers zu betrachten ist. Ein weiblicher Ich-Erzähler schildert rückblickend seinen im Alter von kaum zehn Jahren erlebten Besuch des Lunaparks in Berlin mit seinem Vater; dieser Besuch wird im Nachhinein als „eine sehr frühe Vision der Aera des zweiten Weltkrieges" (S. 5) bezeichnet. Die vielen unterschiedlichen Eindrücke vor allem der dargestellten Technik erschrecken und ängstigen den Ich-Erzähler in so hohem Maße, dass er, „mit feineren Sinnesorganen als die anderen begabt", die Situation als Apokalypse empfindet.[96] Das Fahren mit der Achterbahn führt dazu,

> daß ich schluchzend auf dem Boden des kleinen Wagens kauerte. Ich war von meinem Sitz längst heruntergeglitten und schlang meine dünnen Arme verzweifelt um seine säulenhaften Beine, halbtot vor Angst, bei dem rasenden Tempo herausgeschleudert zu werden. Der Magen wurde mir wie an einem eisernen Angelhaken herausgezogen, und ich hielt die Augen fest geschlossen, damit ich das Unheil auch nicht noch zu sehen brauchte, das mich betraf. (S. 6)

---

[94] Vgl. Brief von Oda Schaefer an Horst Lange vom 09.03.1950, Nachlass Schaefer/Lange, Monacensia. Zuvor publiziert in: *Die Neue Zeitung*, Nr. 42, 18.02.1950, S. 8. Im Nachlass befindet sich ein weiteres Exemplar mit dem Titel „*Damals, vor vielen Jahren*", jedoch fehlt die Angabe des Namens der Zeitung und des Erscheinungsdatums, Nachlass Schaefer/Lange, Monacensia.

[95] Vgl. *Auch wenn Du träumst, gehen die Uhren*, S. 53ff.

[96] Immer wieder verwendete Oda Schaefer die Apokalypse zur Beschreibung des Zweiten Weltkrieges, vgl. z.B. Brief von Oda Schaefer an Karl Krolow vom 25.06.1944, Nachlass Karl Krolow, Signatur 88.7.61/7, DLA-Marbach; vgl. ebenso ihr Fernsehspiel *Die schwarze Sonne*.

Der Besuch eines Theaters, in dem der Ausbruch des Ätna und der Untergang Messinas anhand eines Modells vorgeführt werden, lässt in ihm den Eindruck entstehen, dass die Welt untergeht:

> Ich erfuhr die aber tausend Tode der Verbrennenden, ich sah die Häuser in zinnoberroter Lohe aufflammen und zu schwarzen Blöcken schmelzen. Ich vermeinte, selbst im glühenden Aschenregen zu stehen, das Krachen, Donnern und Bersten rings um mich. (S. 8)

Klar werden Parallelen zu den späteren Erfahrungen im Zweiten Weltkrieg gezogen, in denen die empfundene „würgende Urangst" (S. 8) und das Gefühl von Verlassenheit wieder lebendig wurden, was die besonderen kassandrischen Fähigkeiten des Erzählers unterstreicht.

Der *Monolog eines Steins*[97] beinhaltet die Erzählung von einem auf einem Bahnsteig liegenden großen grauen Stein und der Wiedergabe seines Monologes. Oda Schaefer schrieb diese Prosa Ende Mai/Anfang Juni 1946[98], als sie sich einige Wochen im Krankenhaus befand, die sie vor allem zum Arbeiten nutzte.

Inwiefern auch das Urteil ihres Mannes Oda Schaefer beeinflusste, lässt sich beispielhaft an einer Bemerkung über diese Prosa ablesen. Horst Lange äußerte sich nämlich sehr positiv über „die Leichtigkeit [ihres] Geistes, der oben Kapriolen schlägt und doch den Schwerpunkt darüber nicht verliert und ausser Acht lässt"[99], auch wenn er an dem Text einige kleine Korrekturen vornahm, und bestärkte sie, mehr „von solchen ‚kleinen' Sachen" zu schreiben, „die ja eine ungemeine Grösse haben":

> [...] und Deine sehr schöne und herzlich überlegen-ironische Eiszeit-Prosa (ich musste laut lachen, als ich sie las, – das ist die Sprache der vorwitzigen Odi, die ihrem Vater die Worte im Mun-

---

[97] 1951 publiziert unter *Monolog eines Steines*. In: *Die Zeit*, Nr. 41, 14.10.1951, S. 5. Ein weiterer Abdruck mit dem Titel *Zeuge der Eiszeit* – allerdings mit einigen Änderungen im Vergleich zur späteren Fassung – befindet sich im Nachlass Schaefer/Lange, Monacensia, leider ohne Angabe des Namens der Zeitung und des Erscheinungsdatums.

[98] Vgl. Brief von Oda Schaefer an Horst Lange vom 01.06.1946, Nachlass Schaefer/Lange, Monacensia.

[99] Hier und in den beiden folgenden Zitaten Brief von Horst Lange an Oda Schaefer vom 14.06.1946, Nachlass Schaefer/Lange, Monacensia.

de verdrehte, – ausserdem ist es als Prosa „grosse Klasse", – wie man zu sagen pflegt! Alle Hochachtung! Du musst bald eine grosse Erzählung anfangen, das kannst Du jetzt!) [...]¹⁰⁰

Er empfand die Entwicklung seiner Frau in der Prosa, das Herauskristallisieren ihres eigenen Stils in dieser Gattung¹⁰¹ als so entscheidend, dass er ihr nun die Fähigkeit zusprach, auch Prosa größeren Umfangs schreiben zu können.

Deutlich ist der *Monolog eines Steins* von einem feuilletonistischen Ton geprägt, der sich um Unterhaltung des Lesers, um Witz bemüht, und Bezüge auf die Gegenwart, d.h. die Zeit der Veröffentlichung, enthält, was z.B. durch einen kurzen Wechsel der Erzählperspektive in ein den Leser einschließendes „wir" und die Distanz des Ich-Erzählers aufhebendes „man" unterstützt wird. Zudem weisen ironische Anspielungen und Kommentare auf das aktuelle Zeitgeschehen hin, wie z.B. „Es mag sein, daß man schon zu jener Zeit das Schreiben als gefährlich ansah" (S. 12) oder „Man sagt, wir wären bald wieder so weit…" (S. 11) Durch die Personifizierung und Anthropomorphisierung des monologisierenden Steins klingt deutliche Gesellschaftskritik an, die auch vor den zerstörerischen Erfindungen der Wissenschaft warnt. Die Zukunft erscheint als düsteres Bild, in der der Stein wie ein Mammut zu seinem Grab wandern und sein Ende abwarten wird – offensichtlich eine Warnung vor den Konsequenzen der neuen technischen Errungenschaften und ein Hinweis auf die stets präsente Angst vor einem neuen Krieg.¹⁰²

---

¹⁰⁰ Brief von Horst Lange an Oda Schaefer vom 04.06.1946, Nachlass Schaefer/Lange, Monacensia.

¹⁰¹ Vgl. Brief von Horst Lange an Oda Schaefer vom 24.06.1946: „Endlich hast Du in der Prosa Deinen eigenen Stil gefunden, nachdem Du ihn in der Lyrik schon so lange demonstriertest, immer wieder neu und immer wieder überraschend. Aber dann ist der Weg zur Prosa schwer […]", Nachlass Schaefer/Lange, Monacensia.

¹⁰² Die frühere Variante dieses Feuilletons (leider fehlt auf dem Exemplar im Nachlass die Angabe des Zeitungsnamens und des Erscheinungsdatums) enthält noch ganz explizit den Hinweis auf Krieg – „Wenn die Erde keine Eiszeit für sie bereit hat, dann sorgt ihre Wissenschaft für einen vollkommenen Ersatz. Noch nennt man ihn Krieg." – genauso wie dieser Text in seiner pessimistischen Darstellung der Zukunft noch deutlicher ist: „Ich fürchte, meine letzten Jahrtausende sind gezählt, ich werde bald zerfallen, wie kürzlich die Städte zerfallen sind, es wird kein Stein mehr auf dem anderen bleiben…" Im Gegensatz dazu wurde dieselbe Stelle im *Katzenspaziergang* abgemildert: „Viel-

Das Feuilleton *Zu Fuß im Winter*[103] ist zweigeteilt. Es beginnt im leichten Plauderton mit einer Diskussion über Spaziergänge im Winter, die von ironischen Bemerkungen und Anspielungen durchsetzt ist, woran sich eine Wanderung in den Bergen aus der Perspektive eines Ich-Erzählers anschließt. Die Tatsache, dass Oda Schaefer Auszüge dieses Feuilletons auch in ihre Autobiographie *Die leuchtenden Feste über der Trauer* in das Kapitel mit dem signifikanten Titel „Trost in der Natur" übernahm[104], deutet auch hier auf einen autobiographischen Kontext hin. Zudem nennt der Text konkrete Orte, wie das Leintal, den Lautersee oder das Karwendelgebirge, die Oda Schaefer auch persönlich durch ihren jahrelangen Wohnsitz in Mittenwald kannte.

Die Natur wird äußerst bildhaft und lebendig geschildert, wozu besonders Vergleiche, Personifizierungen[105], eine sich durch dynamische Verben und viele aussagekräftige Adjektive auszeichnende Sprache sowie wertende, die Einstellung des Erzählers offenbarende Kommentare beitragen. Einzelne Bilder werden aneinandergereiht, die immer wieder durch Sentenzen, allgemeine Weisheiten unterbrochen werden, wie z.B.:

> Eigentlich braucht man nicht viel mehr zu tun, um weise zu werden, als in fließendes Wasser zu blicken. Das Rauschen ist der Ton des wahrhaft Unvergänglichen, und es steht alles im Fließenden zu lesen. Man muß nur die Augen auftun. (S. 15)

Ganz dem Programm der *Kolonne* verpflichtet erfüllt die Natur die Funktion eines Buches oder Wegweisers, den man nur lesen können muss, um die richtige Richtung einschlagen zu können; so wird, wie bereits in der Lyrik Oda Schaefers[106], auch hier das Motiv der Bilderschrift verwendet, die es zu entziffern gilt – „der Sinn liegt so offenbar und so geheim wie der Honig im Kelch." (S. 15)

---

leicht ist mein letztes Jahrtausend gezählt und ich werde zerfallen, vielleicht… ihnen ist alles zuzutrauen." (S. 13).

[103] Dieses Feuilleton wurde unter mehreren Titeln publiziert: *Zu Fuß im Schnee*. In: *Stuttgarter Zeitung*, das Exemplar im Nachlass Schaefer/Lange, Monacensia, enthält keinen Hinweis auf das Erscheinungsdatum; *Das Leben rinnt*. In: *Die Zeit*, Nr. 5, 02.02.1950, S. 4; *Erster Schnee im Gebirge*. In: *Tagesspiegel*, 07.11.1950.
[104] Vgl. *Die leuchtenden Feste über der Trauer*, Kapitel „Trost in der Natur", S. 26-28.
[105] So z.B.: „[…] Wasser, das als reizender Bach aus dem Lautersee abfließt, sich selbstmörderisch die Felsen hinabstürzt, um dann friedlich wieder als Bach ins Dorf zu eilen." *Zu Fuß im Winter*. In: *Katzenspaziergang*, S. 14.
[106] Vgl. das Gedicht *Bilderschrift*. In: *Grasmelodie*, S. 20f.

Die den Titel *Entenfrühling* tragende Kurzprosa schrieb Oda Schaefer Ende Februar 1950, als sie mit einer Vielzahl an Aufträgen ausgestattet war, und veröffentlichte sie kurz danach Anfang März.[107] Sie stürzte sich, nachdem sie ihre Operationen überstanden hatte, in die Arbeit und ermunterte dazu auch immer wieder ihren Mann, da sie darin „das einzige Gegengift"[108] gegen die Zeit und gegen den Nihilismus sah.

So steht eine positive, gelöste Stimmung in diesem lustigen[109] Feuilleton im Vordergrund. Entsprechend der Jahreszeit des Frühlings ist ein Neuanfang spürbar, der sich auch im menschlichen Bereich in der Verliebtheit einer jungen Frau manifestiert. Die Unpersönlichkeit, Beliebigkeit dieses Mädchens und damit die Typisierung des Phänomens ‚Liebe' betont dabei die Perspektive des Erzählers, der sich auf dieselbe Stufe wie der Leser begibt[110], was eine scherzhafte, belanglose Atmosphäre signalisiert.

Das Mädchen wird in ihrer sentimentalen Stimmung, in der sie sich auf ihrem Spaziergang im Englischen Garten befindet, von einer Horde von Enten unterbrochen, deren Balzverhalten und Lebensfreude sich lautstark in einer Art „Entenzirkus" (S. 18) artikuliert, der auf das „südliche Klima", den Schwabingschen „Hang zum Festefeiern" zurückgeführt wird. Den sehr menschenähnlich geschilderten Enten gesellt sich zudem ein ebenso anthropomorpher Hund hinzu, dessen Bericht, dass er „vor einiger Zeit überzeugter Existenzialist" (S. 19) gewesen sei und „effektiv vor dem Nichts, dem seelischen »Nada«" stand, eine deutliche Kritik am Nihilismus enthält:

> Aber nun, nach dem materiellen Bankrott seines Herrn, findet er das Leben wieder wunderschön, er gedenkt zu einer jungen Dame überzusiedeln, die keineswegs Erotik mit Zynismus verwechselt und darüber traurige Bücher schreibt, wie die letzte Freundin seines Herrn. (S. 19)

---

[107] Vgl. *Enten-Frühling im Park*. In: *SZ*, Nr. 57, 09.03.1950, S. 6. In ihrem Brief an Horst Lange vom 09.03.1950 gibt sie ihrer Freude darüber Ausdruck, dass kein Wort bei dem Abdruck geändert wurde, Nachlass Schaefer/Lange, Monacensia.

[108] Karte von Oda Schaefer an Horst Lange vom 13.03.1950, Nachlass Schaefer/Lange, Monacensia.

[109] Vgl. Brief von Oda Schaefer an Horst Lange vom 28.02.1950, Nachlass Schaefer/Lange, Monacensia.

[110] Vgl. *Entenfrühling*. In: *Katzenspaziergang*, S. 17: „[…] nennen wir es Irene".

Die jegliche Erkenntnis in den Bereichen Ontologie, Metaphysik oder Ethik negierende Philosophie des Nihilismus, die gerade in der Nachkriegszeit angesichts von Verlust und Aussichtslosigkeit die Antriebsfähigkeit der Menschen lähmte und das Absinken in Lethargie und Melancholie unterstützte, wird hier als Zynismus bloßgestellt, der den Menschen schadet und sie verspottet – eine Einstellung, die Oda Schaefer ebenso persönlich teilte.[111]

Die von ihr als „lustig"[112] charakterisierte Stimmung dieses Feuilletons jedoch wirkt, auch durch die Vermenschlichung des Hundes, geradezu übertrieben. Die Beschreibungen durch die äußerst bildhafte Sprache schießen über das Ziel hinaus, sie wirken künstlich und überladen: „Das bleiche Gold der Sonne des Zeus regnet sanft auf sie hernieder, empfindlich reagiert sie auf die unhörbare Musik des Lichts, zart wie ferne Grillenchöre" (S. 17), womit die romantische Stimmung – derart überzeichnet – geradezu karikiert wird. Die typischen Gefühle der Verliebtheit, des Abgehobenseins von der Realität, des Schwebens, ja sogar die Romantik selbst wird auf diese Weise persifliert.

Das Feuilleton *Die Katze, die allein spazieren ging*[113] ist eine geistreiche, kulturgeschichtliches Wissen miteinbeziehende Beschreibung des Wesens der Katze.[114] Ihr nicht zu bändigender Charakter, ihr Äußeres, ihre Bewegungen werden anhand der Erzählung von einer auf einer leeren Dorfstraße spazierenden Katze anschaulich geschildert, wobei diese Beobachtungen auch zu Hinweisen auf die geschichtliche Darstellung und

---

[111] In einem Brief an Horst Lange vom 29.06.1951 schreibt Oda Schaefer: „Ich hoffe immer noch darauf, dass ein Zeiger plötzlich zugunsten von Freude, Lebenssucht und Harmonie ausschlägt, dass die Menschen den ganzen Existenzialismus auf einmal satt haben und ihre unheilheulenden Dichter davonjagen, ihre nihilistischen Verräter am Leben und ihre bluffenden Hochstapler." Nachlass Schaefer/Lange, Monacensia.

[112] Brief von Oda Schaefer an Horst Lange vom 28.02.1950, Nachlass Schaefer/Lange, Monacensia.

[113] Die in der Zeitung *Der Allgäuer* am 04.08.1951 veröffentlichte Fassung *Katzenspaziergang* weist einige Änderungen im Vergleich zu dieser späteren Variante auf.

[114] Autobiographisches verrät der Name der Katze „Biriau". In *Auch wenn Du träumst, gehen die Uhren* berichtet Oda Schaefer von ihrer Katze in Berlin zu Beginn der dreißiger Jahre, die ebenfalls den Namen Biriau trug, vgl. S. 238 und 247.

Bedeutung der Katze, wie z.B. bei den Ägyptern, führen. Auf spielerische, heitere Art, wozu auch Aphorismen, Redensarten und Zitate beitragen, wird der Leser unterhalten und dabei über gängige Ansichten und Historisches sowie Kulturelles in Kenntnis gesetzt. Auch Gesellschaftskritik wird immer wieder eingestreut, sei es z.B. bzgl. des Nihilismus, oder der allgemein sich ausbreitenden „Langeweile" (S. 22). Der Stil ist elegant, die Sprache sehr anschaulich, von Vergleichen geprägt und um Aktualität bemüht, wie z.B. aus dem englischen Begriff „stream-lined" (S. 21) abzulesen ist; in einigen Motiven wird man an andere Erzählungen oder Prosastücke Oda Schaefers erinnert, wie z.B. die Schilderung der Mittagshitze und der Vergleich zu „Pan" (S. 20), der auch in der *Verzauberten Minute*[115] angeklungen war. Immer wieder wird der Schreibvorgang des Ich-Erzählers thematisiert – „In diesem Augenblick fällt mir ein noch älterer Vergleich aus den Typen der Schreibmaschine […]" (S. 22) –, womit zusätzlich zu den vielen, mit den Beschreibungen im Text vorhandenen Wertungen die Willkürlichkeit des Schreibinhalts, seine Subjektivität bewusst vor Augen geführt wird. Stilisiert wirkt der Schluss: Nachdem ein Mädchen die vor einem Hund geflüchtete Katze mitgenommen und sich die Lage beruhigt hat, wird die Katze am Ende noch einmal als Vergleichsobjekt herangezogen: „Ich lege mich hin und rolle mich zusammen, um zu träumen…in der Haltung einer schlafenden Katze." (S. 23)

In *Die fliegende Prinzessin*[116] stehen grundlegende moralische Regeln und Weisheiten der Philosophie der Stoa im Mittelpunkt, die in eine spielerische Handlung eingebettet werden.

Ein am Abend in das Schlafzimmer eingedrungenes Insekt, die fliegende Prinzessin, lässt sich mit dem Ich-Erzähler auf eine Art Gespräch ein, indem es sich jeweils auf bestimmte Sentenzen des gerade vor diesem liegenden Buches – „Die moralischen Regeln des Epiktet" (S. 25) – setzt, die dieser als persönliche Mitteilungen und Botschaften interpretiert.

Deutlich wird immer wieder der Bezug zur Gegenwart hergestellt und die Gültigkeit und Notwendigkeit der stoischen Grundsätze betont: „Wenn man bedenkt, daß die vier philosophischen Tugenden: Beständigkeit, Mäßigkeit, Tapferkeit und Gerechtigkeit heißen, dann kann man wohl wünschen, daß die Stoiker in unserer Zeit Mode würden." (S. 27)

---

[115] Vgl. *Die verzauberte Minute*. In: *Unvergleichliche Rose*, S. 21.
[116] 1948 veröffentlicht unter dem Titel *Gespräch mit einer fliegenden Prinzessin*. In: Die *Neue Zeitung*, Nr. 85, 07.10.1948, S. 3.

Oda Schaefer kommt damit der Funktion des Künstlers als einem Moralisten nach, wie sie es auch in einem Brief an Karl Krolow formuliert hatte.[117]

Was die Sprache betrifft, so bleibt diese bildhaft wie in anderen Feuilletons, genauso wie eine von spielerischer Leichtigkeit geprägte Atmosphäre aus vorherigen kurzen Prosastücken bekannt ist. Bestimmte Formulierungen und Bilder, wie z.B. die „von der Fledermaus in zackige Streifen" (S. 24) zerschnittene Dunkelheit, hat Oda Schaefer auch in Gedichten verwendet.[118]

Das nächste Feuilleton *Altweibersommersonne liest aus der Hand*[119] beschreibt das Thema bereits in seinem Titel. Wie auch in der *fliegenden Prinzessin* werden allgemeingültige Aussagen und gesellschaftskritische Äußerungen in eine Handlung verpackt, in der eine vermeintlich unscheinbare Begegnung und Entdeckung im Vordergrund steht, wie hier der Kontakt zur Sonne, die aus der Hand des Ich-Erzählers liest.

Die allgemein die Gegenwart beherrschende „Härte" (S. 31) im täglichen Lebenskampf des Darwinschen „struggle for life" in einer „technisch perfektionierten Welt", die Ratio und Verstand fordern, stehen als Gegenpole zu einer ausgeprägten „Herzlinie" und einem „breit angelegten Phantasieberg" in der Hand des Ich-Erzählers. Deutlich wird Kritik geübt an den atomaren Errungenschaften der Wissenschaften, indem die Ankündigung einer Zukunft erfolgt, in der der Geigerzähler „bald in keinem Haushalt fehlen wird" (S. 32), und die Professoren „leider" „alles Mögliche erfunden [haben], was an schwarze Magie grenzt". Jedoch die alten biblischen Wunder, von denen man sich absetzt, können immer noch nicht verwirklicht werden.

Schnecken-Piazza[120] ist eine Hommage an die Natur, mit der sich auch gleichzeitig die Darstellung ihrer Bedeutung für den Menschen verbindet. Gedanken und Einsichten stehen im Mittelpunkt, die bereits aus

---

[117] Vgl. Brief von Oda Schaefer an Karl Krolow vom 22.05.1946, Nachlass Karl Krolow, DLA-Marbach.

[118] Vgl. z.B. das Gedicht *Süden*: „Fledermaus schneidet den Himmel/ In Stücke." In: *Grasmelodie*, S. 44.

[119] An einigen Stellen anders lautend war *Altweibersommersonne liest aus der Hand* zuvor publiziert worden in: *Die Neue Zeitung*, Nr. 214, 10.09.1953, S. 4.

[120] Auch unter dem Titel *Schneckenparade* in der *SZ* veröffentlicht, leider ohne Hinweis auf das Erscheinungsdatum, Nachlass Schaefer/Lange, Monacensia.

Gedichten Oda Schaefers bekannt sind: die Metamorphose der Natur, ihre ständige Verwandlung, das Aufgehen im organischen Kreislauf des Lebens, womit der Tod als Existenz in anderer Form bezeichnet wird; „[...] es gibt keinen Tod, es gibt nur Verwandlung." (S. 33) Naturbeschreibungen dominieren, wobei die Ansammlung von Schnecken auf einem Baumstumpf Fragen aufwirft. Der Versuch einer Interpretation nach menschlichen Maßstäben scheitert, das Rätsel löst sich nicht. Ehrfurcht und Staunen sollten die Kategorien sein, mit denen man als Mensch der Natur und ihren Geheimnissen begegnet – eine Auffassung, die ganz dem Programm der *Kolonne* entspricht. Indirekt wird auch hier Gesellschafts- und Zeitkritik geübt, indem Einsamkeit und Gleichgültigkeit als die beherrschenden Merkmale der menschlichen Gesellschaft und ihres Umgangs vor Augen geführt werden.

Da Oda Schaefer – mit einigen Änderungen – Auszüge dieses Feuilletons in ihre Erinnerungen *Die leuchtenden Feste über der Trauer* übernommen hat[121], liegt hier ebenfalls ein autobiographischer Hintergrund nahe, auf den eine dem Leben des Ich-Erzählers entnommene Begegnung mit einem Zoologen auf einem Faschingsfest, von denen Oda Schaefer in den vierziger und fünfziger Jahren zahlreiche besucht hat, hinweist.

Sprachlich fallen hier ebenfalls einige bekannte Motive auf, wie z.B. der Bussard aus den Erzählungen *Schritte ohne Spur*[122] und *Der Bussard schreit*[123] oder die Hieroglyphen der Natur, die auch im Gedicht *Bilderschrift*[124] anklingen.

Es wimmelte von Faunen[125] schrieb Oda Schaefer Anfang August 1951, wie einem Brief an Horst Lange entnommen werden kann:

> Pümpelchen, ich bin ein bisschen beschwipst, habe mir etwas Weisswein gekauft, das animierte mich so, dass ich ein lange geplantes Feuilleton, sehr komisch, in die Maschine haute „Faune – nicht mehr gefragt", du weisst, dass ich schon lange mal drüber schreiben wollte, über das Bild von Onkel Eia überm Klavier mit

---

[121] Vgl. *Die leuchtenden Feste über der Trauer*, S. 30-32.
[122] Vgl. *Die Haut der Welt. Erzählungen und Augenblicke*, S. 71-76.
[123] Vgl. Manuskript Ms 17, derselbe Text mit einigen Änderungen auch unter L 2960, Nachlass Schaefer/Lange, Monacensia.
[124] Vgl. *Bilderschrift*. In: *Grasmelodie*, S. 20f.
[125] Publiziert unter dem Titel *Faune – nicht mehr gefragt*. In: *Die Neue Zeitung*, Nr. 308, 31.12.1952, S. 21.

dem angebundenen Faun, und über die Franzosen mit ihrer Faun-Epidemie.[126]

Dieses poetische Feuilleton ist in einem äußerst leichten, heiteren Stil geschrieben, eine Plauderei, die den Leser auf unterhaltsame Art, ausgehend von dem im Brief angesprochenen Bild, über den antiken Faun, seine Nachbildungen in Kunst und Literatur, wie durch die Symbolisten Rimbaud, Verlaine, Mallarmé (in deutschen Übertragungen von Karl Krolow und Georg von der Vring), und seine Bedeutung informiert. Der große Stellenwert der Antike als unerschöpflichem Reservoir an Grundstoffen „zur Mischung von Leidenschaften" (S. 41) wird in seiner Aktualität und Modernität hervorgehoben:

> Nicht umsonst wurde bei einem Hörspiel-Preisausschreiben verboten, den Stoff aus der Antike zu nehmen. Sie ist zu reich an großen Symbolen, man kann hineinpacken, was man will, sie dehnen sich nach Belieben und sind wie Didos Kuhhaut, »auf die alles geht« – (S. 41)

Die autobiographischen Züge in diesem Prosastück sind sehr deutlich zu erkennen: der Name der Mutter ist „Alice", wie auch der wirkliche Vorname der Mutter Oda Schaefers, und auch die Liebe des Ich-Erzählers zum Klavier, besonders zu den Mazurken von Frédéric Chopin, die Oda Schaefer erwiesenermaßen sehr gern und oft spielte, lassen auf einen sehr persönlichen Kontext schließen. Ironisch wird dabei mit den eigenen Kindheitserlebnissen umgegangen, wie in der mehrdeutigen Anspielung des „Schlüsselroman[s]" (S. 38) oder der Erwähnung von C.G. Jung und dessen Lehre vom in die Tiefen des Unterbewussten absinkenden Archetypus.

Der Wind dreht sich hat einen ganz anderen Charakter als *Es wimmelte von Faunen*. War dies eine leichte Unterhaltung des Lesers, so stellt folgendes Prosastück eine kleine Erzählung dar, die eine bedrückende und bedrohliche Atmosphäre zum Ausdruck bringt. Aus auktorialer Perspektive wird ein Paar – nur der Name der Frau (Elisabeth) ist bekannt – auf seinem Weg in den Bergen geschildert, wobei die Natur bzw. das Gebirge als eine Gefahr für den Menschen empfunden wird. Mit dem einsetzenden Föhnwind verstärkt sich die bedrohliche Situation, die Stimmung

---

[126] Brief von Oda Schaefer an Horst Lange vom 04.08.1951, Nachlass Schaefer/Lange, Monacensia.

zwischen Elisabeth und dem Mann, die von „ungut[en]" (S. 42) Gedanken gekennzeichnet war, schlägt jedoch entsprechend um. Während sie zu Beginn bei Nordwind noch ohne Berührung nebeneinander hergegangen waren, biegen sie nun bei Föhn „engumschlungen" (S. 45) vom Weg ab.

Im Vordergrund stehen die ausführlichen, farbenreichen, von Vergleichen und Personifizierungen geprägten Beschreibungen der Natur, des Gebirges, das sich mit dem Fallwind verändert.[127] „Plötzlich rückt das Gebirge ganz nahe. Es macht gewissermaßen einen Raubtiersprung nach vorwärts und zeigt schamlos und hämisch, wie es vor Erschaffung der Menschen ausgesehen haben mag." (S. 43f.)

Die Welt der Natur und die Welt des Menschen, der diese mit Hilfe der Technik zu beherrschen versucht, stehen sich unversöhnlich gegenüber.[128] Es wird ein respektvoller Umgang des Menschen mit der Natur gefordert[129] – wie im Feuilleton *Schnecken-Piazza*, in dem implizit für eine von Staunen und Ehrfurcht (S. 36) gezeichnete Begegnung plädiert wird.

Um die Bedeutung der Natur für den Menschen geht es auch in *Unter einer Linde zu liegen…*[130], diesmal dargestellt in einer äußerst idyllischen, anakreontisch-beschaulichen Szenerie: In der sommerlichen Mittagshitze liegt das Paar Gerda und Paul unter einem Lindenbaum. Typische volkstümlich-romantische Motive klingen an, wie in der Linde als Baum der Liebenden[131], oder einem Volkslied, das Gerda singt, genauso wie zu Be-

---

[127] Oda Schaefer hat Teile dieses Prosastückes in *Die leuchtenden Feste über der Trauer* eingearbeitet, vgl. S. 28-30. Es scheint, dass sie selbst zu der Zeit, als sie in Mittenwald wohnte, diese Beobachtungen gemacht hat.

[128] Der Gegensatz von Stadt und Land war bereits im Programm der *Kolonne* thematisiert worden.

[129] In der Erklärung des Föhns, die der Mann Elisabeth gegenüber gibt, heißt es, dass die Berge „nur gleichgültig" seien. „Oft genug schütteln sie uns mit Lawinen und Steinschlägen ab, weil wir ihre Reinheit und ihren Frieden stören. Man soll sie nicht versuchen…" *Der Wind dreht sich*. In: *Katzenspaziergang*, S. 44f.

[130] Dieses Feuilleton wurde unter mehreren Titeln veröffentlicht: *Liebespaar im Grünen*. In: *Die Welt*, Nr. 119, 25.05.1951, S. 3; *Unter einem Baum liegen*, Erscheinungsdatum und Angabe des Namens der Zeitung fehlen im Nachlass Schaefer/Lange, Monacensia.

[131] Vgl. Erich, Oswald E./Beitl, Richard: *Wörterbuch der deutschen Volkskunde*, 3. Auflage, Stuttgart: Kröner 1974, unveränderter Nachdruck 1996, S. 513.

ginn in dem Vergleich mit den in der Linde summenden Bienen als „große Orgel zum Lobe Gottes" (S. 46) die Berufung auf Barthold Heinrich Brockes deutlich wird. Bewunderung der Natur – auch im kleinsten Detail – ist das angestrebte Ideal, das in der Person des Ingenieurs Paul vorgeführt wird, der sich mit „Geduld und Liebe" (S. 47) sogar den „winzigen Gewächsen" widmet. Alles ist beseelt, mit menschlichen Gefühlen und Eigenschaften ausgestattet, sei es der Lindenbaum, dessen Blätter als „grünes Haar" (S. 47) bezeichnet werden, oder das Unkraut, dessen Beschreibung in naiv-biedermeierlicher Manier erfolgt: „In vornehmes Graugrün kleidet sich die Melde, die Taubnessel hat schöne cremeweiße und hellviolette Blüten angesteckt, der Knöterich streckt die hellrosa Kolben wie Lampenputzer in die Höhe, [...]." (S. 48) Zwar wird dieses Verfahren des Vergleichs der Natur mit dem Menschen als alt und herkömmlich gekennzeichnet, aber eine Alternative nicht angeboten. Die Hinweise auf neue Vergleichsmöglichkeiten („Makrokosmos" und „radioaktiv geladen[e] Wolkenhülle", S. 49)[132] sind nur Schlagwörter, die sich auf zeitgenössische Themen beziehen, jedoch keine Inhalte haben.

Das Glück des Menschen ist in der Natur zu suchen – eine Aussage, die die enge Verbundenheit Oda Schaefers mit dem Programm der *Kolonne* wieder einmal demonstriert.

Das Seepferdchen[133] ist ein aus der Retrospektive erfolgender Bericht eines vergangenen Reise-Erlebnisses, das aus der Sicht einer Frau geschildert wird. Ein damals mitgebrachtes Souvenir – das Seepferdchen – erinnert sie an ihren Venedig-Aufenthalt mit ihrer frühen Liebe Georg, eine Beziehung, die jedoch nicht von langer Dauer war. Sie verbindet mit dieser Reise vor allem die Erinnerung an einen großen Streit zwischen ihnen, an dessen Ende sie allein, verfolgt von zwei „Glutäugige[n]" (S. 52), zum Hotel zurückläuft. Als sie am nächsten Morgen Georg in seinem Zimmer aufsucht, findet sie neben einem Gedicht von Eichendorff eine Notiz mit dem „Name[n] des Mädchens, das ihn vor kurzem verlassen hatte" (S. 53) – eine Situation, die sie mit einem ironischen Lächeln zu überspielen versucht, und die sie angesichts einer „Röhre mit den weißen

---

[132] Diese Beispiele fehlen in den älteren, zuerst veröffentlichten Zeitungsartikeln. Oda Schaefer hat sie erst in die Fassung im *Katzenspaziergang* eingefügt.
[133] Diese kurze Prosa erschien in einer Zeitschrift unter dem Titel *Venedig hat keine Autos...*; die Angabe des Namens der Zeitschrift und des Erscheinungsdatums fehlen im Nachlass Schaefer/Lange, Monacensia.

Tabletten", durch die Georg offenbar seine Gedanken zu beruhigen versucht hatte, großes Mitleid empfinden lässt. Das Ende dieser Beziehung ist jedoch bereits impliziert, auch wenn sie als Versöhnungsgeschenk das Seepferdchen erhält.

Auffallend deutlich besitzt diese kleine Erzählung Ähnlichkeit zu einer Stelle von Oda Schaefers Lebenserinnerungen *Auch wenn Du träumst, gehen die Uhren*, wo sie über ihren und Uli Klimschs Venedig-Aufenthalt berichtet. Auch hier ist von einem durch den Genuss von zu viel Chianti verursachten Streit die Rede, an dessen Ende sie allein durch die dunklen Gassen zum Hotel zurückläuft und dort noch „die drei dummen, flunderartig am Glas festgepreßten Gesichter hinter der Tür"[134] wahrnimmt.[135] Eine Zeile aus dem Gedicht von Eichendorff wird ebenfalls zitiert, allerdings nicht im Kontext einer Auseinandersetzung in Venedig, sondern im Rahmen ihres Aufenthaltes in Florenz, wo sie Uli Klimsch beim Lesen dieses Gedichts, das Eichendorff „auf den Tod seines Kindes geschrieben hatte"[136], überrascht und auf diese Weise weiß, dass er über den Verlust von Ilse Röchling, seiner vorherigen Beziehung, nicht hinweggekommen ist, was das Ende ihrer Liaison bedeutet.

Sprachlich und inhaltlich fallen zusätzlich einige Parallelen auf, wie z.B. das an das Bett einer Prinzessin erinnernde Moskitonetz (S. 52), die roten Fußbodenfliesen, oder die „»Bionda«" (S. 51), der im Lokal zugeprostet wird, was wiederum einen autobiographischen Hintergrund dieser Prosa nahe legt.

Klare gesellschaftskritische Töne sind in der kurzen Prosa *Zwei Klaviere* zu vernehmen. Eingebettet in eine abermals deutlich autobiographische Züge aufweisende Erzählung über zwei Klavier spielende Frauen unterschiedlichen Alters in einem Haus (an der gleichen Wand, nur ein Stockwerk voneinander entfernt) steht die Kritik an der hohen Wertschätzung der Technik und einer charakterlichen Veränderung der Menschen in der Gegenwart. Im Gegensatz zu früheren Zeiten, in denen man aus Rücksichtnahme niemals gleichzeitig musizierte, ist nun an die Stelle des Kla-

---

[134] *Auch wenn Du träumst, gehen die Uhren*, S. 218.
[135] In der vergleichbaren Textstelle in *Das Seepferdchen* heißt es: „Da standen zwei enttäuschte Glutäugige, ihre Gesichter klebten platt an der Glasscheibe der Tür, um dann, Flundern ähnelnd, die sich vom Rande eines Aquariums ablösen, wieder in die Gewässer der Dunkelheit hineinzutreiben." In: *Katzenspaziergang*, S. 52.
[136] *Auch wenn Du träumst, gehen die Uhren*, S. 218.

viers das Radio getreten, das nun „als Waffe" (S. 54) eingesetzt wird. Polemisierend wird die Geräuschkulisse beschrieben:

> Nun stehen an derselben Wand zwei Radios übereinander und spielen oft gegeneinander. Auch wenn ein Konzert eingeschaltet wird, hört man durch die Wände nur mißgestaltetes Brummen und Kreischen. Die Bässe rülpsen, die Flügel scheppern, die Soprane schrillen wie die Trambahnen in der Kurve, und immer wieder schlägt ein A oder E auf das Trommelfell als hartnäckiger Paukenschlegel, während das übrige sich zu einem Brei mischt, [...]. (S. 57)

Die in der Romantik (besonders von E.T.A. Hoffmann) bereits oft thematisierte und beschworene Macht der Musik, in eine andere Welt zu entführen, Emotionen Ausdruck zu verleihen und die Phantasie anzuregen, wie sie kontrastiv zuvor beim Spiel des Mädchens Alix „mit der unglücklichen Liebe zur Musik im dummen Herzen" (S. 57), in dem sich die Autorin am Ende selbst zu erkennen gibt[137], geschildert wird, scheint gegenwärtig – so wird beklagt – am Ende zu sein: „[...] Phantasie, deren Bereich in unseren Zeitläuften brach daliegt wie ein weißer Fleck in einem großen Kontinent."
Programmatisch wird dagegen die zeitlose Gültigkeit traditioneller romantischer Vorstellungen von einer allgegenwärtigen Sphärenmusik gesetzt, indem am Ende „einer Musik von Robert Schumann vorangestellt[e]" (S. 58) Verse von Friedrich Schlegel zitiert werden: „Durch alle Töne tönet/ Im bunten Erdentraum/ Ein leiser Ton gezogen,/ Für den, der heimlich lauschet..." Die in der Lyrik Oda Schaefers immer wieder zu beobachtende Rekurrenz auf die Romantik äußert sich auch hier.

Die kurze Prosa *Ende des Sommers* hat Oda Schaefer ihrem Band *Unvergleichliche Rose* entnommen. Sie trägt dort den Titel *Sonntagvormittag*[138] und ist die Darstellung einer besonderen Sensibilität und eines gesteigerten Wahrnehmungsvermögens gegenüber der Umwelt, die wohl ebenfalls autobiographischen Ursprungs ist, da Oda Schaefer Teile daraus in ihren Erinnerungen *Die leuchtenden Feste über der Trauer*[139] eingefügt hat.

---

[137] Oda Schaefer schrieb unter dem Pseudonym „Alix" auch Artikel in Zeitschriften und Zeitungen, vgl. z.B. *Hinter den sieben Bergen. Deutsche Mode unter „ferner liefen"*. In: *Die Zeit*, Nr. 1, 03.01.1964, S. 26; vgl. ebenso *Drachenblut und Eselsmilch*. In: *EPOCA. Eine europäische Zeitschrift*, Nr. 7, Juli 1967, S. 72f.
[138] Vgl. *Sonntagvormittag*. In: *Unvergleichliche Rose*, S. 33ff.
[139] Vgl. *Die leuchtenden Feste über der Trauer*, S. 32-34.

In der kurzen Prosa *Die Malerin*[140] geht es um eine diesen Beruf ausübende Person aus der Kindheit des weiblichen Ich-Erzählers zur Zeit des Ersten Weltkrieges, in der auch hier wieder deutlich autobiographische Züge festgestellt werden können. Das Kind erkennt mit feinem Empfinden die Diskrepanz und psychische Unausgewogenheit zwischen den Aussagen der Malerin und den Inhalten ihrer Werke. So sind vor allem Gruppen von jungen Mädchen – der Ich-Erzähler steht ebenfalls Modell – Objekte ihrer Bilder, die allerdings nicht lebendig, sondern als Stilleben mit matten, ‚gebrochenen' Farben gemalt werden und damit eine untergegangene Epoche symbolisieren, die mit der Wirklichkeit des Ersten Weltkrieges nichts zu tun hat. Die Zurückhaltung und Beschränkung der Malerin verändert sich – unheimlicherweise – erst während des Zweiten Weltkrieges, wie im Rückblick erzählt wird: Nun bleibt sie während der Luftangriffe in ihrem im vierten Stock liegenden Atelier und malt die brennende Stadt, was als Selbstfindung geschildert und womit das ehemalige misstrauische Empfinden des Kindes nachträglich legitimiert wird: „Das Innen war rücksichtslos nach außen gebrochen, vulkanisch und glühend, das Außen hatte das Innen freigeben müssen. Sie malte nur noch den Ausdruck ihrer eigenen Natur." (S. 66) Ihr Tod in den Flammen des brennenden Hauses scheint in einem logischen Zusammenhang zu stehen mit ihrer sich in ihren Stilleben offenbarenden „Sehnsucht nach dem Licht" (S. 67).

Deutlicher als noch in den Prosastücken der *Unvergleichlichen Rose* lassen sich im *Katzenspaziergang* immer wieder entsprechend der Gattung des Feuilletons gesellschaftskritische Züge bemerken. Sie beziehen sich auf die charakterlichen Veränderungen der Menschen und allgemein auf die Dominanz der Technik, die der Natur, wie bereits im Programm der *Kolonne*, als Gegenpol gegenübersteht. Oft finden sich Hinweise auf aktuelle zeitgenössische Themen, wie z.B. die Diskussion um Atomversuche und atomare Bewaffnung, mit deren Hilfe – manchmal etwas gezwungen – ein Gegenwartsbezug hergestellt wird. Mehr oder weniger direkt ist entsprechend der Auffassung Oda Schaefers vom Künstler als einem Moralisten immer auch eine moralisch-pädagogische Absicht erkennbar, die sich u.a. im Thema ‚Natur' äußert, deren Bedeutung für den Menschen

---

[140] Zuvor publiziert unter dem Titel *Schicksal in meiner Nähe. Die Malerin*. In: *SZ*, Nr. 178, 04./5.08.1951, S. 7.

wiederholt hervorgehoben wird. Deutlich sind dabei Einflüsse des 18. und 19. Jahrhunderts spürbar, wie u.a. in Anklängen an die Anakreontik und die Vorstellungen von Barthold Heinrich Brockes sowie der Romantik. Die implizite Vermittlung von Wissen und Bildung, die in den Feuilletons und kulturgeschichtlichen Werken der sechziger Jahre verstärkt auftritt, ist hier bereits vorhanden.

Leichtigkeit und Humor prägen diese kurzen Prosastücke, ganz der unterhaltenden Funktion eines Feuilletons angepasst, mit einer höchst anschaulichen, metaphorischen, stilisierten Sprache, die teilweise geradezu überladen wirkt. Viele dargestellte Bilder, Vergleiche und Motive sowie eine auf den Klang ausgerichtete Sprache, die sich z.B. durch die häufige Verwendung von Alliterationen zeigt, verweisen entsprechend dem Untertitel „poetisches Feuilleton" auf die enge Bindung an die Lyrik Oda Schaefers.

4.1.2.3 *Die Haut der Welt. Erzählungen und Augenblicke*

Unter dem Kapitel „Augenblicke" hat Oda Schaefer viele ihrer Prosastücke aus den Bänden *Unvergleichliche Rose*[141] und *Katzenspaziergang*[142] in diesem 1976 erschienenen Band wieder aufgenommen. Neu sind *Spiegelungen*, *Die Haut der Welt* und *Eine jede Kugel trifft ja nicht*, die alle in den sechziger Jahren entstanden und in Zeitungen oder Zeitschriften veröffentlicht wurden.

Die kurze Prosa *Spiegelungen* stammt aus dem Jahr 1965.[143] Höchst anschaulich und unterhaltend[144] wird neben der Vermittlung von kunsthis-

---

[141] Dem Band *Unvergleichliche Rose* entstammen *Die verzauberte Minute*, *Unvergleichliche Rose*, *Brahms-Symphonie*, *Geruch eines Apfels*, *Seifenblasen* und *Warten*.

[142] Aus *Katzenspaziergang* wurden *Ende des Sommers* – es entspricht *Sonntagvormittag* aus der *Unvergleichlichen Rose* – , *Das Seepferdchen* und *Der Wind dreht sich* übernommen.

[143] Vgl. *Spiegelungen*. In: *SZ*, Nr. 188, 07.08.1965. Im September 1965 berichtet Oda Schaefer Hertha Bielfeld, dass sie beim Rundfunk in Salzburg u.a. *Spiegelungen* gelesen habe, vgl. Brief von Oda Schaefer an Hertha Bielfeld vom 29.09.1965, Nachlass Schaefer/Lange, Monacensia.

[144] Siegfried von Vegesack gratulierte Oda Schaefer zu ihrem „mit Entzücken" gelesenen Feuilleton mit der Bemerkung: „ein Gedicht in Prosa". „Und daneben [...] diese schrecklich geistreichen und ebenso schrecklich leeren Spitzfindigkeiten eines typischen Kartoffelkäfers über Thomas Mann und die Rhetorik, denen beides fehlt, was Deine Betrachtung auszeichnet: Anschaulichkeit

torischem und kulturgeschichtlichem Wissen anhand des Spiegels das philosophische Thema von Wahrnehmung und Wirklichkeit erörtert, von Oberfläche und Tiefe, die, eine Sache der Perspektive, durch einen Spiegel sichtbar werden. So bildhaft wie die durch den Spiegel eingefangene Impression – das Bild im Bild – ist dabei auch die Sprache selbst. Vergleiche und bildhafte Umschreibungen dominieren, auf charakterisierende Adjektive und ergänzende Partizipien sowie den Klang der Worte entsprechend dem Prinzip des „poetischen Feuilleton" aus dem *Katzenspaziergang* wird besonderer Wert gelegt. Die Essenz der Betrachtung und ihre Bedeutung werden nicht verschlüsselt, sondern dem Leser explizit am Ende dargestellt und erklärt: „Der Schein erst läßt die Wahrheit voll erkennen, denn die Dinge erscheinen uns im Grunde genommen flach, sie geben nur zögernd das Geheimnis der Tiefe preis, das sich dahinter befindet." (S. 81f.)

Die unter dem Titel *Die Haut der Welt* zusammengefassten drei Prosastücke *Das Frühstück*, *Der Ball* und *Im Treibhaus* verfasste Oda Schaefer nach Bildern von Auguste Renoir, Adolphe Monticelli[145] und Edouard Manet. Der Titel *Die Haut der Welt* stammt von Horst Lange, als er und Oda Schaefer 1965 eine Ausstellung französischer Malerei[146] in München besuchten.[147] Im April 1965 begann Oda Schaefer, als sie sich wegen Co-

---

und Tiefsinn!" Karte von Siegfried von Vegesack an Oda Schaefer vom 10.08.1965, Nachlass Schaefer/Lange, Monacensia.

[145] So in der Ausgabe in der *Haut der Welt*. Im Exemplar der *EPOCA* (Nr. 12, Dezember 1966, S. 127-133) sowie in Briefen (vgl. Karte an Hertha Bielfeld vom 23.04.1965) äußerte Oda Schaefer, dass die Novelle nach zwei Bildern von Auguste Renoir und einem Bild von Edouard Manet geschrieben worden sei.

[146] Wie sehr Oda Schaefer sich auf die Ausstellung freute, kommt in einem Brief an Hertha Bielfeld vom 15.11.1964 zum Ausdruck: „Trotzdem gehe ich morgen, wenn das stürmische Wetter es erlaubt, in die französische Ausstellung, ich bin fast verdurstet nach einer solchen Anregung! Bilder von David bis Cézanne, darunter viele Lieblinge, auch schöne Manets – wir haben hier ja einige grossartige Dinge von ihm. Und wenn mich die Schmerzen auch noch so zwacken, ich humpele zwischen den herrlichen Bildern herum und werde glücklich sein wie lange nicht, das weiss ich." Nachlass Schaefer/Lange, Monacensia.

[147] Vgl. Brief von Oda Schaefer an Dr. Best (Piper-Verlag) vom 25.01.1966, Verlagsarchiv Reinhard Piper, DLA-Marbach.

ronarinsuffizienz[148] im Krankenhaus aufhielt[149], daran zu schreiben und beendete sie im September[150], musste sie aber für die Zeitschrift *EPOCA*, für die sie in den sechziger Jahren oft arbeitete und in der diese „Novelle" zuerst erscheinen sollte[151], vier Mal[152] umschreiben.

Sie sei, wie sie in einem Brief an den Piper-Verlag schreibt, der Versuch, ihr persönliches „Erlebnis des Impressionismus, dieses Schillern von Farben, diesen Pointillismus"[153] einzufangen und umzusetzen. Bereits in den vierziger Jahren hatte sie, auch hier von einem Bild Edouard Manets („Im Wintergarten") beeinflusst[154], eine sehr ähnliche Prosa geschrieben[155], deren Titel *1894* sie offenbar auch jetzt in Betracht zog.[156]

Die Handlung spielt, wie auch in anderen Erzählungen von Oda Schaefer, wie z.B. der *Kastanienknospe*, in der Zeit des Kaiserreichs, die auf sie eine erstaunliche Faszination ausübte, wie sie selbst in einem Brief an ihre Freundin Hertha Bielfeld konstatiert:

> […] heute bin ich endlich mit meiner komischen Novelle über drei Bilder des Impressionismus fertig geworden – es ist doch merkwürdig, wie sehr mich diese Zeit immer wieder fasziniert. Es ist völlig aus jedem modernen Rahmen fallend, eigentlich eine Beschreibung von Farben und Bildern, hineingebaut die Handlung von einer ganz jungen verführten Frau, die einem Rittmeister

---

[148] Vgl. Brief an Hertha Bielfeld vom 22.04.1965, Nachlass Schaefer/Lange, Monacensia.

[149] Vgl. Karte an Hertha Bielfeld vom 23.04.1965, Nachlass Schaefer/Lange, Monacensia.

[150] Vgl. hier und im folgenden Zitat Brief an Hertha Bielfeld vom 04.09.1965, Nachlass Schaefer/Lange, Monacensia.

[151] Vgl. *Die Haut der Welt oder: Drei Bilder einer Ausstellung. I. Im Grünen (Nach Renoir). II. Der Ball (Nach Renoir). III. Im Treibhaus (Nach Manet).* In: *EPOCA. Eine europäische Zeitschrift*, Nr. 12, Dezember 1966, S. 127-133. Unter dem Titel *Drei Bilder einer Ausstellung* auch in: *Die Presse*, 31.12.1969, S. IX.

[152] Vgl. Brief von Oda Schaefer an Hertha Bielfeld vom 17.12.1966, Nachlass Schaefer/Lange, Monacensia.

[153] Brief von Oda Schaefer an Dr. Best (Piper-Verlag) vom 25.01.1966, Verlagsarchiv Reinhard Piper, DLA-Marbach.

[154] Vgl. Brief von Oda Schaefer an Karl Krolow vom 21.02.1946, Nachlass Karl Krolow, Signatur 88.7.62/2, DLA-Marbach.

[155] Vgl. *1894*. In: *Kölnische Zeitung*, Nr. 540-541, 12.12.1943, S. 4.

[156] Vgl. Karte von Oda Schaefer an Hertha Bielfeld vom 23.04.1965, Nachlass Schaefer/Lange, Monacensia.

zum Opfer fällt, weil sie aussieht wie ein Knabe – das gabs damals auch schon – und ihn an seine Kadettenzeit erinnert.[157]

Sie ist sich dabei völlig bewusst, dass sie sich mit diesem Sujet und der Art der Darstellung, die – ähnlich auch ihren Prosastücken und poetischen Feuilletons – die Situationen als Bilder beschreibt, denen sie mit Vergleichen und Metaphern Farbe und Gestalt verleiht, abseits von modernen zeitgenössischen Themen und Formen bewegt. Die Sprache gleicht den impressionistischen Vorbildern und hat „absichtlich die Übersüsse"[158], die „manchmal von Renoir-Bildern" ausgeht. Die einzelnen Figuren gewinnen durch eine betont kontrastive Zeichnung Kontur: Antoinette – die Hauptperson – als junge, jungenhafte, unbedarfte Frau, die sich über die Standesgesetze der Gesellschaft hinwegsetzt; dagegen als Widerpart die ältere, von der Farbe Schwarz dominierte, damit das Dunkle, Emotionen wie Neid und Hass symbolisierende Germaine, sowie die absolute Kindlichkeit und Albernheit verkörpernde blonde Sylvie. Die Figur des Rittmeisters Serkin wird als Bedrohung für Antoinette, die ihn an einen geliebten Jungen erinnert und deswegen anzieht, geschildert, indem er in ihre überschaubare Welt – das Treibhaus – einbricht und Unruhe sowie am Ende Verwüstung hinterlässt.

Während *Das Frühstück* die Einführung und Ausgangsposition für die nun folgende Handlung darstellt, ist *Der Ball* der Höhepunkt der äußeren Handlung, während derer Antoinette dem dunklen Charme von Serkin, der als gewalttätig und besitzergreifend beschrieben wird und dessen Härte in krassem Gegensatz zu ihrer Zartheit steht, erliegt. Die Wiedergabe der Atmosphäre eines Balles mit der charakteristischen Bewegung des Tanzes, des Sich-Drehens ist beherrschendes Element, das sich auch auf die Wahrnehmung Antoinettes erstreckt: „Als sie noch einmal den Kopf wandte, sah sie, wie der Saal, der sich bisher um sie gedreht hatte, in einer kreischenden, entstellten Musik, die nur sie allein zu vernehmen imstande war, wieder anhielt, wie ein Karussell." (S. 92f.) Der Ball wird zum Sinnbild für Erotik und Lebenslust, womit sich gleichzeitig das Verhältnis zwischen Antoinette und Serkin und das Ende ihrer Liaison andeuten.

---

[157] Brief von Oda Schaefer an Hertha Bielfeld vom 04.09.1965, Nachlass Schaefer/Lange, Monacensia.
[158] Hier und im folgenden Zitat Brief von Oda Schaefer an Hertha Bielfeld vom 25.12.1965, Nachlass Schaefer/Lange, Monacensia.

Das dritte Prosastück *Im Treibhaus* – Oda Schaefer hielt es selbst für das beste innerhalb des Zyklus'[159] – zeigt die Auswirkung des Ehebruchs auf das Wesen Antoinettes und den Abschied Serkins. Plastisch wird ihre Veränderung vor Augen geführt: Aus dem jugendlichen Mädchen ist eine alternde, vom Tod gezeichnete Frau geworden, die jeglichen Elan, jede Freude und jede Emotion verloren hat – „eine *Nature morte*, eine tote Natur" (S. 94). Serkin erscheint als kalt und berechnend, er provoziert bewusst seelische und auch physische Zerstörung. Die Natur im Treibhaus, im *Frühstück* noch Bild für die enge Welt Antoinettes, erhält am Ende dämonische Züge, die den Sieg der Natur, die unerbittliche Fortsetzung des biologischen Kreislaufs von Leben und Tod demonstrieren: „Es wurde nun lichter draußen, die Blumen begannen zu leuchten, in einer bösen und brutalen Schönheit, als hätten sie gesiegt." (S. 96)

Die kurze Prosa *Eine jede Kugel trifft ja nicht*[160] verfasste Oda Schaefer 1963. Das Motto zu Beginn „mors certa, hora incerta" (S. 100) stellt das Thema dieser Prosa dar, in der die Macht des Schicksals anhand zweier Kriegserlebnisse aus dem Ersten und Zweiten Weltkrieg demonstriert wird: Der Fall eines jungen Soldaten, der zwei Mal knapp dem Tod entgeht und daher meint, „seinen Tribut" gezahlt zu haben und von da an verschont zu werden, aber dann „in den großen Kessel von Witebsk" gerät, erinnert sehr an den Sohn Oda Schaefers[161], der seit der Schlacht bei Witebsk vermisst wurde.

Die Geschichte des zweiten Mannes bezieht sich, wie Oda Schaefer in einem Brief an ihre Freundin Hertha Bielfeld berichtet[162], auf den an der

---

[159] Vgl. Brief von Oda Schaefer an Dr. Best (Piper-Verlag) vom 25.01.1966, Verlagsarchiv Reinhard Piper, DLA-Marbach.

[160] Diese Prosa wurde in einer Zeitung im Rahmen der Reihe *Zwei Minuten zeitgenössische deutsche Prosa* veröffentlicht, in der auch andere kurze Prosastücke von Oda Schaefer wie *Im Café*, *Ländliche Tragödien* publiziert wurden. Leider fehlen der Name der Zeitung und das Erscheinungsdatum im Nachlass Schaefer/Lange, Monacensia.

[161] In ihren Erinnerungen *Auch wenn Du träumst, gehen die Uhren* berichtet Oda Schaefer, dass ihr Sohn seinem letzten Brief an sie Wollgras beigelegt hatte, vgl. S. 310.

[162] Vgl. Brief von Oda Schaefer an Hertha Bielfeld vom 03.11.1963, Nachlass Schaefer/Lange, Monacensia: „[...] jetzt schreibe ich d. Geschichte ‚Die Kugel' von v. Hassell vom 20. Juli, hingerichtet – im 1. Weltkrieg bekam er eine Kugel ins Herz, die Frau (geb. v. Tirpitz, Vater Admiral, ‚mit dem Barte',

Verschwörung vom 20. Juli 1944 beteiligten Ulrich von Hassell, der an demselben Tag, an dem er während des Ersten Weltkriegs von einer Kugel ins Herz getroffen wurde, aber nicht daran gestorben war, 1944 hingerichtet wurde. Der Begriff des ‚Helden' wird dabei in seiner ideologischen Verzerrung vor Augen geführt: die Frau des im Ersten Weltkrieg getroffenen Offiziers[163] willigt in die risikoreiche Operation ein, um einen „Held[en]", – und „keinen Krüppel" (S. 101) – als Mann zu haben, während sich das wahre Heldentum später bei seiner Hinrichtung durch die Nationalsozialisten zeigt.

4.1.3 Autobiographien

Oda Schaefer beabsichtigte bereits 1946, eine längere „Novelle"[164] über ihre Mutter mit dem Titel *Immortelle. Du gläubiges Herze* zu schreiben. Immer wieder arbeitete sie daran, wurde aber durch ihre vielen Aufträge für die Feuilletons verschiedener Zeitungen und durch schwere Krankheiten davon abgehalten. 1949 erschien dann der Anfang dieser Erzählung in der Zeitschrift *Welt und Wort*[165], die sie eigentlich 1951 beenden wollte.[166] Dazu kam es jedoch nicht, obwohl ihr der Piper-Verlag für dieses Werk bereits einen Vorschuss gezahlt hatte. Immer wieder erinnerte der Verleger seine Autorin an die noch ausstehende große Erzählung und ermunterte sie nachdrücklich, dieses Werk anzugehen.[167] 1958 legte Oda Schaefer dann mit der Erzählung *Raggafer*[168] einen zweiten Entwurf

---

Schlesierin) verlangte Operation, denn sie wollte einen Helden, keinen Krüppel! Er trug die Kugel immer bei sich + wurde am selben Tage hingerichtet, an dem er verwundet worden war. Eine tolle Geschichte."
[163] Die Frau von Ulrich von Hassell ist die Tochter von Admiral von Tirpitz, Schlesierin laut Information an Hertha Bielfeld, vgl. Brief von Oda Schaefer an Hertha Bielfeld vom 03.11.1963, Nachlass Schaefer/Lange, Monacensia.
[164] Brief von Oda Schaefer an Horst Lange vom 03.06.1946, Nachlass Schaefer/Lange, Monacensia.
[165] Vgl. *Zwiesprache mit Vergangenem. Aus der begonnenen Erzählung „Immortelle".* In: *Welt und Wort* 4 (1949), S. 141f.
[166] Vgl. Brief von Oda Schaefer an Reinhard Piper vom 26.11.1950, Verlagsarchiv Reinhard Piper, DLA-Marbach.
[167] Vgl. z.B. Brief von Klaus Piper vom 21.12.1957 oder auch vom 08.06.1959 an Oda Schaefer, Verlagsarchiv Reinhard Piper, DLA-Marbach.
[168] Vgl. Manuskript Ms 115 und L 2965, Nachlass Schaefer/Lange, Monacensia. Sie schrieb diese Erzählung am 14.03.1958.

vor, den sie mehrere Male änderte.[169] Regelmäßig schrieb sie in den sechziger Jahren neue Kapitel und ergänzte ihre vorliegenden Entwürfe, während sie zugleich ebenfalls an anderen Büchern, wie u.a. der *Boutique*, dem *Dandy*, ihrem Hörspiel *Belle Epoque* oder *Und fragst du mich, was mit der Liebe sei* arbeitete. Ihr erster Band Erinnerungen *Auch wenn Du träumst, gehen die Uhren*, dessen einzelne Kapitel sie zum Teil auch vorher in Zeitungen publizierte[170], brachte ihr den erwünschten Erfolg, an den sie mit ihrem zweiten Band *Die leuchtenden Feste über der Trauer* anzuknüpfen versuchte.

4.1.3.1 *Auch wenn Du träumst, gehen die Uhren. Lebenserinnerungen*

Nach den Erzählungen *Immortelle* (1949) und *Raggafer* (1958), die die Vorläufer zu diesem Erinnerungsband, dessen Titel (bis auf die Änderung eines Wortes) dem Gedicht *Alptraum* entnommen ist[171], bilden, scheint sich ab 1964 Oda Schaefers Vorstellung von der Form und Konzeption dieses Werkes zu konkretisieren. Klaus Piper begrüßte dies sehr und bestärkte seine Autorin in der Umsetzung dieses Vorhabens:

> Sie wissen, liebe gnädige Frau, daß ich seit Jahren auf ein Buch von Ihnen warte, in dem Sie ‚endlich das aussagen', was Ihnen „auf Herz und Zunge liegt". Ich habe das Gefühl, daß die Zeit – bei Ihnen selbst, aber auch in der Stimmung und Erwartung der Leser – für ein Buch wie dieses reif geworden ist.[172]

Oda Schaefer verstand ihre Erinnerungen als „Rechenschaftsbericht über die gelebten Zeiten, vor allem über die politischen Übergänge, [und] über die Schwierigkeit, in den dreißiger Jahren Fuss zu fassen".[173] Die Wahrheit war ihr dabei äußerst wichtig: „Ich will versuchen, wie vor

---

[169] Vgl. Manuskript Ms 115, Nachlass Schaefer/Lange, Monacensia: „nicht geschrieben, weil in Erinnerungen in Ich-Form erzählt".
[170] Vgl. *St. Petersburg 1914. Aus den Erinnerungen von Oda Schaefer.* In: *Die Welt*, Nr. 33, 08.02.1969, S. II; vgl. ebenso *Frühe Bilder aus Ostpreußen.* In: *FAZ*, Nr. 152, 05.07.1967, S. 18.
[171] Die ersten Zeilen des Gedichtes *Alptraum* lauten: „Auch wenn du schläfst/ Gehen die Uhren". In: *Grasmelodie*, S. 37.
[172] Brief von Klaus Piper an Oda Schaefer vom 17.01.1964, Verlagsarchiv Reinhard Piper, DLA-Marbach.
[173] Hier und im folgenden Zitat Brief von Oda Schaefer an den Piper-Verlag (Herr Schmitt) vom 17.10.1968, Verlagsarchiv Reinhard Piper, DLA-Marbach.

Gericht ‚die reine Wahrheit' zu sagen – auch wenn die Grenzen oft verfliessen." Eindrücke der jungen Oda werden dabei rückblickend, aus dem Blickwinkel eines gelebten Lebens, kommentiert, genauso wie Vor- und Rückblenden den Text beherrschen, auch wenn er – den Kapiteln nach – chronologisch angeordnet ist und mit der Ankunft in Mittenwald und einer kurzen Beschreibung des Lebens in der Nachkriegszeit endet.

Die Familie Oda Schaefers, ihre baltischen Vorfahren, ihre Kindheitserlebnisse in Berlin und vor allem im Baltikum stehen im ersten Drittel im Vordergrund. Mit der Schilderung ihrer Reise nach St. Petersburg wollte sie zudem ein Bild dieser Stadt und dieser Region „kurz vor dem Untergang"[174] geben, wobei ihr ein alter Baedeker über Russland von 1901 wertvolle Dienste erwies.[175] Danach folgen die Jahre des Ersten Weltkrieges und die ereignisreichen zwanziger Jahre in Berlin, die Schule des „Blauen Hauses" unter Adolf Propp, die persönlichen, einschneidenden Erlebnisse im Leben Oda Schaefers, wie ihre Heirat mit Albert Schaefer-Ast, die Geburt ihres Sohnes, ihre Scheidung und ihre neue Beziehung zu Uli Klimsch, sowie die Wiedergabe der offenen Atmosphäre, des toleranten, die unterschiedlichsten Richtungen vereinigenden Klimas der Weimarer Jahre. Das letzte Drittel des Buches behandelt ihr und Horst Langes Leben in den dreißiger Jahren in Berlin, zunächst ihre Anfangsschwierigkeiten beim Einstieg ins Berufsleben[176], dann die zunehmenden Restriktionen und Repressionen durch die Nationalsozialisten – ein Zeugnis und ein Beispiel der Sichtweise einer ‚inneren Emigrantin' –, das Erleben des Krieges und sein Ende mit der Flucht von Oda Schaefer und Horst Lange nach Mittenwald Ostern 1945.

Den Vor- und Rückblenden entsprechend ist auch der Text nicht durchgängig Prosa. Immer wieder sind Gedichte eingearbeitet, seien es ihre eigenen, wie z.B. *Das alles bin ich heute* zu Beginn, *An meinen Sohn* (S. 335), Passagen aus *Heimkehr* (S. 310), oder Gedichte von Horst Lan-

---

[174] Brief von Oda Schaefer an Dr. Best (Piper-Verlag) vom 14.02.1968, Verlagsarchiv Reinhard Piper, DLA-Marbach.

[175] Vgl. Brief von Oda Schaefer an Piper-Verlag (Dr. Baumgart) vom 29.08.1959, Verlagsarchiv Reinhard Piper, DLA-Marbach.

[176] Der Ausspruch „Habent sua fata libelli", den Oda Schaefer an den Anfang ihres Kapitels über die *Schwarze Weide* von Horst Lange (S. 273) stellt, findet sich auch in den Tagebüchern Horst Langes, vgl. Schäfer, Horst Lange. Tagebücher, S. 117.

ge (S. 232f.) und anderer Autoren, wie z.B. von Carl Zuckmayer das Gedicht auf Schaefer-Ast (S. 176f.) oder am Ende ein Sonett von Rainer Maria Rilke (S. 342). Das Kapitel *Eine frühe Vision* hatte Oda Schaefer bereits 1950 in der *Neuen Zeitung*[177] und danach im *Katzenspaziergang*[178] publiziert.

Die Sprache ist im Vergleich zu ihren früheren Erzählungen und ihren Feuilletons einfacher, klarer geworden, zwar noch anschaulich und sehr bildlich, aber nicht in demselben Maße wie die früheren Prosawerke – eine Entwicklung, die auch bereits für die Lyrik konstatiert werden konnte. Der Stil ist leicht und flüssig, wozu auch die unterschiedlichen, sich abwechselnden Inhalte beitragen, wie Reisebeschreibungen, Berichte, Träume sowie Anekdotenhaftes, „Klatsch" – der, wie Oda Schaefer an den Piper-Verlag schreibt, „im gewissen Grade zur Schilderung der Menschen, die ich kannte"[179], gehört – und Triviales, das an die feuilletonistische Arbeit Oda Schaefers erinnert. Sie selbst betrachtete dieses „Hin und Her", das sie als Anreiz zum Lesen empfand, als „typisch für das Buch" und sich selbst, indem es ihr eigenes Wesen mit seinen mutwilligen „Rösselsprüngen" treffend charakterisierte. Sie thematisierte dieses Prinzip sogar im Text als Laune der Erinnerung („die Erinnerung ist launisch und wirft Bedeutendes und Unbedeutendes durcheinander", S. 219), womit sie die Spontaneität des Schreibvorgangs, ihre Rolle als Sprachrohr der Erinnerung, von der sie bestimmt ist, betont.

4.1.3.2 *Die leuchtenden Feste über der Trauer. Erinnerungen aus der Nachkriegszeit*

Der zweite Teil der 1977 erschienenen Lebenserinnerungen *Die leuchtenden Feste über der Trauer* setzt genau zu dem Zeitpunkt ein, an dem Oda Schaefer in *Auch wenn Du träumst, gehen die Uhren* geendet hatte. Das Buch umfasst, bis auf das letzte Kapitel, das ganz Horst Lange gewidmet ist, die Jahre der von Armut, Hunger und physischer sowie psychischer Erschöpfung geprägten Nachkriegszeit bis zum Umzug von Oda Schaefer

---

[177] Vgl. *Frühe Vision. Eine Erzählung von Oda Schaefer.* In: *Die Neue Zeitung*, Nr. 42, 18.02.1950, S. 8.
[178] Vgl. *Eine frühe Vision.* In: *Katzenspaziergang*, S. 5-10.
[179] Hier und in den folgenden Zitaten Brief von Oda Schaefer an den Piper-Verlag (Herr Schmitt) vom 17.10.1968, Verlagsarchiv Reinhard Piper, DLA-Marbach.

und Horst Lange von Mittenwald nach München im Jahr 1950. Vor allem der knapp einjährige Aufenthalt in der Schweiz steht dabei im Mittelpunkt, die Schilderung der erlebten Hilfsbereitschaft, des Zusammentreffens mit alten Freunden, wie z.B. Werner Bergengruen, des Schließens neuer Bekanntschaften und Freundschaften und der Bericht über das literarische, politische und gesellschaftliche Klima in Zürich.

Der Titel des Bandes gibt der persönlich empfundenen Stimmungslage dieser Jahre Ausdruck: Einerseits bestand nach den Erfahrungen des Krieges das unmittelbare Bedürfnis nach Freude und Ausgelassenheit, andererseits herrschte in Anbetracht der erlebten Verluste und der allgegenwärtigen Nähe des Todes ein Zustand von Trauer und Niedergeschlagenheit, was oft zu einer grotesken Mischung, einer geradezu unwirklichen Atmosphäre[180] führte, wie z.B. das beschriebene Fest an Silvester 1945/1946, die Feiern bei Gunter Groll oder dem Verleger Ernst Rowohlt, und auch die Faschingsfeste, die Oda Schaefer immer gerne besuchte.

Die Sprache dieser Erinnerungen ist, parallel zu ihrer Entwicklung in der Lyrik, die sich in den späten Gedichten ganz auf das Essenzielle reduziert, auch hier noch einfacher, klarer geworden. Bildlichkeit und Anschaulichkeit sind zwar nach wie vor vorhanden, aber nicht in derselben Intensität wie in den frühen Erzählungen.

Wie auch in ihrem ersten Erinnerungsband finden im Text immer wieder Vor- und Rückblenden statt, die aber den großen chronologischen Rahmen nicht verlassen. Das Leben wird aus einer rückblickenden Perspektive kommentiert, die eigene Stellung im Literaturbetrieb und die ihres Mannes polemisierend erläutert, indem den eigenen literarischen Ansichten und Prinzipien widersprechende Positionen, wie die „literarische Seuche" (S. 148) der sogenannten „Kahlschlag-Theorie" und die Gruppe 47, deren Teilnahmebedingungen und Grundsätze Oda Schaefer nicht akzeptierte und befürwortete[181], als zu fürchtende, angreifende „La-

---

[180] Auch Ursula von Kardorff berichtet in ihren *Berliner Aufzeichnungen 1942 bis 1945* von einer derartig unwirklichen Atmosphäre auf einem Faschingsfest bei Gunter Groll, das auch Oda Schaefer und Horst Lange besuchten: „Ich sehe noch die schmale Oda Schäfer mit Horst Lange tanzen, Hans Egon Holthusen, Franziska Violet, Walter Kiaulehn, schwankende Gestalten zwischen Traum und Tag." Hartl, S. 389.

[181] „Durch unseren Freund Günter Eich war uns nahegelegt worden, uns der Gruppe 47 anzuschließen, als sie gegründet wurde. Doch als wir die Bedingungen hörten: daß man sich gewissermaßen einem Scherbengericht zu stellen habe, das über die Qualität des Vorgetragenen positiv oder negativ ent-

ger" (S. 149) dargestellt werden. Sie sieht sich und Horst Lange als Opfer, das „zu Boden gestreckt werden soll", „zwischen [den] Fronten", allein, ohne sich jemandem anschließen zu können, betroffen vom Verdikt der Reime und dem Postulat von freien Rhythmen. Die Härte der geführten Auseinandersetzung mit jüngeren Kollegen empfindet sie als eine „tiefe Zäsur […] zwischen den Generationen", die sie die Lyrik der jüngeren Kollegen als „»Lakonismus«" ablehnen lässt. An dem Verfahren der Literaturwissenschaft, Schriftsteller zu kategorisieren und sie damit ungeachtet entgegenstehender Differenzen als Vertreter einer bestimmten literarischen Richtung zu etikettieren, wird ironisch Kritik geübt:

> Die Hauptsache war, daß das Kind einen Namen hatte. Später steckten mich Germanisten und Kritiker in die lavendelduftende Schublade der »Naturlyriker«, zusammen mit dem frühen Krolow, mit von der Vring und Wilhelm Lehmann. (S. 149f.)

Als reine Naturlyrikerin konnte sich Oda Schaefer in Literaturgeschichten nicht wiedererkennen – und das auch zu Recht.

Was die sprachliche Form von *Die leuchtenden Feste über der Trauer* betrifft, so fügte sie, wie auch in *Auch wenn Du träumst, gehen die Uhren*, Gedichte oder einzelne Strophen[182], ebenso von anderen Schriftstellern[183], in den Prosatext mit ein, genauso wie – allerdings nicht gekennzeichnete – Passagen aus eigenen Prosastücken[184], womit sie die Bedeutung der

---

scheide wie in römischer Zeit, als der nach unten gestreckte Daumen den Tod anzeigte – da lehnten wir es strikt ab teilzunehmen. Wir wußten, was wir mit unserer Arbeit sagen wollten, Unsicherheiten lagen längst hinter uns, wir brauchten nicht mehr die Urteile anderer." (S. 148).

[182] Bei ihren eigenen Gedichten handelt es sich u.a. um *Holunder* (S. 16), *Aus der Gestaltung zu flüchten* (S. 37), das auf einem Erlebnis mit dem Journalisten Gutheil-Schoder basierende Poem *Limmatquai* (S. 91), das an ihren Sohn geschriebene Gedicht *Botschaft* (S. 157), *Kehr in dich selber zurück* (S. 162), das an Horst Lange gerichtete *Lebenszeichen* (S. 165) und das nach einem Aquarell von Horst Lange verfasste Gedicht *Sebastian mit dem Stahlhelm* (S. 142).

[183] Zu nennen wären u.a. *Attischer Mond* von Horst Lange (S. 56), Verse aus der *Odyssee* (S. 148) und ein Gedicht von Georg Heym (S. 163).

[184] Das Kapitel enthält – leicht verändert – Stellen aus den im *Katzenspaziergang* veröffentlichten Prosastücken *Zu Fuß im Winter* (S. 26-28), *Der Wind dreht sich* (S. 28-30), *Schnecken-Piazza* (S. 30-32), *Sonntagvormittag* (*Unvergleichliche Rose*) oder *Ende des Sommers* (S. 32-34).

Biographie für ihr Werk noch einmal betonte.[185] Das Leben mit Horst Lange, ihre Gefühle und das Verständnis für ihn und seine physischen und psychischen Schmerzen bestimmen das gesamte Werk. Mit dem letzten Kapitel „Requiem", in dem sie seinen Tod genau beschreibt und ihrer Verzweiflung – auch in Form von Gedichten, wie *Lebenszeichen* (S. 165) – über den Verlust dieses Menschen Ausdruck verleiht, hat sie ihrer Liebe zu ihm ein Denkmal gesetzt.

4.2 Feuilletonistische Arbeiten

Mit der Arbeit für die Feuilletons verschiedenster Zeitungen und Zeitschriften verdiente sich Oda Schaefer seit den dreißiger Jahren ihren Lebensunterhalt. Die Ressorts, die sie bediente, waren von Beginn an sehr unterschiedlich: Impressionistische Naturschilderungen für den *Wanderer im Riesengebirge* gehörten ebenso zu ihrem Themengebiet wie Beiträge für die Frauenbeilage des *Liegnitzer Tageblattes* und kurze Prosastücke, Erzählungen u.a. im *Berliner Tageblatt*, in der *Frankfurter Zeitung* und der *Kölnischen Zeitung*. 1936 gab sie – nur im Vorwort präsent – das Tagebuch ihrer Großmutter Sally von Kügelgen heraus[186], das die Atmosphäre und das kulturelle Leben im Baltikum in der Mitte des 19. Jahrhunderts am Leben der jungen, künstlerisch begabten Sally von Kügelgen zeigt, die – typisch für diese Zeit – als Erzieherin ihrer kleineren Geschwister auf Stift Finn tätig ist. Es behandelt den Zeitabschnitt, in dem sie ihren späteren Ehemann Hugo von Kraus kennenlernt, und endet mit ihrer Verlobung, womit Oda Schaefer „die private Erfüllung einer Liebe in das Zentrum des Dargestellten rückt".[187]

Seit 1936 schrieb Oda Schaefer zudem kleinere Artikel für *Die Dame*, eine – auch in Literaturkreisen[188] – angesehene Modezeitschrift, die „ne-

---

[185] Das mit dem Titel *Parabel eines Zwölfjährigen* versehene Feuilleton von Oda Schaefer in den *Hessischen Nachrichten* vom 31.08.1946 bezieht sich offenbar ebenso auf ein autobiographisches Erlebnis, nämlich auf ein auch in den Erinnerungen (im Anfang) zitiertes Gedicht des zwölf- oder dreizehnjährigen Sohnes des Amerikaners Billy, dessen Bekanntschaft Oda Schaefer 1941 in Berlin gemacht hatte, vgl. *Die leuchtenden Feste über der Trauer*, S. 11.

[186] Vgl. *Sally von Kügelgen. Stilles Tagebuch eines baltischen Fräuleins 1855-1856*, Berlin: Propyläen-Verlag 1936.

[187] Marhoff, S. 192.

[188] Regelmäßig wurden hier Gedichte von u.a. Georg Britting, Manfred Hausmann, Georg von der Vring, Christine Lavant, Marie Luise Kaschnitz, Peter

ben Mode- und Kosmetikberichten auch Buch- und Ausstellungsbesprechungen, Artikel zum kulturellen Leben"[189] sowie Kurzgeschichten und mit der Ausschreibung ihres Lyrikpreises ab 1934 viel Lyrik publizierte. Oda Schaefers Beiträge für diese Zeitschrift reichen denn auch von einem Abdruck einer Passage aus dem von ihr herausgegebenen *Tagebuch eines baltischen Fräuleins* ihrer Großmutter Sally von Kügelgen[190], von Gedichten[191], Kurzgeschichten[192] bis zu Anekdoten[193] und – vorwiegend – Artikeln über Kosmetik[194] oder medizinische Themen[195], „die populärwissenschaftlich aufbereitet werden"[196] und für eine natürliche Kosmetik werben, „die eine sportliche und gepflegte Erscheinung unterstützt". Aus dieser Arbeit Oda Schaefers entstand 1939 das zusammen mit Dr. med. Elfride Scheel verfasste Nachschlagewerk *Kosmetik ohne Geheimnis*[197], das allgemeinmedizinische Hinweise zur Körperpflege und zu Kosmetik bietet.

Huchel, Günter Eich, Horst Lange veröffentlicht. In der Jury des Lyrikpreises 1937 befanden sich u.a. Marie Luise Kaschnitz und Friedrich Schnack, vgl. *Die Dame* 64 (1937), H. 14, S. 9.

[189] Marhoff, S. 175.

[190] Vgl. *Tagebuch aus dem Biedermeier von Sally von Kügelgen*. In: *Die Dame* 63 (1936), H. 23, S. 20f., 50. Zwar ist hier nicht Oda Schaefers Name angegeben, aber der Text und die Bilder stammen aus dem von ihr herausgegebenen *Tagebuch eines baltischen Fräuleins*.

[191] Vgl. z.B. *Ewiges Spiegelbild*. In: *Die Dame* 64 (1937), H. 22, S. 67.

[192] Vgl. z.B. *Muriel Allison*. In: *Die Dame* 65 (1938), H. 23, S. 76-78.

[193] Als Beispiele seien angeführt: *Anekdoten* (u.d.N. „O.S."): *Leipziger Französisch, Aus den letzten Tagen der Salons*. In: *Die Dame* 65 (1938), H. 6, S. 70; *Galante Anekdoten* (u.d.N. „O.S."). In: *Die Dame* 65 (1938), H. 21, S. 70; *Anekdote* (u.d.N. „O.S."). In: *Die Dame* 66 (1939), H. 5, S. 5.

[194] Hier wären u.a. zu nennen: *Schönheitspflege in der Gartenzeit* (u.d.N. „Oda"). In: *Die Dame* 65 (1938), H. 9, S. 66-68; *Sonnenbraun und Sonnenbrille* (u.d.N. „O.S."). In: *Die Dame* 65 (1938), H. 12, S. 64; *Von A-Z. Kleines Brevier über Gesichtspflege* (u.d.N. „Oda"). In: *Die Dame* 66 (1938), H. 21, S. 11, 52, 54.

[195] Beispiele: *Kampf dem Muskelkater. Gymnastische Anleitung von Oda Schäfer*. In: *Die Dame* 65 (1938), H. 1, S. 16; *Müde Augen*. In: *Die Dame* 65 (1938), H. 2, S. 52; *In der Märzsonne* (u.d.N. „Oda"). In: *Die Dame* 65 (1938), H. 6, S. 68.

[196] Hier und im folgenden Zitat Marhoff, S. 175.

[197] Vgl. Scheel, Elfride Dr. med / Lange, O.: *Kosmetik ohne Geheimnis. Ein Nachschlagewerk der modernen Schönheitspflege mit Rezepten und Abbildungen*. Berlin: Verlag Scherl 1939.

Abgesehen von diesen unpolitischen Themen findet sich unter den Beiträgen auch ein Artikel über *Die fliegenden Krankenschwestern*[198], in dem Begriffe und Wortwahl auf den während des Dritten Reiches üblichen Sprachduktus hinweisen.

Oda Schaefer publizierte bereits damals in den dreißiger und vierziger Jahren ihre Beiträge wie auch ihre Gedichte und Prosastücke immer wieder mehrfach: So erscheint z.B. das Feuilleton *Jene stillen Weihnachtstage* im Jahr 1940 in *Die Dame*[199] und 1943 in der *Kölnischen Zeitung*[200], oder der Beitrag *Andenken* sowohl in *Die Dame*[201] als auch in der *Krakauer Zeitung*[202] und der *Kölnischen Zeitung*.[203] Neben der *Deutschen Allgemeinen Zeitung* war sie gerade für die *Krakauer Zeitung*, in der „ca. 60-70 % des Umfangs aller veröffentlichten Texte"[204] von Autoren nicht-nationalsozialistischer Literatur stammte, in den Jahren 1942 bis 1944 immer wieder tätig.

Nach dem Krieg schrieb sie für die großen deutschen Tageszeitungen, wie *Süddeutsche Zeitung, Die Neue Zeitung, Die Zeit, Die Welt, Deutsche Zeitung, Frankfurter Allgemeine Zeitung* sowie für die vielen sich neu konstituierenden Zeitschriften wie u.a. *Prisma, Horizont, Karussell, Hochland, Welt und Wort, Wort und Wahrheit, Berliner Hefte, Das goldene Tor, Merkur, Westermanns Monatshefte* usw. Durch ihren Aufenthalt in der Schweiz 1947/1948 schloss sie zudem Kontakte zur *Tat*, der *Schweizer Rundschau* und die Monatszeitschrift des Mode- und Versandhauses von Charles Veillon, in denen sie auch später immer wieder Artikel veröffentlichte.[205] Das Ressort der Mode – sie selbst betitelte es als „Frauenquatsch"[206] – war für sie eine

---

[198] Vgl. *Die fliegenden Krankenschwestern*. In: *Die Dame* 64 (1937), H. 16, S. 14f.
[199] Vgl. *Jene stillen Weihnachtstage*. In: *Die Dame* 67 (1940), H. 26, S. 2, 4-6.
[200] Vgl. *Jene stillen Weihnachtstage…* In: *Kölnische Zeitung*, Nr. 564-565, 25./26.12.1943, S. 5.
[201] Vgl. *Andenken*. In: *Die Dame* 68 (1941), H. 11, S. 53-56.
[202] Vgl. *Andenken*. In: *Krakauer Zeitung*, Nr. 264, 04.11.1943, S. 7.
[203] Vgl. *Andenken*. In *Kölnische Zeitung*, Nr. 427, 08.10.1943, S. 4.
[204] Orlowski, Hubert: *Krakauer Zeitung 1939-1945. Nichtnationalsozialistische Literatur im Generalgouvernement?* In: Denkler, Horst/Lämmert, Eberhard (Hg.): *»Das war ein Vorspiel nur…« Berliner Colloquium zur Literaturpolitik im ›Dritten Reich‹*, Berlin: Akademie der Künste 1985, S. 136-158, hier S. 141.
[205] Vgl. *Die leuchtenden Feste über der Trauer*, S. 114f.
[206] Brief von Oda Schaefer an Karl Krolow vom 26.08.1950, Nachlass Karl Krolow; Brief von Oda Schaefer an Hans Sahl vom 05.07.1955, Nachlass Hans Sahl, DLA-Marbach.

„subsistenzsichernd[e]"[207] Nebenbeschäftigung, die ihrem literarischen Ansehen bei manchen Kollegen jedoch schadete.[208]

Die Themen und Bereiche, in denen Oda Schaefer tätig war, blieben vielfältig: Sie verfasste nicht nur Essays und Feuilletons, sondern auch Literaturkritiken, Buchrezensionen, Artikel über andere Schriftsteller sowie Beiträge über viele andere Themen, sei es z.B. über das Leben der Industriearbeiter[209], über Puppen[210] oder über den Genuss von LSD 25.[211] Gerade das Können und die Freude Oda Schaefers, in ironischer, oft provokanter Art und Weise wesentliche gesellschaftliche Phänomene zu beleuchten[212] kamen ihr in diesem Bereich entgegen, vor allem, da sie sich in den sechziger Jahren aus der Lyrik fast ganz auf gesellschaftskritische und kulturgeschichtliche Essays zurückzog, was sich in ihren Bänden *Die Boutique*, *Ladies only*, *Der Dandy* sowie ihren gesammelten kritischen Beiträgen *Und fragst du mich, was mit der Liebe sei* manifestiert.

Zudem arbeitete sie im Bereich der Mode für Zeitungen wie *Die Zeit* – es war eine Art eigene Kolumne für kritische Moderatschläge geplant, die Oda Schaefer allerdings nur unter Pseudonym verfassen wollte[213] –, die *Süddeutsche Zeitung* und Zeitschriften wie *Die Mode*, *Madame*, *Elegante Welt* sowie regelmäßig für die im Süddeutschen Verlag erscheinende

---

[207] Leuschner, Koeppen in München, S. 221.
[208] Vgl. Brief von Oda Schaefer an Piper-Verlag (Dr. Reichel) vom 01.11.1963, in dem Oda Schaefer von einem Artikel von Karl Ude in der *SZ* berichtet, in dem dieser sie als Modeschriftstellerin bezeichnet hatte, Verlagsarchiv Reinhard Piper, DLA-Marbach.
[209] Vgl. *Das sind nicht mehr die armen Weber. Vom Leben des Industriearbeiters*. In: *SZ*, Nr. 258, 07./08.11.1953.
[210] Vgl. *Kleine Welt der Puppen*. In: *Westermanns Monatshefte* 91 (1950/51), H. 9, S. 21-28.
[211] Vgl. *Nach Genuß von LSD 25*. In: *Deutsche Zeitung*, 09.09.1953.
[212] Vgl. Brief von Oda Schaefer an Hertha Bielfeld vom 19.03.1968: „ […] ich habe aber auch geschuftet wie eine Wilde, über ‚Dressmen', männl. Mannequins, für ‚Christ und Welt' geschrieben, ironisch, was mir Spass macht (ich solle meine Feder wetzen, schrieb man mir, und manchmal habe ich an der Maschine das Gefühl, ich haue mit einem Degen um mich, mein Vater war ja ein geborener Duellant)." Nachlass Schaefer/Lange, Monacensia.
[213] Vgl. Brief von Oda Schaefer an Hertha Bielfeld vom 25.07.1963 sowie Brief vom 19.07.1963, Nachlass Schaefer/Lange, Monacensia.

EPOCA, in der sie u.a. auch mit Artikeln über Möbel[214], Hunde[215] oder Bäder[216] vertreten war.

Mit der intensiven Arbeit an ihren Erinnerungen *Auch wenn Du träumst, gehen die Uhren* ab der zweiten Hälfte des Jahres 1968 ebbt die Tätigkeit Oda Schaefers für die Redaktionen der verschiedenen Zeitungen und Zeitschriften spürbar ab. An ihre Freundin Hertha Bielfeld schreibt sie auf einer Karte „Ich brauche alle Kräfte für d. Buch, bekomme jetzt kleine Rente, habe Journalismus fast aufgegeben."[217] Nun, da sie finanziell etwas besser abgesichert war, konnte sie sich fast ausschließlich der Arbeit an ihren Erinnerungen widmen, vor allem, weil ihre Gesundheit ihr zunehmend Probleme bereitete und die energieraubende und nervenaufreibende Zeitungsarbeit, die oft mit Termindruck verbunden war[218], für sie sehr schwierig wurde.

Der Umfang ihres Werkes im Bereich des journalistischen Feuilletons, den sie lapidar als „Brotarbeit"[219] bezeichnete, zeigt eine ungeheure Vielfalt und führt eine große Allgemeinbildung sowie bemerkenswert hohe Spontaneität[220] und Flexibilität einer Autorin vor Augen, die ihr Potential äußerst effektiv zu nutzen und ökonomisch einzusetzen verstand. Sie verwendete ihre Beiträge fast immer mehrfach für die Feuilleton-Redaktionen verschiedener Zeitungen[221], griff oft auf alte Beiträge

---

[214] Vgl. „Die *Wand*lung des Schranks". In: *EPOCA. Eine europäische Zeitschrift*, Nr. 8, August 1967, S. 66f.

[215] Vgl. *Alle Tugenden des Menschen ohne seine Laster*. In: *EPOCA. Eine europäische Zeitschrift*, Nr. 11, November 1967, S. 52-57.

[216] Vgl. *Baden in Holz und Marmor. Eine Hymne auf die letzte Zuflucht des modernen Menschen.* (u.d.N. „Alix") In: *EPOCA. Eine europäische Zeitschrift*, Nr. 1, Januar 1968, S. 86-89.

[217] Karte von Oda Schaefer an Hertha Bielfeld vom 21.11.1968, Nachlass Schaefer/Lange, Monacensia.

[218] Vgl. z.B. Brief von Oda Schaefer an Hertha Bielfeld vom 09.03.1967, Nachlass Schaefer/Lange, Monacensia.

[219] Brief von Oda Schaefer an Dr. Best (Piper-Verlag) vom 04.05.1966, Verlagsarchiv Reinhard Piper, DLA-Marbach.

[220] Sie selbst charakterisiert diese Eigenschaft an sich selbst in einem Brief an Hans Sahl vom 05.07.1955 folgendermaßen: „Gottseidank kann ich so schnell umschalten, wie mans Licht an- und ausknipst. […] Ich bin eben eine olle Heuschrecke und ein Rösselsprung." Nachlass Hans Sahl, DLA-Marbach.

[221] Vgl. Brief von Oda Schaefer an Hertha Bielfeld vom 30.08.1960, Nachlass Schaefer/Lange, Monacensia.

zurück, schrieb sie um und arbeitete sie in neue Artikel oder auch in ihre Buchwerke ein.

4.2.1 Literaturkritische Beiträge

Zu Oda Schaefers literaturkritischen Beiträgen gehören Buchrezensionen sowie Artikel über Schriftsteller und Autoren, die zumeist anlässlich von Jubiläen oder Gedenktagen geschrieben wurden. Kritiken über Bücher verfasste sie hauptsächlich in den fünfziger Jahren, einige einzelne Besprechungen noch von ca. 1966 bis 1969. Sie schätzte diese Tätigkeit („diese ekelhaften Kritiken"[222]) nicht sehr, da sie „diese Art des Geldverdienens"[223] als „zu zeitraubend und zu wenig einbringend" empfand[224], und erledigte derlei Arbeiten nur aus finanziellen Gründen[225] sowie aufgrund des literarischen Prestiges.[226] Ihre Kritiken erschienen vor allem in der *Neuen Zeitung*, als deren „wohlbestallte[n] Buchbesprecher"[227] sie sich 1950 gegenüber Hanns Arens bezeichnete, in der *Deutschen Zeitung*, in der *Welt* sowie vereinzelt in Zeitschriften wie *Hochland* und *Zeitwende, Die neue Furche*.

Die vorliegenden Rezensionen zeigen ein weites Spektrum an Literatur: es befinden sich darunter Besprechungen der Werke von Elisabeth Langgässer[228], mit deren Oeuvre Oda Schaefer als enge Freundin sehr

---

[222] Brief von Oda Schaefer an Horst Lange vom 19.06.1951, Nachlass Schaefer/Lange, Monacensia.

[223] Hier und im folgenden Zitat Karte von Oda Schaefer an Hanns Arens vom 09.11.1950, DLA-Marbach.

[224] Vgl. hierzu auch Brief von Oda Schaefer an Hertha Bielfeld vom 01.02.1965: „Da Buchkritik so schlecht bezahlt wird, und ich sie immer sehr genau machte, mit 100 Notizen während des Lesens, habe ich sie aufgegeben." Nachlass Schaefer/Lange, Monacensia.

[225] In einem Brief an Viktor Lange vom 05.11.1968 schreibt sie von „Fluten von Büchern und Manuskripten (ich mache eben Buchkritik, damit wir finanziell weiterwursteln können), in denen ich fast ertrinke", Nachlass Schaefer/Lange, Monacensia.

[226] „Ich habe mich doch entschlossen, da es das literarische Prestige hebt, wieder Buchkritiken zu machen, ab und an." Brief von Oda Schaefer an Hertha Bielfeld vom 06.03.1966, Nachlass Schaefer/Lange, Monacensia.

[227] Brief von Oda Schaefer an Hanns Arens vom 03.05.1950, DLA-Marbach.

[228] Vgl. u.a. *Pandämonium und Kindheitsmythe. Elisabeth Langgässers Erzählungen.* In: *Die Neue Zeitung*, Nr. 226, 21.12.1949, S. 8; *Dunkler Traum von Leben und Erfüllung. Zum Wiedererscheinen des Romans „Gang durch das Ried" von Elisabeth Langgäs-*

vertraut war, Werke des von ihr sehr geschätzten Jean Giono[229], Rezensionen französischer Romane von Cassou, Luc Bérimont und Simone de Beauvoir[230] sowie Eugène Fromentin und George Duhamel[231], „Die Claudine der Colette"[232], „Gedichte und Chansons" von Jacques Prévert[233], Unterhaltungsromane[234] u.a. von Klaus Hellmer (*Der Engel mit dem Flammenschwert*), Jovita Epp (*Amado mio*), Armin Frank (*Die Dame mit dem Degen*), russischer Literatur (Romane von Anton Tschechow und Iwan A. Gontscharow[235], Gedichte russischer Frauen[236]) und u.a. Besprechungen der Gedichte von Else Lasker-Schüler[237], Silja Walter[238], der Werke von Marcel Proust[239] und André Maurois.[240] Auch über Bücher von Frauen[241] (Marie Luise Kaschnitz: *Engelsbrücke*, Anna-Maria Ortese: *Neapel, Stadt ohne Gnade*, Helen Holdredge: *Die Dame Pleasant*, Anne Morrow Lindbergh: *Muscheln in meiner Hand*) und über das von dem Zukunftsforscher

---

ser. In: *Die Neue Zeitung*, Nr. 174 , 25.07.1953, S. 19; *Allen Widerständen zum Trotz. Elisabeth Langgässer:...Soviel berauschende Vergänglichkeit. Briefe aus den Jahren 1926 bis 1950.* In: *Die Welt*, Nr. 73, Erscheinungsdatum fehlt im Nachlass Schaefer/Lange, Monacensia.

[229] Vgl. u.a. *Der große Träumer. Das Wiedersehen mit Werken von Jean Giono.* In: *Die Neue Zeitung*, Nr. 175, 28./29.07.1951, S. 11.

[230] Vgl. *Seiltänzer über dem Abgrund. Zu drei französischen Romanen von Cassou, Luc Bérimont und Simone de Beauvoir.* In: *Die Neue Zeitung*, Nr. 90, 15.04.1950, S. 11.

[231] Vgl. *Eine Menschen- und eine Familienchronik. Eugène Fromentin: ‚Dominique' – George Duhamel: ‚Über die Treppen von Paris'.* In: *Die Neue Zeitung*, Nr. 38, 14./15.02.1953, S. 19.

[232] Vgl. *Die Claudine der Colette.* In: *Deutsche Zeitung*, wohl 1957/1958, Erscheinungsdatum fehlt im Nachlass Schaefer/Lange, Monacensia.

[233] Vgl. *Moritatensänger, Magier und Moralist. / Jaques Préverts „Gedichte und Chansons".* In: *Die Neue Zeitung*, Nr. 196, 19.08.1950, S. 9.

[234] Vgl. *Romane – nicht als geistige Strapaze.* In: *Deutsche Zeitung*, Nr. 3, 11.01.1956.

[235] Vgl. *Die russische breite Natur.* In: *Deutsche Zeitung*, 10.12.1958.

[236] Vgl. *Aus dem Poesie-Album.* In: *Deutsche Zeitung*, 13.08.1958.

[237] Vgl. *Der schwarze Schwan Israels. „Sämtliche Gedichte" von Else Lasker-Schüler.* In: *Die Welt*, Nr. 5, 03.03.1966.

[238] Vgl. *Ein reiner Ton.* In: *Die Neue Zeitung*, Nr. 301, 22./23.12.1951, S. 8.

[239] Vgl. *Die große Desillusion. Suhrkamps Proust-Ausgabe steht vor dem Abschluß.* In: *Deutsche Zeitung*, Nr. 49, 19.06.1957.

[240] Vgl. *Am Vorabend des Todes. André Maurois auf der Suche nach Marcel Proust.* In: *Deutsche Zeitung*, 05.12.1956.

[241] Vgl. *Frauenbücher – Spiegel der Zeit.* In: *Zeitwende. Die neue Furche* 27 (1956), S. 130-132.

Robert Jungk verfasste *Die Zukunft hat schon begonnen. Amerikas Allmacht und Ohnmacht*[242], in dem u.a. in Form von Augenzeugenberichten die fatale Zerstörungsmacht von Atomwaffen geschildert werden, hat Oda Schaefer geschrieben.

Gemäß ihrer von christlichem Humanismus, von traditioneller, in der Antike wurzelnder poetologischer Position geprägten Auffassung von Literatur bestimmt die Suche nach echt dichterischem Potential und dichterischer Sprache ihre Beurteilung von Literatur: Metaphysik und Mystik werden als entscheidende Elemente eines dichterischen Textes[243], eidetische[244] und prophetische Fähigkeiten als wichtigste Begabungen eines Dichters gewertet, wonach sie z.B. Anna-Maria Ortese als „Dichterin, die diese Bezeichnung wirklich verdient"[245], bezeichnet und den Roman *Alle Menschen sind sterblich* von Simone de Beauvoir als „schließlich wohl doch keine Dichtung"[246] charakterisiert.

Deutlich bezieht sie immer wieder Stellung gegen die Position der in ihren Augen den Tod des Gedichtes[247] intendierenden „Kahlschlag-Theorie" und dem von dieser Seite gegenüber der Kalligraphie geäußerten Vorwurf der Weltfremdheit und Verdrängung der Gegenwart:

> Aber allmählich scheint in der literarischen Welt der Sinn für Proportionen verloren zu gehen, ‚Kahlschläger' wüten gegen ‚Calligrafisti'; der Axt fallen auch herrliche alte Bäume zum Opfer, es droht Versteppung. Wenn ein Leser sich der poésie pure hingibt, so wird er bereits der Flucht aus der Zeit angeklagt.[248]

---

[242] Vgl. *Die Zukunft hat schon begonnen*. In: *Hochland* 45 (1952-53), S. 190-193.

[243] Vgl. *Der Künstler und die Olive*. In: *Wort und Wahrheit* 6 (1951), S. 636-638, hier S. 637; vgl. ebenso *Bekenntnis zum Gedicht der Zeit*. In: *Welt und Wort* 6 (1951), S. 297-299, hier S. 298.

[244] Vgl. *Der große Träumer. Das Wiedersehen mit Werken von Jean Giono*. In: *Die Neue Zeitung*, Nr. 175, 28./29.07.1951, S. 11.

[245] *Frauenbücher – Spiegel der Zeit*. In: *Zeitwende. Die neue Furche* 27 (1956), S. 130-132, hier S. 131.

[246] *Seiltänzer über dem Abgrund. Zu drei französischen Romanen von Cassou, Luc Bérimont und Simone de Beauvoir*. In: *Die Neue Zeitung*, Nr. 90, 15.04.1950, S. 11.

[247] Vgl. *Bekenntnis zum Gedicht der Zeit*. In: *Welt und Wort* 6 (1951), S. 297-299, hier S. 297.

[248] *Der große Träumer. Das Wiedersehen mit Werken von Jean Giono*. In: *Die Neue Zeitung*, Nr. 175, 28./29.07.1951, S. 11.

Auch ihr eigener Ton ist von beißendem Sarkasmus geprägt, wenn sie von den schweren „Schwimmübungen unserer jungen Deutschen"[249] spricht, die „sich im trüben Gewässer des Neo-Nihilismus versuchen", oder wenn sie gegenüber dem „von einer gewissen Generation" gepflegten Motto ‚Schreibe wie du sprichst' die Bemerkung anfügt: „(soweit da überhaupt etwas zu pflegen ist)". Sie scheut nicht davor zurück, persönliche Beleidigungen auszusprechen, indem sie Wolfgang Weyrauch einen Schriftsteller von „schmale[m] Format"[250] nennt und die verwendete Prosa-Diktion der „Kahlschläger" mit „heruntergekommene[m] Journalismus" vergleicht. Die geforderte neue, fragmentartige, um Bilder, Metaphern und Symbole reduzierte Sprache setzt sie mit Zerstörung und „Mordhandwerk" gleich und betont z.B. in ihrer Rezension der *Engelsbrücke* von Marie Luise Kaschnitz die Wichtigkeit der „heilen Syntax", „die in schöner Grammatik verfaßten Sätze".[251]

Man spürt ihre persönliche Begeisterung, wenn sie die Werke von Marcel Proust bespricht, die sie selbst während des Krieges immer wieder gelesen hatte, oder die Schönheit der Bücher von Jean Giono anpreist, und man erkennt auch das Engagement, die Bedeutung der Werke von Elisabeth Langgässer hervorzuheben, deren Andenken sie vor dem Vergessen bewahren wollte. In den Rezensionen russischer Bücher zeigt sich ihre Vertrautheit mit den in ihnen geschilderten Landschaften und den typischen Charaktereigenschaften der Figuren.

Von Emotionalität sind auch die Beiträge Oda Schaefers zu anderen Schriftstellern, vornehmlich Schriftstellerinnen geprägt. Für die *Süddeutsche Zeitung* verfasste sie 1961 Autorinnenporträts von u.a. Elisabeth Langgässer[252], Marie Luise Kaschnitz[253], Ina Seidel[254] und Gertrud von Le

---

[249] Hier und in den folgenden Zitaten *Seiltänzer über dem Abgrund. Zu drei französischen Romanen von Cassou, Luc Bérimont und Simone de Beauvoir*. In: *Die Neue Zeitung*, Nr. 90, 15.04.1950, S. 11.

[250] Hier und in den folgenden Zitaten *Bekenntnis zum Gedicht der Zeit*. In: *Welt und Wort* 6 (1951), S. 297-299, hier S. 297.

[251] *Frauenbücher – Spiegel der Zeit*. In: *Zeitwende. Die neue Furche* 27 (1956), S. 130-132, hier S. 130.

[252] Vgl. *Dichterinnen dieser Zeit. Porträt Elisabeth Langgässer*. In: *SZ*, Nr. 198, 19./20.08.1961.

[253] Vgl. *Dichterinnen dieser Zeit. Porträt Marie Luise Kaschnitz*. In: *SZ*, Nr. 222, 16./17.09.1961.

[254] Vgl. *Dichterinnen dieser Zeit. Porträt Ina Seidel*. In: *SZ*, Nr. 165, 11.07.1962.

Fort[255], die, wie es im ersten Beitrag dieser Serie heißt, „auf der persönlichen Begegnung Oda Schaefers mit den Autorinnen"[256] beruhen. So sind diese Porträts aus einem sehr individuellen Blickwinkel verfasst und stellen die Autorinnen, ihr Leben und ihre Lebenserfahrungen sowie ihre Werke in den nach Oda Schaefer maßgeblich wichtigen Wesenszügen dar, wobei sie in ihrer Darstellung nicht nur das Oeuvre, sondern auch die äußere Erscheinung berücksichtigt. Auf ihr fremde Anschauungen, wie die bekannte pronazistische Haltung Ina Seidels während des Nationalsozialismus weist sie, auch wenn sie diese ablehnte, diplomatisch hin, genauso wie sie auch ihrer Auffassung widersprechende inhaltliche Eigenheiten im Werk Gertrud von Le Forts[257] benennt.

Neben Berichten über die von ihr hoch verehrten Schriftstellerinnen Gertrud Kolmar[258] und Ricarda Huch[259], mit deren Werken sie sehr vertraut war, schrieb sie zudem Artikel zu der von ihr bewunderten Annette Kolb[260], einen sehr persönlichen Geburtstagsgruß an Ruth Schaumann[261] und als langjährige Nachbarin und geschätzte Freundin einen Nachruf auf Werner Bergengruen[262], den sie als Rede auch in der

---

[255] Vgl. *Dichterinnen dieser Zeit. Porträt Gertrud von Le Fort.* In: *SZ*, Nr. 240, 07./08.10.1961.

[256] *Dichterinnen dieser Zeit. Porträt Elisabeth Langgässer.* In: *SZ*, Nr. 198, 19./20.08.1961.

[257] Vgl. *Dichterinnen dieser Zeit. Porträt Gertrud von Le Fort.* In: *SZ*, Nr. 240, 07./08.10.1961: „Leider sind ihre Frauengestalten manchmal etwas blaß, zu rein und edel für diese Welt und im Grunde mehr Prototypen gegen das Böse, das Dämonische, als von Fleisch und Blut. Die häufig verwendeten Diminutiva wie ,Spiegelchen' oder ,Gläschen' stehen den strengen philosophischen oder dogmatischen Auseinandersetzungen seltsam spielerisch gegenüber."

[258] Vgl. *Gertrud Kolmar, die Verschollene. Von einer unvermählten Dichterin, deren Kinder ihre Werke sind, erzählt Oda Schaefer.* In: *Der Mittag*, 18.06.1958.

[259] Vgl. *Mein Herz, mein Löwe. Zum 100. Geburtstag von Ricarda Huch.* In: *SZ*, Nr. 171, 17.07.1964; vgl. ebenso Manuskripte Ms 54, 66, 67, Nachlass Schaefer/Lange, Monacensia.

[260] Vgl. u.a. *Charme, Temperament und Phantasie. Zu Annette Kolbs fünfundsiebzigstem Geburtstag am 2. Februar.* In: *Die Neue Zeitung*, Nr. 28, 02.02.1950, S. 4; *Dichterinnen dieser Zeit. Porträt Annette Kolb.* In: *SZ*, Nr. 57, 07.03.1962; *Annette Kolb. Dichterinnen dieser Zeit I.* In: *Elegante Welt*, 5 (1964).

[261] Vgl. *Gruß an Ruth Schaumann. Zu ihrem 65. Geburtstag.* In: *SZ*, Nr. 205, 26.08.1964.

[262] Vgl. *„Streue mit Rosen den Stein". In memoriam Werner Bergengruen.* In: *Rheinische Post*, 10.12.1964.

Akademie für Sprache und Dichtung Darmstadt gehalten hatte. Auch über Ernst Fuhrmann verfasste sie – Franz Jung zuliebe – einen Bericht[263] und stellte in einem Porträt den russischen Dichter Nikolai Semjonowitsch Leskow[264] vor.

So spiegeln diese Autorenbilder im weitesten Sinne auch Oda Schaefers eigene persönliche Vorlieben für Werke bestimmter Autoren und Arten des Schreibens wider und zeigen, wie sehr sie den Prinzipien traditionellen Schreibens ihrer Generation und ihren moralisch-ethischen Grundsätzen verbunden ist. Ihre Sprache ist dabei – wie auch in der Prosa – sehr bildlich, von Vergleichen und schmückenden Adjektiven geprägt; sie schöpft aus einem goßen Fundus an Wissen und vermittelt Belesenheit und Erfahrung, wozu ihre lebenslange Neugier und ihr Interesse an neuen Werken junger Kollegen, die sie stets – auch bis ins hohe Alter – immer gerne las, beitrugen.

4.2.2 Gesellschaftskritische und kulturgeschichtliche Essays

Ende der fünfziger Jahre zog sich Oda Schaefer immer mehr aus der Lyrik zurück. Gründe dafür waren wohl der immens hohe Druck des allein auf ihr lastenden Broterwerbs, der ihr keine Zeit für die notwendige Ruhe und Konzentration ließ[265], starke gesundheitliche Probleme sowie die Entwicklung der Literatur zu neuen Formen, die sich von den Auffassungen Oda Schaefers immer mehr entfernten.[266] Sie konzentrierte

---

[263] Vgl. *Ein verkanntes Genie. Der Biologe und Dichter Ernst Fuhrmann.* In: *Deutsche Zeitung*, 31.08.1957.

[264] Vgl. *Die Stunde nach Gottes Gebot. Der russische Dichter Nikolai Ssemjónowitsch Lesskow.* In: *Der christliche Sonntag.* Katholisches Wochenblatt, Nr. 40, 06.10.1957.

[265] Vgl. hierzu Brief von Oda Schaefer an Hans Sahl vom 05.07.1955: „Gedichte habe ich überhaupt nicht mehr schreiben können, die Pausen werden immer grösser […] Inzwischen verkaufe ich mich auf anderem Strich, schreibe über Kosmetik, Frauenquatsch, mache Feuilletons, – wie das so ist." Nachlass Hans Sahl, DLA-Marbach.

[266] Oda Schaefer selbst bezeichnete ihre Konzentration auf die Tätigkeit für Mode und Kulturgeschichtliches gegenüber Hertha Bielfeld als „Versteck": „Es platzt förmlich alles aus den Nähten, es will und muss ans Licht, nachdem ich mich jahrelang in Krankheit, Unglück und Schwäche hinter diesen Modegeschichten versteckt hatte. Es war nämlich ein Versteck, aus allen Wunden blutend, aber das weiss keiner." Brief von Oda Schaefer an Hertha Bielfeld vom 12.11.1965, Nachlass Schaefer/Lange, Monacensia.

sich nun zunehmend auf gesellschaftskritische und kulturgeschichtliche Beiträge in Zeitungen und Zeitschriften, die sie in gesammelter Form in den Bänden *Die Boutique*, *Ladies only* und *Und fragst du mich, was mit der Liebe sei* veröffentlichte. Hervorgegangen waren diese Artikel vor allem aus der Arbeit Oda Schaefers an einem Modebuch für den Piper-Verlag im Jahre 1960, das den Charakter eines Sachbuches haben sollte – ein Vorhaben, das Oda Schaefer jedoch aus Überforderung nicht zu leisten imstande war.[267] Ihr gefiel allerdings dieses Gebiet so sehr, dass sie begann, „regelrecht Kulturgeschichte und Geschichte zu studieren"[268], wobei sie „ein soziologisch so verschlungenes und interessantes Gebiet" vorfand, das sie „immer wieder von Krankheit und malaisen ablenkte".

4.2.2.1 Die Boutique. Von den schönen kleinen Dingen der Mode

Nachdem Oda Schaefer 1961 das geplante Mode-Sachbuch nicht bewältigen konnte, schlug sie dem Piper-Verlag[269] ein kleines Buch über die Mode – *Die Boutique* – vor, das 1963 erschien. Es behandelt „die preziösen »kleinen Nichtse« der Mode"[270], die man in einer Boutique erwerben kann, und ihre vor allem in Form von Anekdoten wiedergegebene Geschichte: Modeschmuck, Handtaschen, Taschentücher, Handschuhe, Schal, Stola, Fächer, Muff, Schirme, Stickereien sowie Blumen und Federn. Oda Schaefer hatte bereits zuvor eine Reihe von Artikeln zu diesen Themen in Tageszeitungen publiziert, die sie allerdings für die *Boutique* noch einmal stark veränderte.[271]

---

[267] Vgl. Brief von Oda Schaefer an Dr. Baumgart (Piper-Verlag) vom 02.02.1961, Verlagsarchiv Reinhard Piper, DLA-Marbach.
[268] Hier und in den folgenden Zitaten Brief an Hertha Bielfeld vom 25.07.1963, Nachlass Schaefer/Lange, Monacensia.
[269] Vgl. Brief von Dr. Best (Piper-Verlag) an Oda Schaefer vom 07.09.1961, Verlagsarchiv Reinhard Piper, DLA-Marbach.
[270] Text auf dem Lesezeichen der Ausgabe der *Boutique*.
[271] Vgl. u.a. *Süßer Unsinn der Boutique*. In: *Die Zeit*, Nr. 38, 15.09.1961, S. 36; *Die feinste Handarbeit der Welt. Spitzen und ihre Geschichte. Modische Experimente mit der ‚Guipure'*. In: *FAZ*, 07.07.1962; *Die Feerie der falschen Steine. Armut, Phantasie und Mode / Billiger Schmuck für das Volk und was die Haute Parure daraus machte*. In: *FAZ*, 19.01.1963; *Der Handschuh im Champagnerglas. Wärmespender, Rechtssymbol, unentbehrliches Requisit der Dame*. In: *FAZ*, 27.10.1962; *Spiel mit dem Fächer*. In: *SZ*, Nr. 251, 19.10.1962. – Vorabdrucke sind u.a.: *Rosen aus der Boutique*. In: *SZ*, Nr. 131/132, 1./2./3.06.1963, S. 71; *Boutique heißt eigentlich Kramladen. Reizende Nebensächlichkeiten sind die Requisiten der Mode*. In: *Die Presse*, 24.11.1962;

Neben kulturgeschichtlichen Untersuchungen stehen immer wieder auch Ratschläge zur Verwendungsweise der behandelten Modeaccessoires sowie einige gesellschaftskritische Bemerkungen, die allerdings im Vergleich zu der in *Ladies only* publizierten Kritik nicht im Vordergrund stehen und sich nicht an die junge Generation richten, sondern den Einfluss aus Amerika betreffen („Die Grellfarbigkeit der Neuen Welt überschwemmt leider unseren Modemarkt", S. 14; „Sogar das nüchterne Amerika, dessen Mannequins aussehen wie unterernährte Roboter […]", S. 69). Der Charakter ist eine den Leser durch Anekdoten und kleine Geschichten gleichsam im Vorbeigehen bildende, auf sorgfältiger Recherche basierende Kulturgeschichte, die von Leichtigkeit und flüssiger Lesbarkeit im Stil gekennzeichnet ist, zu dem auch die sich mit dem Leser verbindende Perspektive eines „wir" beiträgt. Immer wieder werden Zitate aus der Literatur verwendet, z.B. von französischen Schriftstellern wie Stéphane Mallarmé, Marcel Proust, Honoré de Balzac, aber auch von Autoren wie Wolfgang Koeppen, was den bildenden Charakter sowie die Bedeutung dieses Themas unterstreichen soll. Eine Unmenge an Fakten und Daten wird in den Text eingeflochten und zusammen mit einer Fülle an anekdotischem Wissen um geschichtliche, literarische und künstlerische Persönlichkeiten präsentiert.

4.2.2.2 *Ladies only oder Von der Kunst Dame zu sein*

1963 erschien neben der *Boutique* im Piper-Verlag auch der kleine Band *Ladies only oder Von der Kunst Dame zu sein* im Auftrag des Schweizer Verlegers Schifferli für seine Reihe „Sanssouci". Oda Schaefer versammelte hier – wenig abgeändert – viele ihrer bereits 1959 bis 1962 in verschiedenen Zeitungen veröffentlichten Beiträge zu kulturhistorischen, soziologischen Themen, die unter Einbeziehung von Malerei und Literatur und mit Hilfe von vielen Anekdoten die Geschichte und Stellung der Frau in der Historie bis zur Gegenwart der sechziger Jahre behandeln und in ironisch-witziger, pointierter, sprachlich überspitzter Form ein geradezu karikierendes und damit provozierendes Bild der Gesellschaft geben. Die Einflüsse aus Amerika und England werden dabei zusätzlich sprachlich durch die häufige Verwendung amerikanischer und englischer Ausdrücke betont und damit in ihrer Fragwürdigkeit bloßgestellt.

Schatzhöhlen der Mode. Die ‚boutique' – Einkaufsstätte eleganter Kleinigkeiten – einst und heute. In: *FAZ*, 01.12.1962.

Am Anfang steht ein Kapitel über *Die moderne femme fatale*[272], das die Geschichte der femme fatale, des Vamps seit den zwanziger Jahren bis zur Gegenwart der sechziger Jahre skizziert und dabei die Entwicklung der modernen Frau und ihre Gepflogenheiten gesellschaftskritisch an den Pranger stellt, sei es das neue Schönheitsideal, das „die Linien von Busen und Hüften" (S. 12) begradigt und kanalisiert „gleich ungebärdigen Flußläufen" und aus den Frauen „Gespenster" macht, die „mit den Knochen" klappern, „als wäre die Welt ein Beinhaus", oder die Eigenschaft des modernen Vamp, statt des Blutes des Mannes nun seinen Besitz zu verspeisen.

Dieser gesellschaftskritische Tenor hält im gesamten Buch an: Das Kapitel *Schwarze Romantik*[273] zeichnet die Entwicklung der Verwendung der Farbe Schwarz von der Vergangenheit bis zur Gegenwart nach, wobei mitleidig aus übergeordnetem Blickwinkel die Mode der gegenwärtigen Mädchen bewertet wird:

> Je niedriger das Angebot an echter Erotik ist, und wir haben schon wirklich einen sehr tiefen Stand erreicht, desto stärker wird mit äußeren Mitteln nachgeholfen. Schade um die junge Mädchenblüte, wie Marcel Proust sie nannte. (S. 17)

Es folgen Untersuchungen über die Stellung der Frau in der Geschichte, ihre Emanzipation wie in *Amazonen der Dandyzeit*[274] und das Amazonentum in der Zeit des 20. Jahrhunderts in dem Kapitel *Frauen auf Rädern* (womit Fahrräder und Autos gemeint sind) sowie über die Historie von – weiblichen – Kleidungsstücken wie Hose[275], Korsett[276], Perücke[277] und

---

[272] Zuvor publiziert unter dem Titel *Femme fatale 1961. Ketzerische Bemerkungen.* In: *Die Zeit*, Nr. 53, 29.12.1961, S. 29.

[273] 1961 veröffentlicht unter dem Titel *Schwarze Romantik. Makabre Mode – Die Blumen des Bösen.* In: *Die Zeit*, Nr. 25, 16.06.1961, S. 28.

[274] Zuvor publiziert unter dem Titel *Der Dandy und die Amazone. Mode im Spannungsfeld zwischen Emanzipation und Eitelkeit.* In: *FAZ*, Nr. 215, 19.09.1961.

[275] Dieser Text erschien 1962 in zwei Zeitungen: *Die große Hosenrolle/Mode und Manie.* In: *FAZ*, 24.02.1962; *Die großen Hosenrollen und ihre Magie. Von George Sand und Lola Montez bis zu den Party-Pajamas.* In: *Die Presse*, 08.09.1962.

[276] Zuvor publiziert unter dem Titel *Moral und Unmoral des Korsetts.* In: *SZ*, Nr. 77, 30.03.1962.

[277] Zuvor veröffentlicht unter dem Titel *Die Pracht der falschen Locken. Perücken aus Haar, Angorafäden und Nylon/Eine neue Mode und ihre alte Geschichte.* In: *FAZ*, 23.03.1963. Allerdings weist der in *Ladies only* publizierte Text eine Reihe von Änderungen auf.

von Modefarben[278]; auch der Beschreibung von Frauen und ihrer Mode in Werken französischer Dichter wie u.a. Gustave Flaubert, Honorè de Balzac, Stéphane Mallarmé oder Marcel Proust ist ein Kapitel[279] gewidmet.

Persönlichkeiten, die die Mode und das Aussehen von Frauen prägten, stehen in *Das Positive der Madame Pompadour*[280] und *Die lange Legende der Coco Chanel*[281] sowie in *Helena Rubinstein: Die Meisterin des make-up*[282] im Vordergrund, während *Unsere jungen Mädchen*[283] und *Moderne Göttin Mannequin* wiederum Gesellschaftskritik – besonders an jungen Frauen – darstellen.

Subjektive Eindrücke und Erlebnisse eines sich deutlich zu einer älteren Frauengeneration bekennenden Ich und sich mit den „Frauen einer harten Zeit" (S. 20) solidarisierenden „wir" mischen sich immer wieder in die kulturhistorischen und soziologischen Betrachtungen, wie z.B. in dem Abschnitt über *Die Dame mit dem Veilchenstrauß*[284], wodurch das Buch an Lebendigkeit gewinnt. Die Trauer über die Vorzüge der vergangenen Zeit, die sich immer wieder mitteilt, und die damit verbundene negative Beurteilung der Gegenwart, wie sie auch im *Katzenspaziergang* bereits angeklungen war, verstärken allerdings deutlich die Kluft zwischen den Generationen.

Flüssige, leichte Lesbarkeit zeichnet den Stil aus, der geprägt ist von Parataxe und einem Wortschatz, der der Rolle Frankreichs im Bereich

---

[278] Zuvor publiziert unter dem Titel *Metternichgrün und Bismarckbraun. Modefarben, inspiriert durch die Geschichte*. In: FAZ, 11.03.1961.

[279] Zuvor veröffentlicht unter dem Titel *Gleichzeitig Feder und Blüte. Die Eleganz der „belle époque" – Französische Dichter schildern Kleider*. In: FAZ, Nr. 271, 19.11.1960.

[280] Zuvor publiziert unter dem Titel *Maîtresse en Titre. Das Positive an Madame Pompadour*. In: FAZ, Nr. 173, 28.07.1962.

[281] Das Kapitel erschien vorher in zwei Zeitungen: *Die lange Legende der Coco Chanel*. In: FAZ, 08.04.1961; *Die lange Legende der Coco Chanel. Die Mode ist kein Theater, sie ist das Gegenteil*. In: Die Presse, 13.08.1961, S. 23.

[282] Zuvor publiziert unter dem Titel *Die Meisterin des Make-Up liebt die Maler*. In: SZ, Nr. 92, 16.04.1960.

[283] Unter zwei verschiedenen Titeln wurde dieser Text vorher publiziert: *Was steckt hinter der ‚Teenager'-Uniform? Die jungen Mädchen von heute*. In: Die Welt, Nr. 152, 04.07.1959; *Aus der Naturgeschichte des Teenagers* – der Name der Zeitung und das Erscheinungsdatum fehlen im Nachlass Schaefer/Lange, Monacensia.

[284] Zuvor veröffentlicht unter dem Titel *Veilchen, Damen und – Kavaliere? Charme für zwei Sous. Klassenlose Blumenfrau. Der Mann, der sich mokiert*. In: Die Zeit, Nr. 19, 05.05.1961, S. 28.

der Mode entsprechend viele französische Wörter und Ausdrücke enthält, vor allem Fachbegriffe für Mode- und Kleidungsstücke, die die Autorin als Kennerin dieses Metiers ausweisen. Die Sprache ist auch hier bildhaft, was vor allem zur Unterstützung von Sarkasmus, Ironie und Kritik eingesetzt wird.

Die Fülle an Gestalten aus Geschichte, Literatur und Malerei besticht – Figuren aus dem Mythos, z.B. Atalante, Artemis, Hippomenes in dem über die Jagd handelnden Kapitel *Atalante, die gezähmte Jägerin*[285], und Dichter aus der Antike, u.a. Horaz, stehen neben Literaten, etwa Honoré de Balzac, Percy Bysshe Shelley, Lord Byron, Charles Baudelaire, Marcel Proust, George Sand, Ingeborg Bachmann, Eugène Ionesco oder Samuel Beckett, die entweder erwähnt oder zitiert werden, Leuchtgestalten der Geschichte, wie z.B. König Ludwig XIV., Königin Victoria neben Coco Chanel oder Helena Rubinstein.

4.2.2.3 Der Dandy

Im Juli 1961 schrieb Oda Schaefer, wie sie ihrer Freundin Hertha Bielfeld berichtet, an einem Artikel über die Gestalt des Dandys für die *Süddeutsche Zeitung*[286] und bearbeitete dieses Thema ebenfalls für ihren im Herbst 1961 erschienenen Essay *Der Dandy und die Amazone. Mode im Spannungsfeld zwischen Emanzipation und Eitelkeit* in der *Frankfurter Allgemeinen Zeitung.*[287] Sie war von diesem Typus, dem Phänomen des Dandy fasziniert – sie bezeichnete ihn sogar als „Lieblingsgestalt"[288] – und schickte ihren in der *SZ* veröffentlichten Beitrag im November 1961 an den Piper-Verlag mit dem Hinweis, dass man dieses Kapitel „unter dem Aspekt ‚Der Dandy + die Mode'" „an einigen Stellen seriöser gestalten, ausserdem beträchtlich ausweiten"[289] könne. Da im Piper-Verlag ohne-

---

[285] Zuvor veröffentlicht unter dem Titel *Atalante oder die gezähmte Jägerin*. In: *FAZ*, 10.09.1960.

[286] Vgl. *Der Dandy. Die Geschichte eines Gesellschaftsideals*. In: *SZ*, Nr. 12, 13./14.01.1962. Derselbe Artikel auch unter dem Titel *Der Löwe schickte seinen Tiger zur Ratte. Eine Untersuchung über den Dandy*. In: *Die Presse*, 21.01.1962, S. 23.

[287] Vgl. *Der Dandy und die Amazone. Mode im Spannungsfeld zwischen Emanzipation und Eitelkeit*. In: *FAZ*, Nr. 215, 19.09.1961.

[288] Brief von Oda Schaefer an Hertha Bielfeld vom 26.07.1961, Nachlass Schaefer/Lange, Monacensia. Persönlich empfindet sie ihn allerdings als „abscheulich", ebenda.

[289] Brief von Oda Schaefer an Dr. Best (Piper-Verlag) vom 26.11.1961, Verlagsarchiv Reinhard Piper, DLA-Marbach.

hin eine Anthologie über den Dandy vorgesehen war, und die Spritzigkeit[290] des Essays gefiel, wurde vereinbart, dass Oda Schaefer die Texte für die Anthologie zusammenstellen und auch eine Einführung verfassen sollte, für die sie ihren Aufsatz grundlegend überarbeitete und den Umfang verdoppelte.[291] Sie betitelte ihn *Die Löwen der Gesellschaft*, um das Soziologische dieser Erscheinung stärker zu betonen[292], und stellte fundiert ihre historische Entwicklung sowie die dazu notwendigen Fakten dar. Dabei ging sie immer wieder auch auf den Aspekt der Mode ein und durchsetzte den Text mit charakteristischen Aussprüchen, Anekdoten und markanten Zitaten zum Thema Dandy, um trotz Materialfülle und hoher Informationsdichte eine leichte Lesart und den Charakter des Spritzigen, wie ihn der Verlag an ihrem Zeitungs-Essay schätzte, zu ermöglichen. So zeichnet sich auch die verwendete Sprache durch eine Mischung aus nüchternen, sachlichen Elementen, bildhaften Umschreibungen und Vergleichen sowie bewusst saloppen Wendungen aus.

Die von anderen Autoren aufgenommenen Texte in dieser Anthologie stammen von Jules-Amédée Barbey d'Aurevilly, Alexander von Gleichen-Rußwurm, Charles Baudelaire, Virginia Woolf, Honoré de Balzac, Baron von Eelking, Karl Epting[293] und Gisbert Kranz. Hier wird in einzelnen Essays das Phänomen des Dandys und seine Geschichte von den

---

[290] Vgl. Brief von Dr. Best (Piper-Verlag) an Oda Schaefer vom 13.12.1961, Verlagsarchiv Reinhard Piper, DLA-Marbach.

[291] Vgl. Brief von Oda Schaefer an Dr. Best (Piper-Verlag) vom 12.06.1964, Verlagsarchiv Reinhard Piper, DLA-Marbach.

[292] Ursprünglich war „Die Löwen der Mode" geplant, Brief von Oda Schaefer an Dr. Best (Piper-Verlag) vom 01.05.1964, Verlagsarchiv Reinhard Piper, DLA-Marbach.

[293] Auf Karl Eptings belastende Vergangenheit zur Zeit des Nationalsozialismus wurde Oda Schaefer von Robert Minder hingewiesen: „Was die Texte betrifft, so möchte ich Sie nur darauf hinweisen, dass Epting in Paris ein ausgesprochener Naziagent und Denunziant gewesen ist. Fragen Sie einmal Anette Kolb danach!" Brief von Robert Minder an Oda Schaefer vom 12.11.1964, Nachlass Schaefer/Lange, Monacensia. Oda Schaefer hatte sich nur auf den Inhalt seines Textes konzentriert, wie sie sich gegenüber Dr. Best (Piper-Verlag) äußert: „Heute lege ich Ihnen einen Brief eines anderes Freundes, Prof. Minder bei, der mich in bezug auf den Beitrag von Karl Epting in meinem DANDY doch recht erschreckt hat. Aber wie konnte ich das wissen! Ich fand dessen Buch über die Belle Epoque bei Steingrüben eben für meine Zwecke so geeignet, da ich nirgendwo sonst etwas über Boni de Castellane gefunden hatte." Verlagsarchiv Reinhard Piper, DLA-Marbach.

antiken Anfängen über George Brummell, Comte d'Orsay, Boni de Castellane bis zu Oscar Wilde noch einmal wiedergegeben. Zusätzlich finden sich am Ende der Kapitel bedeutsame Sentenzen zum Dandy, sei es von weiteren Schriftstellern, wie z.B. Albert Camus (S. 34, 89, 109), Oscar Wilde (S. 34, 84, 96), oder auch aus vergangenen, aus der jeweiligen Epoche stammenden Modezeitschriften (S. 103) und anderen zeitgenössischen Quellen (S. 90), die das Bild dieses Typus abrunden.

4.2.2.4 *Und fragst du mich, was mit der Liebe sei.* Oda Schaefer antwortet auf eine unbequeme Frage

Oda Schaefer veröffentlichte in diesem Buch Aufsätze und Essays zu gesellschaftskritischen Themen, die sie für die *Süddeutsche Zeitung*, *Die Zeit* und die Zeitschrift *EPOCA* zu Beginn und bis ca. Mitte der sechziger Jahre geschrieben hatte. Da der Piper-Verlag eine derartige Publikation aufschob, bot sie die Idee zu diesem Werk 1967 dem Bechtle-Verlag an, der das Buch im Jahr darauf publizierte. Es war ihr wichtig, wieder „auf dem Markt"[294] zu erscheinen und vor ihren Lebenserinnerungen, an denen sie gleichzeitig arbeitete, noch einmal literarisch in der Öffentlichkeit vertreten zu sein. Zudem waren diese Feuilleton-Artikel, die sie 1967 noch einmal für den Band überarbeitete, auf gesellschaftliche Erscheinungen der sechziger Jahre gerichtet, die bei einer deutlich späteren Veröffentlichung ihre Aktualität eingebüßt hätten.

So geht es neben der gesellschaftlichen Rolle und Position der Frau und ihrer Entwicklung um markante Veränderungen in der Beziehung zwischen den Geschlechtern und in den gesellschaftlichen Umgangsformen, die äußerst kritisch unter Einbeziehung von Beispielen aus der Historie beurteilt werden.

Während das erste Kapitel *Und fragst du mich, was mit der Liebe sei*[295] eine Art Kulturgeschichte der Liebe vom 12. Jahrhundert bis zur Gegenwart nachzeichnet, in der mit Trauer die Entwicklung zur „Entzauberung" (S. 15) konstatiert und der „reine Sex" als „abstoßend" und als „Skelett des Triebes" beurteilt wird, sind die darauf folgenden Kapitel den verschiedenen Lebensaltern und Entwicklungstypen der Frau gewidmet.

---

[294] Brief von Oda Schaefer an Hertha Bielfeld vom 20.01.1967, Nachlass Schaefer/Lange, Monacensia.
[295] Zuvor veröffentlicht unter dem Titel *Der Liebe holder Traum. Acht Jahrhunderten galt das Modell der Minnesänger als Vorbild*. In: *Die Presse*, 13./14.05.1967.

Nach den äußerst gesellschaftskritischen Essays über *Unsere jungen Göttinnen*[296] und *Die schrecklichen kleinen Mädchen*[297], denen der Generation entsprechend ein Aufsatz über die *Beatlemania*[298] folgt, in der eine Erklärung für die mit dieser Musik verbundene Hysterie der Zuhörerinnen gesucht wird, stehen Kapitel über den *Vamp redivivus*[299], *Die Frau von dreißig Jahren*[300], in dem auch gute Ratschläge bzgl. Mode und Aussehen erteilt werden, *Die Dame mit dem Einhorn* – ein Essay über die Dame, ihre Mode und Charaktereigenschaften – und über Frauen *Zwischen Fünfzig und Sechzig*.[301] Deutlich treten Bezüge zu anderen Werken Oda Schaefers auf, indem immer wieder auf bekannte Inhalte und Formulierungen rekurriert wird, wie z.B. aus *Ladies only* (u.a. S. 18, 19, 22, 23, 32, 48, 54)[302], dem *Dandy* (u.a. S. 45, 91, 117) oder *Schwabing* (S. 112), genauso wie sich auch zu Artikeln in Zeitungen[303] Parallelen herstellen lassen.

Die Beziehung zwischen Mann und Frau thematisieren *Glanz und Elend der Emanzipation* sowie die durch den Titel provozierenden Essays *Wann werden die Männer gleichberechtigt?*[304], *Erbarmen mit den Männern* sowie *Ein Sofa für die Seele*[305], in der die Stellung und Rolle der Frau im Rahmen von gesellschaftlichen Ereignissen untersucht wird. *Das Denkmal der un-*

---

[296] Vgl. zuvor unter dem Titel *Unsere jungen Göttinnen*. In: *SZ*, Nr. 10, 27./28.04.1963.

[297] Vgl. zuvor unter dem Titel *Die schrecklichen kleinen Mädchen*. In: *SZ*, Nr. 84, 08.04.1967.

[298] Vgl. zuvor unter dem Titel *Beatlemania*. In: *MELOS. Zeitschrift für Neue Musik*, November 1964, H. 11, S. 334-341.

[299] Das Kapitel erschien zuvor unter dem Titel *Vamp redivivus. Die Femme Fatale in Astronautengestalt*. Erscheinungsdatum: 12./13.11.1966. Der Name der Zeitung fehlt im Nachlass Schaefer/Lange, Monacensia.

[300] Zuvor publiziert unter dem Titel *Erst ab Dreißig: Die eleganten Jahre*. In: *EPOCA. Eine europäische Zeitschrift*, Nr. 4, April 1966, S. 80-87.

[301] Zuvor veröffentlicht unter dem Titel *Zwischen Fünfzig und Sechzig. Versuche, eine Lebensphase zu beschreiben*. In: *SZ*, Nr. 133, 04./05.06.1966.

[302] Vgl. in *Ladies only* die Kapitel *Die moderne femme fatale*, S. 9ff., und *Schwarze Romantik*, S. 14ff.

[303] Zur Frau als Karyatide, vgl. S. 96f. und den Artikel *Karyatide*. In: *SZ*, Nr. 3, 10.01.1948, S. 5; zur *Sophisticated Lady*, vgl. S. 49 und gleichnamigen Beitrag in *Elegante Welt* 5 (1963).

[304] Zuvor publiziert unter dem Titel *Wann sind die Männer endlich gleichberechtigt?* In: *EPOCA. Eine europäische Zeitschrift*, Nr. 1, Januar 1965, S. 60-63.

[305] Zuvor publiziert unter dem Titel *Unsere Gesellschaft: Kein Sofa für die Seele*. In: *EPOCA. Eine europäische Zeitschrift*, Nr. 5, Mai 1966, S. 74-77.

bekannten Gattin[306] ist eine Hommage an die Ehefrauen von bedeutenden Persönlichkeiten in Kunst und Literatur, deren Aufopferung und Leistung als unverzichtbare Bestandteile des Erfolges ihrer Männer dargestellt werden.

In dem Artikel über *Die Tanzstunde*, den Oda Schaefer im Vergleich zur zuvor in Zeitungen[307] veröffentlichten Fassung noch stark erweitert hatte[308], steht vor allem Kulturgeschichtliches im Vordergrund.

Über die Behandlung geschlechterdifferenter Themen hinaus wird zudem auf allgemeine gesellschaftliche Merkmale der modernen zivilisatorischen Gesellschaft aufmerksam gemacht, wie Einsamkeit (*Einsamkeit im Dickicht der Städte*[309]), Hektik (*Dolce far niente*), eine Verrohung der Umgangsformen und Vernachlässigung moralisch-ethischer Leitsätze (*Verschollene Schiffahrtszeichen*[310]), wogegen traditionelle moralische Werte und Vorstellungen, wie die „Höflichkeit des Herzens" (S. 139) und die Freundschaft (im Kapitel *Licht im Winter*[311]) in ihrer Bedeutung hervorgehoben werden. Deutlich wird die Vergangenheit der Gegenwart vorgezogen, sei es in den ironisch-überspitzten Gesellschaftsbildern, den Betrachtungen über zwischenmenschliche Kommunikations- und Verhaltensformen, zu denen auch der Essay *Vom Schenken* gehört, oder in dem letzten Kapitel, in dem Oda Schaefer auf das von ihr 1936 herausgegebene *Stille Tagebuch eines baltischen Fräuleins* von 1855/1856 verweist – das Tagebuch ihrer Großmutter Sally von Kügelgen – und die sich dort offenbarenden Tugenden von Bescheidenheit, Gefühlswärme und Anspruchslosigkeit idealisiert.

---

[306] Zuvor veröffentlicht unter dem Titel *Das Denkmal der unbekannten Gattin. Es gab Närrinnen, aber noch viel mehr Leidende unter den Frauen der Grossen*. In: *Die Presse*, 26./27.08.1967, ebenso in: *EPOCA. Eine europäische Zeitschrift*. Erscheinungsdatum fehlt im Nachlass Schaefer/Lange, Monacensia.

[307] Vgl. u.a. *Tanzstunde der Jahrhunderte*. In: *SZ*, Nr. 18, 20./21.01.1962, S. 66.

[308] Vgl. Brief von Oda Schaefer an Hertha Bielfeld vom 17.04.1967, Nachlass Schaefer/Lange, Monacensia.

[309] Zuvor veröffentlicht unter dem Titel *Duell mit zwei Einsamkeiten*. In: *EPOCA. Eine europäische Zeitschrift*, Nr. 4, April 1965, S. 74-79.

[310] Unter dem gleichen Titel publiziert in: *SZ*, Nr. 283, 25.11.1964.

[311] Die in diesem Kapitel skizzierte Freundschaft zwischen drei Frauen bezieht sich auf Oda Schaefer, Hertha Bielfeld und Gertrud Mentz, vgl. Briefe von Oda Schaefer an Hertha Bielfeld vom 10.11.1966 und 13.11.1966, Nachlass Schaefer/Lange, Monacensia. Das Kapitel wurde zuvor publiziert unter dem Titel *Licht im Winter. Briefe alter Freundinnen*. In: *SZ*, Nr. 301, 17.12.1966.

Die Zukunft erscheint ungewiss[312], immer wieder äußert sich die Angst vor einem bevorstehenden Atomkrieg[313], vor einer massiven Bedrohung.[314] Entsprechend Oda Schaefers Auffassung vom Dichter und Schriftsteller als einem Moralisten wird die Funktion von Literatur als sinngebender, moralisierender Instanz betont und auf die Konsequenzen einer nihilistischen, sich Lösungen und Antworten verweigernden Literatur – allgemeine Orientierungslosigkeit, Verzweiflung – hingewiesen:

> Auch die Literatur gibt keine Antwort, drüben verstärkten Sartre und Camus die Einsamkeit und Verzweiflung trotz ihrer strengen Ordnung nur noch, und hüben kann man sich auf Böll und Grass auch nicht verlassen. (S. 120)

Andererseits ist die geäußerte Kulturkritik nicht undifferenziert gegen die junge Generation gerichtet; immer wieder wird die Zuneigung zu ihr betont: „Ich liebe sie. Sie sind besser als ihr Ruf." (S. 36) Klar wird die entscheidende Rolle der Presse und der Industrie, sei es im Textil-, oder Musikbereich, erkannt und die von dort ausgehende Manipulation und Einflussnahme auf Aussehen und Verhalten verurteilt, wie auch in einem Brief Oda Schaefers an ihre Freundin Hertha Bielfeld zum Ausdruck kommt: „[…] jetzt in der *SZ* ‚Die schrecklichen kleinen Mädchen', eine Anklage an Industrie, Presse, Mode, die die jungen Dinger vollends verkorksen […]."[315] Aufgrund der ironischen, teils auch provokanten und polemischen Darstellungsweise (John Lennon wird z.B. als „der große Heuler" apostrophiert, S. 37) wurde diese Anklage allerdings auch missverstanden. Oda Schaefer musste sich in einem Interview für die Zeit-

---

[312] „Der Fahrtwind des zwanzigsten Jahrhunderts saust uns um die Ohren, wir wissen nicht, wohin die rasende Fahrt geht, ob in eine bessere Zukunft, die ebenso zu bezweifeln wäre wie der Begriff der guten alten Zeit, oder in ein nicht mehr zu entwirrendes Chaos." *Und fragst du mich, was mit der Liebe sei*, S. 15.
[313] „Noch niemals, solange die Welt sich dreht, hat die Jugend vor dermaßen erschreckenden Auspizien gestanden wie vor denen eines drohenden Atomkrieges, womöglich ausgelöst durch den voreiligen Druck auf irgendeinen roten Knopf." *Und fragst du mich, was mit der Liebe sei*, S. 41; vgl. ebenso S. 120.
[314] „Man spricht auch heute wieder von Weltangst, allerdings in einem anderen Sinne, denn es drohen diesmal recht reale Weltuntergänge und Sintfluten." *Und fragst du mich, was mit der Liebe sei*, S. 17.
[315] Brief von Oda Schaefer an Hertha Bielfeld vom 15.04.1967, Nachlass Schaefer/Lange, Monacensia.

schrift *TWEN*[316] mit dem Vorwurf auseinandersetzen, sie hätte die Jugend lächerlich gemacht[317] und angegriffen.[318]

Der Stil ist dem ihrer in Zeitungen veröffentlichten Essays und Feuilletons angepasst: Flüssigkeit und Leichtigkeit dominieren, die Sprache ist geprägt von Bildlichkeit und Anschaulichkeit, der Wortschatz gehoben mit einer Reihe von Fremdwörtern und französischen sowie englischen Begriffen; allerdings sind auch antiquierte, traditionell klischeehafte Wendungen zu verzeichnen, z.B. „das Lied der Lerche, die morgens in den Himmel aufsteigt und jubelnd ihrem Schöpfer dankt". (S. 138)

Wie auch in den vorhergehenden kulturgeschichtlichen und gesellschaftskritischen Werken hat Oda Schaefer ihren Text mit einer ungeheuren Menge an Anspielungen und Zitaten aus verschiedenen Disziplinen ausgestattet, etwa aus dem Bereich der Kunst (z.B. Alberto Giacometti und Germaine Richter, S. 30), der Literatur, z.B. von Thomas Mann (S. 144f.), Hans Erich Nossack (S. 97), Theodor Storm (S. 21, 145), Ludwig Christoph Heinrich Hölty (S. 156), aus der Soziologie (z.B. von Leopold von Wiese, S. 27), Philosophie (z.B. Karl Jaspers, S. 118), aus dem Bereich des Films (z.B. James Dean, S. 17, oder „Les Vampires" von Louis Feuillades, S. 51), der Musik (z.B. Frank Sinatra oder Bing Crosby, S. 37) sowie der Mode. Zusätzlich hat sie eine Reihe von Daten und Personen aus der Historie und der zeitgenössischen Gegenwart eingefügt, die die Aktualität und Bedeutsamkeit der Ausführungen hervorheben und die subjektiven Äußerungen legitimieren sollen.

4.2.2.5 *Die Haut der Welt. Erzählungen und Augenblicke*

Die in *Die Haut der Welt* erschienenen kulturgeschichtlichen Essays über berühmte französische Frauengestalten hatte Oda Schaefer in den sechziger Jahren für Zeitungen und die Zeitschrift *EPOCA* verfasst. Nach-

---

[316] Vgl. *Schäfer-Stündchen mit einer von gestern*. In: *TWEN*, Nr. 7 (1968), S. 16/20f.
[317] Vgl. Brief von Oda Schaefer an Hertha Bielfeld vom 28.04.1968, Nachlass Schaefer/Lange, Monacensia.
[318] Nachdem Oda Schaefer in diesem Interview in Verbindung zu antisemitischen Äußerungen gebracht worden war („Hier werden Vorurteile untermauert, hier wird Weltuntergangsstimmung an Wände gemalt, auf denen früher in ungelenken Lettern ‚Juden raus' stand." *TWEN*, Nr. 7 (1968), S. 16), strengte Oda Schaefer einen Prozess gegen diese Zeitschrift an, der mit einem Vergleich endete, vgl. biographische Dokumente II, Nachlass Schaefer/Lange, Monacensia.

dem die Idee, eine Sammlung derartiger Frauenporträts im Piper-Verlag zu einer Buchpublikation auszuweiten[319], offenbar nicht umgesetzt worden war, wurden drei dieser Beiträge unter dem Titel „Frauenbilder" in den Band aufgenommen.

Während die ersten beiden Kapitel bedeutenden Maîtressen gewidmet sind – *Des Königs Eintagsfliege* behandelt die zwar als sehr schön, aber dümmlich beschriebene Herzogin Fontanges, *Maîtresse en Titre*[320] die sehr attraktive und zugleich äußerst intelligente, gebildete Madame Pompadour –, steht in *Die Landkarte der Zärtlichkeit*[321] die „preziöse Dichterin" (S. 153) Madeleine de Scudery im Zentrum der Betrachtungen.

Höchst anschaulich wird das Leben dieser Frauen beschrieben: das Aussehen der Frauengestalten, ihre Wirkung auf die Zeitgenossen, die auch mithilfe von Zitaten aus zeitgenössischen Quellen belegt wird, sowie ihre für Generationen gültigen Leistungen und Erfolge, sei es auf dem Gebiet der Mode, der Gesellschaftskultur oder auch, im geistigen Bereich, der Literatur und der Philosophie. Mit dem jeweiligen Frauenbild werden zugleich die Atmosphäre und das Leben der französischen Gesellschaft am Hof, die allgemeinen gesellschaftlichen Bedingungen für das Leben der Frauen sowie auch die jeweilige Kultur der Zeit geschildert. Zudem finden sich immer wieder Vergleiche zur Gegenwart, die durchaus auch Kritik implizieren, wie z.B. an der aktuellen Literatur: „Es war die Mode der Gesellschaft, sich hinter Symbolen, Metaphern, Chiffren zu verstecken, ein ähnlicher Manierismus beherrscht heute wieder die Lyrik, wenn auch in anderer Form." (S. 156f.)

Die Sprache zeichnet sich – wie auch in den anderen kulturgeschichtlichen und zeitkritischen Essays Oda Schaefers – durch große Bildhaftigkeit aus, die teilweise geradezu übertrieben wirkt (wie z.B. „[…] sie tanzte nur kurze Zeit in der Sonne und mußte die höfische Welt in der Blüte ihrer Jugend verlassen", S. 138; „Die Hybris erhob ihr Schlangenhaupt",

---

[319] Oda Schaefer hatte dem Piper-Verlag ein Feuilleton zur Ansicht zugeschickt und vorgeschlagen, ein Buch aus diesen französischen Frauenbildern zu gestalten, vgl. Brief von Oda Schaefer an Walter Fritzsche (Piper-Verlag) vom 31.10.1969, Verlagsarchiv Reinhard Piper, DLA-Marbach.

[320] Dieser Essay wurde zuvor publiziert unter *Maîtresse en Titre. Das Positive an Madame Pompadour*. In: *FAZ*, Nr. 173, 28.07.1962. Er erschien ebenso mit nur wenigen Änderungen im Kapitel *Das Positive der Madame Pompadour* in *Ladies only* (S. 90ff.).

[321] Zuvor veröffentlicht unter *Durch die Landkarte der Zärtlichkeit. Lebenslauf des seltsamen Fräulein von Scudéry*. In: *SZ*, Nr. 140, 12./13.06.1965, S. 79.

S. 141). Es fallen viele subjektiv wertende Adjektive auf, wie z.B. „wundervolle Schultern" (S. 139), „von angenehmem Fleisch", „das passive, dümmliche Fräulein" (S. 141), „Haltung einer echten Fürstin" (S. 151), die der Herausstellung des intendierten Charakters dienen sollen. Der strukturelle Aufbau der drei Frauenbilder erweist sich als ähnlich: Nach einer einführenden und die jeweilige Figur kurz charakterisierenden Darstellung erfolgt eine detaillierte Betrachtung, die jeweils durch eine Frage eingeleitet wird, wie „Wie sah denn dieser Abgrund aus?" (S. 139), „Wer war diese große schlanke Frau mit dem zarten weißen Teint, den ausdrucksvollen Augen, mit denen sie operierte wie mit einer Waffe, mit der vollendeten Figur?" (S. 146) oder „Wer war nun diese seltsame Person?" (S. 154).

Der Stil ist ganz den anderen kulturgeschichtlichen feuilletonistischen Arbeiten entsprechend von Flüssigkeit, Leichtigkeit und Eloquenz geprägt – mit den auffallend vielen Zitaten und Anklängen aus ihren anderen Werken ein Wesensmerkmal Oda Schaeferscher Literatur in diesem Bereich.

4.3 Rundfunk- und Fernseharbeiten Oda Schaefers

Arbeiten für den Rundfunk gehörten bereits in den dreißiger Jahren zu Oda Schaefers wichtigen finanziellen Einnahmequellen. In ihren Erinnerungen *Auch wenn Du träumst, gehen die Uhren* berichtet sie von einer großzügig honorierten Gedicht-Lesung bei der literarischen Abteilung des Berliner Senders unter Edlef Köppen, der allerdings mit der Besetzung des Senders durch die Nationalsozialisten gehen musste, sowie von Hörfolgen für Wilhelm Hoffmann[322], der bis April 1935 beim Berliner Rundfunk im Bereich des Jugendfunks tätig war.[323] Die Arbeit für den Rundfunk war offenbar so bestimmend, dass Oda Schaefer im „Fragebogen für Mitglieder" des Reichsverbandes Deutscher Schriftsteller vom 20. August 1933, in dem nach der „Fachschaft" („Erzähler", „Lyriker", „Tagesschriftsteller", „Kritiker", „Übersetzer", „Wissenschaftlicher und Fachschriftsteller", „Rundfunk", „Film", „Textdichter") gefragt wurde, in die man als „Haupt- oder Gastmitglied" eingegliedert werden konnte,

---

[322] Vgl. *Auch wenn Du träumst, gehen die Uhren*, S. 256.
[323] Wilhelm Hoffmann, der am 26. Juli 1935 die »Halbjüdin« Elisabeth Langgässer heiratete, „war als »jüdisch Versippter« von jeglicher kulturellen Tätigkeit ausgeschlossen", Doster, Ute: *Elisabeth Langgässer, 1899-1950*, Marbach am Neckar: Deutsche Schillergesellschaft 1999, S. 56.

den „Rundfunk" als Hauptmitglied wählte.[324] Sie gab an, beim Berliner Sender im Rahmen der Funk-Stunde, in Breslau und in Königsberg („u.a.") zu lesen – von ihrer schriftstellerischen Tätigkeit erwähnt sie hier nichts, obwohl sie bereits einige Gedichte und Aufsätze in den *Schlesischen Monatsheften*, im *Wanderer im Riesengebirge* oder in der *Kolonne* veröffentlicht hatte und für das *Liegnitzer Tageblatt* die Beilage für die Frauenseite verfasste. In ihrem Lebenslauf, den sie dem „Fragebogen für schriftstellerisch Tätige" der Reichsschrifttumskammer vom 13. Juli 1937 beifügte, erklärte sie, dass ihre schriftstellerische Tätigkeit „erst von 1933 ab"[325] datiere und dass sie mit „Arbeit für den Funk, zuerst für den Berliner Sender, hauptsächlich Jugendstunden, dann für andere Abteilungen" begonnen habe. „Wiederholungen wurden von anderen Sendern übernommen. Später schrieb ich für den Deutschlandsender, der mir unter anderm einen grossen Hörspielauftrag gab." Gefragt nach den Titeln und Sendedaten der einzelnen Sendungen ist Oda Schaefer nicht sehr genau[326]: Sie gibt das vom Deutschlandsender in Auftrag gegebene Hörspiel *Das flandrische Eisfest* sowie die in Berlin und Breslau aufgenommenen Sendungen *Mozart auf der Reise nach Prag* sowie *Die dreiste Magd* an, jeweils „u.a." hinter den Titel der Sendung setzend, und vermerkt bei der Sendeangabe lapidar den Zeitraum von 1933 bis 1937.

Neben diesen Sendungen äußerte sie sich im Medium des Rundfunks ebenfalls auf dem Gebiet der Mode, wie an einem Eintrag im Programm des Süddeutschen Rundfunks *Die Launen der Frau Mode. Heiterer Funkaufriß*[327] festgestellt werden kann.

Auch nach dem Krieg blieb der Rundfunk für Oda Schaefer, wie für viele andere Schriftsteller, „die ihr medienliterarisches Handwerk in den

---

[324] Vgl. hier und im Folgenden „Fragebogen für Mitglieder" des Reichsverbandes Deutscher Schriftsteller vom 20.08.1933, Bundesarchiv Berlin, BArch, ehem. BDC, RKK, Lange, Oda, 21.12.00.

[325] Hier und in den folgenden Zitaten dem „Fragebogen für schriftstellerisch Tätige" der Reichsschrifttumskammer vom 13.07.1937 beigefügter Lebenslauf von Oda Schaefer, Bundesarchiv Berlin, BArch, ehem. BDC, RKK, Lange, Oda, 21.12.00.

[326] Vgl. im Folgenden „Fragebogen für schriftstellerisch Tätige" der Reichsschrifttumskammer vom 13.07.1937, Bundesarchiv Berlin, BArch, ehem. BDC, RKK, Lange, Oda, 21.12.00.

[327] Vgl. Wessels, Wolfram: *Hörspiele im Dritten Reich. Zur Institutionen-, Theorie- und Literaturgeschichte*, Bonn: Bouvier Verlag Herbert Grundmann 1985, S. 523.

Jahren des Dritten Reiches erlernten'[328], wie z.B. Fred von Hoerschelmann[329], Heinz Oskar Wuttig[330] und besonders Günter Eich[331], eine wichtige, „für die meisten Autoren in den fünfziger Jahren die wichtigste Erwerbquelle".[332] Grundsätzlich gab es keine Probleme, „nach der Währungsreform wieder Fuß zu fassen im nunmehr öffentlich-rechtlichen Rundfunk"[333], die Hörspielerfolge der dreißiger Jahre galten häufig sogar als Eintrittskarte. Die „literarische Erfahrung und das bereits gewonnene Renommee" dienten dazu, „dass die dramaturgischen Aktivitäten sich sofort auf schon bekannte Namen der literarischen Szene erstreckten."

Für Oda Schaefer traf dies ebenfalls zu, obwohl ihre Reputation nicht so groß war wie die Günter Eichs. Ihre Ressourcen verstand sie jedoch äußerst effektiv einzusetzen: Sie bot ihre Gedichte und Prosastücke an, die sie entweder selbst las oder sprechen ließ, schrieb Hörspiele und verfasste Buch-Rezensionen[334], die sie sowohl mehrfach verschiedenen Sendern verkaufte[335] als auch aus ihrer literaturkritischen Arbeit für die Redaktio-

---

[328] Wagner, Hans-Ulrich: *Das Medium wandelt sich, die Autoren bleiben*. In: Estermann, Monika/Lersch, Edgar (Hg.): *Buch, Buchhandel und Rundfunk 1950-1960*, Wiesbaden: Harrassowitz Verlag 1999, S. 201-229, hier S. 226.

[329] Vgl. ebenda, S. 209ff.

[330] Vgl. ebenda, S. 212f.

[331] Vgl. ebenda, S. 213ff; vgl. hierzu auch Wagner, Hans-Ulrich: *Günter Eich und der Rundfunk. Essay und Dokumentation*, Potsdam: Verlag für Berlin-Brandenburg 1999, S. 82-106.

[332] Schneider, Irmela: *„Fast alle haben vom Rundfunk gelebt." Hörspiele der 50er Jahre als literarische Formen*. In: Fetscher, Justus/Lämmert, Eberhard/Schutte, Jürgen (Hg.): *Die Gruppe 47 in der Geschichte der Bundesrepublik*, Würzburg: Königshausen & Neumann 1991, S. 203-217, hier S. 204; vgl. Hans Werner Richter in einem Interview aus dem Jahre 1976: „Fast alle [...] haben vom Hörfunk gelebt". Zitiert nach: Arnold, Heinz Ludwig (Hg.): *Die Gruppe 47. Ein kritischer Grundriß*, Text + Kritik, Sonderband, München: edition text + kritik 1980, S. 221.

[333] Hier und in den folgenden Zitaten Wagner, Das Medium wandelt sich, S. 226f.

[334] Vgl. u.a. Hörfunkmanuskript Ms 136: „Auf der Suche nach der Wahrheit. Buchbesprechg. [f. d. Funk v. Reinhold Schneider: ‚Pfeiler im Strom'.]", Nachlass Schaefer/Lange, Monacensia.

[335] Die Rezension über *Gang durch das Ried* von Elisabeth Langgässer ist z.B. in dreifacher Ausführung vorhanden: Sendung für den Hessischen Rundfunk am 18.07.1953, Sendung für den Südwestfunk Baden-Baden am 02.08.1953 und Sendung für den Bayerischen Rundfunk (Abteilung Kultur und Erziehung) am 21.07.1953, Nachlass Elisabeth Langgässer, DLA-Marbach.

nen unterschiedlicher Zeitungen nutzen konnte, wie z.b. bei dem Roman *Gang durch das Ried*[336] von Elisabeth Langgässer und der Kritik über russische Literatur.[337] Dazu kamen – ebenfalls oft parallel zu ihrer feuilletonistischen Tätigkeit – Hörfolgen und Features über Dichter und Schriftsteller, wie z.b. über Nikolai Leskow[338], Ricarda Huch[339], Elisabeth Langgässer[340], die Familie Mendelssohn[341] und zu anderen Themen, wie z.B. Berichte über den Mittenwalder Geigenbau[342], über Madame Curie

---

[336] Vgl. z.B. Hörfunkmanuskript Ms 47: „Gang durch das Ried". Roman von Elisabeth Langgässer. Besprechung [f. d. Südwestfunk], Nachlass Schaefer/Lange, Monacensia, und Beitrag *Dunkler Traum von Leben und Erfüllung. Zum Wiedererscheinen des Romans ‚Gang durch das Ried' von Elisabeth Langgässer*. In: *Die Neue Zeitung*, Nr. 174, 25.07.1953, S. 19.

[337] Vgl. Manuskript Ms 119: „Russland gestern und heute. [Buchbespr. f. d. Funk]", Nachlass Schaefer/Lange, Monacensia (Iwan A. Gontscharow: *Eine alltägliche Geschichte*; Anton Tschechow: *Drei Jahre* und *Mein Leben*; Sinaida Prinzessin Schakowskoy: *So sah ich Russland wieder*) sowie die Rezension *Die russische breite Natur*. In: *Deutsche Zeitung*, 10.12.1958, in der bis auf *So sah ich Russland wieder* von Sinaida Prinzessin Schakowskoy dieselben Werke besprochen werden.

[338] Vgl. Sendung im Süddeutschen Rundfunk am 22.12.1957: *Die Stunde nach Gottes Gebot. Hörfolge über den russischen Dichter Nikolai Ssemjonowitsch Lesskow (1831-1895)* und Artikel *Die Stunde nach Gottes Gebot. Der russische Dichter Nikolai Ssemjónowitsch Lesskow*. In: *Der christliche Sonntag. Katholisches Wochenblatt*, Nr. 40, 06.10.1957.

[339] Vgl. z.B. Hörfunkmanuskript Ms 54: „Geh schlafen, mein Herz… Zum 100. Geb. der Dichterin Ricarda Huch am 04.07.1964". Eine Sendung [f.d. Rundfunk], Nachlass Schaefer/Lange, Monacensia, und Beitrag *Mein Herz, mein Löwe. Zum 100. Geburtstag von Ricarda Huch*. In: *SZ*, Nr. 171, 17.07.1964. Auch sonst finden sich zwei Hörfunkmanuskripte zu Ricarda Huch: Ms 66: „Ricarda Huch, Leben und Werk" sowie Ms 67: „Humanität u. Poesie. Zum 10. Todestag von Ricarda Huch" im Hessischen Rundfunk am 14.11.1957, Nachlass Schaefer/Lange, Monacensia.

[340] Vgl. Hörfunkmanuskript für den Südwestfunk Ms 116: „Von der christlichen Realität. Aus nachgelassenen Briefen von Elisabeth Langgässer zusammengestellt", Nachlass Schaefer/Lange, Monacensia, und Beitrag *Dichterinnen dieser Zeit. Porträt Elisabeth Langgässer*. In: *SZ*, Nr. 198, 19./20.08.1961.

[341] Vgl. Sendung *Nathan der Weise und sein Erbe. Die Familie Mendelssohn* im Südwestfunk am 09.03.1961.

[342] Vgl. Manuskript Ms 65: „Holz in Schwingungen. Gespräch über den Mittenwalder Geigenbau. Eine Hörfolge", Nachlass Schaefer/Lange, Monacensia.

und das Radium[343], über die Auswirkungen der Atombombe in Hiroshima[344] sowie über gesellschaftskritische, feuilletonistische Sujets[345] und über Erinnerungen an ihre Erlebnisse in der Kindheit[346] und während des Krieges in Berlin.[347]

Ebenso war Oda Schaefer immer wieder für das Fernsehen tätig – z.B. sprach man 1957 über eine Verfilmung des Romans *Der Großtyrann und das Gericht* von Werner Bergengruen.[348] An den Westdeutschen Rundfunk, Abteilung Fernsehen, verkaufte sie in den sechziger Jahren wiederholt ihre feuilletonistischen Arbeiten, wie z.B. die Sendung *Fifi a la mode*[349], oder ihre für die *Süddeutsche Zeitung* 1961 verfassten Dichterinnen-Porträts, die als Grundlage für Porträtsendungen über Annette Kolb, Elisabeth Langgässer und Gertrud von Le Fort verwendet wurden.[350] Ein Thema konnte sie

---

[343] Vgl. Beitrag »*Ich wünschte, es möge schön aussehen...*« *Madame Curie und das Radium. Zu ihrem 100. Geburtstag am 7. November.* In: *EPOCA. Eine europäische Zeitschrift*, Nr. 10, Oktober 1967, S. 72, 74, 76, und Hörfunkmanuskript im Nachlass Ms 27: „Mit dem Einsatz ihres Lebens: Madame Curie und das Radium", Nachlass Schaefer/Lange, Monacensia.

[344] Vgl. Sendung *Kinder von Hiroshima* im Westdeutschen Rundfunk am 15.12.1966.

[345] Vgl. Sendung *Frauen zwischen 50 und 60* im Westdeutschen Rundfunk am 24.06.1966. Dieses Thema bearbeitete sie ebenfalls in dem Beitrag *Zwischen Fünfzig und Sechzig. Versuche, eine Lebensphase zu beschreiben.* In: *SZ*, Nr. 133, 04./05.06.1966; auch in: *Und fragst Du mich, was mit der Liebe sei*, S. 68ff.

[346] Vgl. Sendung *Auf einem Fuchs mit weisser Blesse. Eine Kindheitserinnerung* im Südwestfunk am 29.06.1964.

[347] Vgl. das im Deutschlandfunk am 13.03.1967 gesendete Feature *Die Frau im Krieg*.

[348] Vgl. Brief von Oda Schaefer an Klaus Piper vom 04.01.1957, Verlagsarchiv Reinhard Piper, DLA-Marbach; Oda Schaefer notierte Horst Lange handschriftlich auf einem Brief des Hessischen Rundfunks vom 28.11.1957: „Eben ein Angebot von der Emelka: Bergengruen hat mich zur Mitarbeit an der Verfilmung des Grosstyranns vorgeschlagen." Nachlass Schaefer/Lange, Monacensia.

[349] Dieser Beitrag wurde bestätigten Angaben vom WDR-Fernsehen zufolge am 03.08.1964 ausgestrahlt. Er ist ein „heiteres Feuilleton [...] über die Hunde berühmter Persönlichkeiten: Liselotte von der Pfalz, Napoleon, Friedrich der Große, Elsa Maxwell und die Windsors."

[350] Vgl. Brief von Oda Schaefer an Hilde Claassen vom 15.05.1963, DLA-Marbach. Der WDR konnte dazu keine Angaben machen, da die Manuskripte nur angekauft wurden. Die Titel der Sendungen sind leider nicht bekannt.

auf diese Weise oft mehrere Male „ausschlachten"[351] und sich damit mehrfach bezahlen lassen.[352]

Zu bestimmten Redakteuren, die Oda Schaefer oftmals bereits aus ihrer Tätigkeit für den Rundfunk in den dreißiger Jahren kannte[353], unterhielt sie besonders gute Kontakte, wie zu dem Lektor des Literaturprogramms beim Süddeutschen Rundfunk in Stuttgart, Karl Schwedhelm[354], den sie 1951 in einem Brief als „Liebes Schwedhelmchen"[355] bezeichnete und dem sie sich offenbar besonders verbunden fühlte[356]; ebenso zu Herbert Bahlinger, dem Leiter der Abteilung „Kulturelles Wort" vom Südwestfunk, der Oda Schaefers Feuilletons sehr schätzte[357], hatte sie gute Verbindungen, genauso wie zur Hörspielabteilung des Bayerischen Rundfunks unter Friedrich-Carl Kobbe (1892-1957), der bis 1957 die Leitung der Abteilung Hörspiel inne hatte, und unter

---

[351] Brief von Oda Schaefer an Hertha Bielfeld vom 30.08.1960, Nachlass Schaefer/Lange, Monacensia.

[352] Wie sehr der finanzielle Aspekt für Oda Schaefer bei ihrer Arbeit für das Medium Rundfunk im Vordergrund stand, zeigt ein Brief an Karl Krolow vom 26.08.1950, in dem sie ihm ihre finanzielle Situation und damit auch die Ursache für die spärliche Korrespondenz, die sie neben ihrer Arbeit führte, erklärt: „Ich bin Ihnen nie fern gewesen, habe oft von Ihnen gesprochen, aber ich kann kaum noch Briefe schreiben, weil mich das Geldverdienen auffrisst, ich bin nämlich blödsinnig fleissig, schreibe Anekdoten, Kosmetik, Frauenquatsch, Feuilleton, was weiss ich alles, jetzt ein grosses Hörspiel, nur weil ich nicht abrutschen will." Nachlass Karl Krolow, DLA-Marbach.

[353] Zu Rundfunkmitarbeitern aus den dreißiger Jahren, die nach dem Krieg wieder im Rundfunk tätig wurden, vgl. Wagner, Günter Eich und der Rundfunk, S. 90f.; vgl. hierzu ebenso Kutsch, Arnulf: *Deutsche Rundfunkjournalisten nach dem Krieg. Redaktionelle Mitarbeiter im Besatzungsrundfunk 1945-1949. Eine explorative Studie.* In: *Mitteilungen StRuG* 12 (1986), S. 191-214.

[354] Karl Schwedhelm stellte für den Süddeutschen Rundfunk den Kontakt zu Günter Eich her, dessen Name sich mit der Hörspielabteilung des Stuttgarter Senders in den fünfziger Jahren auf Dauer verbinden sollte; vgl. hierzu Wagner, Günter Eich und der Rundfunk, S. 82-106.

[355] Karte von Oda Schaefer an Karl Schwedhelm vom 26.09.1951, Nachlass Karl Schwedhelm, DLA-Marbach.

[356] Oda Schaefer schickte ihm eine Postkarte (ohne Datum) mit einem Foto von sich und unterschrieb diese mit „In herzlicher Freundschaft für Karl Schwedhelm", Nachlass Karl Schwedhelm, DLA-Marbach.

[357] Vgl. Brief von Oda Schaefer an Piper-Verlag vom 05.03.1958, Verlagsarchiv Reinhard Piper, DLA-Marbach.

Dr. Hermann Dollinger[358], dessen Name sich mit der Leitung dieser Abteilung ab 1957 bis 1971 verknüpft, sowie zu Dr. Clemens Münster, der nach seiner Tätigkeit im Hörspielbereich in den sechziger Jahren der Abteilung des Fernsehspiels beim Bayerischen Fernsehen vorstand. Auch der frühere Intendant der „Schlesischen Funkstunde", Friedrich Bischoff[359], der seit 1946 die Stellung des Intendanten des Südwestfunks übernommen hatte, setzte sich für sie ein.[360] Beim Westdeutschen Rundfunk war Oda Schaefer in den sechziger Jahren ebenfalls in verschiedenen Ressorts tätig, genauso wie sie in diesem Zeitraum Beiträge auch Dr. Inge Möller von RIAS – Abteilung „Heim und Familie" – anbot, die ihr aus der Arbeit bei Radio Bremen in der Nachkriegszeit ab 1945 bestens bekannt war.[361] Einzelne Sendungen sind auch beim Hessischen Rundfunk, beim Norddeutschen Rundfunk bzw. NWDR in den fünfziger Jahren, wo mit Jürgen Eggebrecht ein sehr enger Freund Oda Schaefers die Abteilung „Kulturelles Wort" leitete[362], im DeutschlandRadio sowie beim Österreichischen Rundfunk schriftlich belegt[363], wobei die tatsächliche Anzahl an Beiträgen Oda Schaefers in diesem Medium nicht feststeht, da viele Angaben gelöscht wurden.[364] Dass die Zahl aber weit über

---

[358] Dr. Hermann Dollinger war ein „alter Studienfreund" von Horst Lange, wodurch auch Oda Schaefer einen guten Kontakt zu ihm hatte, Brief von Oda Schaefer an Hertha Bielfeld vom 24.04.1962, Nachlass Schaefer/Lange, Monacensia.

[359] Vgl. Wagner, Medium wandelt sich, S. 219.

[360] Vgl. Brief von Oda Schaefer an Hertha Bielfeld vom 07.07.1962, Nachlass Schaefer/Lange, Monacensia.

[361] Vgl. Brief von Oda Schaefer an Hertha Bielfeld vom 01.06.1966, Nachlass Schaefer/Lange, Monacensia. Ein Brief von Dr. Inge Möller an Oda Schaefer vom 06.10.1964 dokumentiert, dass sich Oda Schaefer bei ihr auch für Gerty Spies eingesetzt hatte. Eigene Beiträge sandte Oda Schaefer ihr offenbar regelmäßig zu. Oda Schaefer notierte handschriftlich auf diesem Brief, den sie Gerty Spies zukommen ließ: „das ist eine sehr nette, verlässliche Person". Ob sich Oda Schaefer und Dr. Inge Möller bereits aus ihrer Tätigkeit beim Berliner Rundfunk in den dreißiger Jahren kannten, wo Dr. Inge Möller neben dem Rundfunk in Danzig seit 1935 arbeitete, ist nicht bekannt, vgl. Kutsch, S. 197.

[362] Von 1949 an war Jürgen Eggebrecht als Leiter des „Kulturellen Worts" am NWDR Hamburg, seit 1954 am NWDR in Hannover tätig, vgl. Wagner, Das Medium wandelt sich, S. 220f.

[363] Die von Rundfunkanstalten erhaltenen Angaben zu Sendungen von Oda Schaefer werden in der Bibliographie aufgeführt.

[364] Die Überprüfung von Programmzeitschriften konnte aufgrund des damit verbundenen zeitlichen Aufwands nicht geleistet werden.

die ermittelten Sendungen hinausgeht, lässt sich aus zahlreichen Hinweisen in Briefen und aus vielen im Nachlass vorliegenden Rundfunkmanuskripten ersehen, womit die hohe Bedeutung dieses Mediums für ihr Schaffen dokumentiert wird.

4.3.1 Hörspiele

Leider sind die Hörspiele Oda Schaefers aus den dreißiger Jahren nicht mehr erhalten[365]; neben dem vom Deutschlandsender erteilten „großen Hörspielauftrag"[366] *Das flandrische Eisfest* handelt es sich vorwiegend um Adaptionen und Bearbeitungen literarischer Stoffe, wie *Mozart auf der Reise nach Prag* (1934), *Der Schatzgräber*. Nach Musäus (1935)[367], *Die dreiste Magd von Brieg* (1936), *Die schöne Magelone* (1934), *Fliegerin über dem Ozean* (1934) oder bei *Der Traum Surinams* (1936) um eine Hörfolge über Maria Sybilla Merian.[368] Allein das Hörspiel *Das flandrische Eisfest* vom 20. März 1936 lässt sich vom Deutschen Rundfunkarchiv bestätigen, eine Aufnahme nicht mehr nachweisen.[369] Das im Nachlass vorhande-

---

[365] Nach Lydia Marhoff schrieb Oda Schaefer die im Folgenden genannten Sendungen für den Berliner Rundfunk, vgl. Marhoff, S. 256. *Das flandrische Eisfest* wurde allerdings vom Deutschlandsender produziert.

[366] Vgl. dem „Fragebogen für Mitglieder" der Reichsschrifttumskammer vom 13.07.1937 beigefügter Lebenslauf von Oda Schaefer, Bundesarchiv Berlin, BArch, ehem. BDC, RKK, Lange, Oda, 21.12.00.

[367] Die folgenden Sendungen hat Oda Schaefer in den Fragebögen nicht genannt. Sie erscheinen als „Hörspiele" in einschlägigen Lexika, wie u.a. Munzinger-Archiv/Intern. Biograph. Archiv; Lennartz, S. 628; Moser, Dietz-Rüdiger (Hg.): *Lexikon der deutschsprachigen Gegenwartsliteratur seit 1945*, Band 2: K-Z, München: Nymphenburger 1997, S. 1032; Böttcher, Kurt u.a. (Hg.): *Lexikon deutschsprachiger Schriftsteller. 20. Jahrhundert*, Hildesheim, Zürich, New York: Georg Olms Verlag 1993, S. 633.

[368] Oda Schaefer äußerte auf einer Karte an Gertrud Mentz vom 04.02.1969, dass sie über die Malerin, Kupferstecherin und Naturforscherin Maria Sibylla Merian (1647-1717) einmal eine „Hörfolge" geschrieben hätte, „über ihre Reise nach Surinam", Nachlass Schaefer/Lange, Monacensia. Insofern kann diese Sendung nach einer Aussage von Oda Schaefer selbst belegt werden.

[369] Vgl. *Das flandrische Eisfest*, Deutschlandsender, 20.03.1936. Musik: Hanns Steinkopf, Länge: 50 Minuten 40 Sekunden, Nr. DS 29314/26 Plattenzählung, Mitwirkende: Erich Ponto (Gillis), Mila Kopp (Agnete), Herbert Klatt (Jeroon), Harry Gondi (Adam), Anneliese Würtz (Marieken), Aribert Grimmer (Hendrik), Charlotte Fraedrich (Grietje), Edith Robbers (Lieske), Hugo

ne Manuskript[370] ist scheinbar nicht das Original-Manuskript, wie aus einem Brief Oda Schaefers an Jakob Job vom Züricher Rundfunk hervorgeht:

> [...] und Sie haben es auch fertiggebracht, ein Hörspiel ‚Das flandrische Eisfest' zu bringen, das ich garnicht mehr besass, und aus dem Gedächtnis neu schreiben musste. Es war Ihnen zu danken, dass wir überhaupt die Arbeits-Erlaubnis erhielten [...].[371]

Oda Schaefer hatte bei ihrem Aufenthalt in der Schweiz 1947/1948 dieses Hörspiel, dessen Manuskript sie mit ihrer Flucht aus Berlin verloren hatte, im Nachhinein aus der Erinnerung rekonstruiert, um sich mit dieser Arbeit für den Schweizer Rundfunk Geld verdienen zu können. In seiner dramatischen Ausgestaltung erinnert es sehr an eine Ballade – eine Gattung, auf die sie sich in den dreißiger Jahren konzentriert hatte.[372]

Ort der Handlung ist ein Dorf an der Küste Flanderns, als Zeit der Handlung wird im Manuskript „Vor 100 Jahren" und handschriftlich in Klammern „oder zeitlos"[373] angegeben, womit auf grundsätzliche, sich nicht ändernde menschliche Konflikte angespielt wird. Im Mittelpunkt steht das Liebespaar Agnete und Jeroon, dem Agnetes Vater, der reiche Kapitän Gillis, die Ehe mit seiner Tochter jedoch verweigert. Er favorisiert gegenüber dem armen Fischer den reichen Kaufmann Adam, der sich ebenfalls um die Hand der Tochter bemüht, in den Agnete jedoch nicht verliebt ist. Nachdem Gillis die Hochzeit seiner Tochter mit Jeroon brüsk abgelehnt hat, widersetzt sich Agnete dem Willen des Vaters und verlässt ihn. Sie begibt sich mit Jeroon auf das alljährliche Eisfest, ein Fest, das sich auf dem zugefrorenen Meer abspielt, und an dem die gesamte Bevölkerung des Dorfes beteiligt ist. Nur Gillis bleibt aufgrund seiner Krankheit (Gicht) zurück. Ihm erscheint der Tod, der ihm das nahe Lebensende seiner Tochter und aller Dorfbewohner durch den auf-

---

Gan-Ham (Kloas), Fritz Rasp (Der Fremde). Intrum: Violine, Schlagzeug, Bandoneon. Spielleitung: Dr. Curt Elwenspoek. Auskunft vom Deutschen Rundfunkarchiv.

[370] Vgl. Manuskript L 2972, Nachlass Schaefer/Lange, Monacensia.
[371] Brief von Oda Schaefer an Jakob Job vom 24.05.1971, Nachlass Schaefer/Lange, Monacensia.
[372] Vgl. z.B. *Die Totenbraut, Die Seherin, Das ertrunkene Kind*. In: *Die Windharfe*, S. 30ff., 27ff., 34ff.
[373] Manuskript L 2972, Nachlass Schaefer/Lange, Monacensia.

kommenden Südwind (Tauwind) prophezeit und ihn auf die Möglichkeit hinweist, durch ein Opfer, die Aufgabe seines materiellen Wohlstandes, diese Katastrophe zu verhindern. Als Gillis daraufhin sein Haus anzündet, um damit seine Tochter vom Eis zurückzuholen, rettet dies zwar die Dorfgemeinschaft, nicht jedoch Agnete und Jeroon, die sich zu weit vom Ufer entfernt haben und sterben. Die tödliche Gefahr deutet sich bereits zu Beginn an, als Jeroon eine von den anderen nicht hörbare Musik – das von einer Geige intonierte Thema des Südwinds – vernimmt, die auch im Verlauf des Hörspiels immer wieder zum Einsatz kommt. Das alte Motiv des Todes als Freier und Bräutigam, wie es hier verwendet wird, hat Oda Schaefer auch später in ihrer großen Ballade *Variationen über ein Thema von Matthias Claudius*[374] verarbeitet.

Gillis wird für seine Härte und seinen Egoismus mit dem Verlust seines höchsten Gutes, nämlich seiner Tochter, bestraft. Der Gemeinschaft muss er das Opfer bringen, auf ihre Kosten sein persönliches Glück verlieren, was als äußerst verdienstvoll dargestellt wird.[375]

Die Sendung dieses Hörspiels von 1936 beim Züricher Rundfunk in der Nachkriegszeit zeigt, wie stark Oda Schaefer, ebenso wie auch andere Autoren, an ihr Rundfunkschaffen während der dreißiger Jahre anknüpfen konnte.[376] Die Grundsätze der Hörspielkonzeptionen aus den dreißiger Jahren von Hermann Pongs und Richard Kolb mit ihrer Orientierung am „Primat des Wortes und an dessen Illusionscharakter"[377] bestimmten auch die Hörspielproduktionen der fünfziger Jahre. Besonders die Theorie Richard Kolbs, nach der der Rundfunk „zum Einzelerlebnis"[378] führt[379], d.h. auf den einzelnen Hörer abzielt, und durch das Wort

---

[374] Vgl. *Der grüne Ton*, S. 47ff.

[375] Die hohe Wertschätzung der Gemeinschaft gegenüber dem Schicksal des Einzelnen könnte 1936 auch von der nationalsozialistischen Ideologie zu propagandistischen Zwecken verwendet worden sein.

[376] Vgl. hierzu Wagner, Das Medium wandelt sich, S. 226-229.

[377] Schmedes, Götz: *Medientext Hörspiel. Ansätze einer Hörspielsemiotik am Beispiel der Radioarbeiten von Alfred Behrens*, Münster, New York, München, Berlin: Waxmann 2002, S. 37; vgl. hierzu Kolb, Richard: *Das Horoskop des Hörspiels*, Berlin-Schöneberg: Max Hesses Verlag 1932, S. 13: „Im Hörspiel kommt dem Wort die ausschlaggebende Bedeutung zu. Das Wort an sich ist der unmittelbarste, primärste Ausdruck in der Bewußtseinssphäre."

[378] Kolb, S. 15.

[379] Im Gegensatz dazu steht Hermann Pongs, nach dessen Überlegungen Rundfunk und Film als „Organe des modernen Kollektivgeistes" anzusehen sind. Besonders der Rundfunk besitzt seinen Überlegungen nach die Fähigkeit, ein Kol-

(Musik hat nur eine die Sprache unterstützende Funktion) den Hörer zum inneren Erleben[380], zur „Verinnerlichung"[381] führt, prägte das Hörspiel bis Mitte der sechziger Jahre. Auf diesem Hörspielbegriff basieren die Überlegungen zur Hörspielkonzeption z.B. von Erwin Wickert mit seinem Terminus der „Inneren Bühne"[382] oder Otto Heinrich Kühner mit der Bezeichnung des Hörspiels als das „*Drama* des Funks"[383], die alle „an der Imaginationskraft der Sprache"[384] festhalten. Diesem Hörspielbegriff entsprechend betrachtete es der Rundfunk als Aufgabe, „Orientierungs- und Lebenshilfe"[385] sowie eine Hilfestellung bei der Überwindung der „geistig[en] Not"[386] zu geben. „Es gab ein Konzept von Bildung und Information für den Rundfunk, das vom Leitgedanken der Demokratie bestimmt war"[387], sich aber bald nur noch, parallel zur Dominanz des Humanismus in der Literatur, auf „die allgemeinen humanen Werte" konzentrierte. So wird das Literarische Hörspiel „zu einem verinnerlichten Spiel, hervorragend geeignet für Träume, Gedanken (innere Monologe) oder an der Einzelperson festgemachte Seelenzustände"[388], die auch in den Hörspielen Oda Schaefers immer wieder festgestellt werden können.

Die größte Zahl ihrer Hörspiele nach 1945 liegt als Tondokument vor.[389] Ihre Hörspiel-Tätigkeit nach dem Krieg begann am 5. Mai 1950[390]

---

lektiverlebnis zu schaffen, Pongs, Hermann: *Das Hörspiel*, Stuttgart 1930, S. 4. Zitiert nach Keckeis, Hermann: *Das deutsche Hörspiel 1923-1973. Ein systematischer Überblick mit kommentierter Bibliographie*, Frankfurt/M.: Athenäum 1973, S. 8.

[380] Vgl. Kolb, S. 54.
[381] Kolb, S. 103.
[382] Schmedes, S. 37.
[383] Ebenda.
[384] Schmedes, S. 38.
[385] Schneider, S. 205.
[386] So Adolf Grimme in seiner Rede zum Amtsantritt als Generaldirektor des NWDR am 15.11.1948. Zitiert nach Fischer, E. Kurt (Hg.): *Dokumente zur Geschichte des deutschen Rundfunks und Fernsehens*, Göttingen, Berlin, Frankfurt/M.: Musterschmidt Verlag 1957, S. 215.
[387] Hier und im folgenden Zitat Schneider, S. 205.
[388] Wagner, Das Medium wandelt sich, S. 227.
[389] Da zu einem Hörspiel die entsprechende Aufnahme erforderlich ist, sollen unter 4.3.1.1-4.3.1.5 diejenigen Hörspiele Oda Schaefers genauer vorgestellt werden, zu denen noch Tondokumente vorliegen. Ein herzlicher Dank geht an die Hörspielabteilungen des Bayerischen Rundfunks und des Norddeutschen Rundfunks, die diese Aufnahmen zur Verfügung gestellt haben.
[390] Vgl. Dollinger, Hermann (Hg.): *Hörspielsendungen 1945-1965. Radio München. Bayerischer Rundfunk. Eine Dokumentation*, München 1967, S. 23.

mit *Gösta Berling. Eine Funkballade*[391], eine Bearbeitung des gleichnamigen Romans von Selma Lagerlöf, wonach sie 1951 *In die Nacht hinein* verfasste. 1956 folgte, nachdem sie bereits 1955 von einem angefangenen Hörspiel berichtete, das sie an ein Hörspielpreisausschreiben zu schicken beabsichtigte[392], das Hörspiel *Libellenbucht*, nur zwei Jahre später für den Norddeutschen Rundfunk *Die Göttliche*. Es ist das einzige Hörspiel, das Oda Schaefer für einen anderen Rundfunksender als den Bayerischen Rundfunk schrieb.

Alle diese Hörspiele charakterisiert, dass sie „mit dem damals modernsten Kunstmittel, der Blende"[393], gestaltet wurden.

Auch in den sechziger Jahren wandte sich Oda Schaefer wieder dem Hörspiel zu. 1965 wird *Belle Epoque*, die Bearbeitung einer Novelle von Herman Bang, gesendet – ein Werk, dessen Rezeption die Entwicklung auf dem Gebiet des Hörspiels dokumentiert, da es in seiner streng traditionellen Ausrichtung am Literarischen Hörspiel der fünfziger Jahre das negative Urteil der Vertreter einer anderen Hörspielästhetik herausforderte, die man zumeist ab 1968[394] mit dem Begriff des Neuen Hörspiels

---

[391] Das Manuskript dieses Hörspiels befindet sich im Nachlass (Ms 11: „Gösta Berling. Eine Funkballade nach dem gleichnamigen Roman v. Selma Lagerlöf"). Oda Schaefer äußerte sich zu diesem Hörspiel in einem Brief an Hertha Bielfeld vom 08.11.1964: „Vielleicht ergibt sich auch was mit Gösta Berling, einem Lieblingsstoff von mir, den ich mal als Hörspiel machte." Nachlass Schaefer/Lange, Monacensia. Über eine Wiederholung bei dem Schweizer Sender Radio Beromünster in der Woche vom 21. bis 27.04.1952 gibt eine kurze Bemerkung Hans Georg Bontes in der *Neuen Zeitung* vom 30.04.1952, Nr. 102, S. 4, Auskunft.

[392] Vgl. Brief von Oda Schaefer an Hans Sahl vom 05.07.1955, in dem abermals die Geldnot Oda Schaefers zum Ausdruck kommt: „[…] Und nun muss ich morgen schon wieder in ein eigenes, angefangenes, liegengelassenes Hörspiel tauchen, das ich idiotischerweise zum Hörspielpreisausschreiben schicken will. Nun, seis drum, wenn es nicht angenommen wird, kann ich es noch anderswo verkloppen, hoffe ich." Nachlass Hans Sahl, DLA-Marbach.

[393] Krug, Hans-Jürgen: *Kleine Geschichte des Hörspiels*, Konstanz: UKV Verlagsgesellschaft mbH 2003, S. 56.

[394] Vgl. hierzu Schmedes, S. 39. Allgemein wird das Hörspiel *Fünf Mann Menschen* von Friederike Mayröcker und Ernst Jandl aus dem Jahr 1968 als Beginn des Neuen Hörspiels bezeichnet. Es ist aber auch möglich, diesen Beginn mit den „Schallspielstudien" von Paul Pörtner anzusetzen, „der bereits 1964 begann, die technischen Möglichkeiten des Rundfunkstudios, wie Verzerrung, Verhallung, Modulation, Filterung usw., für einen materialen Umgang zu nutzen."

belegt. „Das Hörspiel wird nicht länger nur von der Literatur hergeleitet, sondern als ein akustisches Werk verstanden, in dem Schall jeder Art, ob Wort, Geräusch oder Musik, eigenständige ästhetische Qualitäten haben kann."[395] Für Oda Schaefers *Belle Epoque* bedeutet dies eine Reihe von negativen Beurteilungen des Hörspiels in der Presse.[396]

Nach dem Abschluss ihrer Erinnerungen *Auch wenn Du träumst, gehen die Uhren* beginnt sie 1969 noch einmal mit der Arbeit an einem Hörspiel, wiederum nach traditionellem Muster: Es ist die Bearbeitung eines Märchens von Nikolai Gogol, *Die Nacht vor Weihnachten*, zusammen mit Hellmut von Cube.

4.3.1.1 In die Nacht hinein

Das Hörspiel *In die Nacht hinein*[397] unter der Regie von Heinz-Günter Stamm wurde vom Bayerischen Rundfunk am 7. November 1951 zum ersten Mal gesendet und ca. zehn Tage später, am 16. November 1951, noch einmal wiederholt.[398] Als Sprecher wirkten Lucie Mannheim (Simonetta), Erika Beer (Vera), Friedrich Schönfelder (André), Kurt Stiehler (Alte Herr) und Eleonora Nölle sowie Wolfgang Büttner (Sonstige Stimmen).

Hauptperson ist die Schauspielerin Simonetta, genannt Kéké, die sich abends auf eine Zugfahrt nach Florenz begibt, um noch einmal nach lan-

---

Vowinckel, Antje: *Collagen im Hörspiel. Die Entwicklung einer radiophonen Kunst*, Würzburg: Königshausen & Neumann 1995, S. 148.

[395] Vowinckel, S. 148.
[396] Vgl. Kolbe, Jürgen: *Belle Epoque*. In: *Die Zeit*, Nr. 24, 11.06.1965, S. 16. „Die Platitüden, die Oda Schaefers Figuren allenthalben im Munde führen, geben sich als bewußtes Kunstmittel nicht zu erkennen, sondern wollen bitter erbaulich genommen werden." Vgl. ebenso PWJ: *Tante Vickis Reise*. In: *FAZ*, 05.06.1965. „[...] In den Dialogen rieselt der Gips vom vergangenen Jahrhundert."
[397] Im Nachlass von Oda Schaefer (Nachlass Schaefer/Lange, Monacensia) befinden sich zwei unterschiedliche Manuskripte (Autorenmanuskripte) zu diesem Hörspiel: Das eine Manuskript bezieht sich auf die Erstsendung beim Bayerischen Rundfunk – Manuskript L 2966 –, das zweite – Ms 103 – auf eine weitere Sendung beim Hessischen Rundfunk, die laut Hörspieldatenbank des Deutschen Rundfunkarchivs am 24.03.1952 stattfand. Von dieser zweiten beim Hessischen Rundfunk gesendeten Version ist allerdings kein Tonträger mehr vorhanden.
[398] Vgl. Dollinger, S. 32

ger Krankheit bei den Festspielen in einer ihrer Paraderollen zu glänzen, und auf dieser Fahrt jedoch stirbt. Beim Abschied von ihrem wesentlich jüngeren Freund, dem Schriftsteller André, auf dem Bahnsteig befallen sie undefinierbare Angst und Schwäche, was allerdings von ihm als Hysterie bezeichnet und nicht ernst genommen wird. Sie schenkt ihm zur Erinnerung einen Ring mit dem Kopf der Gorgomedusa, der mit einem Geheimnis aus der Vergangenheit, das erst später im Laufe des Hörspiels gelüftet wird, verbunden ist.

Die Orte wechseln entsprechend der beiden parallel verlaufenden Handlungsstränge: der Zug, in dem sich die Simonetta befindet, – und die Annäherung zwischen André und der 18jährigen Schülerin der Simonetta, Vera, die sich auf einer Autofahrt, in einer Bar und schließlich in der Wohnung Andrés abspielt. Durch Geräusche (z.B. monotones Rattern des Zuges) und Musik (z.B. Jazzmusik in der Bar, Zwölftonmusik im Radio in der Wohnung Andrés) werden die unterschiedlichen Räume gekennzeichnet und voneinander abgegrenzt. Ihre Funktion bezieht sich auf die Charakterisierung des Textes, die Unterstützung der Sprache, die, ganz der Tradition des Literarischen Hörspiels folgend, das grundlegende Element darstellt.[399]

Zwischen die Dialoge und inneren Monologe sind immer wieder Gedichte eingestreut, die sich auf die jeweils zuvor geschilderte Situation beziehen. Hierbei handelt es sich um Auszüge aus dem in der *Grasmelodie* den Titel *Alptraum*[400] tragenden Gedicht beim Traum der Simonetta, um Passagen aus dem Gedicht *Gezeiten*[401] nach der Szene von André und Vera in der Bar, die einerseits auf die Annäherung der beiden anspielen, andererseits die Einsamkeit Simonettas thematisieren; nach dem Gespräch zwischen Simonetta und dem während der Zugfahrt sich plötzlich in ihrem Abteil befindenden alten Herrn, dem personifizierten Tod, erfolgt eine Kombination von Elementen aus den Gedichten *Verführung und Beschwörung*[402] und *Sirenengesang*[403] sowie am Ende Auszüge aus dem Gedicht *Der Schlafende*[404], die das Hörspiel in einer lichten, schwebenden und versöhnlichen Atmosphäre beenden. Die Handlung wird durch die Gedichte, die

---

[399] Hiermit wird weiterhin den Grundsätzen der Hörspielästhetik von Richard Kolb aus den dreißiger Jahren entsprochen, vgl. Kolb, S. 96ff.
[400] Vgl. *Grasmelodie*, S. 37f.
[401] Vgl. *Grasmelodie*, S. 56f.
[402] Vgl. *Irdisches Geleit*, S. 68f.
[403] Vgl. *Grasmelodie*, S. 60f.
[404] Vgl. *Grasmelodie*, S. 26f.

von anderen Stimmen gesprochen werden, immer wieder unterbrochen und damit eine zweite, unwirkliche Ebene eingeführt, die sich direkt an den Hörer wendet. Die inneren, seelischen Zustände kommen hier zum Ausdruck – ganz den Prinzipien der Kolbschen Hörspielästhetik von der „Verinnerlichung"[405], der „Bewegung im Menschen"[406] entsprechend.

Die dargestellten Personen repräsentieren nicht einzelne Individuen, sondern sind als Typen konstruiert, die jeweils bestimmte gesellschaftliche Charaktere und allgemein menschliche, seelische Probleme und Konflikte vor Augen führen: Simonetta, die unter ihrem Alter leidende, warmherzige, liebende Frau, geprägt von der Angst, ihren wesentlich jüngeren Freund zu verlieren – André, der nihilistische, kalte, egoistische und berechnende Schriftsteller, der sich mit der Simonetta aufgrund ihrer Berühmtheit einlässt, nicht aus echter Zuneigung oder Liebe, was sich in seinen Annäherungsversuchen an Vera manifestiert und in dem Weiterschenken des von der Simonetta am Bahnsteig erhaltenen Rings kulminiert, was bei Vera, der jungen idealistischen, von traditionellen Wertvorstellungen geleiteten Frau zu einem abrupten Handlungswechsel führt. Es stellt sich heraus, dass der Ring ihrem in einem Konzentrationslager getöteten Vater gehörte, den dieser einer Frau geschenkt hatte, die ihn einmal vor seinen Verfolgern rettete. André wird damit der Lüge überführt, da er angegeben hatte, den Ring an demselben Tag gekauft zu haben, woraufhin sich Vera, verzweifelt über ihren „Verrat" an der Simonetta, ganz von ihm abwendet und sich, als sie durch die Radiomeldung von dem plötzlichen Tod der Schauspielerin im Zug erfährt, ihrer Wesensfremdheit zu André voll bewusst wird.

Deutlich sind im Hörspiel, ganz Oda Schaefers Auffassung vom Künstler als Moralisten entsprechend, Hinweise auf eine humanistische, christlich-moralische Erziehung vorhanden: In der Figur Andrés wird an der Verdrängung der Verbrechen der jüngsten Vergangenheit, an der Gefühlskälte der Gesellschaft, der Geringschätzung traditioneller Werte von Liebe und Treue Kritik geübt. Die Ablehnung des Selbstmordes als Möglichkeit, den physischen und psychischen Schmerzen des Lebens zu entfliehen, wird offen ausgesprochen, sich mahnend und insistierend an den Leser wendend: Imperative stehen am Ende der als Dialog dargestellten Gedichtkombination aus *Verführung und Beschwörung* und *Sirenengesang*: „Meide die weisse Chemie!/ Meide die Klinge aus Stahl!/ Meide das

---

[405] Kolb, S. 103.
[406] Kolb, S. 41.

hanfene Seil! Aber auch Fenster und Schluchten/ Drehen dich sanft aus dem Selbst/ Und die Gewässer/ tragen noch immer Opheliens Kranz!" Die Aktualität dieses Themas in der Nachkriegszeit – Oda Schaefer selbst war dieser Gedanke nicht fremd[407] – kommt auch im Rahmen der Vorbereitungen ihres Gedichtbandes *Grasmelodie* zum Ausdruck, in dem sie gegenüber dem Piper-Verlag die Bedeutung des Gedichtes *Sirenengesang* betont:

> […] und meinen besonders schwerwiegenden Sirenengesang, das Gedicht gegen den Selbstmord, das neulich wieder einmal die Frau von Walter Kolbenhoff zitierte, sie hatte es 1953 in einem Hörspiel gehört, wo es eingebaut gewesen war. Und nicht vergessen![408]

Das Ideal der wahren Liebe, die Notwendigkeit von Humanismus und Idealismus werden dem Zuhörer durch die Darstellung der seelischen, inneren Konflikte und Bewegungen vor Augen geführt.

4.3.1.2 *Libellenbucht. Eine Funkballade*

Das Hörspiel *Libellenbucht. Eine Funkballade*[409] wurde zum ersten Mal am 20. November 1956[410] im Programm des Bayerischen Rundfunks gesendet.[411] Regie führte, wie auch schon bei *In die Nacht hinein*, Heinz-Günter

---

[407] Vgl. Brief von Oda Schaefer an Elisabeth Langgässer vom 03.05.1946: „Ich wollte in diesem Frühjahr schon einmal gerne sterben, vor allem, wenn ich an Peters Los dachte", Nachlass Elisabeth Langgässer, DLA-Marbach.

[408] Brief von Oda Schaefer an Dr. Baumgart (Piper-Verlag) vom 29.11.1958, Verlagsarchiv Reinhard Piper, DLA-Marbach.

[409] Das Manuskript zu diesem Hörspiel befindet sich sowohl in der Bibliothek der Monacensia als auch unter der Signatur L 2968 im Nachlass Schaefer/Lange, Monacensia.

[410] Vgl. Dollinger, S. 73.

[411] Von einer Übernahme der Inszenierung der *Libellenbucht* durch Radio Zürich berichtet Oda Schaefer in einem Brief an Horst Lange vom 12.04.1957, Nachlass Schaefer/Lange, Monacensia. Leider konnte diese Angabe nicht überprüft werden, da das Schweizer Radio DRS aus finanziellen Gründen keine Anfragen von Privatpersonen mehr bearbeitet, vgl. Brief von Heinz Looser, Leiter Dokumentation und Archive, an die Verfasserin vom 29.10.2003. Der geplante Internet-Zugriff stand noch nicht zur Verfügung. In der Hörspieldatenbank des ORF befindet sich der Eintrag einer Neuproduktion der *Libellenbucht* durch das ORF-Studio Steiermark, die am 05.11.1958 gesendet wurde (vgl. www.hoerspiele.co.at/hoerspieldatenbank.php).

Stamm, die Musik komponierte Christoph von Dohnányi. Vor allem über die Mitwirkung von Agnes Fink, die sie persönlich in Zürich kennengelernt hatte, war Oda Schaefer sehr erfreut. Sie vervollständigte neben Erni Wilhelmi (Marina Unger, genannt Ina), Heidi Träubler (Ina als Kind), Michel Lenz (Bert), Mario Adorf (Detlev), Günther Lüders (Vater), Edith Schulze-Westrum (Mutter), Ernst Schlott (Alexander), Walter Richter (Der Dunkle), Gustl Dartz (Ein Soldat) als Die Helle das Sprecherensemble.

Im Mittelpunkt steht eine junge Frau mit Namen Ina, die im Krieg ihre Erinnerung an ihre Herkunft und an ihre Kindheit verloren hat. Die Eingangsszene zeigt sie und ihren zukünftigen Mann Detlev im Ruderboot auf dem Wasser eines Sees, der Libellenbucht, im Gespräch vertieft, wobei sie von einem Sturm überrascht werden, der das Boot zum Kentern bringt. Schlingpflanzen ziehen Ina in die Tiefe, wo sie sich im Augenblick des Ertrinkens ihrer Vergangenheit bewusst wird, die nun surreal, zwischen Wirklichkeit und Traum changierend, in mehreren Szenen dargestellt wird. Diese Ausschnitte werden von schicksalhaften Stimmen eingeleitet, zunächst eine dunkle, verlockende Stimme für die Nähe zum Tod, die Tiefe des Wassers, „der Herr der dunklen Gewässer", am Ende des Hörspiels eine helle Frauenstimme als Stimme der Liebe, des Lichtes, der Rettung. Beide Stimmen zeichnen sich durch eine sehr metaphorische, lyrische Sprache aus, die sich von den übrigen Dialogen deutlich abhebt. Sie übernehmen die Funktion eines Erzählers, indem sie immer wieder auf den äußeren Zusammenhang verweisen, das außerhalb der dargestellten Szenen verlaufende Leben Inas beschreiben und zur nächsten Szene hinführen. Ina erscheint dabei als seltsames Kind, das sich den von traditionellen Vorstellungen geleiteten Anweisungen der Mutter widersetzt und ganz auf den verständnisvollen Vater fixiert ist. Es fühlt sich zur Natur, vor allem zum Wasser, zum Schilf hingezogen – zur Libellenbucht –, ist gedankenverloren, gerne allein, nicht an den anderen Kindern interessiert und liebt Musik.

Das weitere Leben Inas ist geprägt durch die Freundschaft zu Bert, den Verlust des geliebten Vaters und den Einbruch des Krieges, in dessen Verlauf Bert – derjenige, auf den sie warten wollte – getötet wird. Sie kann ihre Welt, ihre Heimat, obwohl sich der Krieg immer mehr nähert, nicht verlassen und verursacht dadurch den Tod ihrer Mutter, der es nicht mehr möglich ist, zu fliehen. Wahnsinnig und verwirrt wird sie im Schilf von einem Arzt der Rückzugstruppen, Alexander, aufgenommen und wie eine eigene Tochter behandelt und gepflegt.

Entscheidend für Inas Rettung am Ende ist die Liebe, sowohl ihre eigene, als auch die ihres zukünftigen Mannes Detlev, der sie aus den Schlingpflanzen befreit, und auch die väterliche Liebe Alexanders. Während das Mädchen Ina als „ganz leer im Herzen, ohne die Fülle der Liebe" beschrieben wird, als zu sehr sich selbst liebend, noch ohne „richtige Seele", als „böse", mit einem harten Herzen, und diese Szenen jeweils durch die Stimme des Dunklen eingeleitet werden, verführerisch um die Hingabe an den Tod werbend, ähnlich der den Tod symbolisierenden Gedichtstrophe aus *Verführung und Beschwörung* bei *In die Nacht hinein*, setzt mit der erwachenden Liebe zu Bert das Helle, Lichte ein, das das Dunkle verdrängt.

Deutlich ist auch hier die christlich-moralische Aussage: die Schuld Inas am Tod der Mutter wird durch ihre Hilfe für andere „abgetragen", ihre Rettung durch die selbstlose Liebe gegenüber anderen ermöglicht – eine klare Absage an Egoismus und Verantwortungslosigkeit.

Anders als noch in *In die Nacht hinein* finden sich in diesem Hörspiel keine Gedichte. Das dichterische Element wird hier durch die poetische Sprache der beiden Schicksalsstimmen präsentiert, die zugleich auch den Handlungsrahmen darstellen. Sie ist, ähnlich den Gedichten Oda Schaefers, äußerst bildreich, von Vergleichen geprägt, und zeichnet sich durch hohe Klangintensität aus. Das sprachlich Expressive belegt einen hohen Stellenwert in dieser Funkballade, passend zur Dramatik des Geschehens.

Die im Hörspiel verwendete Musik unterstützt die jeweils vorherrschende Stimmung; sie verstärkt entweder die bedrückende, bedrohliche oder anderseits die lichte, helle Atmosphäre durch Klänge in Moll und Dur.

Betrachtet man dieses Hörspiel im Kontext des Gesamtwerkes von Oda Schaefer, so fallen bestimmte Motive auf, die sie bereits an anderer Stelle verwendet hat. Zu nennen wäre u.a. die Libelle, wie z.B. aus der Erzählung *Die Libelle*[412] oder aus Gedichten wie z.B. *Die Wasserjungfer*[413], die hier symbolisch für die Entwicklung Inas vom Dunklen, Elementaren, Auf-sich-Fixierten hin zum Hellen, Hilfsbereiten entsprechend der Metamorphose der Libellenlarve zur Libelle steht. Überhaupt ist das Element des Wassers, des Schilfs, einer Landschaft, die Oda Schaefer aus dem Osten bekannt war, wo auch dieses Hörspiel angesetzt ist, eine aus vielen frühen Gedichten vertraute Umgebung, genauso wie das Märchen

---

[412] Vgl. *Die Kastanienknospe*, S. 37ff. oder *Die Haut der Welt*, S. 37ff.
[413] Vgl. *Irdisches Geleit*, S. 32f.

vom Schwanenkleid bereits im Gedicht *Die Verzauberte*[414] thematisiert wurde, das Oda Schaefer oft auf sich selbst als Elbische bezog.[415] Autobiographische Elemente weist auch die charakterliche Wandlung Inas auf, die ihrer eigenen Entwicklung, wie sie sie in *Auch wenn Du träumst, gehen die Uhren* geschildert hat, sehr ähnlich ist.[416] Die auf das bevorstehende Unglück deutende Schwüle und die melancholische Grundstimmung dieses Hörspiels erinnern an Erzählungen und kurze Prosastücke Oda Schaefers, genauso wie die Metapher des Gewitters für Krieg aus der Erzählung *Im Gewitter*[417] bekannt ist. Die Tradition des ‚magischen Realismus' ist auch hier spürbar.

Mit seinem surrealen Schweben zwischen Leben und Tod, zwischen Gegenwart und Vergangenheit, zwischen Wirklichkeit und Traum verfügt dieses Hörspiel über ein Merkmal, das viele literarische Hörspiele der fünfziger Jahre aufweisen; inneres Erleben steht im Vordergrund, da der Hörer „in seiner Phantasie die vom Wortspiel evozierten Räume, Zeiten, Stimmungen etc."[418] nachstellt.

4.3.1.3 *Die Göttliche*

Die Göttliche ist das einzige Hörspiel, das Oda Schaefer bei der Hörspielabteilung des Norddeutschen Rundfunks unter Dr. Hans Schwitzke produzierte, der seine Hamburger Abteilung zur maßgeblichen Institution auf dem Gebiet des Hörspiels ausbaute.[419] Es wurde am 1. Juni 1958 unter der Regie von Gustav Burmester gesendet mit u.a. Maria Becker (Nora) und Will Quadflieg (John Benton) in den Hauptrollen.[420]

---

[414] Vgl. *Irdisches Geleit*, S. 30f.

[415] „Oft hatte ich, da ich als Kind viele Sagen und Märchen gelesen hatte, das Empfinden, als entstammte ich einer anderen Welt und wäre fremd unter den Menschen. Ich fühlte mich unfrei wie jene Wasserentstiegene, deren Schwanenkleid geraubt wurde und die nun an die irdische Schwere gebunden ist. Das eigene Element schien mir verschlossen und nur der Sehnsucht zugänglich, solange das Federkleid nicht in meinem Besitz war." *Den Elementen verschwistert. Ein Selbstporträt*. In: *Welt und Wort*, H. 3 (1949), S. 107.

[416] Vgl. *Auch wenn Du träumst, gehen die Uhren*, S. 285.

[417] Vgl. *Die Kastanienknospe*, S. 5ff. oder *Die Haut der Welt*, S. 48ff.

[418] Wagner, Das Medium wandelt sich, S. 227.

[419] Vgl. Wagner, Das Medium wandelt sich, S. 220.

[420] Weitere Besetzung: Gustl Halenke (Das Mädchen), Hermann Schomberg (Noras Vater), Heinz Klevenow (Regisseur Sinclair), Helmuth Peine (Ein Re-

Der Inhalt dieses Hörspiels besteht darin, dass die Filmschauspielerin Norma, im Rückblick auf ihr bisheriges Leben, sich auf der Suche nach ihrer eigenen Identität, ihrer eigenen Persönlichkeit befindet, und zu diesem Zweck einem jungen, sie verehrenden 16jährigen Mädchen sowohl charakteristische Szenen aus ihren Filmen vorspielt, die mit Filmmusik der dreißiger Jahre unterlegt sind, als auch Abschnitte aus ihrem Leben erzählt. So erfährt der Hörer von der Verwandlung des damaligen jungen Mädchens Nora, das aufopferungsvoll seinen Vater pflegte, in die Schauspielerin Norma durch Sinclair, der sie auf Kosten ihrer eigenen Wünsche, Sehnsüchte und Gefühle durch Askese zu einer Traumfigur der Filmbesucher stilisierte. „Ich war sechzehn Jahre alt, wie du, als mir das Herz herausgenommen wurde, in einer lebensgefährlichen Operation. Und obwohl die Operation gut überstanden schien, war ich tot. Und niemand hat es gemerkt." Sie bezahlt den Ruhm ihrer Karriere mit Verzicht auf Liebe und Freundschaft, die nicht mit der Welt des Films vereinbar sind. Sobald sie liebt, ist sie als Schauspielerin nicht mehr überzeugend. So wird sie von dem Mann, den sie liebt, John Benton, jahrelang getrennt, bis sie dann später gemeinsam für einen Film gebraucht werden. Da jedoch ist es für sie zu spät: Wirklichkeit und Fiktion, Ernst und Spiel verschwimmen – sie weiß nicht mehr, ob sie wirklich Liebe empfindet, oder ob sie nur Phrasen aus Filmen wiederholt. Sie flieht vor der Liebe, weist sie letztlich zurück und versucht, wieder in die Schauspielerei hineinzufinden, wobei sie ihren alten Lehrer Sinclair in einer Entziehungsanstalt aufsucht und um Hilfe bittet, jedoch von ihm enttäuscht wird. Allein und einsam wird sie zur perfekten Schauspielerin, zur Königin, zur Göttlichen, wie man sie nennt, zur perfekten menschlichen Hülle – der Mensch hinter der Maske, abseits der Rolle ist jedoch verloren gegangen. Die Gestalt auf der Leinwand, die für den Film erschaffene Kreatur ist ihr fremd: „Aber wer ist es wirklich? Niemand glaubt mir, dass ich es nicht bin. Auch du glaubst mir nicht. Wer ist es? Wer ist es?"

Die drückende, melancholische Stimmung des Hörspiels wird zusätzlich durch dieselbe zwischen den Szenen tönende Musik unterstützt, indem sich immer wieder die gleiche Folge von wenigen, sirrenden Tönen wiederholt, die die beklemmende, sich nicht lösende Situation und Atmosphäre verstärken. Sequenzen aus Filmen werden durch entsprechende Filmmusik aus den dreißiger Jahren gekennzeichnet, die durch ihre

---

gisseur), Hans Paetsch (Vater Duval), Erich Weiher (Wirt), Antoine (Wolff Lindner), Walter Grüters (Minister), Inge Windschild (Stewardess) und andere.

oberflächliche Leichtigkeit den Gegensatz zur düsteren Stimmung noch hervorhebt. Gerade auf sprachlicher Ebene zeigt sich die Vermengung der Lebensbereiche Film und Realität: die Sprache der Filmszenen, die sich zu Beginn noch deutlich von den Erinnerungen und dem Rahmengespräch unterscheidet, gleicht sich immer mehr an. Eine wie noch in der *Libellenbucht* vorherrschende Teilung des Hörspiels in Dialoge oder Monologe sowie lyrische oder lyrikähnliche Elemente werden hier jedoch nicht mehr verwendet. Die allgemein für das Hörspiel der fünfziger Jahre zu konstatierende „Tendenz der Entmaterialisierung"[421] spiegelt sich gerade in diesem Hörspiel wider. Es entspricht ganz der Position Heinz Schwitzkes, „daß alles Reale, alles Sichtbare, um im Hörbaren aufzugehen, ins »Illusionäre umgewandelt« und spirituell werden"[422] müsse, wodurch „die den Elementen des Hörspiels zugesprochene Suggestivkraft"[423] zur „metaphysischen Aussageebene und Parabelhaftigkeit vieler Stücke" führt – auch in diesem Fall, wie die von Heinz Schwitzke selbst verfasste Vorankündigung des Hörspiels zeigt:

> Eine Frau sucht vergeblich das Rätsel ihres Lebens zu ergründen – eines Lebens, das von ihr selber nie gelebt wurde, sondern immer nur von anderen; das stets Askese war und gerade darum unaufhörlich die Fülle des Rausches verschenkte; das sich in wenigen Jahren verströmte und lediglich so ewige Jugend bewahrte; das fruchtbar wurde wie kaum ein Leben zuvor, und das doch nicht einmal einen Leib besass, immer nur einen Schatten. Dies alles möchte das Hörspiel Oda Schäfers sowohl offenbar machen als auch geheimnisvoll verhüllen – wie es sich in einem Gleichnis geziemt.[424]

4.3.1.4 *Belle Epoque*

Oda Schaefer begann 1962 aus finanziellen Gründen, wie sie Hertha Bielfeld berichtet[425], wieder ein Hörspiel zu schreiben. Sie bearbeitete die

---

[421] Schmedes, S. 38.
[422] Schwitzke, Heinz: *Das Hörspiel. Dramaturgie und Geschichte*, Köln, Berlin: Kiepenheuer & Witsch 1963, S. 196.
[423] Hier und im folgenden Zitat Schmedes, S. 38.
[424] Text unter Briefen von Oda Schaefer an Horst Lange, Herbst 1957, Nachlass Schaefer/Lange, Monacensia.
[425] Vgl. Brief von Oda Schaefer an Hertha Bielfeld vom 24.04.1962, Nachlass Schaefer/Lange, Monacensia.

Erzählung *Die Raben* von Herman Bang und formte aus den in der Vorlage angedeuteten Strukturen eine konkrete Handlung und klare Charaktere.[426] Der Bayerische Rundfunk, in dessen Hörspielabteilung *Belle Epoque* entstand, sendete es am 1. Juni 1965.[427] Regie führte, wie auch bei den anderen Hörspielen Oda Schaefers beim Bayerischen Rundfunk, Heinz-Günter Stamm, bei der Bearbeitung half Bernd Grashoff. Als Sprecher konnten u.a. gewonnen werden Lucie Mannheim (Fräulein Viktoria), Christa Keller (Nora), Martin Benrath (William Blahe) und Lina Carstens (Mme Jensen).[428]

Im Zentrum steht eine ältere Dame, Tante Viktoria, die anlässlich ihres 68. Geburtstages ihre Familie zu sich einlädt. Handlungsort ist Kopenhagen im Jahre 1906. Sie, der aufgrund ihres körperlichen Äußeren – sie hat einen Buckel – vieles versagt geblieben ist, deren Träume, Wünsche und Sehnsüchte nicht gestillt wurden, beschließt, ihr Erbe nicht ihrer gierigen, raffsüchtigen Familie zu hinterlassen, die sie als nicht mehr zurechnungsfähig deklarieren und enterben möchte, sondern es teils ihrem Neffen, dem Schriftsteller William Blahe, zu vermachen und teils selbst für eine Reise an die Riviera zu verbrauchen. Zugleich sorgt sie für die glückliche Verbindung zwischen dem einstigen Casanova William Blahe und ihrer Hausdame Nora, indem sie ihnen die gemeinsame Flucht aus der Gesellschaft nach Amerika ermöglicht.

Das Fest wird zu einer Farce, in der die Habgier der sogenannten „guten" Gesellschaft rücksichtslos entlarvt und die Morbidität, die Überkommenheit dieser gesellschaftlichen Strukturen zum Ausdruck gebracht werden. Die künftigen soziologischen Entwicklungen und historischen Ereignisse kündigen sich zwar an, nehmen aber keinen Handlungsspielraum ein. Dieser bleibt allein den dargestellten Individuen vorbehalten.

Der schwer herzkranken Tante Viktoria jedoch ist eine Reise an die Riviera, die sie mit dem zum Fest engagierten jungen Lohndiener Hermes, der deutlich als personifizierter Tod gezeichnet ist, antreten möchte, nicht mehr vergönnt: Sie stirbt in der Nacht vor der Abreise.

---

[426] Vgl. Brief von Oda Schaefer an Hertha Bielfeld vom 20.05.1962, Nachlass Schaefer/Lange, Monacensia.

[427] Vgl. Dollinger, S. 126. Dieses Hörspiel wurde vom ORF-Studio Wien neu produziert und am 28.02.1967 gesendet, vgl. Hörspieldatenbank des ORF unter www.hoerspiele.co.at/hoerspieldatenbank.php.

[428] Als weitere Sprecher traten Gerhart Ungeheuer (Hermes), Gisela Uhlen, Erika von Thellmann, Christine Ostermayer, Helmuth Lohner und Friedrich Maurer auf.

Anders als noch in *Die Göttliche* oder den früheren Hörspielen Oda Schaefers wird hier keine Musik mehr zwischen die einzelnen Szenen gesetzt. Sie ist in die jeweilige Szene, in den Text miteingebunden und erfüllt darüber hinaus keine weitere Funktion.

Bildhaftigkeit kennzeichnet – wie generell bei Oda Schaefer – ihre Sprache, die nun ähnlich zu *Die Göttliche* nicht mehr durch Gedichte oder lyrische Passagen unterbrochen wird, sondern in der Form von Monologen und Dialogen verbleibt. In der auffällig häufigen Verwendung französischer Ausdrücke spiegelt sich – zusätzlich zum dargestellten Inhalt des Hörspiels – die Blasiertheit und Dekadenz der bürgerlichen Gesellschaft um die Jahrhundertwende wider.

Belle Epoque ist ein reines Erzählhörspiel, geprägt von einer konkreten Handlung, nicht mehr nur auf das innere Erleben, auf innere Konflikte angelegt, und wirkt damit lebendiger, weniger statisch als noch *Die Göttliche*.

4.3.1.5 *Die Nacht vor Weihnachten*

Nach der Beendigung ihrer Arbeit an den Erinnerungen *Auch wenn Du träumst, gehen die Uhren* war Oda Schaefer noch einmal für die Hörspielabteilung des Bayerischen Rundfunks tätig. Sie schrieb 1970/1971 ihr letztes Hörspiel *Die Nacht vor Weihnachten*, eine Bearbeitung des gleichnamigen Märchens von Nikolai Gogol, bei der sie, wie auch bereits bei *Belle Epoque*, Bernd Grashoff unterstützte; zudem assistierte als zweiter Autor Hellmut von Cube.[429] Die Erstsendung erfolgte am 20. Dezember 1971 unter der Regie von Walter Ohm.[430] Aus gesundheitlichen Gründen konnte sie die Arbeit nicht in ihrer gewohnten Qualität beenden, wie sie Hanns Arens ironisch berichtet: „[...] Das Herz, die alte Cognacpumpe, will nicht mehr. [...] Das Hörspiel habe ich nur ‚einigermassen' hingekriegt, vor Schwäche."[431]

---

[429] Vgl. Kapfer, Herbert (Hg.): *Vom Sendespiel zur Medienkunst. Die Geschichte des Hörspiels im Bayerischen Rundfunk. Das Gesamtverzeichnis der Hörspielproduktion des Bayerischen Rundfunks 1949-1999*, München: belleville Verlag 1999, S. 289.
[430] Komposition: Mark Lothar, vgl. Kapfer, S. 289.
[431] Karte von Oda Schaefer an Hanns Arens vom 13.06.1970, Nachlass Hanns Arens, DLA-Marbach. Gegenüber Gerty Spies klagt sie, dass sie „solche Schwierigkeiten" beim Schreiben noch nicht erlebt hätte, Brief von Oda Schaefer an Gerty Spies vom 12.05.1970, Nachlass Gerty Spies, Literaturarchiv Sulzbach-Rosenberg.

Oda Schaefer war von der Idee, diese „herrlich komische Geschichte"[432] von Gogol zu bearbeiten, sehr angetan, wie sie ja grundsätzlich eine große Affinität zur russischen Literatur hatte. Ihr gefiel der russische Humor[433], der im Hörspiel vor allem durch plastische Sprechkunst höchst lebendig und anschaulich zum Ausdruck kommt. Die technischen Neuerungen der Stereophonie, die sich als neue Produktionstechnik seit ca. Mitte der sechziger Jahre zu etablieren begann[434], wurden dabei auch für dieses Hörspiel eingesetzt, die grundsätzliche Dominanz der Sprache – der Erzählung eines Märchens entsprechend – jedoch beibehalten.

Die Geschichte vom Schmied Wakula, der auf dem Teufel nach St. Petersburg reitet, um die Schuhe der Zarin zu besorgen und seinem angebeteten Mädchen Oxana zu geben, damit diese ihn heiratet, wird einem Märchen gemäß von einem Erzähler wiedergegeben, der sich zwischen den Szenen immer wieder zu Wort meldet. Er stellt die Gedanken der einzelnen Figuren dar, kommentiert das Geschehen, schmückt es aus und fasst es zusammen.

Die verwendete Sprache ist sehr bildhaft, ausdrucksstark die Figuren und die Handlung beschreibend, in den Dialogen der Sprechweise der ländlichen Bevölkerung im Russland zur Zeit von Katharina der Großen gemäß einfach, oft derb, von Exklamationen, Schimpfwörtern, Flüchen und – wohl darin russische Eigenart anzeigend – von auffallend vielen Diminutiva („Füßchen", „Pinselchen") geprägt; Parataxe und klare, einfache Strukturen dominieren den Satzbau. Geräusche der Sprecher unterstützen lautmalerisch den Inhalt. Ebenso unterstreicht die Musik die sprachlich geschilderten Vorgänge und übernimmt die Funktion, den Inhalt zusätzlich auf klanglicher Ebene zu veranschaulichen. So gibt es verschiedene musikalische Themen, die entweder einzelnen Personen, wie z.B. dem Teufel, oder auch der Landschaft, wie das sich auf Russland beziehende Thema zu Beginn, zugeordnet werden, und im Laufe des Hörspiels immer wieder anklingen. Zudem werden, die russische Vorliebe spiegelnd, Volkslieder miteingebaut, deren Texte offenbar Oda Schaefer selbst verfasst hat, und die eigens für das Hörspiel vertont wurden.[435]

---

[432] Brief von Oda Schaefer an Gertrud Mentz vom 07.01.1950, Nachlass Schaefer/Lange, Monacensia.

[433] Vgl. Brief von Oda Schaefer an Gertrud Mentz vom 11.02.1970, Nachlass Schaefer/Lange, Monacensia.

[434] Vgl. Schmedes, S. 42.

[435] Vgl. Brief von Oda Schaefer an Gertrud Mentz vom 11.02.1970: „[...] ich habe schon ein Kosakenlied gedichtet, es wird sogar ein Komponist eingesetzt." Nachlass Schaefer/Lange, Monacensia.

Am Ende steht der Sieg der Liebe über den Teufel – das Märchen endet mit dem Ausblick auf die Hochzeit zwischen der ehemals so stolzen Oxana und dem Schmied Wakula.

4.3.2 *Die schwarze Sonne*. Ein Fernsehspiel nach dem Roman *Verlöschende Feuer* von Horst Lange[436]

Das Drehbuch zu dem am 23. Juni 1968 gesendeten Fernsehspiel *Die schwarze Sonne*[437] schrieb Oda Schaefer bereits 1965. Es wurde zunächst von Heinrich Fischer, dann von Falk Harnack bearbeitet, der auch selbst die Regie führte. Die Hauptrollen spielten Friedhelm Ptok (Hans), Christine Ostermayer (Blanche), daneben u.a. Wolfgang Völz (Edgar) und Maria Sebaldt (Lotti).[438]

Grundlage ist der 1956 erschienene Roman *Verlöschende Feuer* von Horst Lange, in dem er seine Kriegserfahrungen aus dem Russlandfeldzug und den Bombennächten in Berlin verarbeitete. Im Zentrum steht ein Liebespaar im Jahr 1943 – Hans und Blanche –, dessen unglückliches Ende sich sehr früh durch die häufige Parallelisierung zu *Romeo und Julia* andeutet.

Der Soldat Hans wird in Russland schwer verwundet und von seinem Freund Edgar aus einem Panzer gerettet. Nachdem acht Granatsplitter herausoperiert, ein weiterer jedoch, der zu nah an der Wirbelsäule lag, nicht entfernt werden konnten, entlässt man ihn zum Studienurlaub nach Berlin, wo er im Seminar das auf dem Land in Ostpreußen aufgewachsene Mädchen Blanche kennenlernt, das in einem Zimmer bei Verwandten in Grunewald wohnt, und sich in sie verliebt. Jedoch steht diese Liebe gegen die Erfahrungen von Angst, Gewalt und Tod.

---

[436] Da Oda Schaefer nur dieses Fernsehspiel geschrieben hat, wird auf einen übergeordneten Punkt „Fernsehspiele" verzichtet.

[437] Film in s/w-Aufnahme; Sendung im 1. Programm, 20:15 Uhr; Dauer: 109 Min 50 Sek. Kst.: 2344. Für die Überlassung der Kopie dieses Fernsehspiels sei Frau Tafelmeier (Abteilung Fernsehspiel, Bayerisches Fernsehen) sehr herzlich gedankt.

[438] Weitere mitwirkende Personen sind: Horst Naumann (Hauptmann), Robert Freitag (Oberstabsarzt), Friedrich Maurer (Universitätsprofessor), Rolf Illig (Die Stimme aus Patmos), Paul Glawion (Erster Feldwebel), Berno Cramm (Zweiter Feldwebel), Dieter Rupp (Unteroffizier), Hartmut Neugebauer (SS-Unterstumführer), Friedrich von Thun (SS-Streifenführer) sowie Dieter Aurich, Werner Kotzerke, Jürgen Feindt, Walter Breuer, Georg Kostya, Heinz Rudolf, Horst Tissler.

Hans ist von den Erlebnissen in Russland traumatisiert, er will die grausamen Erfahrungen vergessen und verdrängen, um neu anzufangen, was jedoch nicht gelingt. Ist es zuerst die Nachricht, dass er bei der bevorstehenden Operation des letzten Granatsplitters gelähmt werden könnte, die ihn aus Rücksichtnahme Abstand zu Blanche halten lässt, so bringt ihn und damit Blanche die briefliche Nachricht seines besten Freundes Edgar, dass dieser desertiert sei und ihn aufsuchen möchte, in große Gefahr. Die Nachbarin von Hans, Lotti, hat daran entscheidenden Anteil: Sie, die von Hans Zurückgewiesene, rächt sich, indem sie Edgar, der Zuflucht in Hans' Wohnung sucht, an die Gestapo verrät und damit auch verantwortlich ist für die Verfolgung von Hans als einem, der einen Fahnenflüchtigen unterstützt. Der Versuch von Hans, sich neue Papiere ausstellen zu lassen, misslingt, da der von Edgar angegebene Ort in Berlin von der Gestapo zerstört worden ist; am nächsten Morgen vor ihrer Flucht aus Berlin auf das Land, wo sie das Ende des Krieges abwarten wollen, wird Hans im Beisein von Blanche verhaftet. Als er abgeführt wird, nimmt sich Blanche das Leben, indem sie sich aus dem Fenster stürzt. Hans fordert darauf selbst seinen Tod heraus, indem er die Befehle, stehen zu bleiben, ignoriert.

Die Aussage dieses Fernsehspiels ist deutlich: Liebe ist in einer von Krieg gezeichneten Welt nicht möglich. Die vorherrschende Gewalt und Brutalität erhält dadurch gesteigerte Bedeutung, was auch in der Verbindung zur Apokalypse, die den gesamten Film wie ein roter Faden durchzieht[439], zum Ausdruck kommt.[440] Nicht nur für Oda Schaefer war die Gleichsetzung der Erfahrungen des Zweiten Weltkrieges mit biblischen Zeichen des Weltuntergangs ein adäquates Bild, um dem Ausmaß an Angst, Tod und Zerstörung Ausdruck zu verleihen. Plastisch wird die

---

[439] So verwendet Hans den Begriff der Apokalypse bereits in der ersten Nacht mit Blanche, um den Kontrast zwischen ihrer Liebe und der Grausamkeit des Krieges zu bezeichnen. Zudem findet Hans im weiteren Filmverlauf während eines Luftangriffs in einem Keller wenige Seiten eines verbrannten Exemplars der Bibel (Stellen aus der Apokalypse), die ihm später bei Blanche aus der Tasche fallen. Eine männliche Stimme – die Stimme aus Patmos – ertönt am Ende des Films, kurz vor dem Tod von Blanche, als sie allein zurückbleibt, und zitiert die Verse aus der Apokalypse.

[440] Dass sich hierin eine Sichtweise dokumentiert, die den Menschen zum Opfer einer höheren Macht werden lässt, die er nicht beeinflussen und gegen die er sich nicht wehren kann, wurde bereits erläutert, vgl. Wende-Hohenberger, S. 200.

Wirklichkeit des Krieges, seine Grausamkeit vor Augen geführt, sei es direkt in Szenen, die einschlagende Bomben und den Kampf am Boden, Verwundete in einem Lazarett, oder Ruinen und einen Luftangriff aus der Perspektive der Flugzeuge zeigen, oder auch indirekt durch die Erzählungen von Hans.

Der beinahe religiösen Überhöhung der Gefühle und der Empfindung entsprechend enthält die Sprache, vor allem in den Dialogen zwischen Hans und Blanche, auffallend viele Abstrakta – Frieden, Liebe, Schuld, Wirklichkeit, Zeit, Traum –, was dazu führt, dass sie oft konstruiert wirkt. Sie orientiert sich, gerade in den Dialogen, sehr an der literarischen Vorlage von Horst Lange, aus der manche Wortwechsel wörtlich übernommen werden, während manche Szenen ganz von der Romanvorlage abweichen.

Die atonale Musik im Film verstärkt die düstere Stimmung zusätzlich, wobei die den Kriegsszenen unterlegte Musik dazu führt, dass die Aufnahmen seltsam unwirklich, geradezu künstlich anmuten, was diesem Fernsehspiel, das in seiner deutlichen Anti-Kriegshaltung das von Dr. Münster, dem Leiter des Fernsehspiels, geforderte Prädikat „engagiert"[441] aufweist, etwas entgegenwirkt. Eine klare moralisch-pädagogische Intention steht, wie auch in anderen Anti-Kriegsfilmen, die allerdings in der Darstellung des Krieges, der Zerstörungen und Verletzungen oft noch detaillierter und anschaulicher sind, im Vordergrund, wie sie ganz der von Horst Lange und Oda Schaefer geforderten ethisch-moralischen Aufgabe der Dichtung[442] entspricht, deren Funktion in diesem Fall darin besteht, vor einem erneuten Krieg zu warnen:

> Inzwischen habe ich ein Drehbuch für das Fernsehen (Dr. Münster) geschrieben, nach dem letzten Roman von Horst Lange, Titel „Die schwarze Sonne", nach einer Zeile aus der Apokalypse. Es ist unsere endgültige Absage an den Krieg – vielleicht kommt sie nun zu spät, ich sehe noch schwärzer, als die Sonne während der Luftangriffe war.[443]

---

[441] Brief von Oda Schaefer an Hertha Bielfeld vom 08.11.1964, Nachlass Schaefer/Lange, Monacensia.

[442] Vgl. Zitat von Horst Lange in E.W.: *Hans und Blanche sterben in Berlin. Oda Schäfers und Horst Langes Fernsehspiel „Die schwarze Sonne" im 1. Programm.* In: *WAZ Rundfunk und Fernsehen*, 22.-28.06.1968, Nachlass Schaefer/Lange, Monacensia.

[443] Brief von Oda Schaefer an Dr. Best (Piper-Verlag) vom 25.01.1966, Verlagsarchiv Piper Reinhard Verlag, DLA-Marbach.

Das Regime der Nationalsozialisten wird klar verurteilt, der Krieg als Massenmord an der Bevölkerung bezeichnet, die Pervertierung und Korrumpierung der Begriffe Ehre, Heimat, Vaterland demonstriert und die Notwendigkeit von Widerstand betont, wobei auch die Schuld der Bevölkerung durch die Wahl Hitlers ausgesprochen wird.

5. Die literaturkritische Rezeption von Oda Schaefer und ihren Werken

Oda Schaefers Werke fanden, wie bereits im Kapitel über ihre Lyrik dargestellt, in der Literaturkritik ein nachhaltiges Echo. Die Autorin selbst stand zu Geburtstagen, Jubiläen, Preisverleihungen immer wieder im Blickpunkt des Interesses und wurde bis zu ihrem Tod 1988 in zahlreichen Artikeln und Notizen sowie Porträt- und Interviewsendungen in Rundfunk[1] und Fernsehen[2] gewürdigt.

In ihren unterschiedlichen Bewertungen stellt die Vielzahl an Rezensionen einen Überblick nicht nur über die Entwicklung der Literatur des 20. Jahrhunderts dar, sondern auch über die verschiedenen Phasen der historischen Entwicklung der Literaturkritik selbst, die sich, wie zu Beginn der Arbeit erwähnt, ebenfalls in Literaturgeschichten dieses Zeitraumes widerspiegeln.

So wurde Oda Schaefer zu Beginn der fünfziger Jahre „als die stärkste lyrische Begabung unter den Frauen ihrer Generation in Deutschland"[3] gefeiert. Ihre Auffassung von der Trost spendenden, Schmerz und Trauer lindernden, eine moralische Aufgabe erfüllenden Funktion der Dichtung entsprach ganz der durch humanistische Werte geprägten vorherrschenden Kunstanschauung, wie in einem Porträt R. Adolphs über Oda Schaefer zum Ausdruck kommt: „Von Alfred Mombert stammt das Wort: ‚Denn das ist alles Dichtung, womit ein Mensch sich seine Schmerzen lindert'. Oda Schaefer will aber auch unsere Schmerzen lindern."[4] Ihre sich an der literarischen Tradition des 18. und 19. Jahrhunderts orientierende Schreibweise, ihr an der Lyrik geschulter Stil werden äußerst positiv beurteilt, sowohl bei ihrem Band „kostbare[r] Prosa"[5] *Die Kastanienknospe* als auch in ihren poetischen Feuilletons *Katzenspaziergang*,

---

[1] So z.B. *Das Porträt: Oda Schaefer* in der Reihe *Bedeutende Frauen* im WDR, Frauenfunk, 17.06.1968.

[2] So berichtet Oda Schaefer in Briefen an Hertha Bielfeld (u.a. vom 08.10.1965, 17.10.1965) von einer Fernsehsendung in der Reihe „Café Rendezvous" Mitte Oktober 1965, Nachlass Schaefer/Lange, Monacensia.

[3] Krolow, Karl: *„Im Schilf, im Ried ..." / Zur Lyrik Oda Schaefers*. In: *Die Neue Zeitung*, Nr. 199, 25./26.08.1951, S. 11.

[4] Adolph, R.: *Sehnsucht nach dem Licht / Wege und Wandlungen der Dichterin Oda Schaefer*. In: *Westfalenpost*, 01.07.1950.

[5] o.V.: *Oda Schaefer: Katzenspaziergang*. In: *St. Galler Tagblatt*, 18.08.1956.

die als „erstaunlicher Mittelweg zwischen dem Feuilleton von gestern und dem von morgen"[6] bezeichnet und mit den Feuilletons Alfred Polgars verglichen werden.[7] Ihr 1956 ausgestrahltes Hörspiel *Libellenbucht* erfuhr als eines der „schönsten und poetischsten Hörspiele"[8], die „in der letzten Zeit" im Bayerischen Rundfunk zu hören waren, mit seiner „harmonischen Wirkung" große Anerkennung.

Bereits das Echo auf den 1946 erschienenen Gedichtband *Irdisches Geleit* offenbarte allerdings, dass die u.a. von Oda Schaefer vertretene Literatur nicht nur positiv beurteilt wurde. Die Auseinandersetzung zwischen den Anhängern einer von humanistischen Idealen geprägten Kunstanschauung, die sich auf die Tradition beriefen und weiterhin im Stile der dreißiger Jahre dichteten, und denjenigen, die nach dem Ende des Krieges radikal Neues, einen Bruch mit traditionellen Formen und Inhalten sowie eine andere Sprache und Ausdrucksweise forderten – die sogenannten „Kahlschläger" –, schlug sich auch in der Literaturkritik nieder. Ein Streit zwischen den Generationen kündigte sich an.

Da sich die jungen Stimmen mit ihren Vorstellungen von Literatur im Laufe des 20. Jahrhunderts durchsetzten, sind auch die Kritiken zu Oda Schaefers Werken in den sechziger Jahren zunehmend von Ablehnung gezeichnet. Ist es bei Oda Schaefers Hörspiel *In die Nacht hinein* noch der Vorwurf einer „sentimentalisch verschleierten und gewollt tiefgründigen Dichtkunst", „die zu Anton Wildgans' Zeiten zweifellos ihr Publikum gefunden"[9] hätte, oder bei ihren poetischen Feuilletons *Katzenspaziergang* der einer zuweilen „unholden Süffisanz" und „meist angestrengte[n] Melodik"[10], so ist die Kritik von Jürgen Kolbe an ihrem Hörspiel *Belle Epoque* noch deutlicher: „Auch wer der Avantgarde konservativ die Gefolgschaft verweigert, darf doch nicht so tun, als sei in der Literatur der letzten fünfzig Jahre nichts geschehen, von der Entwicklung des Hörspiels gar nicht zu reden."[11] Der Vorwurf des Altmodischen, Überkommenen wird auch in Rezensionen zu den gesammelten feuilletonistischen

---

[6] Hühnerfeld, Paul: *Stirbt das Feuilleton aus? Fragen und Überlegungen zu einigen Büchern mit kleiner Prosa.* In: *Die Zeit*, 24.01.1957.
[7] Vgl. o.V.: *Oda Schaefer: „Katzenspaziergang".* In: *Fränkischer Tag*, 12.10.1956.
[8] Hier und in den folgenden Zitaten Colberg, Klaus: *Münchner Funktagebuch. Wer ist wer?* In: *SZ*, 27.11.1956.
[9] Bonte, Hans Georg: *Rundfunk. Wochenspiegel vom 4.-11. November.* In: *Die Neue Zeitung*, Nr. 268, 14.11.1951, S. 4.
[10] H.R.: *Oda Schaefer: »Katzenspaziergang«.* In: *Die Tat*, 08.12.1956.
[11] Kolbe, Jürgen: *Belle Epoque.* In: *Die Zeit*, Nr. 24, 11.06.1965, S. 16.

Essays *Und fragst du mich, was mit der Liebe sei* immer wieder laut: „Was auf den rund 180 Seiten des Buchs [...] geschieht, ist im Zeitalter Kinseys und Kolles etwas so Altmodisches, daß es Gefahr läuft, unvermutet wieder modern zu werden"[12] – oder in einer anderen Kritik: „Manchmal ist der Stil klischeehaft traditionell. Da flattert die Lerche, ‚die morgens in den Himmel aufsteigt und jubelnd ihrem Schöpfer dankt.' So geht es – auf gut deutsch – nicht mehr."[13] Die Kluft zwischen den Generationen wurde größer: Die Ausdrucksweise, die verwendeten Bilder und die vermittelten Werte Oda Schaefers empfand die jüngere Generation als klischeehaft, reliktartig, künstlich, wie die Rezension von H.A. Lange bzgl. des Fernsehspiels *Die schwarze Sonne* zeigt:

> Shakespeare und die Apokalypse wurden bemüht, Romeo und Julia und das Weltgericht sollten der Liebesgeschichte aus dem Zweiten Weltkrieg Tiefe und Symbolik verleihen, und doch war das Fernsehspiel „Die schwarze Sonne", das Oda Schäfer nach einem Roman ihres Mannes Horst Lange schrieb, nichts als eine Anhäufung abgebrauchter Klischees, pathetisch bis zur Peinlichkeit. [...] Da vernahm man keinen überzeugenden, die Wirklichkeit treffenden Ton, weil alles um einige Etagen zu hoch gespielt war. Da stimmte von vorn bis hinten nichts, und das reichte bis in die Nebensächlichkeiten. In diesem Stil von Anno Papa ist das Thema Krieg und Liebe heute nicht mehr darstellbar.[14]

Mit den Erinnerungen *Auch wenn Du träumst, gehen die Uhren* allerdings geht Kritik, die Oda Schaefer Antiquiertheit und Unmodernität vorwirft, zurück. Die große Distanz zwischen den Generationen wird nur vereinzelt artikuliert, indem das Interesse der Jungen und Jüngeren an derartigen Erinnerungen in Frage gestellt wird.[15] Das Meistern des persönlichen Schicksals, die Individualität des gelebten Lebens stehen im Vordergrund

---

[12] Baumann, Rainer: *Marginalien zum Thema Liebe*. In: *Westermanns Monatshefte* 9 (1968).

[13] Sd: *Doch nicht zum Antiquar. Oda Schaefers Buch „Und fragst du mich, was mit der Liebe sei..."*. In: *Frankfurter Neue Presse*, 08.05.1969.

[14] Lange, H.A.: *Programm und Kritik. Am Sonntag ferngesehen*. In: *Südwestpresse*, 25.06.1968.

[15] Vgl. Schmidt, Roland: *Zwei alte Damen. Zu den Memoiren der wesensverwandten Autorinnen Ina Seidel und Oda Schaefer*. In: *Rheinische Post*, 12.09.1970: „Wer kann diese Erinnerungen noch teilen, wer aber wird sie noch lesen mögen? Die Kombattanten sterben aus."

– eine Rezension im Sinne eines Romans oder eines Gedichtbandes verbietet sich.

> Es ist das Buch einer Dichterin, aber das Werk darf und will nicht als Dichtung gewertet werden, es sind Lebenserinnerungen, in denen sich eine Frau über ihren Weg durch die Zeit und über diese Zeit selbst Rechenschaft gibt. Der bekenntnishafte, dokumentarische Charakter dominiert die dichterische Form.[16]

Hier wie auch im zweiten Band ihrer Erinnerungen *Die leuchtenden Feste über der Trauer* wird die menschliche Haltung der Autorin, ihre „Weisheit und Güte"[17] sowie ihre Tapferkeit bewundert und hervorgehoben.[18] Das Leben Oda Schaefers betrachtet man im historischen Kontext, „als Kulturgeschichte"[19], das sich für die jüngere Generation aufgrund des geschichtlichen Gehalts zu lesen lohnt.[20] Auch als – nicht unproblematisches – Zeugnis der ‚inneren Emigration' wird *Auch wenn Du träumst, gehen die Uhren* registriert.[21]

Den Band *Die Haut der Welt* mit Erzählungen aus den dreißiger und Prosastücken aus den vierziger und fünfziger Jahren bewertet man in ähnlicher Weise:

> […] es macht bei der Beurteilung einer Erzählung einen beträchtlichen Unterschied, ob sie heute oder schon vor dreißig Jahren geschrieben wurde: was befremdlich oder gar epigonenhaft anmuten mag, wenn man es als einen Text aus den siebziger Jahren

---

[16] Heuschele, Otto: *»Auch wenn Du träumst, gehen die Uhren«*. In: *Neue Zürcher Zeitung*, 13.11.1970.

[17] Frisé, Maria: *Buch der Freundschaft. Die Lebenserinnerungen von Oda Schäfer*. In: *FAZ*, 09.09.1970; vgl. hierzu Brückner, Christine: *Grundton der Güte. Oda Schaefers Lebenserinnerungen*. In: *Deutsches Allgemeines Sonntagsblatt*, Nr. 46, 15.11.1970, S. 23.

[18] Vgl. hierzu Horst, Eberhard: *Ein tapferes Leben. Oda Schaefers Nachkriegszeit*. In: *Rheinischer Merkur*, Nr. 23, 10.06.1977, S. 28; vgl. ebenso Rasch, Wolfdietrich: *Am Ende der Schreckenszeit. Oda Schaefers Erinnerungen „Die leuchtenden Feste über der Trauer"*. In: *FAZ*, Nr. 108, 10.05.1977, S. 22; vgl. auch Speckner, Georg Joseph: *Geprüftes Leben*. In: *Augsburger Allgemeine*, 16.10.1970.

[19] Pfeiffer-Belli, Erich: *Reiche Erinnerungen. Oda Schaefers Familiengeschichten als Kulturgeschichte*. In: *SZ*, Nr. 228, 23.09.1970, S. 14.

[20] Vgl. Horn, Effi: *Nachzulesen bei Oda Schaefer*. In: *Münchner Merkur*, 24.09.1970.

[21] Vgl. Rotzoll, Christa: *So schwebte sie. Oda Schaefers problematische Erinnerungen*. In: *Die Zeit*, Nr. 45, 06.11.1970, S. 33.

mißversteht, wird eher verständlich, wenn man es im Konzert einer anderen Zeitgenossenschaft sieht.[22]

Oda Schaefers Prosa wird literarhistorisch als „Prosa im Stil der dreißiger Jahre", sie selbst als „Schülerin des magischen Realismus"[23] verortet – der Vorwurf des Epigonenhaften, Fremdartigen greift bei dieser historischen Sichtweise nicht mehr. Ihren Stil bezeichnet man als „damenhaft"[24], so wie man sie selbst in Rezensionen als „eine der großen alten Damen der deutschen Literatur"[25] oder sogar als die „grande dame" [26] der deutschen Literatur tituliert.

Die historische Bedeutung Oda Schaefers wird in den achtziger Jahren durchaus erkannt und gewürdigt: Oda Schaefer gilt „neben Langgässer, Kaschnitz, Ausländer und Domin [als] die bedeutendste Lyrikerin der um 1900 geborenen Generation"[27] und gehört „zu den wichtigen lyrischen Stimmen der deutschen Literatur des 20. Jahrhunderts".[28] Gleichzeitig stellt man jedoch fest, dass man sich dieses Wertes nicht mehr bewusst ist bzw. Oda Schaefer sogar bewusst ins Abseits gedrängt wurde:

> [...] wie erklärt es sich [...], daß die Autorin, die 1949 zusammen mit Stefan Andres, Emil Belzner, Bertold Brecht, Alfred Döblin, Hermann Kesten, Carl Zuckmayer, Arnold Zweig und ihrem Ehemann Horst Lange in den deutschen PEN aufgenommen

---

[22] Wallmann, Jürgen P.: *Inständigkeit der Stimme. „Erzählungen und Augenblicke"* – *Auswahl aus Oda Schaefers Werk*. In: *Der Tagesspiegel*, Nr. 9531, 30.01.1977, S. 61. Derselbe Text unter dem Titel *Altmodische Geschichten, damenhaft und dezent erzählt*. In: *Mannheimer Morgen*, Nr. 268, 16.11.1976, S. 36, sowie unter dem Titel *Unter der Glasglocke. Geschichten und Skizzen von Oda Schaefer*. In: *Deutsche Zeitung*, Nr. 46, 12.11.1976, S. 12.

[23] Johann, Ernst: *Schülerin des magischen Realismus. Oda Schäfers gesammelte Erzählungen „Die Haut der Welt"*. In: *FAZ*, Nr. 259, 16.11.1976, S. 26.

[24] Wallmann, Jürgen P.: *Inständigkeit der Stimme. „Erzählungen und Augenblicke"* – *Auswahl aus Oda Schaefers Werk*. In: *Der Tagesspiegel*, Nr. 9531, 30.01.1977, S. 61.

[25] o.V.: *Oda Schaefer 70*. In: *Die Welt*, Nr. 297, 22.12.1970, S. 16.

[26] So z.B. o.V. In: *Die Rheinpfalz*, Ludwigshafen, 22.12.1970 und o.V. In: *Passauer Neue Presse*, 19.12.1970 anlässlich des 70. Geburtstages von Oda Schaefer.

[27] Minaty, Wolfgang: *Aus dem dunklen Erdenhaus. Seepferdchen mit lyrischem Gewicht – Die Dichterin Oda Schaefer wird 80*. In: *Die Welt*, Nr. 297, 20.12.1980, S. 15.

[28] Albers, Heinz: *Die Wiederkehr alles Lebendigen. Gedichte von O. Schaefer und G. Joedicke*. In: *Hamburger Abendblatt*, Nr. 60, 12.03.1986, S. 24.

wurde, heute eine literarische Unperson ist? Herausgefiltert, besser noch: ausgeschieden, abgestoßen?[29]

Im Zeichen der Ideologiekritik wurden gerade die Schriftsteller der ‚inneren Emigration' zumeist scharf angegriffen und verurteilt, was in den achtziger Jahren zunehmend in einen Prozess des Vergessens mündete.

So stellt Franz Josef Görtz 1988 in der *Frankfurter Allgemeinen Zeitung* in seinem Nachruf auf Oda Schaefer fest, dass diese Autorin wie auch andere Schriftsteller ihrer Generation „aus unserem Gesichtsfeld völlig zu verschwinden"[30] drohen.

---

[29] Minaty, Wolfgang: *Aus dem dunklen Erdenhaus. Seepferdchen mit lyrischem Gewicht – Die Dichterin Oda Schaefer wird 80*. In: *Die Welt*, Nr. 297, 20.12.1980, S. 15.

[30] Görtz, Franz Josef: *Lieder der Windharfe. „Auch wenn Du träumst, gehen die Uhren"* / *Zum Tode der Lyrikerin Oda Schaefer*. In: *FAZ*, Nr. 207, 06.09.1988, S. 29.

6. Ausblick

Ein Grund für diese in der Literaturkritik formulierte Entwicklung ist wohl neben der bereits angesprochenen Ideologiekritik, dass sich Oda Schaefers Werke in den siebziger Jahren durch ihre explizite Historizität zunehmend der aktuellen literarischen Kritik entzogen, so dass sie mit anderen Maßstäben gemessen und nach historischen Kriterien beurteilt wurden. Man nahm sie als Relikte der Vergangenheit wahr, nicht mehr als Literatur, die eine kritische Auseinandersetzung fordert. Zu klar etikettierten sie sich als historische Zeugnisse einer vergangenen Epoche und damit auch als veraltet.

Zudem erlebten nur wenige Bücher Oda Schaefers mehrere Auflagen. *Auch wenn Du träumst, gehen die Uhren* als eines ihrer erfolgreichsten Werke wurde zwar bis in die achtziger Jahre vier Mal neu aufgelegt, genauso wie die beliebte Anthologie *Schwabing*, die 1972 überarbeitet wurde, und ebenfalls in mehreren Auflagen erhältlich war, jedoch die Mehrzahl der Bücher Oda Schaefers konnte nach relativ kurzer Zeit bereits nicht mehr im Buchhandel erworben werden; Restposten wurden zu geringen Preisen angeboten, Neuauflagen erschienen nicht.

Dass dennoch heute eine bemerkenswerte Präsenz der Lyrik Oda Schaefers, u.a. auch in Anthologien, die für ein größeres Lesepublikum gedacht sind, verzeichnet werden kann, hängt wohl einerseits mit den zeitlos gültigen Themen und Inhalten ihrer Gedichte zusammen[1], die sich dem Leser als aktuell und lesenswert anbieten. Andererseits ist sie wohl in der Übermittlung positiver, metaphysischer, vor allem in den späten Gedichten Lebenserfahrung und Altersweisheit vermittelnder Aussagen begründet, die auch heute allgemein wieder verstärkt gesucht werden. Emotionen, Stimmungen und Bilder – gerade ihrer späten Gedichte – übertragen sich nach wie vor, die Lyrik verschließt sich dem Leser nicht, sondern ist in ihrer klaren Aussage verständlich und leicht zu entschlüsseln.[2]

---

[1] Dies ist auch bei den Themen der in den letzten Jahren erschienenen Anthologien, in die Gedichte Oda Schaefers aufgenommen wurden, ersichtlich: es handelt sich u.a. um Naturgedichte, Reisegedichte, Mondgedichte, Balladen, Engel-Gedichte, Gedichte für jeden Tag, Bilder und Gedichte, Gedichte, die verschiedenen Jahreszeiten und Landschaften gewidmet sind.

[2] In ihrem Brief an Gerty Spies vom 15.01.1966, in dem sie dieser ihre Gedichte zurückschickte, die Barbara Bondy für die *Süddeutsche Zeitung* nicht ange-

In der literaturwissenschaftlichen Forschung sind die Zeitgenossen Oda Schaefers vorwiegend seit den achtziger und neunziger Jahren immer wieder Untersuchungsgegenstand. Vor allem als Autoren der sogenannten ‚inneren Emigration' und des *Kolonne*-Kreises standen und stehen sie häufig im Blickpunkt des wissenschaftlichen Interesses. In den letzten Jahren erschienen grundlegende Untersuchungen zu u.a. Martin Raschke und Karl Krolow. Nachlässe von Autoren, wie z.B. Wolfgang Koeppen, Hans Egon Holthusen, werden erschlossen, Korrespondenzen – wie z.B. die Briefe Peter Huchels oder auch die geplante Edition der Briefe von Günter Eich sowie von Martha Saalfeld – und Werkausgaben, wie u.a. im Falle von Martha Saalfeld, herausgegeben.

Bis auf einzelne Erwähnungen fehlte Oda Schaefer hier – bislang. Diese Arbeit versteht sich als ein erster grundlegender Beitrag zu dieser Autorin und ihrer Bedeutung im literarischen Leben des 20. Jahrhunderts. Sie soll einen Ausgangspunkt für die weitere Forschung darstellen, der sich aufgrund der Fülle des Materials noch zahlreiche Möglichkeiten bieten. So wären z.B. detaillierte Untersuchungen zur Lyrik Oda Schaefers oder zu den anderen, eher summarisch vorgestellten Gattungen lohnende Projekte, genauso wie im Kontext der ‚inneren Emigration' eine genaue Erschließung Oda Schaefers Tätigkeit im Dritten Reich. Eine Gesamtausgabe ihrer Werke, ihrer Briefe als nicht nur aufgrund ihres großen Humors äußerst lesenswerter, interessanter und aufschlussreicher historischer Zeugnisse des kulturellen Lebens im Nachkriegsdeutschland, oder eine – auch historisch-kritische – Edition der Lyrik würde der Wissenschaft den weiteren Zugang wesentlich erleichtern.

---

nommen hatte, da „sie doch fast alle nur vom Schicksal erklärbar sind", klagt sie, dass auch ihre eigenen Gedichte in ihrer Einfachheit dem üblichen hermetischen Duktus nicht entsprechen, und daher 1959 nicht in ihren Gedichtband *Grasmelodie* aufgenommen wurden. „Sie liegen tot da, wie erschlagene Fliegen in einer heissen Küche." Nachlass Gerty Spies, Literaturarchiv Sulzbach-Rosenberg.

Abkürzungsverzeichnis

Donahue, Karl Krolow: Donahue, Neil H.: *Karl Krolow and the Poetics of Amnesia in Postwar Germany*, New York: Camden House 2002.
Fritzsche, Nachwort in Wiederkehr: Fritzsche, Walter: *Nachwort*. In: Fritzsche, Walter (Hg.): *Oda Schaefer. Wiederkehr. Ausgewählte Gedichte*, München: Piper 1985, S. 118-123.
Hanuschek, Geschichte des bundesdeutschen PEN-Zentrums: Hanuschek, Sven: *Geschichte des bundesdeutschen PEN-Zentrums von 1951 bis 1990*, Tübingen: Max Niemeyer Verlag 2004.
Hanuschek, Erich Kästner. „Dieses Naja!, wenn man das nicht hätte!": Hanuschek, Sven (Hg.): *Erich Kästner. „Dieses Naja!, wenn man das nicht hätte!"*, Zürich: Atrium Verlag 2003.
Leuschner, Das Unsagbare benennen: Leuschner, Ulrike: *»Das Unsagbare benennen«. Ein Nachtrag zum 100. Geburtstag der Lyrikerin und Feuilletonistin Oda Schaefer am 21. Dezember 2000*. In: *Literatur in Bayern*, H. 63, März 2001, S. 77-80.
Leuschner, Wunder und Sachlichkeit: Leuschner, Ulrike: *Wunder und Sachlichkeit. Oda Schaefer und die Frauen der »Kolonne«*. In: Ziegler, Edda (Hg.): *Der Traum vom Schreiben. Schriftstellerinnen in München 1860 bis 1960*, München: A1 Verlag 2000, S. 137-153.
Leuschner, Koeppen in München: Leuschner, Ulrike: *Koeppen in München. Eine Bestandsaufnahme im Monacensia-Literaturarchiv*. In: Häntzschel, Günter/Leuschner, Ulrike/Müller-Waldeck, Gunnar/Ulrich, Roland (Hg): *Jahrbuch* der Internationalen Wolfgang Koeppen-Gesellschaft, München: Iudicium Verlag 2001, S. 211-225.
Mierau, Das Verschwinden von Franz Jung: Mierau, Fritz: *Das Verschwinden von Franz Jung. Stationen einer Biographie*, Hamburg: Edition Nautilus 1998.
Nijssen, Der heimliche König: Njissen, Hub: *Der heimliche König. Leben und Werk von Peter Huchel*, Würzburg: Königshausen & Neumann 1998.
Nijssen, Wie soll man da Gedichte schreiben: Nijssen, Hub (Hg.): Peter *Huchel. Wie soll man da Gedichte schreiben. Briefe 1925-1977*, Frankfurt/M.: Suhrkamp 2000.
Perrier, Innere Emigration: Einerseits und andererseits: Perrier, Petra: *Innere Emigration: Einerseits und andererseits*. In: Beltran-Vidal, Danièle (Hg): Les Carnets. N 7, – 2002. Exil intérieur. Innere Emigration, 2003, S. 88-113.
Schäfer, Das gespaltene Bewußtsein: Schäfer, Hans Dieter: *Das gespaltene Bewußtsein. Über deutsche Kultur und Lebenswirklichkeit 1933-1945*, München, Wien: Hanser 1981.

Schäfer, Horst Lange. Tagebücher: Schäfer, Hans Dieter (Hg): *Horst Lange. Tagebücher aus dem Zweiten Weltkrieg*, Mainz: v. Hase & Koehler Verlag 1979.

Schäfer, Wilhelm Lehmann: Schäfer, Hans Dieter: *Wilhelm Lehmann. Studien zu seinem Leben und Werk*, Bonn: H. Bouvier u. Co. Verlag 1969.

Schnell, Wertebeschwörung: Schnell, Ralf: *Wertebeschwörung – Zur kulturellen Topographie der Inneren Emigration.* In: Bollenbeck, Georg/La Presti, Thomas (Hg.): *Traditionsanspruch und Traditionsbruch. Die deutsche Kunst und ihre diktatorischen Sachverwalter. Kulturelle Moderne und bildungsbürgerliche Semantik II*, Wiesbaden: Westdeutscher Verlag 2002, S. 83-94.

Schnell, Geschichte der deutschsprachigen Literatur: Schnell, Ralf: *Geschichte der deutschsprachigen Literatur seit 1945*, 2., überarbeitete und erweiterte Auflage, Stuttgart, Weimar: Metzler 2003.

Wagner, Das Medium wandelt sich: Wagner, Hans-Ulrich: *Das Medium wandelt sich, die Autoren bleiben.* In: Estermann, Monika/Lersch, Edgar (Hg.): *Buch, Buchhandel und Rundfunk 1950-1960*, Wiesbaden: Harrassowitz Verlag 1999, S. 201-229.

Wagner, „Der Weg in ein sinnhaftes, volkhaftes Leben": Wagner, Hans Ulrich: *„Der Weg in ein sinnhaftes, volkhaftes Leben". Die Rundfunkarbeiten von Martin Raschke.* In: Haefs, Wilhelm/Schmitz, Walter (Hg.): *Martin Raschke (1905-1943). Leben und Werk. Mit einer Lebenschronik und einer Bibliographie von Wilhelm Haefs sowie einer Radiographie von Hans-Ulrich Wagner*, Dresden: Thelem bei w.e.b. 2002.

Wagner, Günter Eich und der Rundfunk: Wagner, Hans-Ulrich: *Günter Eich und der Rundfunk. Essay und Dokumentation*, Potsdam: Verlag für Berlin-Brandenburg 1999.

Bibliographie

Bibliographie zum Werk von Oda Schaefer

Die folgende Bibliographie zum Werk Oda Schaefers umfasst sowohl ihre eigenen Publikationen als auch Rezensionen und Forschungsbeiträge zu ihrem Werk. Was die Beiträge von Oda Schaefer in Zeitungen und Zeitschriften und die Rezensionen zum Werk Oda Schaefers betrifft, so wurde vor allem auf das Material aus dem Nachlass Oda Schaefers im Literaturarchiv der Monacensia zurückgegriffen, wobei eine Reihe weiterer Beiträge durch eigene Recherchen und die Inanspruchnahme von Recherchediensten, wie der *Süddeutschen Zeitung*, der *Frankfurter Allgemeinen Zeitung* und des Axel Springer Verlages ermittelt und fehlende Quellenangaben nach Möglichkeit ergänzt wurden.

Trotzdem bleiben, da die Recherchedienste der *Süddeutschen Zeitung* und der *Frankfurter Allgemeinen Zeitung* erst ab ca. Mitte bis Ende der fünfziger Jahre Beiträge von einzelnen Autoren gesammelt haben, und das Archiv der *Welt* in Berlin Teile seiner Bestände wegen Platzmangels während des Kalten Krieges vernichtete[1], sowohl hier als auch bei anderen Zeitungen und Zeitschriften noch viele Daten offen.[2] Beiträge Oda Schaefers in Zeitungen und Zeitschriften, bei denen Angaben zum Namen der Zeitung und zum Erscheinungsdatum nicht vorliegen, werden daher unter der Rubrik „Nicht Datiertes" aufgeführt. Sofern ein Hinweis auf das Erscheinungsdatum vorhanden ist, wird der betreffende Artikel unter Kennzeichnung des fehlenden Namens der Zeitung bei den Angaben zum jeweiligen Erscheinungsjahr verzeichnet.

Zudem erfolgt, um den Überblick über die Fülle an Material zu erleichtern, ein kurzer Hinweis auf die Gattung und Art des jeweiligen Beitrages, wie z.B. „Gedicht", „kurze Prosa", „Erzählung", „Märchen", „Rezension", „Feuilleton", „Anekdote", „Sachbeitrag", „Essay", „Erinnerung", auch wenn die Kategorisierung dieser Texte oft nicht eindeutig

---

[1] Information von Klaus Ritzler (Recherchedienst Axel Springer Verlag) während eines Telefonates im Dezember 2004.

[2] Dies bezieht sich sowohl auf weitere (bislang unbekannte) Beiträge von Oda Schaefer als auch auf vollständige bibliographische Angaben zu ihren Artikeln, da auch die Recherchedienste nicht die Nummer der Zeitung und die betreffende Seite archiviert haben.

ist, wie man bereits an Oda Schaefers poetischen Feuilletons und kurzen Prosastücken feststellen konnte.

Bei der Auflistung der Rezensionen zu den Werken Oda Schaefers und ihrer Person, die oft ebenso unvollständige Angaben enthalten wie die Beiträge Oda Schaefers in Zeitungen und Zeitschriften, werden fehlende Hinweise auf den Namen der Zeitung und das Erscheinungsdatum im Nachlass kenntlich gemacht.

Der für eine umfassende Recherche sämtlicher Zeitungen und Zeitschriften erforderliche Zeitaufwand konnte im Rahmen dieser Arbeit nicht geleistet werden.

Ungedruckte Quellen

Bundesarchiv Berlin: Reichskulturkammerakte zu Oda Lange in den personenbezogenen Überlieferungen des ehemaligen Berlin Document Center; BArch, ehem. BDC, RKK, Lange, Oda, 21.12.00.

Reichskulturkammerakte und Parteikorrespondenz zu Karl Krolow in den personenbezogenen Überlieferungen des ehemaligen Berlin Document Center; BArch, ehem. BDC, RKK, Krolow, Karl, sowie ehem. BDC, PK, Krolow, Karl.

Stiftung Archiv der Akademie der Künste, Berlin: Briefe von und an Oda Schaefer in den Nachlässen von Franz Jung und Hermann Stahl.

Franz-Michael-Felder-Archiv, Bregenz: Briefe von Oda Schaefer im Nachlass von Paula Ludwig.

Stadt- und Landesbibliothek Dortmund, Handschriftenabteilung: Briefe von Oda Schaefer im Teilnachlass von Walter Meckauer.

Sächsische Landesbibliothek – Staats- und Universitätsbibliothek Dresden, Handschriftensammlung: Briefe von Oda Schaefer im Nachlass von Martin Raschke.

Universitätsbibliothek Erlangen-Nürnberg, Handschriftenabteilung: Gedicht-Manuskript von Oda Schaefer.

Deutsches Exilarchiv 1933-1945, Frankfurt am Main: Briefe von und an Oda Schaefer im Nachlass von Wilhelm Sternfeld.

Karl-Dedecius-Archiv der Universitätsbibliothek der Europa-Universität Viadrina Frankfurt (Oder) in der Bibliothek des Collegium Polonicum: Briefe von Oda Schaefer an Karl Dedecius im Vorlass des Karl-Dedecius-Archivs.

Wolfgang-Koeppen-Archiv Greifswald: Briefe von und an Oda Schaefer im Nachlass von Wolfgang Koeppen.

Staats- und Universitätsbibliothek Hamburg, Handschriftenabteilung: Gedicht-Manuskript von Oda Schaefer.

Universitätsbibliothek Hildesheim, Hans-Egon-Holthusen-Archiv: Briefe von und an Oda Schaefer im Nachlass von Hans Egon Holthusen.

Deutsches Literaturarchiv Marbach am Neckar: Briefe und einzelne Manuskripte von Oda Schaefer in Nachlässen und Teilnachlässen anderer Dichter und Schriftsteller, wie u.a. Gottfried Benn, Kasimir Edschmid, Peter Huchel, Erich Kästner, Hermann Kasack, Walter Kolbenhoff, Ernst Kreuder, Karl Krolow, Elisabeth Langgässer, Gertrud von Le Fort, Wilhelm Lehmann, Robert Minder, Hans Sahl, Karl Schwedhelm, Ina Seidel, Carl Zuckmayer. Korrespondenz zwischen Oda Schaefer und dem Piper-Verlag im Verlagsarchiv Reinhard Piper. Dokumentenausschnittsmappe zu Oda Schaefer.

Münchner Stadtbibliothek, Monacensia, Literaturarchiv: Nachlass von Oda Schaefer und Horst Lange: Briefe von und an Oda Schaefer, Manuskripte von Oda Schaefer, Beiträge von Oda Schaefer in Zeitungen und Zeitschriften, Rezensionen zu Oda Schaefer und ihren Werken.

Bayerische Staatsbibliothek München, Abteilung für Handschriften: Briefe von Oda Schaefer an Werner und Charlotte Bergengruen bis 1945.

Literaturarchiv Sulzbach-Rosenberg: Briefe von und an Oda Schaefer im Walter Höllerer-Archiv, Briefe von Oda Schaefer im Nachlass von Gerty Spies.

Buchpublikationen von Oda Schaefer, von Oda Schaefer herausgegebene Werke sowie Werke von Oda Schaefer, die von anderen herausgegeben wurden

(Hg.): *Sally von Kügelgen. Stilles Tagebuch eines baltischen Fräuleins 1855/1856*, Berlin: Propyläen-Verlag 1936.

Die Windharfe. Balladen und Gedichte, Berlin: Die Rabenpresse 1939.

Scheel, Dr. med. Elfride und Lange, Oda: *Kosmetik ohne Geheimnis,* Berlin: Scherl 1939.

Irdisches Geleit. Gedichte, München: Verlag Kurt Desch 1946.

(Hg.): *Madonnen*. Ein Bildband mit Gedichten, München: Verlag Kurt Desch 1947.

Die Kastanienknospe. Erzählungen, München: Piper 1947.

Kranz des Jahres. Zwölf Gedichte, Stuttgart: Hans Müller Verlag 1948.

Unvergleichliche Rose. Kleine Prosastücke, Stuttgart: Hans Müller Verlag 1948.

Katzenspaziergang. Poetisches Feuilleton, München: Piper 1956.

(Hg.): *Unter dem sapphischen Mond. Deutsche Frauenlyrik seit 1900*, München: Piper 1957.

(Hg.): *Schwabing. Spinnete und erotische, enorme und neurotische Moritaten und Verse von Scharfrichtern und Schlawinern aus dem Münchner Künstlerviertel Wahnmoching*, München: Piper 1958.

Grasmelodie. Neue Gedichte, München: Piper 1959.

Die Boutique. Von den schönen kleinen Dingen der Mode, München: Piper 1963.

Ladies only oder Von der Kunst, Dame zu sein, Zürich: Sanssouci-Verlag 1963.

(Hg.): *Der Dandy*, München: Piper 1964.
Und fragst du mich, was mit der Liebe sei. Oda Schaefer antwortet auf eine unbequeme Frage, München, Esslingen: Bechtle 1968.
Auch wenn Du träumst, gehen die Uhren. Lebenserinnerungen, München: Piper 1970.
(Hg.): *Schwabing verliebt verrückt vertan. Vers und Prosa von 1900 bis heute*, München: Piper 1972. (Neuausgabe 1985 unter dem Titel *Schwabing. Ein Lesebuch*).
Der grüne Ton. Späte und frühe Gedichte, München: Piper 1973.
Die Haut der Welt. Erzählungen und Augenblicke, München: Piper 1976.
Die leuchtenden Feste über der Trauer. Erinnerungen aus der Nachkriegszeit, München: Piper 1977.
Fritzsche, Walter (Hg.): *Oda Schaefer. Wiederkehr. Ausgewählte Gedichte*, München: Piper 1985.
Edition Arnshaugk (Hg.): *Oda Schaefer. Balladen und Gedichte. Eine Auswahl*, München: Arnshaugk 1995.

Beiträge Oda Schaefers in Zeitungen und Zeitschriften

[1930]
Schlesische Landschaft [Aufsatz]. In: *Die Schlesischen Monatshefte* 7 (1930), H. 6, S. 259-263.
Hände [Gedicht]. In: *Die Schlesischen Monatshefte* 7 (1930), H. 10, S. 445.

[1931]
Waldgedicht [Gedicht]. In: *Die Schlesischen Monatshefte* 8 (1931), H. 3, S. 102.
Mitte der Nacht [Gedicht]. In: *Die Schlesischen Monatshefte* 8 (1931), H. 9, S. 381.

[1932]
Deine Nähe [Gedicht]. In: *Die Schlesischen Monatshefte* 9 (1932), H. 4, S. 141.

Schlesische Landschaft in schlesischer Dichtung [Aufsatz]. In: *Der Wanderer im Riesengebirge* 52 (1932), S. 26-28.
Die Ernte [Gedicht]. In: *Die Kolonne* 3 (1932), S. 7.

[1933]
Das Böse und das Gute [kurze Prosa]. In: *Die literarische Welt* 9 (1933), Nr. 16, S. 8.
An einen Dichter [Gedicht]. In: *Die literarische Welt* 9 (1933), Nr. 20-21, S. 3.
Herz zum Hafen [Rezension]. In: *Der weiße Rabe* 2 (1933), H. 5/6, o.S.
Die Kornfrevler [Erzählung]. In: *Der weiße Rabe* 2 (1933), H. 5/6, S. 34-38.
Am Grabe [Gedicht]. In: *Der weiße Rabe* 2 (1933), H. 11/12, S. 113.
Landschaft am Morgen [Gedicht]. In: *Kölnische Zeitung* (1933), Nr. 385.
Eine Hochzeit vor 500 Jahren [Feuilleton]. In: *Kölnische Zeitung* (1933), Nr. 633.

[1934]
Die Totenbraut [Gedicht]. In: *Der weiße Rabe* 3 (1934), S. 12-14.

[1935]
Am Grabe. Das ertrunkene Kind [Gedichte]. In: *Das Innere Reich* 1 (1934/35), S. 1407-1409.
Verführung und Beschwörung [Gedicht]. In: *Das Innere Reich* 2 (1935/36), S. 285f.
Die stumme Harfe [Gedicht]. In: *Das Innere Reich* 2 (1935/36), S. 981.

[1936]
Schritte ohne Spur [Erzählung]. In: *Berliner Tageblatt*, Nr. 230, 15.05.1936.
Das Gewitter [Erzählung]. In: *Das Innere Reich* 3 (1936/37), S. 481-489.
Tagebuch aus dem Biedermeier von Sally von Kügelgen [Zitate aus *Sally von Kügelgen. Stilles Tagebuch eines baltischen Fräuleins 1855/1856*]. In: *Die Dame* 63 (1936), H. 23, S. 20f., 50.
Gedanken und Ratschläge eines Arztes ... (u.d.N. „O.S.") [Rezension]. In: *Die Dame* 63 (1936), H. 23, S. 67.

[1937]
Zwiegespräche mit Peter (u.d.N. „os.") [Anekdote]. In: *Die Dame* 64 (1937), H. 14, S. 56f.
Die fliegenden Krankenschwestern [Sachbeitrag]. In: *Die Dame* 64 (1937), H. 16, S. 14f.
Leichte Kleidung (u.d.N. „O.S.") [Anekdote]. In: *Die Dame* 64 (1937), H. 17, S. 5.
Im Paris der Exposition tragen... [Feuilleton]. In: *Die Dame* 64 (1937), H. 20, S. 61.
Auf Fortunas Füssen... (u.d.N. „os.") [Feuilleton]. In: *Die Dame* 64 (1937), H. 21, S. 56f.
Ewiges Spiegelbild [Gedicht]. In: *Die Dame* 64 (1937), H. 22, S. 67.
Falsche Metapher (u.d.N. „O.S.") [Anekdote]. In: *Die Dame* 64 (1937), H. 25, S. 123.
Wasserjungfer [Gedicht]. In: *Das Innere Reich* 3 (1936/37), S. 1504.

[1938]
Kampf dem Muskelkater. Gymnastische Anleitung von Oda Schäfer [Feuilleton]. In: *Die Dame* 65 (1938), H. 1, S. 16.
Müde Augen [Feuilleton]. In: *Die Dame* 65 (1938), H. 2, S. 52.
Anekdoten (u.d.N. „O.S.") [Anekdoten]. In: *Die Dame* 65 (1938), H. 2, S. 53.
Frack-Arabesken (u.d.N. „O.S.") [Feuilleton]. In: *Die Dame* 65 (1938), H. 3, S. 6.
In der Märzsonne (u.d.N. „Oda") [Feuilleton]. In: *Die Dame* 65 (1938), H. 6, S. 68.
Leipziger Französisch. Aus den letzten Tagen der Salons (u.d.N. „O.S.") [Anekdoten]. In: *Die Dame* 65 (1938), H. 6, S. 70.
Camargo tanzt (u.d.N. „O.S.") [Anekdote]. In: *Die Dame* 65 (1938), H. 8, S. 10.

Schönheitspflege in der Gartenzeit (u.d.N. „Oda") [Feuilleton]. In: *Die Dame* 65 (1938), H. 9, S. 66-68.

Ärztinnen – Anonym [Sachbeitrag]. In: *Die Dame* 65 (1938), H. 12, S. 60f.

Sonnenbraun und Sonnenbrille (u.d.N. „O.S.") [Feuilleton]. In: *Die Dame* 65 (1938), H. 12, S. 64.

Nein, meine Suppe ess ich nicht... (u.d.N. „Oda") [Feuilleton]. In: *Die Dame* 65 (1938), H. 14, S. 52f.

Über zarte Lippen [Anekdoten]. In: *Die Dame* 65 (1938), H. 18, S. 50f.

Dionysische Kur [Feuilleton]. In: *Die Dame* 65 (1938), H. 19, S. 14f.

Alle Wohlgerüche Arabiens (u.d.N. „Oda") [Feuilleton]. In: *Die Dame* 65 (1938), H. 20, S. 6.

Schönheit beginnt mit dem zweiten Kind (u.d.N. „O.S.") [Feuilleton]. In: *Die Dame* 65 (1938), H. 21, S. 8f., 58f.

Von A-Z. Kleines Brevier über Gesichtspflege (u.d.N. „Oda") [Feuilleton]. In: *Die Dame* 66 (1938), H. 21, S. 11, 52, 54.

Masken für die Schönheit (u.d.N. „Oda") [Feuilleton]. In: *Die Dame* 65 (1938), H. 21, S. 66f.

Galante Anekdoten (u.d.N. „O.S.") [Anekdoten]. In: *Die Dame* 65 (1938), H. 21, S. 70.

Frisuren vom Weltkongress der Frisöre (u.d.N. „O.S.") [Feuilleton]. In: *Die Dame* 65 (1938), H. 23, S. 62f.

Muriel Allison [kurze Prosa]. In: *Die Dame* 65 (1938), H. 23, S. 76-78.

Gedanken über Frauen. Aufgefunden bei Jean Paul. Der Zauberring (u.d.N. „O.S.") [Anekdoten]. In: *Die Dame* 65 (1938), H. 24, S. 78f.

Amsel im Winter. Umarmung. Nächtliche Reiterin. Mondsee [Gedichte]. In: *Die neue Rundschau* 49 (1938), Bd. 1, S. 258-261.

Verwandlung [Gedicht]. In: *Das Innere Reich* 5 (1938/39), S. 344.

[1939]

Beugen und Schwingen auf Brettern (u.d.N. „Oda") [Feuilleton]. In: *Die Dame* 66 (1939), H. 1, S. 4f.

Anekdote (u.d.N. „O.S.") [Anekdote]. In: *Die Dame* 66 (1939), H. 5, S. 5.

Anekdote (u.d.N. „O.S.") [Anekdote]. In: *Die Dame* 66 (1939), H. 5, S. 60.

Die Bar für Schönheitspflege (u.d.N. „Oda") [Feuilleton]. In: *Die Dame* 66 (1939), H. 6, S. 18f.

Meinungen über das Gehen von Balzac [Feuilleton]. In: *Die Dame* 66 (1939), H. 6, S. 62f.

Schlank durch Essen...Ein Kapitel Praxis. Hollywood-Kur (u.d.N. „Oda") [Feuilleton]. In: *Die Dame* 66 (1939), H. 7, S. 81f.

Anekdoten (u.d.N. „O.S.") [Anekdoten]. In: *Die Dame* 66 (1939), H. 10, S. 83.

Das Gemälde (u.d.N. „O.S.") [Anekdote]. In: *Die Dame* 66 (1939), H. 11, S. 78.

Ein Kapitel Praxis (u.d.N. „Oda") [Feuilleton]. In: *Die Dame* 66 (1939), H. 11, S. 95.
Das Sonnenprogramm [Feuilleton]. In: *Die Dame* 66 (1939), H. 12, S. 16f., 62.
Sommerabend mit Blumen [Feuilleton]. In: *Die Dame* 66 (1939), H. 12, S. 61.
Kunst und Diplomatie (u.d.N. „O.S.") [Anekdote]. In: *Die Dame* 66 (1939), H. 12, S. 74.
Das Gedicht (u.d.N. „O.S.") [Anekdote]. In: *Die Dame* 66 (1939), H. 20, S. 8.
Anekdoten (u.d.N. „O.S.") [Anekdoten]. In: *Die Dame* 66 (1939), H. 21, S. 38.
Hygiene des Kleiderschranks [Feuilleton]. In: *Die Dame* 66 (1939), H. 22, S. 36.
Die Libelle [Erzählung]. In: *Frankfurter Zeitung*, Nr. 659-660, 28.12.1939, S. 4.
Traum. Das volle Glück [Gedichte]. In: *Das Innere Reich* 5 (1938/39), S. 1208f.

[1940]
Abschied der Liselotte (u.d.N. „O.S.") [Anekdote]. In: *Die Dame* 67 (1940), H. 3, S. 43.
Verteidigung ohne Waffe (u.d.N. „O.S.") [Feuilleton]. In: *Die Dame* 67 (1940), H. 4, S. 41f.
Anekdoten (u.d.N. „O.S.") [Anekdoten]. In: *Die Dame* 67 (1940), H. 7, S. 48.
Der Sprung des Dichters (u.d.N. „O.S.) [Anekdote]. In: *Die Dame* 67 (1940), H. 10, S. 4.
...und andere Anekdoten (u.d.N. „O.S.") [Anekdoten]. In: *Die Dame* 67 (1940), H. 11, S. 44.
Kommandos für die Gesundheit [Feuilleton]. In: *Die Dame* 67 (1940), H. 18, S. 15.
Gespräche mit Bismarck (u.d.N. „O.S.") [Anekdoten]. In: *Die Dame* 67 (1940), H. 22, S. 4f.
Das Familienalbum [Erinnerung]. In: *Die Dame* 67 (1940), H. 23, S. 2, 4.
Jene stillen Weihnachtstage... [Erinnerung]. In: *Die Dame* 67 (1940), H. 26, S. 2, 4-6.

[1941]
Skikosmetik für Hand und Fuß (u.d.N. „Oda") [Feuilleton]. In: *Die Dame* 68 (1941), H. 4, S. 48f.
Liebliche Arzeneien [Feuilleton]. In: *Die Dame* 68 (1941), H. 7, S. 6.
Andenken [Betrachtung]. In: *Die Dame* 68 (1941), H. 11, S. 53-56.

[1942]
Totenwache [Gedicht]. In: *Krakauer Zeitung*, Nr. 277, 22.11.1942, S. 7.

[1943]
Trauermantel [Gedicht]. In: *Krakauer Zeitung*, Nr. 20, 24.01.1943, S. 7.
Hyazinthe und Eisblume [Feuilleton]. In: *Krakauer Zeitung*, Nr. 28, 02.02.1943, S. 7.
Fremdes Leben [Erzählung]. In: *Krakauer Zeitung*, Nr. 39, 14.02.1943, S. 7.
Wiederkehr [Gedicht]. In: *Frankfurter Zeitung*, Nr. 82-83, 14.02.1943, S. 4.

Am Fluß [kurze Prosa]. In: *Krakauer Zeitung,* Nr. 140, 12.06.1943, S. 7f.
Liebe zu einer kleinen Stadt [Betrachtung]. In: *Krakauer Zeitung,* Nr. 170, 18.07.1943, S. 7.
Das Familienalbum [Erinnerung]. In: *Krakauer Zeitung,* Nr. 237, 03.10.1943, S. 8.
Andenken [Betrachtung]. In: *Krakauer Zeitung,* Nr. 264, 04.11.1943, S. 7.
An die Zeit [Gedicht]. In: *Kölnische Zeitung,* Nr. 56, 31.01.1943, S. 5.
Immortelle [Gedicht]. In: *Kölnische Zeitung,* Nr. 173, 04.04.1943, S. 5.
Fremdes Leben [Erzählung]. In: *Kölnische Zeitung,* Nr. 228, 07.05.1943, S. 1.
Täuschende Nacht [Erzählung]. In: *Kölnische Zeitung,* Nr. 305, 19.06.1943, S. 6.
Andenken [Betrachtung]. In: *Kölnische Zeitung,* Nr. 427, 08.10.1943, S. 4.
Totenwache [Gedicht]. In: *Kölnische Zeitung,* Nr. 431, 12.10.1943, S. 4.
An den Geliebten [Gedicht]. In: *Kölnische Zeitung,* Nr. 439, 18.10.1943, S. 2.
Musik [Gedicht]. In: *Kölnische Zeitung,* Nr. 503, 22.11.1943, S. 3.
1894 [Erzählung]. In: *Kölnische Zeitung,* Nr. 540-541, 12.12.1943, S. 4.
Jene stillen Weihnachtstage… [Feuilleton]. In: *Kölnische Zeitung,* Nr. 564-565, 25./26.12.1943, S. 5.
Sommer. Wildes Geißblatt [Gedichte]. In: *Das Innere Reich* 10 (1943/44), S. 204f.

[1944]
Landschaft am Morgen [Gedicht]. In: *Krakauer Zeitung,* Nr. 10, 12.01.1944, S. 4.
Die Kinder [Gedicht]. In: *Krakauer Zeitung,* Nr. 22, 26.01.1944, S. 4.
April [Gedicht]. In: *Krakauer Zeitung,* Nr. 81, 01.04.1944, S. 4.
Die Straße entlang [kurze Prosa]. In: *Krakauer Zeitung,* Nr. 152, 16.06.1944, S. 4.
Landschaft am Morgen [Gedicht]. In: *Krakauer Zeitung,* Nr. 299, 23.11.1944, S. 3.
Junimond [Gedicht]. In: *Kölnische Zeitung,* Nr. 171, 24.06.1944, S. 3.
Die Verzauberte [Gedicht]. In: *Kölnische Zeitung,* Nr. 216, 08.08.1944, S. 4.
Seifenblasen [kurze Prosa]. In: *Kölnische Zeitung,* Nr. 99, 09.04.1944, S. 4.
Am wüsten Ort [Gedicht]. In: *Das Reich* 5 (1944), H. 27, o.S.

[1945]
Anbruch der Nacht [Gedicht]. In: *SZ,* Nr. 5, 19.10.1945, S. 5.
November [Gedicht]. In: *Weser-Kurier,* 17.11.1945.
Dank an Rilke [Betrachtung]. In: *Die Neue Zeitung,* Nr. 14, 03.12.1945, S. 3.
Liebespaar 1945 [Gedicht]. In: *SZ,* Nr. 19, 07.12.1945, S. 5.
Geruch eines Apfels [kurze Prosa]. In: *SZ,* Nr. 22, 18.12.1945, S. 4.

[1946]
Irdisches Geleit [Gedicht]. In: *SZ,* Nr. 7, 22.01.1946, S. 5.
Das Bild des Menschen [kurze Prosa]. In: *SZ,* Nr. 30, 12.04.1946, S. 5.
Im Mai [Gedicht]. In: *SZ,* Nr. 36, 03.05.1946, S. 6.
Brahms opus 4 [kurze Prosa]. In: *SZ,* Nr. 46, 07.06.1946, S. 6.
Hast Du es schon vergessen? [kurze Prosa]. In: *SZ,* Nr. 60, 26.07.1946, S. 4.

Im Sommer [Gedicht]. In: *SZ*, Nr. 63, 06.08.1946, S. 5.
Von den Gräsern [Gedicht]. In: *Die Zeit*, Nr. 24, 01.08.1946, S. 5.
Unvergleichliche Rose [kurze Prosa]. In: *SZ*, Nr. 74, 13.09.1946, S. 4.
September [Gedicht]. In: *Die Zeit*, Nr. 30, 12.09.1946, S. 6.
Genesung [Gedicht]. In: *Die Zeit*, Nr. 38, 07.11.1946, S. 4.
Parabel eines Zwölfjährigen [Betrachtung]. In: *Hessische Nachrichten*, Nr. 92, 31.08.1946.
Landschaft am Morgen [Gedicht]. In: *SZ*, Nr. 80, 04.10.1946, S. 9.
Die verzauberte Minute [kurze Prosa]. In: *SZ*, Nr. 94, 16.11.1946, S. 5.
An meinen Sohn [Gedicht]. In: *Die Neue Zeitung*, Nr. 93, 22.11.1946, S. 3.
Zeuge der Eiszeit [kurze Prosa]. In: *Die Zeit*, Nr. 41, 28.11.1946, S. 4.
Dezember [Gedicht]. In: *Die Zeit*, Nr. 44, 19.12.1946, S. 4.
Schwarzer Engel [Gedicht]. In: *Die Neue Zeitung*, Nr. 102/103, 23.12.1946, S. 6.
Im Irrgarten [Gedicht]. In: *Aussaat* 1 (1946), H. 6/7, S. 48.
Musik [Gedicht]. In: *Aussaat* 1 (1946/47), H. 8/9, S. 24.
Liebespaar 1945 [Gedicht]. In: *Horizont* 1 (1946), H. 6, S. 24.
September [Gedicht]. In: *Horizont* 1 (1946), H. 22, S. 18.
Fotos, die ich einst besaß [kurze Prosa]. In: *Karussell* 1 (1946), Folge 3, S. 3-7.
Die Libelle [Erzählung]. In: *Karussell* 1 (1946), Folge 6, S. 10-18.
Bekenntnis zur Lyrik [Betrachtung]. In: *Welt und Wort* 1 (1946), H. 1, S. 9f.
Die Flüchtlinge [Gedicht]. In: *Hochland* 39 (1946-47), S. 160.
Sonntagvormittag [kurze Prosa]. In: *Der Bogen* 1, Oktober 1946, H. 12, S. 14f.

[1947]
Seifenblasen [kurze Prosa]. In: *Die Zeit*, Nr. 3, 16.01.1947, S. 4.
In dieser Zeit [Gedicht]. In: *Die Neue Zeitung*, Nr. 37, 09.05.1947, S. 3.
Kuckuck [Gedicht]. In: *Die Zeit*, Nr. 24, 12.06.1947, S. 3.
Pour prendre congé… Ein Nachwort zu den Untersuchungen um Nagasaki [Betrachtung]. In: *Die Zeit*, Nr. 43, 23.10.1947, S. 6.
An meinen Sohn [Gedicht]. In: *Die Tat*, 25.10.1947.
Januar [Gedicht]. In: *Der Bogen* 2 (1947), H. 1, S. 2.
Aus der Gestaltung zu flüchten… Das ertrunkene Kind [Gedichte]. In: *The Gate* 1 (1947), No. 4, S. 12f.
Das Bild des Menschen [kurze Prosa]. In: *Horizont* 2 (1947), H. 2, S. 3.
Fremdes Leben [Erzählung]. In: *Karussell* 2 (1947), Folge 9, S. 46-52.
Die Kastanienknospe [Erzählung]. In: *Karussell* 2 (1947), Folge 11, S. 12-23.
Gedenke des Todes [Gedicht]. In: *Prisma* 1 (1947), H. 5, S. 29.
Sommer. Die Verwandelte. Sommerregen. Die Verzauberte. Die Braut [Gedichte]. In: *Prisma* 1 (1947), H. 10, S. 16.
Irdisches Geleit. An die Zeit [Gedichte]. In: *Welt und Wort* 2 (1947), S. 85.
Die Flüchtlinge [Gedicht]. In: *Welt und Wort* 2 (1947), S. 192.
In dieser Zeit [Gedicht]. In: *Welt und Wort* 2 (1947), S. 345.
Der Engel [Gedicht]. In: *Hochland* 40 (1947-48), S. 17.

[1948]

Karyatide [Betrachtung]. In: *SZ*, Nr. 3, 10.01.1948, S. 5.

Weltstadt im Streit der politischen Mächte. Eine Epistel über Berlin [Betrachtung]. In: *SZ*, Nr. 60, 27.07.1948.

Frauen zerbrechen die Blockade. Ein Gespräch um das belagerte Berlin [Interview mit Lisa Albrecht]. In: *Die Zeit*, Nr. 35, 26.08.1948, S. 3.

Gespräch mit einer fliegenden Prinzessin [kurze Prosa]. In: *Die Neue Zeitung*, Nr. 85, 07.10.1948, S. 3.

An meinen Sohn [Gedicht]. In: *Welt und Wort* 3 (1948), S. 137.

[1949]

In memoriam Erna Grautorff [Nachruf]. In: *Allg. Zeitung*, 19.01.1949.

Die Flüchtlinge [Gedicht]. In: Im Nachlass fehlt der Name der Zeitung, 05.02.1949.

Das Geheimnis der Maske [Feuilleton]. In: *WZ*, Nr. 10, 03.03.1949, S. 9.

Frauen im Lande der Not. Junge deutsche Künstlerinnen [Porträt von Bettina Moissi, Dore Hoyer, Dagmar Nick]. In: *WZ*, Nr. 14, 01.04.1949, S. 8.

Sehnsucht nach Frieden [Gedicht]. In: *Die Zeit*, Nr. 20, 19.05.1949, S. 4.

Genius der Dämmerstunde. Frauen um Chopin [Aufsatz]. In: *Die Zeit*, Nr. 43, 27.10.1949, S. 5.

Frauen schreiben für Frauen. Zu Büchern von Jeanne Galzy, J. Forbes-Mosse, M. Peremans und J. Berens-Totenohl [Rezension]. In: *Die Neue Zeitung*, Nr. 196, 16.11.1949, S. 6.

Im Hades [Gedicht]. In: *Die Zeit*, Nr. 46, 17.11.1949, S. 4.

Pandämonium und Kindheitsmythe. Elisabeth Langgässers Erzählungen [Rezension]. In: *Die Neue Zeitung*, Nr. 226, 21.12.1949, S. 8.

An meinen Sohn [Gedicht]. In: *Berliner Hefte* 4, II (1949), S. 135.

Der Heimkehrer [Gedicht]. In: *Berliner Hefte* 4, II (1949), S. 148.

Bitte um Frieden [Gedicht]. In: *Berliner Hefte* 4, II (1949), S. 162.

Den Elementen verschwistert. Ein Selbstporträt [Selbstporträt]. In: *Welt und Wort* 3 (1949), S. 107.

Zwiesprache mit Vergangenem. Aus der begonnenen Erzählung „Immortelle" [Erzählung]. In: *Welt und Wort* 4 (1949), S. 141f.

Die Tanne und der Natternkönig. Ein litauisches Märchen. Übertragen von Oda Schäfer und A. Misevicius [Märchen]. In: *Die Erzählung* 3 (1949), H. 11, S. 28-30.

An die schwarze Muttergottes von Einsiedeln [Gedicht]. In: *Hochland* 42 (1949-50), S. 78.

[1950]

„Ans Ende der Welt". Grete Weils Roman zweier Liebenden [Rezension]. In: *Die Neue Zeitung*, Nr. 10, 12.01.1950, S. 4.

Liebeslied [Gedicht]. In: *SZ*, Nr. 9, 12.01.1950, S. 7.

Das Leben rinnt [kurze Prosa]. In: *Die Zeit*, Nr. 5, 02.02.1950, S. 4.
Charme, Temperament und Phantasie. Zu Annette Kolbs fünfundsiebzigstem Geburtstag am 2. Februar [Porträt]. In: *Die Neue Zeitung*, Nr. 28, 02.02.1950, S. 4.
Frühe Vision [kurze Prosa]. In: *Die Neue Zeitung*, Nr. 42, 18.02.1950, S. 8.
Spiegelbild im Wasser [Gedicht]. In: *Die Tat*, Nr. 54, 25.02.1950.
Rondo [Gedicht]. In: *Die Tat*, Nr. 54, 25.02.1950.
Enten-Frühling im Park [kurze Prosa]. In: *SZ*, Nr. 57, 09.03.1950, S. 6.
Fade Moral, blaßgold gerahmt/Grete v. Urbanitzkys Roman „Es begann im September" [Rezension]. In: *Die Neue Zeitung*, Nr. 78, 01.04.1950, S. 11.
Golgatha [Gedicht]. In: *Die Neue Zeitung*, Nr. 82/83, 06./07.04.1950, S. 7.
„Seiltänzer über dem Abgrund". Zu drei französischen Romanen von Cassou, Luc Bérimont und Simone de Beauvoir [Rezension]. In: *Die Neue Zeitung*, Nr. 90, 15.04.1950, S. 11.
Sirenengesang [Gedicht]. In: *Die Neue Zeitung*, Nr. 102, 29.04.1950, S. 8.
Madame Bovary im Destillierkolben [Betrachtung]. In: *Deutsche Zeitung*, 10.06.1950.
Franziskanischer Gesang. Zu Geschichten und Gedichten Hermann Hakels [Rezension]. In: *Die Neue Zeitung*, Nr. 154, 01.07.1950, S. 8.
Elisabeth Langgässer. Ein Brief von Oda Schaefer an ihre tote Freundin [Nachruf]. In: *Die Neue Zeitung*, Nr. 178, 29.07.1950, S. 9f.
Albtraum [Gedicht]. In: *Die Neue Zeitung*, Nr. 182, 03.08.1950, S. 4.
Moritatensänger, Magier und Moralist./Jaques Préverts „Gedichte und Chansons" [Rezension]. In: *Die Neue Zeitung*, Nr. 196, 19.08.1950, S. 9.
Schlafender Dichter [Gedicht]. In: *Die Neue Zeitung*, Nr. 220, 16.09.1950, S. 9.
Ina Seidels Erzählung „Der vergrabene Schatz" (u.d.N. „O.S.") [Rezension]. In: *Die Neue Zeitung*, Nr. 226, 23.09.1950, S. 11.
Süden [Gedicht]. In: *Die Tat*, 28.10.1950.
Erster Schnee im Gebirge [kurze Prosa]. In: *Tagesspiegel*, 07.11.1950.
Wiederaufbau – im Roman/Zu Büchern von Bettina Hürlimann und Elisabeth Witsch [Rezension]. In: *Die Neue Zeitung*, Nr. 288, 05.12.1950, S. 6.
Bitte um Frieden [Gedicht]. In: *Wetzlarer Neue Zeitung*, 16.12.1950.
Das waren meine stärksten Eindrücke. Eine Weihnachtsumfrage [Antwort u.a. auch von Oda Schaefer]. In: *Die Neue Zeitung*, Nr. 304/305, 23.12.1950, S. A5.
Bitte um Frieden [Gedicht]. In: *Lahrer Zeitung*, 23./24.12.1950.
An die schwarze Muttergottes von Einsiedeln [Gedicht]. In: *Das Goldene Tor* 5 (1950), S. 408.
An meinen Sohn. Mitternacht. Der Trinker. Die Grabschänder [Gedichte]. In: *Merkur* 4 (1950), S. 29-32.
Ich warte... [Gedicht]. In: *Welt und Wort* 5 (1950), S. 144.
Unvergängliches Reich der Märchen. Zu den Illustrationen des Schweizers Herbert Leupin [Betrachtung]. In: *Westermanns Monatshefte* 91 (1950/51), H. 7, S. 49-52.
Kleine Welt der Puppen [Aufsatz]. In: *Westermanns Monatshefte* 91 (1950/51), H. 9, S. 21-28.

[1951]

Junger Tag [Gedicht]. In: *SZ*, Nr. 57, 09.03.1951, S. 4.
Der grüne Ton [Gedicht]. In: *Die Neue Zeitung*, Nr. 63, 15.03.1951, S. 4.
Die Trauer der Welt. Zur Lyrik von Günter Eich [Rezension]. In: *Die Neue Zeitung*, Nr. 100, 28.04.1951, S. 8.
Liebespaar im Grünen [kurze Prosa]. In: *Die Welt*, Nr. 119, 25.05.1951, S. 3.
Rondo [Gedicht]. In: *Die Neue Zeitung*, Nr. 135, 12.06.1951, S. 4.
Katzenspaziergang [kurze Prosa]. In: *Der Allgäuer*, 04.08.1951.
Schicksal in meiner Nähe. Die Malerin [kurze Prosa]. In: *SZ*, Nr. 178, 04./05.08.1951, S. 7.
Südliche Nacht [Gedicht]. In: *Die Neue Zeitung*, Nr. 193, 18./19.08.1951, S. 9.
Erinnerung [Gedicht]. In: Im Nachlass fehlt der Name der Zeitung, 19.08.1951.
Der große Träumer. Das Wiedersehen mit Werken von Jean Giono [Rezension]. In: *Die Neue Zeitung*, Nr. 175, 28./29.07.1951, S. 11.
Monolog eines Steines [kurze Prosa]. In: *Die Zeit*, Nr. 41, 14.10.1951, S. 5.
Gezeiten [Gedicht]. In: *Die Neue Zeitung*, Nr. 246, 19.10.1951, S. 4.
Das Positivum der Krankheit (zu dem Roman „Zwölf um ein Bett" von Monica Dickens) [Rezension]. In: *Die Neue Zeitung*, Nr. 265, 10./11.11.1951, S. 11.
Wie langsam geht die Zeit dahin…/…in Kanada und Mexiko [Rezension]. In: *Die Neue Zeitung*, Nr. 271, 17./18.11.1951, S. 11.
Puppen und Püppchen. Historie und Histörchen [Aufsatz]. In: Im Nachlass fehlt der Name der Zeitung, 01./02.12.1951.
„R'wyn dy garu: ich liebe dich!"/ Richard Vaughans Waliser Roman: „Die Brüder von Trewern" [Rezension]. In: *Die Neue Zeitung*, Nr. 295, 15./16.12.1951, S. 17.
Ein reiner Ton (zu Silja Walter: „Gedichte", Zürich 1951) [Rezension]. In: *Die Neue Zeitung*, Nr. 301, 22./23.12.1951, S. 8.
Im Hades. Auf meinen vermißten Sohn [Gedichte]. In: *Die Neue Zeitung*, Nr. 306, 29./30.12.1951, S. 7.
Die siebente Schicht [Gedicht]. In: *Das literarische Deutschland* 2 (1951) Nr. 22, S. 12.
Des Nachts. Rondo. Spiegelbild im Wasser. Unmöglichkeit. Ich warte… [Gedichte]. In: *Merkur* 5 (1951), S. 47-50.
Spiegelbild im Wasser [Gedicht]. In: *Welt und Wort* 6 (1951), S. 10.
Bekenntnis zum Gedicht der Zeit [Betrachtung]. In: *Welt und Wort* 6 (1951), S. 297-299.
Der Künstler und die Olive [Betrachtung]. In: *Wort und Wahrheit* 6 (1951), S. 636-638.
Kunst des Geigenbaus [Sachbeitrag]. In: *Westermanns Monatshefte* 92 (1951/52), H. 12, S. 53-57.
Die Schwester von Paris [Anekdote]. In: *Der Regenbogen*, 1951. Die Angabe des Heftes fehlt im Nachlass.

[1952]

Ein kleiner Mann namens Stefan [kurze Prosa]. In: *Die Neue Zeitung,* Nr. 4, 05./06.01.1952, S. 9.

Februar [Gedicht]. In: *SZ,* 16./17.02.1952.

Die Stille [Gedicht]. In: *Die Neue Zeitung,* Nr. 72, 25.03.1952, S. 4.

Blutige, gefährliche Legende. Einige Worte zu Jean Gionos neuem Schaffen [Rezension]. In: *Die Neue Zeitung,* Nr. 76, 29./30.03.1952, S. 16.

Gedenken an eine Verschollene. Gertrud Kolmar und ihre Gedichte [Porträt]. In: Im Nachlass fehlt der Name der Zeitung, März 1952.

Lerchenlied [Gedicht]. In: *Die Neue Zeitung,* Nr. 127/128, 31.05./01.06.1952, S. 17.

Salambo im Heuhaufen [Erinnerung]. In: *Die Neue Zeitung,* Nr. 180, 02./03.08.1952, S. 18.

Chiffre [Gedicht]. In: *Die Neue Zeitung,* Nr. 211, 08.09.1952, S. 4.

Wie ich Schaefer-Ast kennenlernte [Erinnerung]. In: *Die Neue Zeitung,* Nr. 222, 20./21.09.1952, S. 13f.

*Letzter Baumschatte*n [Gedicht]. In: *Die Neue Zeitung,* Nr. 239, 10.10.1952, S. 4.

Geburt [Gedicht]. In: *Die Neue Zeitung,* Nr. 284, 02.12.1952, S. 4.

Sonnenwende [Gedicht]. In: *Die Neue Zeitung,* Nr. 303/304, 24./25./26.12.1952, S. 18.

Meine stärksten Eindrücke. Eine Weihnachtsumfrage der Neuen Zeitung [Antwort u.a. von Oda Schaefer]. In: *Die Neue Zeitung,* Nr. 303/304, 24./25./26.12.1952, S. 18.

Faune – nicht mehr gefragt [kurze Prosa]. In: *Die Neue Zeitung,* Nr. 308, 31.12.1952, S. 21.

Das neue Schund- und Schmutzgesetz [gemeinsamer Beitrag von Horst Lange und Oda Schaefer neben Luise Rinser, Hermann Kesten, Günther Weisenborn, Hans Erich Nossack, Leonhard Frank, Günther Birkenfeld und Wolfgang Koeppen gegen das „Gesetz über den Vertrieb jugendgefährdeten Schrifttums"]. In: *Die Literatur* 1 (1952), Nr. 15, S. 1f.

Mitleiden [Gedicht]. In: *Hochland* 45 (1952-53), S. 14.

Die Münze [Gedicht]. In: *Hochland* 45 (1952-53), S. 48.

Robert Jungk: Die Zukunft hat schon begonnen [Rezension]. In: *Hochland* 45 (1952-53), S. 190-193.

Die Stille. Der grüne Ton. Sirenengesang. Spiegelbild im Wasser [Gedichte]. In: *Wort und Wahrheit* 7 (1952), S. 182, 195f.

[1953]

Vor dem Föhn [Gedicht]. In: *SZ,* Nr. 24, 30.01.1953, S. 3.

Äolsharfe [Gedicht]. In: *Die Neue Zeitung,* Nr. 28, 03.02.1953, S. 4.

Trara um Tzara und Dada (u.d.N. „O.S.") [Anekdote]. In: *Die Neue Zeitung,* Nr. 30, 05.02.1953, S. 4.

Eine Menschen- und eine Familienchronik. Eugène Fromentin: „Dominique" – George Duhamel: „Über die Treppen von Paris [Rezension]. In: *Die Neue Zeitung*, Nr. 38, 14./15.02.1953, S. 19.
In den Sand geschrieben/Hans Christian Branner: „Zwei Minuten Schweigen" [Rezension]. In: *Die Neue Zeitung*, Nr. 68, 21./22.03.1953, S. 22.
April [Gedicht]. In: *Die Neue Zeitung*, Nr. 81, 07.04.1953, S. 4.
Die vierte Dezimale. Hermann Schreiber „Die Glut im Rücken" [Rezension]. In: *Die Neue Zeitung*, Nr. 120/121, 23./24.05.1953, S. 19.
Zwei Klaviere an der gleichen Wand [kurze Prosa]. In: *Die Neue Zeitung*, Nr. 126, 30./31.05.1953, S. 17.
Sommerregen [Gedicht]. In: *Die Neue Zeitung*, Nr. 173, 24.07.1953, S. 4.
Dunkler Traum von Leben und Erfüllung. Zum Wiedererscheinen des Romans „Gang durch das Ried" von Elisabeth Langgässer [Rezension]. In: *Die Neue Zeitung*, Nr. 174, 25./26.07.1953, S. 19.
Nach Genuß von LSD 25 [Betrachtung]. In: *Deutsche Zeitung*, 09.09.1953.
Altweibersommersonne liest aus der Hand [kurze Prosa]. In: *Die Neue Zeitung*, Nr. 214, 10.09.1953, S. 4.
Das sind nicht mehr die armen Weber. Vom Leben des Industriearbeiters [Betrachtung]. In: *SZ*, Nr. 258, 07./08.11.1953.
Dem Manne, der im Krieg war [Gedicht]. In: *Deutsche Rundschau* 79 (1953), S. 585f.
Mitleiden [Gedicht]. In: *Gestalt und Gedanke* 2 (1953), S. 133f.
Geheim [Gedicht]. In: *Hochland* 46 (1953-54), S. 264.

[1954]
Geburt [Gedicht]. In: *Die Tat*, 23.10.1954.
Über die Mazurken von Frédéric Chopin [Aufsatz]. In: *Der Sonntag*, 13.11.1954.
Warten auf den Omnibus [kurze Prosa]. In: *Welt der Arbeit*, Nr. 47, 19.11.1954.
Warten auf den Omnibus [kurze Prosa]. In: *Stuttgarter Zeitung*, 26.11.1954.
Ebbe und Flut [Gedicht]. In: *Akzente* 1 (1954), S. 255f.
Nachts. Die Stille [Gedichte]. In: *Jahresring* 1954, S. 244.
Ich warte… Bitte um Frieden [Gedichte]. In: *Zeitwende, Die neue Furche* 25 (1954), S. 694f.
Die Münze. Die Stille [Gedichte]. In: *Neue deutsche Hefte* 1 (1954/55), S. 247f.
Vermagst du deine Tiefe zu messen [Gedicht]. In: *Neue deutsche Hefte* 1 (1954/55), S. 274.
Süden [Gedicht]. In: *Neue deutsche Hefte* 1 (1954/55), S. 285.
Aktenzeichen: Poesie. Die zweite Biennale der Lyrik in Knokke-le-Zoute, Belgien [Bericht]. In: *Deutsche Zeitung*, Erscheinungsdatum wohl 1954. Im Nachlass fehlt der Hinweis auf das genaue Datum.

[1955]
Ringelnatz und Schaefer-Ast. Fasching in den zwanziger Jahren [Erinnerung]. In: *Tagesspiegel*, 10.02.1955.
Jagt die Phrasen, wo ihr könnt [Betrachtung]. In: *Freie Presse*, Nr. 104, 05.05.1955.
Mädchenbild vor 100 Jahren. Aus dem Tagebuch der Sally von Kügelgen [Aufsatz]. In: *Christ und Welt*, Nr. 25, 23.06.1955.
März [Gedicht]. In: *Die Zeit*, Nr. 13, 31.03.1955, S. 6.
Tessin: Natur als Modell [Reisebild]. In: *Die Zeit*, Nr. 28, 14.07.1955, S. 20.
Eine Muschel im Sand [Gedicht]. In: *Die Zeit*, Nr. 34, 25.08.1955, S. 5.
Es wartet der Tau [Gedicht]. In: *Westermanns Monatshefte* 96 (1955), H. 1, S. 58.
Die Kinder [Gedicht]. In: *Westermanns Monatshefte* 96 (1955), H. 3, S. 32.
Eine frühe Vision [kurze Prosa]. In: *Zeitwende, Die neue Furche* 26 (1955), S. 178-181.
Romane, in die Maschine gehauen. Die Handschrift auf dem Rückzug [Feuilleton]. In: Name der Zeitung und genaues Erscheinungsdatum fehlen im Nachlass, 1955.

[1956]
Romane – nicht als geistige Strapaze [Betrachtung]. In: *Deutsche Zeitung*, Nr. 3, 11.01.1956.
Aus dem Tagebuch eines baltischen Fräuleins. Oda Schaefer erzählt von ihrer baltischen Großmutter Sally von Kügelgen [Aufsatz]. In: *Der Mittag*, 29.02.1956.
Leidenschaft für krasse Übergänge. Trude von Molo stellt in der Galerie Gurlitt aus [Porträt]. In: *Die Abendzeitung*, Nr. 66, 17.03.1956.
Entenfrühling [kurze Prosa]. In: *Lübecker Freie Presse*, 26.04.1956.
Das „Tiem" [Betrachtung]. In: *Stuttgarter Zeitung*, 14.07.1956.
Spiegelungen und Eulenspiegeleien [kurze Prosa]. In: *FAZ*, 18.09.1956.
Am Vorabend des Todes. André Maurois auf der Suche nach Marcel Proust [Rezension]. In: *Deutsche Zeitung*, 05.12.1956.
Mitternacht [Gedicht]. In: *Deutsche Rundschau* 82 (1956), S. 836.
Diskussion über „umstrittene" Lyrik [Beitrag]. In: *Welt und Wort* 11 (1956), S. 240f.
Frauenbücher – Spiegel der Zeit [Rezension]. In: *Zeitwende, Die neue Furche* 27 (1956), S. 130-132.
Umglänzter, umschatteter Genius. Abschnitte aus dem Leben des Dichters Heinrich von Kleist [Bericht in Prosa]. In: *Das Schönste*, Nr. 9 (1956), S. 21-26.
Umglänzter, umschatteter Genius. Abschnitte aus dem Leben des Dichters Heinrich von Kleist [Bericht in Prosa]. In: *Das Schönste*, Nr. 10 (1956), S. 41-47.

[1957]
Nachts [Gedicht]. In: *Die Zeit*, Nr. 3, 17.01.1957, S. 4.
Die große Desillusion. Suhrkamps Proust-Ausgabe steht vor dem Abschluß [Rezension]. In: *Deutsche Zeitung*, Nr. 49, 19.06.1957.

Mit dem Mut einer Löwin. Lily Klee, die Frau des Malers Paul Klee [Porträt]. In: *Der Mittag*, Nr. 151, 03.07.1957.

Artushof der Tauben [feuilleton. Prosa]. In: *Stuttgarter Zeitung*, Nr. 171, 27.07.1957.

Ein verkanntes Genie. Der Biologe und Dichter Ernst Fuhrmann [Porträt]. In: *Deutsche Zeitung*, 31.08.1957.

Die Stunde nach Gottes Gebot. Der russische Dichter Nikolai Ssemjónowitsch Lesskow [Porträt]. In: *Der christliche Sonntag. Katholisches Wochenblatt*, Nr. 40, 06.10.1957.

Spiegelbild im Wasser [Gedicht]. In: *Deutsche Rundschau* 83 (1957), S. 178.

[1958]

Gertrud Kolmar, die Verschollene. Von einer unvermählten Dichterin, deren Kinder ihre Werke sind, erzählt Oda Schaefer [Porträt]. In: *Der Mittag*, 18.06.1958.

Älter werden [Gedicht]. In: *Die Zeit*, Nr. 21, 22.05.1958, S. 8.

Aus dem Poesie-Album [Rezension]. In: *Deutsche Zeitung*, 13.08.1958.

Herr Pott und Picasso [Feuilleton]. In: *Die Abendzeitung*, Nr. 214, 06.09.1958.

Immortelle [Gedicht]. In: *Christ und Welt*, Nr. 47, 20.11.1958.

Ein blauer Diamant [Leserbrief]. In: *SZ*, Nr. 280, 22.11.1958.

Irdisches Geleit [Gedicht]. In: *SZ*, Nr. 286, 29.11.1958.

Die russische breite Natur [Rezension]. In: *Deutsche Zeitung*, 10.12.1958.

Problematische Frauendichtung [Aufsatz]. In: *Zeitwende, Die neue Furche* 29 (1958), H. 3, S. 181-186.

Die Stille. Ernte. Ungarn 1956. Schwarzer Engel. Irdisches Geleit [Gedichte]. In: *Das Gedicht* 4 (1958/59), S. 15-18.

[1959]

Ein Augenblick Stille [Gedicht]. In: *FAZ*, 30.01.1959.

Ewiges Wechselspiel der Mode [Feuilleton]. In: *Die Welt*, Nr. 56, 07.03.1959.

Im Luch [Gedicht]. In: *Frankfurter Neue Presse*, 21.03.1959.

Halbgötter – unter die Lupe genommen. Wie es die Olympier privat getrieben haben, untersucht Oda Schaefer [Feuilleton]. In: *Der Mittag*, Nr. 71, 25.03.1959.

Süden [Gedicht]. In: *Hamburger Echo*, 02./03.05.1959.

Pfingsten, das liebliche Fest ist gekommen. Erinnerungen an einen Ausflug des Jahres 1912 [Erinnerung]. In: *Die Welt*, Nr. 112, 16.05.1959.

Der grüne Ton [Gedicht]. In: *SZ*, Nr. 117, 16.05.1959.

Umgang mit einem Mobile [Feuilleton]. In: *Stuttgarter Zeitung*, 23.05.1959.

Die Verwandelte [Gedicht]. In: *Weser-Kurier*, 23.05.1959.

La Moneta. Arpa eolia [Gedichte]. In: *Il Giornale die poeti*, 02.06.1959, S. 11.

Liebeslied [Gedicht]. In: *Frankfurter Rundschau*, 09.06.1959.

Sehnsucht nach der Insel Ponape. Erinnerungen an Schaefer-Ast und an die lustigen zwanziger Jahre [Erinnerung]. In: Der Name der Zeitung fehlt im Nachlass, Nr. 89, 18./19.06.1959.

Ernte [Gedicht]. In: *SZ*, Nr. 147, 20.06.1959.

Was steckt hinter der "Teenager"-Uniform? Die jungen Mädchen von heute [Betrachtung]. In: *Die Welt*, Nr. 152, 04.07.1959.
Der Diamant, ein harter Geselle [Feuilleton]. In: *SZ*, Nr. 313, 31.12.1959.
Friedhofsmauer [Gedicht]. In: *Deutsche Rundschau* 85 (1959), S. 317.
Oktober [Gedicht]. In: *Ostdeutsche Monatshefte* 25 (1959) H. 13, S. 772.
Wie die "Schwarze Weide" von Horst Lange entstand [Erinnerung]. In: *Ostdeutsche Monatshefte* 25 (1959), H. 13, S. 779-781.
Weihnachten im Frieden [Erinnerung]. In: Der Name der Zeitung und das genaue Erscheinungsdatum fehlen im Nachlass, 1959.
geboren am 23. Februar 1899... Elisabeth Langgässer [Porträt]. In: *Deutsche Zeitung*, 1959, das genaue Datum fehlt im Nachlass.

[1960]
Das Musäum des Herrn Falentin [Bericht]. In: *Stuttgarter Zeitung*, 16.01.1960.
Karl Valentin residiert im Isartorturm. Besuch im Karl-Valentin-Musäum [Bericht]. In: Name der Zeitung fehlt im Nachlass, Nr. 18, 23.01.1960, S. 43.
Über den Umgang mit edlen Düften [Feuilleton]. In: *SZ*, Nr. 66, 17.03.1960.
Die Meisterin des Make-Up liebt die Maler [Feuilleton]. In: *SZ*, Nr. 92, 16.04.1960.
Auch Fontane spielte mit. Aufforderung zum Fragen [Feuilleton]. In: *Der Tag*, 10.07.1960, S. 5.
Das magische Make-Up [Feuilleton]. In: *SZ*, Nr. 170, 16.07.1960.
Mille grazie, Milano! Assoziationen in der Hauptstadt der Lombardei [Reiseeindrücke]. In: *FAZ*, Nr. 176, 30.07.1960.
Eine Schönheitskönigin aus Prato [Feuilleton]. In: *FAZ*, 13.08.1960.
Atalante oder die gezähmte Jägerin [Feuilleton]. In: *FAZ*, 10.09.1960.
Das Einhorn [Gedicht]. In: *Die Zeit*, Nr. 40, 30.09.1960, S. 7.
Mein Gedicht [Betrachtung]. In: *Die Zeit*, Nr. 41, 07.10.1960, S. 12.
Bilderschrift [Gedicht]. In: *Die Welt*, Nr. 260, 05.11.1960.
Gleichzeitig Feder und Blüte. Die Eleganz der "belle époque" – Französische Dichter schildern Kleider [Feuilleton]. In: *FAZ*, Nr. 271, 19.11.1960.
Brief an eine junge Dame [Feuilleton]. In: *Stuttgarter Zeitung*, Nr. 291, 17.12.1960, S. 46.
Liebespaar 1945 [Gedicht]. In: *Die Welt*, Nr. 298, 21.12.1960, S. 5.
Ein Augenblick Stille [Gedicht]. In: *Stuttgarter Nachrichten*, 21.12.1960.
Der dunkelste Tag [Gedicht]. In: *SZ*, Nr. 306, 22.12.1960.

[1961]
Gibt es keine Romantik mehr? [Betrachtung]. In: *Die Welt*, Nr. 36, 11.02.1961.
Metternichgrün und Bismarckbraun. Modefarben, inspiriert durch die Geschichte [Feuilleton]. In: *FAZ*, 11.03.1961.
Schlaflos [Gedicht]. In: *Die Zeit*, Nr. 8, 17.02.1961, S. 8.
Die lange Legende der Coco Chanel [Feuilleton]. In: *FAZ*, 08.04.1961.

Mit dem größten Befremden... [Leserbrief]. In: *SZ*, Nr. 156, 01.07.1961.
Der Dandy und die Amazone. Mode im Spannungsfeld zwischen Emanzipation und Eitelkeit [Feuilleton]. In: *FAZ*, Nr. 215, 19.09.1961.
Veilchen, Damen und – Kavaliere? Charme für zwei Sous. Klassenlose Blumenfrau. Der Mann, der sich mokiert [Feuilleton]. In: *Die Zeit*, Nr. 19, 05.05.1961, S. 28.
Tätowieren ist groß in Mode [Feuilleton]. In: *Welt am Sonntag*, Nr. 23, 04.06.1961.
Schwarze Romantik. Makabre Mode – Die Blumen des Bösen [Feuilleton]. In: *Die Zeit*, Nr. 25, 16.06.1961, S. 28.
So badeten sie damals... [Feuilleton]. In: *FAZ*, 15.07.1961.
Markt unter der Sonne [Feuilleton]. In: *SZ*, Nr. 174, 22.07.1961.
Die lange Legende der Coco Chanel. „Die Mode ist kein Theater, sie ist das Gegenteil." [Feuilleton]. In: *Die Presse*, 13.08.1961, S. 23.
Dichterinnen dieser Zeit. Porträt Elisabeth Langgässer [Porträt]. In: *SZ*, Nr. 198, 19./20.08.1961.
Alle Kleider, die ich liebte [Feuilleton]. In: *SZ*, Nr. 251, 20.10.1961.
Süßer Unsinn der Boutique [Feuilleton]. In: *Die Zeit*, Nr. 38, 15.09.1961, S. 36.
Dichterinnen dieser Zeit. Porträt Marie Luise Kaschnitz [Porträt]. In: *SZ*, Nr. 222, 16./17.09.1961.
Mitten durch mich [Gedicht]. In: *FAZ*, 23.09.1961.
Dichterinnen dieser Zeit. Porträt Gertrud von Le Fort [Porträt]. In: *SZ*, Nr. 240, 07./08.10.1961.
Parfüm als erstes Kleid [Feuilleton]. In: *Die Zeit*, Nr. 42, 13.10.1961, S. 38.
Siegessäule mit Thermometer. Plädoyer für den süssen Kitsch [Feuilleton]. In: *SZ*, Nr. 297, 13.12.1961.
Femme fatale 1961. Ketzerische Bemerkungen [Feuilleton]. In: *Die Zeit*, Nr. 53, 29.12.1961, S. 29.
Alle Kleider, die ich liebte [Feuilleton]. In: *Die Presse*, 31.12.1961.
Mein Leben, meine Arbeit. Ein Selbstporträt [Selbstporträt]. In: *Welt und Wort* 16 (1961), S. 45f.
Siegessäule mit Thermometer. Plädoyer für den süssen Kitsch [Feuilleton]. In: Name der Zeitung und genaues Erscheinungsdatum fehlen im Nachlass, 1961.

[1962]
Der Dandy. Die Geschichte eines Gesellschaftsideals [Feuilleton]. In: *SZ*, Nr. 12, 13./14.01.1962.
Tanzstunde der Jahrhunderte [Feuilleton]. In: *SZ*, Nr. 18, 20./21.01.1962, S. 66.
Der Löwe schickte seinen Tiger zur Ratte. Eine Untersuchung über den Dandy [Feuilleton]. In: *Die Presse*, 21.01.1962, S. 23.
Die große Hosenrolle/Mode und Manie [Feuilleton]. In: *FAZ*, 24.02.1962.
Dichterinnen dieser Zeit. Porträt Annette Kolb [Porträt]. In: *SZ*, Nr. 57, 07.03.1962.
Es muß nicht immer teuer sein. Einrichten mit alten Möbeln – „Bastardisierung" oder gräßlich „stilrein" [Feuilleton]. In: *Die Zeit*, Nr. 12, 23.03.1962, S. 36.

Moral und Unmoral des Korsetts [Feuilleton]. In: *SZ*, Nr. 77, 30.03.1962.
Den Namen April [Gedicht]. In: *SZ*, Nr. 84, 07./08.04.1962, S. 74.
Dame in der Welt [Feuilleton]. In: *SZ*, Nr. 96, 21./22./23.04.1962.
Protest mit Putz und Flitter. Anachronistische Mode: Goldrausch und Schmuck-Kaskaden [Feuilleton]. In: *Die Zeit*, Nr. 21, 25.05.1962, S. 38.
Sanft wie die Tauben [Feuilleton]. In: *Münchner Stadtanzeiger*, Nr. 23/137, 08.06.1962, S. 6.
Junimond [Gedicht]. In: *Münchner Stadtanzeiger*, Nr. 23/137, 08.06.1962, S. 6.
Die feinste Handarbeit der Welt. Spitzen und ihre Geschichte. Modische Experimente mit der „Guipure" [Feuilleton]. In: *FAZ*, 07.07.1962.
Dichterinnen dieser Zeit. Porträt Ina Seidel [Porträt]. In: *SZ*, Nr. 165, 11.07.1962.
Maîtresse en Titre. Das Positive an Madame Pompadour [Feuilleton]. In: *FAZ*, Nr. 173, 28.07.1962.
Schöne Dinge, Raub der Zeiten [Feuilleton]. In: *FAZ*, 08.09.1962.
Die großen Hosenrollen und ihre Magie. Von George Sand und Lola Montez bis zu den Party-Pajamas [Feuilleton]. In: *Die Presse*, 08.09.1962.
Ein Spanier in Paris [Feuilleton]. In: *FAZ*, 29.09.1962.
Nebel [Gedicht]. In: *SZ*, Nr. 249, 17.10.1962.
Spiel mit dem Fächer [Feuilleton]. In: *SZ*, Nr. 251, 19.10.1962.
Das Positive der Pompadour [Feuilleton]. In: *Die Presse*, 20.10.1962, S. 20.
Der Handschuh im Champagnerglas. Wärmespender, Rechtssymbol, unentbehrliches Requisit der Dame [Feuilleton]. In: *FAZ*, 27.10.1962.
Veränderung [Gedicht]. In: *Die Zeit*, Nr. 46, 16.11.1962, S. 19.
Boutique heißt eigentlich Kramladen. Reizende Nebensächlichkeiten sind die Requisiten der Mode [Feuilleton]. In: *Die Presse*, 24.11.1962.
Schatzhöhlen der Mode. Die „boutique" – Einkaufsstätte eleganter Kleinigkeiten – einst und heute [Feuilleton]. In: *FAZ*, 01.12.1962.
Ich sah die Rose... [kurze Prosa]. In: *Zeitwende, Die neue Furche* 33 (1962), H. 9, S. 612-614.
Am Thron des Grossmoguls. Kostbarkeiten aus dem Grünen Gewölbe [Sachbeitrag]. In: *Kunst* 1 (1962), S. 24ff.

[1963]
Die Feerie der falschen Steine. Armut, Phantasie und Mode/Billiger Schmuck für das Volk und was die Haute Parure daraus machte [Feuilleton]. In: *FAZ*, 19.01.1963.
Wilde Füße und Dali am Ohr. Abstrakte Kunst in der Mode... [Feuilleton]. In: *Die Zeit*, Nr. 5, 01.02.1963, S. 30.
Nach der Emanzipation. I. Die Hintergründe [Feuilleton]. In: *SZ*, Nr. 23, 26./27.01.1963.
Die Pracht der falschen Locken. Perücken aus Haar, Angorafäden und Nylon/Eine neue Mode und ihre alte Geschichte [Feuilleton]. In: *FAZ*, 23.03.1963.

Eiffelturm am Arm? Phantasie im Handtaschen-Jahrhundert [Feuilleton]. In: *Die Zeit*, Nr. 15, 12.04.1963, S. 39.
Jugendstil ist Mode. Eine höchst internationale Betrachtung [Feuilleton]. In: *Rheinische Post*, Nr. 74, 28.03.1963.
Gegen die Dunkelheit der Welt [Gedicht]. In: *FAZ*, 06.04.1963.
Unsere jungen Göttinnen [Feuilleton]. In: *SZ*, Nr. 101, 27./28.04.1963.
Rosen aus der Boutique [Feuilleton]. In: *SZ*, Nr. 131/132, 1./2./3.06.1963, S. 71.
Blumen des Nachts [Gedicht]. In: *SZ*, Nr. 155, 29.06.1963.
Aus dem Osten kommt der Turban [Feuilleton]. In: *FAZ*, 24.08.1963.
Die Dame aus Vineta [Feuilleton]. In: *Elegante Welt*, 5 (1963), S. 114.
Sophisticated Lady [Feuilleton]. In: *Elegante Welt*, 5 (1963), S. 24.
Erbarmen mit den Männern? [Feuilleton]. In: *SZ*, Nr. 197, 17./18.08.1963, S. 60.
Angst und Hoffnung unserer Zeit. Walter Midener, ein amerikanischer Bildhauer deutscher Herkunft [Porträt]. In: *Die Kunst*, November 1963, S. 66f.
Kleine Geschichte des Abendkleides [Feuilleton]. In: *SZ*, Nr. 269, 09.11.1963.
Die Ballade vom krebskranken Mädchen. Variationen auf ein Thema von Matthias Claudius [Gedicht]. In: *SZ*, Nr. 281, 23./24.11.1963.
Gegen die Dunkelheit der Welt [Gedicht]. In: *Der Literat* 6 (1963), Nr. 8, S. 93.

[1964]
Hinter den sieben Bergen. Deutsche Mode unter „ferner liefen" (u.d.N. „Alix") [Feuilleton]. In: *Die Zeit*, Nr. 1, 03.01.1964, S. 26.
Im Jahrhundert des Beines. Die größte Revolution in der Geschichte der Mode/In Spanien wurde der Strumpf erfunden [Feuilleton]. In: *FAZ*, 25.01.1964.
Kehr in dich selber zurück [Gedicht]. In: *SZ*, Nr. 49, 26.02.1964.
In München: Die Königin im Lodenmantel. Trachtenhut zum Frack-Staatsdirndl aus Brokat-Dessous von der Feldherrnhalle (u.d.N. „Alix") [Feuilleton]. In: *Die Zeit*, Nr. 11, 13.03.1964, S. 27.
Gruß an Ruth Schaumann. Zu ihrem 65. Geburtstag [Porträt]. In: *SZ*, Nr. 205, 26.08.1964.
Eine Dame tut das nicht… [Feuilleton]. In: *Elegante Welt* 5 (1964).
Annette Kolb. Dichterinnen dieser Zeit I [Porträt]. In: *Elegante Welt* 5 (1964).
Die Macht der schönen Unnatur [Feuilleton]. In: *SZ*, Nr. 139, 10.06.1964.
Morgendämmerung [Gedicht]. In: *FAZ*, 13.06.1964.
Das Extrablatt vom Sommer 14 [Erinnerung]. In: *SZ*, Nr. 160, 04./05.07.1964.
Mein Herz, mein Löwe. Zum 100. Geburtstag von Ricarda Huch [Feuilleton]. In: *SZ*, Nr. 171, 17.07.1964.
Einzig die Liebe ist der Schlüssel zur Beziehung zwischen Mann und Frau [Feuilleton]. In: *EPOCA. Eine europäische Zeitschrift*, Nr. 8, August 1964, S. 32.
Funde im Müll [Feuilleton]. In: *FAZ*, 17.10.1964.
Beatlemania [musikkritischer Beitrag]. In: *MELOS. Zeitschrift für Neue Musik*, H. 11 (1964), S. 334-341.

Haus im Osten [Gedicht]. In: *SZ*, Nr. 274, 14.11.1964.
Verschollene Schiffahrtszeichen [Feuilleton]. In: *SZ*, Nr. 283, 25.11.1964.
„Streue mit Rosen den Stein". In memoriam Werner Bergengruen [Nachruf]. In: *Rheinische Post*, 10.12.1964.

[1965]
Wann sind die Männer endlich gleichberechtigt? [Feuilleton]. In: *EPOCA. Eine europäische Zeitschrift*, Nr. 1, Januar 1965, S. 60-63.
Ein völlig neues Hautgefühl (u.d.N. „Odile") [Feuilleton]. In: *EPOCA. Eine europäische Zeitschrift*, Nr. 1, Januar 1965, S. 64f.
Jasmin, Schnee, Graphit und andere Düfte [Feuilleton]. In: *EPOCA. Eine europäische Zeitschrift*, Nr. 2, Februar 1965, S. 84f.
Amsel im Winter [Gedicht]. In: *SZ*, Nr. 35, 10.02.1965.
Freuden von fremden Märkten (u.d.N. „Odile") [Feuilleton]. In: *EPOCA. Eine europäische Zeitschrift*, Nr. 3, März 1965, S. 66f.
Duell mit zwei Einsamkeiten [Feuilleton]. In: *EPOCA. Eine europäische Zeitschrift*, Nr. 4, April 1965, S. 74-79.
Diademe und Geschmeide [Sachbeitrag]. In: *EPOCA. Eine europäische Zeitschrift*, Nr. 5, Mai 1965, S. 60-70.
Durch die Landkarte der Zärtlichkeit. Lebenslauf des seltsamen Fräulein von Scudéry [Feuilleton]. In: *SZ*, Nr. 140, 12./13.06.1965, S. 79.
Ein Wort über Lily Braun. Zu ihrem 100. Geburtstag [Porträt]. In: *SZ*, Nr. 152, 26./27.06.1965, S. 83.
Picasso auf der Schürze (u.d.N. „Odile") [Feuilleton]. In: *EPOCA. Eine europäische Zeitschrift*, Nr. 7, Juli 1965, S. 66f.
Spiegelungen [kurze Prosa]. In: *SZ*, Nr. 188, 07.08.1965.
Die Haut passt immer [Feuilleton]. In: *EPOCA. Eine europäische Zeitschrift*, Nr. 11, November 1965, S. 92-105.
Geschenke im Schaufenster Europas (zusammen mit Jürgen von Hollander) [Reportage]. In: *EPOCA. Eine europäische Zeitschrift*, Nr. 12, Dezember 1965, S. 104-111.
Schön war es in Berlin [Erinnerung]. In: *Die Welt*, 18.12.1965.
„Ein Kind erlebt Begriffe" [Feuilleton]. In: *SZ*, Nr. 302, 18./19.12.1965.
Übergang [Gedicht]. In: *FAZ*, 21.12.1965.
Das Jahrhundert der Beine [Feuilleton]. In: *SZ*, Nr. 313, 31.12.1965.

[1966]
Der schwarze Schwan Israels. „Sämtliche Gedichte" von Else Lasker-Schüler [Rezension]. In: *Die Welt*, Nr. 5, 03.03.1966.
Erst ab Dreißig: Die eleganten Jahre [Feuilleton]. In: *EPOCA. Eine europäische Zeitschrift*, Nr. 4, April 1966, S. 80-87.
Up to date [satirisches Feuilleton]. In: *SZ*, Nr. 103, 30.04.1966.

Unsere Gesellschaft: Kein Sofa für die Seele [Feuilleton]. In: *EPOCA. Eine europäische Zeitschrift*, Nr. 5, Mai 1966, S. 74-77.
Das kleine Kostüm – ein Evergreen [Feuilleton]. In: *SZ*, Nr. 127, 28.05.1966.
Zwischen Fünfzig und Sechzig. Versuche, eine Lebensphase zu beschreiben [Feuilleton]. In: *SZ*, Nr. 133, 04./05.06.1966.
Sommerfrische 1910 [Erinnerung]. In: *EPOCA. Eine europäische Zeitschrift*, Nr. 7, Juli 1966, S. 68-71.
Der Schlafrock labt die Seele. Lobgesang auf das türkische Schneckenhaus [Feuilleton]. In: *SZ*, Nr. 223, 17.09.1966.
Up to date [satirisches Feuilleton]. In: *EPOCA. Eine europäische Zeitschrift*, Nr. 10, Oktober 1966, S. 28.
Gertrud von Le Fort 90 [Porträt]. In: *Die Welt*, 11.10.1966.
In memoriam [Gedicht]. In: *SZ*, Nr. 267, 08.11.1966.
Vamp redivivus. Die Femme Fatale in Astronautengestalt [Feuilleton]. In: Name der Zeitung fehlt im Nachlass, 12./13.11.1966.
Licht im Winter. Briefe alter Freundinnen [Feuilleton]. In: *SZ*, Nr. 301, 17.12.1966.
Diesseits und jenseits des Kanals. Weihnachtsbesuche in Old England und zum „Reveillon" in Frankreich [Feuilleton]. In: *Die Presse*, 24./25.12.1966, S. 28.
Die Haut der Welt [Erzählung]. In: *EPOCA. Eine europäische Zeitschrift*, Nr. 12, Dezember 1966, S. 127-133.
Geniestreiche der Mode [Feuilleton]. In: *SZ*, Nr. 313, 31.12.1966.

[1967]
Paris für alle. Der Weg der Konfektion [Feuilleton]. In: *Christ und Welt*, Nr. 11, 17.03.1967, S. 21.
Zusammenhänge. Oder: Die Ahnen der Vampire [Feuilleton]. In: *FAZ*, März 1967. Das genaue Erscheinungsdatum fehlt im Nachlass.
Alter Vamp wird wieder jung [Feuilleton]. In: *EPOCA. Eine europäische Zeitschrift*, Nr. 4, April 1967, S. 64-66.
Glücklicher Kindertraum [Erinnerung]. In: *Die Welt*, 01.04.1967.
Die schrecklichen kleinen Mädchen [Feuilleton]. In: *SZ*, Nr. 84, 08.04.1967.
Kurven-Komplexe. Amerika entdeckt den Busen wieder [Feuilleton]. In: *Christ und Welt*, 14.04.1967.
Das alles bin ich heute [Gedicht]. In: *SZ*, Nr. 102, 29.04.1967.
Flirt mit dem Sonnengott [Feuilleton]. In: *EPOCA. Eine europäische Zeitschrift*, Nr. 5, Mai 1967, S. 74f.
Der Liebe holder Traum. Acht Jahrhunderten galt das Modell der Minnesänger als Vorbild [Feuilleton]. In: *Die Presse*, 13./14.05.1967.
Junge Mode. Makkaroni mit Frostbeulen [Feuilleton]. In: *Christ und Welt*, Nr. 21, 26.05.1967, S. 18.
Nymphen ohne Korsett [Feuilleton]. In: *EPOCA. Eine europäische Zeitschrift*, Nr. 6, Juni 1967, S. 54-57.

Wie schön war doch "Lubmin-sur-mer". Ferien in Vorpommern damals [Erinnerung]. In: *Die Welt*, 24.06.1967.

Drachenblut und Eselsmilch (u.d.N. „Alix") [Feuilleton]. In: *EPOCA. Eine europäische Zeitschrift*, Nr. 7, Juli 1967, S. 72f.

Frühe Bilder aus Ostpreußen [Erinnerung]. In: *FAZ*, Nr. 152, 05.07.1967, S. 18.

Schockfarben auch im Winter. Aber ihre Leuchtkraft wird etwas verlieren [Feuilleton]. In: *Christ und Welt*, 28.07.1967.

Die Wand*lung des Schranks* (u.d.N. "O.S.") [Sachbeitrag]. In: *EPOCA. Eine europäische Zeitschrift*, Nr. 8, August 1967, S. 66f.

Locken aus zweiter Hand. Plauderei über Perücken (u.d.N. „Alix") [Feuilleton]. In: *EPOCA. Eine europäische Zeitschrift*, Nr. 8, August 1967, S. 72f.

Großvaters Urlaub. Erinnerung an die Zeit um 1900 [Erinnerung]. In: *Christ und Welt*, Nr. 32, 11.08.1967, S. 26.

Südliche Gegenwart [Gedicht]. In: *SZ*, Nr. 198, 19.08.1967.

Das Denkmal der unbekannten Gattin. Es gab Närrinnen, aber noch viel mehr Leidende unter den Frauen der Grossen [Feuilleton]. In: *Die Presse*, 26./27.08.1967.

»Ich wünschte, es möge schön aussehen... « Madame Curie und das Radium. Zu ihrem 100. Geburtstag am 7. November [Porträt]. In: *EPOCA. Eine europäische Zeitschrift*, Nr. 10, Oktober 1967, S. 72, 74, 76.

Alle Tugenden des Menschen ohne sein Laster [Sachbeitrag]. In: *EPOCA. Eine europäische Zeitschrift*, Nr. 11, November 1967, S. 52-57.

Wie Perlenstaub und Jade...Schminkpalette 68 (u.d.N. „Alix") [Feuilleton]. In: *EPOCA. Eine europäische Zeitschrift*, Nr. 11, November 1967, S. 76f.

Die Preziösen und der blaue Salon. Die literarisch-gesellschaftliche Avantgarde der Emanzipation in Frankreich [Feuilleton]. In: *FAZ*, 04.11.1967.

In der Kneipe. Gespräche gegen die Kälte [Feuilleton]. In: *SZ*, Nr. 273, 15.11.1967.

Hände, Geheimzeichen der Seele (u.d.N. „Alix") [Feuilleton]. In: *EPOCA. Eine europäische Zeitschrift*, Nr. 12, Dezember 1967, S. 80f.

[1968]

Baden in Holz und Marmor. Eine Hymne auf die letzte Zuflucht des modernen Menschen (u.d.N. „Alix") [Feuilleton]. In: *EPOCA. Eine europäische Zeitschrift*, Nr. 1, Januar 1968, S. 86-89.

Die schrecklichen kleinen Mädchen. Sie meinen, sie wären sexy – Lolita trägt jetzt Minirock [Feuilleton]. In: *Christ und Welt*, Nr. 1, 05.01.1968, S. 16.

Femme Fatale 1968. Unser Dracula-Jahrzehnt [Feuilleton]. In: *Deutsches Allgemeines Sonntagsblatt*, Nr. 3, 21.01.1968, S. 14.

Das Geheimnis der schönen Erden [Feuilleton]. In: *EPOCA. Eine europäische Zeitschrift*, Nr. 2, Februar 1968, S. 86-89.

Ehefrauen [Feuilleton]. In: *SZ*, Nr. 42, 17.02.1968.

Klatsch – der unsichtbare Giftpfeil [Feuilleton]. In: *Merkur Magazin*, 17./18.02.1968, S. IV.

Vor und hinter dem Volant [Feuilleton]. In: *EPOCA. Eine europäische Zeitschrift*, Nr. 3, März 1968, S. 74-76.

Aus anderem Leben [Gedicht]. In: *FAZ*, 13.05.1968.

Erinnerung an einen verlorenen Sommer [Erinnerung]. In: *SZ*, Nr. 138, 08./09.06.1968, S. 87.

Teenager. Sind sie wirklich so sexy? Eros ist in den Untergrund gegangen/ In der Zwangsuniform der Zeit [Feuilleton]. In: *Merkur Magazin*, 08./09.06.1968.

Die verzauberte Minute [kurze Prosa]. In: *FAZ*, Nr. 250, 26.10.1968.

Zwischen Würde und Revolution – der Bart [Feuilleton]. In: *EPOCA. Eine europäische Zeitschrift*, Nr. 5, Mai 1968, S. 102f.

Des Königs Eintagsfliege. Marie-Angélique de Scoraille, Herzogin von Fontanges [Feuilleton]. In: *EPOCA. Eine europäische Zeitschrift*, Nr. 6, Juni 1968, S. 94f.

Notstand im Wortgewimmel. Blütenlese der etablierten Sprache [Feuilleton]. In: *EPOCA. Eine europäische Zeitschrift*, Nr. 8, August 1968, S. 66.

Mieder's Digest. Ein hartes Eisengerippe, mit Lederriemen verschnürt, war das Los der Schönen im 16. Jahrhundert (u.d.N. „Alix") [Feuilleton]. In: *EPOCA. Eine europäische Zeitschrift*, Nr. 11, November 1968, S. 98-100.

Jahrhundert der jungen Göttinnen [Feuilleton]. In: *Nürnberger Nachrichten*, 24.-26.12.1968, S. 6.

Frühe Bilder aus Ostpreussen [Erinnerung]. In: *Der Literat* 10 (1968) Nr. 4, S. 55f.

Das wiederentdeckte Ornament. Jugendstilschmuck aus zwei berühmten Sammlungen [Sachbeitrag]. In: *Westermanns Monatshefte* 109 (1968), H. 10, S. 20-29.

[1969]

Zärtlichkeit [Gedicht]. In: *ferment-Jahrbuch* 1969, S. 69.

St. Petersburg 1914. Aus den Erinnerungen von Oda Schaefer [Erinnerung]. In: *Die Welt*, Nr. 33, 08.02.1969, S. II.

Schweigen [Gedicht]. In: *SZ*, Nr. 145, 18.06.1969.

Drei Bilder einer Ausstellung. I. Das Frühstück. Nach Renoir, II. Der Ball. Nach Monticelli, III. Im Treibhaus. Nach Manet [Erzählung]. In: *Die Presse*, 31.12.1969, S. IX.

Autofahrt [Gedicht]. In: *SZ*, Nr. 226, 20./21.09.1969, S. 115.

[1970]

Totenfracht [Gedicht]. In: *Die Presse*, 31.10./01.11.1970, S. XIV.

Grasmelodie [Gedicht]. In: *FAZ*, Nr. 295, 21.12.1970, S. 22.

[1971]

Zehn Jahre Fürstenried-Ost [Erinnerung]. In: *BAVARIA. Münchner Hefte. 10 Jahre Fürstenried-Ost* 3 (1971), S. 75-77.

Der Park [Gedicht]. In: *Die Presse*, 23./24.10.1971, S. 20.

Horst Lange – ein schlesischer Dichter [Würdigung]. In: *Schlesien* 16 (1971), S. 193-196.

[1972]
Zusammenhänge [Porträt von Mary Wollstonecraft]. In: *Publikation* 22 (1972), H. 5, S. 33.

[1973]
Übergang. Schmerz [Gedichte]. In: *Welt und Wort* 4 (1973), S. 393.
Autofahrt [Gedicht]. In: *SZ*, Nr. 195, 25./26.08.1973, S. 102.
Autofahrt [Gedicht]. In: *SZ*, 08./09.09.1973.
Autofahrt [Gedicht]. In: *Hannoversche Allgemeine Zeitung*, 15./16.09.1973.
Gegen die Dunkelheit der Welt [Gedicht]. In: *Die Presse*, 13./14.10.1973, S. III.
Schmerz [Gedicht]. In: *FNP*, 28.11.1973.
Autofahrt [Gedicht]. In: *Lübecker Nachrichten*, 02.12.1973.

[1974]
Amsel im Winter [Gedicht]. In: *Die Presse*, 16./17.02.1974.

[1975]
Sebastian mit dem Stahlhelm [Gedicht]. In: *Jahresring* (1975/76), S. 18.
Ein kleiner Mann namens Stefan [kurze Prosa]. In: *Jahresring* (1975/76), S. 48-50.
Vom armen B.B. [Erinnerung]. In: *Jahresring* (1975/76), S. 50-55.

[1976]
Holunder [Gedicht]. In: *BILD*, (Hamburg), 10.09.1976, S. 12.
Im Treibhaus, Frühstück [Erzählung]. In: *Die Presse*, 23./24.10.1976, S. 28.

[1977]
Ich liebe den Ostwind… Augen. Herzangst. Die große Zäsur [Gedichte]. In: *Jahresring* 24 (1977/78), S. 65f.

[1978]
Rühre mich an… [Gedicht]. In: *Brigitte*, 11 (1978), S. 215.

[1979]
Maitresse en Titre [Feuilleton]. In: *SZ*, Nr. 68, 22.03.1979, S. 36.
Eurydike [Gedicht]. In: *Die Presse*, 16./17.06.1979, S. 19.
So sanft wie die Tauben… [Feuilleton]. In: *Stadtanzeiger Ost*, Nr. 87, 13.11.1979, S. 5.

[1980]
Begegnung [kurze Prosa]. In: *Jahresring* 26 (1979/80), S. 253-256.

[1981]
J'attendrai [kurze Prosa]. In: *Jahresring* 27 (1980/81), S. 114f.

[1982]
Männer [Gedicht]. In: *Die Welt*, Nr. 265, 13.11.1982, S. II.

[1984]
Immer bin ich [Gedicht]. In: *Die Welt*, Nr. 229, 29.09.1984, S. 18.
Überfahrt. Als Peter Huchel starb [Gedicht]. In: *Litfass* 8 (1984), H. 29, S. 79.

[1986]
Irdisches Geleit [Gedicht]. In: *Die Welt*, Nr. 3, 04.01.1986.
Die Liebenden [Gedicht]. In: *Die Presse*, 28./29.06.1986.

[1988]
An H. [Gedicht]. In: *Die Welt*, Nr. 1, 02.01.1988, S. II.
Meine Männer [Gedicht]. In: *Die Welt*, Nr. 226, 12.11.1988, S. II.

[1989]
An meinen Sohn [Gedicht]. In: *Hörzu* 99, 26.05.1989, H. 22.

Nicht Datiertes/Beiträge ohne Erscheinungsdatum und Angabe des Namens der Zeitung bzw. der Zeitschrift

Die verzauberte Minute [kurze Prosa].
Gutes Parfüm hat es mir angetan [Feuilleton].
Warten – auf Schritte, die kommen [kurze Prosa].
Das Bild des Menschen [kurze Prosa].
Die Pointen verrauschten zu schnell. Fasching mit Ringelnatz, Schäfer-Ast und George Grosz [Erinnerung].
Giftpfeile hinter dem Fächer [Feuilleton].
Man schenkte mir dieses Mobile… Plauderei von Oda Schaefer [Feuilleton].
Glänzen mit fremdem Geist. Zitieren – Die grosse Mode der Jahrhundertwende [Feuilleton].
Moderne Märchenerzähler [Feuilleton].
Das Foto einer Straße [kurze Prosa].
Die Claudine der Colette [Rezension]. In: *Deutsche Zeitung*.
Wo ist die Frau aus Fleisch und Blut geblieben? [Feuilleton].
Zweierlei Paläste [Feuilleton].
Traumhotels in jeder Preislage. Man kann sich auch in Zimmern ohne fließendes Wasser wohl fühlen [Feuilleton]. In: *Der Mittag*, Nr. 259.
Lob der Euphorie [kurze Prosa].
Indiskretionen im Stammbuch [Feuilleton].
Warten… [kurze Prosa].
Immer die gleichen Tanzstunden-Typen. Oda Schaefer beschreibt, wie sie walzen, engumschlungen, wie sie hinfallen, lieben und leiden [Feuilleton]. In: *Der Mittag*, Nr. 62.

Im Café. Zwei Minuten zeitgenössische deutsche Prosa [kurze Prosa].
Ländliche Tragödien. Zwei Minuten zeitgenössische deutsche Prosa [kurze Prosa].
Eine jede Kugel trifft ja nicht. Zwei Minuten zeitgenössische deutsche Prosa [kurze Prosa].
Zu Fuß im Schnee [kurze Prosa]. In: *Stuttgarter Zeitung.*
Bitte um eine Zelle im Gefängnis [Feuilleton].
Damals, vor vielen Jahren... [kurze Prosa].
Als es Tee gab, begann ich mich zu freuen. Erzählung von Oda Schäfer [Erinnerung].
Grillen im Hochsommer [Feuilleton].
Zeuge der Eiszeit [kurze Prosa].
Schneckenparade [kurze Prosa]. In: *SZ.*
Unter einem Baum liegen [kurze Prosa].
Ein Hündchen, weiß wie Schnee [Feuilleton].
Was ich nicht mehr lesen möchte [Feuilleton].
Venedig hat keine Autos... [kurze Prosa], S. 32-33.
Materialisation des Jenseitigen [kurze Prosa].
Stumme Welt der Puppen. Spielzeug, Masken und Symbole [Aufsatz].
Hei, hei, hei – Vorwärts und Verstand hoch drei [Feuilleton].
Der Schatten eines Schattens. Bilder aus alten Journalen [Erinnerung]. Wohl 1965.
Glückliche Zeit [Erinnerung]. In: *schwestern revue,* S. 14-16.
Aus der Naturgeschichte des Teenagers [Feuilleton].
Sarajewo eines Kindes. Erinnerungen an den letzten Feriensommer [Erinnerung]. In: *Die Presse,* S. VI.
Zusammenhänge Oder: Die Ahnen der Vampire [Feuilleton].
Das Denkmal der unbekannten Gattin [Feuilleton].
Und fragst du mich, was mit der Liebe sei [Feuilleton].
Faszination der harten Steine [Sachbeitrag].
Fünf Finger auf den Tasten. Betrachtungen aus dem Nachlaß Frederic Chopins [Feuilleton].
Der Sommer steht im Zeichen der Rose [Feuilleton].
Das Photo einer Straße [kurze Prosa].
Die Stille [Gedicht]. In: *Das Schönste,* S. 46.
Begegnungen im Spiegel [Feuilleton].
Das Leben fließt [kurze Prosa].
Die Tragödie Elisabeth von Thaddens. Lebensbild einer ungewöhnlichen Frau [Rezension]. In: *Die Welt.*
Allen Widerständen zum Trotz. Elisabeth Langgässer: ... Soviel berauschende Vergänglichkeit. Briefe aus den Jahren 1926 bis 1950 [Rezension]. In: *Die Welt,* Nr. 73.
März [Gedicht].
Nachts [Gedicht].
Amsel im Winter [Gedicht].
Sehnsucht nach Frieden [Gedicht].
Heiligabend [Gedicht].

Golgatha [Gedicht].
März [Gedicht].
Im Hades [Gedicht].
Am Grabe [Gedicht].
Genesung [Gedicht].
Sirenengesang [Gedicht].
Äolsharfe [Gedicht].
In dieser Zeit [Gedicht].
Landschaft am Morgen [Gedicht].
Die siebente Schicht [Gedicht].
Aus anderem Leben [Gedicht].
September [Gedicht].
Sommer [Gedicht].
An die schwarze Muttergottes von Einsiedeln [Gedicht].
Veränderung [Gedicht].
Nachts [Gedicht].

Beiträge Oda Schaefers in Buchpublikationen

Kosmetische Ratschläge [Feuilletons]. *Bitte um Frieden* [Gedicht]. In: Klein, Ruth: *Almanach der Dame*, Baden-Baden: Woldemar Klein 1952, S. 16, 24, 32, 40, 56, 64, 72, 80, 96, 104, 112, 120, 128.
Die drei Groschen, Silpnutis und Vylinkas, Das Fräulein aus dem Wasserschloß, Mütterchen Kuckuck [Märchen]. In: Bauer, Franz: *Der Krabbelkoffer. Märchen aus der weiten Welt*, Nürnberg: Sebaldus-Verlag 1954, S. 37-63.
Wenn der Föhn kommt [kurze Prosa]. In: *Heimweh nach der Ferne. Feriengeschichten*, Berlin: Argon-Verlag 1955, S. 41-44.
Geheim [Gedicht]. In: Johann, Ernst (Hg.): *Linien eines Lebens. Friedrich Bischoff. Gestalt, Wesen und Werk*, Tübingen: Verlag Fritz Schlichtenmayer 1956, S. 202f.
Es wartet der Tau [Gedicht]. In: Wirbitzky, Wilhelm (Hg.): *Heimatland. Musenalmanach,* Marburg an der Lahn: Musenalmanach Verlag 1956, S. 23.
Das Besondere der Frauendichtung [Aufsatz]. In: *Deutsche Akademie für Sprache und Dichtung Darmstadt. Jahrbuch 1957,* Heidelberg, Darmstadt: Verlag Lambert Schneider 1958, S. 70-76.
Gottfried Benn: Schleierkraut [Betrachtung]. In: Zimmer, Dieter E. (Hg.): *Mein Gedicht*, Wiesbaden: Limes-Verlag 1961, S. 20-22.
Artushof der Tauben [Feuilleton]. *Schlaflos* [Gedicht]. *Das Einhorn* [Gedicht]. In: Ude, Karl (Hg.): *„Hier schreibt München"*, München: Albert Langen – Georg Müller Verlag 1961, S. 78, 262, 264.
Schnaps und Blutwurst [Erinnerungen an Werner Bergengruen]. In: *Dank an Werner Bergengruen*, Zürich: Arche 1962, S. 150-152.

Eine frühe Vision [kurze Prosa, Erinnerung]. In: Werner, Bruno E./Reichel, Ortrud (Hg.): *Lunapark und Alexanderplatz. Berlin in Poesie und Prosa*, München: Piper 1964, S. 37-42.
Gedenkwort für Werner Bergengruen [Würdigung]. In: *Deutsche Akademie für Sprache und Dichtung Darmstadt. Jahrbuch 1964*, Heidelberg, Darmstadt: Verlag Lambert Schneider 1965, S. 196-198.
Baltisches Erbe [Selbstporträt]. In: Thomson, Erik (Hg.): *Baltisches Erbe. Fünfundsechzig Beiträge in Berichten und Selbstzeugnissen*, Frankfurt/M.: Wolfgang Weidlich 1964, S. 150-153.
Up to date [satirisches Feuilleton]. In: Herzog, G. H. und Heinold, Erhardt (Hg.): *Scherz beiseite. Die Anthologie der deutsch-sprachigen Prosa-Satire von 1900 bis zur Gegenwart*, München, Bern, Wien: Scherz Verlag 1966, S. 570.
Die Verzauberte. Für Peter Huchel in memoriam „Die schilfige Nymphe" [Gedicht]. In: Best, Otto F. (Hg.): *Hommage für Peter Huchel*, München: Piper 1968, S. 25f.
Letzte Fahrt durch Deutschland [Erinnerung]. In: Rauschning, Hans (Hg.): *Das Jahr '45. Dichtung Bericht Protokoll deutscher Autoren*, Gütersloh: Bertelsmann 1970, S. 22-31.
Briefe an Eugen Claassen [Briefe]. In: Claassen, Hilde (Hg.): *Eugen Claassen. In Büchern denken. Briefwechsel mit Autoren und Übersetzern*, Hamburg, Düsseldorf: Claassen 1970, S. 282-284.
An G.E. [Gedicht]. In: Unseld, Siegfried (Hg.): *Günter Eich zum Gedächtnis*, Frankfurt/M.: Suhrkamp 1973, S. 132.
Die Verzauberte [Gedicht]. In: Mayer, Hans (Hg.): *Über Peter Huchel*, Frankfurt/M.: Suhrkamp 1973, S. 222.
Horst Lange. Ein Lebensbild [Lebensbild]. In: Schäfer, Hans Dieter (Hg.): *Horst Lange. Tagebücher aus dem Zweiten Weltkrieg*, Mainz: v. Hase & Koehler 1979, S. 261-290.
Brief an Klaus Piper zu dessen 70. Geburtstag [Brief]. In: *Für Klaus Piper zum 70. Geburtstag. 27. März 1981*, München, Zürich: Piper 1981, S. 286f.
Meine Generation [Gedicht]. In: Mytze, Andreas W. (Hg.): *europäische ideen*, Heft 57: *Junge Deutsche*. Redaktion: Klaus Täubert, Berlin 1983, S. 1.
Briefe von Oda Schaefer an Hans Bender [Briefe]. In: Neuhaus, Volker (Hg.): *Hans Bender zum 65. Geburtstag. Briefe an Hans Bender*. Unter redaktioneller Mitarbeit von Ute Heimbüchel, Köln: Kulturkreis im Bundesverband der Deutschen Industrie e.V. 1984, S. 174f., 177, 181f., 192.
Oda Schaefer [Beitrag]. In: Kramberg, K.H. (Hg.): *Vorletzte Worte. Schriftsteller schreiben ihren eigenen Nachruf*, Frankfurt/M.: Goldmann Verlag 1985, S. 224-227.
Schnaps und Blutwurst [Erinnerungen an Werner Bergengruen]. In: Bergengruen, Werner: *Von Riga nach anderswo oder Stationen eines Lebens. Bücher, Reisen, Begegnungen*, Zürich: Arche 1992, S. 96-98.

[Beitrag]. In: Dierking, Jürgen: *Neunundzwanzig Einladungen, Friedo Lampe zu lesen.* In: *Die Horen* 41 (1996), H. 181, S. 127-132.

Sappho [Gedicht]. Translated by Louise E. Stoehr. In: *Dimension 2. Contemporary German-Language Literature*, Volume 3 (1996), No. 3, S. 416f.

Auszüge aus *Die leuchtenden Feste über der Trauer* und *Auch wenn Du träumst, gehen die Uhren* [Erinnerungen]. In: Tworek, Elisabeth (Hg.): *Spaziergänge durch das Alpenvorland der Literaten und Künstler*, Zürich, Hamburg: Arche 2004, S. 186ff.

Gedichte Oda Schaefers in Anthologien

Grasmelodie. In: *Deutsche Gedichte. Von den Zaubersprüchen bis zur Gegenwart*, Bremen: Carl Schünemann Verlag o.J., S. 602.

Verführung und Beschwörung, Anbruch der Nacht, Tote Stadt. Für Elisabeth Langgässer, Holunder, Musik, Liebespaar 1945. In: Groll, Gunter (Hg.): *De Profundis. Deutsche Lyrik in dieser Zeit. Eine Anthologie aus zwölf Jahren*, München: Verlag Kurt Desch 1946, S. 318-326.

Immortelle, Hollunder, Wiederkehr, Januar, Umarmung, Irdisches Geleit. In: Rasche, Friedrich (Hg.): *Das Gedicht in unserer Zeit*, Hannover: Adolf Sponholtz Verlag 1946, S. 56-60.

Tote Stadt. In: Weyrauch, Wolfgang (Hg.): *Die Pflugschar. Sammlung neuer deutscher Dichtung*, Berlin: Aufbau-Verlag 1947, S. 86f.

Tote Stadt, Liebespaar 1945. In: Birkenfeld, Günther (Hg.): *Deutsche Lyrik der Gegenwart*, Berlin, Hannover: Pädagogischer Verlag Berthold Schulz 1950, S. 47f.

Die Verzauberte, Amsel im Winter, Immortelle. In: Holthusen, Hans Egon und Kemp, Friedhelm (Hg.): *Ergriffenes Dasein. Deutsche Lyrik 1900-1950*, Ebenhausen bei München: Langewiesche-Brandt 1953, S. 315f.

Trauermantel, Der grüne Ton, Spiegelbild im Wasser, Geburt, Irdisches Geleit. In: Abt, Georg (Hg.): *Deutsche Gedichte der Gegenwart*, Gütersloh: C. Bertelsmann 1954, S. 188-190.

Irdisches Geleit. In: Jancke, Oskar (Hg.): *Wellen und Ufer. Deutsche Gedichte seit 1900*, München: Piper 1954, S. 68.

An meinen Sohn, Anbruch der Nacht, Die siebente Schicht. In: Fehse, Willi (Hg.): *Deutsche Lyrik der Gegenwart. Eine Anthologie*, Stuttgart: Reclam 1955, S. 165-167.

Irdisches Geleit, Äolsharfe. In: Hohoff, Curt (Hg.): *„Flügel der Zeit". Deutsche Gedichte 1900-1950*, Frankfurt/M., Hamburg: Fischer 1956, S. 155f.

Die Stille. In: Voss, Hartfrid (Hg.): *Lyrische Handschrift unserer Zeit. Fünfzig Gedichthandschriften deutscher Lyriker der Gegenwart*, Ebenhausen bei München: Hartfrid Voss Verlag 1958, S. 37.

An meinen Sohn, Anbruch der Nacht. In: *Reclams Literatur-Kalender 1960*, Sechster Jahrgang, Stuttgart: Reclam 1959, S. 136f.

Grasmelodie, Grünes Schweigen, Entrückt, Geburt, An meinen Sohn, Rondo. In: Barthel-Kranzbühler, Mechthild (Hg.): *Irdene Schale. Frauenlyrik seit der Antike*, Heidelberg: Lambert Schneider 1960, S. 352-357.

Irdisches Geleit. In: Hirschenauer, Rubert und Weber, Albrecht: *Gipfelblick. Deutsche Gedichte*, zweite vermehrte Auflage, München: Schnell & Steiner 1962, S. 153.

Liebespaar 1945. In: Hirschenauer, Rubert und Weber, Albrecht: *Waage des Schicksals. Deutsche Gedichte*, zweite vermehrte Auflage, München: Schnell & Steiner 1962, S. 82.

Jasmin. In: Skasa-Weiß, Eugen (Hg.): *Blütenlese in Gärten. Blick über Zäune und Hecken*, München: Obst- und Gartenbauverlag 1962, S. 107.

Schlaflos. In: Leonhard, Kurt und Schwedhelm, Karl (Hg.): *Lyrik aus dieser Zeit 1963/64. Zweite Folge*, München, Esslingen: Bechtle 1963, S. 16f.

Salzburg. In: Piontek, Heinz: *Neue deutsche Erzählgedichte*, Stuttgart: Deutsche Verlags-Anstalt 1964, S. 72.

Mitten durch mich. In: Morawietz, Kurt (Hg.): *Deutsche Teilung. Ein Lyrik-Lesebuch*, Wiesbaden: Limes Verlag 1966, S. 196-198.

Rondo. In: Wallmann, Jürgen P. (Hg.): *Après Apprèslude. Gedichte auf Gottfried Benn*, Zürich: Arche 1967, S. 21.

Liebespaar 1945. In: Rothe, Wolfgang (Hg.): *Deutsche Großstadtlyrik vom Naturalismus bis zur Gegenwart*, Stuttgart: Reclam 1973, S. 362f.

Äolsharfe, Das alles bin ich heute, Sappho, Veränderung. In: Conrady, Karl Otto (Hg.): *Das große deutsche Gedichtbuch*, Kronberg/Taunus: Athenäum 1977.

Augen, Herzangst. In: Bender, Hans: *In diesem Lande leben wir. Deutsche Gedichte der Gegenwart. Eine Anthologie in zehn Kapiteln*, München: Hanser 1978, S. 269f.

Meine Generation. In: Buchwald, Christoph und Hartung, Harald (Hg.): *claassen-Jahrbuch der Lyrik 1, Am Rand der Zeit*, Düsseldorf: Claassen 1979, S. 154.

Eurydike, Ruine. In: Conrady, Karl Otto (Hg.): *Jahrbuch für Lyrik 1*, Königstein/Taunus: Athenäum 1979, S. 1f.

Letzter Baumschatten, Veränderung, Abend am Wasser, April, Die Verzauberte. In: Marsch, Edgar (Hg.): *Moderne deutsche Naturlyrik*, Stuttgart: Reclam 1980, S. 93-95.

Amsel im Winter, Die Verzauberte. In: Bender, Hans (Hg.): *Deutsche Gedichte 1930-1960*, Stuttgart: Reclam 1983, S. 198f.

An meinen Sohn. In: Carstens, Karl (Hg.): *Deutsche Gedichte*, München: Bertelsmann 1983, S. 279.

Äolsharfe. In: Völker, Ludwig (Hg.): *»Komm, heilige Melancholie«. Eine Anthologie deutscher Melancholie-Gedichte*, Stuttgart: Reclam 1983, S. 268f.

An meinen Sohn. In: *Geliebte Verse. Die schönsten deutschen Gedichte aus der ersten Jahrhunderthälfte*, 4. Auflage, Wiesbaden, München: Limes Verlag 1984, S. 240f.

Irdisches Geleit, Letzter Baumschatten, Veränderung, Abend am Wasser, April, Die Verzauberte. In: Schöffling, Klaus und Schütz, Hans J. (Hg.): *Almanach der Vergessenen*, München: Beck 1985, S. 133-136.
Dryade, Im Irrgarten, Die Verzauberte. In: Gustas, Aldona (Hg.): *Erotische Gedichte von Frauen*, München: dtv 1985, S. 189-191.
Überfahrt. In: Bender, Hans (Hg.): *Was sind das für Zeiten. Deutschsprachige Gedichte der achtziger Jahre*, München, Wien: Hanser 1988, S. 33.
Irdisches Geleit. In: Martin, Judy/Siedler, Heinz (Hg.): *Tag- und Nacht-Gedanken*, Hildesheim: Gerstenberg Verlag 1990.
Sappho. In: Kleßmann, Eckart (Hg.): *Lyrische Porträts*, Stuttgart: Reclam 1991, S. 38.
Das alles bin ich heute. In: Beck, Eleonora/Hoben, Josef (Hg.): *„Wenn du zu dir selbst kommst"*, Ostfildern: Schwaben Verlag 1992.
An meinen Sohn, Im Hades, Veränderung, Herzangst. In: Conrady, Karl Otto (Hg.): *Das große deutsche Gedichtbuch von 1500 bis zur Gegenwart*, zweite Auflage, Zürich, München: Artemis & Winkler 1992, S. 601f.
Frühling. In: Davis, Christine (Hg.): *Ich wünsch mir ein Gedicht*, Band 2, München: TR-Verlagsunion 1992, S. 114.
Tote Stadt. In: Arnold, Heinz Ludwig (Hg.): *Die deutsche Literatur 1945-1960*, Band I *»Draußen vor der Tür« 1945-1948*, München: Beck 1995, S. 169f.
Letzter Baumschatten. In: Grimm, Gunter E. (Hg.): *Deutsche Naturlyrik. Vom Barock bis zur Gegenwart*, Stuttgart: Reclam 1995, S. 349.
An meinen Sohn. In: Gerhard, Cordula (Hg.): *An mein Kind. Gedichte an Töchter und Söhne*, Frankfurt/M., Leipzig: Insel 1998, S. 64f.
Oktober. In: Reck, Alexander (Hg.): *Deutsche Gedichte, im Jahresreigen*, 69. Heft, Husum: Hamburger Lesehefte Verlag [ca. 1998], S. 48.
Wildes Geißblatt, Ich warte… In: Killy, Walther (Hg.): *Deutsche Lyrik von den Anfängen bis zur Gegenwart in 10 Bänden*, Band 9: *Gedichte 1900-1960*. Nach den Erstdrucken in zeitlicher Folge herausgegeben von Gisela Lindemann, München: dtv-Verlag 2001, S. 319f, 368f.
Die Mondsüchtige. In: Bode, Dietrich (Hg.): *„Siehst du den Mond?" Gedichte aus der deutschen Literatur*, Stuttgart: Reclam 2002, S. 98f.
Alles ist dir verliehen. In: Grüninger, Willy/Brandes, Erwin (Hg.): *„Atempausen". Gedanken für jeden Tag des Jahres*, Stuttgart: Kreuz Verlag 2002, S. 341.
Holunder. In: Seehafer, Klaus (Hg.): *Des Himmels heitere Bläue. Die schönsten Sommergedichte*, Berlin: Aufbau Taschenbuch Verlag 2002, S. 45.
Veränderung. In: Bode, Dietrich (Hg.): *Schläft ein Lied in allen Dingen. Naturlyrik*, Stuttgart: Reclam 2003, S. 103f.
Schwarzer Engel. In: Stempel, Hans und Ripkens, Martin (Hg.): *Der Engel neben Dir. Gedichte zwischen Himmel und Erde*, zweite Auflage, München: dtv-Verlag 2003, S. 50.

Calla. In: Bode, Dietrich (Hg.): „*Blumen, Gärten, Landschaften". Bilder und Gedichte,* Stuttgart: Reclam 2004, S. 37.
Mai. In: Bull, Gudrun (Hg.): „*Gedichte für einen Frühlingstag",* München: dtv 2004, S. 123.
Oktober. In: „*Die 365 schönsten Tage".* Deutsche Stiftung Denkmalschutz, Bonn 2004, S. 127.
Schweben. In: Stempel, Hans/Ripkens, Martin (Hg.): „*Sehnsucht nach dem Anderswo". Reisegedichte,* Zürich, Hamburg: Arche Verlag 2004, S. 78.
April. In: Zischler, Hanns (Hg.): „*Willst du dem Sommer trauen". Deutsche Naturgedichte,* Berlin: Klaus Wagenbach Verlag 2004, S. 99.
Die Totenbraut. In: Zumbach, Frank T. (Hg.): *Das Balladenbuch. Deutsche Balladen von den Anfängen bis zur Gegenwart,* Düsseldorf: Patmos Verlag 2004, S. 629.

Von Rundfunkanstalten bestätigte Rundfunk- und Fernsehbeiträge von und über Oda Schaefer

Aus Gründen der Übersichtlichkeit wurde eine Gliederung nach Rundfunkanstalten einer rein chronologischen Auflistung der Sendungen Oda Schaefers vorgezogen. Die Zahl der Sendungen entspricht allerdings nicht den tatsächlich gesendeten Beiträgen Oda Schaefers, da viele Angaben von den Rundfunkanstalten gelöscht wurden. Daher konnten die Rundfunksender oft nur Jahreszahlen als Sendedaten oder Daten, an denen Sendungen von Oda Schaefer gelöscht wurden, ermitteln.

Das jeweils angegebene Datum stellt das Erstsendedatum dar. Sollte es sich um das Aufnahme-/Produktionsdatum handeln, wird dies im Einzelnen vermerkt.

Süddeutscher Rundfunk Stuttgart[3]:
1938: *Die Launen der Frau Mode. Heiterer Funkaufriß.*[4]
31.10.1953: *Oda Schaefer liest einige ihrer Gedichte* [*Die Stille, Albtraum, September, Die Münze, Äolsharfe, Hieroglyphe, Geburt, Dem Manne, der im Krieg war, An meinen Sohn, Geheim*].
05.12.1956: *Oda Schaefer liest eigene Gedichte* [*Damals, Der grüne Ton, Die Stille, Mitternacht, Im Hades – Auf meinen in Russland vermissten Sohn*].
17.09.1956 (Aufn.-/Prod.datum): *Katzenspaziergang. Betrachtung.*
22.12.1957: *Die Stunde nach Gottes Gebot. Hörfolge über den russischen Dichter Nikolai Ssemjonowitsch Lesskow (1831-1895).*

---

[3] Die Angaben wurden vom SWR übermittelt.
[4] Zur Angabe dieser Sendung vgl. Wessels, Wolfram: *Hörspiele im Dritten Reich. Zur Institutionen-, Theorie- und Literaturgeschichte,* Bonn: Bouvier Verlag Herbert Grundmann 1985, S. 523.

22.12.1965: *Erinnerungen an Berlin. Zum 65. Geburtstag von Oda Schaefer am 21.12.1965.*
01.10.1968: *Die unbekannte Gattin. Aus: Und fragst du mich, was mit der Liebe sei.*

Südwestfunk Baden-Baden[5]:
02.10.1952 (Aufn.-/Prod.datum): *Der grüne Ton. Zwei Texte von Oda Schaefer.* [Lesung von *Der grüne Ton, Die siebente Schicht*].
20.10.1954 (Aufn.-/Prod.datum): *Ohne Kommentar.* [Über Versuche mit LSD an einer psychiatrischen Klinik in Wien zur Erforschung von Schizophrenie; Parallelen zwischen Auswirkungen von LSD und Darstellungen in der modernen bildenden Kunst, Beispiel Picasso].
31.08.1955: *Bacchantisch ist Mode…* [Lesung].
22.01.1956 (Aufn.-/Prod.datum): *Romane, in die Schreibmaschine gehauen.*
20.05.1956: *Die Katze, die allein spazieren ging* [Lesung].
30.07.1956: *Lyrik der Zeit. Ein Hauch aus unsichtbarer Hand* [Lesung].
20.04.1957: *Der Zitatenschatz – Quiz: ein alter Hut* [Lesung: *Der Zitatenschatz, Quiz: ein alter Hut*].
17.06.1957: *Das Seepferdchen, Zwei Klaviere. Aus: Katzenspaziergang* [Lesung].
21.07.1957: *Gespräch mit einer fliegenden Prinzessin* [Lesung].
28.08.1957: Zwei Geschichten aus *Katzenspaziergang* [*Ende des Sommers, Die Malerin*].
14.11.1957: *Humanität und Poesie. Zum 10. Todestag von Ricarda Huch.*
17.03.1958: *Geliebter Kitsch* [*Geliebter Kitsch, Auf der Jagd nach Phrasen*].
26.05.1958: *Über den Klatsch* [*Über den Klatsch, Vitriol*].
29.06.1958: *Schwabing, Moritaten und Verse* [Texte von Valentin, Wedekind, Owlglass, Klabund, Roth].
31.12.1958: *Bestelltes Schicksal und anderes* [*Das Tiem, Artushof der Tauben*].
13.03.1959: *Die Verschollene – Leben und Werk der jüdischen Dichterin Gertrud Kolmar.*
17.11.1959 (Aufn.-/Prod.datum): *Reine Lust und Augenweide.*
09.03.1961: *Nathan der Weise und sein Erbe. Die Familie Mendelssohn.*
11.05.1961: *Der Veilchenstrauß.*
18.12.1962: *Reine Lust und Augenweide: Reine Lust und Augenweide, Fiffi à la mode, Petersburger Schlittenfahrt, Imaginäre Rose.*
19.03.1963: *Der Salonlöwe.*
24.11.1963: *Die Ballade vom Tod, vom Mann und vom Mädchen.*
19.04.1964: *Die ferne Prinzessin.*
29.06.1964: *Auf einem Fuchs mit weißer Blesse. Eine Kindheitserinnerung.*
06.05.1965: *Zwei Texte von Oda Schaefer* [Lesung: *Entenfrühling, Schnecken-Piazza*].
19.12.1965: *Oda Schaefer zum 65. Geburtstag* [Interview mit Oda Schaefer, Lesung *Spiegelungen*].

---

[5] Die Angaben wurden vom SWR übermittelt.

Westdeutscher Rundfunk:
24.06.1966: *Frauen zwischen 50 und 60*.
25.11.1966: *Elegie auf eine sterbende Gesellschaft*.
15.12.1966: *Kinder von Hiroshima*.
ca. 07/1967: *Die schrecklichen kleinen Mädchen* [gelöscht am 14.10.1968].
17.06.1968: *Das Porträt: Oda Schaefer* in der Reihe *Bedeutende Frauen*.
ca. 09/1970: *Das alles bin ich heute* (Kapitel aus *Auch wenn Du träumst, gehen die Uhren*) [gelöscht am 13.08.1972].

WDR – Fernsehen:
03.08.1964: *Fifi a la mode*.

Bayerischer Rundfunk:
05.05.1950: *Gösta Berling. Eine Funkballade*.
07.11.1951: *In die Nacht hinein* [Hörspiel].
20.11.1956: *Libellenbucht* [Hörspiel].
01.06.1965: *Belle Epoque* [Hörspiel].
20.12.1971: *Die Nacht vor Weihnachten* [Hörspiel].
11.10.1976: *Im Gewitter* [Lesung und Rezension].
19.11.1995: *Lyrik nach Wunsch* [Abt. U-Wort].

Bayerisches Fernsehen:
23.06.1968: *Die schwarze Sonne* [Fernsehspiel].

Hessischer Rundfunk:
1952: *Fremdes Leben* [Erzählung].
1953: *Der grüne Ton* [Gedichte].
1955: *Drei Gedichte* [Gedichte].
1989: *Krötengesänge* [Sendung über Oda Schaefer].

Norddeutscher Rundfunk:
01.06.1958: *Die Göttliche* [Hörspiel].

DeutschlandRadio:
13.03.1967: *Die Frau im Krieg. Erlebte Zeit* [Feature].

Saarländischer Rundfunk:
1955: *Die Stunde nach Gottes Gebot. Hörfolge a.d. Werk Nicolai Leskow*.

Österreichischer Rundfunk:
05.11.1958: *Libellenbucht* [Hörspiel]; Neuproduktion; Produzent: ORF-Studio Steiermark.

28.02.1967: *Belle Epoque* [Hörspiel], Neuproduktion, Produzent: ORF-Studio Wien.
13.07.1977: Prosa *Kornfrevel*.

Deutschlandsender[6]:
20.03.1936: *Das flandrische Eisfest* [Hörspiel].

Berliner Rundfunk[7]:
1934: *Mozart auf der Reise nach Prag*. Nach Mörike [Hörspiel].
1934: *Fliegerin über dem Ozean* [Hörspiel].
1934: *Die schöne Magelone* [Hörspiel].
1935: *Der Schatzgräber*. Nach Musäus [Hörspiel].
1936: *Der Traum Surinams* [Hörfolge].
1936: *Die dreiste Magd von Brieg* [Hörspiel].

Rezensionen zu Oda Schaefer

Berichte über Oda Schaefer in Zeitungen und Zeitschriften:

L.H.: *Dichterlesung Oda Schäfer*. In: Name der Zeitung fehlt im Nachlass, 24.03.1949.
Adolph, R.: *Sehnsucht nach dem Licht/ Wege und Wandlungen der Dichterin Oda Schaefer*. In: *Westfalenpost*, 01.07.1950.
Hiss: *Zwei Münchner Autoren preisgekrönt*. In: *Die Abendzeitung*, 07.11.1950.
Dr. Nav: *Döblin an die deutschen Schriftsteller. Preisverteilung in der Mainzer Akademie*. Angabe der Zeitung und des Erscheinungsdatums fehlen im Nachlass.
o.V.: *Preisträger der Mainzer Akademie*. In: *Allgemeine Zeitung*, 26.01.1951.
Bächler, Wolfgang: *Gedichte von heute – Oda Schaefer*. Sendung im Rundfunk. Angabe des Senders fehlt im Nachlass, Kult. Wort/Lit. Abt., 01.02.1951.
Dames, Theo: *Oda Schaefer*. In: *Liegnitzer Heimatbrief*, April 1951, S. 25.
Krolow, Karl: *„Im Schilf, im Ried…"/ Zur Lyrik Oda Schaefers*. In: *Die Neue Zeitung*, Nr. 199, 25./26.08.1951, S. 11.
eho: *Damals, als es noch Nymphen gab. Oda Schaefer und Leo Lania lesen im Tukan*. Name der Zeitung und Erscheinungsdatum fehlen im Nachlass.
ud: *Lyrik und Reportagen*. Name der Zeitung und Erscheinungsdatum fehlen im Nachlass.

---

[6] Laut Auskunft vom Deutschen Rundfunkarchiv.
[7] Zu den im Folgenden aufgeführten Sendungen vgl. Munzinger-Archiv / Intern. Biograph. Archiv; vgl. Lennartz, S. 628; vgl. Moser, S. 1032; vgl. Böttcher, S. 633; vgl. Kunisch, S. 504; vgl. Brauneck, Manfred (Hg.): *Autorenlexikon deutschsprachiger Literatur des 20. Jahrhunderts*, Reinbek bei Hamburg: Rowohlt 1991, S. 617.

F.R.: *Lyrik und Masaryk im Tukan.* Name der Zeitung und Erscheinungsdatum fehlen im Nachlass.

b: *Oda Schaefer sechzig Jahre alt.* In: *Stuttgarter Zeitung*, 20.12.1960.

ofr: *Oda Schaefer. Zu ihrem 60. Geburtstag.* In: *FAZ*, 21.12.1960.

Bantel, O.: *Gesänge der Windharfe. Zum sechzigsten Geburtstag von Oda Schaefer.* In: *Badische Volkszeitung Karlsruhe*, 22.12.1960.

o.V.: *Oda Schäfer wurde 60.* In: *Hamburger Abendblatt*, 23.12.1960.

B.I.: *Flexibel und jung geblieben. Oda Schaefer an ihrem sechzigsten Geburtstag über sich selbst.* In: *Der Mittag*, Dezember 1960. Genaues Datum fehlt im Nachlass.

gstr: *Dichterlesung Oda Schäfer.* In: *Stuttgarter Zeitung*, 23.01.1962.

o.V.: *„Belle Epoque".* In: *Hör zu*, 49 (1965).

Kärgel, Hermann: *Eine Dichterin der Stille. Oda Schäfer zum 65. Geburtstag.* In: *Schaumburger Zeitung*, Nr. 296 (1965).

Prof. Dr. Haselbach, Harald: *„Den Elementen verschwistert". Oda Schäfer zur 65. Wiederkehr ihres Geburtstages.* Sendung im Rundfunk, Studio Klagenfurt, Literatur, 19.12.1965.

Böse, Georg: *Melodien auf der Windharfe. Zum 65. Geburtstag Oda Schaefers am 21. Dezember.* In: *Rheinische Post*, 20.12.1965.

o.V.: *Oda Schäfer.* In: *Hamburger Abendblatt*, 20.12.1965.

Hoffbauer, Jochen: *Unter dem Sapphischen Mond. Oda Schaefer zum 65. Geburtstag am 21. Dezember 1965.* Die Angabe der Zeitung und des Erscheinungsdatums fehlen im Nachlass.

Böse, Georg: *Melodien auf der Windharfe. Zum 65. Geburtstag Oda Schaefers am 21. Dezember.* In: *Mannheimer Morgen*, 21.12.1965.

hmb: *Harfe im Wind. Oda Schaefer 65 Jahre alt.* In: *Stuttgarter Zeitung*, Nr. 295, 21.12.1965.

fr: *Oda Schaefer. Die Lyrikerin wird 65 Jahre alt.* In: *Frankfurter Rundschau*, 21.12.1965.

o.V.: *Nicht weltfremd.* In: *Hör zu*, 51 (1965).

o.V.: *Oda Schäfer 65 Jahre alt.* In: *Schwarzwälder Bote*, Nr. 294, 21.12.1965.

o.V.: *Dichterin und Modeexpertin zugleich.* Der Name der Zeitung und die Angabe des Erscheinungsdatums fehlen im Nachlass, (wohl 1966).

Von Oda über Isabella zu Ursula. Frauen, die für EPOCA schreiben und zeichnen. In: *Aviso*, Hauszeitschrift des Süddeutschen Verlages, Oktober 1966.

Schäfer-Stündchen mit einer von gestern. In: *TWEN*, Nr. 7 (1968), S. 16, 20f.

o.V.: *Pannwitz und Oda Schäfer. Der Andreas-Gryphius-Preis 1968.* In: *FAZ*, 19.04.1968.

o.V.: *Der Andreas-Gryphius-Preis 1968.* In: *SZ*, Nr. 125, 24.05.1968, S. 12.

H.L.O.: *Pro-Profile.* In: *PRO*, 01.12.1970.

mh: *Rundfunkpreise für Oda Schaefer und Karl Ude.* In: *SZ*, 05./06.12.1970.

o.V.: *Oda Schaefer und Karl Ude.* In: *Die Welt*, 08.12.1970.

o.V.: *Das Unergründliche hebt das Visier. Lyrikerin Oda Schaefer heute 70 Jahre alt.* In: *AZ*, 16.12.1970.

o- : *Oda Schaefer 70. Ihr Werk: Lyrik, Erzählungen, Hörspiele.* In: *Nürnberger Nachrichten*, 19.12.1970.

o.V. In: *Passauer Neue Presse*, 19.12.1970.

Bleisch, Ernst Günther: *Hinter dem grünen Ton her, den Orpheus verlor. Die Schriftstellerin Oda Schaefer wird 70.* In: *Münchner Merkur*, 19./20.12.1970, S. 26.

Reimar, Richard: *Von der „Windharfe" zur „Grasmelodie". Zum 70. Geburtstag der Lyrikerin und Erzählerin Oda Schaefer.* In: *Kieler Nachrichten*, 19.12.1970.

Reimar, Richard: *„Ich schaue das Leben". Die Lyrikerin und Erzählerin Oda Schaefer wird 70.* In: *Main-Echo*, Aschaffenburg, 19.12.1970.

Grn: *Oda Schaefer. Zum 70. Geburtstag.* In: *FAZ*, 21.12.1970.

epb: *Oda Schaefer 70.* In: *SZ*, Nr. 304, 21.12.1970, S. 12.

Rudorf, Günter: *Ehering für Oda Schaefer. Zahlreiche Ehrungen zum 70. Geburtstag der Dichterin.* In: TZ, München, 21.12.1970.

Thomson, Erik: *Auch wenn du träumst, gehen die Uhren. Die Dichterin Oda Schaefer vollendet heute ihr 70. Lebensjahr.* In: *Landeszeitung der Lüneburger Heide/Niedersächs. Tageblatt*, 21.12.1970.

Frenzel, Christian Otto: *„Auch wenn Du träumst, gehen die Uhren". Oda Schaefer zum 70. Geburtstag.* In: *Hamburger Abendblatt*, 21.12.1970.

R.R.: *Oda Schaefer.* In: *Westdeutsche Allgemeine*, Ausgabe Essen, 22.12.1970.

o.V.: *Geburtstagsfreude für Oda Schaefer.* In: Name der Zeitschrift fehlt im Nachlass, 22.12.1970.

o.V. In: *Die Rheinpfalz*, Ludwigshafen, 22.12.1970.

o.V.: *Oda Schaefer 70.* In: *Die Welt*, Nr. 297, 22.12.1970, S. 16.

Rudorf, Günter: *München-Medaille und Ehering für Oda Schaefer.* In: *Trierischer Volksfreund*, 23.12.1970.

o.V.: *Oda Schaefer 70 Jahre.* In: *Baltische Briefe*, Dezember 1970. Genaues Datum fehlt im Nachlass.

o.V.: *Die mit je tausend Mark dotierten Schwabinger Kunstpreise.* In: *FAZ*, 27.06.1973.

Grosser: *Kultureller Beitrag Westdeutschlands zu gering.* In: *Frankfurter Rundschau*, Nr. 214, 16.09.1975, S. 11.

o.V.: *Kulturkreis der Industrie: Was ist Kultur in der Bundesrepublik?* In: *FAZ*, 17.09.1975.

o.V.: *Die letzten 30 Jahre.* In: *Welt am Sonntag*, 28.09.1975.

o.V.: *Oda Schaefer.* In: *Börsenblatt Frankfurt*, 14.10.1975.

o.V.: *Schriftstellerin Oda Schaefer wird 75.* In: *Schwäbische Zeitung*, Nr. 291, 18.12.1975.

Meissner, Toni: *Keß und nachdenklich. Schriftstellerin Oda Schaefer feiert am Sonntag 75. Geburtstag.* In: *Die Abendzeitung*, 19.12.1975.

o.V.: *Oda Schaefer 75.* In: *Hamburger Abendblatt*, 19.12.1975.

o.V.: *Oda Schaefer wird 75.* In: *Badische Zeitung*, Nr. 293, 20./21.12.1975, S. 6.

o.V.: *Oda Schaefer wird 75*. In: *Rhein-Neckar-Zeitung*, Nr. 292, 19.12.1975, S. 2.

o.V.: *Oda Schaefer 75*. In: *Die Welt*, Nr. 296, 20.12.1975, S. 15.

K.H.K.: *Unter dem sapphischen Mond. Oda Schaefer zum 75*. In: *SZ*, Nr. 293, 20./21.12.1975, S. 16.

o.V.: *Münchner Autoren: Oda Schaefer*. In: *Münchener Stadtanzeiger*, Nr. 87, 13.11.1979, S. 5.

Mauthner, Johann: „*Mitten durch mich geht die Mauer". Zum 80. Geburtstag der Dichterin Oda Schaefer*. In: *Rhein-Neckar-Zeitung*, Nr. 293, 18.12.1980, S. 2.

Horst, Eberhard: *Oda Schäfer zum 80. Geburtstag. Feste über der Trauer. Leben in Strophen und Versen*. In: *Rheinischer Merkur*, Nr. 51/52, 19.12.1980, S. 29.

Minaty, Wolfgang: *Aus dem dunklen Erdenhaus. Seepferdchen mit lyrischem Gewicht – Die Dichterin Oda Schaefer wird 80*. In: *Die Welt*, Nr. 297, 20.12.1980, S. 15.

Fritzsche, Walter: *Mut zur beständigen Liebe. Oda Schaefer wird 80*. In: *SZ*, Nr. 295, 20.12.1980, S. 12.

Rasch, Wolfdietrich: *In einer Hülle aus Phantasie. Oda Schaefer wird achtzig*. In: *FAZ*, Nr. 296, 20.12.1980, S. 25.

Horn, Effi: *Empfindsame Chronistin einer wirren Zeit. Geburtstagsgruß an die 80jährige Oda Schaefer*. In: *Münchner Merkur*, 20./21.12.1980, S. 8.

Niemeyer, Kai: *Als wir den Kopf riskierten. Am Sonntag wird die Lyrikerin Oda Schaefer 80 Jahre alt*. In: *AZ*, 20./21.12.1980.

W.J.: *Oda Schäfer 80*. In: *Badische Zeitung*, Nr. 295, 20./21.12.1980.

Schnell, Ralf. In: *Börsenblatt*, 22.03.1983.

o.V.: *Oda Schaefer wird 85 Jahre alt*. In: *Hamburger Abendblatt*, 18.12.1985.

Hohoff, Curt: *Der Ton der Windharfe. Zum 85. Geburtstag der Lyrikerin Oda Schaefer*. In: *Die Welt*, Nr. 296, 20.12.1985, S. 19.

Roe: *Oda Schaefer wird 85*. In: *SZ*, Nr. 294, 21.12.1985, S. 11.

kai: *Die Lyrikerin Oda Schaefer wird 85 Jahre alt*. In: *Die Abendzeitung*, 21./22.12.1985, S. 18.

Bleisch, Ernst Günther: *Das Irdische überwinden. Die Münchner Lyrikerin Oda Schäfer wird 85*. In: *Münchner Merkur*, 21./22.12.1985.

Nachrufe

von Schirnding, Albert: *Der grüne Ton. Zum Tod der Lyrikerin Oda Schaefer*. In: *SZ*, 06.09.1988, S. 10.

Görtz, Franz Josef: *Lieder der Windharfe. „Auch wenn Du träumst, gehen die Uhren"/Zum Tode der Lyrikerin Oda Schaefer*. In: *FAZ*, Nr. 207, 06.09.1988, S. 29.

Hohoff, Curt: *Gegen den Kahlschlag. Im München starb die Lyrikerin Oda Schaefer*. In: *Die Welt*, Nr. 208, 06.09.1988.

o.V.: *Oda Schaefer zum Gedenken*. In: *Hamburger Abendblatt*, Nr. 208, 06.09.1988, S. 13.

o.V.: *Oda Schaefer ist gestorben*. In: *Badische Zeitung*, Nr. 206, 06.09.1988.
o.V.: *Lyrikerin Oda Schaefer ist gestorben*. In: *Stuttgarter Nachrichten*, Nr. 206, 06.09.1988, S. 14.
cth: *Lyrikerin Oda Schaefer †*. In: *Die Abendzeitung*, 06.09.1988, S. 7.
o.V.: *Erinnern an Oda Schaefer*. In: *Vorwärts*, Nr. 37, 10.09.1988.
o.V.: *Oda Schaefer*. In: *Spiegel*, 12.09.1988.
Kopplin, Wolfgang: *Oda Schaefer †. Leben als Opfer*. In: *Bayern Kurier*, Nr. 37, 17.09.1988.
Reiser, Rudolf: *Oda Schaefers eindrucksvolles Frauenschicksal. Monacensia bekommt wertvollen Nachlaß*. In: *SZ*, Nr. 6, 09.01.1989, S. 11.

Rezensionen zu einzelnen Werken

[*Die Windharfe*, 1939]:
Weylandt: *Gedichtbücher*. In: *Die Dame* 66 (1939), H. 25, S. 6f.
Krolow, Karl: *Zur Gegenwartslyrik*. In: *Das Innere Reich* 10 (1943/44), S. 165-197. (Über Oda Schaefer, S. 175-77).

[*Irdisches Geleit*, 1946]:
von Cube, Hellmut. In: *Welt und Wort* 2 (1947), S. 90.
Sabais, Heinz-Winfried: *Eindrücke neuer Lyrik*. In: *AUFBAU*. Kulturpolitische Monatsschrift. Herausgegeben vom Kulturbund zur demokratischen Erneuerung Deutschlands 4 (1948), H. 4, S. 314-321.
o.V.: *Oda Schäfer: „Irdisches Geleit"*. Rezension im Nachlass ohne Angabe der Zeitung und des Erscheinungsdatums.
A.S.: *Neue Versbücher*. Rezension im Nachlass ohne Angabe der Zeitung und des Erscheinungsdatums.
Funke, Fritz: *Das neue Buch. „Irdisches Geleit"*. In: *LVZ*, Erscheinungsdatum fehlt im Nachlass.
E.F.: *Oda Schaefer: Irdisches Geleit*. Rezension im Nachlass ohne Angabe der Zeitung und des Erscheinungsdatums.
Hartung, Rudolf, S. 381f. Kritik im Nachlass ohne Angabe der Zeitung und des Erscheinungsdatums.

[*Die Kastanienknospe*, 1947]:
Baur, Joseph. In: *Welt und Wort* 12 (1948).
Bach, Roman. In: *Aachener Zeitung*, 29.06.1949.
Baur, Joseph. In: *Schwäbisches Tagblatt*, 05.09.1949.

[*Kranz des Jahres*, 1948]:
Bleisch, Ernst Günther im Rahmen der *Bücherchronik*. In: *Die Neue Zeitung*, Nr. 57, 18.07.1948, S. 4.

[*Gösta Berling*, 1950]:
Bonte, Hans Georg: *Rundfunk. Wochenspiegel vom 21. bis 27. April*. In: *Die Neue Zeitung*, Nr. 102, 30.04.1952, S. 4.

[*In die Nacht hinein*, 1951]:
Bonte, Hans Georg: *Rundfunk. Wochenspiegel vom 4.-11. November*. In: *Die Neue Zeitung*, Nr. 268, 14.11.1951, S. 4.

[*Libellenbucht*, 1956]:
Profil einer Melusine. In: *FAZ*, 27.11.1956.
Colberg, Klaus: *Münchner Funktagebuch. Wer ist wer?* In: *SZ*, 27.11.1956.
Wellensittich: „*Libellenbucht*". Name der Zeitung und Erscheinungsdatum fehlen im Nachlass.

[*Katzenspaziergang*, 1956]:
-mny-: *Katzenspaziergang*. In: *Schweizerisches Kaufmännisches Zentralblatt*, Nr. 18, 04.05.1956.
o.V.: *Katzenspaziergang*. In: *Westdeutsche Allgemeine*, 02.06.1956.
Audi: *Buch-Tips*. In: *Welt am Sonntag*, 10.06.1956.
Henze, Helene: *Grunderfahrung*. In: *FAZ*, 30.06.1956.
F.: *Oda Schaefer „Katzenspaziergang"*. In: *Obb. Volksblatt*, Rosenheim, 07.07.1956.
o.V.: *Oda Schaefer: Katzenspaziergang*. In: *Düsseldorfer Nachrichten*, 25.07.1956.
Dr. Menck, Cl.: *Bücher-Menü in vier Gängen. Zu Büchern von Gina Klaus, Eilif Mortansson, Herbert Frank und Oda Schäfer*. In: Südwestfunk Baden-Baden, Frauenfunk, 17.08.1956.
plw.: *Oda Schaefer: Katzenspaziergang*. In: *Der Landbote*, Winterthur, 18.08.1956.
o.V.: *Oda Schaefer: Katzenspaziergang*. In: *St. Galler Tagblatt*, 18.08.1956.
W.L.: *Meisterstücke der kleinen Form*. In: *NWZ, Göppinger Kreisnachrichten*, 29.09.1956.
U.V.: *Op de Boekentafel. Oda Schaefer: Katzenspaziergang*. In: *De Standaard*, Brüssel, 09.10.1956.
o.V.: *Oda Schaefer: „Katzenspaziergang"*. In: *Fränkischer Tag*, 12.10.1956.
tr-: *Literarische Gabelbissen*. In: *Mannheimer Morgen*, 24.11.1956.
H.R.: *Oda Schaefer: »Katzenspaziergang«*. In: *Die Tat*, 08.12.1956.
M.F.: *Staunen über grüne Blätter*. In: *Rheinische Post*, 15.12.1956.
Hühnerfeld, Paul: *Stirbt das Feuilleton aus? Fragen und Überlegungen zu einigen Büchern mit kleiner Prosa*. In: *Die Zeit*, 24.01.1957.
o.V.: *»Katzenspaziergang«*. In: *Basler Volksblatt*, 03.08.1957.
Euler, Ingeborg: *Schmunzeln, das man verschenken kann. Für Manager und solche, die es nicht werden wollen*. In: *Christ und Welt*, 05.09.1957.
Joerden, Erika: *Oda Schaefer: Katzenspaziergang*. In: *Bücherei und Bildung*, H. 1 (1957), S. 11.

Pfandler, Helmut: *Oda Schäfer: Katzenspaziergang*. In: *Neue Volksbildung*, H. 2 (1957), S. 74.
Dr. F.: *Oda Schaefer: Katzenspaziergang*. In: *Salzburger Volksblatt*, 12.04.1958.
Goldschmit, Rudolf: *Kunst der kleinen Form*. In: *SZ*, im Nachlass fehlt der Hinweis auf das Erscheinungsdatum.

[*Unter dem sapphischen Mond*, 1957]:
o.V.: *Er schenkt es ihr – oder umgekehrt*. In: *Die Abendzeitung*, 06./07.04.1957.
o.V.: *Frauenlyrik unserer Zeit*. In: *Der Pfälzer*, Landau, 17.05.1957.
K.F.: *Bilder, Farben und Gedichte. Vier neue Piper-Bändchen*. In: *Donau-Zeitung*, Ulm, 22.05.1957.
o.V. In: *Münchner Merkur*, 25.05.1957.
o.V.: *Unter dem sapphischen Mond*. In: *Sonnenblumen*, Bamberg, 06.06.1957.
Weber, Elisabeth: *„Unter dem sapphischen Mond". Eine Anthologie deutscher Frauenlyrik seit 1900*. In: *Ruhr-Nachrichten*, 14.06.1957.
Blöcker, Günter: *Unter dem sapphischen Mond. Zum Thema Frauenlyrik*. Sendung im Rundfunk, Sender Freies Berlin, Literarische Umschau, 20.06.1957.
o.V.: *„Unter dem sapphischen Mond"*. In: *Südkurier*, Konstanz, 22./23.06.1957.
Blöcker, Günter: *Unter dem sapphischen Mond. Zum Thema Frauenlyrik*. In: *Der Tagesspiegel*, 07.07.1957.
Dr. Strecker: *Buchbesprechung*. Sendung im Rundfunk, HR, Frauenfunk, 11.07.1957.
o.V.: *„Unter dem sapphischen Mond"*. In: *NRZ*, Essen, 25.07.1957.
o.V.: *Gedichte von Frauen*. In: *Weser Kurier*, 27.07.1957.
Dr. Lüders, Anneliese. In: *Deutsche Presse-Agentur*, Hamburg, 12.08.1957.
Schwarz, Wolfgang: *Unter dem sapphischen Mond. Oda Schäfer: Deutsche Frauenlyrik seit der Jahrhundertwende*. In: *Die Rheinpfalz*, Ludwigshafen, 14.08.1957.
o.V. In: *Rhein-Neckar-Zeitung*, 07.09.1957.
o.V.: *Frauenlyrik*. In: *Volkszeitung Kiel*, 10.09.1957.
H.S.: *Oda Schäfer. Unter dem sapphischen Mond*. In: *Hilpoltsheim Kurier Ingolstadt*, 09.10.1957.
L.Sch.: *Lyrik*. In: *Sudetendeutsche Zeitung*, 19.10.1957.
g-: *„Unter dem sapphischen Mond"*. In: *Schwäbische Zeitung*, Leutkirch, 14.11.1957.
o.V. In: *Schwäbische Zeitung*, Leutkirch, 14.11.1957.
R.K.H.: *Frauenlyrik*. In: *Basler Nachrichten*, 15.11.1957.
o.V.: *Schaefer, Oda, Hrsg.: Unter dem sapphischen Mond*. In: *Büchernachrichten Salzburg*, November 1957.
o.V.: *Lyrik von Frauen*. In: *National-Zeitung Basel*, 24.11.1957.
S. In: *Salzburger Volksblatt*, 30.11.1957.
o.V. In: *Fränkische Landeszeitung*, 07.12.1957.
o.V.: *Sapphischen Mond, unter dem*. In: *Das Antiquariat Wien*, Nr. 6/7 (1957).
ö-: *Gedichte des Herzens*. In: *Das Er. Düsseldorf* [Name der Zeitung im Nachlass undeutlich] 6 (1957).
Ahemm, Hildegard. In: *Deutsche Rundschau* 9 (1957), S. 977f.

Meidinger-Geise, Inge: *Ausgewählte Frauenlyrik*. In: *Die Welt der Frau*, Oktober 1957.
Ferber, Christian: *Unter dem sapphischen Mond*. In: *Ev. Literaturbeobachter*, München, 9 (1957).
H.L.: *Frauenlyrik*. In: *Basler Volksblatt*, 31.03.1958.
Behl, C.F.W.: *Schäfer, Oda (Herausg.): Unter dem sapphischen Mond*. In: *Welt und Wort*, Mai 1958.
o.V. In: Radio Vorarlberg, Dornbirn, 12.08. Sendejahr fehlt im Nachlass.
Deutsche Frauenlyrik. In: *Ihre Freundin*, Karlsruhe, 10 (1958).
o.V.: *Schaefer, Oda (Hrsg.): Unter dem sapphischen Mond*. In: *Das Neue Buch*, Jg. 2, Nr. 6.
Steffen, Konrad. In: *Buchberatungszeitschrift „Das neue Buch"*, Nr. 2/3 (1959).
H.B.: *Unter dem sapphischen Mond*. Rezension im Nachlass ohne Angabe des Namens der Zeitung und des Erscheinungsdatums.

[*Schwabing*, 1958]:
o.V.: *Das neue Buch*. In: *Generalanzeiger Bonn*, 02./03.08.1958.
Goldschmit, Rudolf: *Liebeserklärungen an eine Stadt*. In: *Tagesspiegel*, 03.08.1958.
rg.: *Liebeserklärungen an eine Stadt*. In: *National-Zeitung*, Basel, 16.08.1958.
hs: *Schwabinger Moritaten*. In: *Schwarzwälder Bote*, 18.08.1958.
o.V. In: *Tagesanzeiger*, Zürich, 29.08.1958.
USE: *Notizen über Bücher. Spinnet und erotisch*. In: *Mannheimer Morgen*, 29.08.1958.
Wisselinck, Erika: *Von Schwabing zur Theresienwiese. Zeichnungen, Fotos und Moritaten – der Jubilarin München gewidmet*. In: *Sonntagsblatt Hamburg*, 31.08.1958.
H.M.: *Zeit von gestern und vorgestern im Gedicht. Satirische Dichtung lebt in Neuauflagen weiter*. In: *Rheinpfalz*, 29.11.1958.
cl.: *Humoristisches*. In: *Basler Nachrichten*, 05.12.1958.
o.V.: *„Schwabing"*. In: *Schwäbische Zeitung*, 05.12.1958.
Christlieb, W.: *Schwabing*. In: *Die Abendzeitung*, Nr. 298, 13.12.1958.
o.V.: *Nicht mehr die romantische Künstler-Idylle*. In: *Hamburger Abendblatt*, 19.08.1972.
Skasa-Weiss, Eugen: *Monacensische Spätlese und Brotzeit. Bücher über München*. In: *FAZ*, 28.11.1972.
Skasa-Weiss, Eugen: *Schwabinger Gesangbuch für Stunden schwermütiger Erinnerungslust*. In: *Stuttgarter Zeitung*, Nr. 115, 19.05.1973, S. 52.
o.V.: *Schwabing verliebt verrückt vertan*. In: *Bücherschiff* 2 (1974).
fjg.: *Schwabing*. In: *FAZ*, 23.04.1985.
Erdmann, Horst: *An der Straße von Arkadien nach Babylon. In Oda Schaefers Lesebuch ist das legendäre Schwabing noch einmal ganz gegenwärtig*. In: *Die neue Ärztliche Zeitung*, 17.02.1986.

[*Grasmelodie*, 1959]:
A.L. In: *Dpa Hamburg*, 24.03.1959.

o.V. In: *Badische Neueste Nachrichten*, 25.03.1959.
o.V.: *Oda Schäfer „Grasmelodie".* In: *Schwäbische Zeitung*, Nr. 71, 26.03.1959.
Hoffmann, Dieter: *Schwestern des Wortes. Die neueste Frauenlyrik auf dem Büchermarkt.* In: *Stuttgarter Nachrichten*, 02.04.1960.
Saalfeld, Martha: *Lyrik. Oda Schaefer: Grasmelodie.* In: Name der Zeitung fehlt im Nachlass, 15.04.1959, S. 12.
o.V.: *Oda Schäfer.* In: *Steyrer Zeitung*, 23.04.1959.
Neumann, Gerhard. Buchbesprechung im Rahmen der Sendung *Vom Büchermarkt* im Rundfunk, Südwestfunk Baden-Baden, Kulturelles Wort, 27.04.1960.
Meidinger-Geise, Inge: *Reife Frauenlyrik. Zu Gedichten von H. Börger, O. Schaefer, N. Sachs.* In: *Echo der Zeit*, 10.05.1959.
Hohoff, Curt: *Kann unsere heutige Lyrik keinen Klartext sprechen? Ein aktueller Literaturbericht von Curt Hohoff.* In: *Deutsches Volksblatt*, 23.05.1959.
Mudrich, Heinz: *Oda Schaefer.* In: *Der Tag*, Berlin, 24.05.1959.
o.V. In: *Oberösterreichische Nachrichten*, Linz, 30.05.1959.
G.A.: *Klang der Sprache. Neue Gedichte von Oda Schaefer.* In: *Tagesanzeiger*, Zürich, 05.06.1959.
Hohoff, Curt: *Lyrische Welterfahrung/Notizen zu neuen Gedichtbänden.* In: *SZ*, Nr. 117/118, Pfingsten 1959.
Carlsson, Anni: *Verwandeltes Grün.* In: *Deutsche Zeitung*, 06.06.1959.
gu.: *Oda Schaefer, Grasmelodie.* In: *Schleswiger Nachrichten*, 06.06.1959.
o.V. In: *Frankfurter Rundschau*, 09.06.1959.
Mudrich, Heinz: *Oda Schaefer.* In: *Saarbrücker Zeitung*, 13.06.1959.
gu.: *Oda Schaefer, Grasmelodie.* In: *Husumer Tageszeitung*, 04.07.1959.
Sippel, Kurt: *Lyrik der Gegenwart.* In: *Westdeutsche Allgemeine*, Essen, 14.07.1959.
RKH: *Oda Schaefer, Grasmelodie.* In: *Basler Nachrichten*, 17.07.1959.
o.V. In: *Oberhessische Presse*, 20.07.1959.
Strand, R.H.: *Oda Schaefer. Grasmelodie.* Sendung im Rundfunk, Österreichischer Rundfunk, Sendereihe *Bücherecke,* 30.07.1959.
kim.: *Neue Gedichte von Oda Schaefer.* In: *Mannheimer Morgen*, 08.08.1959.
Buchbesprechung im Rundfunk, Radio Vorarlberg, Dornbirn, 17.08.1959.
Horst, Eberhard: *Das weibliche Element. Zur deutschen Frauendichtung.* In: *Rheinische Post*, 29.08.1959.
Ibel, Rudolf: *Lyrik – traditionell und modern.* In: *Die Welt*, 29.08.1959.
Krolow, Karl: *Weniger Lyrik, doch bessere Lyrik.* In: *Ruhr-Nachrichten*, Nr. 276, 28./29.11.1959.
Stomps, V.O.: *Oda Schaefer in ihrer Dichtung.* In: *Deutsche Rundschau* 4 (1959).
Exner, Richard: *Oda Schaefer. Grasmelodie.* In: *Books Abroad*, University of Oklahoma Press. Norman, Oklahoma, U.S.A. From the Autumn 1959.
o.V.: *Was Lady gerne liest…* In: *Lady*, Konstanz, 8 (1959).
Glaßbrenner, Gerda: *Schaefer, Oda: Grasmelodie.* In: *Der Büchermarkt*, München 7 (1959).

Schw. U.K.: *Oda Schaefer, Grasmelodie*. In: *Die Diakonie Schwester*, Berlin, September 1959.
Meidinger-Geise, Inge: *Neue Gedichte*. In: *Die Welt der Frau*, 3 (1960).
o.V.: *Schaefer, Oda: Grasmelodie*. In: *Das Neue Buch*, Jg. 5, Nr. 2.
o.V.: *Das neue Buch*. In: *Düsseldorfer Nachrichten*, 18.06.1960.
o.V. In: *Zeitwende*, Hamburg, 2 (1961).
o.V.: *Oda Schaefer, Grasmelodie*. In: *Bücherschiff*, Limburg, 05.07.1962.
o.V.: Buchbesprechung. In: *Wort und Wahrheit*, H. 1 (1962).
Schmähling, Walter: *Lyrik*. Rezension im Nachlass ohne Hinweis auf den Namen der Zeitung und das Erscheinungsdatum.

[*Der Dandy*, 1964]:
R-G: *Die Löwen der Salons*. In: *Echo der Zeit*, Recklinghausen, 29.11.1964.
o.V.: *Das Neue Buch*. In: *Neue Tagespost. Zeitung für Stadt und Land Osnabrück*, 23.02.1965.
Böse, Georg: *Zwischen Amor und Spleen*. Sendung im Rundfunk, SR, 26.02.1965.
Böse, Georg: *„Von Dichtern, Dandies und kühnen Damen"*. [U.a. Oda Schaefer] Sendung im Rundfunk, Sender Freies Berlin, Literatur, 02.03.1965.
Skasa-Weiß, Eugen: *Spiegelkabinett der Dandys*. Name der Zeitung ist im Nachlass nicht angegeben, Erscheinungsdatum wohl 03.03.1965.
Wo.: *Zwischen Aufstieg und Fall. Das Bild des Dandy und die Gesellschaft*. In: *Nürnberger Zeitung*, 13.03.1965.
Fontana, Oskar Maurus: *Von Alkibiades zu den Beatles*. In: *Salzburger Nachrichten*, 28.08.1965.

[*Belle Epoque*, 1966]:
Streeb, Ewald: *Fassade*. In: *Donau-Kurier*, Ingolstadt, 04.06.1966.
PWJ: *Tante Vickis Reise*. In: *FAZ*, 05.06.1965.
o.V.: *Ein Zeitalter wird lebendig*. In: *Kirche und Rundfunk*, 05.06.1966.
Kolbe, Jürgen: *Belle Epoque*. In: *Die Zeit*, Nr. 24, 11.06.1965, S. 16.
Ziersch, Roland: *Altes Fräulein in der Belle Epoque*. In: *Münchner Merkur*, Juni 1966. Genaues Erscheinungsdatum fehlt im Nachlass.

[*Und fragst du mich, was mit der Liebe sei*, 1968]:
Kristoph, Helfa. Buchbesprechung im Rahmen der Sendung *Bücher-Boutique* im Rundfunk, WDR, 08.04.1968, II. Programm.
Jauslin-Simon, Ulrike: *Und fragst du mich, was mit der Liebe sei…* In: *Tagesanzeiger*, Zürich, 20.04.1968.
JK.N.: *Antwort auf eine unbequeme Frage*. In: *Zürichseezeitung*, 24.05.1968.
Frisé, Maria: *Mit Anmut. Feuilletons von Oda Schaefer*. In: *FAZ*, Nr. 130, 06.06.1968, S. 21.

Von Mutius, Dagmar: *Sie sind besser als ihr Ruf.* In: *Europäische Begegnung,* Berlin, Juni 1968.
o.V.: *Herzenserziehung.* In: *Norddeutsche Rundschau,* 09.08.1968.
Watson, Helga: *Anders als ihr Ruf.* In: *Der Tagesspiegel,* Nr. 6997, 15.09.1968, S. 49.
Held, Elisabeth: *Oda Schäfer, „Und fragst Du mich, was mit der Liebe sei..."* In: *Tagesanzeiger Parsburg,* 26.09.1969.
Mayer, Ruth: *Anwältin der Liebe.* In: *Abendblatt,* Schweiz, 17.10.1968.
o.V.: *Und fragst du mich, was mit der Liebe sei...* In: *Basler Volksblatt,* 23.10.1968.
Schneider, Georg: *Oda Schaefer: Und fragst du mich, was mit der Liebe sei.* In: *Die Tat,* Nr. 276, 23.11.1968, S. 36.
o.V.: *Und fragst du mich, was mit der Liebe sei.* In: *Die Ostschweiz,* 30.11.1968.
hrb: *»Und fragst du mich, was mit der Liebe sei...«* In: *Neue Zürcher Zeitung,* 10.12.1968.
Baumann, Rainer: *Marginalien zum Thema Liebe.* In: *Westermanns Monatshefte* Nr. 9 (1968).
Sd: *Doch nicht zum Antiquar!* In: *Frankfurter Neue Presse,* 08.05.1969.
Stöhr, Hans: *Oda Schaefer. Und fragst Du mich, was mit der Liebe sei. Rubrik: Für die Dame.* In: Name der Zeitschrift und Erscheinungsdatum fehlen im Nachlass.

[*Die schwarze Sonne,* 1968]:
E.W.: *Hans und Blanche sterben in Berlin. Oda Schäfers und Horst Langes Fernsehspiel „Die schwarze Sonne" im 1. Programm.* In: *WAZ Rundfunk und Fernsehen,* 22.06.1968 bis 28.06.1968.
o.V.: *Nacherzählung.* In: *FAZ,* Nr. 146, 1968.
Ruppmann, Stefanie: *Oda Schäfers dreifache Premiere. Die Schriftstellerin will ihre Memoiren schreiben.* In: *TELE-Merkur,* 22./23.06.1968.
Lange, H.A.: *Programm und Kritik. Am Sonntag ferngesehen.* In: *Südwestpresse,* 25.06.1968.
o.V.: *Romeo und Julia im Weltkrieg.* In: *Schwäbische Zeitung,* Nr. 146, 28.06.1968.
lig: *Wie bei Sudermann.* In: Angaben zum Namen der Zeitung und zum Erscheinungsdatum fehlen, Nachlass Schaefer/Lange, Manuskript Ms 141, Monacensia.
cuch: *Die schwarze Sonne.* In: *Münchner Merkur,* Erscheinungsdatum fehlt.
o.V.: *Romeo-Julia-Schnulze.* In: *Bild und Funk,* ohne Angabe des Erscheinungsdatums.
Fernsehkritik Wochenende. In: *Schau zu.* Erscheinungsdatum fehlt im Nachlass.

[*Auch wenn Du träumst, gehen die Uhren,* 1970]:
Schondorff, Joachim: *Immer ein wenig Furcht vor den Menschen. Oda Schaefers Lebenserinnerungen.* In: *Hannoversche Allgemeine Zeitung,* 15./16.08.1970.
Grunenberg, Angelika. Sendung im Rundfunk, WDR, *Bücherboutique,* 24.08.1970, II. Programm.

Glatt: *Schaefer, Oda. Auch wenn Du träumst, gehen die Uhren.* In: *Buchprofile,* 02.09.1971.
Frisé, Maria: *Buch der Freundschaft. Die Lebenserinnerungen von Oda Schäfer.* In: *FAZ,* 09.09.1970.
Schmidt, Roland: *Zwei alte Damen. Zu den Memoiren der wesensverwandten Autorinnen Ina Seidel und Oda Schaefer.* In: *Rheinische Post,* 12.09.1970.
Zivier, Georg: *Balten, Bayern und Berliner.* In: *Der Tagesspiegel,* Nr. 7607, 20.09.1970, S. 45.
Pfeiffer-Belli, Erich: *Reiche Erinnerungen. Oda Schaefers Familiengeschichten als Kulturgeschichte.* In: *SZ,* Nr. 228, 23.09.1970, S. 14.
Horn, Effi: *Nachzulesen bei Oda Schaefer.* In: *Münchner Merkur,* 24.09.1970.
Grunenberg, Angelika: *Eine selbsternannte Muse. Gemeistertes Leben anstatt „Chronique scandaleuse".* In: *Rheinischer Merkur,* Nr. 39, 25.09.1970, S. 34.
Günther, Joachim. Sendung im HR, Kulturelles Wort, 27.09.1970, I. Programm.
o.V.: *Eine halbe Generation jünger: Oda Schäfer.* In: *Tages-Anzeiger,* 28.09.1970.
o.V.: *„Auch wenn Du träumst, gehen die Uhren".* In: *Wiesbadener Tagblatt,* 01.10.1970.
K.A.: *Die Lebenserinnerungen der Gattin des Dichters Horst Lange.* In: *Liegnitzer Heimatbrief,* Nr. 20, 02.10.1970, S. 6.
Derndarsky, Duschan: *Auch wenn du träumst, gehen die Uhren.* In: *Salzburger Nachrichten,* 10.10.1970.
o.V.: *Berliner Kneipen und Weinstuben.* In: *Rhein-Neckar-Zeitung,* 10./11.10.1970.
Speckner, Georg Joseph: *Geprüftes Leben.* In: *Augsburger Allgemeine,* 16.10.1970.
o.V.: *In der Zucht der Jahre. Leider kein Bestseller.* In: *Wetzlarer Kreis Zeitung,* 23.10.1970.
Tank, Kurt Lothar: *Die deutsche Tragödie als Biographie.* In: *WELT am Sonntag,* Nr. 43, 25.10.1970, S. 26.
o.V.: *Gepflegte Farben.* In: *Der Spiegel,* 26.10.1970.
Deninger von Brentani, Maren: *Oda Schaefer. Auch wenn du träumst, gehen die Uhren.* In: *Montrealer Nachrichten,* 31.10.1970.
o.V.: *Auch wenn Du träumst, gehen die Uhren.* In: *Zuhause,* Oktober 1970.
Hoffbauer, Jochen. In: *Ostdeutscher Literaturanzeiger,* Oktober 1970, S. 193.
Rotzoll, Christa: *So schwebte sie. Oda Schaefers problematische Erinnerungen.* In: *Die Zeit,* Nr. 45, 06.11.1970, S. 33.
Bitter, Magdalena. In: *Hamburger Abendblatt,* 06.11.1970.
Schneider, Georg: *Teilhaberin unserer Zeit.* In: *Die Tat,* Nr. 262, 07.11.1970, S. 35.
ek: *Jahresringe.* In: *St. Galler Tagblatt,* 08.11.1970.
o.V.: *Auch wenn Du träumst, gehen die Uhren.* In: *Kitzinger Zeitung,* 13.11.1971.
bu: *Oda Schäfer. „Auch wenn du träumst, gehen die Uhren."* In: *Neue Osnabrücker Zeitung,* 14.11.1970.
Heuschele, Otto: *»Auch wenn Du träumst, gehen die Uhren«.* In: *Neue Zürcher Zeitung,* 14.11.1970.

WHT: *Trotz Trauer um Verlorenes das Leben bejahen.* In: *Kleine Zeitung,* 14.11.1970, S. 23.

Brückner, Christine: *Grundton der Güte. Oda Schaefers Lebenserinnerungen.* In: *Deutsches Allgemeines Sonntagsblatt,* Nr. 46, 15.11.1970, S. 23.

o.V.: *Auch wenn du träumst, gehen die Uhren. Zu Oda Schäfers Lebenserinnerungen.* In: *Sonntagsgruß,* Nr. 46, 15.11.1970, S. 7.

o.V.: *Auch wenn du träumst, gehen die Uhren.* In: *Passauer Neue Presse,* 24.11.1970.

E.H.St.: *Erzähltes Leben.* In: *Der Bund,* 25.11.1970.

A.L.: *Hymnus auf die Vergangenheit.* In: *Dpa-Buchbrief,* 26.11.1970, S. 24.

Engelhardt, Elisabeth: *Wie versunkene Schiffe. Oda Schäfers Lebenserinnerungen „Auch wenn du träumst, gehen die Uhren" bei Piper.* In: *Nürnberger Nachrichten,* 27.11.1970.

o.V.: *Oda Schaefers Lebenserinnerungen.* In: *Nordbayerischer Kurier,* 27.11.1970.

ste: *Oda Schaefer: „Auch wenn Du träumst, gehen die Uhren".* In: *Flensburger Tagblatt,* 04.12.1970.

o.V.: *Frauen erzählen aus ihrem Leben.* In: *Arbeiter-Zeitung,* Wien, 12.12.1970.

Böse, Georg: *Zwischen Idylle und Chaos.* In: *Saarbrücker Zeitung,* 12./13.12.1970.

o.V.: *Oda Schaefers Lebenserinnerungen.* In: *Hildesheimer Anzeiger,* 12./13.12.1970.

Leitenberger, Ilse: *Flaschenpost aus einer anderen Zeit.* In: *Die Presse,* Wien, 16.12.1970.

Böse, Georg: *Lieder auf der Windharfe.* In: *Mannheimer Morgen,* 19.12.1970.

Schneider, Georg: *Im dunklen Erdenhaus. Zu Oda Schaefers Autobiographie.* In: *Stuttgarter Zeitung,* Nr. 293, 19.12.1970.

Fischer, I.: *Für und Wider.* In: *Heilbronner Stimme,* 19.12.1970.

Böse, Georg: *Lieder auf der Windharfe. Zum 70. Geburtstag von Oda Schaefer am 21. Dezember.* In: *Fränkische Nachrichten,* 19.12.1970.

Landmann, Salcia: *Die goldenen zwanziger Jahre* im Rahmen der Sendung *ex libris* im Rundfunk, ORF, Wien, 19.12.1970, Österr. I.

o.V.: *Toilette bei Kerzenlicht. Aus Oda Schaefers Lebenserinnerungen.* In: *Hannoversche Allgemeine Zeitung,* 19./20.12.1970.

A.L.: *Hymnus auf die Vergangenheit.* In: *Telegraf,* 20.12.1970.

Frenzel, Christian Otto: *„Auch wenn Du träumst, gehen die Uhren." Oda Schaefer zum 70. Geburtstag.* In: *Hamburger Abendblatt,* 21.12.1970.

o.V.: *Berliner Kneipen, die es in sich hatten.* In: *Südwestpresse,* 21.12.1970.

Reimar, Richard: *„Insekt in der Bernsteinfalle".* In: *Reutlinger Generalanzeiger,* 21.12.1970.

Böse, Georg: *Für Sie gelesen – aus neuen Büchern.* Sendung im Rundfunk, BR, Kulturkritik, 21.12.1970.

Seringhaus, Will: *Zeit- und Charakterbild.* In: *General-Anzeiger der Stadt Wuppertal,* 23.12.1970.

GKW: *Zweimal begrabene Hoffnungen.* In: *Schwäbische Zeitung,* Nr. 294, 29.12.1970.

o.V. In: *Bücherschiff,* Nr. 4, 1970.

Schondorff, Joachim: *Auch wenn Du träumst, gehen die Uhren. Oda Schaefer erinnert sich*. In: *dbk*, Die Bücherkommentare, 8 (1970).
o.V.: *Oda Schaefer*. In: *Welt und Wort*, H. 11 (1970).
o.V. In: *Frau und Beruf* 1, Nov./Dez. 1970.
F.K.: *Lang, lang ist's her*. In: *K.St.A.*, Weihnachten 1970.
Baumann, Rainer: *Lyrisches Erinnern*. In: *Westermanns Monatshefte*, H. 11 (1970).
Günther, Joachim: *Oda Schaefer. Auch wenn du träumst, gehen die Uhren*. In: *Neue deutsche Hefte* 17 (1970), H. 4, S. 177-180.
Bütow, Hans: *Lebendiges aus dem alten Berlin*. In: *Die Welt der Literatur*, 07.01.1971.
GKW: *Zweimal begrabene Hoffnungen*. In: *Schwäbische Zeitung*, Nr. 6, Ausg. Ravensburg, 09.01.1971.
Anderle, Hans Peter: *In Fontanes Provinz. Zu Oda Schaefers Lebenserinnerungen*. In: *Publik*, 15.01.1971.
Herzog, W. H.: *Zum Sich-Erinnern wie geboren*. In: *Rheinpfalz*, 23.01.1971.
ams: *Die Erinnerung einer Dichterin*. In: *Du selbst*, Januar 1971.
Ryssel, Fritz Heinrich: *Selbstbehauptung und Liebe*. In: *Gustav-Adolf-Blatt*, Januar 1971.
Leshinsky, Tanja: *Zeugnis der inneren Emigration*. In: *Basler Nachrichten*, 10.02.1971.
Niedermayer: *Oda Schäfer*. In: *Dt. Tagespost*, 05./06.03.1971.
K., M.C.: *Entzückt von der eigenen Mädchenzeit*. In: *Berliner Morgenpost*, 12.03.1971, S. 21.
Zum Lesen empfohlen. Mit einer Einführung von Jürgen Eggebrecht. Sendung im Rundfunk, NDR, Kulturelles Wort, 25.03.1971, NDR 3.
Boltendal, R.: *Drie vrouwenlevens*. In: *Bijlage Leeuwarder Courant*, 03.04.1971.
El. B.-W (BSF): *„Auch wenn Du träumst, gehen die Uhren"*. In: *Oberländisches Volksblatt*, Interlaken, 23./24.04.1971.
o.V.: *Vom BSF empfohlene Neuerscheinungen*. In: *Schweizer Frauenblatt Winterthur*, 14.05.1971.
v. S.-H., W. In: *Nachrichtenblatt der Baltischen Ritterschaften*, Juni 1971.
Ahl, Herbert: *Die freien und die unfreien Jahre*. In: *Diplomatischer Kurier*, 07.07.1971.
Fehling, Gisela. Sendung im Rundfunk, Sender Freies Berlin, Das Thema, 04.08.1971.
Spies, Gisela. Im Rahmen der Sendung *Gut aufgelegt* im Rundfunk, SDR, Abteilung Familie, Frau, Modernes Leben, 14.08.1971.
hom: *Trotz aller Trauer das Leben bejahen*. In: *Mannheimer Morgen*, 02.09.1971.
K.S.: *Oda Schaefer*. In: *Schlesien*, Dezember 1971.
Dr. Schondorff, Joachim. In: *Neue Bücherei*, München 1 (1971).
Glaser, Martha: *Der schwache Lobgesang*. In: *Zeitwende* 42 (1971), S. 137-138.
wom: *Schaefer, Oda: Auch wenn Du träumst, gehen die Uhren*. In: *Antiquariat* 2 (1971).
Hamecher, Alice: *Oda Schäfer. Auch wenn Du träumst, gehen die Uhren*. In: *Mitteilungen des Vereins für die Geschichte Berlins*, Nr. 6 (1971).
Penkert, Sibylle. In: *Germanistik* (1971), H. 3, S. 637f.

Anderle, Hans Peter: *In Fontanes Provinz. Zu den Lebenserinnerungen Oda Schaefers*. In: *Der Literat. Zeitschrift für Literatur und Kunst* 13 (1971), S. 151f.

Pollak, Robert: *Oda Schaefer. Auch wenn Du träumst, gehen die Uhren*. In: *Wiener Bücherbriefe* 3 (1972).

o.V.: *Oda Schaefer. Auch wenn Du träumst, gehen die Uhren*. In: *Zahnärztliche Mitteilungen*, 3 (1972).

Enden, Hans: *Schaefer, Oda. Auch wenn Du träumst, gehen die Uhren. Lebenserinnerungen*. In: *Schlesien* 21 (1976), S. 53f.

Stahl, Hermann: *Erinnerungen*. In: *Rundschau*, 07.11. Erscheinungsjahr fehlt im Nachlass.

[*Der grüne Ton*, 1973]:

Albers, Heinz: *Finnlands Dichter stellen sich vor. Anmerkungen zu neuerschienenen Gedichtbänden*. In: *Hamburger Abendblatt*, 21.09.1973.

a-tz. Unter der Rubrik „Lyrik". In: *Welt am Sonntag*, 23.09.1973.

o.V.: *Unsere Bücherecke. Oda Schaefer: „Der grüne Ton"*. In: *Haller Kreisblatt*, 11.10.1973.

Krolow, Karl: *Das verwandelte Grün. Späte und frühe Gedichte Oda Schaefers*. In: *FAZ*, Nr. 238, 12.10.1973, S. 31.

Meidinger-Geise, Inge: *Lebendige Legende*. In: *Die Tat*, Nr. 250, 27.10.73, S. 31.

Schmidt, Hans Dieter: *Der grüne Ton. Gedichtband von Oda Schäfer*. In: *Main-Echo*, 16.11.1973.

Horst, Eberhard. Sendung im Rundfunk, HR, Kulturelles Wort, 24.11.1973, II. Programm.

Kramberg, K.H.: *Bis in die siebente Schicht. Oda Schaefers frühe und späte Gedichte*. In: *SZ*, 06.12.1973, Nr. 282, S. 5.

Hohoff, Curt: *Traumglück der Vergänglichkeit*. In: *Schwäbische Zeitung*, Nr. 289, 14.12.1973.

Hohoff, Curt: *Oda Schaefers späte Gedichte*. In: *Rheinische Post*, Nr. 291, 15.12.1973.

Krolow, Karl: *Der grüne Ton u.a. Töne. Deutsche Gedichte in Neuerscheinungen*. In: *Der Tagesspiegel*, Nr. 8598, 23.12.1973, S. 35.

o.V.: *Oda Schaefer, Der grüne Ton*. In: *Bücherschiff*, 3 (1973), S. 92.

Ude, Karl: *Schaefer, Oda: Der grüne Ton*. In *Welt und Wort* 4 (1973), S. 441.

Heuschele, Otto: *»Mut zur beständigen Liebe«. Gedichte Oda Schaefers*. In: *Neue Zürcher Zeitung*, Nr. 13, 09.01.1974, S. 23.

W.M.N.: *Neue Lyrik*. In: *Wiener Zeitung*, 10.01.1974.

Meidinger-Geise, Inge. Im Rahmen der Sendung *Literarische Umschau* im Rundfunk, Radio Bremen, 07.02.1974.

C.H.: *Oda Schaefers späte Gedichte*. In: *Die Presse*, 16./17.02.1974, S. 5.

Buchbesprechung. Sendung im Rundfunk, BR, 27.03.1974.

Klanggedichte. In: *Rhein-Zeitung*, 03.04.1974.

Horst, Eberhard: *Oda Schaefer: Späte und frühe Verse. Gegen die Dunkelheit der Welt.* In: *Die Welt*, Nr. 107, 09.05.1974, S. 3.

o.V.: *Oda Schäfer: Der grüne Ton.* In: *Bayernkurier*, 08.06.1974.

h.: *Grüne Poesie.* In: *AZ*, 16.06.1974.

Haenicke, D.H.: *Oda Schaefer. Der grüne Ton.* In: *Books abroad. An international literary quarterly.* Norman Oklahoma 73069 USA, January 1975.

D.S.-K.: *Späte und frühe Gedichte von Oda Schaefer.* In: *Schweizer Monatshefte* 57 (1977/78), H. 5, S. 409f.

Krolow, Karl: *Schleier von Melancholie. Oda Schaefers Lyrik.* In: *Hannoversche Allgemeine*, Erscheinungsdatum ist im Nachlass nicht angegeben.

[*Die Haut der Welt*, 1976]:

Schm.: *Kleine Kostbarkeiten.* In: *Wiener Zeitung*, 21.05.1977.

aw.: *Prosa-Impressionen. Oda Schaefer und die Bilder der Impressionisten.* In: *Solinger Tageblatt*, 09.10.1976.

H.A.: *Welt wird gegenwärtig.* In: *Gladbacher Tagblatt*, 06.11.1976.

Wallmann, Jürgen P.: *Unter der Glasglocke. Geschichten und Skizzen von Oda Schaefer.* In: *Deutsche Zeitung*, Nr. 46, 12.11.1976, S. 12.

Johann, Ernst: *Schülerin des magischen Realismus. Oda Schäfers gesammelte Erzählungen „Die Haut der Welt".* In: *FAZ*, Nr. 259, 16.11.1976, S. 26.

Wallmann, Jürgen P.: *Altmodische Geschichten, damenhaft und dezent erzählt.* In: *Mannheimer Morgen*, Nr. 268, 19.11.1976, S. 36.

E.E.: *»Die Haut der Welt«. Oda Schäfers dokumentarische Erzählungen aus der Zeit des zweiten Weltkriegs.* In: *Erlanger Tagblatt*, 28.11.1976.

Kissner, Joseph: *Die Welt des Buches (245). Buecher fuer den Weihnachtstisch.* In: *Deutsche Zeitung* (Brasilien), 06.12.1976.

Wallmann, Jürgen P.: *Oda Schaefers besinnliche Schreibkunst.* In: *Die Tat*, Nr. 297, 17.12.1976, S. 25.

S.L.: *Oda Schaefer, Die Haut der Welt.* In: *Anhaltspunkte* 6 (1976).

o.V.: *Libellenflügel.* In: *chic*, Nr. 12/1976.

o.V.: *Frauenporträts.* In: *AZ*, 22.01.1977.

Buchbesprechung im Rahmen der Sendung *Lesezeichen* im Rundfunk, SDR, Abteilung Literatur und Kunst, 26.01.1977.

Wallmann, Jürgen P.: *Inständigkeit der Stimme. „Erzählungen und Augenblicke" – Auswahl aus Oda Schaefers Werk.* In: *Der Tagesspiegel*, Nr. 9531, 30.01.1977, S. 61.

Buchbesprechung im Rahmen der Sendung *Kärntner Bücherecke* im Rundfunk, ORF, Klagenfurt, 31.01.1977.

Wallmann, Jürgen P.: *Wehmut in Gedanken an ein besseres Gestern.* In: *Schwäbische Zeitung*, Nr. 28, 04.02.1977.

Oda Schäfer: *Die Haut der Welt.* Angezeigt von Werner Illing. Im Rahmen der Sendung *Lesezeichen* im Rundfunk, Südfunk, 16.02.1977.

o.V.: *Die Haut der Welt.* In: *Landeszeitung Lüneburg*, 03.03.1977.

hz.: *Mit der Natur innig verbunden.* In: *Hamburger Abendblatt,* Nr. 87, 15.04.1977, S. 9.

Buchbesprechung im Rahmen der Sendung *Literarische Umschau* im Rundfunk, Radio Bremen, HA Kultur, 16.06.1977.

o.V.: *Oda Schaefer. Die Haut der Welt.* In: *World Literature Today,* Summer 1977.

Meidinger-Geise, Inge: *Oda Schaefer: Die Haut der Welt.* In: *Die Welt der Bücher,* Ostern 1977.

P.B. In: *Westermanns Monatshefte* 1 (1977).

Dempf, Anneliese: *Schweres Leben.* In: *Salzburger Nachrichten,* 28.01.1978.

[*Die leuchtenden Feste über der Trauer,* 1977]:

o.V.: *Die leuchtenden Feste über der Trauer.* In: *Siegener Zeitung,* 18.04.1977.

o.V.: *Sie bömakelten alle. Ein „Fernkurs in Böhmisch" – Mentalität und Sprache.* In: *Neue Osnabrücker Zeitung,* 29.04.1977.

ha: *Wie Menschen einander helfen.* In: *Hamburger Abendblatt,* 06.05.1977.

Seybold, Eberhard. In: *Frankfurter Neue Presse,* 07.05.1977.

Rasch, Wolfdietrich: *Am Ende der Schreckenszeit. Oda Schaefers Erinnerungen „Die leuchtenden Feste über der Trauer".* In: *FAZ,* Nr. 108, 10.05.1977, S. 22.

Horst, Eberhard: *Ein tapferes Leben. Oda Schaefers Nachkriegszeit.* In: *Rheinischer Merkur,* Nr. 23, 10.06.1977, S. 28.

Schultze, Sabine: *Feste über der Trauer. Abermals Erinnerungen von Oda Schäfer.* In: *Rhein-Neckar-Zeitung,* Nr. 143, 25./26.06.1977, o.S.

HA: *Erinnerungen.* In: *WAZ,* 16.07.1977.

o.V.: *»Die leuchtenden Feste über der Trauer«. Oda Schaefers Erinnerungen aus der Nachkriegszeit.* In: *Neue Zürcher Zeitung,* Nr. 194, 21./22.08.1977, S. 25.

A.B.: *Die Jahre danach.* In: *Hessische Allgemeine,* 22.08.1977.

Kuehnelt-Leddihn, Erik: *Die große Erwartung.* Sendung im Rundfunk, ORF, 10.09.1977.

Stolte-Adelt, Gertrud: *Oda Schaefer oder eine feminine Frau.* In: *Welt am Sonntag,* 02.10.1977.

o.V.: *Leuchtende Feste über der Trauer.* In: *Solothurner Zeitung,* 06.10.1977.

Schultze, Sabine: *Feste über der Trauer. Oda Schaefers Erinnerungen.* In: *Die Zeit,* 14.10.1977.

Beckelmann, Jürgen: *Reverenz vor drei schreibenden Damen.* In: *Mannheimer Morgen,* Nr. 265, 17.11.1977, S. 38.

Cencig: *Schaefer, Oda: Die leuchtenden Feste über der Trauer.* In: *Bücherei-Nachrichten,* Österreich, November 1977.

Buchbesprechung im Rahmen der Sendung *Büchertips für Weihnachten* im Rundfunk, BR, 04.12.1977, Bay. I.

Horst, Eberhard: *Oda Schaefer: Die leuchtenden Feste über der Trauer.* In: *Neue Deutsche Hefte* 24 (1977), S. 589-590.

o.V.: *„Die leuchtenden Feste über der Trauer".* In: *Brigitte,* 13 (16.06.1977).

Kricheldorff, Hans: *Aus der Nachkriegszeit. Oda Schaefers Erinnerungsbuch ›Die leuchtenden Feste über der Trauer‹.* In: *Neue Rundschau* 88 (1977), S. 640-641.
Raus, Michel: *Über die gelegentliche Unmöglichkeit der Kritik.* In: Name der Zeitung fehlt im Nachlass, Nr. 3, 20.01.1978.
P.H.: *Stille Erinnerungen der ersten Nachkriegszeit.* In: *Die Presse*, 18./19.02.1978, S. 20.
Plakolb, Ludwig. Rezension im Rahmen der Sendung *Kärntner Bücherecke* im Rundfunk, ORF, 06.03.1978.
o.V.: „*Die leuchtenden Feste über der Trauer*". In: *Wiener Zeitung*, 10.03.1978.
Willeke, Audrone B.: *Oda Schaefer. Die leuchtenden Feste über der Trauer.* In: *World Literature Today*/Books abroad 51 (1978), S. 624.

[*Wiederkehr*, 1985]:
Albers, Heinz: *Die Wiederkehr alles Lebendigen. Gedichte von O. Schaefer und G. Joedicke.* In: *Hamburger Abendblatt*, Nr. 60, 12.03.1986, S. 24.

Sekundärliteratur zu Oda Schaefer

Eggebrecht, Jürgen: *Laudatio auf Oda Schaefer.* In: *Welt und Wort* 26 (1971), S. 72f.
Horst, Eberhard: *Gegen die Dunkelheit der Welt. Oda Schaefer.* In: Horst, Eberhard: *Geh ein Wort weiter. Aufsätze zur Literatur*, Düsseldorf: Claassen 1984, S. 130-134.
Leuschner, Ulrike: *Wunder und Sachlichkeit. Oda Schaefer und die Frauen der »Kolonne«.* In: Ziegler, Edda (Hg.): *Der Traum vom Schreiben. Schriftstellerinnen in München 1860 bis 1960*, München: A1 Verlag 2000, S. 137-153.
Leuschner, Ulrike: *»Das Unsagbare benennen«. Ein Nachtrag zum 100. Geburtstag der Lyrikerin und Feuilletonistin Oda Schaefer am 21. Dezember 2000.* In: *Literatur in Bayern*, H. 63, März 2001, S. 77-80.
Marhoff, Lydia: *Zwischen Abwehr und Anpassung. Strategien der Realitätsverarbeitung in den Texten nichtfaschistischer junger Autorinnen von 1930-1945*, Berlin: wbv 2002.
Strohmeyr, Armin: *Tief in deinem Wunder, sterniger Holunder. Ein Porträt zum 100. Geburtstag der Dichterin Oda Schaefer.* In: *MUT. Forum für Kultur, Politik und Geschichte*, Nr. 401, Januar 2001, S. 72-87.

Sekundärliteratur

Ackermann, Gregor/Brodersen, Momme: *Hans Sahl. Eine Bibliographie seiner Schriften.* Mit einem Vorwort von Edzard Reuter, Marbach am Neckar: Deutsche Schillergesellschaft 1995.
Adorno, Th.W.: *Jargon der Eigentlichkeit*, Frankfurt/M.: Suhrkamp 1964.

Ankenbrand, Stephan: *Meister in Poesie und Prosa. Kleine deutsche Literaturgeschichte*, München: Verlag Martin Lurz 1966.

Arndt, Erwin: *Deutsche Verslehre. Ein Abriss*, Berlin: Volk und Wissen Verlag 1990.

Arnold, Heinz Ludwig (Hg.): *Die Gruppe 47. Ein kritischer Grundriß*, Text + Kritik, Sonderband, München: edition text + kritik 1980.

Assmann, Michael/Heckmann, Herbert (Hg): *Zwischen Kritik und Zuversicht. 50 Jahre Deutsche Akademie für Sprache und Dichtung*, Göttingen: Wallstein Verlag 2000.

Balzer, Bernd/Mertens, Volker (Hg.): *Deutsche Literatur in Schlaglichtern*, Mannheim, Wien, Zürich: Meyers Lexikonverlag 1990.

Bänziger, Hans: *Werner Bergengruen. Weg und Werk*, Bern, München: Francke Verlag 1983.

Barner, Wilfried (Hg.): *Geschichte der deutschen Literatur von 1945 bis zur Gegenwart*, München: Beck 1994.

Becker, Udo: *Lexikon der Symbole*, Köln: Komet Verlag 1992.

Bergengruen, Werner: *Dies irae*, Zürich: Arche 1945.

Bernhard, Hans Joachim u.a.: *Geschichte der deutschen Literatur. Literatur der Bundesrepublik Deutschland*, Berlin: Volk und Wissen Volkseigener Verlag 1983.

Besch, Heribert: *Dichtung zwischen Vision und Wirklichkeit. Eine Analyse des Werkes von Hermann Kasack mit Tagebuchedition (1930-1943)*, St. Ingbert: Werner J. Röhrig Verlag 1992.

Betz, Albrecht/Faber, Richard (Hg.): *Kultur, Literatur und Wissenschaft in Deutschland und Frankreich. Zum 100. Geburtstag Robert Minders*, Würzburg: Königshausen & Neumann 2004.

Beutin, Wolfgang u.a. (Hg.): *Deutsche Literaturgeschichte. Von den Anfängen bis zur Gegenwart*, 6., verbesserte und erweiterte Auflage, Stuttgart, Weimar: Metzler 2001.

Bienek, Horst: *Werkstattgespräche mit Schriftstellern*, 3., vom Autor durchgesehene und erweiterte Ausgabe, München: dtv 1976.

Binder, Alwin u.a.: *Einführung in Metrik und Rhetorik*, 5. Auflage, Frankfurt/M.: Scriptor 1987.

Böttcher, Kurt u.a. (Hg.): *Lexikon deutschsprachiger Schriftsteller. 20. Jahrhundert*, Hildesheim, Zürich, New York: Georg Olms Verlag 1993.

Böttcher, Kurt/Geerdts, Hans Jürgen: *Kurze Geschichte der deutschen Literatur*, Berlin: Volk und Wissen Volkseigener Verlag 1981.

Brauneck, Manfred (Hg.): *Autorenlexikon deutschsprachiger Literatur des 20. Jahrhunderts*, Reinbek bei Hamburg: Rowohlt 1991.

Brehms Neue Tierenzyklopädie, Band 11: *Wirbellose*, Gütersloh: Bertelsmann Lexikothek Verlag 1996.

Brinker-Gabler, Gisela (Hg.): *Deutsche Literatur von Frauen*. Zweiter Band: *19. und 20. Jahrhundert*, München: Beck 1988.

Brockmann, Stephen: *Inner Emigration. The Term and Its Origins in Postwar Debates.* In: Donahue, Neil H./Kirchner, Doris (Hg.): *Flight of fantasy. New Perspectives on Inner Emigration in German Literature, 1933-1945*, New York, Oxford: Berghahn Books 2003, S. 11-26.

Budke, Petra/Schulze, Jutta: *Schriftstellerinnen in Berlin 1871 bis 1945. Ein Lexikon zu Leben und Werk*, Berlin: Orlanda Frauenverlag 1995.

Das Neue Testament. Einheitsübersetzung der Heiligen Schrift, 5. Auflage, Stuttgart: Katholische Bibelanstalt, Deutsche Bibelstiftung/Klosterneuburg: Österreichisches Katholisches Bibelwerk 1983.

Dauthendey, Max: *Gesammelte Werke in sechs Bänden.* Vierter Band: *Lyrik und kleinere Versdichtungen*, München: Albert Langen 1925.

Deich, Andrea: *Felix Hartlaub. Zwischen Magischem Realismus und Neuer Sachlichkeit.* In: Delabar, Walter (Hg.): *Banalität mit Stil. Zur Widersprüchlichkeit der Literaturproduktion im Nationalsozialismus*, Bern, Berlin, Frankfurt/M., New York, Paris, Wien: Lang 1999, S. 259-283.

Der neue Pauly. Enzyklopädie der Antike, Band 11, Stuttgart, Weimar: Metzler 2001.

Döring, Jörg: *»ich stellte mich unter, ich machte mich klein…« Wolfgang Koeppen 1933-1948*, Frankfurt/M., Basel: Stroemfeld/Nexus 2001.

Dollinger, Hermann (Hg.): *Hörspielsendungen 1945-1965. Radio München. Bayerischer Rundfunk. Eine Dokumentation*, München 1967.

Donahue, Neil H.: *Introduction. „Coming to Terms" with the German Past.* In: Donahue, Neil H./Kirchner, Doris (Hg.): *Flight of fantasy. New Perspectives on Inner Emigration in German Literature, 1933-1945*, New York, Oxford: Berghahn Books 2003, S. 1-9.

Donahue, Neil H.: *Karl Krolow and the Poetics of Amnesia in Postwar Germany*, New York: Camden House 2002.

Doster, Ute: *Elisabeth Langgässer, 1899-1950*, Marbach am Neckar: Deutsche Schillergesellschaft 1999.

Dyck, Joachim/Hof, Holger/Krause Peter D. (Hg.): *Benn Jahrbuch 2003. 1*, Stuttgart: Klett-Cotta 2003.

Ehrke-Rotermund, Heidrun/Rotermund, Erwin: *Zwischenreiche und Gegenwelten. Texte und Vorstudien zur „verdeckten Schreibweise" im „Dritten Reich"*, München: Fink 1999.

Engel, Manfred (Hg.): *Rilke-Handbuch. Leben-Werk-Wirkung.* Unter Mitarbeit von Dorothea Lauterbach, Stuttgart, Weimar: Metzler 2004.

Engler, Jürgen: *„Geistige Führer" und „arme Poeten". Autorenbilder der Nachkriegszeit.* In: Heukenkamp, Ursula (Hg.): *Unterm Notdach. Nachkriegsliteratur in Berlin 1945-1949*, Berlin: Erich Schmidt 1996, S. 47-87.

Erich, Oswald A./Beitl, Richard: *Wörterbuch der deutschen Volkskunde*, 3. Auflage, Stuttgart: Kröner 1974, unveränderter Nachdruck 1996, S. 513.

Estermann, Alfred (Hg.): *Wolfgang Koeppen. Muß man München nicht lieben?* Frankfurt/M.: Insel 2002.

Fähnders, Walter: *Avantgarde und Moderne 1890-1933*, Stuttgart, Weimar: Metzler 1998.
Fischer, E. Kurt (Hg.): *Dokumente zur Geschichte des deutschen Rundfunks und Fernsehens*, Göttingen, Berlin, Frankfurt/M.: Musterschmidt Verlag 1957.
von Gersdorff, Dagmar: *Marie Luise Kaschnitz. Eine Biographie*, zweite Auflage, Frankfurt/M.: Insel 1993.
Görtz, Franz Josef: *Lehrstück über einen deutschen Schriftsteller*. In: Vieregg, Axel (Hg.): *„Unsere Sünden sind Maulwürfe". Die Günter-Eich-Debatte*, Amsterdam, Atlanta: Rodopi 1996, S. 49-51.
Göttsche, Dirk (Hg): *»Für eine aufmerksamere und nachdenklichere Welt«. Beiträge zu Marie Luise Kaschnitz*, Stuttgart, Weimar: Metzler 2001.
Goodbody, Axel: *Natursprache. Ein dichtungstheoretisches Konzept der Romantik und seine Wiederaufnahme in der modernen Naturlyrik (Novalis – Eichendorff – Lehmann – Eich)*, Neumünster: Wachholtz 1984.
Grant, Michael/Hazel, John: *Lexikon der antiken Mythen und Gestalten*, 12. Auflage, München: dtv 1996.
Gregor-Dellin, Martin/Endres, Elisabeth (Hg.): *P.E.N. – Schriftstellerlexikon Bundesrepublik Deutschland*, München: Piper 1982.
Haarmann, Hermann: *Vorbemerkung*. In: Haarmann, Hermann (Hg.): *Katastrophen und Utopien. Exil und Innere Emigration (1933-1945). Das 2. Berliner Symposion – nebst 95 unveröffentlichten Briefen von Carl Sternheim*, Berlin: Bostelmann & Siebenhaar 2002, S. 7-12.
Hanuschek, Sven (Hg.): *Erich Kästner. „Dieses Naja!, wenn man das nicht hätte!"*, Zürich: Atrium Verlag 2003.
Hanuschek, Sven: *»Keiner blickt dir hinter das Gesicht«. Das Leben Erich Kästners*, München: dtv 2003.
Hanuschek, Sven: *Geschichte des bundesdeutschen PEN-Zentrums von 1951 bis 1990*, Tübingen: Max Niemeyer Verlag 2004.
Hartl, Peter (Hg.): *Ursula von Kardorff. Berliner Aufzeichnungen 1942 bis 1945*. Unter Verwendung der Original-Tagebücher neu herausgegeben und kommentiert, zweite Auflage, München: dtv 1997.
Hay, Gerhard: *Vorwort*. In: Hay, Gerhard (Hg.): *Zur literarischen Situation 1945-1949*, Kronberg: Athenäum-Verlag 1977.
Hay, Gerhard u.a.: *»Als der Krieg zu Ende war«. Literarisch-politische Publizistik 1945-1950*, 3., unveränderte Auflage, Marbach: Deutsche Schillergesellschaft 1986.
von Hellermann, Dorothee: *Gerhard von Kügelgen (1772-1820). Das zeichnerische und malerische Werk*, Berlin: Dietrich Reimer Verlag 2001.
Hermlin, Stephan (Hg.): *Georg Heym. Gedichte*, Frankfurt/M.: Suhrkamp 1966.
Hoffmann, Elisabeth (Hg.): *Langgässer, Elisabeth: Briefe 1924 – 1950*, Band 1, Düsseldorf: Claassen 1990.
Hoffmann, Elisabeth (Hg.): *Langgässer, Elisabeth: Briefe 1924 – 1950*, Band 2, Düsseldorf: Claassen 1990.

Holthusen, Hans Egon: *Deutsche Literatur nach dem Zweiten Weltkrieg*. In: Holthusen, Hans Egon: *Der unbehauste Mensch. Motive und Probleme der modernen Literatur*, 3. Auflage, München: Piper 1955.

Holthusen, Hans Egon: *Porträt eines jungen Mannes, der freiwillig zur SS ging*. In: *War ich ein Nazi? Politik-Anfechtung des Gewissens*, München, Bern, Wien: Rütten + Loening Verlag in der Scherz Gruppe 1968, S. 39-79.

Horst, Karl August: *Die deutsche Literatur der Gegenwart*, München: Nymphenburger 1957.

John, Helmut/Neumann, Lonny (Hg.): *Hermann Kasack – Leben und Werk*. Symposium 1993 in Potsdam, Frankfurt/M.: Peter Lang 1994.

Kapfer, Herbert (Hg.): *Vom Sendespiel zur Medienkunst. Die Geschichte des Hörspiels im Bayerischen Rundfunk. Das Gesamtverzeichnis der Hörspielproduktion des Bayerischen Rundfunks 1949-1999*, München: belleville Verlag 1999.

Keckeis, Hermann: *Das deutsche Hörspiel 1923-1973. Ein systematischer Überblick mit kommentierter Bibliographie*, Frankfurt/M.: Athenäum 1973.

Ketelsen, Uwe-K.: *Die dreißiger und vierziger Jahre*. In: Hinderer, Walter (Hg.): *Geschichte der deutschen Lyrik vom Mittelalter bis zur Gegenwart*, 2., erweiterte Auflage, Würzburg: Königshausen & Neumann 2001, S. 477-501.

Killy, Walther (Hg.): *Literaturlexikon. Autoren und Werke deutscher Sprache*, Bd. 10, München: Bertelsmann 1991.

Kirchner, Doris: *Doppelbödige Wirklichkeit: Magischer Realismus und nicht-faschistische Literatur*, Tübingen: Stauffenburg-Verl. 1993.

Knittel, Anton Philipp: *Zwischen Idylle und Tabu. Die Autobiographien von Carl Gustav Carus, Wilhelm von Kügelgen und Ludwig Richter*, Dresden: Thelem bei w.e.b. 2002.

Knörrich, Otto: *Die deutsche Lyrik der Gegenwart 1945-1970*, Stuttgart: Kröner 1971.

Kolb, Richard: *Das Horoskop des Hörspiels*, Berlin-Schöneberg: Max Hesses Verlag 1932.

Kolbenhoff, Walter: *Schellingstraße 48. Erfahrungen mit Deutschland*, Frankfurt/M.: Fischer 1984.

Korte Hermann: *Deutschsprachige Lyrik seit 1945*, 2., völlig neu bearbeitete Auflage, Stuttgart, Weimar: Metzler 2004.

Kreuder, Ernst: *»Man schreibt nicht mehr wie früher«. Briefe an Horst Lange*. In: Born, Nicolas und Manthey, Jürgen (Hg.): *Literaturmagazin 7. Nachkriegsliteratur*, Reinbek bei Hamburg: Rowohlt 1977, S. 209-231.

Kröll, Friedhelm: *Literaturpreise nach 1945. Wegweiser in die Restauration*. In: Hermand, Jost/Peitsch, Helmut/Scherpe, Klaus R. (Hg.): *Nachkriegsliteratur in Westdeutschland 1945-49. Schreibweisen, Gattungen, Institutionen*, Berlin: Argument-Verlag 1982, S. 143-164.

Krolow, Karl: *Gesammelte Gedichte I*, Frankfurt/M.: Suhrkamp 1985.

Krug, Hans-Jürgen: *Kleine Geschichte des Hörspiels*, Konstanz: UKV Verlagsgesellschaft mbH 2003.

Kunisch, Hermann (Hg.): *Handbuch der deutschen Gegenwartsliteratur*, München: Nymphenburger 1965.

Kurscheidt, Georg (Hg.): *Friedrich Schiller. Sämtliche Gedichte und Balladen*, Jubiläumsausgabe, Frankfurt/M., Leipzig: Insel Verlag 2004.

Kutsch, Arnulf: *Deutsche Rundfunkjournalisten nach dem Krieg. Redaktionelle Mitarbeiter im Besatzungsrundfunk 1945-1949. Eine explorative Studie.* In: *Mitteilungen StRuG* 12 (1986), S. 191-214.

Kwaschik, Anne: *Kultur und Literatur in Deutschland und Frankreich. Robert Minders Beitrag zur Mentalitätenhistoriographie*, (in Vorbereitung, 2005).

Lange, Horst: *Landschaftliche Dichtung*. In: *Der weiße Rabe* 2, H. 5/6, 1933, S. 21-26.

Lange, Horst: *Gedichte aus zwanzig Jahren*, München: Piper 1948.

Lennartz, Franz: *Deutsche Schriftsteller der Gegenwart. Einzeldarstellungen zur Schönen Literatur in deutscher Sprache*, 11., erweiterte Auflage, Stuttgart: Kröner 1978.

Leuschner, Ulrike: *Koeppen in München. Eine Bestandsaufnahme im Monacensia-Literaturarchiv.* In: Häntzschel, Günter/Leuschner, Ulrike/Müller-Waldeck, Gunnar/Ulrich, Roland (Hg): *Jahrbuch der Internationalen Wolfgang Koeppen-Gesellschaft*, München: Iudicium Verlag 2001, S. 211-225.

Lexikon der Alten Welt, Zürich, Stuttgart: Artemis Verlag 1965.

Meckel, Christoph: *SUCHBILD. Über meinen Vater*, Frankfurt/M.: Fischer Taschenbuch Verlag 1983.

Mein liebstes Weihnachtsbuch, Erlangen: Pestalozzi-Verlag 1977.

Mierau, Fritz: *Das Verschwinden von Franz Jung. Stationen einer Biographie*, Hamburg: Edition Nautilus 1998.

Mierau, Sieglinde und Fritz (Hg.): *Franz Jung. Briefe 1913-1963. Werke 9/1*, Hamburg: Edition Nautilus 1996.

Milch, Werner: *Magische Dichtung*. In: *Der weiße Rabe* 2, H. 3/4, 1933, S. 1-4.

Minder, Robert: *Das Bild des Pfarrhauses in der deutschen Literatur von Jean Paul bis Gottfried Benn.* In: Minder, Robert: *Kultur und Literatur in Deutschland und Frankreich. Fünf Essays*, Frankfurt/M.: Insel 1962, S. 44-72.

Minder, Robert: „*Lesebuch als Explosionsstoff*". In: *SZ*, Nr. 143/144, Juni 1967. In: Beyer, Manfred (Hg.): *Robert Minder. Die Entdeckung deutscher Mentalität*, Leipzig: Reclam 1992, S. 156-170.

Moser, Dietz-Rüdiger (Hg.): *Lexikon der deutschsprachigen Gegenwartsliteratur seit 1945*, Band 2: K-Z, München: Nymphenburger 1997.

Müller-Waldeck, Gunnar: *Wolfgang Koeppen – Zeittafel.* In: Müller-Waldeck, Gunnar/Gratz, Michael (Hg.): *Wolfgang Koeppen – Mein Ziel war die Ziellosigkeit*, Hamburg: Europäische Verlagsanstalt 1998.

Nijssen, Hub: *Der heimliche König. Leben und Werk von Peter Huchel*, Würzburg: Königshausen & Neumann 1998.

Nijssen, Hub (Hg.): Peter Huchel. *Wie soll man da Gedichte schreiben. Briefe 1925-1977*, Frankfurt/M.: Suhrkamp 2000.

Nijssen, Hub: *Über die Widerstandskraft der Vernunft. Huchel, Eich und Lange, junge Autoren unter der Hitler-Diktatur.* In: Haefs, Wilhelm/Schmitz, Walter (Hg.): *Martin Raschke (1905-1943). Leben und Werk*, Dresden: Thelem bei w.e.b. 2002, S. 107-120.

Oelze, Klaus-Dieter: *Das Feuilleton der Kölnischen Zeitung im Dritten Reich*, Frankfurt/M., Bern, New York, Paris: Peter Lang 1990.

Orlowski, Hubert: *Krakauer Zeitung 1939-1945. Nichtnationalsozialistische Literatur im Generalgouvernement?* In: Denkler, Horst/Lämmert, Eberhard (Hg.): *»Das war ein Vorspiel nur...« Berliner Colloquium zur Literaturpolitik im ›Dritten Reich‹*, Berlin: Akademie der Künste 1985, S. 136-158.

Paulus, Rolf und Kolter, Gerhard: *Der Lyriker Karl Krolow. Biographie-Werkentwicklung-Gedichtinterpretation-Bibliographie*, Bonn: Bouvier Verlag Herbert Grundmann 1983.

Perret, Roger (Hg.): *Alexander Xaver Gwerder. Brief aus dem Packeis. Prosa und Briefe*, Zürich: Limmat Verlag 1998.

Perrier, Petra: *Innere Emigration: Einerseits und andererseits.* In: Beltran-Vidal, Danièle (Hg): *Les Carnets. N 7, – 2002. Exil intérieur. Innere Emigration, 2003*, S. 88-113.

Perrier, Petra: *Kurzbibliographie zur Inneren Emigration.* In: Beltran-Vidal, Danièle (Hg): *Les Carnets. N 7, – 2002. Exil intérieur. Innere Emigration, 2003*, S. 199-204.

Pfäfflin, Friedrich (Hg.): *Das Innere Reich 1934-1944. Eine Zeitschrift für Dichtung, Kunst und deutsches Leben.* Marbacher Magazin 26 (1983).

Pfäfflin, Friedrich (Hg.): *Das Innere Reich 1934-1944. Eine Zeitschrift für Dichtung, Kunst und deutsches Leben. Verzeichnis der Beiträge.* Beiheft. Marbacher Magazin 26 (1983).

Pohl, Gerhart: *Magischer Realismus?* In: *Aufbau* 8, 1948, S. 650-653.

Raabe, Mechthild: *Hans Egon Holthusen. Bibliographie 1931-1997*, Hildesheimer Universitätsschriften Band 8. Veröffentlichungen aus dem Nachlass Holthusen Band 1, Hildesheim: Universitätsbibliothek 2000.

Raddatz, Fritz J.: *Wir werden weiterdichten, wenn alles in Scherben fällt... Der Beginn der deutschen Nachkriegsliteratur.* In: *Die Zeit*, Nr. 42, 12.10.1979, S. 33-36.

Raschke, Martin. In: *Die Kolonne* 1 (1929), S. 1.

Richter, Hans Werner (Hg.): *Deine Söhne Europa. Gedichte deutscher Kriegsgefangener*, Neuausgabe, München: dtv 1985.

Roberts, David: *Nach der Apokalypse. Kontinuität und Diskontinuität in der deutschen Literatur nach 1945.* In: Hüppauf, Bernd (Hg.): *„Die Mühen der Ebenen". Kontinuität und Wandel in der deutschen Literatur und Gesellschaft. 1945-1949*, Heidelberg: Carl Winter Universitätsverlag 1981, S. 21-45.

Sarkowicz, Hans/Mentzer, Alf: *Literatur in Nazi-Deutschland. Ein biografisches Lexikon*, erweiterte Neuausgabe, Hamburg, Wien: Europa Verlag 2002.

Schäfer, Hans Dieter: *Wilhelm Lehmann. Studien zu seinem Leben und Werk*, Bonn: H. Bouvier u. Co. Verlag 1969.

Schäfer, Hans Dieter (Hg): *Horst Lange. Tagebücher aus dem Zweiten Weltkrieg*, Mainz: v. Hase & Koehler Verlag 1979.

Schäfer, Hans Dieter: *Das gespaltene Bewußtsein. Über deutsche Kultur und Lebenswirklichkeit 1933-1945*, München, Wien: Hanser 1981.

Schäfer, Hans Dieter: *Kultur als Simulation. Das Dritte Reich und die Postmoderne*. In: Rüther, Günther (Hg.): *Literatur in der Diktatur. Schreiben im Nationalsozialismus und DDR-Sozialismus*, Paderborn, München, Wien, Zürich: Ferdinand Schöningh 1997, S. 215-245.

Scheffel, Michael: *Magischer Realismus. Die Geschichte eines Begriffes und ein Versuch seiner Bestimmung*, Tübingen: Stauffenburg-Verlag 1990.

Schindler, Paul Johannes (Hg.): *Richard Dehmel. Dichtungen, Briefe, Dokumente*, Hamburg: Hoffmann und Campe Verlag 1963.

von Schirnding, Albert: *Werner Bergengruen*. In: Hackelsberger, N. Luise (Hg.): *Werner Bergengruen. Leben eines Mannes. Neunzig Gedichte, chronologisch geordnet. Mit einem Aufsatz von Albert von Schirnding*, Zürich: Arche 1982, S. 145-163.

Schmedes, Götz: *Medientext Hörspiel. Ansätze einer Hörspielsemiotik am Beispiel der Radioarbeiten von Alfred Behrens*, Münster, New York, München, Berlin: Waxmann 2002.

Schmollinger, Annette: *„Intra muros et extra": deutsche Literatur im Exil und in der inneren Emigration. Ein exemplarischer Vergleich*, Heidelberg: Winter 1999.

Schneider, Irmela: *„Fast alle haben vom Rundfunk gelebt." Hörspiele der 50er Jahre als literarische Formen*. In: Fetscher, Justus/Lämmert, Eberhard/Schutte, Jürgen (Hg.): *Die Gruppe 47 in der Geschichte der Bundesrepublik*, Würzburg: Königshausen & Neumann 1991.

Schnell, Ralf: *Die Literatur der Bundesrepublik. Autoren, Geschichte, Literaturbetrieb*, Stuttgart: Metzler 1986.

Schnell, Ralf: *Geschichte der deutschsprachigen Literatur seit 1945*, 2., überarbeitete und erweiterte Auflage, Stuttgart, Weimar: Metzler 2003.

Schnell, Ralf: *Wertebeschwörung – Zur kulturellen Topographie der Inneren Emigration*. In: Bollenbeck, Georg/La Presti, Thomas (Hg.): *Traditionsanspruch und Traditionsbruch. Die deutsche Kunst und ihre diktatorischen Sachverwalter. Kulturelle Moderne und bildungsbürgerliche Semantik II*, Wiesbaden: Westdeutscher Verlag 2002, S. 83-94.

Schöne, Albrecht (Hg.): *Johann Wolfgang Goethe. Faust. Texte*, Frankfurt/M.: Deutscher Klassiker Verlag 1994.

Scholz, Ingeborg: *Deutsche Lyrik im Spannungsbogen zwischen Kunst und Religion. Werner Bergengruen und Rudolf Alexander Schröder*, Bonn: Verlag für Kultur und Wissenschaft 2002.

Scholz, Joachim, J. (Hg.): *August Scholtis. Briefe*. 2 Bände, Berlin: Gebr. Mann Verlag 1992.
Schoor, Uwe: *Schritt aufnehmen oder Verständigung „quer zum Politischen"? Anmerkungen zum „Kolonne"-Kreis im literarischen Leben nach 1933*. In: Haarmann, Hermann (Hg.): *Katastrophen und Utopien. Exil und Innere Emigration (1933-1945). Das 2. Berliner Symposion – nebst 95 unveröffentlichten Briefen von Carl Sternheim*, Berlin: Bostelmann & Siebenhaar 2002, S. 167-186.
Schuldt-Britting, Ingeborg: *Sankt-Anna-Platz 10. Erinnerungen an Georg Britting und seinen Münchner Freundeskreis*, München: Buchendorfer Verlag 1999.
Schuldt-Britting, Ingeborg (Hg.): *Georg Britting: Süßer Trug. Hundert Gedichte*, Ebenhausen: Langewiesche-Brandt 2000.
Schwitzke, Heinz: *Das Hörspiel. Dramaturgie und Geschichte*, Köln, Berlin: Kiepenheuer & Witsch 1963.
Skwara, Erich Wolfgang: *Hans Sahl. Leben und Werk*, New York, Bern, Frankfurt/M.: Peter Lang 1986.
Sowinski, Bernhard: *Stilistik. Stiltheorien und Stilanalysen*, zweite, überarbeitete und aktualisierte Auflage, Stuttgart: Metzler 1999.
Steinecke, Hartmut (Hg.): *Deutsche Dichter des 20. Jahrhunderts*, Berlin: Erich Schmidt Verlag 1994.
Utitz, Emil: *Die Überwindung des Expressionismus. Charakterologische Studien zur Kultur der Gegenwart*, Stuttgart: Verlag von Ferdinand Enke 1927.
Vieregg, Axel: *Der eigenen Fehlbarkeit begegnet. Günter Eichs Verstrickung ins „Dritte Reich"*. In: Rüther, Günther (Hg.): *Literatur in der Diktatur. Schreiben im Nationalsozialismus und DDR-Sozialismus*, Paderborn, München, Wien, Zürich: Ferdinand Schöningh 1997, S. 173-194.
Vieregg, Axel: *Der eigenen Fehlbarkeit begegnet. Günter Eichs Realitäten 1933-1945*, Eggingen: Edition Isele 1993.
Vowinckel, Antje: *Collagen im Hörspiel. Die Entwicklung einer radiophonen Kunst*, Würzburg: Königshausen & Neumann 1995.
Wagenbach, Klaus: *Vaterland, Muttersprache. Deutsche Schriftsteller und ihr Staat seit 1945*, Berlin: Verlag Klaus Wagenbach 1979.
Wagener, Hans: *Richard Friedenthal. Biographie des großen Biographen*, Gerlingen: Bleicher 2002.
Wagner, Hans-Ulrich: *Das Medium wandelt sich, die Autoren bleiben*. In: Estermann, Monika/Lersch, Edgar (Hg.): *Buch, Buchhandel und Rundfunk 1950-1960*, Wiesbaden: Harrassowitz Verlag 1999, S. 201-229.
Wagner, Hans-Ulrich: *Günter Eich und der Rundfunk. Essay und Dokumentation*, Potsdam: Verlag für Berlin-Brandenburg 1999.
Wagner, Hans Ulrich: *„Der Weg in ein sinnhaftes, volkhaftes Leben". Die Rundfunkarbeiten von Martin Raschke*. In: Haefs, Wilhelm/Schmitz, Walter (Hg.): *Martin Raschke (1905-1943). Leben und Werk. Mit einer Lebenschronik und einer Bibliogra-

phie von Wilhelm Haefs sowie einer Radiographie von Hans-Ulrich Wagner, Dresden: Thelem bei w.e.b. 2002.

Wende-Hohenberger, Waltraud: *Ein neuer Anfang? Schriftsteller-Reden zwischen 1945 und 1949*, Stuttgart: Metzler 1990.

Wende, Waltraud: *Einen Nullpunkt hat es nie gegeben*. In: Bollenbeck, Georg/Kaiser, Gerhard (Hg.): *Die janusköpfigen 50er Jahre. Kulturelle Moderne und bildungsbürgerliche Semantik III*, Wiesbaden: Westdeutscher Verlag 2000, S. 17-29.

Wessels, Wolfram: *Hörspiele im Dritten Reich. Zur Institutionen-, Theorie- und Literaturgeschichte*, Bonn: Bouvier Verlag Herbert Grundmann 1985.

Weyrauch, Wolfgang (Hg.): *Tausend Gramm. Sammlung neuer deutscher Geschichten*, Hamburg, Stuttgart, Baden-Baden, Berlin: Rowohlt 1949.

von Wilpert, Gero/Gühring, Adolf: *Erstausgaben deutscher Dichtung. Eine Bibliographie zur deutschen Literatur 1600-1990*, 2., vollständig überarbeitete Auflage, Stuttgart: Kröner 1992.

Žmegac, Viktor (Hg): *Geschichte der deutschen Literatur vom 18. Jahrhundert bis zur Gegenwart*, Königstein/Taunus: Athenäum 1984.

Dank

Diese Dissertation hätte ohne die Hilfe und Unterstützung anderer nicht geschrieben werden können. Besonders meinem Doktorvater Prof. Dr. Andreas Schumann möchte ich danken für seine Geduld, für unzählige Gespräche und Hilfestellungen sowie für seine große persönliche Anteilnahme an dieser Arbeit.

Herzlicher Dank gebührt ebenso Herrn Dr. Eberhard Horst, dem Erben Oda Schaefers und Horst Langes, für die freundlichen Gespräche, die Überlassung der Daten von Anthologien seit 1990, in denen Gedichte Oda Schaefers publiziert wurden, für die Bereitstellung von Zitaten zu Oda Schaefer aus seinem Privatbesitz und für die Genehmigung der Publikation der Zitate von Oda Schaefer. Herrn Walter Fritzsche danke ich ebenso für aufschlussreiche Gespräche und viele wertvolle Ratschläge, Herrn Klaus Täubert für seine vielen Hinweise auf Publikationsorte Oda Schaefers und Frau Monika Stein für die Erlaubnis der Einsichtnahme und des Zitierens von Briefen Oda Schaefers aus dem Nachlass von Gunter Groll.

Frau Ursula Hummel und Frau Gabriele Weber vom Literaturarchiv der Monacensia möchte ich meinen Dank aussprechen für ihre Mühe und die geduldige, immer neue Bereitstellung des Archivmaterials; auch den Mitarbeitern der Handschriftenabteilung des Deutschen Literaturarchivs Marbach sowie anderen Archiven, wie u.a. dem Wolfgang-Koeppen-Archiv Greifswald und dem Hans-Egon-Holthusen-Archiv der Universität Hildesheim, gilt mein Dank für die Hilfe bei der Sichtung des Archivmaterials.

Ohne Erlaubnis der Rundfunkanstalten Bayerischer Rundfunk und Norddeutscher Rundfunk zur Überlassung der Hörspiele Oda Schaefers hätte ich diesen Bereich des Werkes von Oda Schaefer nicht vorstellen können, genauso wie das Fernspiel Oda Schaefers, dessen Aufnahme ich von der Fernsehabteilung des Bayerischen Rundfunks ausleihen durfte.

Ebenso danke ich den Erben der in dieser Arbeit aufgeführten weiteren Schriftsteller und Personen für die Genehmigungen der Zitate: Akademie der Wissenschaften und Literatur Mainz, Deutsche Schillergesellschaft, Enzio Edschmid, Prof. Dr. Martha Friedenthal-Haase, Dr. Gertrud Fussenegger, Maria Guttenbrunner, Dr. Luise Hackelsberger, Dr. Peter Hohenemser, Nils Kern, Luzie Krolow, Laurence Minder, Piper-Verlag, Mechthild Raabe, Dr. Berthold Roland, Sächsische Landesbibliothek Dresden, Iris Schnebel-Kaschnitz, Monika Stein, Suhrkamp Verlag, Christoph von Vegesack, Wallstein Verlag, Wolfgang-Koeppen-Archiv Greifswald.

Meinen Freunden gilt mein Dank für ihre liebevolle Anteilnahme und psychische Unterstützung in zahlreichen Gesprächen.

Meinen Eltern, die mir zu jedem Zeitpunkt dieser Arbeit mit Rat und Tat zur Seite gestanden haben – und natürlich Martin, der mir mit unendlicher Geduld immer wieder Mut zugesprochen und mich bestärkt hat, ist diese Arbeit gewidmet.

Personenregister

Der Name „Oda Schaefer" wurde aufgrund seines häufigen Vorkommens nicht in diesem Register verzeichnet. Zudem sind die Fußnoten nicht berücksichtigt worden, genauso wie Mehrfachnennungen auf einer Seite nicht kenntlich gemacht wurden.

Adolph, R. 391
Adorf, Mario 379
Adorno, Theodor W. 73
Albers, Hans 55
Andre, Elisabeth 93
Andres, Stefan 395
Apollinaire, Guillaume 103
Aragon, Louis 86
Arens, Hanns 81, 345, 385
Auden, Wyston Hugh 86
Ausländer, Rose 395

Bachmann, Ingeborg 129, 222, 227, 355
Bächler, Wolfgang 127, 194, 229
Baertels, Alice 28, 323
Bahlinger, Herbert 368
Balenciaga, Cristobal de 153
Balzac, Honoré de 352, 354-356
Bang, Herman 374, 384
Barbey d'Aurevilly, Jules-Amédée 356
Barth, Emil 57
Baudelaire, Charles 246, 355, 356
Baudisch, Paul 58, 155
Baumgart, Reinhard 246
Beauvoir, Simone de 346, 347
Becker, Maria 381
Beckett, Samuel 355
Beer, Erika 375
Beethoven, Ludwig van 34
Belzner, Emil 395
Benn, Gottfried 12, 127, 133, 157, 237-239, 241
Benrath, Martin 384

Bergengruen, Charlotte 37, 42, 58, 61, 62, 64, 65, 67-69, 98, 137, 257
Bergengruen, Werner 37, 58-62, 65-73, 77, 78, 89, 98, 128, 137, 251, 257, 338, 349, 367
Bergengruen, Nino Luise 61
Bérimont, Luc 346
Bernanos, Georges 89
Hl. Bernhard 209
Bielfeld, Hertha 25, 29, 58, 71, 148, 246, 256, 331, 333, 344, 355, 360, 383
Billinger, Richard 209
Birkenfeld, Bobba 122
Birkenfeld, Günther 65, 87, 122
Bischoff, Friedrich 34, 114, 369
Bloch, Ernst 34, 82
Blöcker, Günter 226, 227
Böll, Heinrich 360
Bostroem, Annemarie 220
Brecht, Bert(olt) 41, 79, 128, 395
Brentano, Clemens 221
Brinker-Gabler, Gisela 14
Britting, Georg 12, 19, 45, 213
Brockes, Barthold Heinrich 186, 325, 329
Bruant, Aristide 153
Brummell, George 357
Bürger, Gottfried August 178, 265
Büttner, Wolfgang 375
Burmester, Gustav 381
Burschell, Friedrich 82
Busta, Christine 219, 220

Byron, George Gordon Noel (Lord Byron) 355

Camus, Albert 357, 360
Carstens, Lina 384
Cassou, Jean 346
Castellane, Boni de 357
Chanel, Coco 354, 355
Chopin, Frédéric François 34, 323
Claassen, Eugen 96, 245
Claudel, Paul 89, 91, 110
Claudius, Matthias 150, 265, 372
Colette, Sidonie-Gabrielle 346
Collodi, Carlo 237
Conrad, Joseph 241
Couperin, François C. 34
Crosby, Bing 361
Cube, Hellmut von 46, 375, 385
Curie, Marie 366/367
Curtius, Ludwig 150
Curtius, Stella 150

Dartz, Gustl 379
Dean, James 361
Desch, Kurt 132
Döblin, Alfred 395
Dohnányi, Christoph von 379
Dollinger, Hermann 369
Domin, Hilde 395
Dostojewski, Fjodor Michailowitsch 32, 246
Drewitz, Ingeborg 158
Duhamel, George 346

Edschmid, Kasimir 81, 137
Eelking, Hermann Marten Baron von 356
Eggebrecht, Jürgen 39, 116, 369
Eich, Günter 12, 34, 66, 75-80, 85, 92, 95, 104, 114, 119, 246, 274, 302, 365, 398
Eichendorff, Joseph von 180, 209, 326

Eickemeyer, Manfred 139
Eliot, Thomas Stearns 86
Éluard, Paul 86
Enderle, Luiselotte 55
Epiktet 320
Epp, Jovita 346
Epting, Karl 356
Ertel, Kurt Friedrich 127

Faulkner, William 95, 102
Feuillades, Louis 361
Fielding, Henry 52
Fink, Agnes 128, 379
Fischer, Heinrich 387
Flaubert, Gustave 354
Fontane, Theodor 25, 153
Fontanges, Herzogin von (Marie Angélique de Scoraille) 362
Frank, Armin 346
Frank, Leonhard 51
Friedenthal, Liselotte 130
Friedenthal, Richard 129-131
Frisch, Max 41, 128
Fritzsche, Walter 47, 277
Fromentin, Eugène 346
Fuhrmann, Ernst 52, 350
Fussenegger, Gertrud 224

Giacometti, Alberto 361
Giese, Therese 128
Giono, Jean 346, 348
Giraudoux, Jean 110
Gleichen-Rußwurm, Alexander von 356
Goebbels, Paul Joseph 120
Goethe, Johann Wolfgang von 27, 185, 250
Görtz, Franz Josef 396
Gogol, Nikolai Wassiljewitsch 46, 102, 375, 385, 386
Goldschmit-Jentner, Rudolf 158
Goll, Claire 222

Gontscharow, Iwan A. 346
Goverts, Henry 41, 42
Greene, Graham 92
Grashoff, Bernd 384, 385
Grass, Günter 360
Grimme, Adolf 156
Grogger, Paula 220
Groll, Gunter 39, 52-55, 66, 94, 98, 114, 122, 123, 220, 338
Grossmann, Stefan 143
Grosz, George 29, 50, 143
Gründgens, Gustav 120
Gurian, Waldemar 91
Gwerder, Alexander Xaver 12, 125-128, 239

Harnack, Falk 387
Hartlaub, Geno 260
Hassell, Ulrich von 334
Hauptmann, Gerhard 241
Hauschild, Max 34, 170
Haydn, Joseph 34
Hebel, Johann Peter 25
Heidegger, Martin 73
Held, Hans Ludwig 43
Hellmer, Klaus 346
Helwig, Werner 44, 57
Hemingway, Ernest 95, 98, 102
Hennecke, Hans 44
Hermann-Neiße, Max 48, 50
Herzfelde, Wieland 50
Hesse, Hermann 209
Heym, Georg 97, 185
Hildegard von Bingen 209
Hirschfeld, Kurt 41, 42, 128
Hitler, Adolf 20, 41, 94, 109, 117, 120, 155, 209, 268, 298, 390
Hölderlin, Johann Christian Friedrich 79, 251
Höllerer, Walter 40
Hölty, Ludwig Christoph Heinrich 361
Hoerschelmann, Fred von 365

Hoffmann, E.T.A. 327
Hoffmann, Wilhelm 89, 96, 363
Hoffmannsthal, Hugo von 132
Hohenemser, Herbert 44
Hohoff, Curt 254, 275
Holdredge, Helen 346
Holthusen, Hans Egon 122-125, 127, 133, 398
Horaz (Quintus Horatius Flaccus) 355
Horst, Eberhard 47, 122, 253
Huch, Ricarda 225, 349, 366
Huchel, Peter 12, 34, 61, 81-87, 90 (Piese), 103, 106, 119, 194, 282, 283, 398

Ibel, Rudolf 251
Job, Jakob 371
Ionesco, Eugène 153, 355

Jahn, Ottoheinz 76
Jahnke, Oskar 220
Jahnn, Hans Henny 85
James, Francis 276
Jaspers, Karl 361
Joyce, James 95
Jünger, Ernst 54
Jung, C.G. 323
Jung, Franz 48, 50-52, 159, 350
Jungk, Robert 347

Kafka, Franz 72, 73, 151
Kantorowicz, Alfred 82, 122
Kardorff, Ursula von 158
Karl V., 153
Kaschnitz, Marie Luise 147-152, 223, 286, 288, 346, 348, 395
Kästner, Erich 39, 48, 50, 53, 55-57, 66, 113, 130, 155
Kasack, Hermann 92, 286
Katharina II., die Große 386
Keller, Christa 384
Kemp, Friedhelm 122

Kernmayr, Erich 156
Kessel, Martin 57
Kesten, Hermann 395
Kiaulehn, Walther 55
Kinsey, Alfred Charles 393
Kleist, Heinrich von 25
Klimsch, Fritz 30, 50
Klimsch, Uli 30, 50, 246, 326, 336
Knaus, Albrecht 51
Kobbe, Friedrich-Carl 368
Köppen, Edlef 363
Koeppen, Wolfgang 138-146, 157, 352, 398
Kolb, Annette 132, 349, 367
Kolb, Richard 372, 377
Kolbe, Jürgen 392
Kolbenhoff, Walter 158, 378
Kolle, Oswalt 393
Kolmar, Gertrud 12, 85, 225, 227, 349
Kranz, Gisbert 356
Kraus, Eberhard 26-29
Kraus, Hugo von 26, 340
Kreuder, Ernst 286
Kreuder, Irene 158
Krolow, Karl 62, 79, 81, 93, 94, 97, 98, 101-106, 108, 111-119, 121, 122, 127, 137, 143, 152, 184, 185, 238, 252, 273, 275/276, 289, 321, 323, 339, 398
Kügelgen, Sally von 26, 37, 340, 341, 359
Kügelgen, Gerhard von 26/27
Kügelgen, Wilhelm von 26
Kühner, Otto Heinrich 373
Kuhnert, Adolf Artur 34
Kurz, Isolde 221

Lagerlöf, Selma 374
Lampe, Friedo 66, 104, 132, 136, 164, 194, 286
Lange, H.A. 393

Lange Horst 12, 19, 23, 25, 31-35, 37-39, 41-43, 46, 47, 49, 52-60, 62, 63, 65-70, 73-77, 79, 81, 83, 84, 86, 87, 90, 91, 93-95, 97, 98, 100, 110, 113, 114, 116, 118, 120, 122, 128-130, 133, 137, 138, 144-146, 151, 158, 169, 172, 185, 191, 201, 245, 246, 249, 255, 257, 258, 261-264, 279, 281, 285, 286, 290, 305, 307, 315, 322, 330, 336-340, 387, 389, 393, 395
Langgässer, Elisabeth 12, 34, 39, 41, 44, 56, 66, 69, 86-98, 106, 135, 225, 257, 286, 345, 348, 366, 367, 395
Langgässer, Heinrich 87
Lasker-Schüler, Else 136, 225, 346
Lavant, Christine 220
Ledig, Gerd 54, 114
Le Fort, Gertrud von 222, 348/349, 349, 367
Lehmann, Wilhelm 16/17, 19, 92-94, 106, 107, 162, 213, 215, 216, 223, 259, 275, 287, 339
Lennon, John 360
Lenz, Michel 379
Lernet-Holenia, Alexander 41, 128
Leskow, Nikolai Semjonowitsch 102, 350, 366
Leuschner, Ulrike 15
Lichtenberg, Georg Christoph 154
Liebeneiner, Wolfgang 120
Liebermann, Max 50
Lindbergh, Anne Morrow 346
Loerke, Oskar 16
Lorca, Federico García 86
Ludwig XIV., 355
Ludwig, Paula 219
Lüders, Günther 379
Lully, Jean-Baptiste 34

Majakowski, Wladimir Wladimirowitsch 86

Mallarmé, Stéphane 323, 352, 354
Manet, Edouard 330, 331
Mann, Thomas 361
Mannheim, Lucie 375, 384
Marhoff, Lydia 13, 15, 174
Maurois, André 346
Meckel, Eberhard 59, 82
Meidinger-Geise, Inge 277
Meidner, Ludwig 81
Mendelssohn (Familie) 366
Mentz, Gertrud 71, 270
Merian, Maria Sybilla 370
Miegel, Agnes 224
Minder, Robert 50, 152-154, 156, 157
Misevicius, Albinas 14
Mitchell, Margaret 37
Mitterer, Erika 220
Möller, Inge 114, 369
Mörike, Eduard 273
Mombert, Alfred 391
Monticelli, Adolphe 330
Mozart, Wolfgang Amadeus 34, 364, 370
Münster, Clemens 369, 389
Musäus, Johann Karl August 370

Neruda, Pablo 86
Nölle, Eleonora 375
Nossack, Hans Erich 138, 361
Novalis (Georg Philipp Friedrich Freiherr von Hardenberg) 209, 253/254
Nowak, Hans 128

Ohm, Walter 385
Orlik, Emil 29
Orsay, Comte de 357
Ortese, Anna-Maria 346, 347
Ossietzky, Carl von 29, 50
Ostermayer, Christine 387
Otten, Karl 51

Paeschke, Hans 265
Pannwitz, Rudolf 46
Paul, Jean 25, 70
Pechstein, Max 50
Perikles 241
Peterich, Eckart 149, 158
Piper, Klaus 114, 140, 220, 289, 335
Piper, Reinhard 289
Platon 232, 250
Podewils, Graf Clemens von 123
Polgar, Alfred 392
Pompadour, Marquise de (Jeanne Antoinette Poisson) 354, 362
Pongs, Hermann 372
Prévert, Jacques 346
Propp, Adolf 29, 50, 336
Proust, Marcel 25, 102, 305, 346, 348, 352-355
Ptok, Friedhelm 387

Quadflieg, Will 381

Raddatz, Fritz J. 146
Raschke, Martin 34, 73-75, 166, 286, 302, 398
Reich-Ranitzki, Marcel 146
Renoir, Auguste 330, 332
Rhein, Fritz 50
Richter, Germaine 361
Richter, Walter 379
Rilke, Rainer Maria 25, 112, 125, 209, 337
Rimbaud, Jean Nicolas Arthur 68, 246, 323
Ringelnatz, Joachim 29
Röchling, Ilse 326
Roh, Franz 160
Roth, Joseph 246
Rousseau, Jean-Jacques 51
Rowohlt, Ernst 338
Rubinstein, Helena 354, 355
Rühaak, Dirk 14

Ruth-Soffner, Asta 210
Saalfeld, Martha 34, 57, 121, 135-137, 286, 398
Sahl, Hans 42, 131-133, 135
Sand, George 355
Sappho 14, 167, 221, 274
Sartre, Jean Paul 360
Schaefer-Ast, Albert 29, 30, 50, 129, 177, 246, 336, 337
Schaefer, Peter 30, 37, 60, 87, 163, 186, 203
Schaeffer, Albrecht 209
Schaumann, Ruth 349
Scheel, Elfride 37, 341
Schifferli, Peter 352
Schiller, Friedrich von 27, 77
Schirmbeck, Heinrich 44
Schlegel, Friedrich 327
Schlott, Ernst 379
Schmidt, Arno 12, 44
Schneider, Georg 158
Schneider, Reinhold 89, 94
Schönböck, Karl 55
Schönfelder, Friedrich 375
Schöningh, Franz 53, 113
Schröder, Rudolf Alexander 94, 209
Schulze-Westrum, Edith 379
Schumann, Robert 327
Schwedhelm, Karl 368
Schwitzke, Hans 381, 383
Scudery, Madeleine de 362
Sebaldt, Maria 387
Seghers, Anna 92
Seidel, Ina 157, 220-222, 224, 348, 349
Selle, Jutta 36
Seyferth, Wilfried 128, 139
Shakespeare, William 250, 393
Shelley, Percy Bysshe 355
Sinatra, Frank 361
Söhnker, Hans 55
Spies, Gerty 158
Stahl, Hermann 116, 157, 158

Stamm, Heinz-Günter 375, 378/379, 384
Sterne, Laurence 52
Stiehler, Kurt 375
Stifter, Adalbert 75
Storm, Theodor 361
Stomps, V.O. 37, 49, 165
Strauß und Torney, Lulu von 221
Strindberg, August 110
Suhrkamp, Peter 63
Szafranski, Kurt 143

Täubert, Klaus 75
Tolstoi, Lew (Leo) Nikolajewitsch 102
Träubler, Heidi 379
Tschechow, Anton 346
Tucholsky, Kurt 29, 50, 143

Ullmann, Regina 219, 220

Vegesack, Siegfried von 158
Veillon, Charles 342
Verlaine, Paul 246, 323
Victoria, Königin 355
Villon, François 68, 79
Völz, Wolfgang 387
Voigt-Diederichs, Helene 221
Vring, Georg von der 121, 137, 323, 339

Wagner, Anni 208
Walter, Silja 220, 346
Walther von der Vogelweide 209
Weisenborn, Günter 41
Werner, Bruno E. 138
Weyrauch, Wolfgang 348
Wickert, Erwin 373
Wicki, Bernhard 128
Wiese, Leopold von 361
Wilde, Oscar 357
Wilder, Thornton 110
Wildgans, Anton 392

Wilhelmi, Erni 379
Winkler, Eugen Gottlob 286
Wolfe, Thomas 102
Woolf, Virginia 356
Wuttig, Heinz Oskar 365

Zuckmayer, Carl 41, 92, 128, 129, 164, 337, 395
Zweig, Arnold 395

Christian Schärf

Der Unberührbare

Gottfried Benn
Dichter im 20. Jahrhundert

2006, 415 Seiten, kart. € 25,-
ISBN 3-89528-520-X

Gottfried Benn wird in diesem Buch 50 Jahre nach seinem Tod einer grundlegend neuen Betrachtung unterzogen. Ausgehend von seinen autobiographischen Schriften, vor allem mit dem im Jahre 1934 verfassten *Lebensweg eines Intellektualisten*, wird die Produktionsgeschichte der Bennschen Textgenese von 1910 bis 1956 verfolgt. Dabei steht der Begriff des *Dichters* im Mittelpunkt, als Selbstzuschreibung aus der Tradition und als Projektion auf die Umwelt. Von dieser Warte aus können die unterschiedlichen Werkphasen Benns mit ihren ebenso unterschiedlichen, aber auseinander hervorgehenden ideellen Ausrichtungen einer Kritik unterzogen werden, die weder der politischen Verdammung noch der artistischen Glorifizierung dieses Autors verfällt.

Die verschiedenen Schreibweisen und Textfiguren, die Benn hervorbringt, werden in der Bioautographie des Bennschen Textes von einander abgehoben und in ihrer historischen wie produktionsgenetischen Notwendigkeit explizit gemacht. Besonderes Interesse ziehen die literarischen Formen auf sich, die bisher in der Benn Forschung eher am Rande betrachtet wurden – wie der Essay, die Briefliteratur und die Parlando-Gedichte der letzten Phase. Benns Auseinandersetzung mit den modernen Medien, vor allem dem Radio, und die Umformung seines metaphysischen Standpunkts als Dichter in der späten Phase zum Phänotyp der Nachmoderne bildet einen wesentlichen Schwerpunkt bei der Darstellung des Spätwerks.